Minitab 统计分析方法及应用

（第3版）（经典版）

李志辉 主 编

周 阳 朱 平 副主编

洪 楠 审 校

電子工業出版社

Publishing House of Electronics Industry

北京•BEIJING

内 容 简 介

本书在《MINITAB 统计分析方法及应用》（第 2 版）第 1～10 章、第 19 章的基础上，基于 Minitab 21.0 软件，根据读者的反馈意见修订而成。全书根据统计教学的特点，结合大量实例，以循序渐进的方式介绍了 Minitab 21.0 软件的使用方法和统计应用，对软件界面、统计分析结果和统计图形均进行了详细的解释。本书内容包括 Minitab 概述、Minitab 入门、数据管理、数据计算、基本统计量、统计表和列联表资料的检验、方差分析、等效检验、非参数检验、回归分析和常用统计图。本书讲述的实例涵盖多个专业，能够满足不同专业读者的需求。本书所有附录（电子书格式）、实例数据均可在华信教育资源网（www.hxedu.com.cn）免费下载。本书全彩呈现可视化图例，扫描书中相应二维码即可观看。

本书内容与方法广泛适用于自然科学、社会科学等学科，特别是工业统计学、生物学、心理学、医疗卫生保健、经济学，满足多学科、多专业、多层次的需要，可作为高等院校统计专业的教材和参考书，也可作为科研单位相关专业的科技人员，机关、企/事业单位管理人员，以及计算机工作者的学习用书。

图书在版编目（CIP）数据

Minitab 统计分析方法及应用：经典版 / 李志辉主编．—3 版．—北京：电子工业出版社，2023.10

ISBN 978-7-121-46449-2

Ⅰ. ①M… Ⅱ. ①李… Ⅲ. ①统计分析－应用软件 Ⅳ. ①C819

中国国家版本馆 CIP 数据核字（2023）第 187764 号

责任编辑：秦淑灵　　　　特约编辑：田学清
印　　刷：中煤（北京）印务有限公司
装　　订：中煤（北京）印务有限公司
出版发行：电子工业出版社
　　　　　北京市海淀区万寿路 173 信箱　　邮编：100036
开　　本：787×1092　1/16　印张：25.25　字数：709 千字
版　　次：2007 年 4 月第 1 版
　　　　　2023 年 10 月第 3 版
印　　次：2024 年 11 月第 2 次印刷
定　　价：75.00 元

凡所购买电子工业出版社图书有缺损问题，请向购买书店调换。若书店售缺，请与本社发行部联系，联系及邮购电话：（010）88254888，88258888。

质量投诉请发邮件至 zlts@phei.com.cn，盗版侵权举报请发邮件至 dbqq@phei.com.cn。

本书咨询联系方式：qinshl@phei.com.cn。

编　委　会

主　编：李志辉

副主编：周　阳　朱　平

审　校：洪　楠

编　委（按姓氏拼音排序）：

杜志成　宫　晓　洪　楠　黄　鲁

黎达均　李健武　李淑华　李　欣

李志辉　刘日辉　罗　平　余金泉

张　波　周　阳　朱　平　庄树林

前　言

《MINITAB 统计分析方法及应用》（第 2 版）出版至今已有 5 年，该书基于 Minitab 17.3 版本编写，被国内多所著名高校作为本科生、硕士生、博士生教材，深受广大科研工作者和质量管理人员的欢迎，成为国内最畅销的 Minitab 图书之一，至今已重印多次。2021 年，Minitab 公司发布了 Minitab 21.0 多国语言版本，与之前版本相比，其软件界面有了较大变化，统计功能模块进一步增加，《MINITAB 统计分析方法及应用》（第 2 版）已难以满足广大读者的学习和使用需求，编者在第 2 版第 1～10 章、第 19 章的基础上，编写了《Minitab 统计分析方法及应用》（第 3 版）（经典版），在第 2 版第 11～18 章的基础上，编写了《Minitab 统计分析方法及应用》（第 3 版）（高级版）。这两本书基本涵盖了 Minitab 软件的所有统计和绘图功能。

本书特色

（1）涵盖内容丰富。全书结合大量的操作实例，详细介绍了各种数据管理、数据计算、基础统计、回归分析、统计绘图的操作技巧。

（2）内容解释详尽。根据统计教学的特点，结合大量实例，以循序渐进的方式介绍 Minitab 的使用方法，对其所有界面、统计结果、统计图形都进行了详尽的解释。正文中的统计结果保留两位小数，有些数据为与图中结果一致，小数位数多于两位。

（3）语言通俗易懂。针对第 2 版读者反馈的意见，对其中描述晦涩的介绍进行逐一梳理，力求以通俗易懂的语言介绍 Minitab 的使用方法，尽量避免晦涩难懂的统计公式。

（4）中英文对照。Minitab 中所有界面和统计结果的介绍均采用中英文对照的方式，英文专业词汇均与 Minitab 21.0 英文版的软件界面和结果一致，如果有不一致的地方，那么可能是版本的差别造成的。

（5）适用于 Minitab 各类版本。由于 Minitab 具有向下兼容和多国语言版的特点，经多位读者试读，无论使用英文版、简体中文版还是较低版本的 Minitab，均不影响本书的阅读。读者也可以根据自身需要设定不同的界面语言或输出语言（英文或简体中文等）。

（6）电子书同步发行。为了节省版面，本书所有附录均可在华信教育资源网（www.hxedu.com.cn）免费下载。为了减轻在校学生的负担，本书将同步发行电子书。

本书内容

全书共分为 11 章，第 1～4 章主要介绍 Minitab 的基础知识，第 5～9 章主要介绍 Minitab 的各种基础统计方法，第 10 章主要介绍回归分析方法，第 11 章主要介绍 Minitab 的各种绘图方法。除正文外，本书还以电子书的形式提供 4 个附录：附录 A“例题及数据集”，附录 B“Minitab 英汉词汇表”，附录 C“Minitab 汉英词汇表”，附录 D“主要参考资料”。

本书由李志辉担任主编，周阳、朱平担任副主编。全书由洪楠审校。同时感谢李孟祺同学提出的宝贵意见。

特别说明

由于国内不同领域（教育、工业、医学、经济等）和不同时期的统计专业词汇翻译存在差别，因此可能会出现 Minitab 中文版界面、结果或统计图形中的中文专业词汇与日常使用不一致的情形，为此，全书的中文专业词汇均参考《新编英汉·汉英统计大词典》（中国统计出版社 2014 年 5 月出版）进行逐一勘正。此外，全书的统计图形均忠实于书中介绍的操作步骤，与其生成的统计图形一致，读者可进行后期加工，修改图题、图例和有关注释。

由于编者水平有限，加之编写时间仓促，书中可能存在不尽如人意的地方，敬请读者批评指正。为了便于和读者进行沟通，编委会开设了微信订阅号和视频号：一起学统计工具，敬请关注，读者如有反馈意见，请发送电子邮件至 mchgz@163.com。

微信订阅号　　　　视频号

编　者

目　录

第 1 章　Minitab 概述

1.1　Minitab 简介

Minitab 是为质量管理、教育和研究应用领域提供统计服务的软件，是全球领先的质量管理和六西格玛实施软件工具与持续质量改进的工具软件。它具有强大的功能和简易的可视化操作界面，深受广大质量管理学者和统计专家的青睐。Minitab 公司在 1972 年成立于美国的宾夕法尼亚州立大学，目前最新的版本是 2021 年发布的 Minitab 21.0，其语言包括中文、英语、法语、德语、朝鲜语、日语、葡萄牙语和西班牙语，只需要购买一种语言版本即可下载其他语言包，实现不同语言之间的切换。截至目前，已有 120 多个国家、5000 多所高校使用 Minitab。它的特点是操作简便，比 SAS、SPSS 精巧（只有约 270MB），功能丰富，精度高（双精度计算），对硬件的要求低，统计图形丰富美观，有强大的宏和方便新手学习的助手菜单等。

20 世纪 90 年代后期，Minitab 公司通用统计产品进入工业企业统计应用领域，提供统计过程控制、统计分析、统计图形的绘制、试验设计、检验功效与样本含量估计等丰富的功能，随着软件版本的提高，其增加了更多的统计功能，受广大用户的青睐和好评。

1.2　Minitab 的主要功能

1.2.1　数据管理

Minitab 具有强大的数据（Data）管理功能，共有 19 大类，包括子集化工作表（Subset worksheet）、拆分工作表（Split worksheet）、堆叠工作表（Stack worksheet）、合并工作表（Merge worksheet）[包括匹配值（Match values）、并列（Side-by-side）]、复制（Copy）[包括列到列（Columns to columns）、常量到常量（Constants to constants）、矩阵到矩阵（Matrices to matrices）、常量到列（Constants to columns）、列到常量（Columns to constants）、矩阵到列（Matrices to columns）、列到矩阵（Columns to matrices）、工作表到工作表（Worksheet to worksheet）]、拆分列（Unstack columns）、堆叠（Stack）[包括列（Columns）、列的区组（Blocks of columns）、行（Rows）]、转置列（Transpose columns）、排序（Sort）、排秩（Rank）、删除行（Delete rows）、删除变量（Erase variables）、条件格式（Conditional formatting）[包括突出显示单元格（Highlight cell），指定条件高亮单元格，如缺失观测值（Missing observations）、大于（Greater than）、小于（Less than）、介于（Between）、不在区间（Not between）、等于（Equal to）、从列表中匹配（Match from list）、含此内容的文本（Text that contains）、发生日期

（Date that occurs）等；高/低（High/Low）、高亮显示最大值（Highest values）、最大百分比（Highest percentage）、最小值（Lowest values）或最小百分比（Lowest percentage）；根据 Pareto 规则高亮显示频率最高的值（Most frequent values）、最高频率百分比（Most frequent percentage）、频率最低的值（Least frequent values）或最低频率百分比（Least frequent percentage）；根据统计量（Statistical）高亮显示异常值（Outlier）、失控（Out of control）、不符合规格（Out of specification）、大残差（Large residual）或异常 X（Unusual X）的值；清除规则（Clear rules）；设定管理规则（Manage rules）]、重新编码（Recode）[包括到数值（To numeric）、到文本（To text）、到日期/时间（To date/time）和使用转换表（Use conversion table）等]、更改数据类型（Change data type）、日期/时间（Date/Time）[包括取整日期/时间（Round date/time）、提取为数字（Extract to numeric）、提取为文本（Extract to text）等]、合并（Concatenate）、显示数据（Display data）、工作表信息（Worksheet information）。

1.2.2 数据计算

Minitab 共提供 12 大类数据计算（Calc）功能，包括计算器（Calculator）、列统计量（Column statistics）、行统计量（Row statistics）、标准化（Standardize）、生成模板数据（Make patterned data）[包括简单数集（Simple set of numbers）、任意数集（Arbitrary set of numbers）、文本值（Text values）、日期/时间值的简单数集（Simple set of date/time values）、日期/时间值的任意集合（Arbitrary set of date/time values）]、创建网格数据（Make mesh data）、创建指示变量（Make indicator variables）、设置基数（Set base）、随机数（Random data）[包括来自列的样本（Sample from columns）和卡方（Chi-square）分布、正态（Normal）分布、Weibull 分布等的随机数]、重新采样（Resampling）[包括单样本函数的引导（Bootstrapping for 1-sample function）、双样本均值的引导（Bootstrapping for 2-sample means）、单样本均值的随机化检验（Randomization test for 1-sample mean）、单样本比率的随机化检验（Randomization test for 1-sample proportion）、双样本均值的随机化检验（Randomization test for 2-sample means）]、概率分布（Probability distributions）（同随机数据的分布类型）、矩阵（Matrices）[包括导入（Import）矩阵、转置（Transpose）矩阵、求逆矩阵（Invert matrix）、定义常量矩阵（Define constant matrix）、对角（Diagonal）矩阵、特征分析（Eigen analysis）、矩阵算术（Arithmetic）]。

1.2.3 统计功能

Minitab 的统计（Stat）功能共分为 14 类。

（1）基本统计量（Basic statistics）：显示描述性统计量（Display descriptive statistics）、存储描述性统计量（Store descriptive statistics）、图形化汇总（Graphical summary）、单样本 Z 检验（1-sample Z-test）、单样本 t 检验（1-sample t-test）、双样本 t 检验（2-sample t-test）、配对 t 检验（Paired t-test）、单样本率检验（1 proportion test）、两样本率检验（2 proportion test）、单样本 Poisson 率检验（1-sample Poisson rate test）、双样本 Poisson 率检验（2-sample Poisson rate test）、单样本方差检验（1-sample variance test）、双样本方差检验（2-sample variance test）、相关（Correlation）、协方差（Covariance）、正态性检验（Normality test）、异常值检验（Outlier test）和 Poisson 分布的拟合优度检验（Goodness-of-fit test for Poisson）。

（2）回归（Regression）：拟合线图（Fitted line plot）、回归[包括拟合回归模型（Fit regression model）、最佳子集（Best subsets）、预测（Predict）、因子图（Factorial plots）、等值线图（Contour plot）、曲面图（Surface plot）、重叠等值线图（Overlaid contour plot）、响应优化器（Response optimizer）]、非线性回归（Nonlinear regression）、稳定性研究（Stability study）[包括创建稳定性研究工作表（Create stability study worksheet）、稳定性研究（Stability study）、预测]、正交回归（Orthogonal regression）、偏最小二乘法（Partial least squares）、二值拟合线图（Binary fitted line plot）、二值 Logistic 回归（Binary Logistic regression）[包括拟合二值 Logistic 回归模型（Fit binary Logistic model），其余菜单项同回归]、有序 Logistic 回归（Ordinal Logistic regression）、名义 Logistic 回归（Nominal Logistic regression）、Poisson 回归（Poisson regression）[包括拟合 Poisson 回归模型（Fit Poisson model），其余菜单项同回归]。

（3）方差分析（Analysis of variance）：单因素方差分析（One-way ANOVA）、均值分析（Analysis of means）、平衡方差分析（Balanced analysis of variance）、一般线性模型（General linear model）[包括拟合一般线性模型（Fit general linear model）、比较（Comparisons），其余菜单项同回归]、混合效应模型（Mixed effects model）[包括拟合混合效应模型（Fit mixed effects model）、比较（Comparisons）、预测、因子图（Factorial plots）]、完全嵌套方差分析（Fully nested ANOVA）、一般多元方差分析（General MANOVA）、方差齐性检验（Test for equal variances）、区间图（Interval plot）、主互效应图（Main effects plot）、交互效应图（Interaction plot）。

（4）试验设计（DOE）：筛选设计（Screening design）[包括创建筛选设计（Create screening design）、定义自定义筛选设计（Define custom screening design）、分析筛选设计（Analyze screening design）、分析二值响应（Analyze binary response），其余菜单项同回归]、因子设计（Factorial design）[包括创建因子设计（Create factorial design）、自定义因子设计（Define custom factorial design）、选择最优设计（Select optimal design）、预处理响应以分析变异性（Preprocess responses for analyze variability）、分析因子设计（Analyze factorial design）、分析二值响应（Analyze binary response）、分析变异性（Analyze variability），其余菜单选项同筛选设计]、响应曲面设计（Response surface design）[包括创建响应曲面设计（Create response surface design）、自定义响应曲面设计（Define custom response surface design）、选择最优设计（Select optimal design）、分析响应曲面设计（Analyze response surface design），其余菜单选项同筛选设计]、混合设计（Mixture design）[包括创建混合设计（Create mixture design）、自定义混合设计（Define custom mixture design）、选择最优设计（Select optimal design）、单纯形设计图（Simplex design plot）、因子图、分析混合设计（Analyze mixture design）、响应跟踪图（Response trace plot）、等值线/曲面图（Contour/Surface plot）、重叠等值线图（Overlaid contour plot）、响应优化器（Response optimizer）]、田口（正交）设计（Taguchi design）[包括创建田口设计（Create taguchi design）、自定义田口设计（Define custom taguchi design）、分析田口设计（Analyze taguchi design）、预测田口结果（Predict taguchi results）]、修改设计（Modify design）、显示设计（Display design）。

（5）控制图（Control charts）：Box-Cox 变换（Box-Cox transformation）、子组变量控制图（Variables control charts for subgroups）[包括均值-极差控制图（$\bar{x}$ and R control chart）、均值-标准差控制图（$\bar{x}$ and S control chart）、单值-移动极差-极差/标准差控制图（Individual-moving range-range/standard deviation control chart）、均值控制图（$\bar{x}$ control chart）、极差控制图（R control chart）、标准差控制

图（S control chart）、区域控制图（Zone control chart）］、单值变量控制图（Variables control charts for individuals）［包括单值-移动极差控制图（I-MR control chart）、Z-MR 控制图（Z-MR control chart）、单值控制图（Individuals control chart）、移动极差控制图（Moving range control chart）］、属性控制图（Attributes control chart）［包括 P 控制图诊断（P control chart diagnostic）、P 控制图（P control chart）、Laney P′ 控制图（Laney P′control chart）、NP 控制图（NP control chart）、U 控制图诊断（U control chart diagnostic）、U 控制图（U control chart）、Laney U′ 控制图（Laney U′control chart）、C 控制图（C control chart）］、时间加权控制图（Time-weighted control chart）［包括移动平均控制图（Moving average control chart）、指数加权移动平均控制图（EWMA control chart）、累积和控制图（CUSUM control chart）］、多变量控制图（Multivariate control chart）［包括 T^2 控制图（Tsquared control chart）、广义方差控制图（Generalized variance control chart）、T^2-广义方差控制图（Tsquared-generalized variance control chart）、多变量指数加权移动平均控制图（Multivariate EWMA control chart）］、稀有事件控制图（Rare events control chart）［包括 G 控制图（G control chart）和 T 控制图（T control chart）］。

（6）质量工具（Quality tools）：运行图（Run chart）、Pareto 图（Pareto chart）、因果图（Cause-and-effect diagram）、个体分布标识（Individual distribution identification）、Johnson 变换（Johnson transformation）、能力分析（Capability analysis）［包括能力分析（正态分布）（Capability analysis (Normal distribution)）、能力分析（组间/组内）（Capability analysis (Between/Within)）、能力分析（非正态分布）（Capability analysis (Nonnormal distribution)）、能力分析（多变量正态分布）（Capability analysis for multiple variables (Normal distribution)）、能力分析（多变量非正态分布）（Capability analysis for multiple variables (Nonnormal Distribution)）、能力分析（二项分布）（Capability analysis (Binomial distribution)）和能力分析（Poisson 分布）（Capability analysis (Poisson)）］、能力六包装（Capability sixpack）［包括能力六包装（正态分布）（Capability sixpack (Normal distribution)）、能力六包装（组间/组内）（Capability sixpack (Between/Within)）和能力六包装（非正态分布）（Capability sixpack (Nonnormal distribution)）］、公差区间（正态分布）（Tolerance intervals (Normal distribution)）、公差区间（非正态分布）（Tolerance intervals (Nonnormal distribution)）、量具研究（Gage study）［包括 I 型量具研究（Type 1 gage study）、创建量具 R&R 研究工作表（Create gage R&R study worksheet）、量具运行图（Gage run chart）、量具线性和偏倚研究（Gage linearity and bias study）、交叉量具 R&R 研究（Crossed gage R&R study）、嵌套量具 R&R 研究（Nested gage R&R study）、扩展量具 R&R 研究（Expanded gage R&R study）和属性量具研究分析法（Attribute gage study analytic method）］、创建属性一致性分析工作表（Create attribute agreement analysis worksheet）、属性一致性分析（Attribute agreement analysis）、按属性抽样验收（Acceptance sampling by attributes）、按变量抽样验收（Acceptance sampling by variables）［包括创建/比较（Create / Compare）、接受/拒绝批次（Accept / Reject lot）］、多变异图（Multi-vari chart）、变异性控制图（Variability chart）和对称图（Multi-vari chart）。

（7）可靠性/生存（Reliability/Survival）分析：试验方案（Test plans）［包括验证试验方案（Demonstration test plans）、估计试验方案（Estimation test plans）、加速寿命试验方案（Accelerated life test plans）］、分布分析（右删失）［Distribution analysis（Right censoring）］［包括分布 ID 图（Distribution ID plot）、分布概要图（Distribution overview plot）、参数分布分析（Parametric distribution analysis）和非参数分布分析（Nonparametric distribution analysis）］、分布分析（任意删失）［Distribution analysis（Arbitrary censoring）]［菜单项同分布分析（右删失）］、保证分析（Warranty analysis）［包括过程前保证数据（Pre-process warranty data）和保证预测（Warranty prediction）］、可修复系统分析（Repairable system analysis）［包括参数增长曲线（Parametric growth curve）和非参数增长曲线（Nonparametric growth curve）］、加速寿命试验（Accelerated life testing）、含寿命数据的回归（Regression with life data）、Cox 回归（Cox regression）［包括仅使用固定预测变量拟合 Cox 模型（Fit Cox model with fixed predictors only）和使用计数过程格式拟合 Cox 模型（Fit Cox model in a counting process form）］和概率单位分析（Probit analysis）。

（8）预测分析（Predictive analysis）：CART®分类（CART® classification）分析和 CART®回归（CART® regression）。

（9）多变量（Multivariate）分析：主成分分析（Principal components analysis）、因子分析（Factor analysis）、项目分析（Item analysis）、观测值聚类（Cluster observations）、变量聚类（Cluster variables）、K 均值聚类（Cluster K-means）、判别分析（Discriminant analysis）、简单对应分析（Simple correspondence analysis）和多重对应分析（Multiple correspondence analysis）。

（10）时间序列（Time series）：时间序列图（Time series plot）、趋势分析（Trend analysis）、季节分解（Decomposition）法、移动平均法（Moving average）、单指数平滑（Single exponential smoothing）法、双指数平滑（Double exponential smoothing）法、Winter 指数平滑法（Winters' exponential smoothing method）、差分（Differences）、滞后（Lag）、自相关函数（Autocorrelation function）、偏自相关函数（Partial autocorrelation function）、互相关函数（Cross correlation function）和综合自回归移动平均模型（ARIMA model）。

（11）表格（Tables）：单变量计数（Tally individual variables）、关联的卡方检验（Chi-square test for association）、交叉表和卡方（Cross tabulation and chi-square）、单变量卡方拟合优度检验（Chi-square goodness-of-fit test）和描述性统计量表（Tables of descriptive statistics）。

（12）非参数检验（Non-Parametric tests，NPar）：单样本符号检验（1-sample sign test）、单样本 Wilcoxon 符号秩检验（1-sample Wilcoxon signed rank test）、Mann-Whitney 检验（Mann-Whitney test）、Kruskal-Wallis 检验（Kruskal-Wallis test）、Mood 中位数检验（Mood's median test）和 Friedman 检验（Friedman test）、游程检验（Runs test）、配对平均数（Pairwise averages）、配对差（Pairwise differences）和配对斜率（Pairwise slopes）。

（13）等价（等效）检验（Equivalence test）：单样本等价检验（1-sample equivalence test）、双样本等价检验（2-sample equivalence test）、配对资料的等价检验（Equivalence test with paired data）和 2×2 交叉设计的等价检验（Equivalence test for 2×2 crossover design）。

（14）检验功效与样本含量（Power and sample size）：用于估计样本含量（Sample size for estimation）、公差区间的样本含量（Sample size for tolerance intervals），以及单样本 Z 检验、单样本 t 检验、双样本 t 检验、配对 t 检验、单样本率检验、两样本率检验、单样本 Poisson 率检验、双样本 Poisson 率检验、单样本方差检验、双样本方差检验、等价（等效）检验［包括单样本等价检验（1-sample equivalence test）、双样本等价检验（2-sample equivalence test）、配对资料的等价检验（equivalence test with paired data）和 2×2 交叉设计的等价检验（Equivalence test for 2×2 crossover design）］、单因素方差分析、两水平的因子设计（2-level factorial design）、Plackett-Burman 设计（Plackett-Burman design）和一般全因子设计（General full factorial design）等统计检验的检验功效和样本含量估计。

1.2.4 统计图形

Minitab 可绘制 25 类统计图（Graph），包括散点图（Scatterplot）、区间散点图（Binned scatterplot）、矩阵图（Matrix plots）、相关图（Correlogram）、气泡图（Bubble plot）、边际图（Marginal plot）、直方图（Histogram）、点图（Dotplot）、茎叶图（Stem-and-leaf）、概率图（Probability plot）、经验累积分布函数图（Empirical CDF graph）、概率分布图（Probability distribution plot）、箱线图（Boxplot）、区间图（Interval plot）、单值图（Individual value plot）、线条图（Line plot）、平行坐标图（Parallel coordinates plot）、条形图（Bar chart）、热图（Heatmap）、饼图（Pie chart）、时间序列图（Time series plot）、面积图（Area graph）、等值线图（Contour plot）、3D 散点图（3D scatterplot）和 3D 曲面图（3D surface plot）。也可以通过图形生成器（Graph builder）绘制上述统计图。

1.2.5 宏

Minitab 具有强大的会话命令功能，用户可将会话命令编制为宏文件以自动执行重复性任务（如生成月报表、季报表等）或扩展 Minitab 的功能（如计算特殊检验统计量等），Minitab 宏文件的类型包括全局宏文件（.MAC 文件）、局部宏文件（.MAC 文件）和可执行文件（.MTB 文件）3 类。Minitab 官方网站提供了近百个宏文件（.MAC 文件）供用户下载，极大地丰富了 Minitab 的功能。

1.2.6 帮助与协助功能

Minitab 具有强大的帮助（Help）和协助（Assistant）功能，帮助用户学习统计基础知识与相关理论，指导用户使用 Minitab，协助用户选择正确的统计分析和绘图方法。

（1）帮助：详细介绍了各统计分析和绘图方法的基础知识，包括概述、数据要求、软件界面解释、操作步骤、示例的结果解释、会话命令、参考文献等。

（2）入门（Getting started）：提供 Minitab 入门文档（PDF 格式）的下载入口，共提供十大类 8 种语言的入门文档下载，帮助用户快速入门。

（3）统计指导（Stat guide）：包括各统计分析方法和绘图方法的概述、检验假设、统计量的定义、结果示例与解释等。

（4）教程（Tutorials）：介绍各统计分析方法的用法、数据要求和操作步骤（方案、选择适当的分析方法、输入数据、指定选项和解释结果）等。

（5）词汇表（Glossary）：可访问 Minitab 统计学词汇表（Minitab statistical glossary），该词汇表包含 Minitab 中各统计学词汇的解释。

（6）方法和公式（Methods and formulas）：提供 Minitab 中所有统计分析方法中各统计量的计算公式，但仅有英文版。

（7）键盘图（Keyboard map）：提供 Minitab 所有键盘命令的快捷键及其说明。

（8）协助：借助协助流程图（见图 1-1）协助用户选择正确的统计分析和绘图方法，包括测量系统分析（Measurement Systems Analysis，MSA）、能力分析、图形分析（Graphical analysis）、假设检验（Hypothesis test）、回归（Regression）、试验设计[包括计划并创建（Create experiments）和分析并解释（Analyze and interpret）]、之前/之后能力分析（Before/After capability analysis）、之前/之后控制图（Before/After control chart）和控制图（Control chart）等。

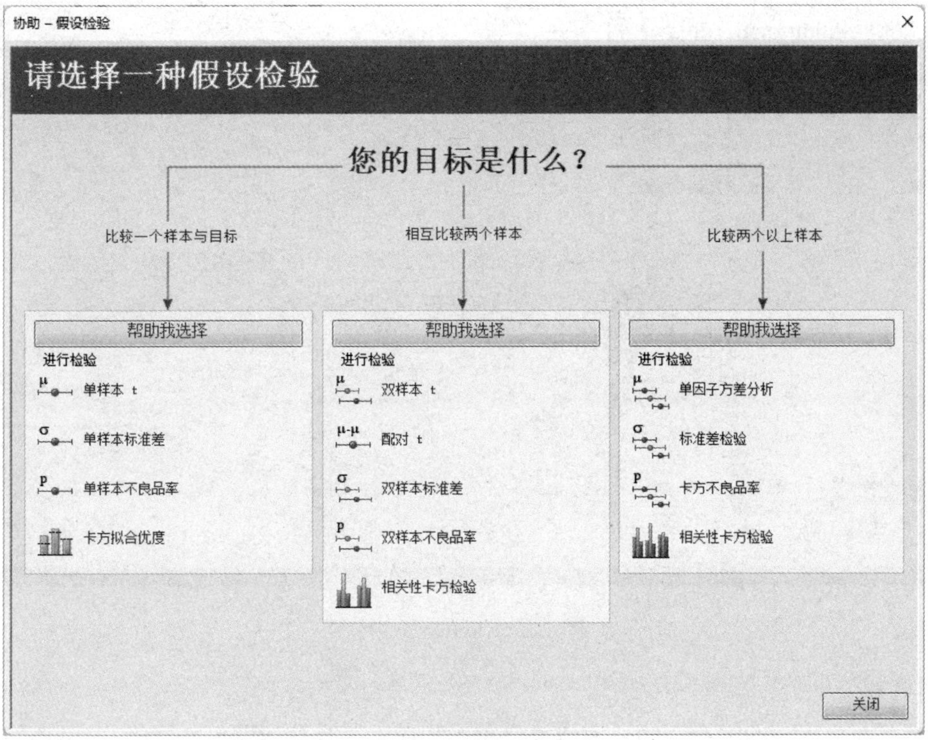

图 1-1　协助流程图

1.2.7　预测分析

Minitab 的预测分析模块（Predictive analytics module）具有强大的预测分析与机器学习功能，包括自动化机器学习（Automated machine learning）、CART®分类（CART® classification）分析、TreeNet®分类（TreeNet® classification）、Random Forest®分类（Random Forest® classification）、CART®回归（CART® regression）、TreeNet®回归（TreeNet® regression）和 Random Forest®回归（Random Forest® regression）等功能。

1.3　Minitab 界面

1.3.1　Minitab 主窗口

Minitab 主窗口由菜单栏、工具栏、导航器窗格、输出窗格、命令行/历史记录窗格、数据窗格和状态栏构成，如图 1-2 所示。

Minitab 主窗口各组成部分的作用分别如下。

1．菜单栏

菜单栏通过选择主菜单或子菜单可调用 Minitab 统计分析、绘图和其他命令，包括【文件（File）】、【编辑（Edit）】、【数据（Data）】、【计算（Calc）】、【统计（Statistical）】、【图形（Graph）】、【查看（View）】、【帮助（Help）】、【协助（Assistant）】、【预测分析模块（Predictive Analytics Module）】

和【其他工具（Additional Tools）】11 个主菜单。

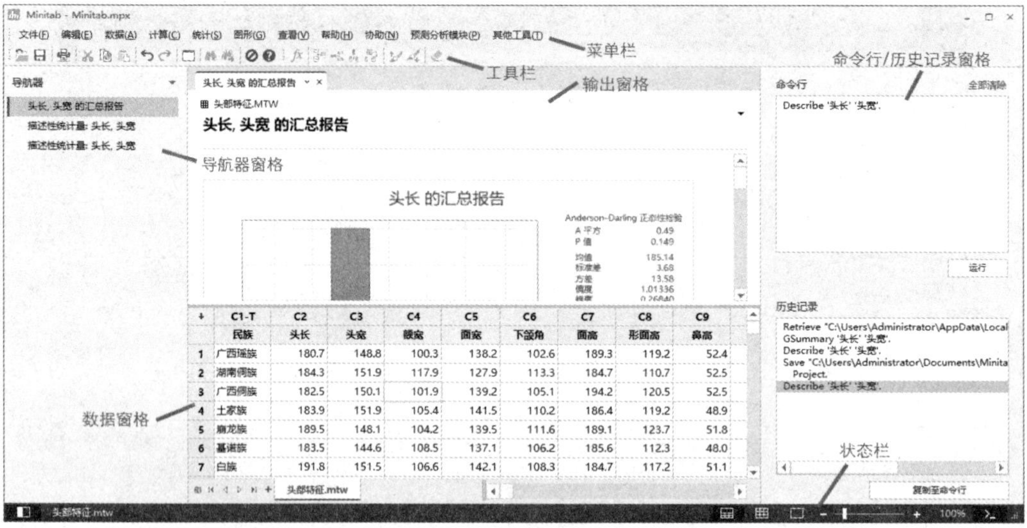

图 1-2 Minitab 主窗口

2. 工具栏

工具栏是执行 Minitab 命令的快速方式，单击相应的工具按钮即可执行操作或打开对话框。

3. 导航器窗格

导航器窗格显示用户已操作的记录或项目文件中的操作结果，单击相应的记录可在输出窗格中查看绘制图形（见图 1-3）或分析结果（见结果 1-1）。

4. 输出窗格

输出窗格显示被选中操作记录的绘制图形或分析结果。

结果 1-1

统计量

变量	N	N*	均值	均值标准误	标准差	最小值	下四分位数	中位数	上四分位数	最大值
头长	8	0	185.14	1.30	3.68	180.70	182.75	184.10	188.35	191.80
头宽	8	0	149.75	0.890	2.52	144.60	148.27	150.60	151.80	151.90

输出窗格可显示和编辑 Minitab 绘制的高清图形，包括修改图形元素的属性、图形的视图或布局，增加图形元素和信息，通过更新数据或变量以更改图形，如图 1-3 所示。当鼠标指向某图形项静止不动（悬停）时，可显示该图形项有关信息的备注标签，当鼠标悬停在箱线图的箱体时，可弹出箱线图有关信息的备注。

5. 命令行/历史记录窗格

Minitab 的早期版本也是使用语法命令的，其最新版本仍保留命令语言的功能，如“MEAN C2”或“CORR C2 C3”等。用户可在【命令行（Command Line）】框中直接输入语法命令，单击【运行（Run）】按钮即可执行该命令。用户也可以在【历史记录（History）】框中选择历史命令并单击【复制至命令行（Copy to Command Line）】，将历史命令复制到【命令行（Command Line）】中，用户可直接使用历史命令或将其编辑后运行。用户可根据个人喜好交替使用菜单命令和会话命令，或者只使用其中一种。

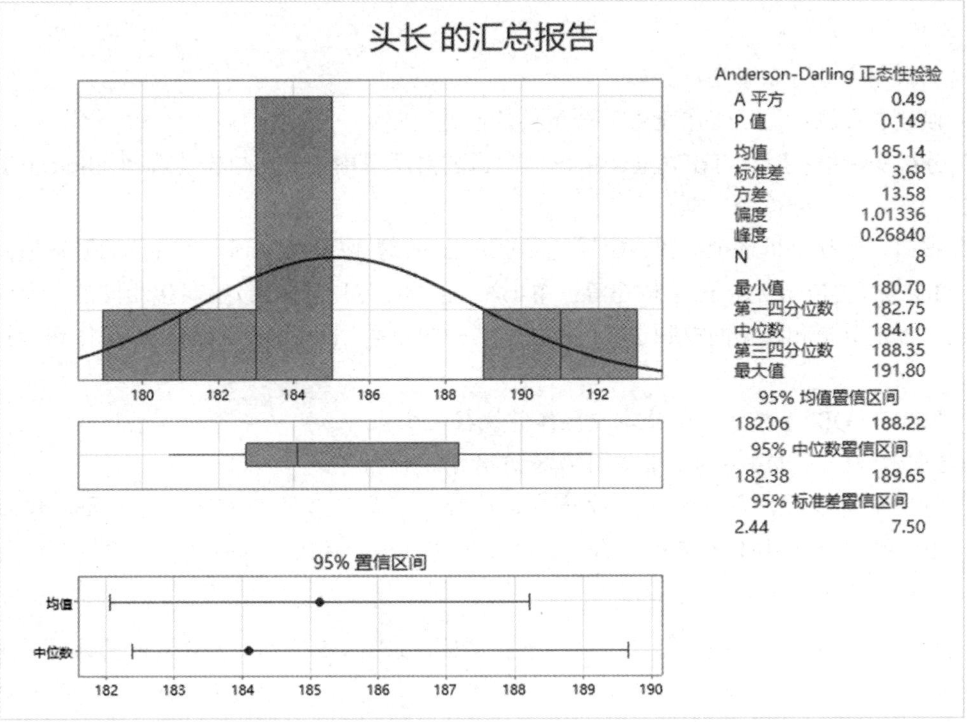

图 1-3 绘制图形

6. 数据窗格

在数据窗格中以电子表格格式（行列交叉，形成单独的单元格）显示工作表（*.mwx）。工作表最多可包含 4000 列、1000 个常量和 10000000 行，其大小取决于计算机的内存大小。用户可在数据窗格中输入数据、改变变量名（列名）、调整列宽和列的格式、快速移动至其他单元格、剪切、复制或粘贴单元格、设定列的计算公式。

7. 状态栏

状态栏用于显示当前打开文件的信息和常用的窗口控制选项按钮，当鼠标悬停在相应按钮上时，可显示该按钮的作用。

导航器按钮：单击可切换显示或隐藏导航器窗格。

数据和输出按钮：单击可同时显示数据窗格和输出窗格。

仅数据按钮：单击仅显示数据窗格，隐藏输出窗格。

仅输出按钮：单击仅显示输出窗格，隐藏数据窗格。

- + 150% 缩放滑块：单击“-”或“+”可减少或增加输出窗格的显示比例，右侧百分数为当前显示比例的大小。

命令行/历史记录按钮：单击可切换显示或隐藏命令行/历史记录窗格。

1.3.2 对话框

由于 Minitab 主要采用图形界面方式操作，各统计、绘图和其他功能均可通过对话框实现。对话框分为主对话框（见图 1-4）和子对话框（见图 1-5）两种类型。

1. 主对话框

主对话框主要分为如下几种类型。

（1）候选变量框：显示工作表中符合条件的候选变量。

（2）分析变量框：用户可在候选变量框中双击变量或选中变量后单击【选择（Select）】按钮将需要分析的变量选入分析变量框。

（3）按钮：包括分析选项按钮（【统计量（Statistics）】按钮、【图形（Graphs）】按钮）和【确定（OK）】按钮、【帮助（Help）】按钮等，单击相应的按钮可打开与按钮名称相同的子对话框，在子对话框中设定分析和绘图的控制选项。例如，单击图 1-4 中的【图形（Graphs）】按钮可打开图形对话框。

（4）【确定（OK）】按钮：确认本次操作并执行命令。

（5）【取消（Cancel）】按钮：取消本次操作并不执行命令。

注： 为了节省版面，本书对所有对话框都进行了剪裁，只保留对话框的主要操作面板（见图 1-4 黑色方框部分），按钮和其他留白区域均不保留，读者在阅读本书时应注意。

2. 子对话框

单击主对话框的相应按钮可打开同名的子对话框，如图 1-5 所示，子对话框的话框项主要分为如下几种类型。

（1）变量选择框。

（2）下拉菜单：选择相应的选项，每次只能选择一个选项。

（3）复选框：选择相应的选项，每次可以选择多个选项。

（4）单选框：选择相应的选项，每次只能选择一个选项。

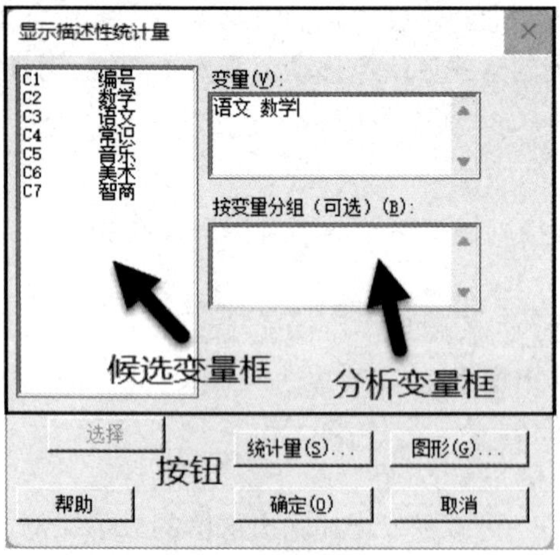

图 1-4　主对话框

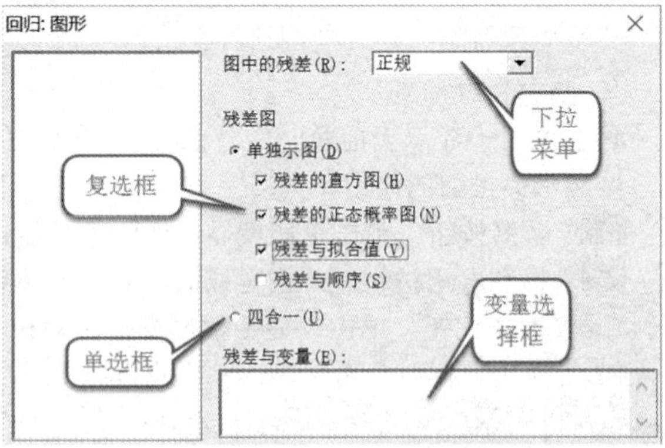

图 1-5　子对话框

1.3.3 弹出菜单

在输出窗格（图形或结果）、数据窗格、命令行窗格、历史记录窗格中分别右击可弹出相应的菜单，方便用户迅速选择相应的命令，如图 1-6 所示。

注： 在不同的情形下或位置上（如在不同的图形项上）右击，弹出菜单的项目会有所不同。

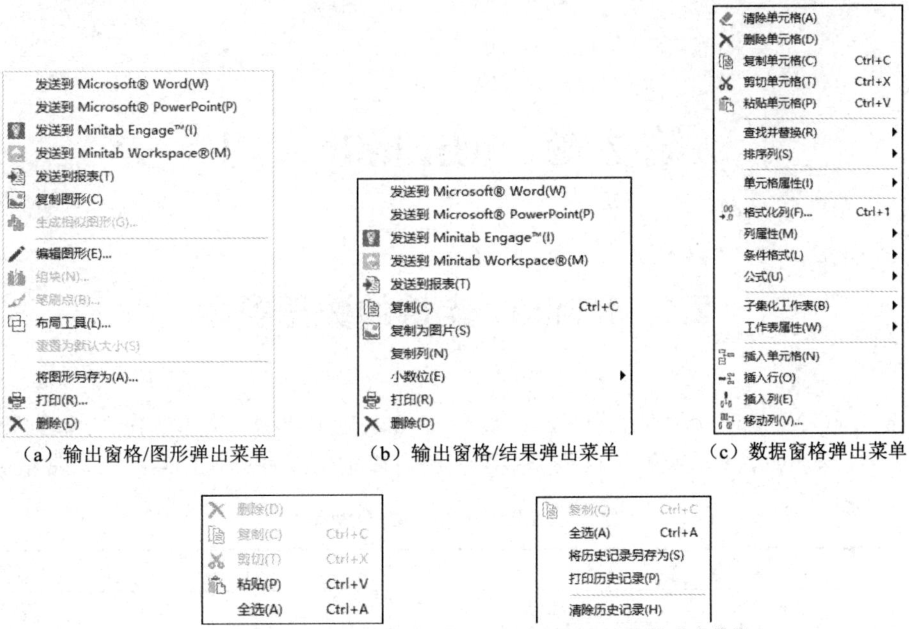

（a）输出窗格/图形弹出菜单　（b）输出窗格/结果弹出菜单　（c）数据窗格弹出菜单

（d）命令行窗格弹出菜单　（e）历史记录窗格弹出菜单

图 1-6　弹出菜单

1.3.4　中、英文界面的设置

Minitab 安装程序提供了中文、英语、法语、德语、朝鲜语、日语、葡萄牙语和西班牙语 8 种语言安装包，用户在官网免费下载相应的语言安装包后即可成为多国语言版。下面将简单介绍从默认的简体中文界面转换为英文界面的方法。

（1）下载英语语言安装包。

（2）选择【文件（File）】（有些版本选择【工具（Tools）】）→【选项（Options）】菜单项，打开【选项：常规（Options:General）】对话框（见图 1-7），【语言（Language）】选择【英语】选项，重新启动 Minitab 后即可启动英文界面。

注：用户可以同时启动英文界面和中文界面，比较中、英文界面输出结果的表述，提高英文水平。

由于本书采用中、英文对照，所有界面和输出结果的英文专业名词均附有标准的中文专业名词对照，因此用户无论选择上述何种组合都不会影响本书的阅读和软件的使用。

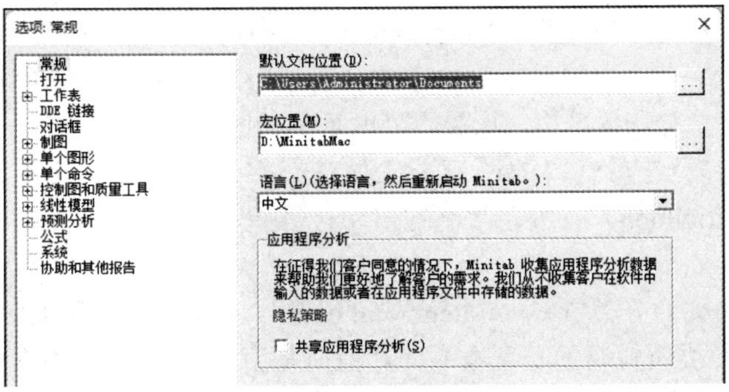

图 1-7　【选项：常规（Options:General）】对话框

第 2 章　Minitab 入门

2.1　Minitab 支持的数据类型

Minitab 工作表可处理 3 种类型的资料：数字（Numeric）数据、文本（Text）数据和日期/时间（Date/Time）数据，如表 2-1 所示。这些类型的资料可以采用 3 种形式存储：列、常量和矩阵。

表 2-1　Minitab 支持的数据类型

C1	C2-D	C3-T	C4
数字	日期/时间	文本	货币
4	2004/07/26	红色	21.75
7	2004/08/11	蓝色	18.25
12	2004/12/02	绿色	5.85
10	2004/12/26	黄色	3.25
8	2005/01/01	橙色	24.50
5	2005/01/15	棕色	32.16

1．数字数据

数字数据又称为数值型资料，通常由数字字符（0～9）和缺失值符号（*）组成。数字数据可以包含正号和负号（+和–），还可以包含小数分隔符。如果要以指数表示法（科学记数法）输入数据，则数字数据还包含字母 E，如 3.2E12。此外，数字数据还可以包含货币符号或百分比符号（%）。如果列或变量包含除数字、*、%或 Minitab 可以识别的货币符号外的其他字符，则将整个列的格式设置为文本类型。

数字数据可分为计量资料（Measurement data）和计数资料（Enumeration data），计数资料又可分为等级资料（Ranked data）、有序资料（Ordinal data）和名义资料（Nominal data）。在某些研究中可能还会遇到删失资料（Censored data）。通常，不同类型的资料应采用不同的统计分析方法或绘图方法。

（1）计量资料：又称为数值数据（Numerical data），如人的身高（cm）/体重（kg）、环境的温度（℃）/相对湿度（%）、不同地区大气中的二氧化碳浓度（mg/L）、经济学中的增长速度和 GDP 指数等。此类资料通常具有计量单位，其取值可以是某一区间范围内的任一实数，通常称之为连续资料（Continuous data）。计量资料的统计方法与具有密度的连续随机变量（Continuous random variable）的分布（Distribution）有关，常用均值、标准差、t 检验、方差分析、相关或回归分析等进行描述和统计分析。

（2）计数资料：又称为分类资料（Categorical data），如单位面积内的细菌数，人群中 O、A、B、AB 血型的人数。此类资料通常是可数的，其取值是整数（个数），通常取非负整数。计数资料的统计分析与具有离散随机变量（Discrete random variable）的分布有关，常用率、构成比、χ^2 检验、非参数检验等进行描述和统计分析。

上述两种类型的资料可根据实际需要相互转化。例如，当观测某特定（某种疾病）人群的年龄时，理论上是计量资料，但往往按计数资料记录，如年、月、日或孕周等，根据实际工作的需要，计量资料是可以离散化的。

（3）等级资料：如某种治疗方案（或药物）治疗人群某种疾病后的疗效（痊愈、好转、无效）、人眼视力等，常用率、构成比、等级相关、非参数检验等进行描述和统计分析。

（4）有序资料：又称为有序分类（Ordinal categories）资料。例如，在评定某种酒或茶叶的品质程度时，只能评出一个顺序；对于布料的手感程度，感觉这块布料比那块布料柔软等。

（5）名义资料：又称为无序分类（Unordinal categories）资料，如不同颜色的不同副本、不同图书的不同分类代码等。

（6）删失资料：又称为截尾反应资料（Censored responses data）或不完全资料（Uncomplete data）。例如，在医学领域中，临床随访研究中的一部分人（或患者）可以观察到死亡（或痊愈），能得到这部分人（或患者）准确的生存时间等，此类数据称为完全资料（Complete data）或非截尾反应资料（Uncensored responses data）。但往往有一部分人（或患者）由于各种原因（如迁移、中断治疗、失访等）而不能观察到其真正的生存时间（有起始时间，没有确切的终止时间），但能得到其生存时间不小于某个数值这样一个信息，习惯在该数据右上角标“+”来表示此信息，如生存时间为 5^+ 年、6^+月等。在进行统计分析时，删失资料常用于估计中位数、生存率、生存分析等。

有些数字数据可根据实际需要进行转化。在统计分析中，用户只有根据统计分析的目的与要求，针对不同类型的数据特征选用恰当的统计分析方法与图形进行统计分析，才可能得到正确的结果。

2. 文本数据

文本数据是由字母、数字、空格和特殊字符混合组成的字符，如“Test Number 4”或“North Carolina”，包含文本的列或变量用“T”标记。数字数据中的名义资料、等级资料和有序资料也可以用文本数据表示，如“男”“女”“非常不满意”“不满意”“满意”“非常满意”“–”“+”“++”“+++”“++++”等。需要注意的是，文本数据仅能作为分组变量，在统计分析结果中按照大小顺序排序，如交叉表、方差分析等，而不能作为等级变量或有序变量，如相关分析等。

3. 日期/时间数据

日期/时间数据是包含日期（如 1997-1-1 或 97/3/17）、时间（如 8:25:22）或二者（如 1997-3-17 8:25:22）的数据。Minitab 将日期和时间存储为数字，但以所选择的格式显示。

2.2 Minitab 的文件类型

Minitab 的文件类型可分成三大类：存储数据的文件、存储输出结果的文件和存储宏的文件，分别如表 2-2～表 2-4 所示。可通过【文件（File）】菜单项打开、关闭、保存、打印或运行 Minitab 支持的各种文件类型。

表 2-2 存储数据的文件

文件格式	说明
Minitab 项目（MPJ 或 mpx）	保存当前项目中的所有信息，如工作表、输出和历史记录。Minitab 项目可保存已经完成的工作
Minitab 工作表（MTW 或 mwx）	保存 Minitab 工作表中的所有信息，其他软件或编辑器不能打开 Minitab 工作表文件

续表

文件格式	说明
Minitab 可携式工作表（MTP）	包含列、常量和矩阵，但不包含试验设计的设计对象、公式和设置，其格式为文本文件格式，用于在平台、操作系统和早期 Minitab 版本之间传输 Minitab 工作表数据
文本（TXT、CSV 或 DAT）	仅包含列数据，用于在 Minitab 和其他应用程序之间传输数据，包括 TXT 或 DAT（标准文本文件）、CSV（逗号分隔符）（由逗号或其他分隔符分隔的文本文件）
来自其他应用程序的文件	仅包含列数据，包括 Microsoft Excel（XLS、XLSX、XML）
Web 页（HTM、HTML）	仅包含列数据，使用字处理器或 Web 浏览器打开 HTML 文件时会保留所有格式。Minitab 不能打开 Web 页文件

表 2-3 存储输出结果的文件

输出结果类型	文件格式
图形	Minitab 图形格式文件（. MGF），可以在 Minitab 中查看或编辑图形，也可以将 Minitab 图形另存为 JPG、PNG、TIF、BMP、GIF 或 EMF 格式
会话窗口	可保存为标准文本文件（. TXT 或.LIS）；丰富文本格式（RTF）在字处理器中打开时保留格式；Web 页（HTM、HTML）在 Web 浏览器或字处理器中打开时保留格式
ReportPad	可保存为丰富文本格式（RTF），在字处理器中打开时保留格式；Web 页（HTM、HTML）在 Web 浏览器或字处理器中打开时保留格式
历史记录文件	可以将历史记录保存为标准文本文件（. TXT）或将操作保存为宏文件或可执行文件，以便下次重复分析时调用

表 2-4 存储宏的文件

文件格式	说明
宏（. MAC）文件	用于自动执行重复性任务（如生成月报表）或扩展 Minitab 功能（如计算特殊检验统计量）、Minitab 命令集
可执行（. MTB）文件	早期格式的 Minitab 宏文件
STARTUP.MAC 和 STARTUP.MTB 文件	打开新 Minitab 项目时自动执行的特殊宏文件

2.3 Minitab 工作表的基本操作与数据录入

2.3.1 Minitab 工作表介绍

Minitab 工作表又称为数据窗口（见图 2-1），与 Excel 类似，由列（变量）和行（单个案例）构成，行与列相交构成单元格。除数据列外，Minitab 工作表还可以包括存储的常量和矩阵，以及在试验设计过程中使用的设计对象。每个 Minitab 工作表最多可以包含 4000 列、1000 个常量和 10000000 行，总单元格数取决于计算机内存的大小，但最多可达 150000000 个。

Minitab 工作表的第 1 行为 C+序号的列号，列号的后缀“T”代表文本数据，“D”代表日期/时间数据，无后缀者代表数字数据；第 1 行最左侧的箭头代表数据输入方向，其中，“↓”代表按列录入，即从上往下依次录入，“→”代表按行录入，即从左往右依次录入；第 2 行为变量名，可以为中文、英文或任意字符，但名称不能重复。

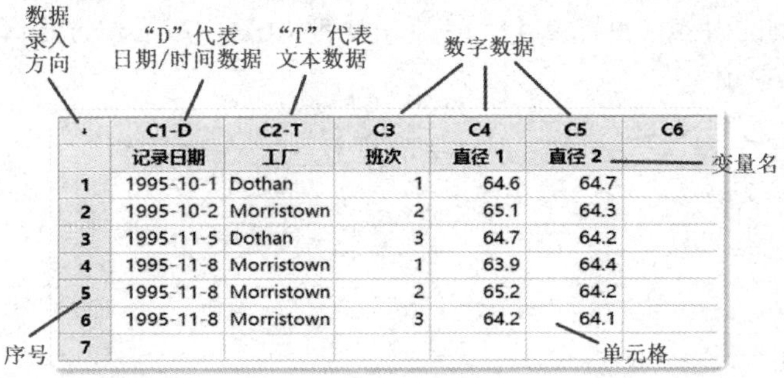

图 2-1　Minitab 工作表

2.3.2　数据录入实例

利用 Minitab 对数据进行分析，首先要建立数据文件，即 Minitab 工作表文件。

【例 2-1】 某公司的质量管理人员随机抽取了旗下两家工厂某零件的测量数据，如表 2-5 所示，试建立 Minitab 工作表文件（工具.mwx）。

表 2-5　某零件的测量数据

记录日期	工厂	班次	直径 1	直径 2
1995-10-15	Dothan	1	64.6	64.7
1995-10-21	Morristown	2	65.1	64.3
1995-11-5	Dothan	3	64.7	64.2
1995-11-8	Morristown	1	63.9	64.4
1995-11-8	Morristown	2	65.2	64.2
1995-11-8	Morristown	3	64.2	64.1

根据不同的情况，上述数据可以使用如下 4 种常用的方法录入或导入 Minitab 工作表。

方法 1：直接录入

若上述数据是在白纸或表格中手抄或记录的，则可直接在 Minitab 工作表中录入。在录入之前，根据用户的使用习惯确定是按列录入（↓）或按行录入（→），Minitab 可自动识别数据类型，一般情况下不需要特别设置数据类型。录入的结果如图 2-2 所示。

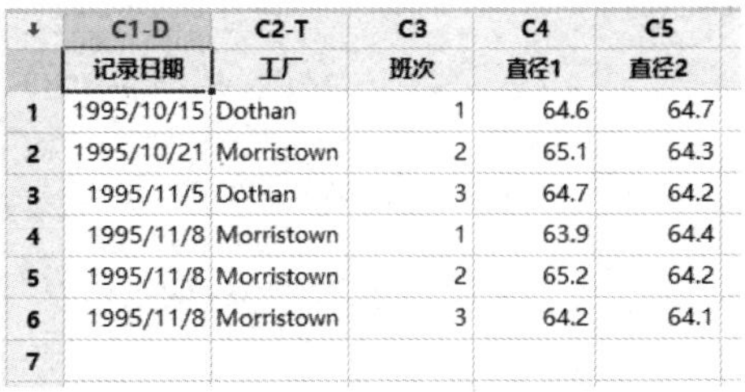

图 2-2　录入的结果

方法 2：从 Word 中直接复制

如果用户已在 Word 中建立好表格，则可直接将 Word 中的数据复制至 Minitab 工作表。

（1）选择需要复制的内容（见表 2-5），使用快捷键 Ctrl+C 或右击 Word 表格，选择弹出菜单中的【复制（Copy）】菜单项。

（2）切换至 Minitab，将光标定位在 C1 下方的灰色变量名单元格中，使用快捷键 Ctrl+V 或右击选择弹出菜单中的【粘贴单元格（Paste Cells）】菜单项（见图 2-3），结果如图 2-2 所示。

方法 3：从 Excel 中直接复制

如果用户已在 Excel 中建立好表格，则可直接将 Excel 中的数据复制至 Minitab 工作表。

（1）选择需要复制的内容（见图 2-4），使用快捷键 Ctrl+C 或右击选定区域并选择弹出菜单中的【复制（Copy）】菜单项。

图 2-3 将数据粘贴至 Minitab

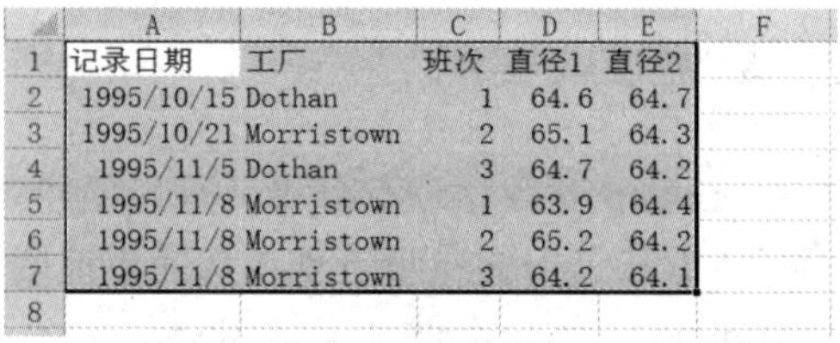

	A	B	C	D	E	F
1	记录日期	工厂	班次	直径1	直径2	
2	1995/10/15	Dothan	1	64.6	64.7	
3	1995/10/21	Morristown	2	65.1	64.3	
4	1995/11/5	Dothan	3	64.7	64.2	
5	1995/11/8	Morristown	1	63.9	64.4	
6	1995/11/8	Morristown	2	65.2	64.2	
7	1995/11/8	Morristown	3	64.2	64.1	
8						

图 2-4 待复制的 Excel 表格

（2）重复方法 2 的第（2）步，结果如图 2-2 所示。

方法 4：从 Excel 文件导入

对于数据量小的数据，可以采用方法 3 的步骤操作，但对数据量大的 Excel 文件或有特殊的数据导入要求的，建议采用从 Excel 文件导入的方法，具体操作方法如下。

（1）选择【文件（File）】→【打开（Open）】菜单项，打开【打开（Open）】对话框（略）。

在选择 Excel 文件的存储位置后，在右下角的下拉菜单中选择【Excel 文件（Excel Files）】菜单项，选择文件“工具.xlsx”。

（2）单击【打开（Open）】按钮，打开【打开 Excel 文件（Open Excel File）】主对话框，如图 2-5 所示。

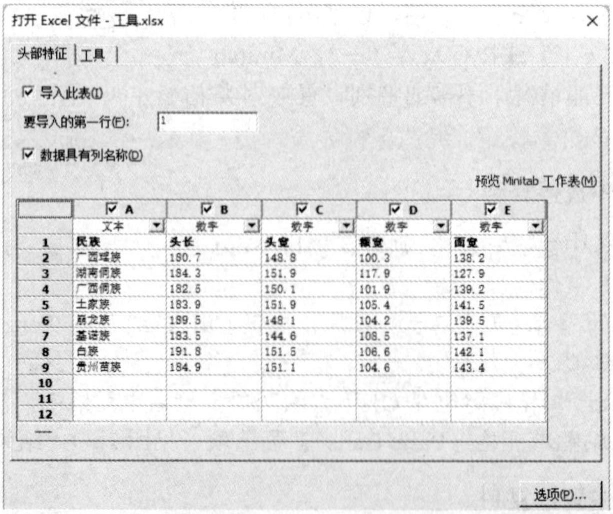

图 2-5 【打开 Excel 文件（Open Excel File）】主对话框

“工具.xls”文件中有两个工作表：“头部特征”和“工具”，因此在【打开 Excel 文件（Open Excel file）】主对话框中显示两个选项卡，在选项卡中，自动显示默认的字段类型，用户可修改字段的类型和选中或取消需要导入的字段。

- 【导入此表（Import this sheet）】：导入当前工作表。
- 【要导入的第一行（First row to import）】：设定需要导入数据的第 1 行的行号，如输入 3，表示从第 3 行开始导入，第 1、2 行的数据不导入，本例为 1，即导入所有的数据行。
- 【数据具有列名称（Data has column names）】：如果第 1 行为列名称，则选择此选项。
- 【预览 Minitab 工作表（Preview Minitab worksheet）】：预览导入 Minitab 工作表后的效果。

注：如果不需要导入列，则取消所在列字母前的复选框，用户还可以通过下拉列表修改字段的类型：【数字（Numeric）】、【文本（Text）】或【日期 时间（Date time）】。

（3）【打开：选项（Open: Options）】对话框如图 2-6 所示。

- 【缺失的数据（Missing Data）】。
  - 【在您的文件中哪些值代表缺失数据？（What values represent missing data in your file?）】：Minitab 用缺失值符号（*）表示缺失数字值和日期/时间值，用空格表示缺失文本值。如果导入数据包含其他缺失值规则，则可分别设定【数字列（Numeric columns）】和【文本列（Text columns）】的缺失值规则，如输入 999，在导入时，自动将 999 转换为缺失值符号。
  - 【不要输入空白行（Do not import blank rows）】：不导入空行。
  - 【添加缺失值以使所有列中的行数相同（Add missing values to make the number of rows the same across all columns）】：对较短的字段将自动添加缺失值符号，使所有列的行数相同。
- 【文本列（Text Columns）】。
  - 【去除不可打印的字符和多余的空格（Remove nonprintable characters and extra spaces）】：删除文本列中不可打印的字符和多余的空格，单词之间只保留单个空格。
  - 【纠正案例不匹配问题（Correct case mismatches）】：将第 1 个出现的文本值的大小写模式应用于所有匹配值，使本列中所有文本值的大小写模式相同。例如，如果列中的前 3 个值为 Red red RED，选择此选项可将这 3 个值修正为 Red Red Red。

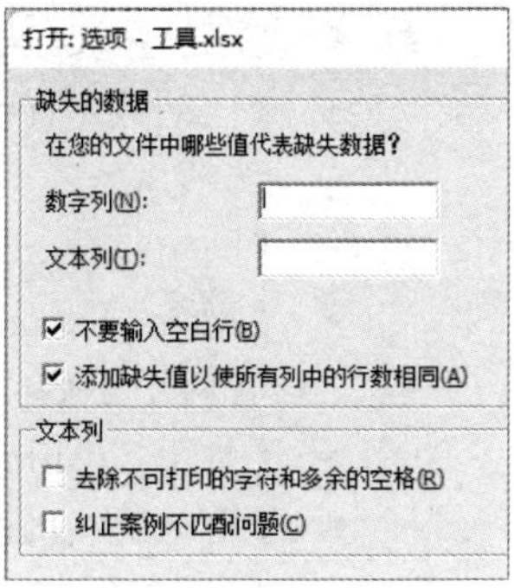

图 2-6　【打开：选项（Open: Options）】对话框

（4）单击【确定（OK）】按钮，完成数据导入。

2.3.3　设置数据类型

虽然 Minitab 可自动识别用户手工录入、复制或从其他数据库格式导入的数据，但难免会有识别错误的情况，在实际工作中，我们也可能需要将数据设置为特定的数据类型，这时需要修改数据类型，如将文本数据修改为数字数据，将日期/时间数据修改为文本数据或数字数据等。

【例 2-2】 现有 8 个体检数据，从 Excel 文件导入后，Minitab 自动将“身高”（单位：cm）和“体重”（单位：kg）这两个变量（体检数据 01.mwx）识别为文本格式（见图 2-7），试将“身高”修改为数字数据。

（1）打开工作表“体检数据 01.mwx”。

（2）在变量“身高”的任意单元格中右击，选择弹出菜单（见图 2-8）中的【格式化列（Format

Column）】菜单项，打开【格式化列（Format Column）】对话框，如图 2-9 所示。

↓	C1-T	C2-T	C3-T	C4-T	C5-T	C6
	no	年龄	性别	身高	体重	
1	1	48	女	158	60	
2	2	35	男	171.5	65.5	
3	3	45	男	171.5	93.5	
4	4	33	女	162	56	
5	5	48	女	缺失	缺失	
6	6	24	男	171.5	71.5	
7	7	39	男	171	73	
8	8	40	男	165.5	56	
9						

图 2-7 体检数据 01.mwx

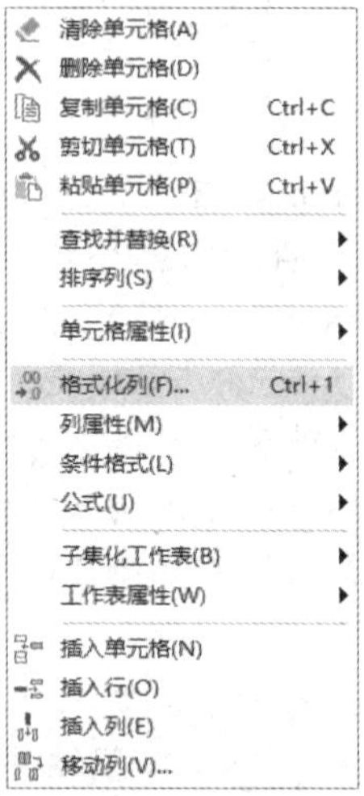

图 2-8 弹出菜单

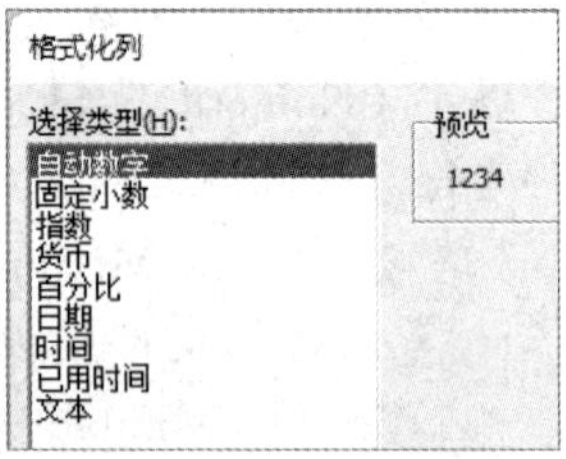

图 2-9 【格式化列（Format Column）】对话框（1）

- 【选择类型（Choose type）】：选择需要修改的目标类型。
  - 【自动数字（Automatic numeric）】：根据变量中输入的数值显示小数位数，本例选择此选项。
  - 【固定小数（Fixed decimal）】：设定固定的小数位。
  - 【指数（Exponential）】：以指数格式显示数字，如数字 3200 的指数格式为 3.20E+03（包含两个小数位）或 3.2+E03（包含一个小数位）。
  - 【货币（Currency）】：以货币格式显示数字，如¥171.50、$171.50 等。
  - 【百分比（Percentage）】：以百分比格式显示数字，如 71.50%。
  - 【日期（Date）】：按指定的日期格式显示，如 2016/6/19、2016-6-19、2016/6/19 星期日等。
  - 【时间（Time）】：按指定的时间格式显示，如 12:12:05。
  - 【已用时间（Elapsed time）】：日期/时间数据在 Minitab 内部保存为数字，由整数和小数构成，整数表示自 1899 年 12 月 30 日以来的天数；小数表示一天中过去的部分，如日期/时间数据“1990 年 1 月 1 日上午 6:00”在 Minitab 内部保存为数字 32874.25。选择此选项可显示距离 1899 年 12 月 30 日午夜 12 点的时间，如“2016/7/31 12:21”将显示为“42582.12:21:00.000”。
  - 【文本（Text）】：将变量格式设置为文本格式。

↓	C1-T	C2-T	C3-T	C4	C5-T	C6
	no	年龄	性别	身高	体重	
1	1	48	女	158.0	60	
2	2	35	男	171.5	65.5	
3	3	45	男	171.5	93.5	
4	4	33	女	162.0	56	
5	5	48	女	*	缺失	
6	6	24	男	171.5	71.5	
7	7	39	男	171.0	73	
8	8	40	男	165.5	56	
9						

图 2-10 修改为数字格式的结果

（3）主要结果及分析：将变量“身高”修改为数字格式后，其列号后面的字母“T”消失，所有单元格的小数点位数均相同，含有非数字文本的单元格将显示为缺失值“*”，如图 2-10 所示。

【例 2-3】 将例 2-1 中的变量“记录日期”（工具.mwx）修改为文本格式“2016/ 6/19/星期日”。

（1）打开工作表“工具.mwx”。

（2）在变量“记录日期”的任意单元格中右击，选择弹出菜单（见图 2-8）中的【格式化列（Format Column）】菜单项，打开【格式化列（Format Column）】对话框，如图 2-11 所示。

【选择类型（Choose type）】选择【日期（Date）】，【日期显示格式（Date display formats）】选择【2050/1/23/星期日】。

（3）重复第（2）步，在【格式化列（Format Column）】对话框（见图 2-12）中的【选择类型（Choose type）】中选择【文本（Text）】。

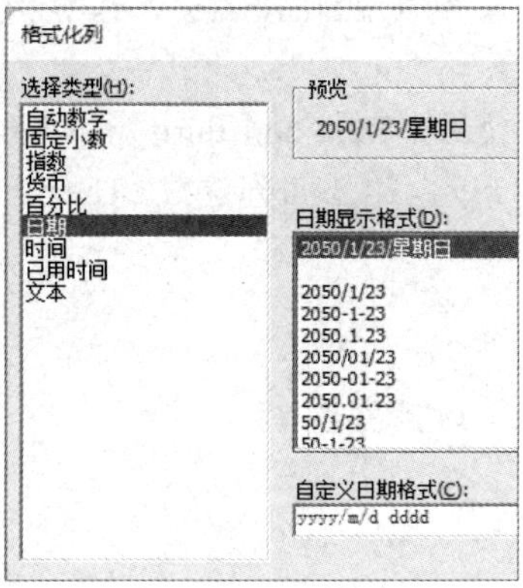

图 2-11　【格式化列（Format Column）】对话框（2）

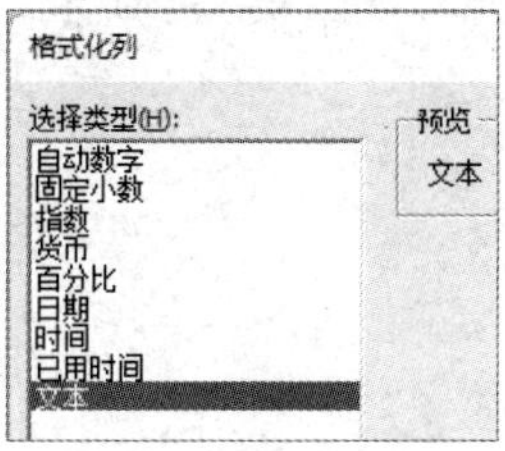

图 2-12　【格式化列（Format Column）】对话框（3）

（4）主要结果及分析：变量“记录日期”从日期格式修改为文本格式，其列名后将带有字母“T”，如图 2-13 所示。

↓	C1-T	C2-T	C3	C4	C5
	记录日期	工厂	班次	直径1	直径2
1	1995/10/15/星期日	Dothan	1	64.6	64.7
2	1995/10/21/星期六	Morristown	2	65.1	64.3
3	1995/11/5/星期日	Dothan	3	64.7	64.2
4	1995/11/8/星期三	Morristown	1	63.9	64.4
5	1995/11/8/星期三	Morristown	2	65.2	64.2
6	1995/11/8/星期三	Morristown	3	64.2	64.1
7					

图 2-13　修改为文本格式的结果

2.4　调用 Minitab 宏

Minitab 宏是将一系列的命令组织在一起作为单独命令完成特定任务的。例如，每天、每月、每季度的重复劳动，都可以将相关的操作编制成 Minitab 宏文件，在需要时调用 Minitab 宏文件进行分析。Minitab 宏文件的扩展名为 MAC。早期版本的 Minitab 并非图形操作界面，与 SAS、STATA 等软件一样，也是需要通过语法命令（编程功能）执行的，新版本的 Minitab 保留了之前的编程功能，其建立 Minitab 宏文件的方法有两种，第一种是利用文本编辑软件编程后保存为*.MAC 文本文件；第二种是将【历史记录（History）】中记录的语法命令进行再加工后保存为*.MAC 文本文件。对于精通 Minitab 语法命令的用户可采用第一种方法；而对于绝大多数用户建议采用第二种方法，此方法可避免记忆太多的语法命令，且具有省时、省力的优点。

Minitab 官方网站提供了近百个 Minitab 宏文件，用户可自行前往官方网站下载。如图 1-7 所示，设定好相应的【宏位置（Macro location）】后，将所有宏文件复制到该文件夹中，即可调用这些宏。

【例 2-4】现有某银行 850 位以往和潜在客户财务与人口统计信息，试用 Minitab 官方网站中的宏文件（QRTILES.MAC）计算家庭收入（单位：千元）的上、下四分位数。

（1）打开工作表“收入.mwx”。

（2）在【命令行（Command Line）】框（见图 1-2）中输入“%QRTILES C5”，其中“QRTILES”为宏文件名，单击【运行（Run）】按钮。

（3）主要结果及分析：使用计数法的第 1 和第 3 四分位数（First and third quartiles using the counting method），第 1 四分位数（The first quartile）为 24.00 千元，第 3 四分位数（The third quartile）为 56.00 千元，如结果 2-1 所示。

结果 2-1

Counting Method: 1st & 3rd Quartiles for 家庭收入

The first quartile =　24.0000

The third quartile =　56.0000

注：本书配套宏文件详见本书配套文件（华信教育资源网）。

第3章　数 据 管 理

Minitab 具有强大的数据管理功能，共有 19 大类，包括子集化工作表、拆分工作表、堆叠工作表、合并工作表、复制、拆分列、堆叠、转置列、排序、排秩、删除行、删除变量、条件格式、重新编码、更改数据类型、日期/时间、合并、显示数据、工作表信息。

3.1　生成工作表子集

生成工作表子集可根据指定的条件将活动工作表中符合条件的个案复制到新工作表中。

3.1.1　根据指定变量值生成工作表子集

【例 3-1】根据例 2-4 的工作表，将学历为大专及以上的个案（收入.mwx）复制到新工作表中。

（1）打开工作表“收入.mwx”。

（2）选择【数据（Data）】→【子集化工作表（Subset Worksheet）】菜单项，打开【子集化工作表（Subset Worksheet）】对话框，如图 3-1 所示。

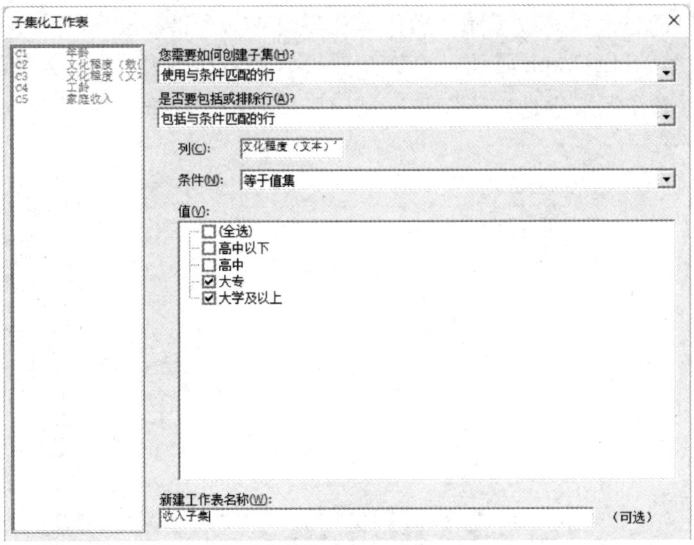

图 3-1　【子集化工作表（Subset Worksheet）】对话框

- 【您需要如何创建子集？（How do you want to create a subset?）】：可选择【使用与条件匹配的行（Use rows that match a condition）】、【使用图形中已刷新的行（Use brushed rows from a graph）】、【使用列中含已设置格式的单元格的行（Use rows with formatted cells in a column）】、

【使用行号（Use row numbers）】或【使用公式（Use formula）】。本例选择第一个选项。

- 【是否要包括或排除行？（Do you want to include or exclude rows?）】。
  - 【包括与条件匹配的行（Include rows that match the condition）】：将符合条件的个案复制到新工作表中。
  - 【排除与条件匹配的行（Exclude rows that match the condition）】：将不符合条件的个案复制到新工作表中。
    - 【列（Column）】：选择“文化程度（文本）”。
    - 【条件（Condition）】：可选择【等于集值（Equals set of values）】、【相等（Equals）】、【开头为（Begins with）】、【结尾为（Ends with）】、【包含（Contains）】、【不包含（Does not contain）】、【小于（Is less than）】、【大于（Is greater than）】或【介于（Is between）】。本例选择第一个选项。
    - 【值（Values）】：选择“大专”和“大学及以上”。
  - 【新建工作表名称（New worksheet name）】：为“收入子集”。

（3）主要结果及分析：原工作表共有 850 个个案，新工作表共有 155 个符合条件的个案。

3.1.2　根据图形指定区域生成工作表子集

使用笔刷（Brush）功能可将图形中选定区域内（或外）的个案复制到新工作表中。该功能可以检查数据录入是否有错误并修复，找出可解释高“产出”值的其他变量，剔除或选择指定区域内的个案并重新绘图，以探索恰当的统计分析方法和绘图方法对新工作表进行进一步统计分析。

【例 3-2】现已根据例 2-4 的工作表绘制了银行客户年龄和家庭收入（单位：千元）的散点图，试将图形选定区域内的个案复制到新工作表中。

（1）打开工作表“收入.mwx”。

（2）绘制年龄和家庭收入的散点图，操作方法参见 11.9.1 节。

（3）在【编辑图形（Edit Graph）】窗口（参考图 11-6 的方法打开）中，右击选择【笔刷（Brush）】选项后，长按鼠标左键在图形中选定一矩形区域，区域内的点将显示不同颜色，如图 3-2 所示。

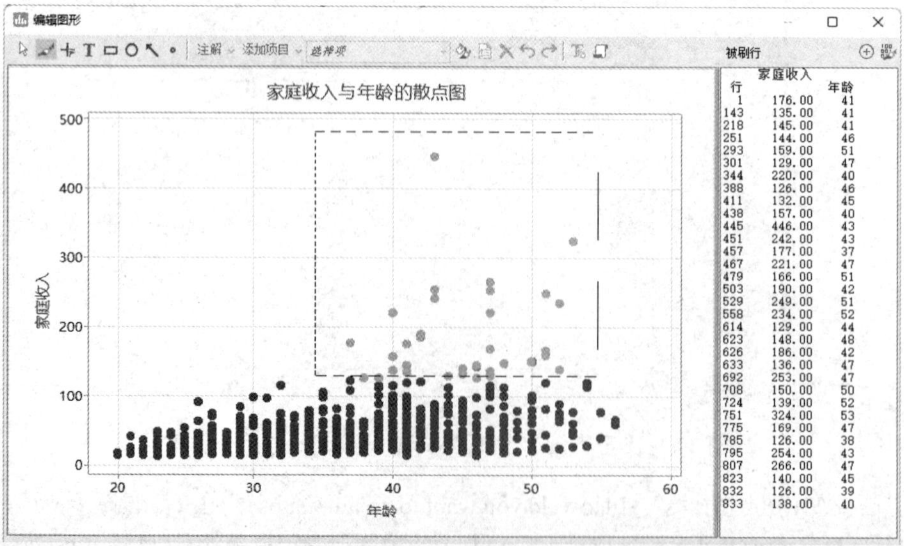

彩图 3-2

图 3-2　使用【笔刷（Brush）】选项后的散点图

（4）【子集化工作表（Subset Worksheet）】对话框如图 3-3 所示。

■ 【您需要如何创建子集？（How do you want to create a subset?）】：选择【使用图形中已刷新的行（Use brushed rows from a graph）】。

■ 【是否要包括或排除行？（Do You want to include or exclude rows?）】：可选择【排除被刷行（Exclude brushed rows）】或【包括被刷行（Include brushed rows）】。本例选择后者。

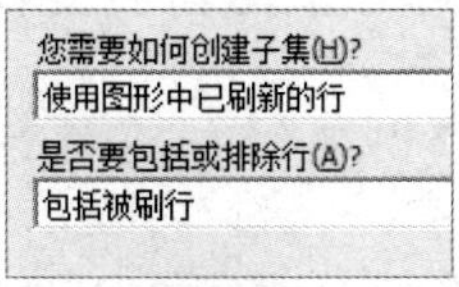

图 3-3　【子集化工作表（Subset Worksheet）】对话框

（5）主要结果及分析：原工作表共有 850 个个案，新工作表共有 33 个符合条件的个案。

3.1.3　根据格式化的单元格生成工作表子集

如果已对某变量的特定单元格进行了格式化，则可将该变量中已格式化（或未格式化）单元格所在的个案复制到新工作表中。

【例 3-3】试将例 2-4 工作表中 30～50 岁之间的个案突出显示，并将未突出显示的个案复制到新工作表中。

（1）打开工作表“收入.mwx”。

（2）选择【数据（Data）】→【条件格式（Conditional Formatting）】→【突出显示单元格（Highlight Cell）】→【介于（Between）】菜单项，打开【条件格式设置：介于（Conditional Formatting:Between）】对话框，如图 3-4 所示。

【列（Column）】选择“年龄”，在【格式化介于以下项之间的单元格（Format cells are between）】中，【下限值（Lower value）】为“30”，【上限值（Upper value）】为“50”，【样式（Style）】为【红色（Red）】，完成操作后，工作表中“年龄”的 30～50 岁之间的单元格将显示为红色。

（3）选择【数据（Data）】→【子集化工作表（Subset Worksheet）】菜单项，打开【子集化工作表（Subset Worksheet）】对话框，如图 3-5 所示。

■ 【您需要如何创建子集？（How do you want to create a subset?）】：选择【使用列中含已设置格式的单元格的行（Use rows with formatted cells in a column）】。

■ 【是否要包括或排除行？（Do you want to include or exclude rows?）】：可选择【排除其单元格已设置了格式的行（Exclude rows with formatted cells）】或【包括其单元格已设置了格式的行（Include rows with formatted cells）】。本例选择前者。

  • 【列（Column）】：选择“年龄”。

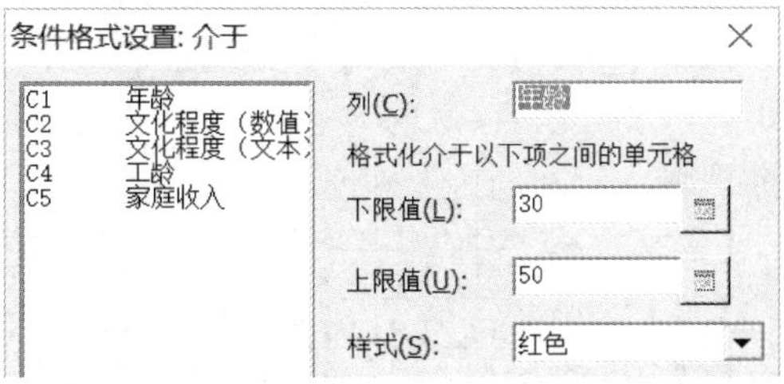

图 3-4　【条件格式设置：介于（Conditional Formatting: Between）】对话框

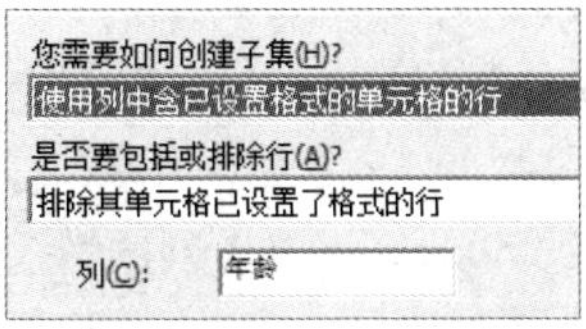

图 3-5　【子集化工作表（Subset Worksheet）】对话框

（4）主要结果及分析：原工作表共有 850 个个案，新工作表共有 287 个符合条件的个案。

3.1.4 根据行号生成工作表子集

【例 3-4】 试将例 2-4 工作表中的第 11～20 行、第 31～50 行、第 56 行的个案复制到新工作表中。

（1）打开工作表“收入.mwx”。

（2）【子集化工作表（Subset Worksheet）】对话框如图 3-6 所示。

- 【您需要如何创建子集？（How do you want to create a subset?）】：选择【使用行号（Use row numbers）】。
- 【是否要包括或排除行？（Do you want to include or exclude rows?）】：可选择【排除行（Exclude rows）】或【包括行（Include rows）】。本例选择后者。
- 【范围类型（Range type）】：可选择【行号小于或等于（Row number less than or equal to）】、【行号大于或等于（Row number greater than or equal to）】、【行号介于（Row number between）】（需设定【最小行号（Lowest row number）】和【最大行号（Highest row number）】）或【任意行集合（Arbitrary set of rows）】。本例选择最后一个选项。
- 【行号（Row number）】：如果选择【任意集合（Arbitrary set of rows）】，则可指定任意组合的行号，连续的行号可用“最小行号:最大行号”表示，多个组合之间用空格分开。例如，“3:5 10:13 17”表示第 3、4、5、10、11、12、13 和 17 行。本例为“11:20 31:40 45”。

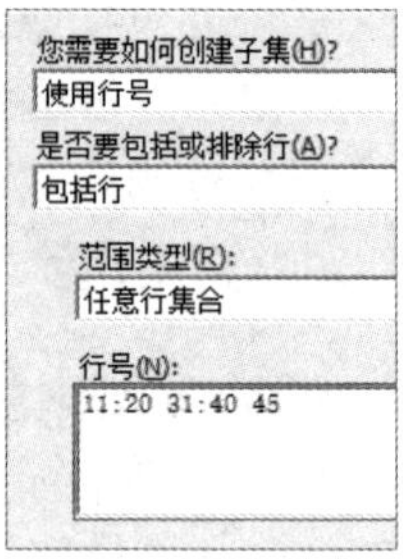

图 3-6 【子集化工作表（Subset Worksheet）】对话框

（3）主要结果及分析：原工作表共有 850 个个案，新工作表共有 21 个符合条件的个案。

3.1.5 根据公式生成工作表子集

【例 3-5】 根据例 2-4 的工作表，试将入职年龄超过 40 岁的个案复制到新工作表中。

（1）打开工作表“收入.mwx”。

（2）【子集化工作表（Subset Worksheet）】对话框如图 3-7 所示。

- 【您需要如何创建子集？（How do you want to create a subset?）】：选择【使用公式（Use formula）】。
- 【是否要包括或排除行？（Do you want to include or exclude rows?）】：选择【包括与条件匹配的行（Include rows that match the condition）】。
- 【公式（Formula）】：为“年龄-工龄 >= 40”。
- 【函数（Functions）】：选择在公式中使用的函数，可以选择【全部函数（All Functions）】、【算术（Arithmetic）】、【列函数（Column functions）】、【日期/时间（Date/Time）】、【对数（Logarithm）】、【逻辑（Logical）】、【统计量（Statistics）】、【文本函数（Text functions）】、【三角法（Trigonometry）】、【行统计量（Row statistics）】或【常量（Constants）】等函数，详细的函数解释参见 4.1.2 节。

图 3-7 【子集化工作表（Subset Worksheet）】对话框

■ 计算器按钮：包括算术运算符（+、–、*、/、**）、比较运算符（=、≠、<、>、<=、>=）、逻辑运算符（And、Or、Not）、方括号/圆括号（[ ]/( )）和数字按钮。

（3）主要结果及分析：原工作表共有 850 个个案，新工作表共有 45 个符合条件的个案。

3.2　拆分工作表

拆分工作表可根据一个或以上的分组变量将活动工作表拆分成两个或以上的新工作表。例如，根据性别可将活动工作表拆分成男、女两个新工作表；根据性别和学历（小学、中学、大学）可将活动工作表拆分成 2×3=6 个新工作表，即男-小学、男-中学、男-大学、女-小学、女-中学、女-大学工作表。

【例 3-6】 试根据学历拆分例 2-4 的工作表。

（1）打开工作表“收入.mwx”。

（2）选择【数据（Data）】→【拆分工作表（Split Worksheet）】菜单项，打开【拆分工作表（Split Worksheet）】对话框，如图 3-8 所示。

■ 【按变量分组（By variables）】：选择一个或以上的分组变量，本例选择“文化程度（文本）”。

■ 【包括将缺失作为拆分的一个水平（Include missing as a BY level）】：选择此选项将把分组变量的缺失值看作一个分类，并生成工作表，否则将舍弃含有缺失值的个案。

（3）主要结果及分析：原工作表共有 850 个个案，共拆分成 4 个新工作表：高中以下工作表（460 个个案）、高中工作表（235 个个案）、大专工作表（100 个个案）和大学及以上工作表（55 个个案）。

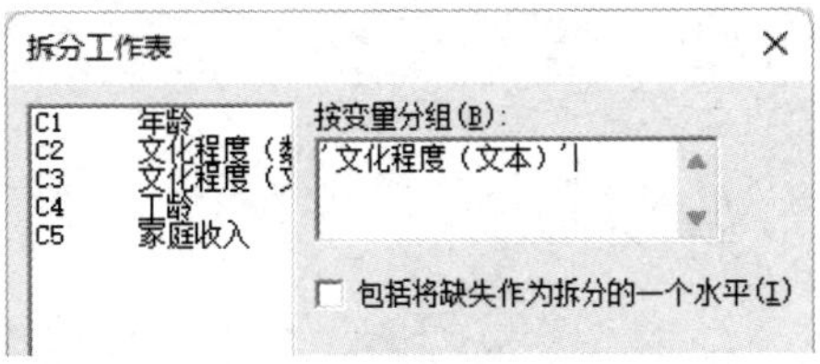

图 3-8　【拆分工作表（Split Worksheet）】对话框

3.3　纵向合并工作表

堆叠工作表可纵向合并两个或以上的工作表，相同名称的变量将以堆叠方式合并，不同名称的变量将保留为单独的列。

【例 3-7】 现有 6 名学生的考试成绩（见图 3-9 和图 3-10），其中编号为 1～3 的学生的考试成绩在“成绩 01.mwx”中，编号为 4～6 的学生的考试成绩在“成绩 02.mwx”中，其变量名和顺序完全一致，试将两个工作表的内容纵向合并到新工作表中。

↓	C1	C2-T	C3	C4	C5
	编号	姓名	数学	语文	
1	1	张 毅	87.5	61.5	
2	2	李亿萍	88.0	63.5	
3	3	彭朝霞	90.5	67.5	
4					

图 3-9　成绩 01.mwx

↓	C1	C2-T	C3	C4	C5
	编号	姓名	数学	语文	
1	4	欧阳光媚	78.5	85.5	
2	5	刘吉祥	68.0	90.0	
3	6	章阜友	89.0	80.0	

图 3-10　成绩 02.mwx

（1）打开工作表“成绩 01.mwx”和“成绩 02.mwx”。

（2）选择【数据（Data）】→【堆叠工作表（Stack Worksheets）】菜单项，打开【堆叠工作表（Stack Worksheets）】对话框，如图 3-11 所示。

■ 【堆叠选项（Stack option）】：设定堆叠工作表的方式。
  - 【在新工作表中堆叠工作表（Stack worksheets in a new worksheet）】：生成一个新工作表。本例选择此选项。
  - 【将工作表附加到主工作表的底部（Append worksheets to the bottom of a master worksheet）】：将工作表添加到主工作表的底部，常用于重复操作的情况。例如，某家公司有一个包含销售额数据的主工作表，每个月将其他工作表中的数据更新至此工作表。此选项应在【主工作表（Master worksheet）】下拉菜单中设定作为主工作表的工作表。
  - 使用箭头按钮可将【可用工作表（Available worksheets）】中的“成绩 01.mwx”和“成绩 02.mwx”移动至【要堆叠的工作表（Worksheets to stack）】，使用向上和向下箭头调整堆叠工作表的顺序。
  - 【新建工作表名称（New worksheet name）】：如果将工作表堆叠至新工作表，则可设定新工作表的名称。

■ 【显示汇总表（Show summary table）】：在会话窗口中显示已执行命令的汇总。

（3）主要结果及分析：堆叠后的新工作表共有 6 个个案，“来源”显示原工作表的名称，如图 3-12 所示。

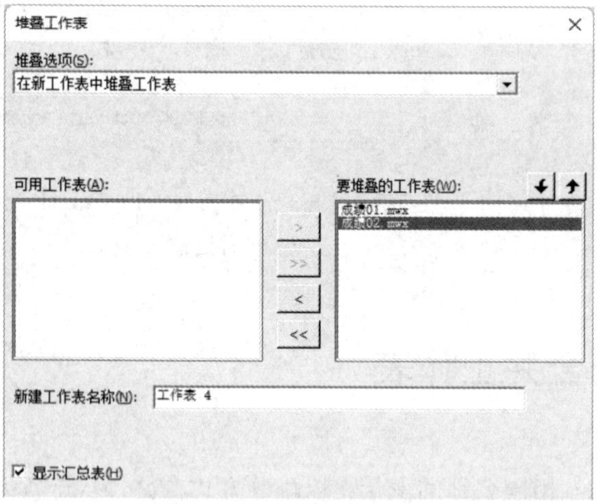

图 3-11　【堆叠工作表（Stack Worksheets）】对话框

↓	C1	C2-T	C3	C4	C5-T
	编号	姓名	数学	语文	来源
1	1	张 毅	87.5	61.5	成绩01.mwx
2	2	李亿萍	88.0	63.5	成绩01.mwx
3	3	彭朝霞	90.5	67.5	成绩01.mwx
4	4	欧阳光娟	78.5	85.5	成绩02.mwx
5	5	刘吉祥	68.0	90.0	成绩02.mwx
6	6	章皋友	89.0	80.0	成绩02.mwx

图 3-12　堆叠后的新工作表

3.4　横向合并工作表

合并工作表可将两个已打开的工作表横向合并至一个新工作表。

3.4.1　简单横向合并工作表

【例 3-8】试将例 3-7 中的两个工作表进行简单横向合并。

（1）打开工作表“成绩 01.mwx”和“成绩 02.mwx”。

（2）选择【数据（Data）】→【合并工作表（Merge Worksheets）】→【并列（Side-by-Side）】菜单项，打开【合并：并列（Merge:Side-by-Side）】对话框，如图 3-13 所示。

■ 【可用工作表（Available worksheets）】：当前已打开的工作表。

■ 【要合并的工作表（Worksheets to merge）】：将要合并的工作表移动至此框。

■ 【新建工作表名称（New worksheet name）】：设定新工作表的名称。

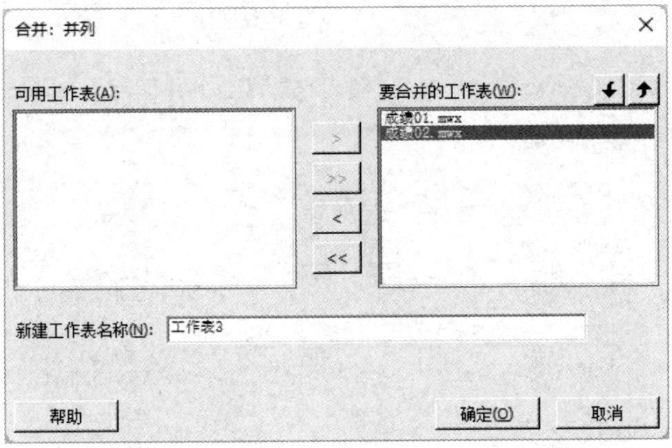

图 3-13　【合并：并列（Merge:Side-by-Side）】对话框

（3）主要结果及分析：两个工作表按照各自的原始顺序简单横向合并成新工作表，如图 3-14 所示。

↓	C1	C2-T	C3	C4	C5	C6-T	C7	C8
	编号	姓名	数学	语文	编号_1	姓名_1	数学_1	语文_1
1	1	张 毅	87.5	61.5	4	欧阳光媚	78.5	85.5
2	2	李亿萍	88.0	63.5	5	刘吉祥	68.0	90.0
3	3	彭朝霞	90.5	67.5	6	章皋友	89.0	80.0

图 3-14　简单横向合并后的工作表

3.4.2　根据关键变量横向合并工作表

【例 3-9】已知“成绩 01.mwx”保存了编号为 1～3 的学生的数学和语文成绩（见图 3-9），“成绩 03.mwx”保存了编号为 2～4 的学生的物理和英语成绩（见图 3-15）。试将编号作为关键变量横向合并两个工作表。

（1）打开工作表“成绩 01.mwx”和“成绩 03.mwx”。

（2）选择【数据（Data）】→【合并工作表（Merge Worksheets）】→【匹配值（Match Values）】菜单项，打开【合并：匹配值（Merge:Match Values）】对话框，如图 3-16 所示。【合并（Merge）】“成绩 01.mwx”【与（With）】“成绩 03.mwx”。【输出工作表名称（Output worksheet name）】为“成绩总表”。

（3）单击【按列（By Columns）】按钮，打开【合并工作表：按列（Merge Work Sheets:By Columns）】对话框，如图 3-17 所示。

↓	C1	C2-T	C3	C4
	编号	姓名	物理	英语
1	2	李亿萍	76.0	72
2	3	彭朝霞	79.0	73
3	4	欧阳光媚	79.5	74

图 3-15　成绩 03.mwx

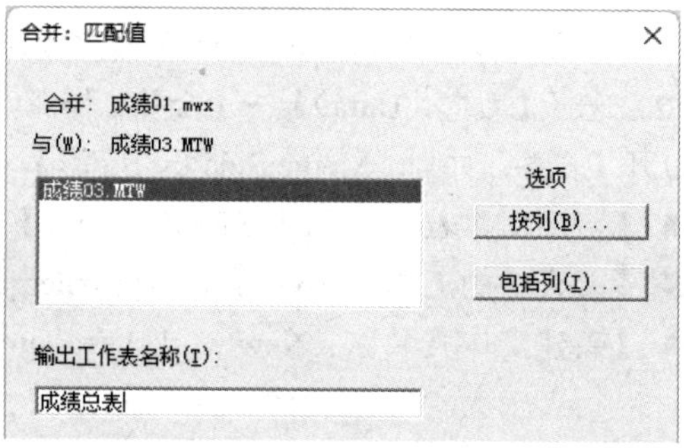

图 3-16　【合并：匹配值（Merge:Match Values）】对话框

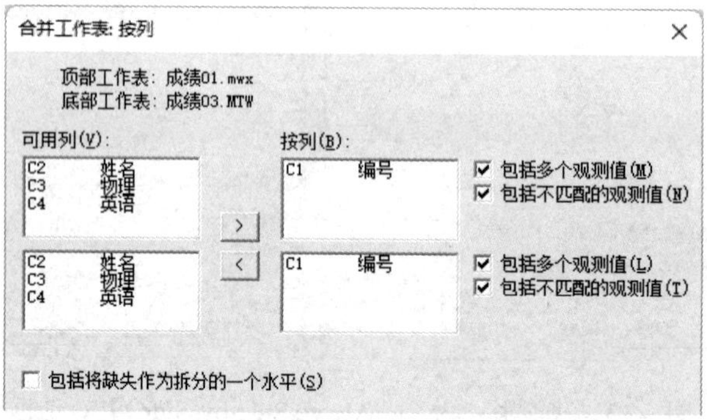

图 3-17　【合并工作表：按列（Merge Worksheets:By Columns）】对话框

■ 【顶部工作表（Top worksheet）】：为“成绩 01.mwx”。
■ 【底部工作表（Bottom worksheet）】：为“成绩 03.mwx”。
■ 选中【可用列（Available columns）】中的两个工作表中的一个或以上的变量，用箭头按钮移动至【按列（By columns）】，即将这些变量作为关键变量并按升序排序，这样合并后的工作表每行均包含同一个个案的信息，本例选择“编号”。
  • 【包括多个观测值（Include multiple obs）】：如果选中此选项，则所有关键变量重复的观测值均合并至新工作表。这对合并一对多的工作表非常有用，如合并儿童基本信息工作表和多次体检信息工作表。如果不选中此项，则只合并第一次出现的重复记录。
  • 【包括不匹配的观测值（Include unmatched obs）】：将与关键变量不匹配的个案也合并至新工作表。
  • 【包括将缺失作为拆分的一个水平（Include missing as a By level）】：将关键变量中的缺失值看作一个分类，并包含在合并后的工作表中。

（4）主要结果及分析：将“编号”作为关键变量，编号匹配的数据将合并至同一行，对于编号不匹配的数据，缺少的部分将用*记为缺失值，如图 3-18 所示。

↓	C1	C2-T	C3	C4	C5	C6-T	C7	C8
	编号:成绩01.mwx	姓名:成绩01.mwx	数学	语文	编号:成绩03.MTW	姓名:成绩03.MTW	物理	英语
1	1	张 毅	87.5	61.5	*	缺失	*	*
2	2	李亿萍	88.0	63.5	2	李亿萍	76.0	72
3	3	彭朝霞	90.5	67.5	3	彭朝霞	79.0	73
4	*	缺失	*	*	4	欧阳光媚	79.5	74

图 3-18　根据关键变量横向合并后的工作表

3.5 复制数据

Minitab 可以在列与列、列与常量、列与矩阵、常量与常量、矩阵与矩阵、工作表与工作表之间相互复制数据，包括复制列到列（Copy Columns to Columns）、复制常量到常量（Copy Constants to Constants）、复制矩阵到矩阵（Copy Matrices to Matrices）、复制常量到列（Copy Constants to Column）、复制列到常量（Copy Column to Constants）、复制矩阵到列（Copy Matrix to Columns）、复制列到矩阵（Copy Columns to Matrix）和复制工作表到工作表（Copy Worksheet to Worksheet）。

3.5.1 复制列到列

复制列到列可将当前工作表指定列中的数据复制到指定工作表的列中。

【例 3-10】现有 36 名学生的各科考试成绩，试将姓名和数学成绩复制到新工作表中。

（1）打开工作表“成绩.mwx”。

（2）选择【数据（Data）】→【复制（Copy）】→【列到列（Columns to Columns）】菜单项，打开【复制列到列（Copy Columns to Columns）】主对话框，如图 3-19 所示。

- 【从列复制（Copy from columns）】：选择复制的列，本例选择“姓名”“数学”。
- 【将复制的数据存储在列中（Store Copied Data in Columns）】：可选择【在新工作表中（In a new worksheet）】、【在以下工作表中，在最后使用的列之后（In following worksheet, after last column used）】或【在当前工作表中，在列中（In current worksheet, in columns）】，本例选择第一个选项。
- 【名称（Name）】：输入目标工作表的名称。
- 【命名包含复制数据的列（Name the columns containing the copied data）】：自动命名目标列。

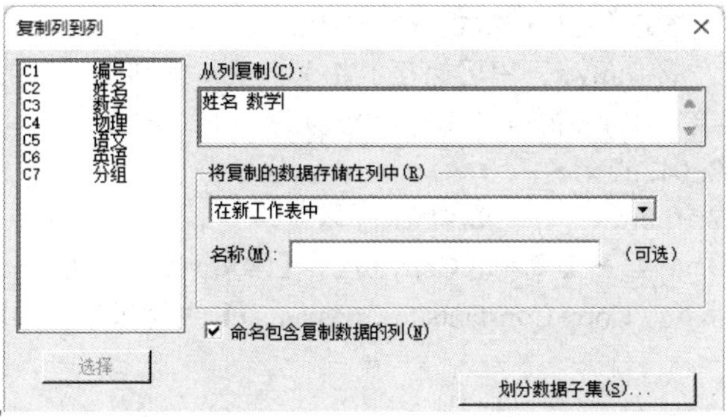

图 3-19　【复制列到列（Copy Columns to Columns）】主对话框

（3）【复制列到列：划分数据子集（Copy Columns to Columns:Subset the Data）】对话框如图 3-20 所示。

- 【包括或不包括（Include or Exclude）】：可选择以下选项。
    - 【指定要包括的行（Specify which rows to include）】：设置包括行的条件，选择此选项时，底部的选项组显示为【指定要包括的行（Specify Which Rows To Include）】，本例选择此选项。

- 【指定不包括的行（Specify which rows to exclude）】：设置排除行的条件，选择此选项时，底部的选项组显示为【指定不包括的行（Specify Which Rows To Exclude）】。

■ 【指定要包括的行（Specify Which Rows To Include）】/【指定不包括的行（Specify Which Rows To Exclude）】。

- 【所有行（All rows）】/【没有行（No rows）】：包括/排除所有行。
- 【匹配的行（Rows that match）】：包括/排除符合指定条件的行，应输入条件表达式。
- 【被刷行（Brushed rows）】：包括/排除所有被刷行。
- 【行号（Row numbers）】：设定包括/排除的行和/或范围，应输入相应的行号和/或范围，如输入 1 4 6:8 来表示第 1、4、6、7、8 行。

（4）主要结果及分析：将姓名和数学成绩两个变量的所有数据都复制到一个新工作表中，如图 3-21 所示。

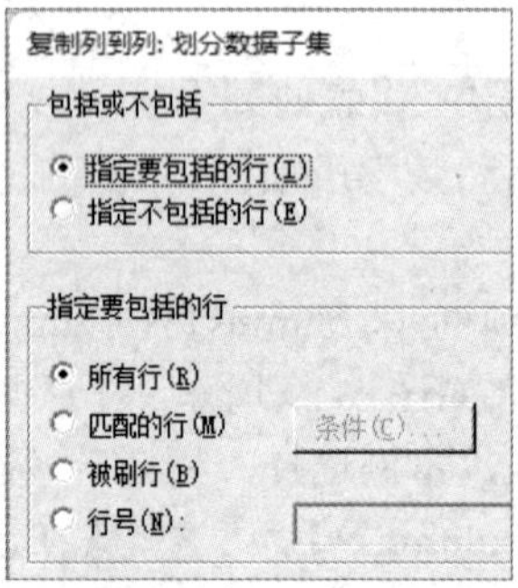

图 3-20 【复制列到列：划分数据子集（Copy Columns to Columns:Subset the Data）】对话框

↓	C1-T	C2
	姓名	数学
1	张 毅	87.5
2	李亿萍	88.0
3	彭朝霞	90.5
4	欧阳光媚	78.5
5	刘吉祥	68.0
6	章皋友	89.0
7	黄 海	65.0
8	王冠浩	69.0

图 3-21 复制列到列的结果（部分）

3.5.2 复制常量到常量

复制常量到常量可将选定常量中的数据复制到指定的常量中。

【例 3-11】 工作表“成绩.mwx”中已保存了 4 个常量，分别用于记录各科成绩的平均分，这 4 个常量分别为 K3（数学）、K4（物理）、K5（语文）和 K6（英语）。试将 K3（数学）和 K5（语文）复制到工作表“成绩 01.mwx”中。

（1）打开工作表“成绩.mwx”和“成绩 01.mwx”。

（2）选择【数据（Data）】→【复制（Copy）】→【常量到常量（Constants to Constants）】菜单项，打开【复制常量到常量（Copy Constants to Constants）】主对话框，如图 3-22 所示。

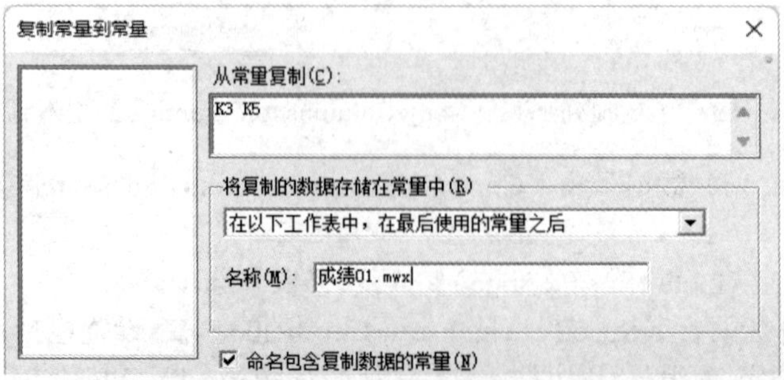

图 3-22 【复制常量到常量（Copy Constants to Constants）】主对话框

- 【从常量复制（Copy from constants）】：选择“K3”“K5”。
- 【将复制的数据存储在常量中（Store Copied Data in Constants）】：可选择【在新工作表中（In new worksheet）】、【在以下工作表中，在最后使用的常量之后（In following worksheet, after last constant used）】或【在当前工作表中，在常量中（In current worksheet, in constants）】，本例选择第二个选项。
- 【名称（Name）】：输入目标工作表的名称，本例为“成绩 01.mwx”。
- 【命名包含复制数据的常量（Name the constants containing the copied data）】：自动命名目标常量。

（3）主要结果及分析：参照 3.18 节的方法显示工作表“成绩 01.mwx”的数据，可见在该工作表中新增了两个常量：K1（K3_1）对应于原工作表“成绩.mwx”的 K3，K2（K5_1）对应于原工作表“成绩.mwx”的 K5，如结果 3-1 所示。

结果 3-1

数据显示

K3_1	80.6944
K5_1	78.0556

3.5.3　复制矩阵到矩阵

复制矩阵到矩阵可将选定矩阵中的数据复制到指定的矩阵中。

【例 3-12】工作表“成绩.mwx”中已保存了 36 名学生 4 科成绩的相关矩阵（M1），试将 M1 复制到本工作表的 M3 中。

（1）打开工作表“成绩.mwx”。

（2）选择【数据（Data）】→【复制（Copy）】→【矩阵到矩阵（Matrices to Matrices）】菜单项，打开【复制矩阵到矩阵（Copy Matrices to Matrices）】主对话框，如图 3-23 所示。

- 【从矩阵复制（Copy from matrices）】：选择 M1（CORR1）。
- 【将复制的数据存储在矩阵中（Store Copied Data in Matrices）】：可选择【在新工作表中（In new worksheet）】、【在以下工作表中，在最后使用的矩阵之后（In following worksheet, after last matrix used）】或【在当前工作表中，在矩阵中（In current worksheet, in matrices）】，本例选择第三个选项，并输入保存的矩阵名称“M3”。
- 【命名包含复制数据的矩阵（Name the matrices containing the copied data）】：自动命名目标矩阵。

（3）主要结果及分析：参照 3.18 节的方法显示工作表“成绩.mwx”的数据，可见在该工作表中新增了一个矩阵 M3（矩阵 CORR1_1），如结果 3-2 所示。

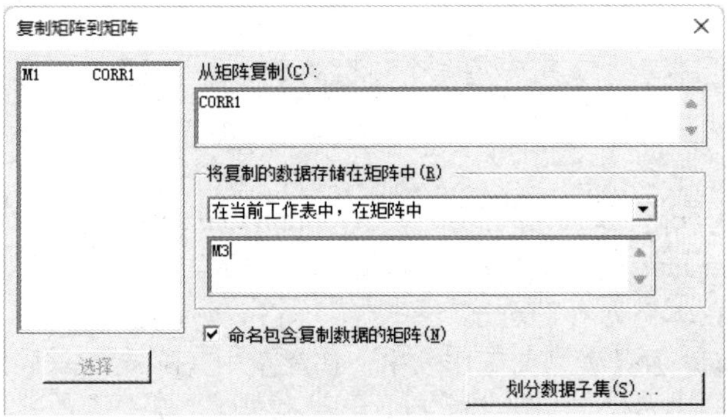

图 3-23　【复制矩阵到矩阵（Copy Matrices to Matrices）】主对话框

结果 3-2

矩阵 CORR1_1

1.00000	0.04124	-0.18465	-0.08458
0.04124	1.00000	-0.10636	0.05200
-0.18465	-0.10636	1.00000	-0.15070
-0.08458	0.05200	-0.15070	1.00000

3.5.4 复制常量到列

复制常量到列可将选定常量中的数据复制到当前工作表内的一个新列中，常量必须全为数字数据或全为文本数据。

【例 3-13】工作表“成绩.mwx”中已保存了 4 个常量，分别用于记录各科成绩的平均分，这 4 个常量分别为 K3（数学）、K4（物理）、K5（语文）和 K6（英语）。试将这 4 个常量复制到列中。

（1）打开工作表“成绩.mwx”。

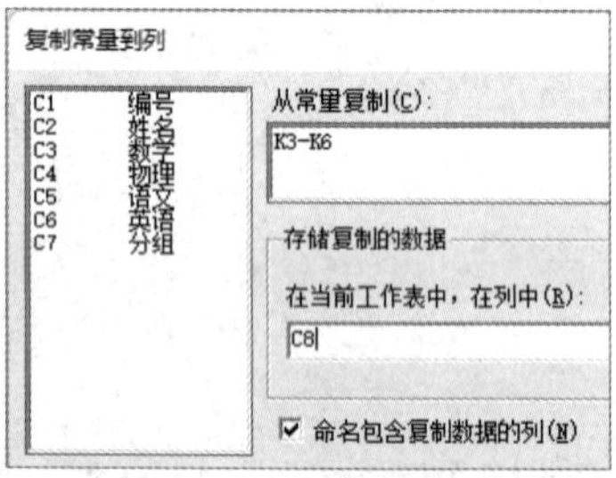

图 3-24 【复制常量到列（Copy Constants to Column）】对话框

（2）选择【数据（Data）】→【复制（Copy）】→【常量到列（Constants to Column）】菜单项，打开【复制常量到列（Copy Constants to Column）】主对话框，如图 3-24 所示。

- 【从常量复制（Copy from constants）】：选择“K3-K6”。
- 【存储复制的数据（Store Copied Data）】：【在当前工作表中，在列中（In current worksheet, in column）】为“C8”。
- 【命名包含复制数据的列（Name the column containing the copied data）】：自动命名目标列。

（3）主要结果及分析：在当前工作表的 C8 中增加了 4 个数字数据，其大小与 K3～K6 一致，如图 3-25 所示。

↓	C1	C2-T	C3	C4	C5	C6	C7	C8
	编号	姓名	数学	物理	语文	英语	分组	复制
1	1	张 毅	87.5	84.0	61.5	71.5	3	80.6944
2	2	李亿萍	88.0	76.0	63.5	72.0	1	77.8056
3	3	彭朝霞	90.5	79.0	67.5	73.0	2	78.0556
4	4	欧阳光媚	78.5	79.5	85.5	74.0	2	80.3611
5	5	刘吉祥	68.0	66.5	90.0	74.5	3	

图 3-25 复制常量到列的结果

3.5.5 复制列到常量

复制列到常量可将列中的数据复制到同一工作表内的常量中，列中包括的行数必须等于常量数。

【例 3-14】工作表“平均分.mwx”中已保存了某班学生 4 个科目的平均分（见图 3-26）。试将平均分复制到常量中。

（1）打开工作表“平均分.mwx”。

（2）选择【数据（Data）】→【复制（Copy）】→【列到常量（Column to Constants）】菜单项，打开【复制列到常量（Copy Column to Constants）】主对话框，如图 3-27 所示。

- 【从列复制（Copy from column）】：本例为“平均分”。
- 【存储复制的数据（Store Copied Data）】：【在当前工作表中，在常量中（In current worksheet, in constants）】为“K1-K4”
- 【命名包含复制数据的常量（Name the constants containing the copied data）】：自动命名目标常量。

↓	C1-T	C2
	科目	平均分
1	数学	80.6944
2	物理	77.8056
3	语文	78.0556
4	英语	80.3611

图 3-26　某班学生 4 个科目的平均分

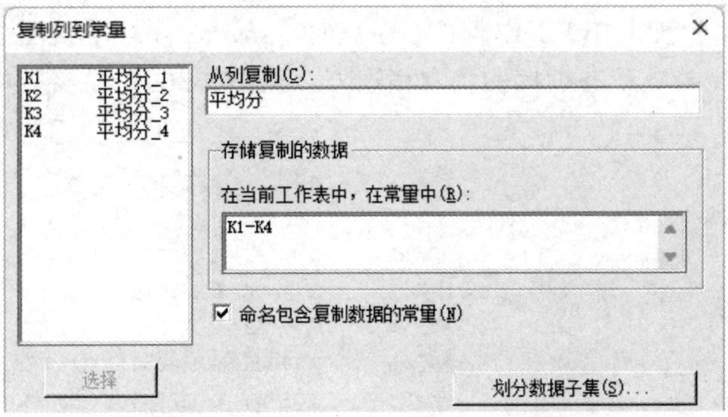

图 3-27　【复制列到常量（Copy Column to Constants)】主对话框

（3）主要结果及分析：参照 3.18 节的方法显示工作表“平均分.mwx”的数据，可见在该工作表中新增了 4 个常量 K1～K4（平均分_1～平均分_4），如结果 3-3 所示。

结果 3-3

数据显示

平均分_1　80.6944
平均分_2　77.8056
平均分_3　78.0556
平均分_4　80.3611

3.5.6　复制矩阵到列

复制矩阵到列可将矩阵中的数据复制到当前工作表内指定的列中。

【例 3-15】工作表“成绩.mwx”中已保存了 36 名学生的 4 科成绩的相关矩阵（M1），试将 M1 复制到本工作表的列中。

（1）打开工作表“成绩.mwx”。

（2）选择【数据（Data)】→【复制（Copy)】→【矩阵到列（Matrix to Columns)】菜单项，打开【复制矩阵到列（Copy Matrix to Columns)】主对话框，如图 3-28 所示。

- 【从矩阵复制（Copy from matrix)】：选择“CORR1”。
- 【存储复制的数据（Store Copied Data)】：【在当前工作表中，在列中（In current worksheet, in column)】为“C8-C11”。
- 【命名包含复制数据的列（Name the column containing the copied data)】：自动命名目标列。

（3）主要结果及分析：在当前工作表中增加了 4 个变量 C8～C11，共有 4 行，如图 3-29 所示。

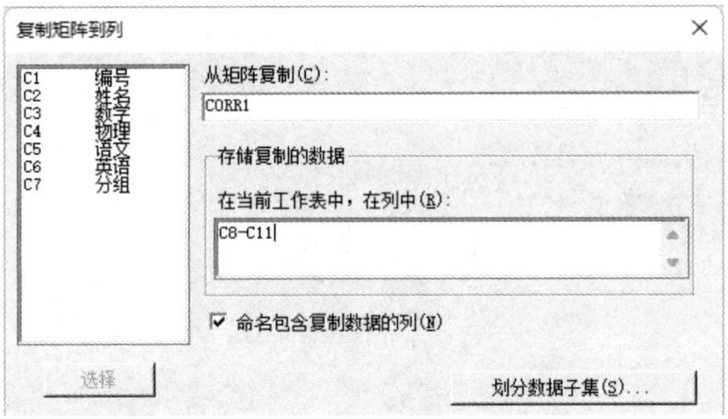

图 3-28　【复制矩阵到列（Copy Matrix to Columns)】主对话框

↓	C8	C9	C10	C11
	CORR1_1	CORR1_2	CORR1_3	CORR1_4
1	1.00000	0.04124	-0.18465	-0.08458
2	0.04124	1.00000	-0.10636	0.05200
3	-0.18465	-0.10636	1.00000	-0.15070
4	-0.08458	0.05200	-0.15070	1.00000

图 3-29　复制矩阵到列的结果

3.5.7　复制列到矩阵

复制列到矩阵可将列中的数据复制到当前工作表内的矩阵中，列的长度必须相等。

【例 3-16】工作表“协方差矩阵.mwx”保存了我国 28 个省份汉族 19～22 岁年龄合并组城市男学生身体形态指标的协方差矩阵（见图 3-30），试将列中的数据复制到矩阵 M1 中。

↓	C1-T	C2	C3	C4	C5	C6	C7
		身高,x1	坐高,x2	体重,x3	胸围,x4	肩宽,x5	骨盆宽,x6
1	身高,x1	2.06358	*	*	*	*	*
2	坐高,x2	0.94497	0.473745	*	*	*	*
3	体重,x3	2.11404	0.955978	2.97025	*	*	*
4	胸围,x4	0.79469	0.373362	1.22655	1.78551	*	*
5	肩宽,x5	0.11846	0.076813	0.18920	-0.03283	0.206484	*
6	骨盆宽,x6	0.05541	0.062066	0.03845	0.16953	0.076084	0.147603

图 3-30　男学生身体形态指标的协方差矩阵

（1）打开工作表“协方差矩阵.mwx”。

（2）选择【数据（Data）】→【复制（Copy）】→【列到矩阵（Columns to Matrix）】菜单项，打开【复制列到矩阵（Copy Columns to Matrix）】主对话框，如图 3-31 所示。

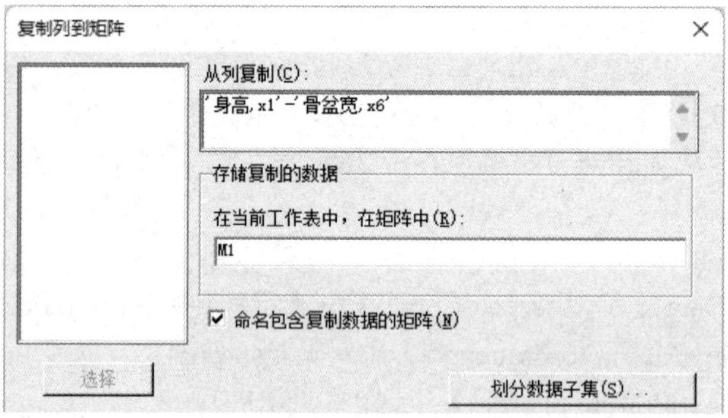

图 3-31　【复制列到矩阵（Copy Columns to Matrix）】主对话框

- ■ 【从列复制（Copy from columns）】：选择“身高，x1-骨盆宽，x6”。
- ■ 【存储复制的数据（Store Copied Data）】：【在当前工作表中，在矩阵中（In current worksheet, in matrix）】为“M1”。
- ■ 【命名包含复制数据的矩阵（Name the matrices containing the copied data）】：自动命名目标矩阵。

（3）主要结果及分析：参照 3.18 节的方法显示工作表“协方差矩阵.mwx”的数据，可见在该工作表中新增了一个矩阵 M1，如结果 3-4 所示。

结果 3-4

矩阵 复制

2.06358	*	*	*	*	*
0.94497	0.473745	*	*	*	*
2.11404	0.955978	2.97025	*	*	*
0.79469	0.373362	1.22655	1.78551	*	*
0.11846	0.076813	0.18920	-0.03283	0.206484	*
0.05541	0.062066	0.03845	0.16953	0.076084	0.147603

3.5.8　复制工作表到工作表

复制工作表到工作表可将当前工作表的全部内容复制到另一个工作表中。

【例 3-17】试将工作表“成绩.mwx”的全部内容复制到新工作表中。

（1）打开工作表“成绩.mwx”。

（2）选择【数据（Data）】→【复制（Copy）】→【工作表到工作表（Worksheet to Worksheet）】菜单项，打开【复制工作表到工作表（Copy Worksheet to Worksheet）】对话框，如图 3-32 所示。

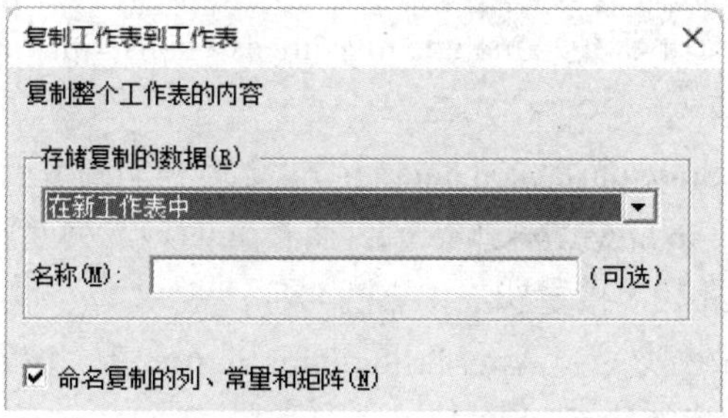

图 3-32　【复制工作表到工作表（Copy Worksheet to Worksheet）】对话框

- 【复制整个工作表的内容（Copy entire contents of worksheet）】。
  - 【存储复制的数据（Store Copied Data）】：可选择在【新工作表中（In new worksheet）】或在【以下工作表中的最后（In following worksheet,at the end）】。
- 【名称（Name）】：目标工作表的名称，如果选择【以下工作表中的最后（In following worksheet,at the end）】，则同时打开该工作表。
- 【命名复制的列、常量和矩阵（Name the copied columns, constants, and matrices）】：选择此选项将复制原工作表中列、常量和矩阵的名称，反之，不复制。

3.6　拆　分　列

拆分列可将堆叠列或列的区组内容拆分成两个或以上更短的列，并将其放在当前工作表或复制到新工作表中。

【例 3-18】 现有 3 组（共 36 名）学生的各科考试成绩，试根据分组将语文和英语成绩进行拆分，并复制到新工作表中。

（1）打开工作表“成绩.mwx”。

（2）选择【数据（Data）】→【拆分列（Unstack Columns）】菜单项，打开【拆分列（Unstack Columns）】对话框，如图 3-33 所示。

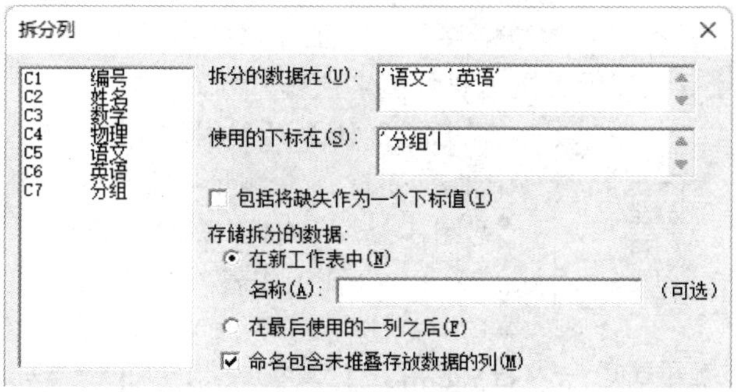

图 3-33　【拆分列（Unstack Columns）】对话框

- 【拆分的数据在（Unstack the data in）】：选择要拆分的列或列的区组，本例选择“语文”“英语”。
- 【使用的下标在（Using subscripts in）】：选择作为分组的列，本例选择“分组”。

- 【包括将缺失作为一个下标值（Include missing as a subscript value）】：将缺失值看作一个分组，并创建一列。
- 【存储拆分的数据（Store unstacked data）】：设定拆分的列或列的区组的位置。
  - 【在新工作表中（In new worksheet）】：将拆分的列或列的区组复制到新工作表中。
    - 【名称（Name）】：指定新工作表的名称。
  - 【在最后使用的一列之后（After last column in use）】：将拆分的列或列的区组放在当前工作表的包含数据的最后一列之后。
  - 【命名包含未堆叠存放数据的列（Name the columns containing the unstacked data）】：自定命名拆分列的名称。

（3）主要结果及分析：根据“分组”分别将语文和英语成绩分成了 3 列，共拆分成 6 列，如图 3-34 所示。

↓	C1	C2	C3	C4	C5	C6
	语文_1	英语_1	语文_2	英语_2	语文_3	英语_3
1	63.5	72.0	67.5	73.0	61.5	71.5
2	80.0	75.5	85.5	74.0	90.0	74.5
3	69.0	90.5	78.5	76.0	68.0	77.0
4	80.0	78.5	65.0	89.5	89.0	78.5
5	66.0	93.0	95.0	80.0	81.0	68.0

图 3-34　拆分列的结果

3.7 堆叠数据

堆叠数据功能包括堆叠列（Stack Columns）、堆叠列的区组（Stack Blocks of Columns）和堆叠行（Stack Rows）。

3.7.1 堆叠列

堆叠列将两列或以上的列区组的数据移至当前工作表的更长一列或移至新工作表，在堆叠列时，还可以创建一个分组标识列用于指出观测值来自哪一列。

【例 3-19】某工程师连续 3 天，每天从烟囱冒出的气体中抽样 3 次，并测量二氧化硫的排放量（磅/百万 BTU）（见图 3-35），试对二氧化硫排放量测量值进行堆叠。

↓	C1	C2	C3	C4	C5
	日期	上午5点	下午2点	下午10点	
1	1	0.158	0.066	0.128	
2	2	0.129	0.135	0.172	
3	3	0.176	0.096	0.106	
4					

图 3-35　二氧化硫排放量测量值

（1）打开工作表“二氧化硫 01.mwx”。

（2）选择【数据（Data）】→【堆叠（Stack）】→【列（Columns）】菜单项，打开【堆叠列（Stack Columns）】对话框，如图 3-36 所示。

- 【堆叠以下列（Stack the following columns）】：选择要堆叠的列，第一列位于顶部，最后一列位于底部，按选择顺序排列。
- 【将堆叠的数据存储在（Store stacked data in）】：选择堆叠后的新数据存储的位置，可选择以下几项。

- 【新建工作表（New worksheet）】：将堆叠后的列存储在新工作表中，并可设定工作表【名称（Name）】。
- 【当前工作表的列（Column of current worksheet）】：将堆叠后的数据存储在当前工作表的列中并指定具体存储的列，本例为“二氧化硫”。
  - 【将下标存储在（Store subscripts in）】：存储下标（分组）列，第一个堆叠列相对应的行包含“1”，第二个堆叠列相对应的行包含“2”，依次类推，在统计分析和绘图中可作为分组变量，本例为“时点”。
  - 【在下标列中使用变量名（Use variable names in subscript column）】：使用变量名作为下标（分组）列的值。

（3）主要结果及分析：在当前工作表中增加了两个变量，即“二氧化硫”和“时点”，如图 3-37 所示。

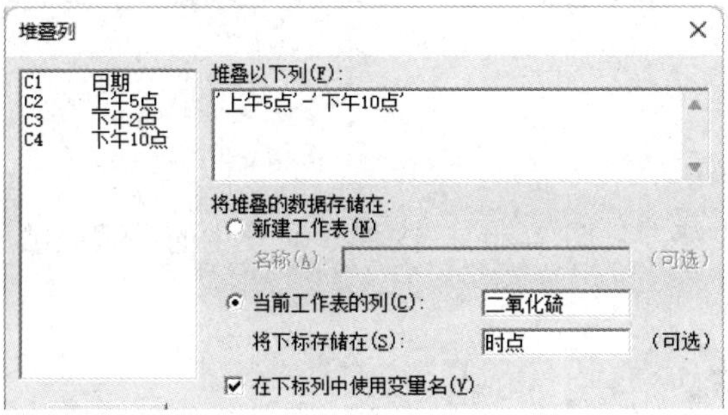

图 3-36 【堆叠列（Stack Columns）】对话框

↓	C5	C6-T
	二氧化硫	时点
1	0.158	上午5点
2	0.129	上午5点
3	0.176	上午5点
4	0.066	下午2点
5	0.135	下午2点
6	0.096	下午2点
7	0.128	下午10点
8	0.172	下午10点
9	0.106	下午10点

图 3-37 堆叠列的结果

3.7.2 堆叠列的区组

堆叠列的区组可将两个或以上列中的数据移至当前工作表或新工作表中的更长的列区组中。

【例 3-20】试将例 3-19 的工作表中的日期和二氧化硫排放量测量值进行堆叠。

（1）打开工作表“二氧化硫 01.mwx”。

（2）选择【数据（Data）】→【堆叠（Stack）】→【列的区组（Blocks of Columns）】菜单项，打开【堆叠列的区组（Stack Blocks of Columns）】对话框，如图 3-38 所示。

- 【将两个或以上的列区组互相在顶部堆叠（Stack two or more blocks of columns on top of each other）】：每个输入框中分别输入一个需要堆叠的区组，第 1 个区组堆叠位于区组的顶部，各区组依次在上一个区组下堆叠。本例第 1 个区组为“上午 5 点”“日期”，第 2 个区组为“下午 2 点”“日期”，第 3 个区组为“下午 10 点”“日期”。
- 【将堆叠的数据存储在（Store the stacked data in）】：选择【当前工作表的列（Column of current worksheet）】，本例选择“二氧化硫 日期 1”。【将下标存储在（Store subscripts in）】选择“时点”，并选择【在下标列中使用变量名（Use variable names in subscript column）】把变量名称保存在下标列中。

注：如果需要堆叠常量的区组或依次堆叠 5 个以上的区组，则使用会话命令 STACK。

（3）主要结果及分析：在当前工作表中增加了 3 个变量，即“二氧化硫”、“日期 1”和“时点”，如图 3-39 所示。

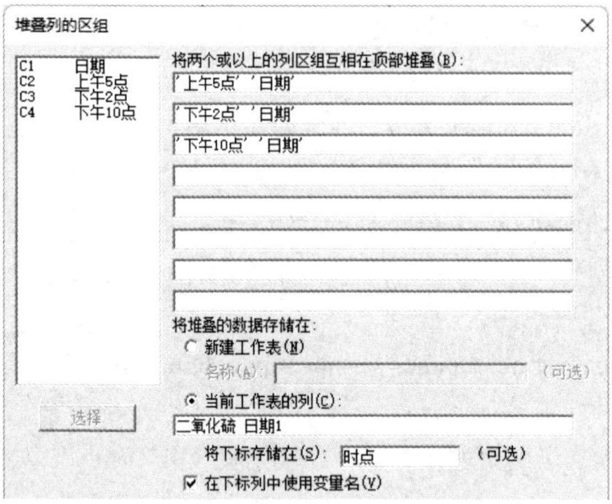

图 3-38　【堆叠列的区组（Stack Blocks of Columns）】对话框

↓	C5	C6	C7-T
	二氧化硫	日期1	时点
1	0.158	1	上午5点
2	0.129	2	上午5点
3	0.176	3	上午5点
4	0.066	1	下午2点
5	0.135	2	下午2点
6	0.096	3	下午2点
7	0.128	1	下午10点
8	0.172	2	下午10点
9	0.106	3	下午10点

图 3-39　堆叠列的区组的结果

3.7.3　堆叠行

堆叠行可将工作表中的行转置到单个列中。

【例 3-21】已知 3 名学生 3 次的考试成绩（见图 3-40），试将 3 名学生的考试成绩放在同一个变量中。

↓	C1-T	C2	C3	C4	C5
	考试次数	张毅德	王冠	周旋风	
1	第一次	98	89	68	
2	第二次	88	87	87	
3	第三次	87	86	76	
4					

图 3-40　成绩 04.mwx

（1）打开工作表“成绩 04.mwx”。

（2）选择【数据（Data）】→【堆叠（Stack）】→【行（Rows）】菜单项，打开【堆叠行（Stack Rows）】对话框，如图 3-41 所示。

- 【需堆叠的行在以下列中（Rows to be stacked are in the following columns）】：选择需要在单个列中显示的列，本例选择“张毅德”“王冠”“周旋风”。
- 【将堆叠后的数据存储在（Store stacked data in）】：输入保存堆叠后数据的列号或列名，本例为“成绩”。
- 【将行下标存储在（Store row subscripts in）】：输入保存行号的列号或列名，本例为“行号”。
- 【将列下标存储在（Store column subscripts in）】：输入保存列标识（列名）的列号或列名，本例为“姓名”。
- 【堆叠行时扩展以下列（Expand the following columns while stacking rows）】：选择需要在堆叠行时扩展的列（列名或列号），本例选择“考试次数”。
- 【将扩展的列存储在（Store the expanded columns in）】：输入存储扩展后列的列名或列号，本例为“考试次数 1”。

（3）主要结果及分析：在当前工作表中增加了 4 个变量，即“成绩”、“行号”、“姓名”和“考试次数 1”，如图 3-42 所示。

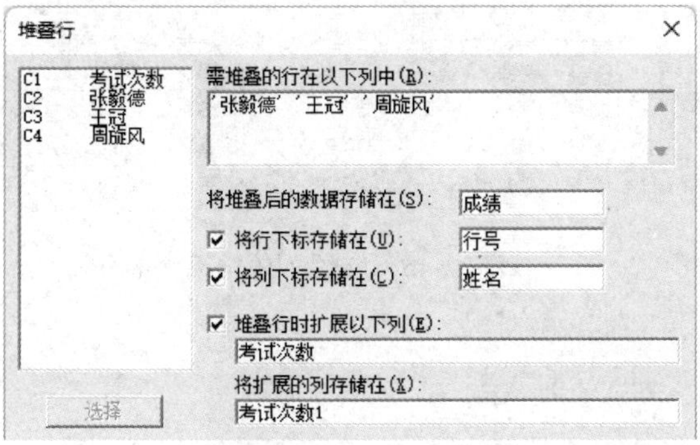

图 3-41　【堆叠行（Stack Rows）】对话框

↓	C5	C6	C7-T	C8-T
	成绩	行号	姓名	考试次数1
1	98	1	张毅德	第一次
2	89	1	王冠	第一次
3	68	1	周旋风	第一次
4	88	2	张毅德	第二次
5	87	2	王冠	第二次
6	87	2	周旋风	第二次
7	87	3	张毅德	第三次
8	86	3	王冠	第三次
9	76	3	周旋风	第三次

图 3-42　堆叠行的结果

3.8　转　置　列

转置列可将工作表中的个案（行）转置成变量（列），将变量（列）转置成个案（行）。

【例 3-22】已知我国 28 个省份汉族 19～22 岁年龄合并组城市男学生的身体形态指标，如图 3-43 所示，试对其进行行列转置。

↓	C1	C2-T	C3	C4	C5	C6	C7	C8
	编号	省份	身高,x1	坐高,x2	体重,x3	胸围,x4	肩宽,x5	骨盆宽,x6
1	1	北京	173.28	93.62	60.10	86.72	38.97	27.51
2	2	天津	172.09	92.83	60.38	87.39	38.62	27.82
3	3	河北	171.46	92.73	59.74	85.59	38.83	27.46
4	4	山西	170.08	92.25	58.04	85.92	38.33	27.29
5	5	内蒙古	170.61	92.36	59.67	87.46	38.38	27.14

图 3-43　身体形态.mwx（部分）

（1）打开工作表“身体形态.mwx”。

（2）选择【数据（Data）】→【转置列（Transpose Columns）】菜单项，打开【转置列（Transpose Columns）】对话框，如图 3-44 所示。

- 【转置以下列（Transpose the following columns）】：选择需要转置的变量，本例选择“身高-骨盆宽”。
- 【存储转置（Store transpose）】：可以选择【在新工作表中（In new worksheet）】或【在最后使用的一列之后（After last column in use）】，本例选择前者。
- 【使用列创建变量名（Create variable names using column）】：将指定变量的值作为变量名，本例为“省份”。

（3）主要结果及分析：列转置后原工作表中变量（各身体形态指标）转置为个案（行），原来的个案（各省份的测量值）转置为变量（列），如图 3-45 所示。

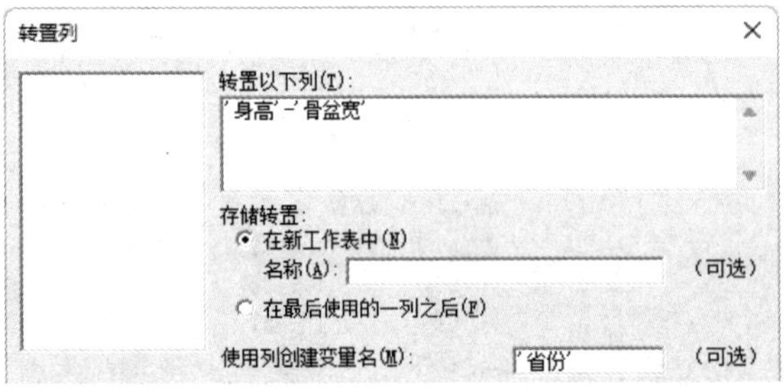

图 3-44　【转置列（Transpose Columns）】对话框

↓	C1-T	C2	C3	C4	C5
	标签	北京	天津	河北	山西
1	身高,x1	173.28	172.09	171.46	170.08
2	坐高,x2	93.62	92.83	92.73	92.25
3	体重,x3	60.10	60.38	59.74	58.04
4	胸围,x4	86.72	87.39	85.59	85.92
5	肩宽,x5	38.97	38.62	38.83	38.33
6	骨盆宽,x6	27.51	27.82	27.46	27.29

图 3-45　转置列的结果（部分）

3.9　个 案 排 序

排序可根据一个或以上的变量对指定的变量，或者所有变量进行排序，排序后的结果可保存在原始位置、当前工作表的指定位置或新工作表的指定位置中。

【例 3-23】已知我国 28 个省份汉族 19～22 岁城市男学生的身体形态指标，如图 3-43 所示，试根据身高的升序和体重的降序进行排序。

（1）打开工作表“身体形态.mwx”。

（2）选择【数据（Data）】→【排序（Sort）】菜单项，打开【排序（Sort）】对话框，如图 3-46 所示。

- 【要作为排序条件的列（Columns to sort by）】：选择进行排序的变量。
  - 【水平（Level）】：设定排序变量的顺序，排序时先根据第 1 个变量进行排序，然后在第 1 个变量数值相同的条件下根据第 2 个变量进行排序，依次类推。
  - 【列（Column）】：选择作为排序条件的变量，本例第 1 个排序变量选择“身高，x1”，第 2 个排序变量选择“体重，x3”。
  - 【顺序（Order）】：选择【增大（Increasing）】可按数值从小到大进行升序排序，选择【减少（Decreasing）】可按数值从大到小进行降序排序。
- 【要排序的列（Columns to sort）】：可选择以下选项。
  - 【所有列（All columns）】：对工作表中的所有变量进行排序。
  - 【指定的列（Specified columns）】：仅对指定的变量进行排序，如果选择此选项，则应设定一个或以上需要排序的【列（Columns）】。
- 【已排序列的存储位置（Storage location for the sorted columns）】：设定排序后变量的存储位置。
  - 【在原始列中（In the original columns）】：将已排序列替换原始列。
  - 【在当前工作表的结尾（At the end of the current worksheet）】：将排序后的变量保存在当前工作表中的最后一列后面。
  - 【在新工作表中（In a new worksheet）】：将排序后的变量保存在新工作表中，选择此选项可设置新工作表的【名称（Name）】。
  - 【在指定工作表结尾（At the end of a specified worksheet）】：将排序后的变量保存在指定的已打开的工作表中的最后一列后面，选择此项应指定用于保存排序后变量的【工作表（Worksheet）】。

- 【在当前工作表的指定列中（In specified columns of the current worksheet）】：将已排序的变量保存在指定的列中，并选择指定的【列（Columns）】，此选项仅能在【要排序的列（Columns to sort）】选择了【指定的列（Specified columns）】的情况下使用。

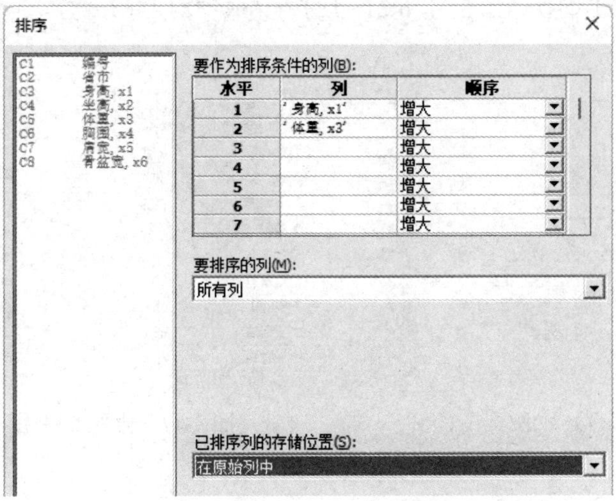

图 3-46　【排序（Sort）】对话框

（3）主要结果及分析：排序前省份的排序为北京、天津、河北、山西、内蒙古，等等，排序后省份的排列顺序为四川、湖南、广西、贵州、江西，等等（见图 3-47）。

↓	C1	C2-T	C3	C4	C5	C6	C7	C8
	编号	省份	身高,x1	坐高,x2	体重,x3	胸围,x4	肩宽,x5	骨盆宽,x6
1	26	四川	167.87	90.96	55.79	84.92	38.20	26.53
2	23	湖南	167.94	90.91	55.97	86.77	38.17	27.16
3	25	广西	168.02	91.26	55.28	85.63	39.66	28.07
4	27	贵州	168.15	91.50	54.56	84.81	38.44	27.38
5	20	江西	168.57	91.40	55.96	83.02	38.74	26.97
6	24	广东	168.82	91.30	56.07	85.87	37.61	26.67
7	28	云南	168.99	91.52	55.11	86.23	38.30	27.14
8	19	福建	169.43	91.67	57.22	83.87	38.41	26.60
9	22	湖北	169.88	91.89	56.87	86.34	38.37	27.19

图 3-47　排序的结果（部分）

3.10　排　　秩

排秩可将变量中的数值赋值为秩次，将最小值赋值为 1，次小值赋值为 2，依次类推，当有相同值时，其秩次取所有相同值的平均秩。

【例 3-24】 现有 36 名学生的各科考试成绩，试对语文成绩进行排秩。

（1）打开工作表“成绩.mwx”。

（2）选择【数据（Data）】→【排秩（Rank）】菜单项，打开【排秩（Rank）】对话框，如图 3-48 所示。

■【排秩数据在（Rank data in）】：选择要排秩的变量，本例选择“语文”。

■【将秩存储在（Store ranks in）】：存储排秩后数据的变量，本例为“语文排秩”。

（3）主要结果及分析：在当前工作表中增加了一个变量“语文排秩”，如图 3-49 所示。其中，考试成绩相同的秩次取平均秩，如 3 号和 21 号的语文成绩均为 67.5 分，因此其秩次取两者的平均秩 6.5。

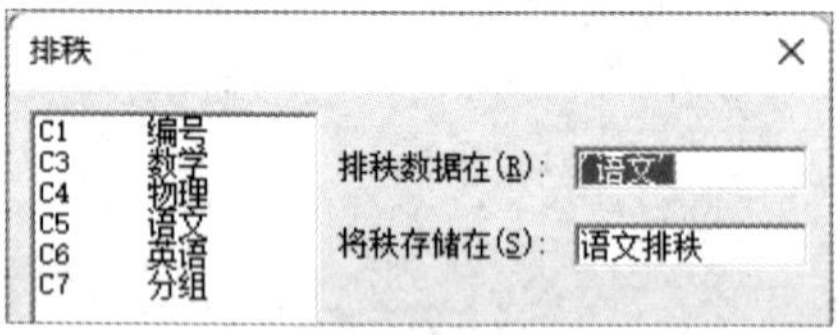

图 3-48　【排秩（Rank）】对话框

↓	C1	C2-T	C3	C4	C5	C6	C7	C8
	编号	姓名	数学	物理	语文	英语	分组	语文排秩
1	1	张 毅	87.5	84.0	61.5	71.5	3	1.0
2	2	李亿萍	88.0	76.0	63.5	72.0	1	2.0
3	3	彭朝霞	90.5	79.0	67.5	73.0	2	6.5
4	4	欧阳光媚	78.5	79.5	85.5	74.0	2	26.0
5	5	刘吉祥	68.0	66.5	90.0	74.5	3	29.0
6	6	章皋友	89.0	67.0	80.0	75.5	1	21.5
7	7	黄 海	65.0	68.0	78.5	76.0	2	20.0
8	8	王冠浩	69.0	64.0	68.0	77.0	3	8.5
9	9	成龙头	70.0	62.0	89.0	78.5	3	28.0

图 3-49　排秩的结果（部分）

3.11　删　除　行

删除行可删除所有变量或部分变量中指定的行，剩余的行将自动上移。

【例 3-25】现有 36 名学生的各科考试成绩，试删除第 2～5 行和第 8 行的个案（全部变量）。

（1）打开工作表“成绩.mwx”。

（2）选择【数据（Data）】→【删除行（Delete Rows）】菜单项，打开【删除行（Delete Rows）】对话框，如图 3-50 所示。

■【需要删除的行（Rows to delete）】：指定要删除的行的范围，本例为“2:5 8”，即删除第 2、3、4、5、8 行。

■【从列中删除（Columns from which to delete these rows）】：指定必须删除行的列，删除后下方的单元格将自动上移。如果只选择部分列，则仅删除指定变量中指定的行。本例为全部变量，即“编号-分组”。

（3）主要结果及分析：工作表第 2～5 行、第 8 行的个案被删除，原工作表有 36 个个案，删除后剩余 31 个个案，如图 3-51 所示。

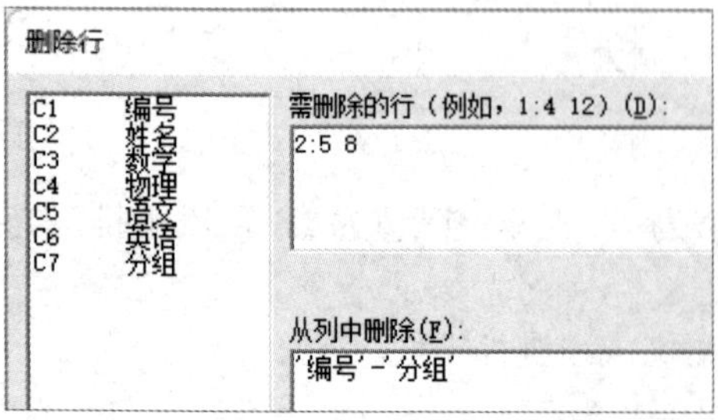

图 3-50　【删除行（Delete Rows）】对话框

↓	C1	C2-T	C3	C4	C5	C6	C7
	编号	姓名	数学	物理	语文	英语	分组
1	1	张 毅	87.5	84.0	61.5	71.5	3
2	6	章皋友	89.0	67.0	80.0	75.5	1
3	7	黄 海	65.0	68.0	78.5	76.0	2
4	9	成龙头	70.0	62.0	89.0	78.5	3
5	10	方程柳	75.5	68.0	65.0	89.5	2

图 3-51　删除行的结果（部分）

3.12　删除变量

删除变量可删除工作表中的变量（列）、常量和矩阵。

【例 3-26】试删除例 3-24 的工作表中增加的变量“语文排秩”与工作表中的所有常量和矩阵。

（1）打开工作表“成绩.mwx”。

（2）选择【数据（Data）】→【删除变量（Erase Variables）】菜单项，打开【删除变量（Erase Variables）】对话框，如图 3-52 所示。

■ 【要删除的列、常量和矩阵（Columns, constants, and matrices to erase）】：本例选择“语文排秩”“K3-K6” CORR1”。

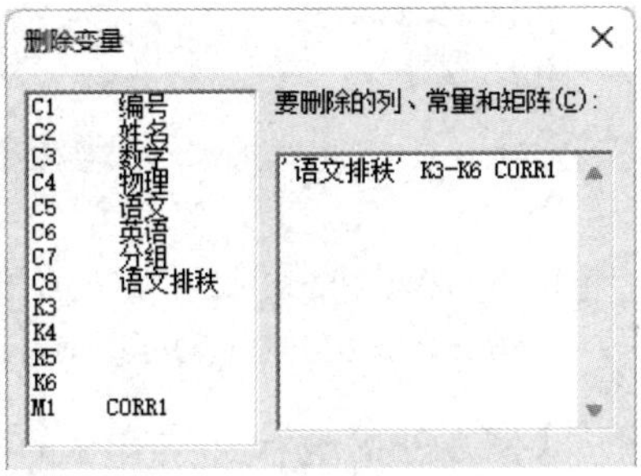

图 3-52　【删除变量（Erase Variables）】对话框

3.13　条件格式

条件格式可根据各种标准更改列中单元格的外观，包括突出显示单元格、突出显示高/低值、根据 Pareto 规则突出显示指定值、根据统计量突出显示特定值和设定管理规则等。

3.13.1　突出显示单元格

突出显示单元格可突出显示符合指定条件的单元格，如缺失值（缺失观测值）、大于、小于、介于、不在区间、等于、从列表中匹配、含此内容的文本和发生日期等。

【例 3-27】现有 36 名学生的各科考试成绩，试突出显示数学成绩中含有缺失值的单元格（人为删除几个数值）。

（1）打开工作表“成绩.mwx”。

（2）选择【数据（Data）】→【条件格式（Conditional Formatting）】→【突出显示单元格（Highlight Cell）】→【缺失观测值（Missing Observations）】菜单项，打开【条件格式设置：缺失观测值（Conditional Formatting: Missing Observations）】对话框，如图 3-53 所示。

■ 【格式化含缺失观测值的单元格（Format cells contain missing observations）】。
  - 【列（Column）】：选择要应用的条件变量，本例选择“数学”。
  - 【样式（Style）】：设定符合条件的单元格的样式和颜色。
    - 【红色（Red）】：将单元格的背景色和字体颜色更改为红色，本例选择此选项。
    - 【绿色（Green）】：将单元格的背景色和字体颜色更改为绿色。
    - 【黄色（Yellow）】：将单元格的背景色和字体颜色更改为黄色。
    - 【仅限红色文本（Red text only）】：将单元格的字体颜色更改为红色。
    - 【自定义（Custom）】：设定单元格的自定义格式。

（3）主要结果及分析：第 8 号和第 13 号的数学成绩包含缺失值，因此单元格的背景色和字体颜色为红色，如图 3-54 所示。

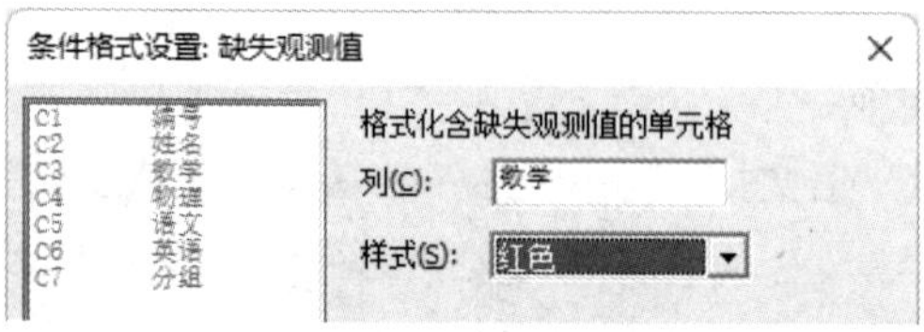

图 3-53 【条件格式设置：缺失观测值（Conditional Formatting: Missing Observations）】对话框

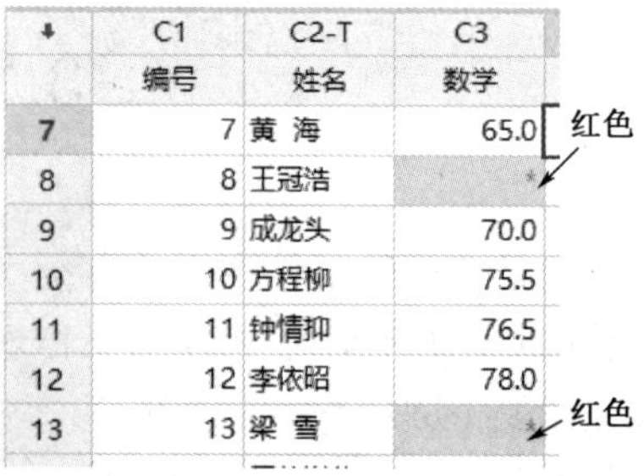

图 3-54 突出显示单元格的结果（部分）

【例 3-28】现有 36 名学生的各科考试成绩，试突出显示数学成绩为 90 分以上的单元格。

（1）打开工作表“成绩.mwx”。

（2）选择【数据（Data）】→【条件格式（Conditional Formatting）】→【突出显示单元格（Highlight Cell）】→【大于（Greater Than）】菜单项，打开【条件格式设置：大于（Conditional Formatting: Greater Than）】对话框，如图 3-55 所示。

【列（Column）】选择“数学”，【格式化大于以下项的单元格（Format cells that are greater than）】为“90”，【样式（Style）】选择【红色（Red）】。

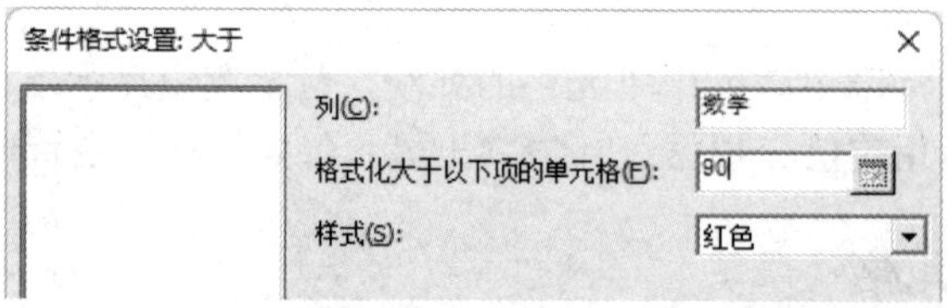

图 3-55 【条件格式设置：大于（Conditional Formatting: Greater Than）】对话框

【例 3-29】现有 36 名学生的各科考试成绩，试突出显示数学成绩为 76～90.5 分的单元格。

（1）打开工作表“成绩.mwx”。

（2）选择【数据（Data）】→【条件格式（Conditional Formatting）】→【突出显示单元格（Highlight Cell）】→【介于（Between）】菜单项，打开【条件格式设置：介于（Conditional Formatting: Between）】对话框，如图 3-56 所示。

【列（Column）】选择“数学”，【格式化介于以下项之间的单元格（Format cells that are between）】的【下限值（Lower value）】为“76”，【上限值（Upper value）】为“90.5”，【样式（Style）】选择【红色（Red）】。

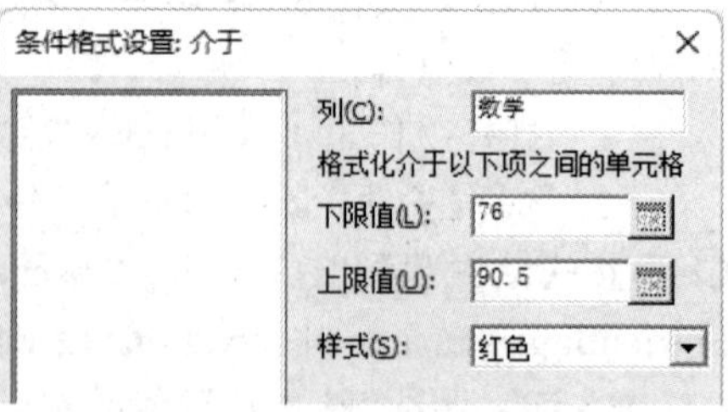

图 3-56 【条件格式设置：介于（Conditional Formatting: Between）】对话框

【例 3-30】现有 36 名学生的各科考试成绩，试突出显示数学成绩为 65 分和 70 分的单元格。

（1）打开工作表“成绩.mwx”。

（2）选择【数据（Data）】→【条件格式（Conditional Formatting）】→【突出显示单元格（Highlight Cell）】→【从列表中匹配（Match from list）】菜单项，打开【条件格式设置：从列表匹配（Conditional Formatting: Match from List）】对话框，如图 3-57 所示。

■ 【列（Column）】：选择“数学”。

- 格式化下拉菜单可选择以下选项。
  - 【格式化匹配列表中值的单元格（Format cells that match values in the list）】：选择此选项时将突出显示与指定数值匹配的单元格。
  - 【格式化不匹配列表中值的单元格（Format cells that not match values in the list）】：选择此选项时将突出显示与指定数值不匹配的单元格，本例选择此选项。
- 【列表源（List source）】：可选择以下选项。
  - 【使用从列中选中者（Use values from selected column）】：在【列表（List）】中选择相应的数值，本例为“65”“70”。
  - 【输入单值（Enter individual values）】：在【列表（List）】手动输入相应的【值（Values）】。
- 【样式（Style）】：选择【红色（Red）】。

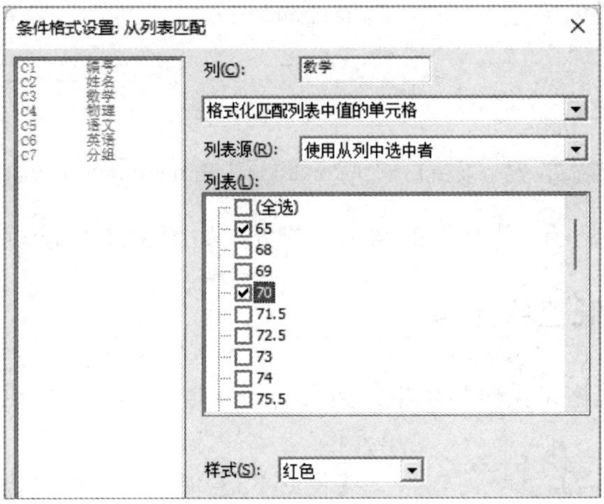

图 3-57　【条件格式设置：从列表匹配（Conditional Formatting: Match from List）】对话框

【例 3-31】现有某体检机构的 200 例体检数据，试找出综合诊断包含血脂异常的个案。

（1）打开工作表“体检数据.mwx”。

（2）选择【数据（Data）】→【条件格式（Conditional Formatting）】→【突出显示单元格（Highlight Cell）】→【含此内容的文本（Text that Contains）】菜单项，打开【条件格式设置：包含以下内容的文本（Conditional Formatting:Text that Contains）】对话框，如图 3-58 所示。

【列（Column）】选择“综合诊断”，【格式化包含以下内容的单元格（Format cells that contain）】为“血脂异常”，【样式（Style）】选择【红色（Red）】。

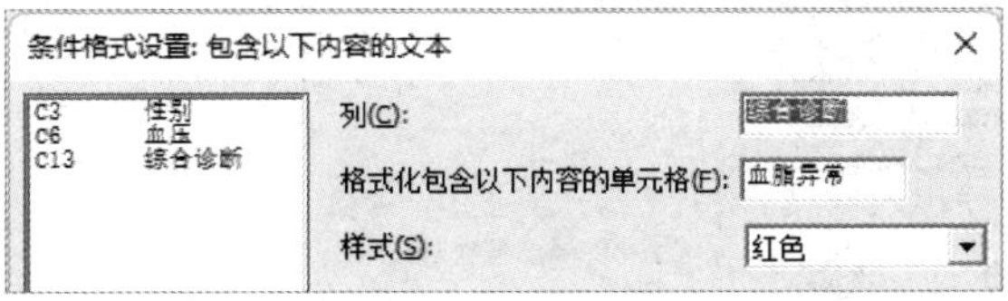

图 3-58　【条件格式设置：包含以下内容的文本（Conditional Formatting:Text that Contains）】对话框

【例 3-32】现有本书编委会微信订阅号“一起学统计工具”30 天的关注人数变化数据，试突出显示前一个星期的单元格（当前时间为 2016 年 7 月 30 日）。

（1）打开工作表“一起学统计工具.mwx”。

（2）选择【数据（Data）】→【条件格式（Conditional Formatting）】→【突出显示单元格（Highlight

Cell）】→【发生日期（Date that Occurs）】菜单项，打开【条件格式设置：发生日期（Conditional Formatting:Date that Occurs）】对话框，如图 3-59 所示。

- 【列（Column）】：选择“时间”。
- 【格式化含发生日期的单元格（Format cells containing a date that occurs）】：可选择【昨天（Yesterday）】、【今天（Today）】、【在前 X 天内（In the last X days）】、【上周（Last week）】、【本周（This week）】、【上月（Last month）】或【本月（This month）】，本例选择【上周（Last week）】。
- 【样式（Style）】：选择【红色（Red）】。

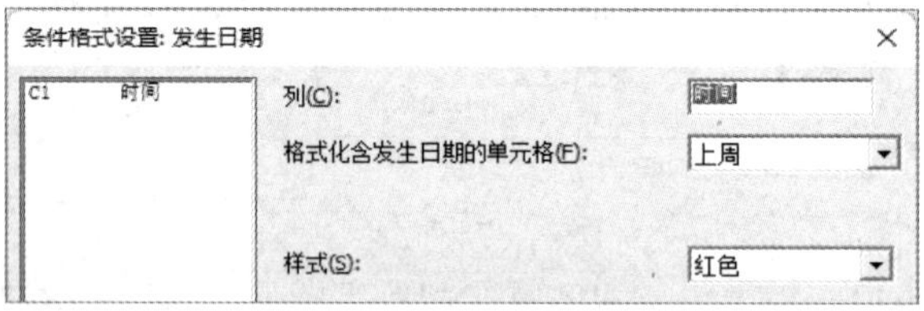

图 3-59　【条件格式设置：发生日期（Conditional Formatting:Date that Occurs）】对话框

（3）主要结果：突出显示发生日期的结果（部分）如图 3-60 所示。

3.13.2　突出显示高/低值单元格

突出显示高/低值单元格可突出显示指定数量的最大值、最大百分比、最小值或最小百分比的单元格。

【例 3-33】现有本书编委会微信订阅号“一起学统计工具”30 天的关注人数变化数据，试突出显示净增关注人数最高的 5 个单元格。

（1）打开工作表“一起学统计工具.mwx”。

（2）选择【数据（Data）】→【条件格式（Conditional Formatting）】→【高/低（High/Low）】→【最大值（Highest Values）】菜单项，打开【条件格式设置：最大值（Conditional Formatting:Highest Values）】对话框，如图 3-61 所示。

【列（Column）】选择“净增关注人数”，【格式化几个最大值单元格（Format cells that rank in the highest）】为“5”，【样式（Style）】选择【红色（Red）】。

↓	C1-D	C2	C3	C4
	时间	净增关注人数	累积关注人数	
1	2016-07-29	24	14853	
2	2016-07-28	38	14829	
3	2016-07-27	25	14791	
4	2016-07-26	20	14766	
5	2016-07-25	18	14746	
6	2016-07-24	22	14728	
7	2016-07-23	20	14706	
8	2016-07-22	18	14686	
9	2016-07-21	14	14668	
10	2016-07-20	64	14654	
11	2016-07-19	25	14590	
12	2016-07-18	23	14565	
13	2016-07-17	32	14542	
14	2016-07-16	18	14510	

图 3-60　突出显示发生日期的结果（部分）

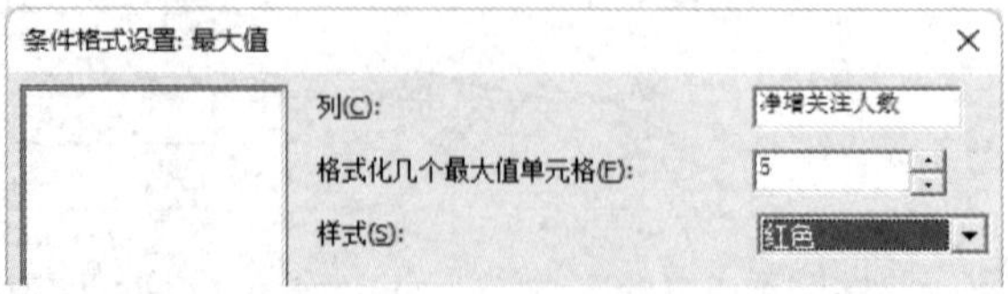

图 3-61　【条件格式设置：最大值（Conditional Formatting:Highest Values）】对话框

3.13.3　根据 Pareto 规则突出显示单元格

根据 Pareto 规则可突出显示包含频率最高的值、最高频率百分比、频率最低的值或最低频率百分比的单元格。

【例 3-34】某电子厂的 QC 小组对其公司生产的电子产品用户反馈单中反映的质量问题进行分析，试突出显示产品质量问题的主要原因（累积百分比在 80%以内）。

（1）打开工作表“电子产品.mwx”。

（2）选择【数据（Data)】→【条件格式（Conditional Formatting)】→【Pareto】→【最高频率百分比（Most Frequent Percentage)】菜单项，打开【条件格式设置：频率最高的百分比（Conditional Formatting:Most Frequent Percentage)】对话框，如图 3-62 所示。

在【格式化频率最高的值（Format the values that occur most frequently)】中，【列（Column)】选择“缺陷类型”，【要格式化单元格的百分比（Percentage of cells to format)】为“80”，【样式（Style)】选择【红色（Red)】。

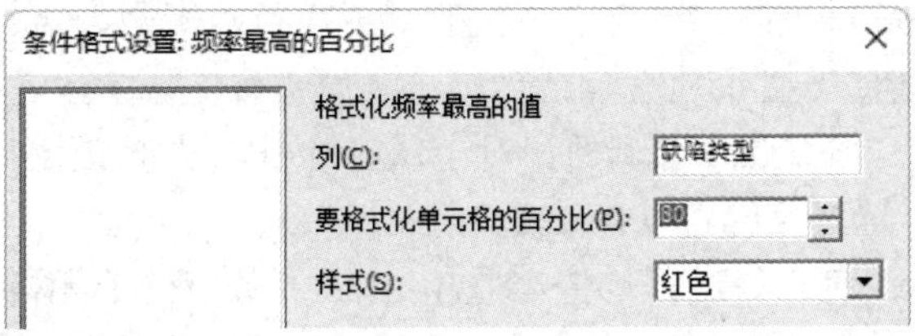

图 3-62　【条件格式设置：频率最高的百分比（Conditional Formatting:Most Frequent Percentage)】对话框

3.13.4　根据统计量突出显示单元格

根据统计量可突出显示异常值、失控值、不符合规格值、大残差值或大杠杆值的单元格。

1. 突出显示异常值的单元格

【例 3-35】现有某体检机构的 200 例体检数据，试根据箱线图找出异常值。

（1）打开工作表“体检数据.mwx”。

（2）选择【数据（Data)】→【条件格式（Conditional Formatting)】→【统计（Stat)】→【异常值（Outlier)】菜单项，打开【条件格式设置：异常值（Conditional Formatting:Outlier)】对话框，如图 3-63 所示。

- 【列（Column)】：选择“甘油三酯（TG)”。
- 【格式化含采用此规则的异常值的单元格（Format cells that contain outliers using this rule)】。
  - 【箱线图（Boxplot)】：突出显示包含超出箱线图虚线的值的单元格。
  - 【标准差（Standard deviations)】：突出显示包含超出 $\bar{x} \pm ns$ 的值的单元格，应设置【偏离均值的标准差的倍数（Number of standard deviations away from the mean)】n，默认为“3”。
- 【样式（Style)】：选择【红色（Red)】。

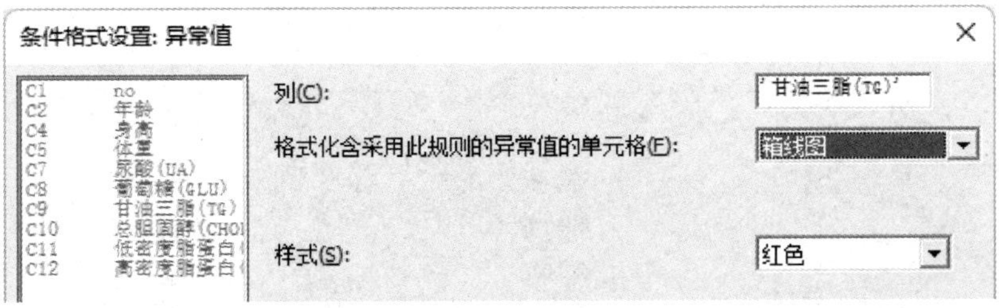

图 3-63　【条件格式设置：异常值（Conditional Formatting:Outlier)】对话框

2. 突出显示失控值的单元格

【例 3-36】某厂生产利福平片剂，为绘制片重控制图，在一定周期内定时取样，每个子组大小为 4，共抽取 20 个样本，试找出失控值。

（1）打开工作表“利福平 02.mwx”。

（2）选择【数据（Data）】→【条件格式（Conditional Formatting）】→【统计（Stat）】→【失控（Out of Control）】菜单项，打开【条件格式设置：失控（Conditional Formatting:Out of Control）】对话框，如图 3-64 所示。

■ 【列（Column）】：选择“片重”。

■ 【数据类型（Data type）】：可选择【连续（Continuous）】或【属性（变量）（Attribute (Defectives)）】，本例选择前者。

■ 【子组大小（Subgroup size）】：设定子组的测量次数，本例为“4”。

注：Minitab 可根据数据类型识别失控值，对于连续资料，当子组大小大于 1 时，将使用 $\overline{x}$ 控制图；当子组大小为 1 时，将使用 I 控制图。对于属性资料，使用 P 控制图。

■ 【样式（Style）】：选择【红色（Red）】。

（3）主要结果及分析：包含与过程均值之差超过 3s 的数值的单元格将突出显示，由于第 6 个子组的均值与过程均值之差超过 3s，因此该子组的单元格显示为红色，如图 3-65 所示。

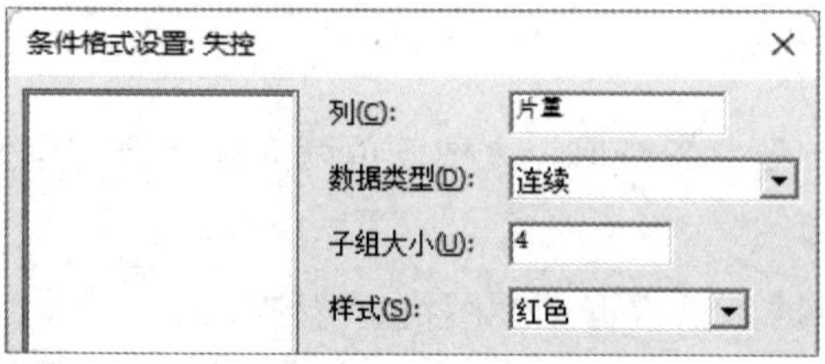

图 3-64 【条件格式设置：失控（Conditional Formatting: Out of Control）】对话框

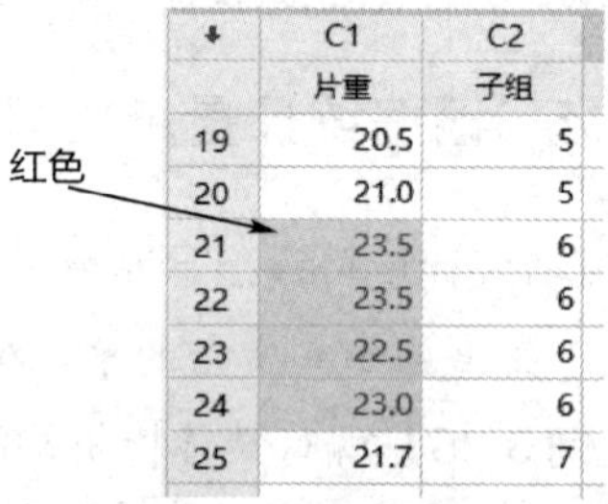

图 3-65 突出显示失控值的单元格

3. 突出显示不符合规格值的单元格

【例 3-37】某线缆制造商每隔 1 小时连续从生产线上取 5 根线缆并记录其直径，该线缆直径必须为(0.55 + 0.05)cm 才符合工程规格值，试找出不符合此规格值的线缆。

（1）打开工作表“线缆.mwx”。

（2）选择【数据（Data）】→【条件格式（Conditional Formatting）】→【统计（Stat）】→【不符合规格（Out of Specification）】菜单项，打开【条件格式设置：不符合规格（Conditional Formatting:Out of Specification）】对话框，如图 3-66 所示。

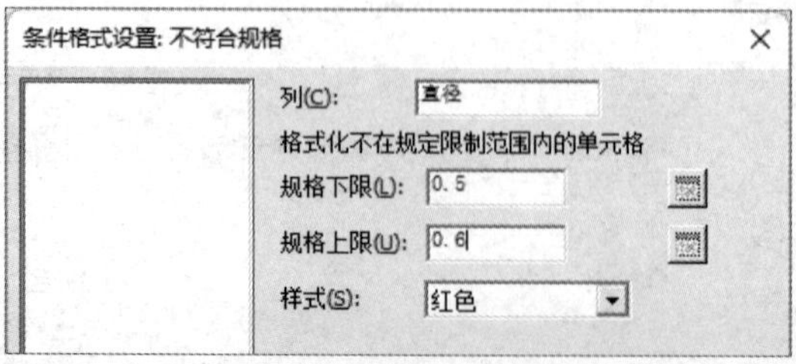

图 3-66 【条件格式设置：不符合规格（Conditional Formatting:Out of Specification）】对话框

- 【列（Column）】：选择“直径”。
- 【格式化不在规定限制范围内的单元格（Format cells that are outside of the specification limits）】：【规格下限（Lower spec）】为“0.5”，【规格上限（Upper spec）】为“0.6”，也可仅设定其中一个值。
  - 【样式（Style）】：选择【红色（Red）】。

4. 突出显示大残差值的单元格

突出显示大残差值的单元格可突出显示包含与大标准化残差值关联的响应值的单元格，此功能必须先使用合适的线性模型分析因变量，然后才能设置此条件格式。

【例 3-38】现有某体检机构的 200 例体检数据，已进行因变量为体重（单位：kg）、自变量为身高（单位：cm）的直线回归分析，试找出与因变量相关的大标准化残差值关联的响应值的单元格。

（1）打开工作表“体检数据.mwx”。

（2）参考例 10-2 的操作方法，在【回归（Regression）】主对话框（见图 10-12）中，【响应（Response）】选择“体重”，【连续预测变量（Continous predictors）】选择“身高”，其他为默认选项。

（3）选择【数据（Data）】→【条件格式（Conditional Formatting）】→【统计（Stat）】→【大残差（Large Residual）】菜单项，打开【条件格式设置：大残差（Conditional Formatting:Large Residual）】对话框，如图 3-67 所示。

- 【设置具有大残差的单元格的格式（Format cells that have large residuals）】。
  - 【响应（Response）】：选择“体重”。
  - 【大于以下项的标准化残差绝对值（Absolute value of standardized residual greater than）】：默认值为“2”，Minitab 将突出显示与大标准化残差（大于 2 或小于 2）对应的所有单元格。
  - 【样式（Style）】：选择【红色（Red）】。

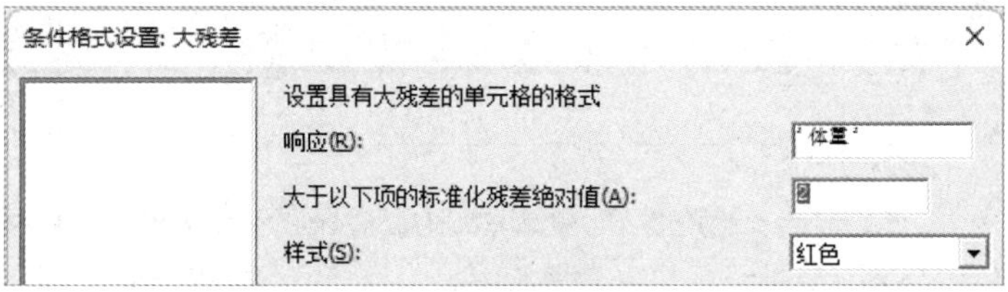

图 3-67　【条件格式设置：大残差（Conditional Formatting:Large Residual）】对话框

5. 突出显示大杠杆值的单元格

突出显示大杠杆值的单元格可突出显示包含与异常预测值（通过杠杆值进行测量）关联的响应值的单元格。此功能必须先使用合适的线性模型分析因变量，然后才能设置此条件格式。Minitab 将突出显示与超过 $3p/n$ 或 0.99（以较小者为准）大杠杆值关联的单元格。其中，p 为是模型的项数（包括常量）；n 为观测值数。

【例 3-39】试根据例 3-31 的数据进一步找出与异常预测值对应的单元格。

（1）重复例 3-38 的第（1）步和第（2）步。

（2）选择【数据（Data）】→【条件格式（Conditional Formatting）】→【统计（Stat）】→【异常 X（Unusual X）】菜单项，打开【条件格式设置：异常 X（Conditional Formatting:Unusual X）】对话框，如图 3-68 所示。

■ 【设置具有异常预测器组合的单元格的格式（Format cells have an unusal combination of predictors）】。

- 【响应（Response）】：选择“体重”。
- 【样式（Style）】：选择【红色（Red）】。

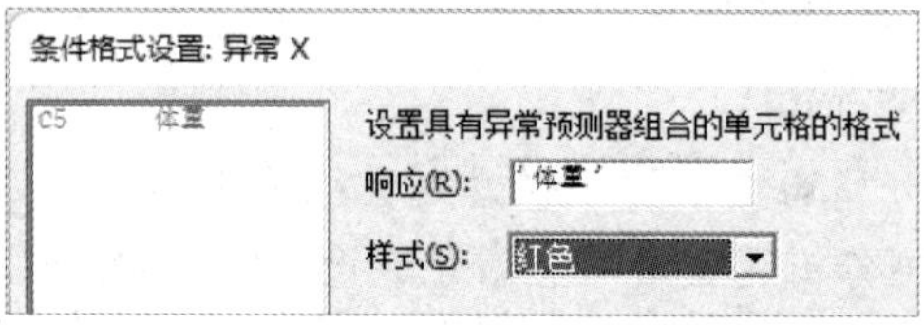

图 3-68 【条件格式设置：异常 X（Conditional Formatting:Unusual X）】对话框

3.14 重新编码

重新编码可以使用新值替换一个值或一组值，包括重新编码到数字（Recode to Numeric）、重新编码到文本（Recode to Text）、重新编码到日期/时间（Recode to Date/Time）和使用转换表（Use Conversion Table）重新编码等。

1. 重新编码到数字

【例 3-40】现有某体检机构的 200 例体检数据，试将性别（男、女）进行重新编码（1、2）。

（1）打开工作表“体检数据.mwx”。

（2）选择【数据（Data）】→【重新编码（Recode）】→【到数值（To Numeric）】菜单项，打开【重新编码到数字（Recode to Numeric）】对话框，如图 3-69 所示。

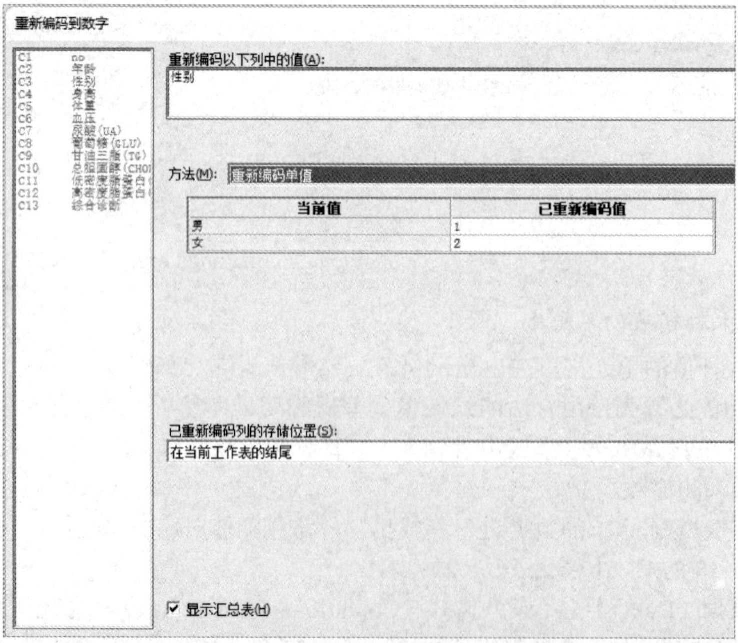

图 3-69 【重新编码到数字（Recode to Numeric）】对话框

- 【重新编码以下列中的值（Recode values in the following columns）】：选择一个或以上需要编码的变量，这些变量必须为相同的数据类型，即数字数据、日期/时间数据或文本数据。本例选择“性别”。
- 【方法（Method）】：可选择以下选项。
  - 【重新编码值范围（Recode ranges of values）】：将一定范围的数值或日期的值重新编码为单个值。选择此选项必须设定【下端点（Lower endpoint）】、【上端点（Upper endpoint）】和【已重新编码值（Recoded value）】。
  - 【重新编码单值（Recode individual values）】：将指定的单个值重新编码为不同的值，本例选择此选项。选择此选项必须设定【当前值（Current value）】和【已重新编码值（Recoded value）】。
  - 【重新编码一个值（Recode a single value）】：将其中一个值编码为不同的值。选择此选项必须设定【当前值（Current value）】和【已重新编码值（Recoded value）】。
  - 【重新编码频率最低的值（Recode least frequent values）】：将计数低于指定值的数值重新编码为单个值。例如，将计数小于 5 的值重新编码为缺失值（*）。选择此选项必须设定【将出现次数少于此次数的值重新编码到一个类别中（Recode values into one category that occur less than this number of times）】和【已重新编码值（Recoded value）】。
  - 【重新编码最低频率百分比（Recode least frequent percentage）】：将累积百分比超过指定值的数值重新编码为单个值。Minitab 使用 Pareto 图方法确定要重新编码的值，当累积百分比超过用户自行设定的百分比时，将对剩余的数值重新编码。选择此选项必须设定【在此百分比后，将剩余值重新编码到一个类别中（Recode remaining values into one category after this percent）】和【已重新编码值（Recoded value）】。
- 设定【当前值（Current value）】对应的【已重新编码值（Recoded value）】，在本例中，“男”对应“1”，“女”对应“2”。
- 【已重新编码列的存储位置（Storage location for the recoded columns）】：可选择【在原始列中（In the original columns）】、【在当前工作表的结尾（At the end of the current worksheet）】、【在当前工作表的指定列中（In specified columns of the current worksheet）】、【在新工作表中（In a new worksheet）】或【在指定工作表结尾（At the end of a specified worksheet）】。
- 【显示汇总表（Show summary table）】：在会话窗口中显示编码汇总表。

（3）主要结果及分析：在当前工作表中增加了一个新变量“已编码 性别”。

2. 重新编码到文本

【例 3-41】某医学研究人员收集了 92 名青春期女性 BMI 和身体脂肪率的数据，试根据 WHO 的标准对 BMI 进行评级。

（1）打开工作表“身体脂肪率.mwx”。

（2）选择【数据（Data）】→【重新编码（Recode）】→【到文本（To Text）】菜单项，打开【重新编码到文本（Recode to Text）】对话框，如图 3-70 所示。

- 【重新编码以下列中的值（Recode values in the following columns）】：选择“BMI”。
- 【方法（Method）】：选择【重新编码值范围（Recode ranges of values）】。
- 设定相应的【下端点（Lower endpoint）】、【上端点（Upper endpoint）】和【已重新编码值（Recoded value）】。
- 【要包括的端点（Endpoints to include）】：可选择【仅下端点（Lower endpoint only）】、【仅上端点（Upper endpoint only）】、【两个端点（Both endpoint）】、【既不包括上端点，也不包

括下端点（Neither endpoint）】，本例选择第一个选项。

■ 【已重新编码列的存储位置（Storage location for the coded columns）】：选择【在当前工作表的指定列中（In specified columns of the current worksheet）】，并在【列（Column）】框中输入“肥胖分级”。

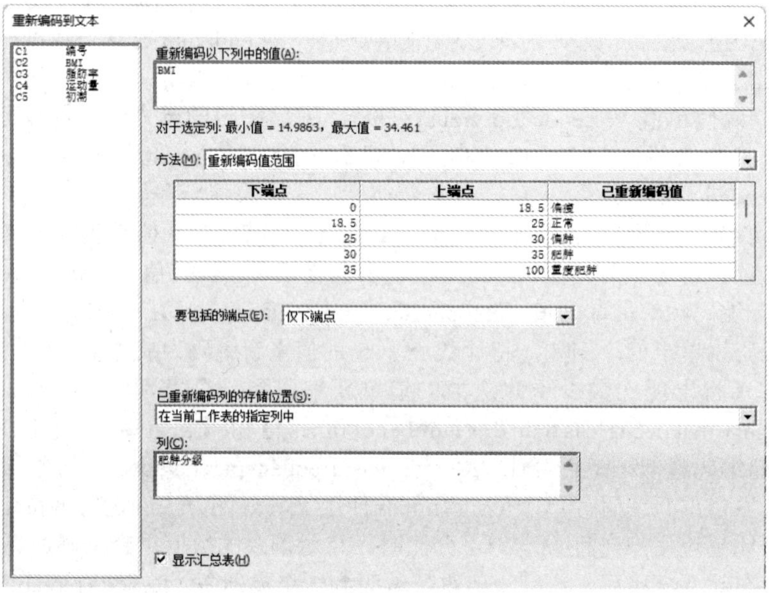

图 3-70 【重新编码到文本（Recode to Text）】对话框

（3）主要结果及分析：在当前工作表中增加了一个新变量“肥胖分级”，如图 3-71 所示。

↓	C1	C2	C3	C4-T	C5-T	C6-T
	编号	BMI	脂肪率	运动量	初潮	肥胖分级
1	1	19.3083	23.9	高	是	正常
2	2	22.9642	28.8	高	是	正常
3	3	27.7900	32.4	中	是	偏胖
4	4	20.9174	25.8	中	是	正常
5	5	20.3784	22.5	中	否	正常
6	6	20.3862	22.1	中	是	正常
7	7	19.6575	19.6	中	是	正常

图 3-71 重新编码到文本的结果（部分）

3. 使用转换表重新编码

【例 3-42】某电子厂的 QC 小组对其生产的电子产品用户反馈单中反映的质量问题进行分析，缺陷类型的编码表保存在工作表的 C3、C4 中（见图 3-72），试对缺陷类型进行数值编码。

（1）打开工作表“电子产品.mwx”。

（2）选择【数据（Data）】→【重新编码（Recode）】→【使用转换表（Use Conversion Table）】菜单项，打开【使用表进行重新编码（Recode Using a Table）】对话框，如图 3-73 所示。

↓	C1	C2-T	C3-T	C4
	反馈单编号	缺陷类型	缺陷	编码
1	1	成型部缩水	成型不足	1
2	2	内毛边	成型部缩水	2
3	3	成型部缩水	内毛边	3
4	4	网线外露	网线外露	4
5	5	插头焊接缺陷	插头焊接缺陷	5
6	6	网线外露	导通缺陷	6
7	7	插头焊接缺陷	绝缘缺陷	7
8	8	插头焊接缺陷		
9	9	插头焊接缺陷		

图 3-72 电子产品.mwx（部分）

- 【重新编码以下列中的值（Recode values in the following column）】：选择“缺陷类型”。
- 【含转换表的列（Columns containing the conversion table）】：【当前值（Current values）】选择“缺陷”，【已重新编码值（Recoded values）】选择“编码”。
- 【已重新编码列的存储位置（Storage location for the coded column）】：可选择【在当前工作表的结尾（At the end of the current worksheet）】或【在当前工作表的指定列中（In a specified column of the current worksheet）】，本例选择前者。

（3）主要结果及分析：在当前工作表中增加了一个数值变量“重新编码 缺陷类型”，如图 3-74 所示。

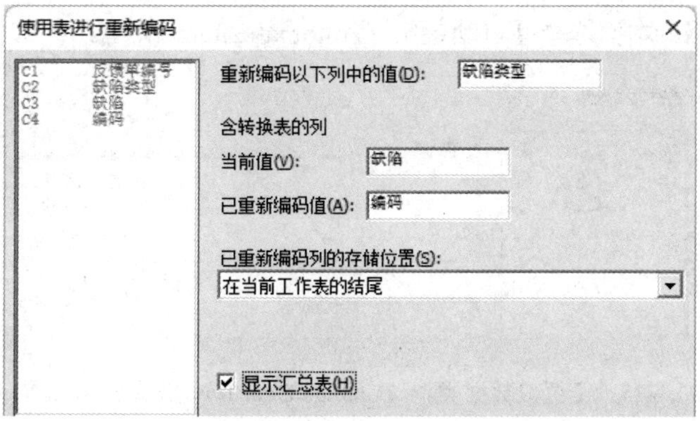

图 3-73　【使用表进行重新编码（Recode Using a Table）】对话框

↓	C1	C2-T	C3-T	C4	C5	
	反馈单编号	缺陷类型	缺陷	编码	重新编码 缺陷类型	
1	1	成型部缩水	成型不足	1	2	
2	2	内毛边	成型部缩水	2	3	
3	3	成型部缩水	内毛边	3	2	
4	4	网线外露	网线外露	4	4	
5	5	插头焊接缺陷	插头焊接缺陷	5	5	
6	6	网线外露	导通缺陷	6	4	
7	7	插头焊接缺陷	绝缘缺陷	7	5	
8	8	插头焊接缺陷			5	
9	9	插头焊接缺陷			5	

图 3-74　使用转换表重新编码的结果（部分）

3.15　更改数据类型

更改数据类型（Change Data Type）可实现各种数据类型之间的转换，可以将数据转换为自动数字（Automatic numeric）、固定小数、指数、货币、百分比、日期、时间、已用时间和文本等数据类型，并将转换后的数据保存到当前工作表指定的位置，包括数字到文本（Numeric to text）、文本到数字（Text to numeric）、日期/时间到文本（Date/Time to text）、日期/时间到数字（Date/Time to numeric）、数字到日期/时间（Numeric to date/time）、文本到日期/时间（Text to date/time）等。

【例 3-43】现有 8 个体检数据，从 Excel 文件导入后，Minitab 自动将身高（单位：cm）和体重（单位：kg）这两个变量识别为文本数据（见图 2-8），试将“身高”和“体重”转换为数字格式。

（1）打开工作表“体检数据 01.mwx”。

（2）选择【数据（Data）】→【更改数据类型（Change Data Type）】菜单项，打开【更改数据类型（Change Data Type）】对话框，如图 3-75 所示。

- 【变量（Variables）】：输入一个或以上需要更改数据类型的变量，当输入多个变量时，这些变量的数据类型必须相同。本例为“身高-体重”。
- 【选择类型（Choose type）】：选择要转换的数据类型，可选择【自动数字（Automatic numeric）】、【固定小数（Fixed decimal）】、【指数（Exponential）】、【货币（Currency）】、【百分比（Percentage）】、【日期（Date）】、【时间摘录（Time）】、【已用时间（Elapsed time）】或【文本（Text）】。本例选择【自动数字（Automatic numeric）】。

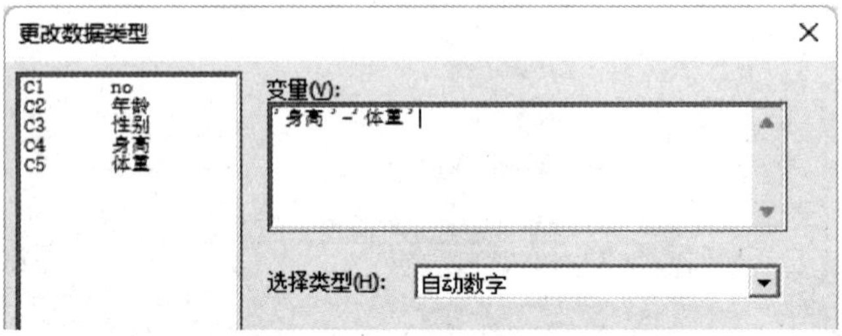

图 3-75 【更改数据类型（Change Data Type）】对话框（1）

【例 3-44】图 3-76 中“出生日期”是从“身份证号”中提取的 8 位数字的日期文本数据（参考例 4-3），试将其转换为日期格式。

（1）打开工作表“身份证号.mwx”。

（2）【更改数据类型（Change Data Type）】对话框如图 3-77 所示。

【变量（Variables）】选择“出生日期”，【选择类型（Choose type）】为【日期（Date）】，【日期显示格式（Date display formats）】选择“2050/1/23”。

↓	C1-T	C2-T
	身份证号	出生日期
1	15280119870302xxxx	1987-03-02
2	21012419850816xxxx	1985-08-16
3	21030319841208xxxx	1984-12-08
4	52213219780826xxxx	1978-08-26
5	37072219781222xxxx	1978-12-22
6	52262619800410xxxx	1980-04-10
7	51022619660228xxxx	1966-02-28

图 3-76 身份证号.mwx

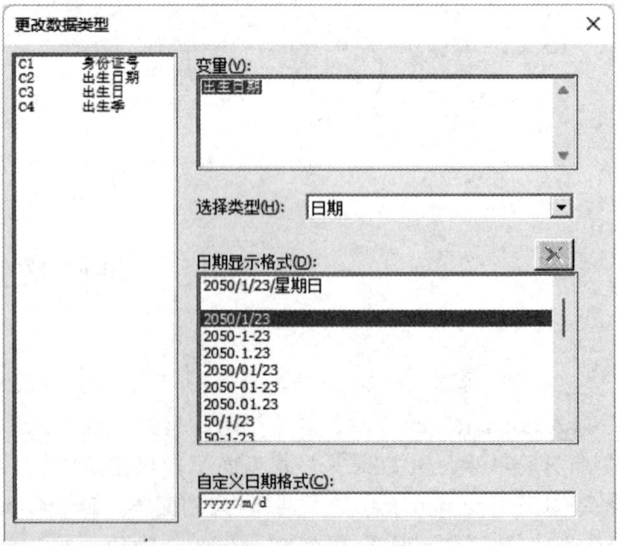

图 3-77 【更改数据类型（Change Data Type）】对话框

3.16　日期/时间转换

日期/时间转换包括取整日期/时间（Round Date/Time），从日期/时间中提取数字或文本等功能。

3.16.1　取整日期/时间

取整日期/时间可将日期/时间数据取整为年、月、日等，并将取整后的数据保存到当前工作表的指定位置。例如，在医院中，可以将婴儿出生日期取整为年、季、月等，以便统计年度、季度、月度的分娩量。

【例 3-45】 试将例 3-44 工作表中的“出生日”取整为季度。

（1）打开工作表“身份证号.mwx”。

（2）选择【数据（Data）】→【日期/时间（Date/Time）】→【取整日期/时间（Round Date/Time）】菜单项，打开【取整日期/时间（Round Date/Time）】对话框，如图 3-78 所示。

- 【对此列中的值取整（Round values from this column）】：选择需要取整的日期/时间变量，本例选择“出生日”。
- 【取整值存储位置（Store the rounded values in）】：输入保存取整数据的列，本例为“出生季”。
- 【对小于以下值的单位取整（Round off units smaller than）】：选择取整后的单位，可选择【年（Year）】、【季度（Quarter）】、【月（Month）】、【星期（Week）】、【日（Day）】、【小时（Hour）】、【分（Minute）】、【秒（Second）】、【十分位（Tenth）】、【百分位（Hundredth）】或【千分位（Thousandth）】等，本例选择【季度（Quarter）】。
- 【方法（Method）】：选择取整的方法。
  - 【向下取整（Round down）】：向下取整为最接近的整数单位，本例选择此选项。
  - 【向上取整（Round up）】：向上取整为最接近的整数单位。
  - 【取整为最接近的整数（Round to nearest）】：向下或向上取整为最接近的整数单位。

（3）主要结果及分析：当前工作表中增加了一个日期变量“出生季”，所有日期均取整到当前季度的第一天，即 1 月 1 日、4 月 1 日、7 月 1 日和 10 月 1 日，如图 3-79 所示。

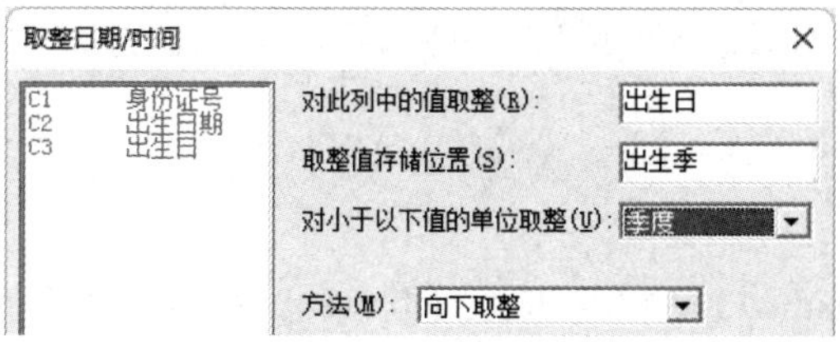

图 3-78　【取整日期/时间（Round Date/Time）】对话框

↓	C1-T	C2-T	C3-D	C4-D
	身份证号	出生日期	出生日	出生季
1	15280119870302xxxx	1987-03-02	03-02-87	01-01-87
2	21012419850816xxxx	1985-08-16	08-16-85	07-01-85
3	21030319841208xxxx	1984-12-08	12-08-84	10-01-84
4	52213219780826xxxx	1978-08-26	08-26-78	07-01-78
5	37072219781222xxxx	1978-12-22	12-22-78	10-01-78
6	52262619800410xxxx	1980-04-10	04-10-80	04-01-80
7	51022619660228xxxx	1966-02-28	02-28-66	01-01-66

图 3-79　取整到季度后的结果

3.16.2　从日期/时间中提取数字

提取为数字（Extract to numeric）是从日期/时间变量中提取一个或以上的组成部分，如年份、季度或小时等，并将这些数值保存在数字变量中。

【例 3-46】试提取例 3-44 工作表中“出生日”的月份数值。

（1）打开工作表“身份证号.mwx”。

（2）选择【数据（Data）】→【日期/时间（Date/Time）】→【提取为数字（Extract to Numeric）】菜单项，打开【从日期/时间提取到数字（Extract from Date/Time to Numeric）】对话框，如图 3-80 所示。

- 【从日期/时间列提取（Extract from date/time column）】：选择需要提取数值的日期/时间变量，本例选择“出生日”。
- 【将数字列存储在（Store numeric column in）】：输入保存提取数值的列，如果选择提取多个日期/时间部分，可将多个日期/时间部分的数值拼接成一个数值，本例为“出生月”。
- 【指定从日期/时间中提取至少一个分量（Specify at least one component to extract from date/time）】：选择需要提取的日期/时间部分，可选择【年（Year）】(【四位数（Four Digit）】【两位数（Two digit）】)、【季度（Quarter）】、【月（Month）】、【星期（Week）】、【月份日期（Day of month）】、【星期日期（Day of week）】、【小时（Hour）】、【分（Minute）】、【秒（Second）】、【十分之一（Tenth）】、【百分之一（Hundredth）】或【千分之一（Thousandth）】等，本例选择【月（Month）】。

（3）主要结果及分析：当前工作表中增加了一个数字变量“出生月”，该变量为出生的月份，如图 3-81 所示。

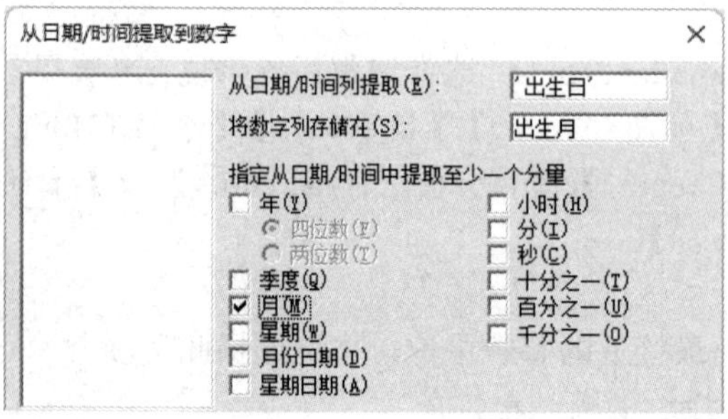

图 3-80 【从日期/时间提取到数字（Extract from Date/Time to Numeric）】对话框

↓	C1-T	C2-T	C3-D	C4
	身份证号	出生日期	出生日	出生月
1	15280119870302xxxx	1987-03-02	03-02-87	3
2	21012419850816xxxx	1985-08-16	08-16-85	8
3	21030319841208xxxx	1984-12-08	12-08-84	12
4	52213219780826xxxx	1978-08-26	08-26-78	8
5	37072219781222xxxx	1978-12-22	12-22-78	12
6	52262619800410xxxx	1980-04-10	04-10-80	4
7	51022619660228xxxx	1966-02-28	02-28-66	2

图 3-81 从日期/时间中提取数字的结果

3.16.3 从日期/时间中提取文本

提取为文本（Extract to Text）是从日期/时间变量中提取一个或以上的组成部分，如年份、季度或小时等，并将这些数值保存在文本变量中。

【例 3-47】试提取例 3-44 工作表中“出生日”的年份和季度文本值。

（1）打开工作表“身份证号.mwx”。

（2）选择【数据（Data）】→【日期/时间（Date/Time）】→【提取为文本（Extract to Text）】菜单项，打开【从日期/时间提取到文本（Extract from Date/Time to Text）】对话框，如图 3-82 所示。

【从日期/时间列提取（Extract from date/time column）】选择“出生日”，【将文本列存储在（Store text column in）】为“出生季”，【指定从日期/时间中提取至少一个分量（Specify at least one component to extract from date/time）】选择【季度（Quarter）】和【年（Year）】，并选择【四位数（Four Digit）】。

（3）主要结果及分析：当前工作表中增加了一个文本变量“出生季”，如图 3-83 所示。

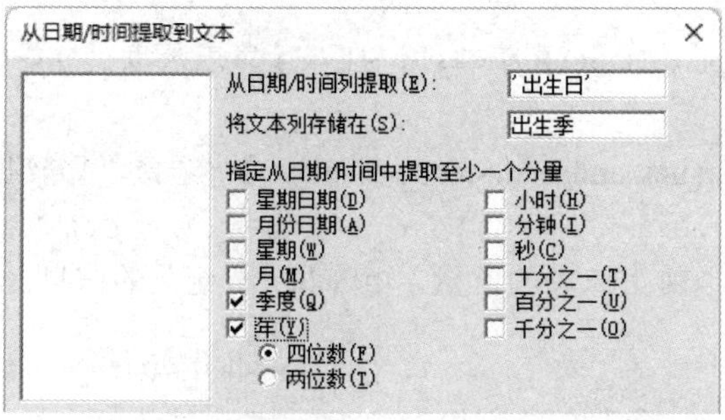

图 3-82　【从日期/时间提取到文本（Extract from Date/Time to Text）】对话框

↓	C1-T	C2-T	C3-D	C4-T
	身份证号	出生日期	出生日	出生季
1	15280119870302xxxx	1987-03-02	03-02-87	Q11987
2	21012419850816xxxx	1985-08-16	08-16-85	Q31985
3	21030319841208xxxx	1984-12-08	12-08-84	Q41984
4	52213219780826xxxx	1978-08-26	08-26-78	Q31978
5	37072219781222xxxx	1978-12-22	12-22-78	Q41978
6	52262619800410xxxx	1980-04-10	04-10-80	Q21980
7	51022619660228xxxx	1966-02-28	02-28-66	Q11966

图 3-83　从日期/时间中提取文本的结果

3.17　合并文本

合并（Concatenate）文本功能可将两个或以上的文本变量合并到一个文本变量中。

【例 3-48】现有 9 名学生的姓名，其姓和名分别录入在 C2 和 C1 中，试将其合并。

（1）打开工作表“姓名.mwx”。

（2）选择【数据（Data）】→【合并（Concatenate）】菜单项，打开【合并（Concatenate）】对话框，如图 3-84 所示。

- 【合并文本列（Concatenate text columns）】：按合并顺序从左到右依次选择两个或以上需要合并的列，本例依次选择“姓”“名”。
- 【将结果存储在（Store result in）】：设定结果保存的位置，本例为“姓名”。

（3）主要结果及分析：当前工作表中增加了一个文本变量“姓名”，如图 3-85 所示。

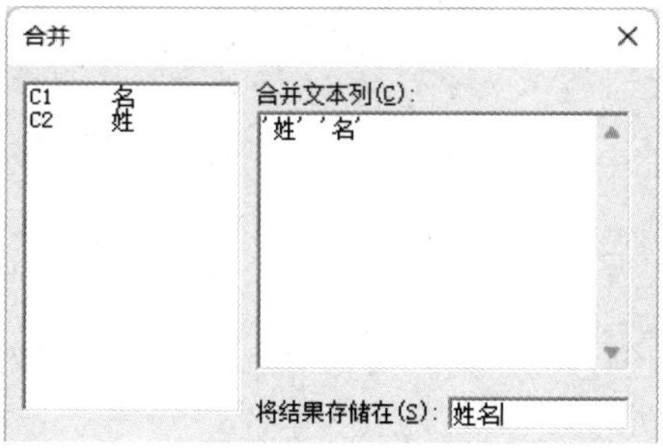

图 3-84　【合并（Concatenate）】对话框

↓	C1-T	C2-T	C3-T
	名	姓	姓名
1	建平	李	李建平
2	小平	段	段小平
3	忠荣	张	张忠荣
4	杰辉	杨	杨杰辉
5	洪侠	王	王洪侠
6	源龙	孙	孙源龙
7	泽利	张	张泽利

图 3-85　合并文本后的结果

3.18　显示数据

显示数据可在会话窗口显示当前工作表中所选的数据，包括列、常量和矩阵，由于常量和矩阵并不在数据窗口中显示，因此此功能对显示常量和矩阵非常有用。

【例 3-49】 试查看工作表“成绩.mwx”中的“分组”和所有常量和矩阵信息。

（1）打开工作表“成绩.mwx”。

（2）选择【数据（Data）】→【显示数据（Display Data）】菜单项，打开【显示数据（Display Data）】对话框，如图 3-86 所示。

- 【要显示的列、常量和矩阵（Columns, constants, and matrices to display）】：选择“‘分组’ K3-K6 CORR1”。

（3）主要结果及分析：会话窗口中依次显示了当前工作表的常量、矩阵和“分组”的信息，如结果 3-5 所示。

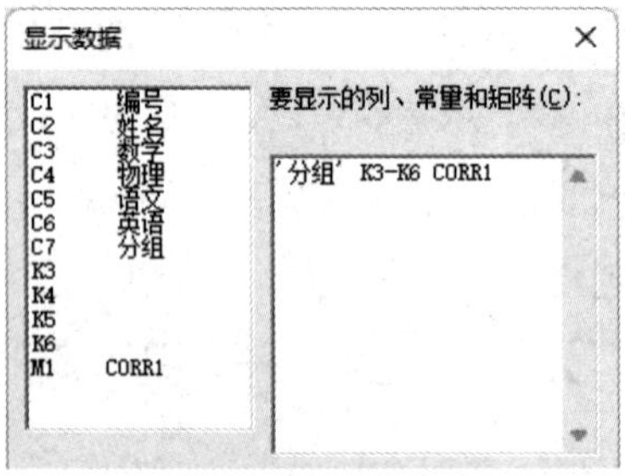

图 3-86 【显示数据（Display Data）】对话框

结果 3-5

数据显示

K4	77.8056
K5	78.0556
K6	80.3611

矩阵 CORR1

1.00000	0.04124	-0.18465	-0.08458
0.04124	1.00000	-0.10636	0.05200
-0.18465	-0.10636	1.00000	-0.15070
-0.08458	0.05200	-0.15070	1.00000

数据

行	分组
1	3
2	1
3	2
省略中间部分	
34	3
35	2
36	2

第4章　数据计算

数据计算功能包括计算器、列统计量、行统计量、标准化、生成模板数据、创建网格数据、创建指示变量、设置基数、随机数据、概率分布、重新采样、矩阵。

4.1　计算器及其函数

4.1.1　计算器

使用计算器可以进行算术运算、比较运算、逻辑运算、函数和列运算。计算器可以只进行一次运算，也可以将运算作为数学表达式分配到列或常量，其数学表达式可以包括列、存储的常量、数字和文本，但不包括矩阵。

1．计算单个值

【例 4-1】 Gompertz 增长曲线的指数表达式为 $Y = KG^{(a^x)}$，已知 K=85679.2，G=0.9493，a=1.4690，x=8，试计算 Y 值。

（1）选择【计算（Calc）】→【计算器（Calculator）】菜单项，打开【计算器（Calculator）】对话框，如图 4-1 所示。

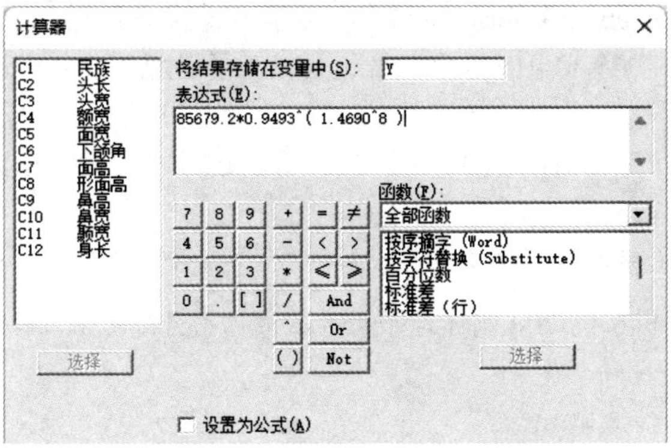

图 4-1　【计算器（Calculator）】对话框

■ 【将结果存储在变量中（Store result in variable）】：输入保存表达式结果的目标变量或常量，本例为"Y"。

■ 【表达式（Expression）】：用算术运算符、选择变量、计算器按钮和函数来构建数学表达式，数学表达式应遵守计算器规则，本例为"85679.2*0.9493^(1.4690^8)"。

■ 计算器按钮：包括数字、小数点、算术运算符、比较运算符、逻辑运算符和方括号/圆括号等，其用法和意义如表 4-1 所示。

表 4-1 计算器按钮的用法和意义

按钮分类	按钮	用法和意义
数字和小数点	略	1、2、3、4、5、6、7、8、9、0、.
算术运算符	+	加法
	−	减法
	*	乘法
	/	除法
	^	乘方，也可用“**”代替
比较运算符	=	等于
	≠	不等于，数学表达式中显示“<>”
	<	小于
	>	大于
	≤	小于或等于，数学表达式中显示“<=”
	≥	大于或等于，数学表达式中显示“>=”
逻辑运算符	And	如果 And 两边的两个数学表达式都为真，则结果为真（1），否则为假（0）。也可用“&”代替
	Or	如果 Or 两边的任一个（或两个）数学表达式为真，则结果为真（1），否则为假（0）。也可用“|”代替
	Not	如果数学表达式为真，则 Not 将其更改为假；如果数学表达式为假，则 Not 将其更改为真。也可用“~”代替
方括号/圆括号	[ ]	方括号
	( )	圆括号

- 【函数（Functions）】：可选择各种计算器函数，详见 4.1.2 节。
- 【设置为公式（Assign as a formula）】：将数学表达式设置为公式以用于目标变量，选择此选项后，在增加、删除或更改与数学表达式相关的数据时，Minitab 都将自动重新计算目标变量值。

（2）主要结果及分析：在当前工作表中增加了一个变量“Y”，该变量只有一个数值，即“27723.8”，如图 4-2 所示。

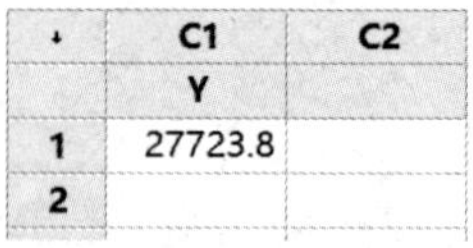

图 4-2 Gompertz 增长曲线的计算结果

2. 用数学表达式计算新变量

【例 4-2】现有某体检机构的 200 例体检数据，试根据“身高”和“体重”计算 BMI（BMI=体重/身高^2）。

（1）打开工作表“体检数据.mwx”。

（2）在【计算器（Calculator）】对话框（见图 4-1）中，【将结果存储在变量中（Store result in variable）】为“BMI”，在【表达式（Expression）】中用鼠标选择变量，并结合计算器按钮输入数学表达式“BMI='体重' / ('身高' / 100)**(2)”或手动输入“C5/(C4 / 100)**2”，并选择【设置为公式（Assign as a formula）】。

（3）主要结果及分析：在当前工作表中增加了一个变量“BMI”，在列号“C14”的右上角有一个“√”号，当鼠标悬停在“√”上方时，可弹出包含当前变量公式的备注标签，当“身高”和“体重”两个变量的数值有变化时，变量“BMI”将自动重新计算，如图 4-3 所示。

3. 用函数表达式计算新变量

【例 4-3】在图 4-4 中，“身份证号”中为第二代身份证号（18 位），试提取“身份证号”中的出生日期文本数据（格式：yyyy-mm-dd）。

↓	C14	C15	C16	C17
	BMI	BMI = '体重' / ('身高' / 100) ** (2)		
1	24.0346			
2	22.2696			
3	31.7895			
4	21.3382			
5	*			
6	24.3096			
7	24.9649			

图 4-3　BMI 的计算结果

↓	C1-T	C2
	身份证号	
1	15280119870302xxxx	
2	21012419850816xxxx	
3	21030319841208xxxx	
4	52213219780826xxxx	
5	37072219781222xxxx	
6	52262619800410xxxx	
7	51022619660228xxxx	

图 4-4　身份证号.mwx

（1）打开工作表“身份证号.mwx”。

（2）在【计算器（Calculator）】对话框（见图 4-1）中，【将结果存储在变量中（Store result in variable)】为“出生日期”，在【表达式（Expression)】中用鼠标选择变量，并结合计算器按钮和【函数（Functions)】输入函数表达式“CONCATENATE(MID('身份证号',7,4),″-″,MID('身份证号', 11,2),″-″, MID('身份证号',13,2))”。

（3）主要结果及分析：在当前工作表中增加了一个变量“出生日期”，如图 4-5 所示。

↓	C1-T	C2-T	C3
	身份证号	出生日期	
1	15280119870302xxxx	1987-03-02	
2	21012419850816xxxx	1985-08-16	
3	21030319841208xxxx	1984-12-08	
4	52213219780826xxxx	1978-08-26	
5	37072219781222xxxx	1978-12-22	
6	52262619800410xxxx	1980-04-10	
7	51022619660228xxxx	1966-02-28	

图 4-5　提取身份证号中的出生日期文本

4. 计算常量

【例 4-4】现有 36 名学生的各科考试成绩，试将数学成绩的平均分保存到常量中。

（1）打开工作表“成绩.mwx”。

（2）在【计算器（Calculator）】对话框（见图 4-1）中，【将结果存储在变量中（Store result in variable)】为“K4”，在【表达式（Expression)】中输入函数表达式“MEAN('数学')”。

（3）主要结果及分析：参考 3.18 节的方法可查看当前工作表中常量 K4 的信息，如结果 4-1 所示。

结果 4-1

数据显示

K4　80.6944

4.1.2　计算器函数

计算器的表达式通常包括各种函数，Minitab 的函数包括算术函数、列函数、日期/时间函数、对数函数、逻辑（Logical）函数、统计量函数、文本函数、三角法函数、行统计量函数和常量函数，共十大类。

1. 算术函数

算术函数共有 17 个，如表 4-2 所示。

表 4-2　算术函数

函数	表达式	说明	示例
绝对值（Absolute value）	ABS(数字)	计算数字的绝对值：将所有负数转换为正数，正数和零不变，可选择一个或一列数字	ABS(−23.5)=23.5 ABS(0.34)=0.34

续表

函数	表达式	说明	示例
平方根 （Square root）	SQRT(**数字**)	计算**数字**的平方根，负数的平方根将返回缺失值，可选择一个或一列数字	SQRT(64)=8 SQRT(0.25)=0.5
正负符号 （Signs）	SIGN(**数字**)	分别将负数、零和正数转换为-1、0 和+1，可选择一个或一列数字	SIGN(452)=1 SIGN(−0.66)= −1 SIGN(0)=0
部分和 （Partial sum）	PARS(**数字**)	在目标变量中的第 i 行保存输入变量的前 i 行之和（累积和），如变量 C1 包含 2、5、3，目标变量的前 3 行将为 2（2+0）、7（2+5）和 10（2+5+3）	如果 C1 包含 2、5、3，则 PARS(C1)=2、7、10
部分积 （Partial product）	PARP(**数字**)	在目标变量中的第 i 行保存输入变量的前 i 行的乘积（累积乘积），如变量 C1 包含 2、5、3，目标变量的前 3 行将为 2（2×1）、10（2×5）和 30（2×5×3）	如果 C1 包含 2、5、3，则 PARP(C1)=2、10、30
四舍五入 （Round）	ROUND(**数字**,**小数**)	对**数字**进行四舍五入，**数字**可以是单个数值或一个变量。当**小数**=0 时，将其四舍五入为最近的整数；当**小数**>0 时，将其四舍五入到小数点后指定的小数位数；当**小数**<0 时，将其四舍五入到小数点左侧指定的位数	ROUND(2.136,0)=2 ROUND(2.136,1)=2.1 ROUND(2.136,2)=2.14 ROUND(−2.136,2)=−2.14 ROUND(213.6,−1)=210 ROUND(273.6,−2)=300
上取整 （Ceiling）	CEIL(**数字**,**小数**)	对**数字**向上取整，**数字**可以是单个数值或一个变量；当**小数**=0 时，将其四舍五入为大于或等于该**数字**的最近的整数；当**小数**>0 时，将其向上四舍五入到小数点后指定的小数位数；当**小数**<0 时，将其向上四舍五入到小数点左侧指定的位数	CEILING(2.136,0)=3 CEILING(2.136,1)=2.2 CEILING(2.136,2)=2.14 CEILING(−2.136,1)=−2.1 CEILING(213.6,−1)=220 CEILING(213.6,−2)=300
下取整 （Floor）	FLOOR(**数字**,**小数**)	对**数字**向下取整，**数字**可以是单个数值或一个变量。当**小数**=0 时，将其四舍五入为小于或等于该数字的最近的整数；当**小数**>0 时，将其向下四舍五入到小数点后指定的小数位数；当**小数**<0 时，将其向下四舍五入到小数点左侧指定的位数。	FLOOR(2.136,0)=2 FLOOR(2.136,1)=2.1 FLOOR(2.136,2)=2.13 FLOOR(−2.136,1)=−2.2 FLOOR(253.6,−1)=250 FLOOR(253.6,−2)=200
余数 （MOD）	MOD(**数字**,**除数**)	计算**数字**除以**除数**后的余数	MOD(10,6) =4
阶乘 （Factorial）	FACTORIAL(**项数**)	计算**项数** n 的阶乘（$n!$），即从 1～n 所有连续整数的乘积。$n \geqslant 0$，也可以输入常量，不允许有缺失值	FACTORIAL(6)=720
组合 （Combinations）	COMBINATIONS (**项数**,**要选择的数**)	计算组合数 C(n,k)，$n \geqslant 1$，$k \geqslant 0$，不允许有缺失值	COMBINATIONS(10, 2)=45
排列 （Permutations）	PERMUTATIONS (**项数**,**要选择的数**)	计算排列数 A(n,k)，$n \geqslant 1$，$k \geqslant 0$，不允许有缺失值	PERMUTATIONS(6, 2) =30
Gamma 函数 （Gamma function）	GAMMA(**形状**)	计算指定**形状**参数的 Camma 函数	GAMMA(0.5)=1.77245
Ln Gamma 函数	LNGAMMA(**形状**)	计算指定**形状**参数的 Gamma 函数的自然对数	LNGAMMA(3.5)=1.20097
不完全 Gamma 函数 （Incomplete gamma）	IGAMMA(**限制**,**形状**)	计算指定**限制**（积分上限）和**形状**的不完全 Gamma 函数	IGAMMA(1,2)=0.264241

续表

函数	表达式	说明	示例
Poisson 分布的FT变换（Transform count）	FTC(计数)	进行 FT（Freeman Tukey）变换以稳定 Poisson 数据的方差。计数只包含非负整数变量或存储常量	如果 C1 包含 2、6、30，则 FTC(C1)=1.57313、2.54762、5.52249
二项式分布的 FT 变换（Transform proportion）	FTP(试验,事件)	进行 FT（Freeman Tukey）变换以稳定二项数据的方差。需指定试验数和事件数，可以是变量或储存常量，试验数必须为正整数，事件数必须为 0 至试验数之间的整数，包括试验数	如果 C1（试验）包含 4、7、9，C2（事件）包含 3、1、1，则 FTP(C1,C2)= 0.996613、0.442483、0.392699

2. 列函数

列函数共有 4 个，如表 4-3 所示。

表 4-3 列函数

函数	表达式	说明	示例
滞后（Lag）	LAG(数字或文本,[滞后])	将输入变量（数字或文本）的数据复制到目标变量中，且将每个值向下移动指定的行数 *K*（滞后），如果不指定滞后的值，则数据将向下移动一行（滞后=1），目标变量的前 *K* 行将为缺失值（*）	如果 C1 包含 2、5、7、9、4，则 LAG(C1,2)= *、*、2、5、7
差值（Differences）	DIFFERENCES(数字,[滞后])	计算输入变量（数字）逐行数值之间的差值。先每一行减去上面的行数 *K*（滞后），并将差值保存在目标变量中，然后在新的一列中储存差值。如果不指定滞后的值，则数据将向下移动一行（滞后=1），目标变量的前 *K* 行将包含缺失值（*）	如果 C1 包含 2、5、7、9、4，则 DIFFERENCES(c1, 1)= *、3、2、2、−5
排秩（Rank）	RANK(数字)	将输入变量（数字）的秩次保存在目标变量中，其编秩规则参见 3.10 节	如果 C1 包含 2、5、7、9、4，则 RANK(C1)=1、3、4、5、2
排序（Sort）	SORT(列)	按升序排列一个数字变量（列），如需要对文本变量或日期/时间变量进行排序，参见 3.9 节	如果 C1 包含 1、11、7、9、4，则 SORT(C1)= 1、4、7、9、11

3. 日期/时间函数

日期/时间函数共有 4 个，如表 4-4 所示。

表 4-4 日期/时间函数

函数	表达式	说明	示例
当前时间（Current time）	CTIME()	返回当前时间，目标变量将为日期/时间格式，如果指定合适的日期/时间格式，则显示小数表示的秒，如 15:27:26.253。如果保存为常量，则输出结果为日期/时间的数字形式，如 0.646127 表示为 15:30:25.373	CTIME()=12:35:54
当前日期与时间（Now）	NOW()	返回当前日期和时间，目标变量将为日期/时间格式，如果指定合适的日期/时间格式，则显示小数表示的秒，如 2016/8/2 19:38:40.794。如果保存为常量，则输出结果为日期/时间值的数字形式，如 42584.8 表示为 2016/8/2 19:12:00	NOW()=2008-11-8 23:14:28
今天（Today）	TODAY()	返回今天的日期	TODAY()=2008-11-4

续表

函数	表达式	说明	示例
日期与时间摘录（When）	WHEN(数字或文本)	从**数字或文本**的值中提取日期和时间，该值应为默认日期/时间格式的文本字符串（如 2009-3-6 10:23）、日期/时间变量或表示日期/时间值的数字。目标变量将为日期/时间格式。如果**数字或文本**为表示日期/时间值的数字，则返回完整的日期/时间数据，包括天、小时、分钟和秒，如 2016/8/2 19:38:40.794。如果保存为常量，则输出结果为日期/时间的数字形式，如 42584.8 表示为 2016/8/2 19:12:00	在例 3-44 的工作表中，WHEN('出生日期')的前 3 行结果分别为 1987/3/2 0:00:00、1985/8/16 0:00:00、1984/12/8 0:00:00；WHEN (38804.5)=2006-3-28 11:16:05；C1>=WHEN("2005-2-3 10:30")，当 C1 中的日期/时间发生在 2005-2-3 10:30 或之后时，返回 1；当 C1 中的日期/时间发生在 2005-2-3 10:30 之前时，返回 0
日期摘录（Date）	DATE(数字或文本)	从**数字或文本**的值中提取日期部分，该值应为默认日期/时间格式的文本字符串（如 2009-3-6 10:23）、日期/时间变量或表示日期/时间的数字。目标变量将为日期/时间格式。如果保存为常量，则输出结果为日期/时间的数字形式，如 42584 表示为 2016/8/2	在例 3-44 的工作表中，DATE('出生日期')的前 3 行结果分别为 1987/3/2、1985/8/16、1984/12/8；DATE ("2008-5-11 12:55:35")=2008-5-11；DATE(39579.3)=2008-5-11
时间（Time）	TIME(数字或文本)	从**数字或文本**的值中提取时间部分，该值应为默认日期/时间格式的文本字符串（如 2009-3-6 10:23）、日期/时间变量或表示日期/时间的数字。目标变量将为日期/时间格式。如果保存为常量，则输出结果为日期/时间的数字形式	TIME("2008-5-11 12:55:35") =12:55:35；TIME(0.471543) =11:19:01
下一工作日（Workdays）	WDAY(DATE("开始日期"),工作日数量,[假期])	返回**开始日期**后相隔指定天数（**工作日数量**）的工作日期（定义为周一至周五），此外，可以指定参数（**假期**）的一列**假期**（或用双引号引起的日期）以跳过参数（假期）。当输入单个日期时，还需要使用 DATE 函数，如 WDAY (DATE("2009-1-1"),4)=2009-1-6。	WDAY(Date("2009-2-8"), 3) =2009-2-12
工作日间隔（Net workdays）	NETWORKDAYS(DATE("开始日期"),DATE("结束日期"),[假期])	返回**开始日期**和**结束日期**两个日期（包含这两个日期）之间的工作日（周一至周五）天数。**开始日期**和**结束日期**可以是日期变量或用双引号引起的单个日期。此外，可以指定参数（**假期**）的一列**假期**（或用双引号引起的日期）以跳过参数（**假期**）。当输入单个日期时，还需要使用 DATE 函数，如要确定 2009-1-1 与 2009-1-31 之间的工作日天数，可输入 NETWORKDAYS(DATE ("1/1/09"), DATE("1/31/09"))	如果 C1 包含 "2008-11-11"，C2 包含 "2008-12-3"，则 NETWORKDAYS(C1,C2) =17
时间间隔（Elapsed time）	ELAPSED(数字)	返回两个时间的间隔，**数字**为结束时间变量减去开始时间变量，当结果变量的最大值<1h 时，时间间隔将为分、秒（mm:ss）的格式；当输出列的最大值≥1h 时，时间间隔将为时、分、秒（hh:mm:ss）的格式	如果 C1 包含"2008-5-11 8:05:36"，C2 包含"2008-5-12 15:17:55"，则 ELAPSED (C2–C1)=31:49:41

4. 对数函数

对数函数共有4个，如表4-5所示。

表4-5 对数函数

函数	表达式	说明	示例
以10为底数的对数（Log base 10）	LOGTEN(数字)	计算数字的常用对数，当数字≤0时，将返回缺失值（*）	LOGTEN(10000)=4
反对数（指数）（Antilog）	ANTILOG(数字)	计算 10^n，n 为数字的值	ANTILOG(3)=1000
自然对数（以e为底数的对数）（Natural log(Exponential base e)）	LN(数字)	计算数字的自然对数，当数字≤0时，将返回缺失值（*）	LN(7.38905)=2
指数	EXP(数字)	计算 e^n，其中e为常量2.718281，n 为数字的值	EXP(2)=7.38905609893

5. 逻辑函数

逻辑函数共有3个，如表4-6所示。

表4-6 逻辑函数

函数	表达式	说明	示例
任何（Any）	ANY(检验,常量,常量,…)	如果检验的值等于一组常量的值中的任意一个值，则返回“1”，反之返回“0”	如果C2中的值等于12或20，则ANY(C2,12,20)将返回“1”；如果C2中的值不等于12或20，则ANY(C2,12,20)将返回“0”
如果（If）	IF(检验,条件满足的值,[条件不满足的值])	根据检验的指定条件，确定返回两个值中的某个值。如果检验的指定条件为真，则返回条件满足的值，条件可以是任意数值或逻辑表达式。参数条件不满足的值是可选的，为检验的指定条件为假时的返回值，如果不指定任何条件，则返回缺失值（*）	IF(C1 = 1, "男性", "女性")如果C1的值等于1，则返回“男性”；如果C1是其他值，则返回“女性”
如果（一般）（If (general)）	IF(检验,条件满足的值,…,检验,条件满足的值,[条件不满足的值])	依次（从左到右）检查多个指定条件中每个条件的结果，如果检验的指定条件为真，则返回对应的条件满足的值。参数条件不满足的值是可选的，为检验的指定条件均为假时的返回值，如果不指定任何条件，则返回缺失值（*）	IF(C1 <= 2, "低", C1 <=4, "中", "高")如果C1的值≤2，则返回“低”；如果C1的值≤4，但>2，则返回“中”；如果C1中的值是其他值，则返回“高”

6. 统计量函数

统计量函数共有14个，如表4-7所示。

表4-7 统计量函数

函数	表达式	说明	示例
和（Sum）	SUM(数字)	计算指定数字变量或表达式的总和	如果C1包含6、3、15，则SUM(C1)=24
均值（Mean）	MEAN(数字)	计算指定数字变量或表达式的算术平均值	如果C1包含6、3、15，则MEAN(C1)=8
几何均值（Geometric mean）	GMEAN(数字)	计算指定数字变量或表达式的几何均值，所有值必须大于0	如果C1包含6、3、15，则GMEAN(C1)=6.4633040701

续表

函数	表达式	说明	示例
标准差（Standard deviation）	STDEV(数字)	计算指定数字变量或表达式的标准差	如果 C1 包含 6、3、15，则 STDEV(C1)=6.245
最小值（Minimum）	MIN(数字)	计算指定数字变量或表达式的最小值	如果 C1 包含 6、3、15，则 MIN(C1)=3
最大值（Maximum）	MAX(数字)	计算指定数字变量或表达式的最大值	如果 C1 包含 6、3、15，则 MAX(C1)=15
中位数（Median）	MEDIAN(数字)	计算指定数字变量或表达式的中位数	如果 C1 包含 6、3、15，则 MEDIAN(C1)=6
极差（Range）	RANGE(数字)	计算指定数字变量或表达式的极差（最大值-最小值）	如果 C1 包含 6、3、15，则 RANGE(C1)=12
百分位数（Percentile）	PERCENTILE(数字,概率)	计算指定数字变量或表达式指定概率的百分位数	如果 C1 包含 2、3、5 和 7，则 PERCENTILE(C1, 0.25)=2.25，即 P_{25}
平方和（Sum of squares）	SSQ(数字)	计算指定数字变量或表达式的平方和	如果 C1 包含 6、3、15，则 SSQ(C1)=270
正态得分（Normal scores）	NSCOR(数字)	计算指定数字变量或表达式的正态得分	如果 C1 包含 6、3、15，则 NSCOR(C1)≈0.0000、−0.8694、0.8694
N 合计（N Total）	COUNT(数字)	返回一个数字变量的观测值数	如果 C1 包含 6、3、15，则 COUNT(C1)=3
N 非缺失（N nonmissing）	N(数字)	返回一个数字变量的非缺失值数	如果 C1 包含*、3、*，则 N(C1)=1
N 缺失（N missing）	NMISS(数字)	返回一个数字变量的缺失值数	如果 C1 包含*、3、*，则 NMISS(C1)=2

7. 文本函数

文本函数共有 22 个，如表 4-8 所示。

表 4-8 文本函数

函数	表达式	说明	示例
清理（Clean）	CLEAN(文本)	删除文本所有不可打印的字符，当从外部源导入文本时，不可打印的字符可能会嵌入文本	如果 C1 包含 high，则 CLEAN(C1)返回 high
合并（Concatenate）	CONCATENATE(文本,文本,…)	以并列方式合并两个或以上的变量或值。文本列中的数字（如街道地址或日期/时间）将视为文本字符，并将数值转换成文本	如果 C1 包含 Sarah、C2 包含 Jenkins，则 CONCATENATE (C1,C2)返回 SarahJenkins
精算字符序号（Find）	FIND(待查找的文本,包含要查找关键字的文本,[开始字号])	搜索待查找的文本在包含要查找关键字的文本中第 1 次出现的位置。FIND 函数将区分大/小写（区分 b 和 B）。第 3 个参数（开始字号）指定搜索的起始位置是不指定该参数的，默认从包含要查找关键字的文本的起始位置开始搜索	如果 C1 包含 234b75，则 FIND("b7",C1)=4（b7 从文本中的第 4 个位置开始搜索）

续表

函数	表达式	说明	示例
四舍五入且转文字（Fixed）	FIXED(数字,[小数],[无数字分组符号])	将**数字**四舍五入到指定的**小数**位数，并将其转换为带有或不带逗号的文本。如果**小数**=1，则四舍五入到小数点后一位数；如果**小数**=0，则四舍五入到个位数；如果**小数**=-1，则四舍五入到十位数。如果不设定参数**小数**，则默认四舍五入到小数点后两位数 在转换后的文本中插入逗号以分隔数字位（百和千之间、十万和百万之间等）。如果不希望出现逗号，则可将参数**无数字分组符号**设置为“1”；如果希望出现逗号，则可以设置为“0”或不设置该参数	如果 C1 包含数值 2.354784，则 FIXED(C1,3)返回文本值 2.355；如果 C2 包含数值 195833.5，则 FIXED (C2,-3,1)返回文本值 196000
十六进制到十进制（Hex to decimal）	HTOD(文本)	将**文本**的十六进制值转换为相等的十进制值	如果 C1 包含文本数据的十六进制值 24A3，则 HTOD(C1)将返回数值格式的十进制值 9379
项（Item）	ITEM(文本,字符编号,[分隔符])	从**文本**字符串中提取第 *n* 个单词，*n* 为**字符编号**。默认根据空格定义每个单词的起止位置。如果希望指定其他单词分隔的标准（逗号），可以使用参数**分隔符**来指定分隔符号 ITEM 函数与 WORD 函数类似，其不同点是 ITEM 函数可提取现在两个连续分隔符（逗号）之间的空白文本，而 WORD 函数忽略空白文本并提取连续分隔符之后的文本	如果 C1 包含 Fred Allen Sutter，则 ITEM(C1,3)返回 Sutter；如果 C2 包含 Rome,Italy，则 ITEM(C2,1,",")返回 Rome
取左端字符（Left）	LEFT(文本,字符数)	从**文本**字符串的开头返回指定**字符数**的字符	如果 C1 包含 Defective，则 LEFT(C1,3)返回 Def
长度（Length）	LEN(文本)	标识**文本**字符串的字符数	如果 C1 包含 Defective，则 LEN(C1)返回 9
下限（Lower，小写）	LOWER(文本)	将**文本**字符串的所有字母转换为小写	如果 C1 包含 DEFECTIVE，则 LOWER(C1)返回 defective
取字符中段（Mid）	MID(文本,开始字号,[字符数])	返回**文本**字符串中指定**开始字号**（起始位置）和**字符数**（长度）的字符。如果不指定参数**字符数**，则返回所有**开始字号**指定的第 1 个字符和后续的字符	如果 C1 包含 ITtechnician，则 MID(C1,3,4)返回 tech，MID(C1,3)返回 technician
填充空格（Pad）	PAD(文本,字符数)	在**文本**字符串的尾部填充空格，使填充后字符串的长度等于**字符数**	如果 C1 包含 excellent，则在 PAD(C1,11)单词“excellent”后填充两个空格
大写首字符（Proper）	PROPER(文本)	使每个单词的首字母大写，其他字母转换为小写	如果 C1 包含 how aRe you，则 PROPER(C1)返回 How Are You

续表

重复（Repeat）	REPT(文本,次数)	按指定次数重复文本	如果 C1 包含 A，则 REPT(C1,4) 返回 AAAA
替换（Replace）	REPLACE(旧文本,开始字号,字符数,新文本)	用新文本替换旧文本中指定开始字号（起始位置）和字符数（长度）的字符	如果 C1 包含 Joan Smith，则 REPLACE (C1,1,4,″Ted″) 返回 Ted Smith
取右端字符（Right）	RIGHT(文本,字符数)	返回文本字符串末尾指定字符数的字符	如果 C1 包含 autocontrol，则 RIGHT(C1,7) 返回 control
粗算字符序号（Search）	SEARCH(待查找的文本,包含要查找关键字的文本,[开始字号])	搜索待查找的文本在包含要查找关键字的文本中首次出现的位置。参数开始字号指定搜索的起始位置，如果不指定该参数，则默认从包含要查找关键字的文本的起始位置开始搜索。SEARCH 函数与 FIND 函数类似，不同的是 SEARCH 函数不区分大小写（如不区分 b 和 B）	如果 C1 包含 234B75，则 SEARCH (″b7″,c1)返回 4（因为 B7 从文本中的第 4 个位置开始）
按字符替换（Substitute）	SUBSTITUTE(文本,旧文本,新文本,[出现次数])	用新文本替换文本中的旧文本。如果旧文本出现多次，则指定替换哪个旧文本，即指定参数出现次数，如指定 1 表示替换第 1 个旧文本，2 表示替换第 2 个旧文本。如果不指定，则替换所有旧文本	如果 C1 包含 600 Pine Lane，则 SUBSTITUTE(C1, ″0″, ″2″, 1)返回 620 Pine Lane; SUBSTITUTE(C1, ″0″, ″2″, 2) 返回 602 Pine Lane; SUBSTITUTE(C1, ″0″, ″2″)返回 622 Pine Lane
文本（Text）	TEXT(数字)	将数字转换为文本，以便使用文本函数编辑和操作这些数字	如果 C1 包含数值 236561，则 TEXT (C1) 返回文本值 236561
清除空格（Trim）	TRIM(文本)	在单词之间保留一个空格并删除其他所有空格	如果 C1 包含 low　　grade，则 TRIM(C1) 返回 low grade
上限（Upper，大写）	UPPER(文本)	将文本字符串的所有字母转换为大写	如果 C1 包含 defective，则 UPPER(C1) 返回 DEFECTIVE
值（Value）	VALUE(文本)	将数字或日期/时间数据从文本格式转换为数值格式，以便对这些数据进行数学运算	如果 C1 包含文本值 2005，则 VALUE(C1) 返回数值 2005
按序摘字（Word）	WORD(文本,字符编号,[分隔符])	从文本字符串中提取第 *n* 个单词，*n* 为字符编号。默认根据空格定义每个单词的起止位置。如果希望指定其他单词分隔的标准（如逗号），则可以使用参数分隔符来指定分隔符号 WORD 函数与 ITEM 函数类似，其不同点是 ITEM 函数可提取两个连续分隔符（如逗号）之间的空白文本，而 WORD 函数忽略空白字符串并提取连续分隔符之后的文本	如果 C1 包含 Jones, Penelope，则 WORD (C1,2,″, ″)返回 Penelope

8. 三角法函数

三角法函数共有 14 个，如表 4-9 所示。

表 4-9　三角法函数

函数	表达式	说明	示例
正弦（Sine）	SIN(以弧度表示的角度)	计算以弧度表示的角度的正弦	如果 C1 包含 1.5，则 SIN(C1)=0.997494986604
余弦（Cosine）	COS(以弧度表示的角度)	计算以弧度表示的角度的余弦	如果 C1 包含 1.5，则 COS(C1)= 0.540302305868
正切（Tangent）	TAN(以弧度表示的角度)	计算以弧度表示的角度的正切	如果 C1 包含 1，则 TAN(C1)= 1.557407724655
反正弦（Arcsine）	ASIN(数字)	计算数字的反正弦	如果 C1 包含 1，则 ASIN(C1)=1.570796326795
反余弦（Arccosine）	ACOS(数字)	计算数字的反余弦	如果 C1 包含 0，则 ACOS(C1)=1.566796316128
反正切（Arctangent）	ATAN(数字)	计算数字的反正切	如果 C1 包含 25，则 ATAN(C1)=1.530817639672
度（Degrees）	DEGREES(以弧度表示的角度)	将以弧度表示的角度转换为度	如果 C2 包含 1.570796326795，则 DEGREES(C2)=90
弧度（Radians）	RADIANS(以度表示的角度)	将以度表示的角度转换为弧度	如果 C1 包含 45，则 RADIANS(C1)=0.785398163397
双曲正弦（Sinh）	SINH(数字)	计算数字的双曲正弦	如果 C1 包含 1.5，则 SINH(C1)=2.129279455095E+00
双曲余弦（Cosh）	COSH(数字)	计算数字的双曲余弦	如果 C1 包含-5，则 COSH(C1)=7.42099485248E+01
双曲正切（Tanh）	TANH(数字)	计算数字的双曲正切	如果 C1 包含 3.7，则 TANH(C1)=0.998778241281
反双曲正弦（Arcsinh）	ASNH(数字)	计算数字的反双曲正弦	如果 C1 包含 67，则 ASNH(C1)=0.89789548699
反双曲余弦（Arccosh）	ACSH(数字)	计算数字的反双曲余弦	如果 C1 包含 25，则 ACSH(C1)=3.911622765215
反双曲正切（Arctanh）	ATNH(数字)	计算数字的反双曲正切	如果 C1 包含 0.5，则 ATNH(C1)=0.549306144334

9. 行统计量函数

行统计量函数共有 11 个，如表 4-10 所示。

表 4-10　行统计量函数

函数	表达式	说明	示例
和（Sum）	RSUM(数字,数字,…)	计算一行数字的总和	如果 C1 包含 6，C2 包含 3，C3 包含 15，则 RSUM(C1,C2,C3)=24
均值（Mean）	RMEAN(数字,数字,…)	计算一行数字的算术平均数	如果 C1 包含 6，C2 包含 3，C3 包含 15，则 RMEAN(C1,C2,C3)=8
标准差（Standard deviation）	RSTDEV(数字,数字,…)	计算一行数字的标准差	如果 C1 包含 6，C2 包含 3，C3 包含 15，则 RSTDEV(C1,C2,C3)=6.245
最小值（Minimun）	RMIN(数字,数字,…)	标识一行数字中的最小值	如果 C1 包含 6，C2 包含 3，C3 包含 15，则 RMIN(C1,C2,C3)=3
最大值（Maximum）	RMAX(数字,数字,…)	标识一行数字中的最大值	如果 C1 包含 6，C2 包含 3，C3 包含 15，则 RMAX(C1,C2,C3)=15
中位数（Median）	RMEDIAN(数字,数字,…)	计算一行数字的中位数	如果 C1 包含 6，C2 包含 3，C3 包含 15，则 RMEDIAN(C1,C2,C3)=6

续表

函数	表达式	说明	示例
极差（Range）	RRANGE(数字,数字,…)	计算一行数字的极差（最大值–最小值）	如果 C1 包含 6，C2 包含 3，C3 包含 15，则 RRANGE (C1,C2,C3)=12
平方和（Sum of squares）	RSSQ(数字,数字,…)	计算一行数字的平方和	如果 C1 包含 6，C2 包含 3，C3 包含 15，则 RSSQ(C1,C2,C3)=270
N 合计（N to tal）	RCOUNT(数字,数字,…)	返回一行数字的观测值数	如果 C1 包含 6，C2 包含 3，C3 包含 15，则 RCOUNT(C1,C2,C3)=3
N 非缺失（N Nonmissing）	RN(数字,数字,…)	返回一行数字的非缺失值数	如果 C1 包含*，C2 包含 3，C3 包含*，则 RN(C1,C2,C3)=1
N 缺失（N Missing）	RNMISS(数字,数字,…)	返回一行数字的缺失值数	如果 C1 包含*，C2 包含 3，C3 包含*，则 RNMISS(C1,C2,C3)=2

10. 常量函数

常量函数共有 3 个，如表 4-11 所示。

表 4-11 常量函数

函数	表达式	说明	示例
Pi（3.14…）	PI()	插入常量π，四舍五入到 6 位小数	PI()=3.141592
e（2.718…）	E()	插入常量 e，四舍五入到 6 位小数	E()=2.718281
缺失数据代码（Missing data code）	MISS()	插入常量*。在 K998 中保存*	MISS()=*

4.2 列统计量

列统计量可计算变量（列）中的各种统计量，并可将其保存在常量中。

【例 4-5】现有某体检机构的 200 例体检数据，试计算身高（单位：cm）的平均值。

（1）打开工作表“体检数据.mwx”。

（2）选择【计算（Calc）】→【列统计量（Column Statistics）】菜单项，打开【列统计量（Column Statistics）】对话框，如图 4-6 所示。

- 【统计量（Statistic）】：可选择【和（Sum）】（总和）、【均值（Mean）】、【标准差（Standard deviation）】、【最小值（Minimum）】、【最大值（Maximum）】、【极差（Range）】、【中位数（Median）】、【平方和（Sum of squares）】、【N 合计（N total）】、【N 非缺失（N nonmissing）】（非缺失值数）或【N 缺失（N missing）】（缺失值数）。本例选择【均值（Mean）】。
- 【输入变量（Input variable）】：选择要分析的变量，本例选择“身高”。
- 【将结果存储在（Store result in）】：设定统计量保存的位置（必须为单个常量）。

（3）主要结果：身高的均值如结果 4-2 所示。

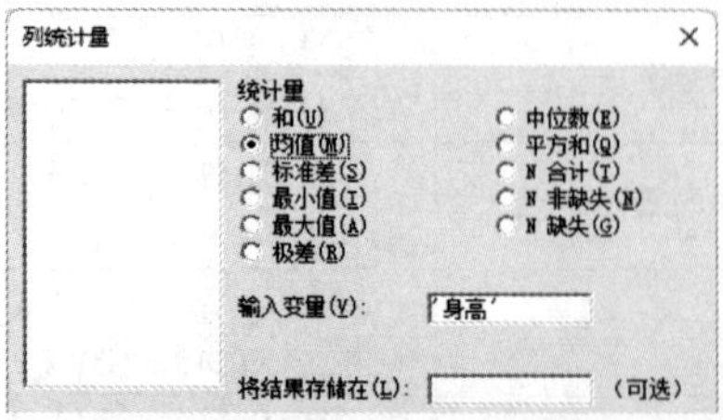

图 4-6 【列统计量（Column Statistics）】对话框

结果 4-2

身高的均值

身高的均值 = 167.044

4.3 行统计量

行统计量可计算每行中的各种统计量，并可将其保存在新变量（列）中。

【例 4-6】现有 20 对平行样品（二氧化硫，0.01×10^{-6}）的测量值，每个样品测量 5 次，如图 4-7 所示，试计算 x1～x5 的均值。

（1）打开工作表“二氧化硫测量.mwx”。

（2）选择【计算（Calc）】→【行统计量（Row Statistics）】菜单项，打开【行统计量（Row Statistics）】对话框，如图 4-8 所示。

【统计量（Statistic）】选择【均值（Mean）】，【输入变量（Input variable）】选择“x1-x5”，【将结果存储在（Store result in）】为“C7”。

↓	C1	C2	C3	C4	C5	C6	C7
	编号	x1	x2	x3	x4	x5	
1	1	21	19	19	22	20	
2	2	23	17	18	19	21	
3	3	21	21	22	21	22	
4	4	20	19	19	23	20	
5	5	21	22	20	20	21	
6	6	21	17	18	17	22	

图 4-7　二氧化硫的测量值

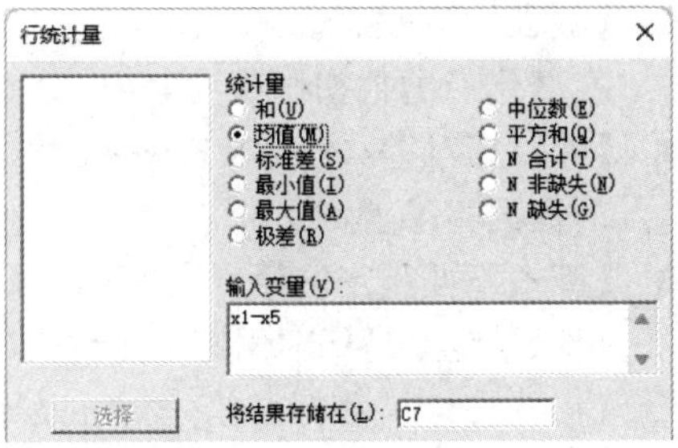

图 4-8　【行统计量（Row Statistics）】对话框

（3）主要结果及分析：当前工作表中增加了一个变量“C7”，其为每行数据（x1～x5）的均值，如图 4-9 所示。

↓	C1	C2	C3	C4	C5	C6	C7
	编号	x1	x2	x3	x4	x5	
1	1	21	19	19	22	20	20.2
2	2	23	17	18	19	21	19.6
3	3	21	21	22	21	22	21.4
4	4	20	19	19	23	20	20.2
5	5	21	22	20	20	21	20.8
6	6	21	17	18	17	22	19.0
7	7	18	18	20	19	20	19.0

图 4-9　二氧化硫测量值的均值（部分）

4.4 数据标准化

在数据分析中，我们常需要对数据进行标准化（Standardize），其主要目的是消除量纲（单位）的影响和变量自身变异与数值大小的影响，或者使数据中心化，根据各种方法将原始数据转换为无量纲的纯数值，从而使不同的数据具有可比性。数据标准化是把不同量纲的数据标准化为同一个标准，将数据按照比例缩放，使之落入一个小的特定区间，如[−1,+1]、[0,1]等，以便对数据进行进一步的分析。

【例 4-7】已知某地区 120 名 12 岁男童身高（单位：cm）的数据，试尝试用不同方法对其进行标准化。

（1）打开工作表“男童身高.mwx”。

（2）选择【计算（Calc）】→【标准化（Standardize）】菜单项，打开【标准化（Standardize）】对话框，如图 4-10 所示。

- 【输入列（Input column(s)）】：选择要标准化的变量。本例选择“身高”。
- 【将结果存储在（Store result in）】：保存标准化得分的列。本例为“方法 1”。

标准化方法共有 5 种，本例将对每种方法均进行尝试。

- 【减去均值并除以标准差（Subtract mean and divide by standard deviation）】：又称为数据正规化（Normalization），即根据原始数据的均值和标准差进行数据的标准化，其标准化得分又称为 z 得分（z-score），适用于数据的最大值和最小值未知或有超出取值范围的离群值的情况。标准化后的变量有约一半观测值小于 0，剩余观测值大于 0，其均值为 0，标准差为 1。标准化后的数据都是没有单位的纯数值，可消除量纲和变量自身变异的影响。
- 【减去均值（Subtract mean）】：又称为数据中心化（Centralization），即用原始数据减去均值，标准化后的数据均值为 0。
- 【除以标准差（Divide by standard deviation）】：用原始数据除以该变量的标准差，标准化后的数据标准差为 1。
- 【减去下面指定的第一个值，然后除以第二个值（Subtract first value, then divide by second）】：可以指定不是标准化变量的均值和标准差的其他值。例如，采用该地区 12 岁男童身高的均值（142cm）和标准差（6.1cm）作为【第一（First）】和【第二（Second）】的值。
- 【从起点到终点生成极差（Make range from start to end）】：又称为离差标准化，即按线性变换数据将数据映射至一个特定区间，如[−1,+1]、[0,1]。常用的区间是[0,1]，其计算公式为新数据=(原数据−最小值)/极差。该方法是消除量纲影响和自身变异的影响的最简单的方法。例如，设定【起始（Start）】值为 0，【结束（End）】值为 1，标准化后的数据最小值为 0，最大值为 1。

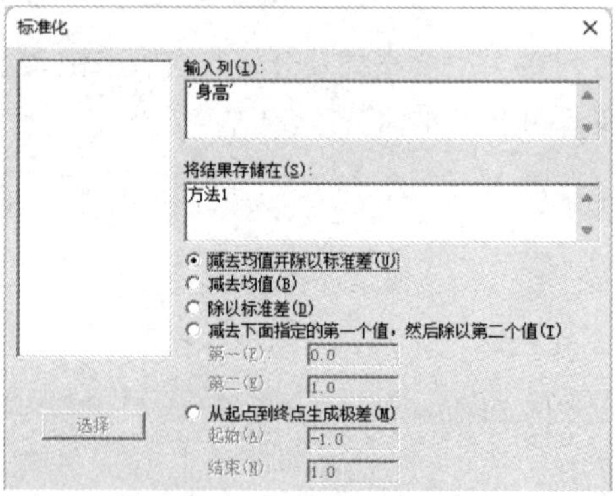

图 4-10 【标准化（Standardize）】对话框

（3）进一步分别采用其他方法对数据进行标准化得到 5 种标准化方法的结果（结果与【标准化（Standardize）】对话框选项的顺序一致），如图 4-11 所示。

（4）参考 5.1.1 节对身高和 5 种标准化方法的结果进行描述性统计，得到各统计量（均值、标准差、最小值和最大值），如结果 4-3 所示。

↓	C1	C2	C3	C4	C5	C6
	身高	方法1	方法2	方法3	方法4	方法5
1	142.3	-0.12815	-0.7458	24.4505	142.3	-0.06286
2	134.4	-1.48556	-8.6458	23.0931	134.4	-0.51429
3	150.3	1.24644	7.2542	25.8251	150.3	0.39429
4	141.9	-0.19688	-1.1458	24.3818	141.9	-0.08571
5	143.5	0.07804	0.4542	24.6567	143.5	0.00571
6	138.1	-0.84981	-4.9458	23.7289	138.1	-0.30286
7	142.9	-0.02506	-0.1458	24.5536	142.9	-0.02857

图 4-11 5 种标准化方法的结果

结果 4-3

统计量

变量	均值	标准差	最小值	最大值
身高	143.05	5.82	125.90	160.90
方法1	0.0000	1.0000	-2.9461	3.0678
方法2	0.000	5.820	-17.146	17.854
方法3	24.579	1.000	21.633	27.646
方法4	143.05	5.82	125.90	160.90
方法5	-0.0202	0.3326	-1.0000	1.0000

4.5　生成模板数据

生成模板数据可以生成简单数集（Simple Set of Numbers）、任意数集（Arbitrary Set of Numbers）、文本值（Text Values）、日期/时间值的简单集合（Simple Set of Date/Time Values）、日期/时间值的任意集合（Arbitrary Set of Date/Time Values）。

4.5.1　生成简单数集

简单数集可生成符合一定规律的数字序列，如 1～100 的数字或 1、2、3、4 和 5 的集合。该功能只能指定均匀间隔的数字序列，如 10、20、30，在录入数据编号或方差分析设计的因子水平时非常有用。如果需要指定非均匀间隔的数字序列，如数字 10、20、50，则应使用任意数集。

【例 4-8】某年级共有 200 名学生，为了录入学生的各科考试成绩，在数据录入前需要先录入学号（格式为 9805+3 位数的流水号，即 001～200）。

（1）打开 Minitab。

（2）选择【计算（Calc）】→【生成模板数据（Make Patterned Data）】→【简单数集（Simple Set of Numbers）】菜单项，打开【简单数集（Simple Set of Numbers）】对话框，如图 4-12 所示。

- 【将模板数据存储在（Store patterned data in）】：指定保存模板数据的位置。本例为“学号”。
- 【从第一个值（From first value）】：输入序列的起点，可以输入一个数字或存储的常量（*K*）。
- 【至最后一个值（To last value）】：输入序列的终点，可以输入一个数字或存储的常量（*K*）。
- 【步长为（In steps of）】：指定特定的数值增量，即相邻两个数值之间的差值。
- 【列出各项值的重复次数（Number of times to list each value）】：指定每个值的重复次数。
- 【列出各序列的重复次数（Number of times to list the sequence）】：指定整组序列的重复次数。

（3）主要结果及分析：在空白工作表中新增了一个变量“学号”，即 9805001～9805200，如图 4-13 所示。

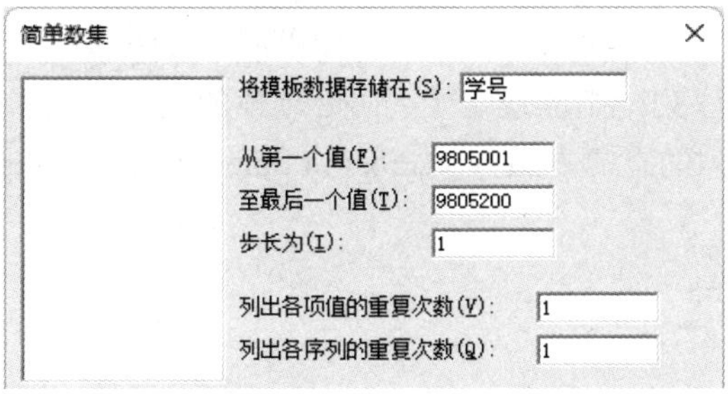

图 4-12　【简单数集（Simple Set of Numbers）】对话框

图 4-13　生成简单数集的结果

4.5.2　生成任意数集

任意数集可生成非均匀间隔的数字序列，如数字 10 20 50，常用于录入方差分析设计的因子水平。

【例 4-9】某研究中使用了 30 根木头，先将夹具装置插入木头的两端，然后转动木头，锋利的刀片将木头切成薄片。研究中使用了 3 个温度水平（60℉、120℉和 150℉），在每个温度水平下测量 10 根木头，测量指标为夹具装置转动前施加到木头上的扭矩，在录入测量数据之前需要先录入 3 个温度水平。

（1）打开 Minitab。

（2）选择【计算（Calc）】→【生成模板数据（Make Patterned Data）】→【任意数集（Arbitrary Set of Numbers）】菜单项，打开【任意数集（Arbitrary Set of Numbers）】对话框，如图 4-14 所示。

【将模板数据存储在（Store patterned data in）】为“温度”，【任意数集（Arbitrary set of numbers）】为“60 120 150”，【列出各项值的重复次数（Number of times to list each value）】为“10”，【列出各序列的重复次数（Number of times to list the sequence）】为“1”。

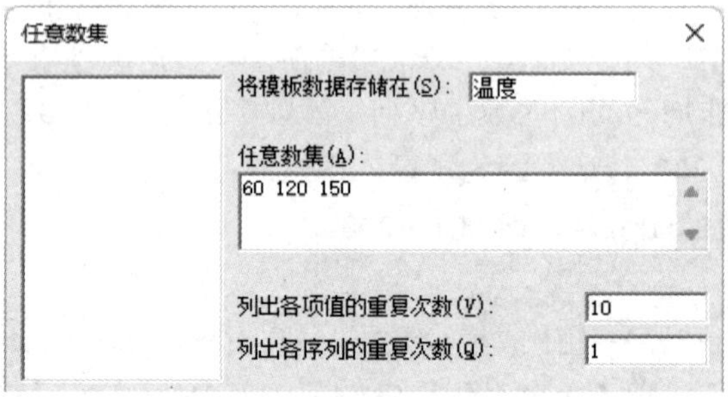

图 4-14 【任意数集（Arbitrary Set of Numbers）】对话框

注：任意数集的录入方式如表 4-12 所示。

表 4-12 任意数集的录入方式

原始数集	录入方式
10、20、50	10 20 50
10、20、50、51、52	10 20 50:52
10、20、50、50.5、51、51.5、52	10 20 50:52/0.5
10、20、19、18、17、50	10 20:17 50

（3）主要结果及分析：在空白工作表中新增了一个变量“温度”，共有 30 行，其中第 1～10 行的数值为 60，第 11～20 行的数值为 120，第 21～30 行的数值为 150。如果需要按照 60、120、150，60、120、150，…，60、120、150 的方式生成序列，则应设定【列出各项值的重复次数（Number of times to list each value）】为“1”，【列出各序列的重复次数（Number of times to list the sequence）】为“10”。

4.5.3 生成文本值

文本值可以根据一定的规律在一个文本变量中输入文本值。

【例 4-10】用 5×2×2 析因设计研究 5 种类型的军装在两种活动环境、两种活动状态下的散热效果，测量指标是受试者的主观热感觉（从“冷”到“热”按等级评分），结果如表 4-13 所示。试录入该表格的数据。

表 4-13　受试者的主观热感觉

活动环境	活动状态	军装类型				
		a_1	a_2	a_3	a_4	a_5
干燥	静坐	0.25	0.30	0.75	0.20	–0.10
		–0.25	0.10	–0.50	–1.00	0.00
		1.25	0.50	0.60	0.85	2.50
		–0.75	–0.35	0.40	–0.50	0.10
		0.40	0.05	–0.20	0.90	–0.10
	活动	4.75	4.60	4.55	4.25	4.725
		3.45	4.80	3.50	3.10	4.30
		4.00	4.00	4.25	4.00	4.10
		4.85	5.20	4.10	5.00	4.80
		4.55	4.30	4.40	4.20	3.60
潮湿	静坐	0.50	1.50	0.75	–0.75	1.75
		2.10	1.50	2.65	0.90	2.40
		2.75	1.25	3.00	0.95	1.75
		1.00	1.37	0.05	0.625	3.05
		2.35	2.55	1.17	1.05	2.75
	活动	3.75	4.00	4.10	3.275	4.80
		4.00	4.05	5.00	4.25	4.02
		4.00	4.15	4.20	4.00	4.15
		4.25	4.10	4.15	4.25	4.75
		4.60	4.25	4.175	4.25	4.80

（1）打开 Minitab。

（2）选择【计算（Calc）】→【生成模板数据（Make Patterned Data）】→【文本值（Text Values）】菜单项，打开【文本值（Text Values）】对话框，如图 4-15 所示。

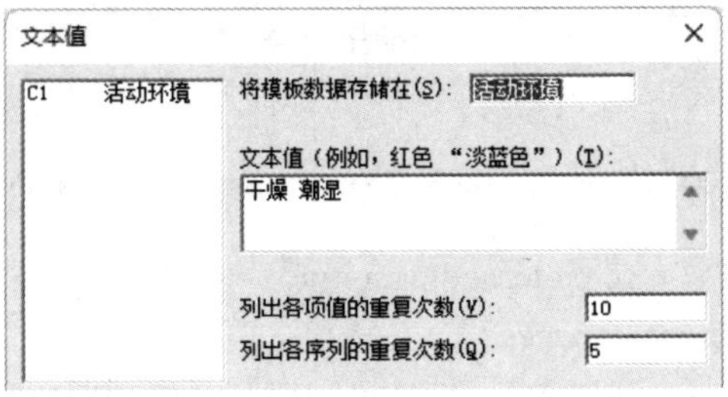

图 4-15　【文本值（Text Values）】对话框

【将模板数据存储在（Store patterned data in）】为“活动环境”，【文本值（例如，红色“淡蓝色”）（Text values(e.g., red "light blue")）】为“干燥 潮湿”，【列出各项值的重复次数（Number of times to list each value）】为“10”，【列出各序列的重复次数（Number of times to list the sequence）】为“5”，即在变量“活动环境”中录入 10 行“干燥”、10 行“潮湿”后录入 10 行“干燥”、10 行“潮湿”，总共重复 5 次，共录入 100 行数据。

注：如果文本中包含空格，应使用双引号将文本值括起。

（3）重复第（2）步，在【文本值（Text Values）】对话框中，【将模板数据存储在（Store patterned data in）】为“活动状态”，【文本值（例如，红色“淡蓝色”）（Text values(e.g., red "light blue")）】为

“静坐 活动”，【列出各项值的重复次数（Number of times to list each value）】为“5”，【列出各序列的重复次数（Number of times to list the sequence）】为“10”，即在变量“活动环境”中录入5行“静坐”、5行“活动”后录入5行“静坐”、5行“活动”，总共重复10次，共录入100行数据。

（4）重复第（2）步，在【文本值（Text Values）】对话框中，【将模板数据存储在（Store patterned data in）】为“军装类型”，【文本值（例如，红色“淡蓝色”）（Text values(e.g., red "light blue")）】为“a1 a2 a3 a4 a5”，【列出各项值的重复次数（Number of times to list each value）】为“20”，【列出各序列的重复次数（Number of times to list the sequence）】为“1”。

（5）在C4中设定变量名为“主观热感觉”后依次录入表4-13中的测量值，录入后的结果详见工作表“散热效果.mwx”。

4.5.4　生成日期/时间值的简单集合

日期/时间值的简单集合可按一定的规律在一个变量中录入日期/时间值。

【例4-11】某服装销售商为了记录2016年6月的每日销售额，在录入每日销售额之前，试快速录入2016年6月的日期值。

（1）打开Minitab。

（2）选择【计算（Calc）】→【生成模板数据（Make Patterned Data）】→【日期/时间值的简单数集（Simple Set of Date/Time Values）】菜单项，打开【日期/时间值的简单集合（Simple Set of Date/Time Values）】对话框，如图4-16所示。

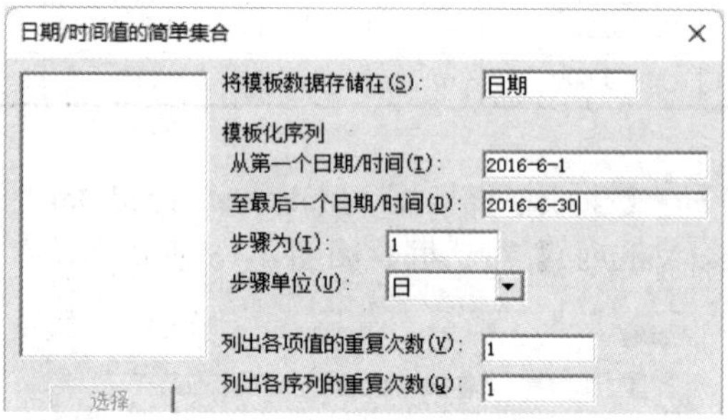

图4-16　【日期/时间值的简单集合（Simple Set of Date/Time Values）】对话框

- 【将模板数据存储在（Store patterned data in）】：为“日期”。
- 【模板化序列（Patterned sequence）】。
  - 【从第一个日期/时间（From first date/time）】：为“2016-6-1”。
  - 【至最后一个日期/时间（To last date/time）】：为“2016-6-30”。
- 【步骤为（In steps of）】（步长为）：指定特定增量的日期/时间增量。本例为“1”。
- 【步骤单位（Step unit）】（步长单位）：指定增量的日期/时间单位，可以选择【日（Day）】、【工作日（Work day）】、【星期（Week）】、【月（Month）】、【季度（Quarter）】、【年（Year）】、【小时（Hour）】、【分（Minute）】、【秒（Second）】、【十分位（Tenth）】、【百分位（Hundredth）】或【千分位（Thousandth）】。本例选择【日（Day）】。。
- 【列出各项值的重复次数（Number of times to list each value）】和【列出各序列的重复次数（Number of times to list the sequence）】均为“1”。

（3）主要结果及分析：在空白工作表中新增了一个日期/时间变量“日期”，其数值为2016-6-1～2016-6-30。

4.6　创建网格数据

创建网格数据（产生网格数据）可生成规格的(x,y)网格以用于绘制等值线图、3D 曲面图和线框图，并可使用函数创建 z 变量。

【例 4-12】已知锥形的方程为 $z=C\sqrt{\left(\frac{x}{A}\right)^2+\left(\frac{y}{B}\right)^2}$，其中，$A$=1.5，$B$=1.5，$C$=2，试计算−5.0～5.0 之间的 11 个位置数，即计算该方程 z 变量的值。

（1）打开 Minitab。

（2）选择【计算（Calc）】→【产生网格数据（Make Mesh Data）】菜单项，打开【产生网格数据（Make Mesh Data）】对话框，如图 4-17 所示。

■ 【产生 X 和 Y 网格变量（Make X and Y Mesh Variables）】：x 和 y 分别取 7-15 个位置数来绘制网格，此时，等值线图、曲面图和线框图的绘制效果和分辨率较为理想。

■ 【X】和【Y】：设定(x,y)网格的位置，本例为“x”和“y”。

- 【存储在（Store in）】：设定 x 值和 y 值的存储位置，本例为“x”和“y”。
- 【从（From）】：输入起始的 x 值或 y 值，本例均为“−5.0”。
- 【至（To）】：输入结束的 x 值或 y 值，本例均为“5.0”。
- 【位置数（Number of positions）】：最多可以指定 101 个位置。位置越多网格越精细，但绘图时间也越长。本例均为“11”。

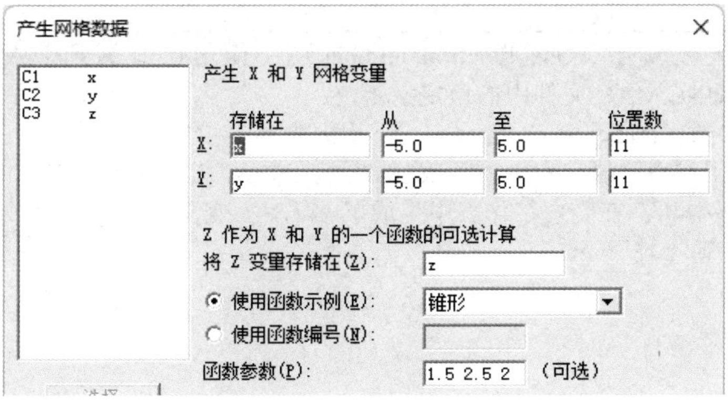

图 4-17　【产生网格数据（Make Mesh Data）】对话框

■ 【Z 作为 X 和 Y 的一个函数的可选计算（Optional Computation of Z as a Function of X and Y）】。

- 【将 Z 变量存储在（Store Z variable in）】：设定 z 值的存储位置，本例为“z”。
- 【使用函数示例（Use function example）】：根据函数生成 x、y、z 值以用于绘制 3D 曲面图，可选函数的方程与参数如表 4-14 所示。

表 4-14 可选函数的方程与参数

函数名称	方程	参数（按顺序）
二元正态（Bivariate Normal）	$z = ae[-b/2(1-\rho^2)]$	μ_1=MU1，σ_1=S1，μ_2=MU2，σ_2=S2，ρ=RHO（$\sigma_1 \neq 0$，$\sigma_2 \neq 0$，$-1<\rho<1$）以下变量根据上述变量生成得 $a=\dfrac{1}{2\pi\sigma_1\sigma_2\sqrt{1-\rho^2}}$，$b=\left(\dfrac{x-\mu_1}{\sigma_1}\right)^2-2\rho\dfrac{x-\mu_1}{\sigma_1}\dfrac{y-\mu_2}{\sigma_2}+\left(\dfrac{y-\mu_2}{\sigma_2}\right)^2$
碗形（Bowl）	$z=\dfrac{\left(\frac{x}{A}\right)^2+\left(\frac{y}{B}\right)^2}{C}$	A，B，C（$A\neq 0$，$B\neq 0$，$C\neq 0$）
锥形（Cone）	$z=C\sqrt{\left(\frac{x}{A}\right)^2+\left(\frac{y}{B}\right)^2}$	A，B，C（$A\neq 0$，$B\neq 0$，$C\neq 0$）
牛仔帽（Cowboy Hat）	$z=\dfrac{\sin\sqrt{\left(\frac{x}{A}\right)^2+\left(\frac{y}{B}\right)^2}}{C}$	A，B，C（$A\neq 0$，$B\neq 0$，$C\neq 0$）
蛋品包装箱（Egg Carton）	$z=\dfrac{\sin\frac{x}{A}\cos\frac{x}{A}+\sin\frac{y}{B}\cos\frac{y}{B}}{C}$	A，B，C（$A\neq 0$，$B\neq 0$，$C\neq 0$）
半球形（Hemisphere）	$z=C\sqrt{R^2\left[\left(\frac{x}{A}\right)^2+\left(\frac{y}{B}\right)^2\right]}$ 其中，如果 $z<0$，则设 $z=0$	A，B，C，R（$A\neq 0$，$B\neq 0$，$C\neq 0$，$R\neq 0$）
山谷形（Hill and Dale）	$z=\dfrac{\sin\frac{x}{A}+\cos\frac{y}{B}}{C}$	A，B，C（$A\neq 0$，$B\neq 0$，$C\neq 0$）
马鞍形（Saddle）	$z=\dfrac{\left(\frac{x}{A}\right)^2-\left(\frac{y}{B}\right)^2}{C}$	A，B，C（$A\neq 0$，$B\neq 0$，$C\neq 0$）
波形（Wave）	$z=\dfrac{\sin\left(\frac{x}{A}+\frac{y}{B}\right)}{C}$	A，B，C（$A\neq 0$，$B\neq 0$，$C\neq 0$）

- 【使用函数编号（Use function number）】：使用已添加到\MACROS 文件夹中的 USERFUNC.MAC 文件中的自定义函数。
- 【函数参数（Function parameters）】：根据表 4-14 的函数参数的顺序输入自定义参数，参数间用空格分隔。本例按函数参数顺序 A，B，C 输入参数值“1.5 1.5 2”。

（3）主要结果及分析：在空白工作表中生成了 x、y、z 变量的共 121 行数据，参考 11.18.1 节绘制 3D 曲面图，如图 4-18 所示。

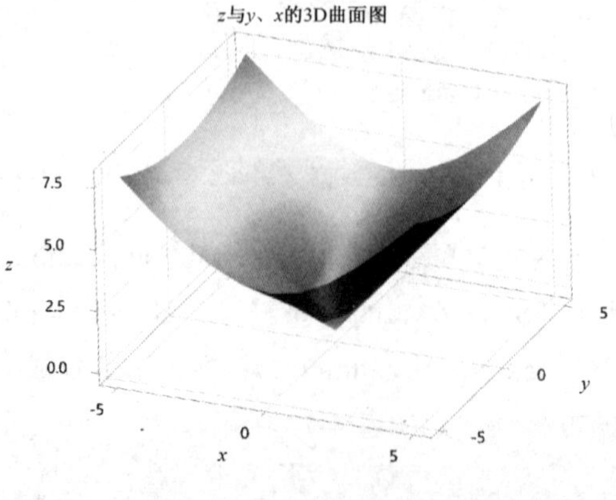

彩图 4-18

图 4-18 3D 曲面图

4.7　创建指示变量

指示变量（Indicator variables）又称为虚拟变量（Dummy variable）或二分变量（Binary variable），创建指示变量（产生指示变量）可将分类变量中的 *n* 个分类水平转换为 *n* 个指示变量，并将每个观测值赋值为二值数值（0 或 1），指示变量可用于进一步的统计分析，如回归分析、一般线性模型分析等。

【例 4-13】工作表“眼睛颜色.mwx”中，“眼睛颜色”变量保存了 50 名成年人的眼睛颜色数据，根据该变量创建指示变量。

（1）打开“收入.mwx”。

（2）选择【计算（Calc）】→【产生指示变量（Make Indicator Variables）】菜单项，打开【产生指示变量（Make Indicator Variables）】对话框，如图 4-19 所示。

- 【需要指示变量的列（Indicator variables for）】：选择需要转换的分类变量，可以选择数字、文本或日期/时间变量。本例选择“眼睛颜色”。
- 【将指示变量存储于列（Store indicator variables in columns）】：选择分类变量，Minitab 将自动完成填充表格。
  - 【可区分值（Distinct Value）】：自动列出分类变量中的分类，“眼睛颜色”共包括“蓝色”、“棕色”、“绿色”和“淡褐色”4 种颜色。
  - 【列（Column）】：自动生成每个分类的变量，并将其保存在工作表尾部的列中。用户也可以重新输入每个指示变量的名称，或者输入一个现有的列或列号。

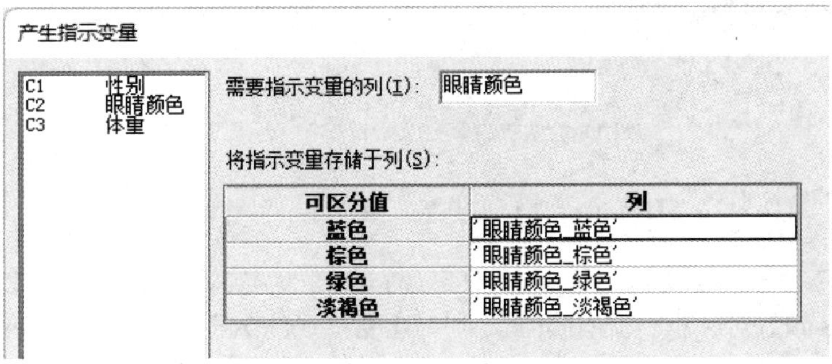

图 4-19　【产生指示变量（Make Indicator Variables）】对话框

（3）主要结果及分析：在工作表尾部生成了 4 个数值为 0 或 1 的变量（C4～C7）。例如，当“眼睛颜色_蓝色”的数值为 1 时，表示眼睛颜色为蓝色；当其数值为 0 时，表示眼睛颜色为除蓝色外的其他颜色。同理，当“眼睛颜色_棕色”的数值为 1 时，表示眼睛颜色为棕色；当其数值为 0 时，表示眼睛颜色为除棕色外的其他颜色。当输入分类变量的数据为缺失值时，创建的指示变量也为缺失值。创建指示变量的结果如图 4-20 所示。

↓	C1-T	C2-T	C3	C4	C5	C6	C7
	性别	眼睛颜色	体重	眼睛颜色_蓝色	眼睛颜色_棕色	眼睛颜色_绿色	眼睛颜色_淡褐色
1	女	绿色	114	0	0	1	0
2	女	淡褐色	120	0	0	0	1
3	女	绿色	136	0	0	1	0
4	女	蓝色	100	1	0	0	0
5	女	缺失	120	*	*	*	*
6	女	蓝色	126	1	0	0	0
7	女	淡褐色	140	0	0	0	1

图 4-20　产生指示变量的结果

4.8　设置随机数发生器的基数

Minitab 有一长串可用的随机数序列，如果每次都从随机数序列的起点开始，则每次都会得到相同的数据，为了避免这种情况，Minitab 使用当天的时间（精确到 1s 或 0.1s）来选择随机数序列中的随机起始点。设置基数（Set Base）可以使随机数发生器从指定的位置开始，当生成一次随机数集后，随机数发生器将从上次停止的位置继续读取，除非重新指定基数。如果需要每次都生成完全相同的随机数集，则可在每次选择随机样本或生成随机数集时设置相同的基数。该功能在需要重复生成多次相同的随机数集时非常重要。

【例 4-14】 试设置 Minitab 随机数发生器的起始点为 83。

（1）打开 Minitab。

（2）选择【计算（Calc）】→【设置基数（Set Base）】菜单项，打开【设置基数（Set Base）】对话框，如图 4-21 所示。

- 【将随机数据生成元的基数设置为（Set base of random data generator to）】：指定为随机数序列的起始点的整数，本例为“83”。

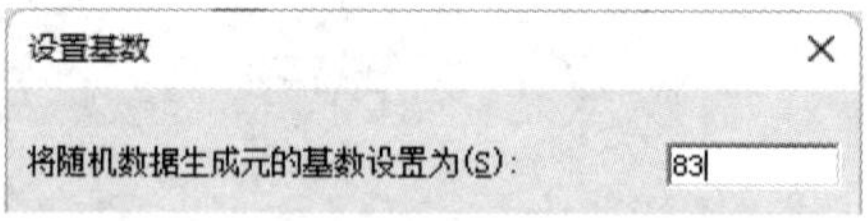

图 4-21　【设置基数（Set Base）】对话框

（3）参考 4.9.2 节的方法生成 8 个均值为 0、标准差为 1 的正态分布随机数集。在【正态分布（Normal Distribution）】对话框（见图 4-25）中，【要生成的数据行数（Number of rows of data to generate）】为“100”，【存储于列（Store in column(s)）】为“C1”，【均值（Mean）】为“0”，【标准差（Standard deviation）】为 1。

（4）重复第（3）步，【存储于列（Store in column(s)）】为“C2”，其他选项不变。

（5）重复第（2）步，【将随机数据生成元的基数设置为（Set base of random data generator to）】为“83”。

（6）重复第（3）步，【存储于列（Store in column(s)）】为“C3”，其他选项不变。

（7）主要结果及分析：在活动工作表中生成了 3 个变量（随机数集），3 个随机数集均为均值为 0、标准差为 1 的随机数，如图 4-22 所示。C1 为指定起始点为 83 后生成的随机数集；C2 为生成第 1 个随机数集后，从上次停止的位置继续读取随机数而生成的随机数集，可见 C2 和 C1 的随机数是完全不同的；C3 是重新设置起始点为 83 后生成的随机数集，由于 C1 和 C3 的起始点相同（均为 83），因此两个随机数集是完全一致的。

↓	C1	C2	C3	C4
1	-0.15982	0.27094	-0.15982	
2	0.61464	-0.82432	0.61464	
3	-1.49907	1.36346	-1.49907	
4	0.40884	-1.68190	0.40884	
5	1.00368	0.52367	1.00368	
6	-0.04506	0.09431	-0.04506	
7	1.24061	0.63581	1.24061	
8	-0.48406	-1.20010	-0.48406	
9				

图 4-22　设置基数的结果

4.9　生成随机数

Minitab 可从列中抽样和生成 25 种分布的随机数，包括 χ^2（卡方）、正态、多元正态、F、t、均匀、Bernoulli、二项、几何、负二项、超几何、任意离散、整数均匀、Poisson、Beta、Cauchy、指数、Gamma、Laplace、最大极值、Logistic、对数 Logistic、对数正态、最小极值、三角形和 Weibull 等分布的随机数。

4.9.1　从样本中抽样

从一个或多个变量中随机抽取相同的行（个案）可进行有放回抽样或无放回抽样。

【例 4-15】 根据例 2-4 的资料，试随机抽取 8 名客户的资料。

（1）打开“收入.mwx”。

（2）选择【计算（Calc）】→【随机数据（Random Data）】→【来自列的样本（Sample From Columns）】菜单项，打开【来自列的样本（Sample From Columns）】对话框，如图 4-23 所示。

- 【取样行号（Number of rows to sample）】：指定需要随机抽样的行数（个案数），本例为“8”。
- 【来自列（From columns）】：选择需要抽样的变量，如果从多个变量中抽样，那么这些变量的长度必须相同，本例选择“年龄–家庭收入”。
- 【将样本存储在（Store samples in）】：指定保存被抽取的个案值的列，保存列的数量必须与抽样变量数相等，本例为“C6-C10”。
- 【重置取样（Sample with replacement）】：选择此选项为有放回抽样，在一次抽样中，相同个案可能会被重复抽取多次；反之为不放回抽样（抽取的样本数必须小于或等于列的长度），在一次抽样中，每个个案最多被抽取一次。

（3）主要结果及分析：在当前工作表尾部生成了 5 个变量 C6～C10，共有 8 个个案，如图 4-24 所示。

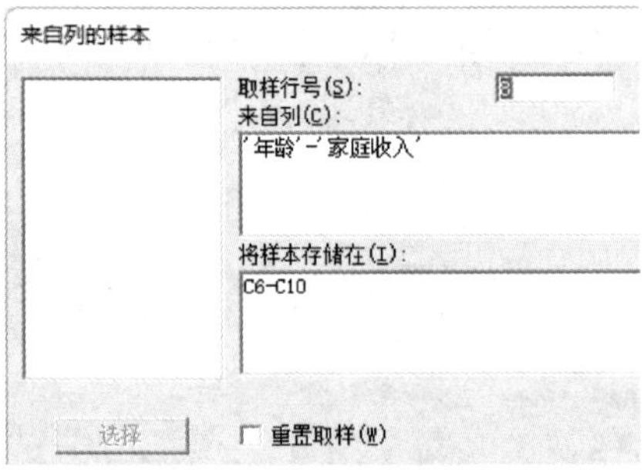

图 4-23 【来自列的样本（Sample From Columns）】对话框

↓	C6	C7	C8-T	C9	C10
1	36	1	高中以下	4	25.00
2	36	2	高中	0	30.00
3	46	1	高中以下	1	21.00
4	29	2	高中	1	29.00
5	25	1	高中以下	8	27.00
6	28	3	大专	6	47.00
7	29	2	高中	10	61.00
8	28	2	高中	3	36.00

图 4-24 从样本中抽样的结果

4.9.2 根据分布生成随机数

Minitab 可生成 25 种分布的随机数，其在软件界面中的设置参数如表 4-15 所示。

表 4-15 各分布的随机数在软件界面中的设置参数

序号	分布	设置参数
1	卡方分布（Chi-square distribution）	自由度（Degrees of freedom）
2	正态分布	均值、标准差
3	多元正态分布（Multivariate normal distribution）	均值列（Mean column）、方差-协方差矩阵（Variance-covariance matrix）
4	*F* 分布（*F* Distribution）	分子自由度（Numerator degrees of freedom）、分母自由度（Denominator degrees of freedom）
5	*t* 分布（*t* Distribution）	自由度
6	均匀分布（Uniform distribution）	下端点、上端点
7	Bernoulli 分布（Bernoulli distribution）	事件概率（Event probability）
8	二项分布（Binomial distribution）	试验数（Number of trials）、事件概率
9	几何分布（Geometric distribution）	事件概率
10	负二项分布（Negative Binomial distribution）	事件概率、所需成功事件次数（Number of events needed）
11	超几何分布（Hypergeometric distribution）	总体大小（Population size）、总体中的事件计数（Event count in population）、样本数量（Sample size）
12	任意离散分布（Discrete distribution）	值在（Values in）、概率在（Probabilities in）
13	整数均匀分布（Integer distribution）	最小值、最大值
14	Poisson 分布	均值
15	β 分布（Beta distribution）	第一形状参数（First shape parameter）、第二形状参数（Second shape parameter）
15	Cauchy 分布（Cauchy distribution）	位置（Location）、尺度（Scale）
16	指数分布（Exponential distribution）	尺度、阈值（Threshold）
17	γ 分布（Gamma distribution）	形状参数（Shape parameter）、尺度参数（Scale parameter）、阈值参数（Threshold parameter）
18	Laplace 分布（Laplace distribution）	位置、尺度
19	最大极值分布（Largest extreme value distribution）	位置、尺度
20	Logistic 分布（Logistic distribution）	位置、尺度
21	对数 Logistic 分布（Loglogistic distribution）	位置、尺度、阈值
22	对数正态分布（Lognormal distribution）	位置、尺度、阈值

续表

序号	分布	设置参数
23	最小极值分布（Smallest extreme value distribution）	位置、尺度
24	三角形分布（Triangular distribution）	下端点、众数（Mode）、上端点
25	Weibull 分布（Weibull distribution）	形状参数、尺度参数、阈值参数

【例 4-16】已知某地区 14 岁男童身高的均值（142cm）和标准差（6.1cm），试按该地区 14 岁男童身高的均值和标准差生成 200 个正态分布随机数。

（1）打开 Minitab。

（2）选择【计算（Calc）】→【随机数据（Random Data）】→【正态（Normal）】菜单项，打开【正态分布（Normal Distribution）】对话框，如图 4-25 所示。

- 【要生成的数据行数（Number of rows of data to generate）】：设定生成随机数的行数（个数），本例为“200”。
- 【存储于列（Store in column(s)）】：设定随机数的保存位置，本例为“身高随机数”。
- 【均值（Mean）】：输入作为正态分布中心的均值，本例为“140”。
- 【标准差（Standard deviation）】：定义正态分布的标准差，本例为“6.1”。

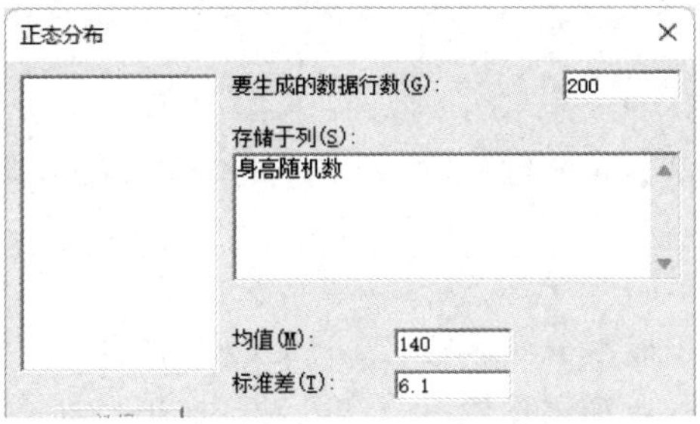

图 4-25　【正态分布（Normal Distribution）】对话框

注：各种分布的随机数对话框中至少有 3～5 个选项，其中第 1 选项和第 2 个选项是固定的，各随机数对话框均相同；第 3～5 个选项根据选择的分布不同而不同，其选项内容如表 4-15 所示的“设置参数”栏，本书不再一一赘述。

（3）主要结果及分析：在当前工作表中新增了一个变量“身高随机数”，参考 11.3.1 节中简单直方图的方法绘制“身高随机数”的带有正态曲线的简单直方图，如图 4-26 所示。

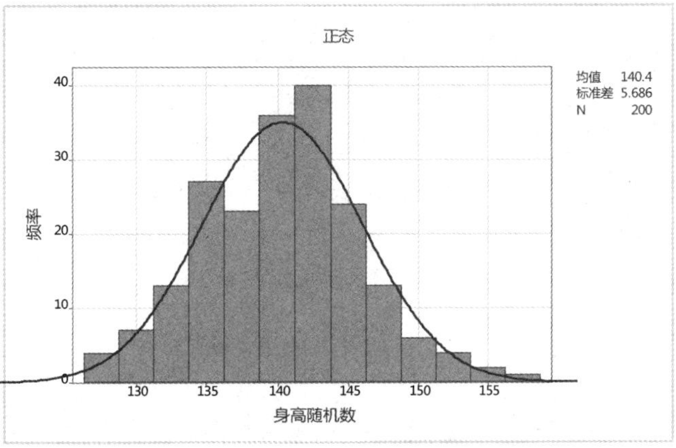

图 4-26　身高随机数的简单直方图

4.10 概率分布函数

Minitab 的概率分布函数（Probability distributions）可用于计算不同分布的概率密度函数（Probability Densities Function，PDF）、累积分布函数（Cumulative Distribution Function，CDF）和逆累积分布函数（Inverse Cumulative Distribution Function，ICDF）等。它的计算方式包括以下几种。

（1）已知观测值 x，用概率密度函数求 y 值，如图 4-27 所示。

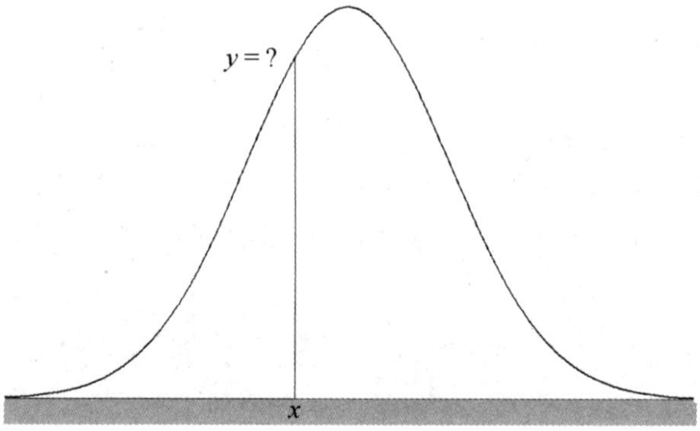

图 4-27 求 y 值

（2）已知观测值 x，用累积概率分布函数求 p（曲线下的面积），如图 4-28 所示。

（3）已知曲线下的面积 p，用逆累积概率分布函数求 x 值，如图 4-29 所示。

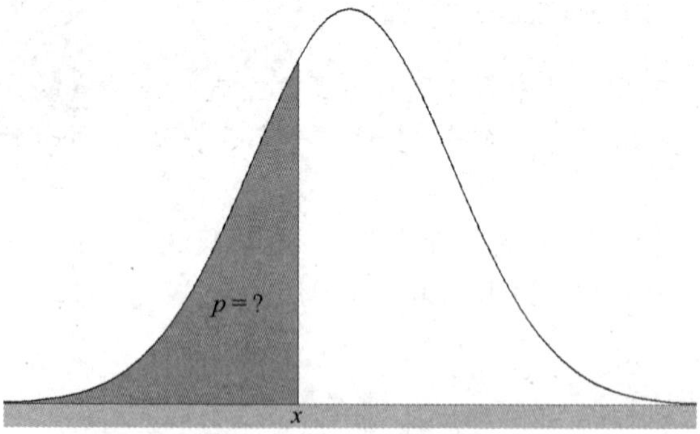

图 4-28 求 p（曲线下的面积）

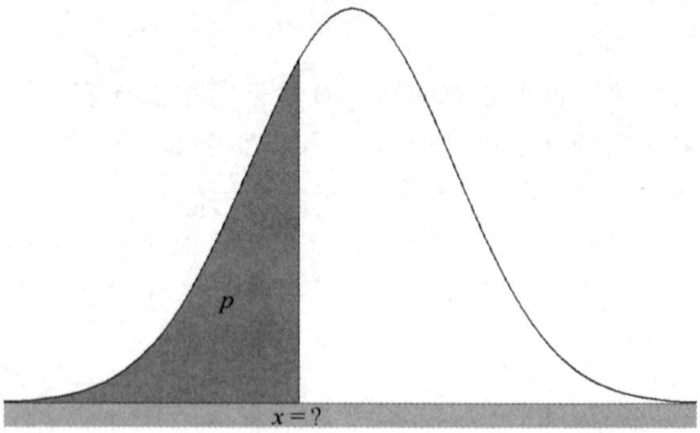

图 4-29 求 x 值

注：各种概率分布对话框中的中间部分选项为概率分布的参数选项（如图 4-30 所示的黑色方框部分），其选项因选择的分布不同而不同，其选项内容如表 4-15 所示的"设置参数"栏，本书不再一一赘述。

4.10.1 计算概率

【例 4-17】以往经验表明，用一般疗法治疗某疾病的治愈率为 60%，现用该疗法治疗 5 名病人，试求出 5 名病人均治愈的概率。

（1）打开 Minitab，建立新变量“治愈人数”，并依次录入“0”“1”“2”“3”“4”“5”。

（2）选择【计算（Calc）】→【概率分布（Probability Distributions）】→【二项（Binomial）】菜单项，打开【二项分布（Binomial Distribution）】对话框，如图 4-30 所示。

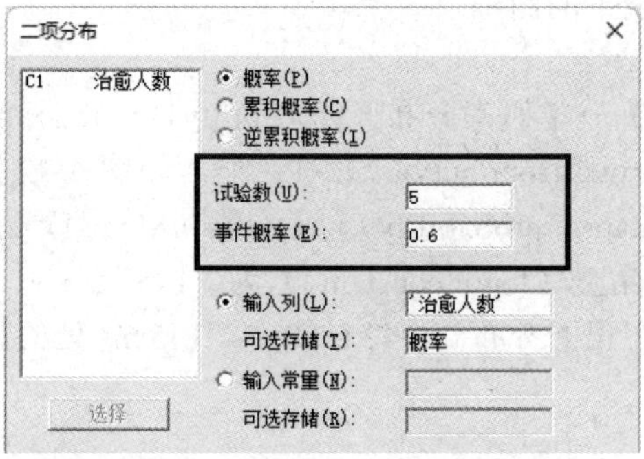

图 4-30　【二项分布（Binomial Distribution）】对话框

- 【概率（Probability）】：计算概率，即变量可以取每个特定值的可能性，如图 4-27 所示。本例选择此选项。
- 【累积概率（Cumulative probability）】：计算累积概率，即累积概率分布函数中低于特定值的概率密度函数下的面积，如图 4-28 所示。
- 【逆累积概率（Inverse cumulative probability）】：计算逆累积概率，即与特定累积概率相关联的值，如图 4-29 所示。
- 【试验数（Number of trials）】：输入定义二项分布的试验数。本例为“5”，即病人数。
- 【事件概率（Event probability）】：输入 0～1 之间的事件概率。本例为“0.6”，即治愈率。
- 【输入列（Input column）】：选择要计算的变量，本例选择“治愈人数”。
  - 【可选存储（Optional storage）】：指定结果保存的位置。
- 【输入常量（Input constant）】：选择要计算的数字或常量。
  - 【可选存储（Optional storage）】：将结果保存到指定的常量 K 中。

注：在图 4-30 中的黑色方框中，【试验数（Number of trials）】和【事件概率（Event probability）】是二项分布特定的参数，黑色方框中的选项因分布不同而不同。

（3）主要结果及分析：在当前工作表中生成了一个新变量“概率”，在 5 名病人中，所有病人均不能治愈的概率为 1.02%，只有一名病人治愈的概率为 7.68%，所有病人均治愈的概率为 7.78%，如图 4-31 所示。

（4）重复上述步骤，【输入列（Input column）】下的【可选存储（Optional storage）】不输入任何内容，如结果 4-4 所示。

↓	C1	C2
	治愈人数	概率
1	1	0.07680
2	2	0.23040
3	3	0.34560
4	4	0.25920
5	5	0.07776

图 4-31　病人治愈的概率

结果 4-4

二项分布，n = 5 和 p = 0.6

x	P(X = x)
1	0.07680
2	0.23040
3	0.34560
4	0.25920
5	0.07776

4.10.2 计算累积概率

【例 4-18】已知某地 14 岁男童的身高服从正态分布 $N(142,6.1^2)$，试计算 145cm 处的累积概率，即小于 145cm 的正态分布曲线下的面积。

（1）打开 Minitab。

（2）选择【计算（Calc）】→【概率分布（Probability Distributions）】→【正态（Normal）】菜单项，打开【正态分布（Normal Distribution）】对话框，如图 4-32 所示。

选择【累积概率（Cumulative probability）】，【均值（Mean）】为“142”，【标准差（Standard deviation）】为“6.1”，【输入常量（Input constant）】为“145”。

（3）主要结果及分析：在正态分布 $N(142,6.1^2)$中，145cm 处的累积概率为 0.69，如结果 4-5 所示。

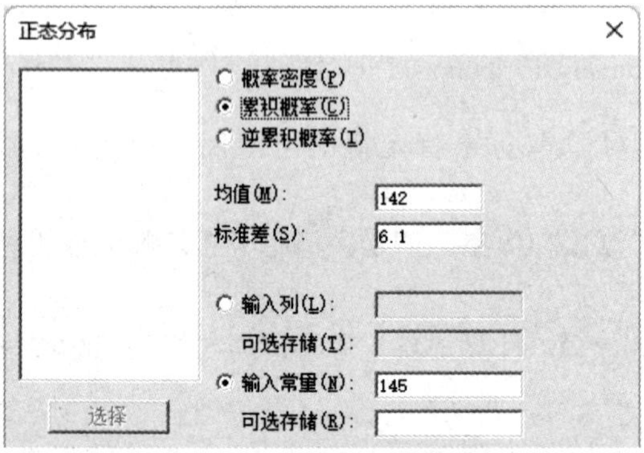

图 4-32 【正态分布（Normal Distribution）】对话框

结果 4-5

正态分布，均值 = 142 和标准差 = 6.1

x	P(X ≤ x)
145	0.688571

（4）参考 11.8.4 节，【概率分布图：查看概率（Probability Distribution Plot:View Probability）】对话框的【分布（Distribution）】选项卡（见图 4-33），【分布（Distribution）】选择【正态（Normal）】，并设定参数【均值（Mean）】为“142”、【标准差（Standard deviation）】为“6.1”。

（5）在【阴影区域（Shaded Area）】选项卡（见图 4-34）中，【定义阴影区域按（Define Shaded Area By）】选择【X 值（X value）】，并选择【左尾（Left Tail）】，在【X 值（X Value）】中输入“145”。

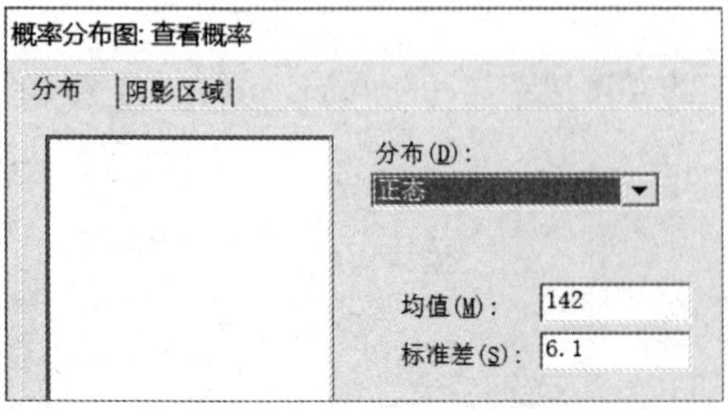

图 4-33 【分布（Distribution）】选项卡

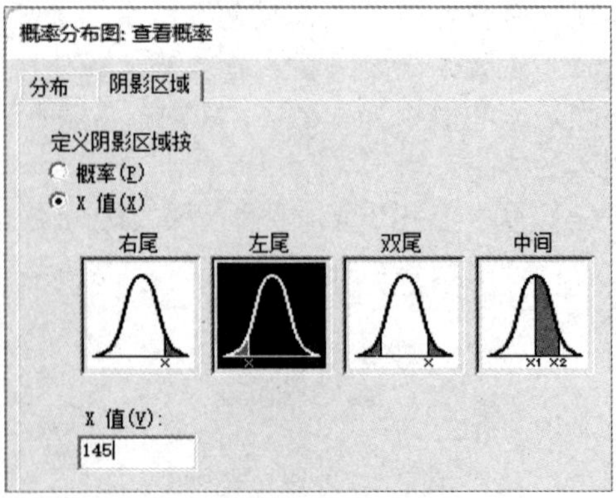

图 4-34 【阴影区域（Shaded Area）】选项卡

（6）主要结果及分析：同样得到 145cm 处的累积概率为 0.69，即小于 145cm 的正态分布曲线下的面积（阴影面积）为 0.69，如图 4-35 所示。

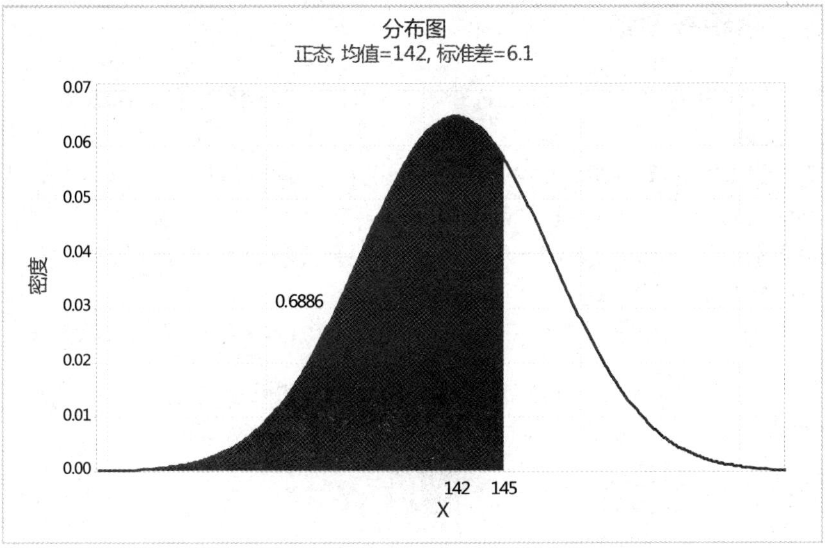

图 4-35　小于 145cm 的正态分布曲线下的面积

4.10.3　计算 *P* 值

【例 4-19】在某次方差分析中，$v_{组间}=2$，$v_{组内}=33$，$F = 106.968$，试求出该方差分析的 *P* 值。

（1）打开 Minitab。

（2）选择【计算（Calc）】→【概率分布（Probability Distributions）】→【F】菜单项，打开【F 分布（F Distribution）】对话框，如图 4-36 所示。

选择【累积概率（Cumulative probability）】，【分子自由度（Numerator degrees of freedom）】为“33”，【分母自由度（Denominator degrees of freedom）】为“2”，【输入常量（Input constant）】为“106.968”，【可选存储（Optional storage）】为“K1”（保存到常量 K1 中）。

（3）参考 4.1.1 节，在【计算器（Calculator）】对话框（见图 4-1）中，【将结果存储在变量中（Store result in variable）】为“P 值”，【表达式（Expression）】为“1-K1”。

（4）主要结果及分析：$P=0.0093024<0.01$，按 $\alpha=0.05$ 水准，拒绝 H_0，接受 H_1，差别有统计学意义，如图 4-37 所示。

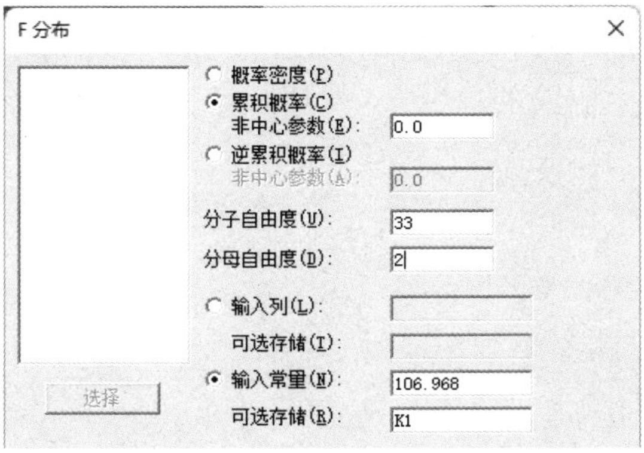

图 4-36　【F 分布（F Distribution）】对话框

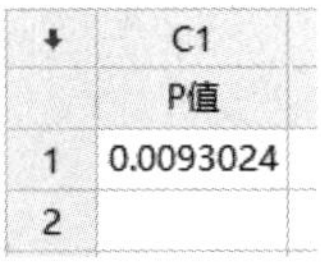

↓	C1
	P值
1	0.0093024
2	

图 4-37　*P* 值

4.10.4 计算逆累积概率值

【例 4-20】已知均值为 19.33 的 Poisson 分布，试计算 0.1587 的逆累积概率。

（1）打开 Minitab。

（2）选择【计算（Calc）】→【概率分布（Probability Distributions）】→【Poisson】菜单项，打开【Poisson 分布（Poisson Distribution）】对话框，如图 4-38 所示。

选择【逆累积概率（Inverse cumulative probability）】，【均值（Mean）】为“19.33”，【输入常量（Input constant）】为“0.1587”。

（3）主要结果及分析：逆累积概率 0.1587 位于(0.13,0.19)区间，其相关联的值为 14 和 15，如结果 4-6 所示。

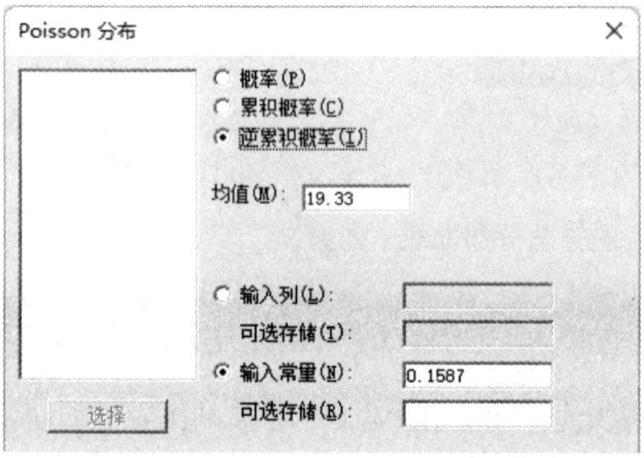

图 4-38 【Poisson 分布（Poisson Distribution）】对话框

结果 4-6

Poisson，均值 = 19.33

x	P(X ≤ x)	x	P(X ≤ x)
14	0.133530	15	0.194073

4.10.5 计算临界值

【例 4-21】 现进行 v=2 的 χ^2 检验，试计算 α=0.05 的 χ^2 临界值。

（1）打开 Minitab。

（2）选择【计算（Calc）】→【概率分布（Probability Distributions）】→【卡方（Chi-Square）】菜单项，打开【卡方分布（Chi-Square Distribution）】对话框，如图 4-39 所示。

选择【逆累积概率（Inverse cumulative probability）】，【自由度（Degrees of freedom）】为“2”，【输入常量（Input constant）】为“0.95”。

（3）主要结果及分析：在 v=2 的 χ^2 检验中，α = 0.05 对应的 χ^2 临界值为 5.99，当 χ^2>5.99 时，P<0.05，按 α=0.05 水准，拒绝 H_0，接受 H_1，χ^2 检验有统计学意义，如结果 4-7 所示。

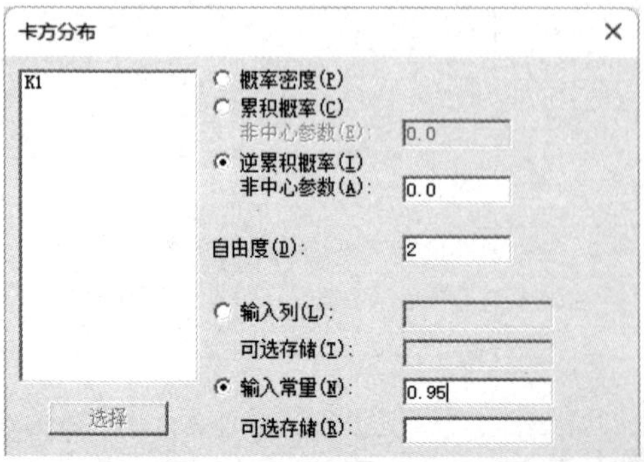

图 4-39 【卡方分布（Chi-Square Distribution）】对话框

结果 4-7

卡方分布，2 自由度

P(X ≤ x)	x
0.95	5.99146

4.11 矩阵运算

按指定的位置将 $m \times n$ 个元素 a_{ij}（i=1,2,⋯,m，j=1,2,⋯,n）排成矩形的阵列，称为 $m \times n$ 阶矩阵，数学表达式记作

$$A = \begin{pmatrix} a_{11} & a_{12} & \cdots & a_{1n} \\ a_{21} & a_{22} & \cdots & a_{2n} \\ \vdots & \vdots & & \vdots \\ a_{m1} & a_{m2} & \cdots & a_{mn} \end{pmatrix}$$

其中，横排称为行；竖排称为列；a_{ij} 称为矩阵的第 i 行、第 j 列的元素；矩阵 $\boldsymbol{A}$ 简记为 $\boldsymbol{A}=(a_{ij})$ 或 $\boldsymbol{A}=(a_{ij})_{m \times n}$。

当 $m=n$ 时，称矩阵 $\boldsymbol{A}$ 为方阵；当 $m=1$ 时，称矩阵 $\boldsymbol{A}$ 为行向量；当 $n=1$ 时，称矩阵 $\boldsymbol{A}$ 为列向量。当 $\boldsymbol{A}=(a_{ij})_{m \times n}$，$m=n$，$a_{ij}=0$，$i \neq j$，$a_{ii}$ 不全等于 0 时，称矩阵 $\boldsymbol{A}$ 为对角矩阵，当 a_{ii} 全等于 1 时，称矩阵 $\boldsymbol{A}$ 为单位矩阵，记作 $\boldsymbol{I}$。

Minitab 的矩阵运算能对矩阵进行多种操作，包括导入矩阵（Import matrix）、转置矩阵（Transpose matrix）、求逆矩阵（Invert matrix）、定义常量矩阵（Define constant matrix）、生成对角矩阵（Diagonal matrix）、矩阵特征分析（Eigen analysis）和矩阵算术（Matrix arithmetic）运算。

4.11.1 导入矩阵

导入矩阵按照指定的矩阵维数（矩阵的行、列数）用键盘录入矩阵、从文本文件（*.txt）或工作表（*.dat）导入矩阵 $\boldsymbol{M}$。

【例 4-22】 试将下面的矩阵保存在矩阵 $\boldsymbol{M}$1 中：

$$\begin{pmatrix} 1 & 2 \\ 3 & 4 \end{pmatrix}$$

方法 1：文件导入

（1）打开 Minitab。

（2）选择【计算（Calc）】→【矩阵（Matrices）】→【导入（Import）】菜单项，打开【导入矩阵（Import Matrix）】对话框，如图 4-40 所示。

- 【行数（Number of rows）】：定义矩阵的行数，本例为“2”。
- 【列数（Number of columns）】：定义矩阵的列数，本例为“2”。
- 【导入到矩阵（Import into matrix）】：输入保存矩阵的名称或编号，本例为“M1”。

（3）单击【确认（OK）】，选中保存矩阵的文本文件 M1.txt 后，导入文本文件中的矩阵。

（4）主要结果及分析：参考 3.18 节的方法可显示当前工作表中保存的矩阵 $\boldsymbol{M}$1 的信息。

方法 2：键盘录入，并将矩阵命名为“A”。

在【命令行（Command Line）】框（见图 4-41）中输入：

READ 2 2 M1

1 2

3 4

Name M1 "A"

单击【运行（Run)】按钮，如结果 4-8 所示。

结果 4-8

矩阵 A

1 2

3 4

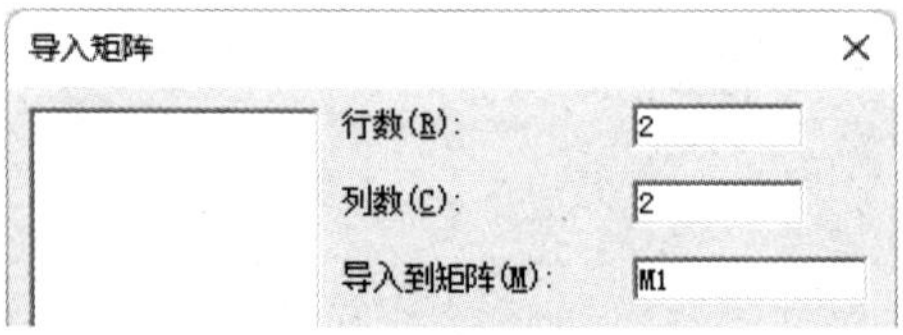

图 4-40 【导入矩阵（Import Matrix)】对话框

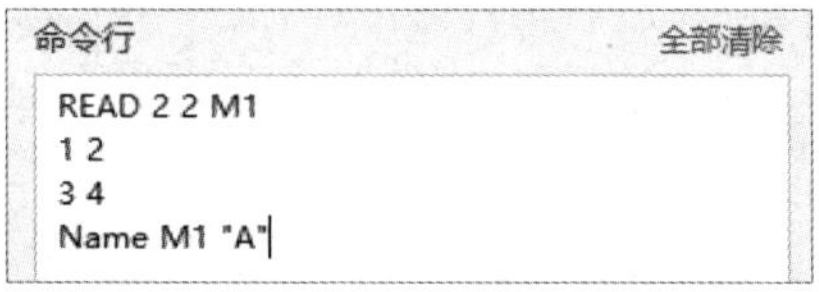

图 4-41 在会话窗口输入矩阵

4.11.2 转置矩阵

转置矩阵可对矩阵进行转置，即对已知矩阵的行、列位置进行互换，如将 2×4 阶的矩阵转置成 4×2 阶的矩阵。

【例 4-23】 已知工作表"转置矩阵.mwx"已保存了 1×4 阶的矩阵（行向量）$T1$（见结果 4-9）：

$$T1=(4 \quad 4 \quad 4 \quad 4)$$

结果 4-9

矩阵 T1

4 4 4 4

试将其转置成 4×1 阶的矩阵（列向量）$T2$，即

$$T2=\begin{pmatrix}4\\4\\4\\4\end{pmatrix} \text{或记为 } T2=(4 \quad 4 \quad 4 \quad 4)^{\mathrm{T}}$$

（1）打开工作表"转置矩阵.mwx"。

（2）选择【计算（Calc)】→【矩阵（Matrices)】→【转置（Transpose)】菜单项，打开【转置矩阵（Transpose Matrix)】对话框，如图 4-42 所示。

- 【转置自（Transpose from)】：选择需要转置的矩阵名称或编号，本例选择"T1"。
- 【将结果存储在（Store result in)】：指定保存矩阵的名称或编号，本例为"T2"。

（3）主要结果及分析：参考 3.18 节的方法可显示当前工作表中保存的矩阵 $T2$ 的信息，如结果 4-10 所示。

结果 4-10

矩阵 T2

4

4

4

4

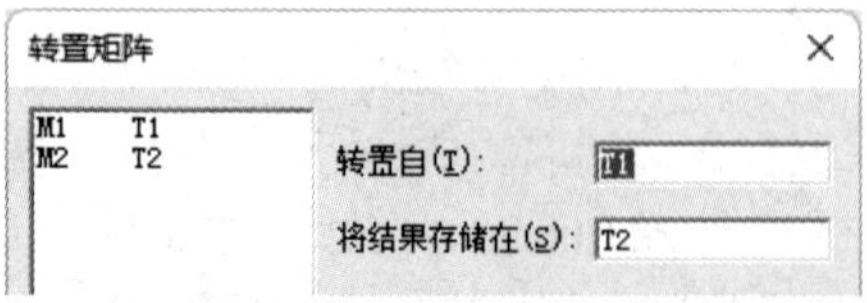

图 4-42 【转置矩阵（Transpose Matrix)】对话框

4.11.3 求逆矩阵

求逆矩阵可将整个矩阵替换成它的逆矩阵，矩阵必须是方阵。一个方阵 A 的逆矩阵 A^{-1} 的定义

是 $AA^{-1}=A^{-1}A=I$。而 I 是一个单位矩阵，即 I 的对角线上的元素是 1、其他元素是 0 的矩阵，这时也称 A 是 A^{-1} 的逆矩阵。

【例 4-24】 已知方阵 $A=\begin{pmatrix}1 & 3\\ 5 & 7\end{pmatrix}$，试求其逆矩阵 A^{-1}（或记为 B）。

（1）打开 Minitab，参照 4.11.1 节将矩阵 A 保存在 A 中。

（2）选择【计算（Calc）】→【矩阵（Matrices）】→【求逆矩阵（Invert）】菜单项，打开【求逆矩阵（Invert Matrix）】对话框，如图 4-43 所示。

■ 【求逆自（Invert from）】：选择需要求逆的矩阵名称或编号，本例选择“A”。

■ 【将结果存储在（Store result in）】：指定保存矩阵的名称或编号，本例为“B”。

（3）主要结果与分析，参考 3.18 节的方法可显示当前工作表中保存的矩阵 B 的信息，如结果 4-11 所示。

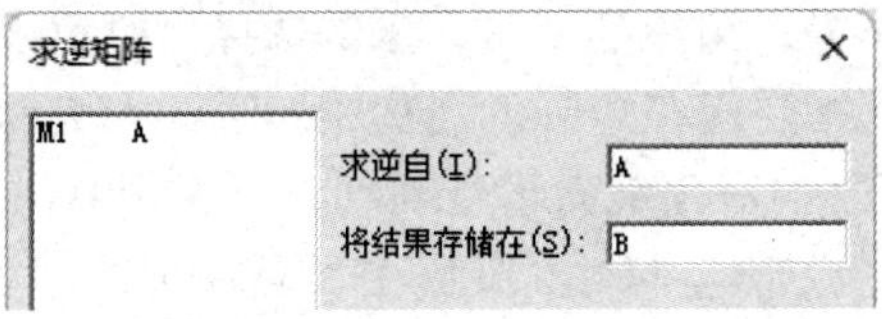

图 4-43 【求逆矩阵（Invert Matrix）】对话框

结果 4-11

矩阵 B

-0.875 0.375
0.625 -0.125

4.11.4　定义常量矩阵

定义常量矩阵可将矩阵的每个元素都设置为相同的值，并保存在指定的矩阵中。

【例 4-25】 试将 4×4 阶的方阵 $A=\begin{pmatrix}2 & 2 & 2 & 2\\ 2 & 2 & 2 & 2\\ 2 & 2 & 2 & 2\\ 2 & 2 & 2 & 2\end{pmatrix}$ 保存在矩阵 A 中。

（1）打开 Minitab。

（2）选择【计算（Calc）】→【矩阵（Matrices）】→【定义常量（Define Constant）】菜单项，打开【定义常量矩阵（Define Constant Matrix）】对话框，如图 4-44 所示。

■ 【在每个单元中存储相同值（Store The Same Value In Each Cell）】。

- 【值（Value）】：输入要置于每个矩阵单元中的数字，本例为“2”。
- 【行数（Number of rows）】：定义矩阵的行数，本例为“4”。
- 【列数（Number of columns）】：定义矩阵的列数，本例为“4”。
- 【将结果存储在（Store result in）】：输入保存矩阵的名称或编号，本例为“A”。

（3）主要结果及分析：参考 3.18 节的方法可显示当前工作表中保存的矩阵 A 的信息，如结果 4-12 所示。

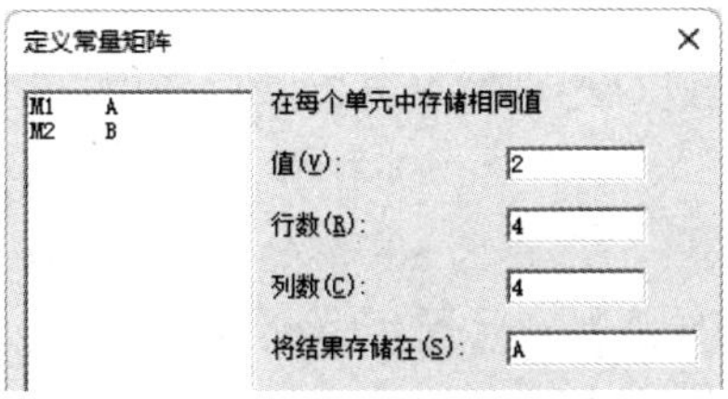

图 4-44 【定义常量矩阵（Define Constant Matrix）】对话框

结果 4-12

矩阵 A

2 2 2 2
2 2 2 2
2 2 2 2
2 2 2 2

4.11.5 生成对角矩阵

对角矩阵可以根据已知变量数据（方阵对角线元素）生成对角矩阵，也可以将已知矩阵的对角线元素复制到变量中。

【例 4-26】 已知变量“对角线”的数据（见图 4-45），即方阵对角线上的元素分别是 1、2、3、4、5，试生成一个 5×5 阶的对角矩阵。

（1）打开工作表“对角矩阵.mwx”。

（2）选择【计算（Calc）】→【矩阵（Matrices）】→【对角矩阵（Diagonal）】菜单项，打开【对角矩阵（Diagonal Matrix）】对话框，如图 4-46 所示。

- 【生成对角矩阵（Make diagonal matrix）】：将一个变量（列）的数值输入矩阵的对角线，其他元素均为 0，可以生成一个与该变量行数相等的方阵，本例选择此项。
    - 【使用列（Using column）】：选择作为对角线的变量，本例选择“对角线”。
    - 【将结果存储在（Store result in）】：指定保存矩阵的名称或编号，本例为“M1”。
- 【复制对角线（Copy diagonal）】：将矩阵的对角线元素复制到一个变量中。
    - 【从矩阵（From matrix）】：选择一个方阵，可输入矩阵名称或编号。
    - 【将结果存储在（Store result in）】：指定一个用于保存对角线元素的变量名称或列号。

图 4-45 变量“对角线”的数据

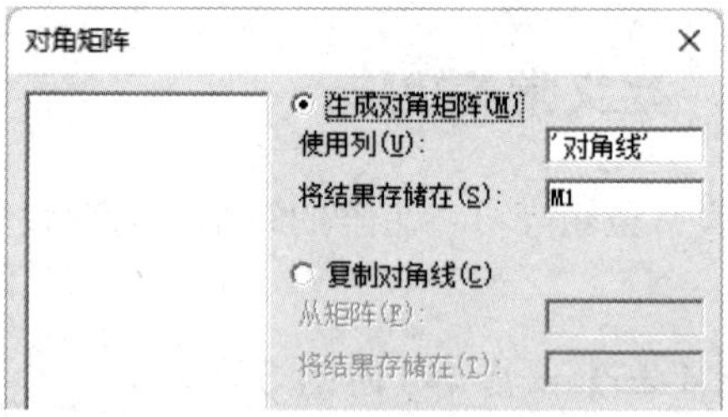

图 4-46 【对角矩阵（Diagonal Matrix）】对话框

（3）主要结果及分析：参考 3.18 节的方法可显示当前工作表中保存的矩阵 ***M***1 的信息，如结果 4-13 所示。

结果 4-13

矩阵 M1

```
1 0 0 0 0
0 2 0 0 0
0 0 3 0 0
0 0 0 4 0
0 0 0 0 5
```

4.11.6 矩阵特征分析

对 n 阶方阵 $\boldsymbol{A}$ 和 n 维列向量 $\boldsymbol{\alpha}=(a_1,a_2,\cdots,a_n)^{\mathrm{T}}$，如果有一个非零数 λ，使得 $\boldsymbol{A\alpha}=\lambda\boldsymbol{\alpha}$，则称 λ 为方阵 $\boldsymbol{A}$ 的特征值（Eigenvalue，特征根），$\boldsymbol{\alpha}$ 为方阵 $\boldsymbol{A}$ 的特征值 λ 所对应的特征向量（Eigenvector）。

矩阵特征分析（Eigen analysis）可以得到特征值的列向量（Column of eigenvalues）和特征向量的矩阵（Matrix of eigenvector）。

【例 4-27】 已知 3 阶方阵 $\boldsymbol{A}=\begin{pmatrix}5 & 5 & 5\\ 5 & 5 & 5\\ 5 & 5 & 5\end{pmatrix}$，试进行矩阵特征分析。

（1）打开 Minitab，参照 4.11.4 节的方法录入一个常量为 5 的 3×3 阶的方阵。

（2）选择【计算（Calc）】→【矩阵（Matrices）】→【特征分析（Eigen Analysis）】菜单项，打开【特征分析（Eigen Analysis）】对话框，如图 4-47 所示。

- 【分析矩阵（Analyze matrix）】：选择一个要分析的方阵，本例选择“M1”。

■【存储（Storage）】。

- 【特征值列（Column of eigenvalues）】：指定保存特征值的列，将按递减顺序保存特征值。
- 【特征向量矩阵（Matrix of eigenvectors）】：指定用于保存特征向量的矩阵，第 1 列对应第 1 个特征值（数值最大者），第 2 列对应第 2 个特征值，依次类推。

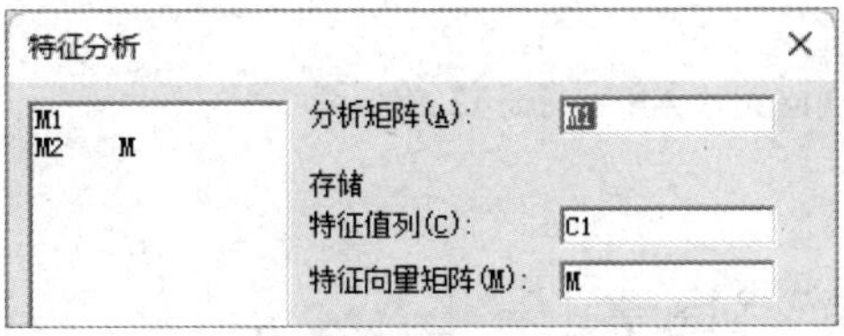

图 4-47　【特征分析（Eigen Analysis）】对话框

（3）主要结果及分析：在当前工作表中增加了一个变量“C1”（见图 4-48），即特征值的列变量“C1”为$\begin{pmatrix}15\\-0\\0\end{pmatrix}$，参考 3.18 节的方法可显示当前工作表中保存的矩阵 ***M*** 的信息，如结果 4-14 所示。

图 4-48　特征值的列变量

结果 4-14

矩阵 M

```
-0.577350 -0.408248  0.707107
-0.577350 -0.408248 -0.707107
-0.577350  0.816497  0.000000
```

4.11.7　矩阵算术运算

矩阵算术可对两个矩阵（列、常量）进行加法、减法和乘法运算。

1. 矩阵的加法

【例 4-28】已知矩阵 $\boldsymbol{A}=\begin{pmatrix}1&1\\1&1\end{pmatrix}$ 和 $\boldsymbol{B}=\begin{pmatrix}5&5\\5&5\end{pmatrix}$，试求 ***A***+***B***。

（1）打开 Minitab，参照 4.11.4 节的方法分别录入常量为 1 和 5 的 2×2 方阵 ***A*** 和 ***B***。

（2）选择【计算（Calc）】→【矩阵（Matrices）】→【矩阵算术（Matrix Arithmetic）】菜单项，打开【矩阵算术（Matrix Arithmetic）】对话框，如图 4-49 所示。

■【加___+___（Add___+___）】：选择进行加法运算的列、常量或矩阵，本例选择此选项，分别选择“A”和“B”。

■【减 ___−___（Subtract ___−___）】：选择进行减法运算的列、常量或矩阵。

■【乘 ___*___（Multiply ___*___）】：选择进行乘法运算的列、常量或矩阵。

■【将结果存储在（Store result in）】：指定用于保存结果的列、常量或矩阵，本例为“M3”。

（3）主要结果及分析：参考 3.18 节的方法可显示当前工作表中保存的矩阵“M3”的信息，如结果 4-15 所示。

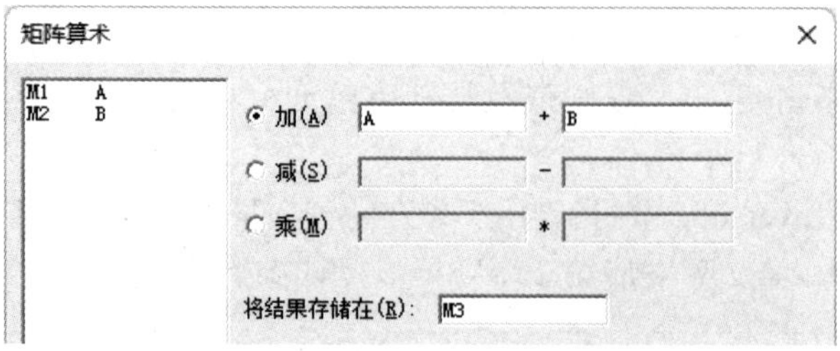

图 4-49 【矩阵算术（Matrix Arithmetic）】对话框

结果 4-15

矩阵 M3

6 6
6 6

2. 矩阵的减法

【例 4-29】已知矩阵 $\boldsymbol{A}=\begin{pmatrix}8 & 8\\ 8 & 8\end{pmatrix}$ 和 $\boldsymbol{B}=\begin{pmatrix}1 & 1\\ 1 & 1\end{pmatrix}$，试求 $\boldsymbol{B}-\boldsymbol{A}$。

（1）打开 Minitab，参照 4.11.4 节的方法分别输入常量为 8 和 1 的 2×2 方阵 $\boldsymbol{A}$ 和 $\boldsymbol{B}$。

（2）在【矩阵算术（Matrix Arithmetic）】对话框（见图 4-49）中，【减 ___–___（Subtract ___–___）】分别选择“B”和“A”，【将结果存储在（Store result in）】为“M3”。

（3）主要结果及分析：参考 3.18 节的方法可显示当前工作表中保存的矩阵“M3”的信息，如结果 4-16 所示。

结果 4-16

矩阵 M3

7 7
7 7

3. 矩阵的乘法

【例 4-30】已知矩阵 $\boldsymbol{T}_1$=(4 4 4 4)，其转置矩阵是 $\boldsymbol{T}_2=(4\ 4\ 4\ 4)^{\mathrm{T}}$，试求矩阵 $\boldsymbol{T}_1$ 与其转置矩阵 $\boldsymbol{T}_2$ 的乘积（内积）。

（1）打开 Minitab，参照 4.11.1 节的方法分别录入矩阵 $\boldsymbol{T}_1$，并参照 4.11.2 节的方法将矩阵 $\boldsymbol{T}_1$ 转置为矩阵 $\boldsymbol{T}_2$。

（2）在【矩阵算术（Matrix Arithmetic）】对话框（见图 4-49）中，【乘 ___*___（Multiply ___*___）】分别选择“T1”和“T2”，【将结果存储在（Store result in）】为“M3”。

（3）主要结果及分析：参考 3.18 节的方法可显示当前工作表中保存的矩阵“M3”的信息，如结果 4-17 所示。本例是一个行向量与一个列向量（其转置矩阵）的内积，其结果为一个数值。

结果 4-17

矩阵 M3

64

第 5 章　基本统计量

基本统计量可计算基本统计量和一个或两个样本的简单估计与假设检验，包括计算和存储描述性统计量（Calculating and storing descriptive statistics）：显示描述性统计量、存储描述性统计量、图形化汇总；均值假设检验与置信区间估计：单样本 Z 检验、单样本 t 检验、双样本 t 检验、配对 t 检验；率的假设检验与置信区间估计：单样本二项总体率检验（Test of one binomial proportion）、双样本二项总体率检验（Test of two binomial proportions）、单样本 Poisson 率检验（1-sample poisson rate test）和双样本 Poisson 率检验（2-sample poisson rate test）；方差的假设检验与置信区间估计：单样本方差检验和双样本方差检验；相联度量（Measures of association）：相关分析和协方差分析；正态性检验、异常值检验；Poisson 分布的拟合优度检验。

5.1　计算和存储描述性统计量

计算和存储描述性统计量包括显示描述性统计量、存储描述性统计量和图形化汇总功能。

5.1.1　显示描述性统计量

显示描述性统计量可计算一个或以上变量的描述性统计量，或者按分组变量计算一个或以上变量的描述性统计量，并可绘制相应的 4 种图形。其可用于使用中心值（如均值或中位数）汇总数据，评估变异程度和研究可能的组间差异。

【例 5-1】现有某银行 850 位过去和潜在客户的财务与人口统计信息，试根据文化程度计算家庭收入（单位：千元）的描述性统计量，并绘制相应的图形。

（1）打开工作表“收入.mwx”。

（2）选择【统计（Stat）】→【基本统计量（Basic Statistics）】→【显示描述性统计量（Display Descriptive Statistics）】菜单项，打开【显示描述性统计量（Display Descriptive Statistics）】主对话框，如图 5-1 所示。

- 【变量（Variables）】：可选择一个或以上的数值变量，本例选择“家庭收入”。
- 【按变量分组（可选）（By variables(optional)）】：可不选择或选择一个或以上的分组变量，当选择两个及以上的变量时，将根据被选变量分层。分组变量可以是数字变量、文本变量或日期/时间变量，本例选择“文化程度（文本）”。

（3）【显示描述性统计量：统计量（Display Descriptive Statistics:Statistics）】对话框（见图 5-2）可计算的统计量共有 25 种。

- 【均值（Mean）】：又称为平均值或算术平均值（Arithmetic mean），为总和除以个案数之商，常用于描述一组同质观测值的集中趋势。它适用于描述服从对称分布变量的平均水平，由于均值位于分布的中心，所以能反映全部观测值的平均水平，特别是对于服从正态分布或近似正态分布的变量。由于均值是包括极值在内的所有数据的平均水平，因此它不能代表偏态分布数据的集中趋势。大多数统计分析采用均值作为标准基准点（Standard reference point），常用 μ 表示总体均值（Population mean），$\bar{x}$ 表示样本均值（Sample mean）。

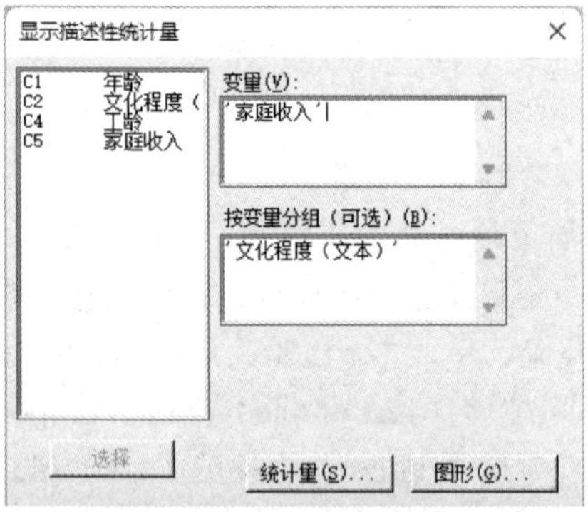

图 5-1 【显示描述性统计量（Display Descriptive Statistics）】主对话框

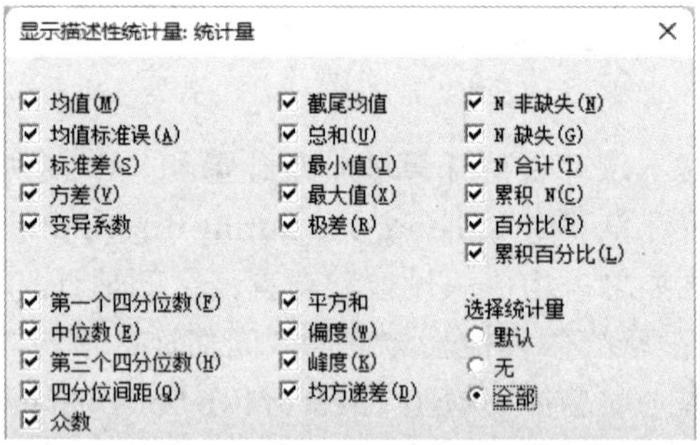

图 5-2 【显示描述性统计量：统计量（Display Descriptive Statistics:Statistics）】对话框

- 【均值标准误（SE of mean）】：用于测量样本均值估计总体均值的精确程度和计算总体均值的置信区间（Confidence Interval，CI）。均值标准误越小，表示对 μ 的估计越精确。标准差越大，均值标准误越大。样本含量（n）越大，均值标准误越小。均值标准误可用于估计样本之间的变异性（Variability），而标准差反映单个样本内的变异性。将样本均值与假设值进行比较，如果两者的差值与其均值标准误的比值的绝对值大于 2，则可粗略断定两个值不同。
- 【标准差（Standard deviation）】：简写为 StDev，为方差的正平方根（Positive square root），描述一个变量的所有观测值与均值的平均离散程度，标准差越大意味着数据的离散程度越大，或者说数据的变异程度越大。在服从正态分布的数据中，大约 68%的观测值在 $\bar{x}\pm1s$ 范围内，95%的观测值在 $\bar{x}\pm2s$ 范围内，99.7%的观测值在 $\bar{x}\pm3s$ 范围内。由于标准差的量纲和原变量的量纲相同，因此标准差比方差更方便和直观。常用 σ 表示总体标准差（Standard deviation of a population），s 表示样本标准差（Standard deviation of a sample）。
- 【方差（Variance）】（σ^2）：又称为均方差，描述一个变量的所有观测值与总体均值的平均离散程度。当同类型数据比较时，方差越大意味着数据的离散程度越大，或者说变量的变异程度越大。由于方差的量纲是原变量量纲的平方，容易使人混淆，因此通常以标准差代替方差。方差和标准差都适用于对称分布的变量，特别是服从正态分布或近似正态分布的变量。
- 【变异系数（Coefficient of variation）】（COV）：用 CoefVar 表示，为相对变异（Relative variability）的度量，等于标准差除以均值的商再乘以 100。COV 越大，表示数据的离散程度越大。COV 为无量纲数（Dimensionless number），因此可用于比较均值明显不同的总体的离散程度。
- 【第一个四分位数（First quartile）】（第 1 四分位数）：用 Q_1 表示，25%的数据小于或等于此值。四分位数是将样本分成 4 个相等部分的值，包括第 1 四分位数（下四分位数，Q_1）、第 2 四分位数（中位数，Q_2）与第 3 四分位数（上四分位数，Q_3）。利用四分位数可以快速评估数据的离散和集中趋势。
- 【中位数（Median）】：用 Q_2 表示，为原始观测值按大小排列后位次居中的数值。在理论上，大于和小于该数值的个案数各占一半。由于中位数对极值不敏感，所以当数据中有极值或含不确定值的数据且数据呈偏态分布或分布类型未知时，均宜采用中位数来描述数据的集中趋势。当数据呈对称分布时，均值与中位数接近；当数据呈右偏态分布时，均值大于中位数；当数据呈左偏态分布时，均值小于中位数。因此，也可以根据中位数和均值的差别大小粗略判断数据的分布类型。

- 【第三个四分位数（Third quartile）】：用 Q_3 表示，75%的数据小于或等于此值。
- 【四分位间距（Interquartile range）】（四分位数间距）：用 IQR 表示，为 Q_3 与 Q_1 之间的距离（Q_3-Q_1），IQR 跨越数据中间部分（50%的个案数），当同类型数据比较时，IQR 越大意味着数据间变异越大。IQR 可用于各种分布的数据，特别是服从偏斜分布的数据，常将中位数和 IQR 相结合描述变量的平均水平和变异程度。与极差相比，IQR 较稳定，受两端极大或极小数据的影响小，但仍未考虑数据中每个观测值的离散程度。
- 【众数（Mode）】：在数据中出现次数最多的数值。众数可以与均值和中位数一起作为数据分布的总体特性描述。如果出现次数最多的数值不止一个，则每个数值都是众数，并且将显示最小的 4 个众数及其频率。找出众数有助于了解数据的分布，如果有两个以上的众数，则分布为多峰分布（Multimodal distribution）。
- 【截尾均值（Trimmed mean）】：用 TrMean 表示，为剔除一定比例的（最大和最低）极值（Extreme value）后的均值。由于截尾均值减小了极值对均值的影响，因此更适合描述具有离群值（Outlier）数据的集中趋势。Minitab 将计算 5%的截尾均值，剔除最大的 5%数值和最低的 5%数值后的均值。
- 【总和（Sum）】：所有有效值之和。
- 【最小值（Minimum）】：最小值。
- 【最大值（Maximum）】：最大值。
- 【极差（Range）】：又称为全距，为数字数据最大值与最小值之差。当样本含量接近的同类型数据比较时，极差越大意味着数据越离散，或者说数据的变异程度越大。当样本含量相差悬殊时，不宜通过比较极差来判断变异程度的大小。即使样本含量相同，极差也往往不稳定。
- 【平方和（Sum of squares）】：每个观测值的平方的总和。
- 【偏度（Skewness）】：用于描述分布的不对称性。在理论上，当总体偏度为 0 时，分布是对称的；当总体偏度为正值时，为正（右）偏峰，其分布有较长的右尾；当总体偏度为负值时，为负（左）偏峰，其分布有较长的左尾。当偏度与其标准误比值的绝对值大于 2 时，表明分布偏离对称。
- 【峰度（Kurtosis）】：可反映集中位置周围观测值聚集的程度。在理论上，正态分布的峰度为 0；当峰度为正值时，其分布较正态分布的峰尖峭；当峰度为负值时，其分布较正态分布的峰平阔。
- 【均方递差（MSSD）】（Mean of successive squared differences）：为方差估计值，对连续观测值之间的平方差求和后除以 2。估计总体方差与 MSSD 进行比较可检验观测值序列是否是随机的。在质量控制中，当子组大小为 1 时，作为方差的估计值。如果需要作为标准差的估计值，则需要计算 MSSD 的平方根。

- 【N 非缺失（N nonmissing）】：非缺失值数。
- 【N 缺失（N missing）】（缺失值数）：用 N*表示，为包含缺失值符号（*）的单元格数。
- 【N 合计（N total）】（总例数）：用 CumN 表示，为 N 非缺失和 N 缺失这两个统计量之和或列中的观测值总数。
- 【累积 N（Cumulative N）】（累积例数）：为连续分类中观测值的累积例数。
- 【百分比（Percent）】：分类百分比，如果未选择【按变量分组（可选）（By variables（optional））】，则显示 100%。
- 【累积百分比（Cumulative percent）】：用 CumPct 表示，显示累积百分比。
- 【选择统计量（Check statistics）】：可选择【默认（Default）】、【无（None）】或【全部（All）】，本例选择【全部（All）】。

（4）【显示描述性统计量：图形（Display Descriptive Statistics:Graphs）】对话框如图 5-3 所示。

【显示描述性统计量：图形（Display Descriptive Statistics:Graphs）】对话框共可绘制 4 种图形：【数据直方图（Histogram of data）】、【带正态曲线的数据直方图（Histogram of data with normal curve）】、【单值图（Individual value plot）】和【数据箱线图（Boxplot of data）】。

图形的介绍与用法参见第 11 章。

（5）主要结果及分析。

显示描述性统计量功能共可计算 25 种统计量，对收集的数据进行“探索性”分析，了解数据的分布状态，即集中趋势、离散趋势、极值（或离群值）的情况，初步估计各分组之间各统计量的差别，结合图形可更直观地了解数据分布的特点。对数据进行“探索性”分析后可指导我们如何对数据进行整理（数据清洗、数据变换、数据精简等），以及明确数据分析的目标，以便选择合适的统计方法和统计图形。以文化程度为高中以下的变量组为例，家庭收入的均值为 40.84 千元，中位数为 31.00 千元，其均值远大于中位数，表明高中以下组的家庭收入数据呈右偏分布，偏度为 3.98，大于 0，结合直方图、箱线图同样可得出该数据呈右偏分布的结论，因此适合用中位数来描述家庭收入的集中趋势。标准差、方差和四分位间距的数值均随着文化程度的增高而增高，变异系数也有类似的趋势，表明文化程度越高，家庭收入的变异越大。由于统计量较多，在此不进行详细分析，读者可结合结果 5-1、图 5-4 和图 5-5 所示的指标解释对上述数据进行更详细的分析。

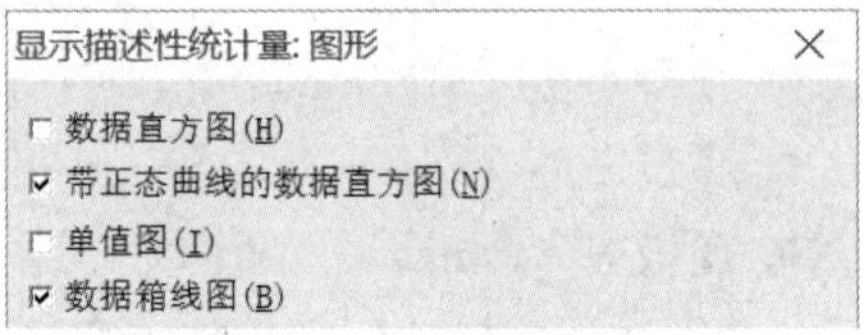

图 5-3 【显示描述性统计量：图形（Display Descriptive Statistics:Graphs）】对话框

结果 5-1

统计量

变量	文化程度（文本）	总计数	N	N*	累积数	百分比	累积百分比	均值	均值标准误	调整均值	标准差	方差
家庭收入	高中以下	460	460	0	460	54.1176	54.118	40.84	1.50	36.56	32.20	1036.63
	高中	235	235	0	695	27.6471	81.765	46.95	2.11	43.05	32.35	1046.42
	大专	100	100	0	795	11.7647	93.529	63.28	4.57	57.81	45.66	2085.17
	大学及以上	55	55	0	850	6.4706	100.000	64.13	9.61	53.00	71.25	5076.22

变量	文化程度（文本）	变异系数	和	平方和	最小值	下四分位数	中位数	上四分位数	最大值	极差
家庭收入	高中以下	78.84	18785.00	1242937.00	13.00	22.00	31.00	47.75	324.00	311.00
	高中	68.90	11034.00	762944.00	14.00	26.00	37.00	57.00	249.00	235.00
	大专	72.16	6328.00	606868.00	15.00	30.00	50.50	82.00	266.00	251.00
	大学及以上	111.10	3527.00	500293.00	18.00	27.00	34.00	73.00	446.00	428.00

变量	文化程度（文本）	四分位间距	众数	众数的 N	偏度	峰度	均方递差
家庭收入	高中以下	25.75	21	20	3.98	24.14	893.50
	高中	31.00	21, 30	8	2.30	7.80	680.22
	大专	52.00	39	5	2.00	5.18	1368.75
	大学及以上	46.00	29	5	3.46	15.16	46.38

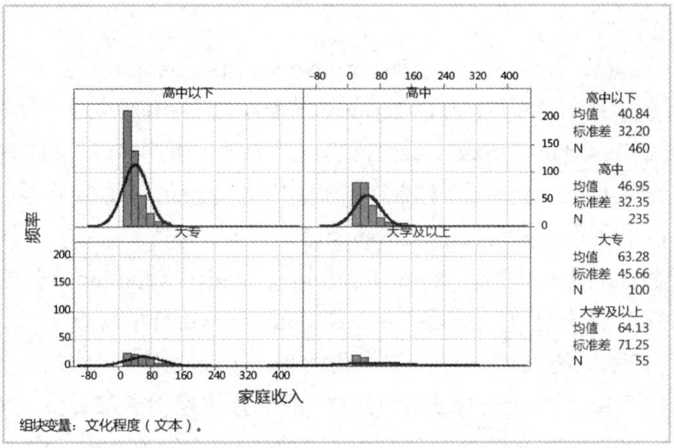

图 5-4 按文化程度分组的家庭收入包含正态曲线的直方图

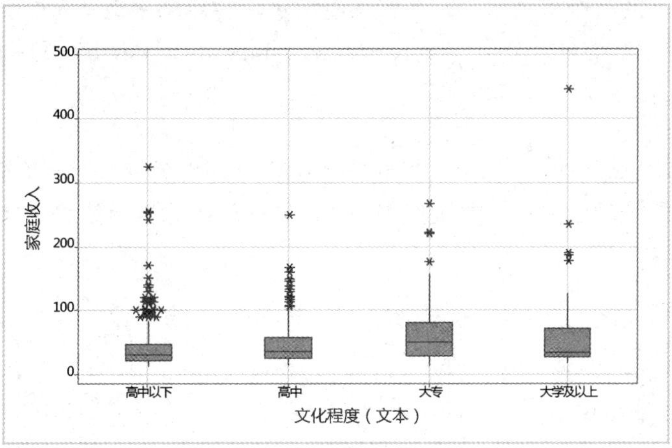

图 5-5 按文化程度分组的家庭收入的箱线图

5.1.2 存储描述性统计量

存储描述性统计量功能与显示描述性统计量功能一样，也可以计算一个或以上的变量的描述性统计量，或者按分组变量计算一个或以上的变量的描述性统计量，并将统计量保存在工作表或项目数据文件中供进一步分析使用。但存储描述性统计量功能不能绘制图形，这是存储描述性统计量功能和显示描述性统计量功能的主要不同点。

【例 5-2】现有 16 名儿童身高（单位：cm）的数据，试按性别（sex：1—男性；2—女性）计算例数、身高（height）的均值、中位数、标准差等统计量，并将结果保存在原工作表中。

（1）打开工作表“身高.mwx”。

（2）选择【统计（Stat）】→【基本统计量（Basic Statistics）】→【存储描述性统计量（Store Descriptive Statistics）】菜单项，打开【存储描述性统计量（Store Descriptive Statistics）】主对话框（界面参考图 5-1）。

【存储描述性统计量（Store Descriptive Statistics）】主对话框和【显示描述性统计量（Display Descriptive Statistics）】主对话框相似，仅是【图形（Graphs）】按钮替换成【选项（Options）】按钮。在本例中，【变量（Variables）】选择“height”，【按变量分组（可选）（By variables(Optional)）】选

择“sex”。

（3）【存储描述性统计量：统计量（Store Descriptive Statistics:Statistics）】对话框（界面参考图 5-2）。

【存储描述性统计量：统计量（Store Descriptive Statistics:Statistics）】对话框与【显示描述性统计量：统计量（Display Descriptive Statistics: Statistics）】对话框相似，同样有 25 种可计算的统计量，但没有【选择统计量（Check statistics）】。本例选择【均值（Mean）】、【标准差（Standard deviation）】、【中位数（Median）】和【N 非缺失（N nonmissing）】（有效例数）。

（4）【存储描述性统计量：选项（Store Descriptive Statistics:Options）】对话框如图 5-6 所示。

- 【为每个输入行存储输出行（Store a row of output for each row of input）】：将统计量填充到每个数据行。在默认情况下，只在工作表的顶部存储指定统计量。
- 【包括空单元格（Include empty cells）】：如果选择多个分组变量，则将根据分组变量水平（By variable level）的所有组合（包括没有数据的组合，即空单元格）保存统计量。
- 【包括将缺失作为分类的一个水平（Include missing as a By level）】：将缺失值作为分组变量（By variable）的一个单独水平。在默认情况下，将忽略分组变量中含缺失值的数据。
- 【存储按变量分组的可区分值（Store distinct values of By variables）】：保存分组变量各水平的值，本例的 sex 为“1”和“2”。

（5）主要结果及分析。

C3～C7 列保存了设定的变量，其中 C3 是分组变量“sex”的值 1、2。整理后的表格如结果 5-2 所示。用户可将生成的统计量保存在原工作表中，以便在后续分析中使用。原始数据与保存的统计量如图 5-7 所示。

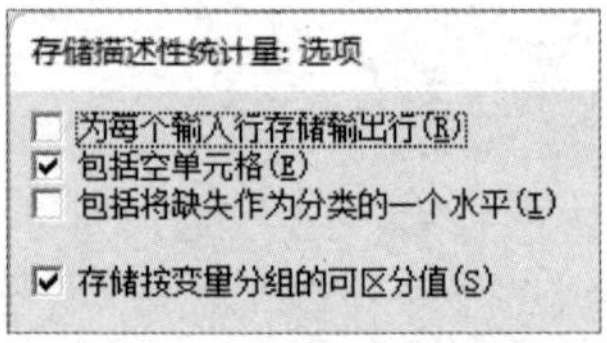

图 5-6 【存储描述性统计量：选项（Store Descriptive Statistics:Options）】对话框

↓	C1	C2	C3	C4	C5	C6	C7
	sex	height	按变量1	均值1	标准差1	中位数1	N非缺失1
1	1	110.6	1	107.237	4.35757	107.65	8
2	1	103.2	2	106.963	2.74119	106.90	8
3	1	112.5					
4	2	106.8					

图 5-7 原始数据与保存的统计量

结果 5-2

分组变量	均值	标准差	中位数	有效例数
1（男性）	107.238	4.35757	107.65	8
2（女性）	106.963	2.74119	106.90	8

5.1.3 图形化汇总

图形化汇总功能可绘制 4 种图形：带正态曲线的数据直方图（Histogram of data with an overlaid normal curve）、箱线图（Boxplot）、总体均值的置信区间（Confidence intervals for μ）图和中位数的置信区间（Confidence intervals for the median）图。此外，还可以计算 Anderson-Darling 正态性检验统计量（Anderson-Darling normality test statistics）、描述性统计量，以及 μ、σ 和中位数的置信区间。

【例 5-3】现有某省农村 120 名正常男童胸围（cm）的测量数据，试进行图形化汇总。

（1）打开工作表“男童胸围.mwx”。

（2）选择【统计（Stat）】→【基本统计量（Basic Statistics）】→【图形化汇总（Graphical Summary）】菜单项，打开【图形化汇总（Graphical Summary）】主对话框，如图 5-8 所示。

■ 【变量（Variables）】：选择“胸围”。

■ 【置信水平（Confidence level）】：指定用于计算置信区间的置信水平（置信度）（0～100 之间的任意数值），默认为 95%。

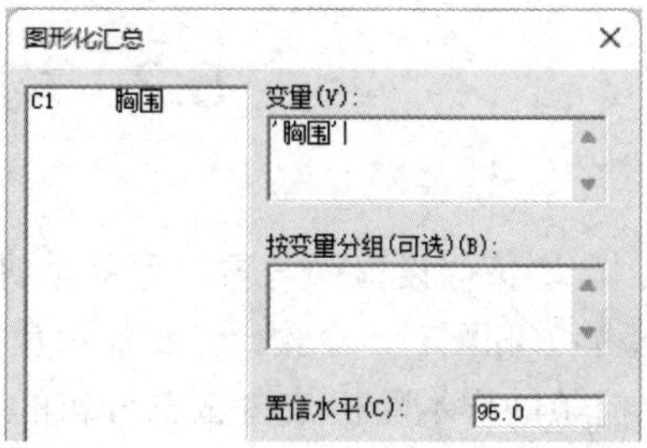

图 5-8 【图形化汇总（Graphical Summary）】主对话框

（3）主要结果及分析。

① 图形化汇总结果如图 5-9 所示，图中的左侧从上至下依次为正常男童胸围的带正态曲线的直方图、箱线图、均值和中位数的 95%置信区间图，当鼠标悬停在图形的不同部位上方时，可提示图形的有关参数；右侧依次输出 Anderson-Darling 正态性检验（Anderson-Darling normality test）、描述性统计量（四分位数、最大/最小值，以及均值、中位数和标准差的 95%置信区间）。

② 带正态曲线的直方图：单击正态曲线可显示“分布：正态（Distribution: Normal）”，表明正常男童胸围服从正态分布，其样本均值为 55.12cm，标准差为 2.32cm。目测该直方图，可见其基本上是中间高，两边基本对称的，呈钟形，同样可认为正常男童胸围服从正态分布。

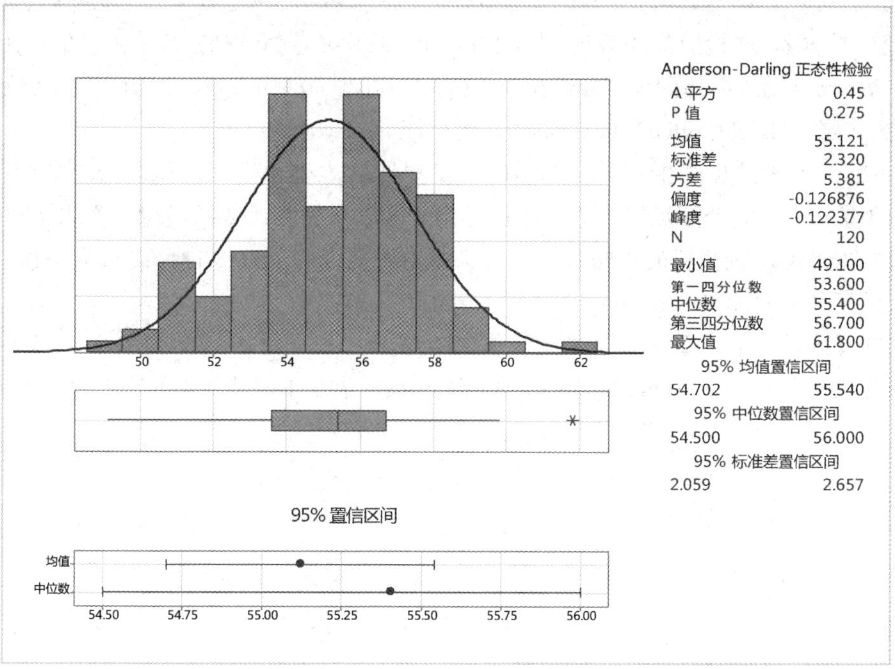

图 5-9 图形化汇总结果

③ 箱线图：鼠标悬停在箱线图上，弹出备注标签，可见 Q_1 为 53.60cm，中位数为 55.40cm，Q_3 为 56.70cm，IQR 为 3.10cm，须触线（Whiskers to）为(49.10,59.80)cm，并存在一个离群值 61.80 位于第 82 行，箱线图的详细解释参见 11.13 节。

④ Anderson-Darling 正态性检验：A 平方（A-squared）为 0.45，P=0.275>0.05，按 α=0.05 水准，不拒绝 H_0，可认为正常男童胸围服从正态分布。

其他统计量不进行赘述。

5.2 均值假设检验与置信区间估计

均值假设检验与置信区间估计包括单样本 Z 检验、单样本 t 检验、双样本 t 检验（独立样本 t 检验）和配对 t 检验。当 σ 未知且样本含量 n 较小时（如 $n<60$，也有观点认为 $n<30$），理论上要求 t 检验的样本随机来自正态分布的总体，在两个小样本均值比较时还要求两个样本所对应的总体方差相等（$\sigma_1^2=\sigma_2^2$），即方差齐性。而在实际应用时，如果与上述条件略有偏离，则对结果影响不大。而在大样本的条件下，许多分布都渐近于正态分布。

5.2.1 单样本 Z 检验

单样本 Z 检验用于检验总体标准差 σ 已知的数据的总体均值 μ 是否等于假设值，并可计算均值的置信区间。均值比较的 Z 检验要求数据服从正态分布，对来自正态分布或近似正态分布的小样本数据（$n<30$）可取得较好的效果。但在大多数情况下，σ 是未知的，根据中心极限定理（Central limit theorem），可用大样本数据（$n\geqslant30$）的标准差（s）代替 σ。对于 σ 未知的数据，也可以进行单样本 t 检验。单样本 Z 检验的原假设（Null hypothesis）为总体均值 μ 等于假设值（Hypothesized value），即 H_0：$\mu=\mu_0$；备择假设（Alternative hypothesis）H_1：$\mu<\mu_0$，左侧（尾）（Left-tailed）；$\mu>\mu_0$，右侧（尾）（Right-tailed）或 $\mu\neq\mu_0$，双侧（尾）（Two-tailed）。

【例 5-4】一家食品加工生产公司的科研人员想评估本公司生产的瓶装酱料的脂肪含量（单位：%），他们测量了 20 个随机样本的脂肪百分比。从以往的测量数据发现，总体标准差为 2.6%。试检验该公司生产的瓶装酱料的脂肪百分比的总体均值是否等于宣传的脂肪含量 15%。

（1）打开工作表"脂肪含量.mwx"。

（2）选择【统计（Stat）】→【基本统计量（Basic Statistics）】→【单样本 Z（1-Sample Z）】菜单项，打开【均值单样本 Z（One-Sample Z for the Mean）】主对话框，如图 5-10 所示。

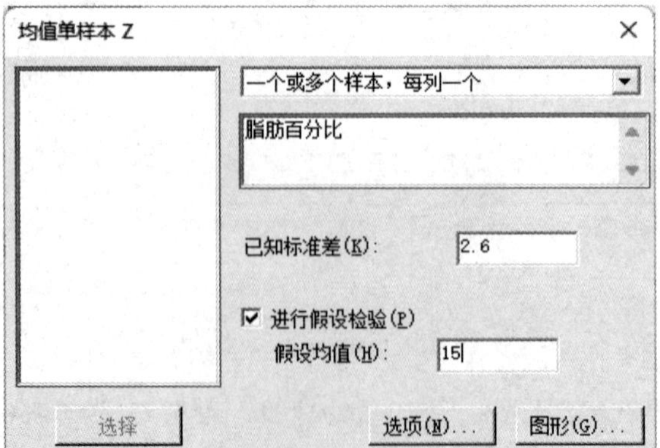

图 5-10 【均值单样本 Z（One-Sample Z for the Mean）】主对话框

■ 数据类型菜单：Minitab 的绝大部分功能都提供两种数据形式供用户选择，即原始数据和汇总后的数据。

- 【一个或多个样本，每列一个（One or more samples, each in a column）】：如果是原始数据，则选择此项。将分析的变量引入统计变量框中，本例为“脂肪百分比”。
- 【汇总数据（Summarized data）】：如果已知样本含量和均值，则选择此选项。

■ 【已知标准差（Known standard deviation）】：输入总体标准差σ，本例为“2.6”。

■ 【进行假设检验（Perform hypothesis test）】：确定是否进行假设检验。

- 【假设均值（Hypothesized mean）】：输入检验均值μ_0，本例为“15”。

（3）【单样本 Z：选项（One-Sample Z:Options）】对话框如图 5-11 所示。

■ 【置信水平（Confidence level）】：默认值为“95.0”。

■ 【备择假设（Alternative hypothesis）】：设定备择假设 H_1。

- 【均值 < 假设均值（Mean<hypothesized mean）】：为单侧检验（下[左]侧），选择此选项将生成上置信（Upper confidence）区间。
- 【均值≠假设均值（Mean≠hypothesized mean）】：为双侧检验，选择此选项将生成置信区间。
- 【均值>假设均值（Mean>hypothesized mean）】：为单侧检验（上[右]侧），选择此选项将生成下置信（Lower confidence）区间。

（4）【单样本 Z：图形（One-Sample Z:Graphs）】对话框（见图 5-12）可选择绘制变量的【直方图（Histogram）】、【单值图（Individual value plot）】和【箱线图（Boxplot）】，这些图形均显示样本均值和均值的置信区间（或置信限），在进行假设检验时，还会显示原假设检验值（Null hypothesis test value）。

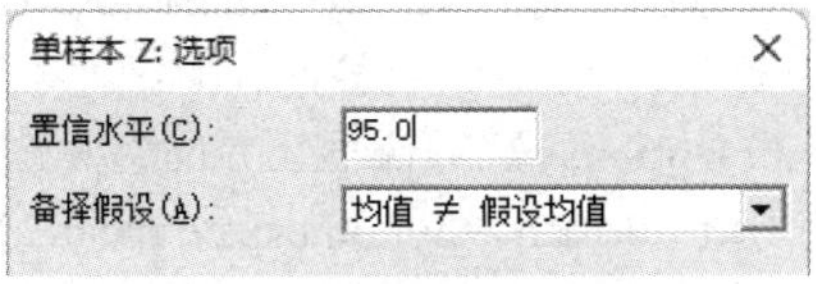

图 5-11　【单样本 Z：选项（One-Sample Z: Options）】对话框

图 5-12　【单样本 Z：图形（One-Sample Z: Graphs）】对话框

（5）主要结果及分析。

① 本例 H_0：$\mu=15$；H_1：$\mu\neq15$，结果显示瓶装酱料的脂肪百分比的均值和标准差为(16.46±2.26)%，Z=2.51，P=0.012<0.05，按α=0.05 水准，拒绝 H_0，接受 H_1，差异有统计学意义，可认为该公司生产的瓶装酱料的脂肪百分比的总体均值不等于宣传的脂肪含量 15%，如结果 5-3 所示。

结果 5-3

描述性统计量

N	均值	标准差	均值标准误	μ 的 95% 置信区间
20	16.460	2.258	0.581	(15.321, 17.599)

μ: 脂肪百分比 的总体均值
已知标准差 = 2.6

检验

原假设　H₀: μ = 15
备择假设 H₁: μ ≠ 15

Z 值	P 值
2.51	0.012

② 脂肪百分比的单值图显示，当原假设 H_0（μ=15）在瓶装酱料脂肪总体均值的 95%置信区间(15.32,17.60)外时，按α=0.05 水准，拒绝 H_0，接受 H_1，如图 5-13 所示。

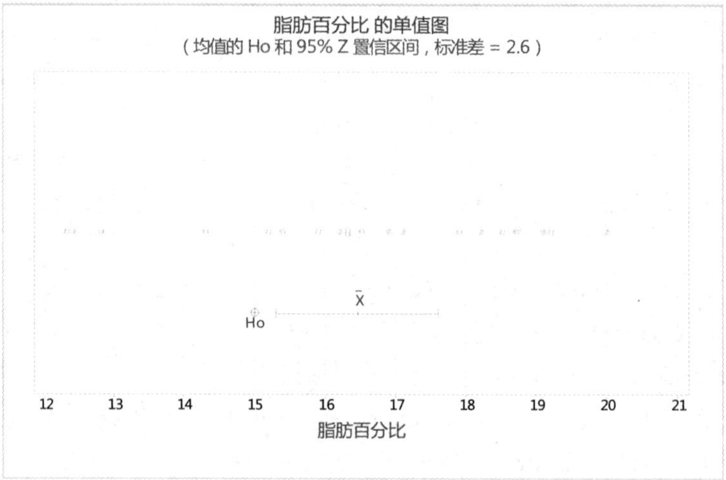

图 5-13　脂肪百分比的单值图

【例 5-5】某汽车租赁公司老板认为该公司汽车的年行驶千米数大于全国的平均水平 12000 千米。他从该公司汽车中随机选取了 225 辆，并且测量结果的均值为 12375 千米，标准差为 2415 千米。试检验该公司汽车年行驶千米数的总体均值是否大于全国的平均水平。

（1）单击【统计（Stat）】→【基本统计量（Basic Statistics）】→【单样本 Z（1-Sample Z）】菜单项，打开【均值单样本 Z（One-Sample Z for the Mean）】主对话框，如图 5-14 所示。

数据类型菜单选择【汇总数据（Summarized data）】，设定【样本数量（Sample size）】（样本含量）为“225”，【样本均值（Sample mean）】为“12375”，【已知标准差（Known standard deviation）】为“2415”（由于 σ 未知，因此用 s 代替），选择【进行假设检验（Perform hypothesis test）】，设定【假设均值（Hypothesized mean）】为“12000”。

（2）【均值单样本 Z：选项（One-Sample Z for the Mean: Options）】对话框（界面参见图 5-11）。【备择假设（Alternative hypothesis）】选择【均值 > 假设均值（Mean > hypothesized mean）】，其余为默认值。

（3）主要结果及分析。

本例中 H_0：μ=12000；H_1：μ>12000，结果显示该公司汽车年行驶千米数的总体均值为 12375 千米，Z=2.33，P=0.010<0.05，按 α=0.05 水准，拒绝 H_0，接受 H_1，因此该公司汽车年行驶千米数的总体均值大于全国的平均水平，如结果 5-4 所示。

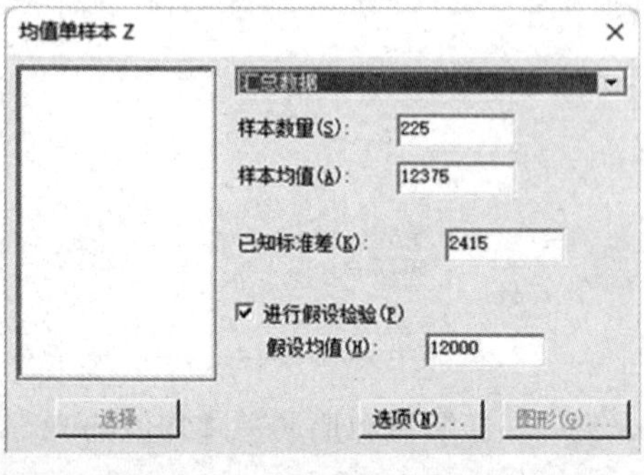

图 5-14　【均值单样本 Z（One-Sample Z for the Mean）】主对话框

结果 5-4

描述性统计量

N	均值	均值标准误	μ 的 95% 置信区间
225	12375	161	(12059, 12691)

μ: 样本 的总体均值
已知标准差 = 2415

检验

原假设　H_0: μ = 12000
备择假设　H_1: μ > 12000

Z 值	P 值
2.33	0.010

5.2.2　单样本 *t* 检验

单样本 t 检验适用于样本均值与假设均值（一般为理论值、标准值或经过大量观测所得的稳定值等）的比较，目的是推断样本均值所代表的未知总体均值与已知总体均值有无差别。单样本 t 检验可计算置信区间，并在 σ 未知的前提下进行均值的假设检验，其应用条件是数据服从正态分布。该检验的原假设为总体均值与假设总体均值相等，即 H_0：$\mu=\mu_0$；备择假设 H_1：左侧（$\mu<\mu_0$）、右侧（$\mu>\mu_0$）或双侧（$\mu\neq\mu_0$）。

【例 5-6】 某种电子元件的平均寿命 x（单位：h）服从正态分布，现测量得 16 只电子元件的寿命为 159、280、101、212、224、379、179、264、222、362、168、149、260、485、170。问：是否有理由认为电子元件的平均寿命大于 225h（$\alpha=0.05$）。

（1）打开工作表“电子元件.mwx”。

（2）选择【统计（Stat）】→【基本统计量（Basic Statistics）】→【单样本 t（1-Sample t）】菜单项，打开【均值单样本 t（One-Sample t for the Mean）】主对话框，如图 5-15 所示。

数据类型菜单选择【一个或多个样本，每列一个（One or more samples, each in a column）】，统计变量选择“x”，选择【进行假设检验（Perform hypothesis test）】，设定【假设均值（Hypothesized mean）】为“225”。

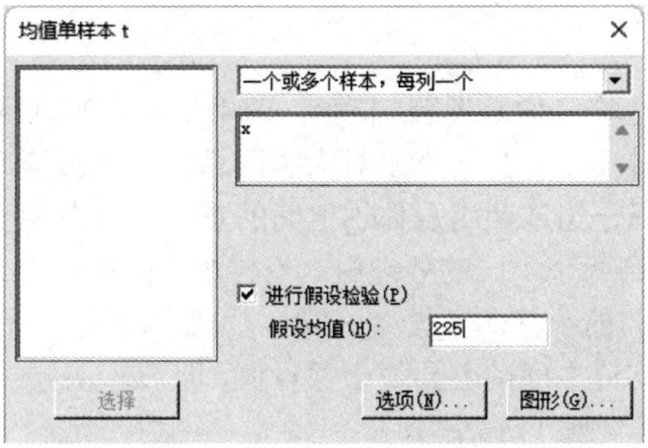

图 5-15　【均值单样本 t（One-Sample t for the Mean）】主对话框

（3）在【均值单样本 t：图形（One-Sample t for the Mean:Graphs）】对话框（界面参见图 5-12）。选择【箱线图（Boxplot）】，其他对话框中均为默认选项。

（4）主要结果及分析。

① 本例中 H_0：$\mu=225$，H_1：$\mu\neq225$，结果显示电子元件的平均寿命（均值）与标准差为 (240.90 ± 102.20)h，$t=0.60$，$P=0.555>0.05$，按 $\alpha=0.05$ 水准，不拒绝 H_0，差异无统计学意义，因此尚不能认为该电子元件的平均寿命大于 225h，如结果 5-5 所示。

结果 5-5

描述性统计量

N	均值	标准差	均值标准误	μ 的 95% 置信区间
15	240.9	102.2	26.4	(184.4, 297.5)

μ: x 的总体均值

检验

原假设　H_0: μ = 225
备择假设 H_1: μ ≠ 225

T 值	P 值
0.60	0.555

② 电子元件寿命（x）的箱线图显示，箱线图的主要指标为 $Q_1=168$，中位数=222，$Q_3=280$，IQR=112，须触线为(101,379)，离群值位于第 14 行（$x=485$）；原假设 H_0（$\mu=225$）在电子元件总

体平均寿命的 95%置信区间(184.40,297.50)内，按 α=0.05 水准，不拒绝 H_0，如图 5-16 所示。

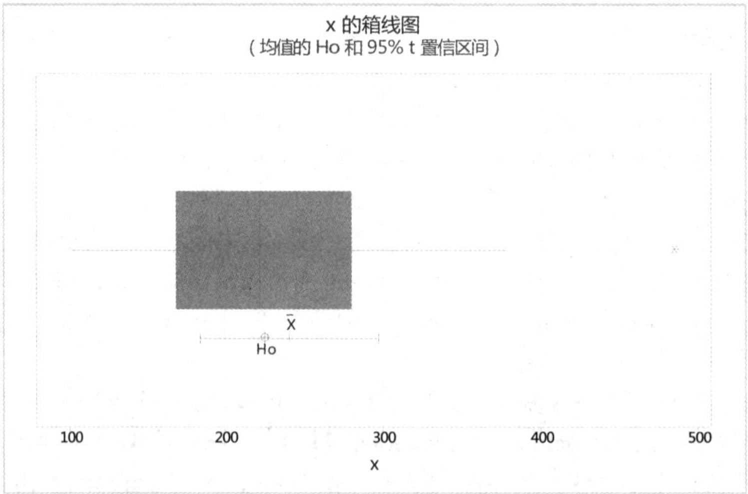

图 5-16　电子元件寿命（x）的箱线图

5.2.3　独立样本 *t* 检验

独立样本均值比较的 t 检验又称为成组 t 检验，适用于完全随机设计两样本均值的比较，其应用条件是两组数据均服从正态分布，且两样本对应的两总体方差相等，可用于确定两组总体均值是否存在差异，一组是否优于另一组或两组总体均值间的差别是否为某一特定量。两组完全随机设计是将受试对象完全随机分配到两个不同的处理组。双样本 t 检验基于 t 分布（t-distribution），对于来自正态分布或近似正态分布的小样本数据（n<30），可取得较好的效果，样本含量越大，其效果越好，其原假设为两个总体均值之间的差异等于假设值，即 H_0：$\mu_1-\mu_2=\delta_0$；备择假设 H_1：左侧（$\mu_1-\mu_2<\delta_0$）、右侧（$\mu_1-\mu_2>\delta_0$）或双侧（$\mu_1-\mu_2\neq\delta_0$）。

【例 5-7】一个环境控制检验员猜测一个河边的城镇往河里排放半处理的污水，这会导致河水中氧气浓度的变化。为了证实这一猜测，分别在这个城镇的上、下游各随机抽取了 15 个水样，测量这 30 个水样中被溶解氧气的浓度，试问上、下游河水中的氧气浓度是否相等？

（1）打开工作表“水样.mwx”。

（2）选择【统计（Stat）】→【基本统计量（Basic Statistics）】→【双样本 t（2-Sample t）】菜单项，打开【均值双样本 t（Two-Sample t for the Mean）】主对话框，如图 5-17 所示。

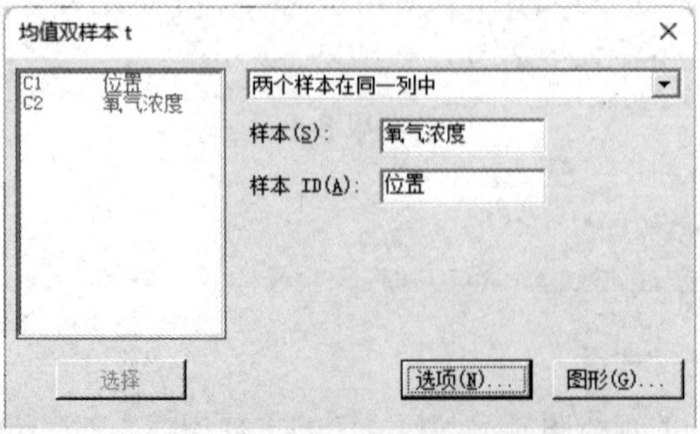

图 5-17　【均值双样本 t（Two-Sample t for the Mean）】主对话框（1）

数据类型菜单可选择【两个样本在同一列中（Both samples are in one column）】、【每个样本位于其自己的列中（Each sample is in its own column）】或【汇总数据（Summarized data）】，本例选择第一项。

- 【样本（Samples）】：选择检验变量，本例选择“氧气浓度”。
- 【样本 ID（Sample ID）】：选择分组变量，本例选择“位置”。

（3）【双样本 t：选项（Two-Sample t:Options）】对话框如图 5-18 所示。

- 【置信水平（Confidence level）】：本例为“95.0”。
- 【假设差值（Hypothesized difference）】：输入原假设的检验值，即总体均值之间的假设差值 $\delta_0=\mu_1-\mu_2$，默认值为“0.0”，即两个总体均值相等，用户也可以设定其他假设差值。
- 【备择假设（Alternative hypothesis）】：可选择【差值 ＜ 假设差值（Difference＜hypothesized difference）】[下（左）侧]、【差值≠假设差值（Difference≠hypothesized difference）】（双侧）或【差值>假设差值（Difference＞hypothesized difference）】[上（右）侧]，用户可根据所需的检验类型选择。
- 【假定等方差（Assume equal variances）】：如果两个样本的总体方差齐性，则选择此选项，本例经两组方差齐性 F 检验证明不满足方差齐性（F=0.24，ν_1=14，ν_2=14，P= 0.011<0.1）（参见第 5.4.2 节），因此不选择此选项。

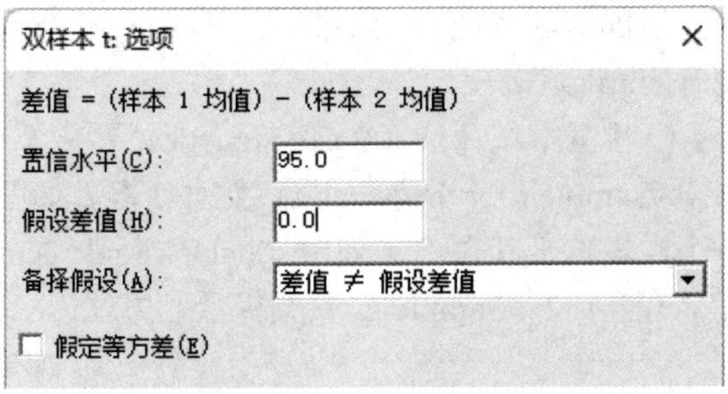

图 5-18　【双样本 t：选项（Two-Sample t:Options）】对话框

（4）【双样本 t：图形（Two-Sample t:Graphs）】对话框（见图 5-12）可选择绘制【单值图（Individual value plot）】和【箱线图（Boxplot）】，本例选择后者。

（5）主要结果及分析（见结果 5-6）。

① 上游和下游氧气浓度的样本均值和标准差分别为$(4.92\pm0.16)\times10^{-6}$与$(4.74\pm0.32)\times10^{-6}$。

② 差值=$\mu_1-\mu_2$，H_0：差值=0，H_1：差值≠0，差值为 0.18×10^{-6}，假设差值 δ_0 位于差值的 95%置信区间(−0.01,0.37)内，表明上游和下游氧气浓度不存在差别。

③ t=1.96，P=0.065>0.05，按 α=0.05 水准，不拒绝 H_0，差异无统计学意义，可认为上游和下游氧气浓度没有差别。

结果 5-6

方法

μ_1: 位置 = 上游 时 氧气浓度 的总体均值
μ_2: 位置 = 下游 时 氧气浓度 的总体均值
差值: $\mu_1 - \mu_2$

未针对此分析假定等方差。

描述性统计量: 氧气浓度

位置	N	均值	标准差	均值标准误
上游	15	4.920	0.157	0.040
下游	15	4.740	0.320	0.083

差值的估计值

差值	差值的 95% 置信区间
0.1800	(-0.0120, 0.3720)

检验

原假设　$H_0: \mu_1 - \mu_2 = 0$
备择假设 $H_1: \mu_1 - \mu_2 \neq 0$

T 值	自由度	P 值
1.96	20	0.065

④ 氧气浓度的箱线图中的连线是两样本均值的连线，如图 5-19 所示。

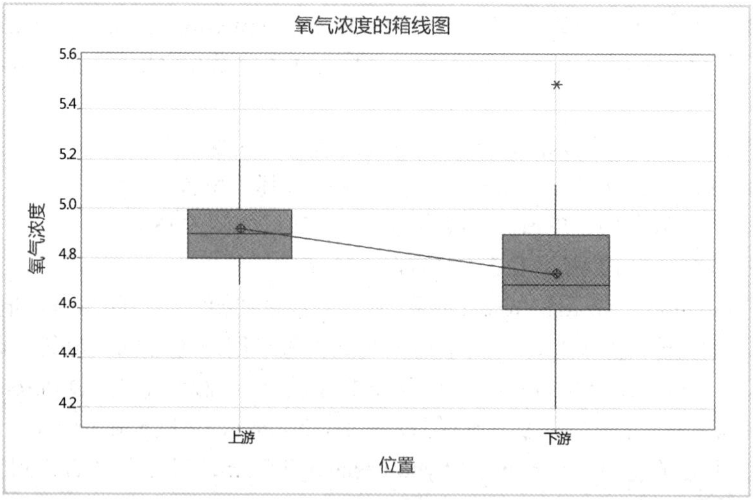

图 5-19　氧气浓度的箱线图

【例 5-8】 装配一个部件可采用不同方法，其所关心的问题是哪种方法的劳动效率更高。劳动效率可以用平均装配时间来反映。现从不同装配方法中各抽取 12 件产品，记录各自的装配时间（单位：min）。问：甲方法和乙方法的装配时间有无不同。

（1）打开工作表“装配时间.mwx”。

（2）选择【统计（Stat）】→【基本统计量（Basic Statistics）】→【双样本 t（2-sample t）】菜单项，打开【均值双样本 t（Two-Sample t for the Mean）】主对话框，如图 5-20 所示。

数据类型菜单选择【每个样本位于其自己的列中（Each sample is in its own column）】，【样本 1（Sample 1）】选择“甲方法”，【样本 2（Sample 2）】选择“乙方法”。

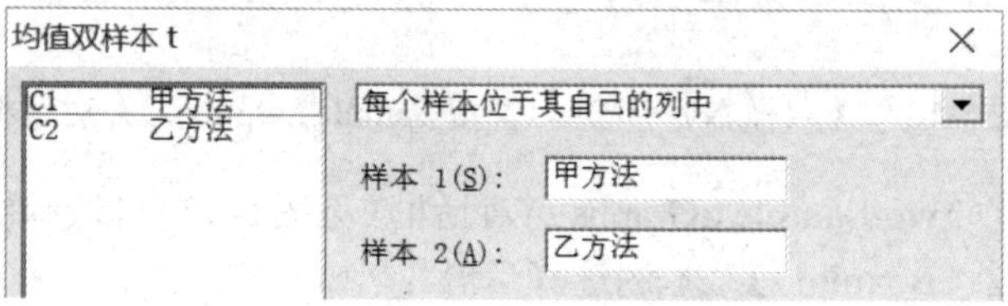

图 5-20　【均值双样本 t（Two-Sample t for the Mean）】主对话框（2）

（3）【双样本 t：选项（Two-Sample t: Options）】对话框如图 5-18 所示。

本例经两组方差齐性 F 检验证明满足方差齐性（F=1.68，v_1=11，v_2=11，P=0.401>0.1），按 α=0.1 的水准，不拒绝 H_0，可认为甲方法和乙方法装配时间的总体方差齐性（参见 5.4.2 节），因此选择【假定等方差（Assume equal variances）】。其余选项均为默认值。

（4）主要结果及分析（见结果 5-7）。

① 甲方法、乙方法装配时间的样本均值和标准差分别为(31.75±3.19)min 与(28.67±2.46)min。

② 由于甲方法和乙方法装配时间的总体方差齐性，因此使用合并标准差 2.85 来计算检验统计量和置信区间。

③ 差值为 3.08min，差值的 95%置信区间(0.67, 5.50)均为正值，因此有 95%的把握推断甲方法的总体平均装配时间更大。

④ t=2.65，P=0.015<0.05，按 α=0.05 水准，拒绝 H_0，接受 H_1，差异有统计学意义，可认为两种方法的装配时间不同，甲方法的总体平均装配时间大于乙方法。

结果 5-7

方法

μ₁: 甲方法 的总体均值
μ₂: 乙方法 的总体均值
差值: μ₁ - μ₂

已针对此分析假定了等方差。

描述性统计量

样本	N	均值	标准差	均值标准误
甲方法	12	31.75	3.19	0.92
乙方法	12	28.67	2.46	0.71

差值的估计值

差值	合并标准差	差值的 95% 置信区间
3.08	2.85	(0.67, 5.50)

检验

原假设　$H_0: \mu_1 - \mu_2 = 0$
备择假设　$H_1: \mu_1 - \mu_2 \neq 0$

T 值	自由度	P 值
2.65	22	0.015

【例 5-9】为了解内毒素对肌酐的影响，将 20 只雄性中年大鼠随机分为甲组和乙组。甲组中的大鼠不给予内毒素，乙组中的每只大鼠给予 3mg/kg 的内毒素。分别测得两组大鼠的肌酐结果的均值和标准差为(5.360±1.669)mg/L（甲组）与(8.150±1.597)mg/L（乙组）。问：内毒素是否对肌酐有影响？

（1）【均值双样本 t（Two-Sample t for the Mean)】主对话框如图 5-21 所示。

数据类型菜单选择【汇总数据（Summarized data)】，依次输入【样本 1（Sample 1)】和【样本 2（Sample 2)】的【样本数量（Sample size)】、【样本均值（Sample mean)】与【标准差（Standard deviation)】。其余选项同例 5-8。

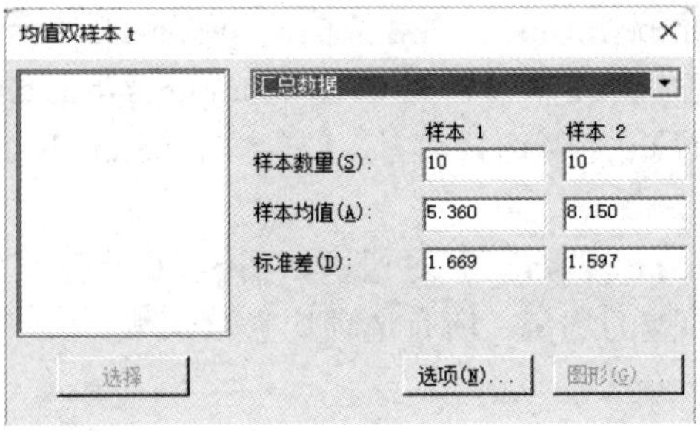

图 5-21　【均值双样本 t（Two-Sample t for the Mean)】主对话框（3）

（2）主要结果及分析。

t=−3.82，P=0.001<0.01，按 α=0.05 水准，拒绝 H_0，接受 H_1，差异有统计学意义，可认为内毒素对肌酐有影响，结合本例可认为内毒素具有升高肌酐的作用，如结果 5-8 所示。

结果 5-8

方法

μ₁: 样本 1 的总体均值
μ₂: 样本 2 的总体均值
差值: μ₁ - μ₂

已针对此分析假定了等方差。

描述性统计量

样本	N	均值	标准差	均值标准误
样本 1	10	5.36	1.67	0.53
样本 2	10	8.15	1.60	0.51

差值的估计值

差值	合并标准差	差值的 95% 置信区间
-2.790	1.633	(-4.325, -1.255)

检验

原假设　$H_0: \mu_1 - \mu_2 = 0$
备择假设　$H_1: \mu_1 - \mu_2 \neq 0$

T 值	自由度	P 值
-3.82	18	0.001

【均值双样本 t（Two-Sample t for the Mean)】主对话框提供了 3 种数据类型菜单，当选择【汇

总数据（Summarized data）】时，文字结果与其他两个方法一致，但不能输出图形结果，Minitab 的多个功能都提供该选项，极大地方便了对汇总数据结果的验证，如杂志审稿人审稿或老师批改作业。由于【一个或多个样本，每列一个（Both samples are in one column）】更符合工作表的使用习惯，便于与其他软件（SPSS）兼容，因此建议用户首选此选项。

5.2.4　配对 *t* 检验

配对样本均值比较的 *t* 检验又称为配对 *t* 检验（Paired t-Test），可作为对相关或相互依赖的配对观测值之间的平均差（Mean differences）的假设检验。对分析配对观测值之间的差异、同一对象的前后测量值之间的差异，以及对同一对象给予两种处理之间的差异很有用。由于独立样本 *t* 检验包含了由观测值的独立性引起的其他变异，而配对观测值之间是相互依存的，因此不会受此变异的影响。同时配对 *t* 检验不要求两个样本的方差相等，并且比独立样本 *t* 检验产生更小的方差，因此，配对 *t* 检验比独立样本 *t* 检验的功效更大。配对 *t* 检验要求配对差值服从正态分布，其原假设为差值的总体均值等于假设均值，即 H_0: $\mu_d=\mu_0$；备择假设 H_1：左侧（$\mu_d<\mu_0$）、右侧（$\mu_d>\mu_0$）或双侧（$\mu_d\neq\mu_0$）。

【例 5-10】现有 14 名志愿者服用某种减肥药，服药前和服药一个疗程后分别测量一次体重（kg），问：该减肥药是否有效？

（1）打开工作表“减肥药.mwx”。

（2）选择【统计（Stat）】→【基本统计量（Basic Statistics）】→【配对 t（Paired t）】菜单项，打开【均值配对 t（Paired t for the Mean）】主对话框，如图 5-22 所示。

数据类型菜单可选择【每个样本单独一列（Each sample is in a column）】或【汇总数据（差值）（Summarized data(differences)）】，本例选择前者。【样本 1（Sample 1）】选择“服药后”、【样本 2（Sample 2）】选择“服药前”。

（3）【配对 t：选项（Paired t:Options）】对话框如图 5-23 所示。

差值为样本 1 和样本 2 的差的均值，所有选项均为默认值。

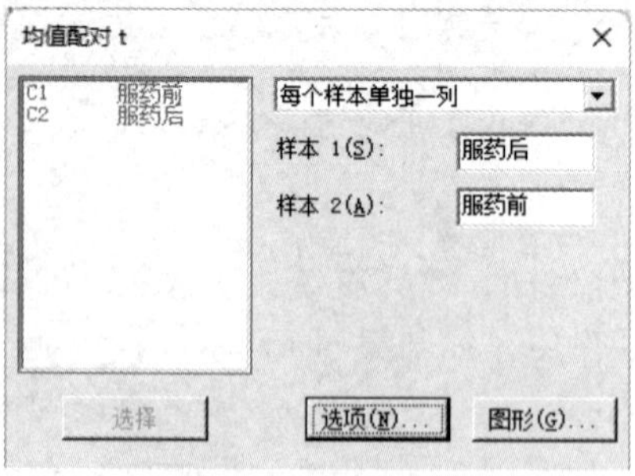

图 5-22　【均值配对 t（Paired t for the Mean）】主对话框（1）

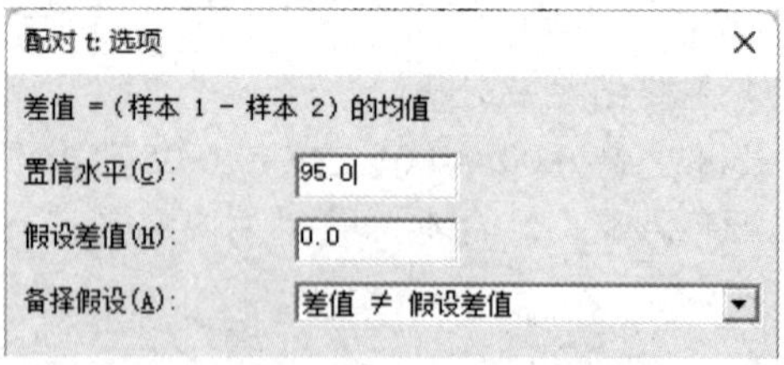

图 5-23　【配对 t：选项（Paired t: Options）】对话框

（4）【配对：图形（Paired t:Graphs）】对话框（图 5-24）可根据配对差值进行绘图，可以选择绘制【差值直方图（Histogram of differences）】、【差值单值图（Individual value plot of differences）】或【差值箱线图（Boxplot of differences）】，本例选择最后一个选项。

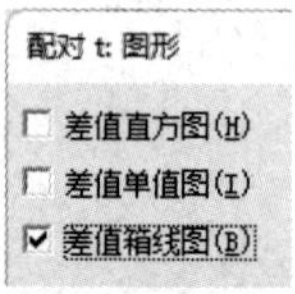

图 5-24　【配对 t：图形（Paired t:Graphs）】对话框

（5）主要结果及分析。

① 本例中 H_0：平均差=0（μ_差=0）；H_1：平均差≠0（μ_差≠0），

从结果 5-9 和差值的箱线图（见图 5-25）可见，服药后与服药前体重的平均差和标准差为(1.21±3.02)kg，总体平均差的 95%置信区间(−0.53,2.96)kg 包括 0，表明服药前、后的体重不存在差别。

结果 5-9

描述性统计量

样本	N	均值	标准差	均值标准误
服药后	14	109.29	21.92	5.86
服药前	14	108.07	21.85	5.84

配对差值的估计值

均值	标准差	均值标准误	μ_差 的 95% 置信区间
1.214	3.017	0.806	(-0.528, 2.956)

μ_差: (服药后 - 服药前) 的总体均值

检验

原假设　H₀: μ_差 = 0

备择假设　H₁: μ_差 ≠ 0

T 值	P 值
1.51	0.156

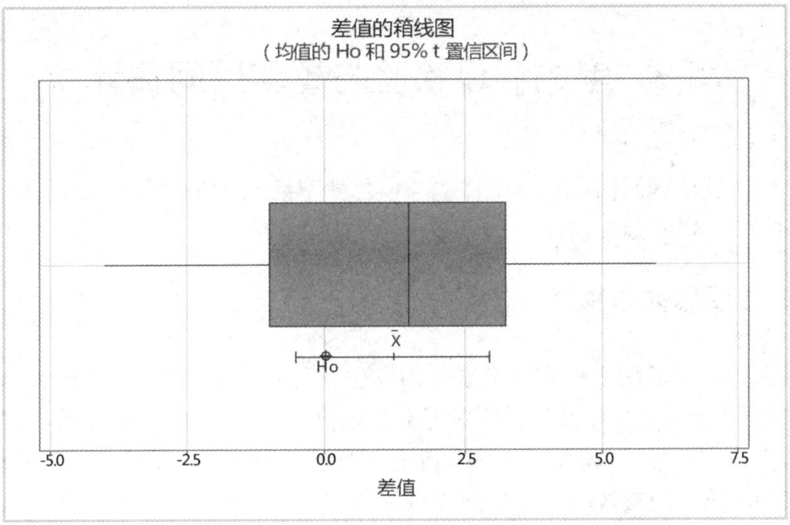

图 5-25　差值的箱线图

② t=1.51，P=0.156>0.05，按 α=0.05 水准，不拒绝 H_0，差异无统计学意义，尚不能认为此减肥药有效，如结果 5-9 所示。

【例 5-11】一位生理学家想要确定某个特定的赛跑项目是否对静息心率（单位：次/分钟）有影响。首先对随机选择的 20 个人测量了心率，然后让这些人参与该赛跑项目，并在 1 年后再次测量心率。对每个人前后进行的两次测量构成一个观测值对，得出汇总数据，20 个人训练后与训练前静息心率的平均差和标准差为(−2.200±3.254)次/分钟，问：该赛跑项目是否对静息心率有影响？

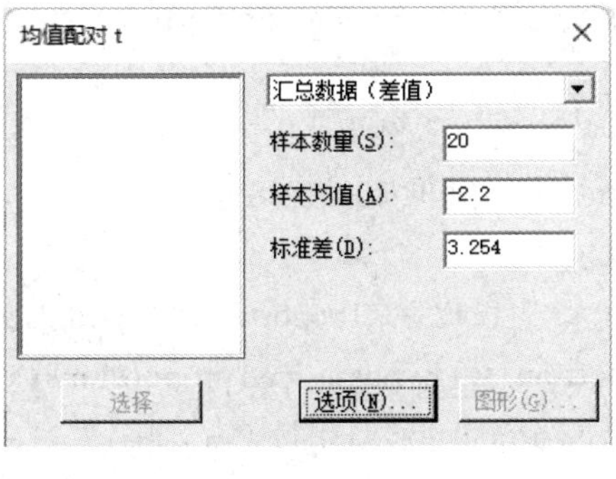

图 5-26 【均值配对 t（Paired t for the mean）】主对话框（2）

（1）单击【统计（Stat）】→【基本统计量（Basic Statistics）】→【配对 t（Paired t）】菜单项，打开【均值配对 t（Paired t for the Mean）】主对话框，如图 5-26 所示。

数据类型菜单选择【汇总数据（差值）（Summarized data(differences)）】，【样本数量（Sample size）】为“20”，【样本均值（Sample mean）】为“−2.2”，【标准差（Standard deviation）】为“3.254”。

（2）主要结果及分析。

本例中 H_0：μ_d=0（μ_差=0）；H_1：μ_d≠0（μ_差≠0），训练后与训练前静息心率的平均差和标准差为(−2.20±

3.25)次/分钟，μ_d 的 95%置信区间(−3.72, −0.68)次/分钟小于 0，t= −3.02，P=0.007<0.05，按 α=0.05 水准，拒绝 H_0，接受 H_1，差异有统计学意义，可认为该赛跑项目可降低静息心率，如结果 5-10 所示。

结果 5-10

配对差值的估计值

N	均值	标准差	均值标准误	μ_差 的 95% 置信区间
20	-2.200	3.254	0.728	(-3.723, -0.677)

μ_差: (样本 1 - 样本 2) 的总体均值

检验

原假设　H_0: μ_差 = 0
备择假设 H_1: μ_差 ≠ 0

T 值	P 值
-3.02	0.007

5.3　率的假设检验与置信区间估计

率的假设检验与置信区间估计包括单样本二项总体率检验、独立样本二项总体率检验、单样本 Poisson 检验和独立样本 Poisson 检验。

5.3.1　单样本二项总体率检验

单样本二项总体率检验用于确定特定事件的发生率是否等于目标值（Target value）的假设检验，并可进行率的区间估计。原假设为总体率等于假设值，即 H_0: $p=p_0$；备择假设 H_1: 左侧（$p<p_0$）、右侧（$p>p_0$）或双侧（$p\neq p_0$）。常见的比率数据有常见病的发病率、某病的复发率和治愈率、坚果中花生的比例、某候选人的支持率与产品的合格率等。

【例 5-12】在全国调查安全带的使用情况中，有 75%的人经常使用安全带，现随机拦截 100 辆汽车，共发现 70 个人使用安全带，试对比分析本次调查的安全带使用率是否与全国水平相同。

（1）单击【统计（Stat）】→【基本统计量（Basic Statistics）】→【单比率（1 Proportion）】菜单项，打开【单样本比率（One-Sample Proportion）】主对话框，如图 5-27 所示。

- 数据类型菜单：可选择【一个或多个样本，每列一个（One or more samples, each in a column）】或【汇总数据（Summarized data）】，本例选择后者。
- 【事件数（Number of events）】：观测的事件数，本例为“70”。
- 【试验数（Number of trials）】：本例为“100”。
- 【进行假设检验（Perform hypothesis test）】：进行总体比例（Population proportion）等于指定值的假设检验。
  - 【假设比率（Hypothesized proportion）】：原假设的比例，本例为“0.75”。

（2）【单样本比率：选项（One-Sample Proportion:Options）】对话框如图 5-28 所示。

- 【置信水平（Confidence level）】：默认值为“95.0”。
- 【备择假设（Alternative hypothesis）】：可选择【比率 < 假设比率（Proportion < hypothesized proportion）】[下（左）尾]、【比率≠假设比率（Proportion ≠ hypothesized proportion）】（双侧）或【比率 > 假设比率（Proportion > hypothesized proportion）】[上（右）尾]。
- 【方法（Method）】：可选择【精确（Exact）】或【正态近似（Normal approximation）】以计算二项分布的假设检验和置信区间。由于正态近似方法（Normal approximation method）计算简单，因此大部分教材都选用此方法。

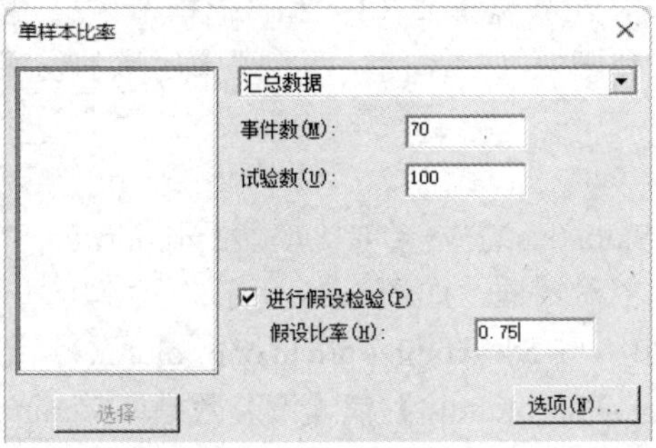

图 5-27　【单样本比率（One-Sample Proportion）】主对话框

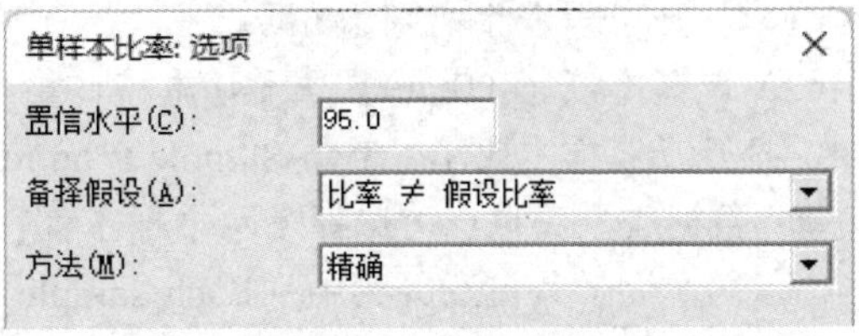

图 5-28　【单样本比率：选项（One-Sample Proportion :Options）】对话框

（3）主要结果及分析。

① 精确方法：本例中 H_0: p=0.75；H_1: p≠0.75，样本率（样本 p）为 70%，总体率（p）的 95%置信区间为(60.02%, 78.76%)，P=0.298，按 α=0.05 水准，不拒绝 H_0，差异无统计学意义，可认为本次调查的安全带使用率与全国水平相同，如结果 5-11 所示。

结果 5-11

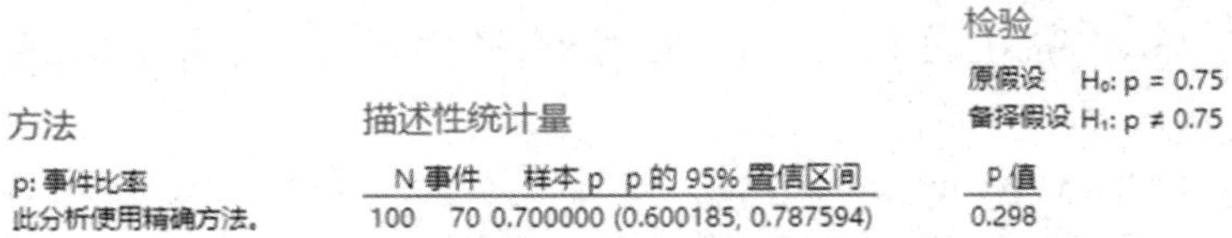

② 正态近似方法：样本率为 70%，总体率的 95%置信区间为(61.02%, 78.98%)，Z=−1.15，P=0.248>0.05，结论与精确方法相同，如结果 5-12 所示。

结果 5-12

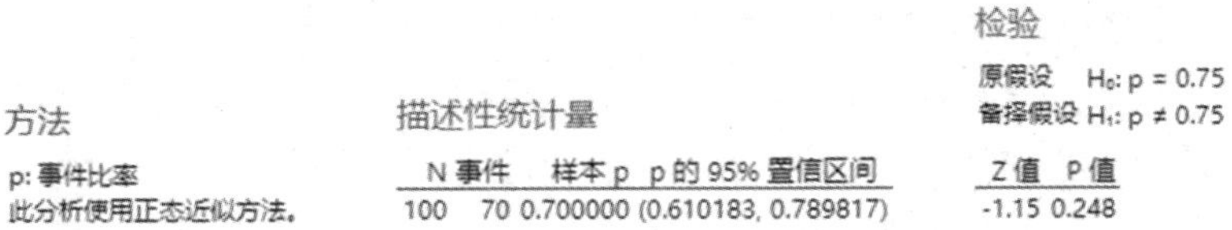

5.3.2　独立样本二项总体率检验

独立样本二项总体率检验是确定两个总体率是否有统计学差异的假设检验，以确定它们之间是否有统计学差异，其中一组的总体率是否高于另一组，两组总体率之间的差异是否为某一特定量。Minitab 提供两种假设检验：Fisher 精确检验（Fisher's exact test）和正态近似检验（Normal approximation test），当任何一个样本的事件数或非事件数小于 5 时，正态近似检验将不准确。而 Fisher 精确检验对所有样本含量都是准确的，但只能用于原假设为总体比例相等，即【双样本比率：选项（Two-Sample Proportions:Options）】对话框中【假设差值（Hypothesized difference）】为 0 的情况。原假设为两个总体比例之间的差异等于假设值，即 H_0: $p_1-p_2=P_0$；备择假设 H_1：左侧（$p_1-p_2<P_0$）、

右侧（$p_1-p_2>P_0$）或双侧（$p_1-p_2\neq P_0$）。

【例 5-13】某检验机构观察当地的一个污水排放口，在高温季节（1）和低温季节（2）中水样的伤寒菌检出情况（各季节检验了 12 次）：阴性（1）和阳性（2），问：两个季节污水的伤寒菌检出阳性率有无差别？

（1）打开工作表“伤寒菌.mwx”。

（2）选择【统计（Stat）】→【基本统计量（Basic Statistics）】→【双比率（2 proportions）】菜单项，打开【双样本比率（Two-Sample Proportions）】主对话框，如图 5-29 所示。

- 数据类型菜单：可选择【两个样本都在同一列中（Both samples are in one column）】、【每个样本位于其自己的列中（Each sample is in its own column）】或【汇总数据（Summarized data）】，本例选择第一个选项。
- 【样本（Samples）】：选择包含事件原始数据的列，可以是数字数据、文本数据或日期/时间数据。事件（阳性）或非事件（阴性）按数字或字母的顺序确定。较小数字或靠近字母表开头的文本数据定义为非事件（阴性），较大的数字或靠近字母表结尾的文本数据定义为事件。例如，“5”和“10”，“5”定义为非事件，“10”定义为事件。同理，“agree”和“disagree”，“disagree”定义为事件；“yes”和“no”，“yes”定义为事件。本例选择“检验结果”，其数值为“1”和“2”，将“2”定义为事件即阳性。
- 【样本 ID（Sample IDs）】：选择分组变量，本例选择“季节”。

（3）【双样本比率：选项（Two-Sample Proportions:Options）】对话框如图 5-30 所示。

- 【置信水平（Confidence level）】：默认值为“95.0”。
- 【假设差值（Hypothesized difference）】：原假设的检验值，为两总体比例之间的假设差值，即 $P_0=p_1-p_2$。
- 【备择假设（Alternative hypothesis）】：可选择【差值 < 假设差值（Difference < hypothesized difference）】[下（左）尾]、【差值≠假设差值（Difference≠hypothesized difference）】（双侧）或【差值 > 假设差值（Difference > hypothesized difference）】[上（右）尾]。
- 【检验方法（Test method）】：可选择【分别估计比率（Estimate the proportions separately）】或【使用合并的比率估计值（Use a pooled estimate of the proportion）】进行假设检验。

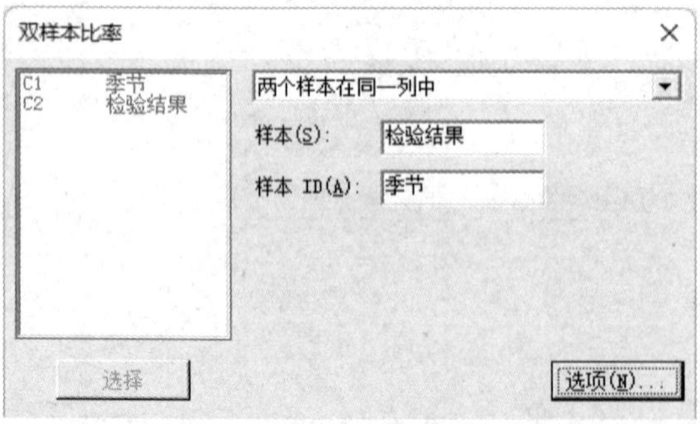

图 5-29 【双样本比率（Two-Sample Proportions）】主对话框（1）

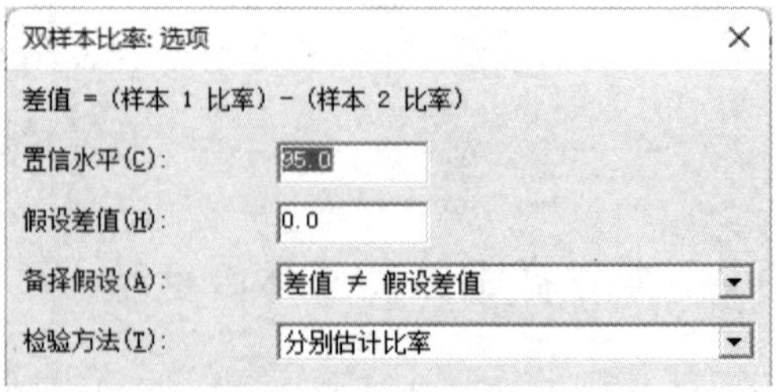

图 5-30 【双样本比率：选项（Two-Sample Proportions:Options）】对话框

（4）主要结果及分析。

① 污水水样在高温季节中的伤寒菌检出阳性率（样本 p）为 8.33%，在低温季节中的伤寒菌检出阳性率为 58.33%，如结果 5-13 所示。

结果 5-13

方法

事件: 检验结果 = 2

p_1: 检验结果 = 2 且 季节 = 1 的比率

p_2: 检验结果 = 2 且 季节 = 2 的比率

差值: $p_1 - p_2$

描述性统计量: 检验结果

季节	N	事件	样本 p
1	12	1	0.083333
2	12	7	0.583333

差值的估计值

差值	差值的 95% 置信区间
-0.5	(-0.819783, -0.180217)

基于正态近似的 CI

检验

原假设　H_0: $p_1 - p_2 = 0$

备择假设 H_1: $p_1 - p_2 \neq 0$

方法	Z 值	P 值
正态近似	-3.06	0.002
Fisher 精确检验		0.027

小样本的正态近似可能不精确。

② 本例中 H_0：$p_1-p_2=0$；H_1：$p_1-p_2\neq0$，高温季节污水的伤寒菌检出阳性率和低温季节污水的伤寒菌检出阳性率的差值的估计值为-0.5，其 95%置信区间(−0.82, −0.18)均为负值，因此有 95%的把握推断低温季节污水的伤寒菌检出阳性率高于高温季节污水的伤寒菌检出阳性率。由于高温季节污水水样的伤寒菌阳性次数为 1，小于 5，因此不适用正态近似检验，根据 Fisher 精确检验的结果，P=0.027<0.05，按 α=0.05 水准，拒绝 H_0，接受 H_1，差异有统计学意义，可认为低温季节污水的伤寒菌检出阳性率高于高温季节污水的伤寒菌检出阳性率，如结果 5-13 所示。

【例 5-14】为考察在常规治疗中同时辅以心理治疗的效果，某医院将同种疾病的患者随机分成常规治疗组（常规组）和常规与同时辅以心理治疗组（联合组）。经一个疗程后，以相同的标准衡量，在常规组的 80 名患者中，有效者有 48 名；在联合组的 75 名患者中，有效者有 55 名，就总体而言，试判断两种治疗方法的有效率是否有差异。

（1）【双样本比率（Two-Sample Proportions）】主对话框如图 5-31 所示。数据类型菜单选择【汇总数据（Summarized data）】，分别输入【样本 1（Sample 1）】和【样本 2（Sample 2）】的【事件数（Number of events）】与【试验数（Number of trials）】，其余选项均为默认值。

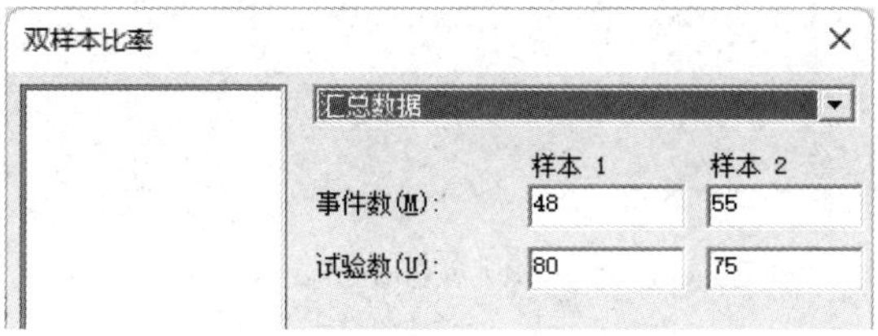

图 5-31　【双样本比率（Two-Sample Proportions）】主对话框（2）

（2）主要结果及分析。

① 样本 1（常规组）的有效率为 60.00%，样本 2（联合组）的有效率为 73.33%，如结果 5-14 所示。

结果 5-14

方法

p_1: 样本 1 = 事件的比率

p_2: 样本 2 = 事件的比率

差值: $p_1 - p_2$

描述性统计量

样本	N	事件	样本 p
样本 1	80	48	0.600000
样本 2	75	55	0.733333

差值的估计值

差值	差值的 95% 置信区间
-0.133333	(-0.280101, 0.013434)

基于正态近似的 CI

检验

原假设　H_0: $p_1 - p_2 = 0$

备择假设 H_1: $p_1 - p_2 \neq 0$

方法	Z 值	P 值
正态近似	-1.78	0.075
Fisher 精确检验		0.090

② 本例中 H_0：$p_1-p_2=0$；H_1：$p_1-p_2\neq0$，常规组的有效率和联合组的有效率的差值为−13.33%，0 位于其 95%置信区间(−28.01%, 1.34%)之内。Z=−1.78，P=0.075>0.05，按 α=0.05 水准，不拒绝 H_0，差异无统计学意义，因此尚不能认为两种治疗方法的有效率有差异，如结果 5-14 所示。

5.3.3　单样本 Poisson 检验

单样本 Poisson 检验是对服从 Poisson 分布的总体均值和发生率（Occurrence rate）进行的假设检验，以及对发生率进行区间估计。Poisson 分布用于描述事件在指定的时间、面积、体积或其他有限观测空间内发生的次数，如客服中心在工作日内接听的电话数、汽车引擎盖上的划痕数、尿液中的血细胞数、平皿中的菌落数，以及车间尘埃粒子数等。对于一些罕见事件，如每 1000 个新生儿中有出生缺陷、多胞胎、染色体异常等，事件出现的例数可以近似认为服从 Poisson 分布。

单样本 Poisson 检验的原假设为 Poisson 总体的均值（μ）或发生率（λ）等于假设值，即 H_0：$\lambda=\lambda_0$；备择假设 H_1：左侧（$\lambda<\lambda_0$）、右侧（$\lambda>\lambda_0$）或双侧（$\lambda\neq\lambda_0$）。

【例 5-15】某市交通部门的质量控制管理人员想提高客户满意度。为评估当前的客户满意度水平，管理人员记录了 30 天内的客户投诉数，试分析每天的投诉数是否超过 20。

（1）打开工作表“客户投诉.mwx”。

（2）选择【统计（Stat）】→【基本统计量（Basic Statistics）】→【单样本 Poisson 率（1-Sample Poisson Rate）】菜单项，打开【单样本 Poisson 率（One-Sample Poisson Rate）】主对话框，如图 5-32 所示。

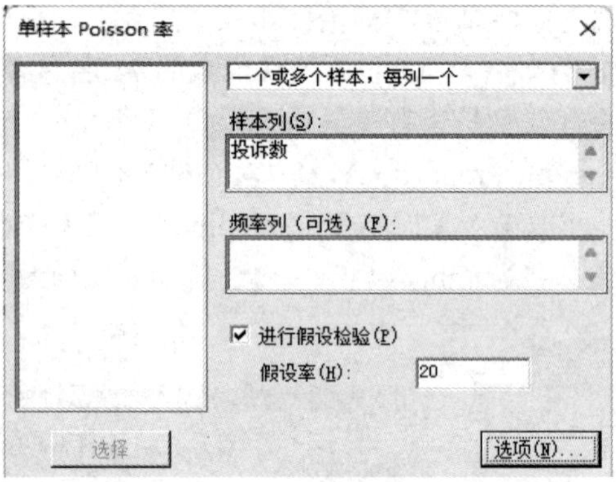

图 5-32　【单样本 Poisson 率（One-Sample Poisson Rate）】主对话框（1）

- 数据类型菜单：可选择【一个或多个样本，每列一个（One or more samples, each in a column）】或【汇总数据（Summarized data）】，当选择前者时，单样本 Poisson 检验的数据可分为原始数据（原始资料）（Raw data）与频率数据（频率资料）（Frequency data）两种类型，原始数据是指样本中的所有观测值都在相同的列（样本列）中。频率数据是指唯一的样本观测值位于一列（样本列），而与其对应的频率在另一列（频率列）中，如表 5-1 所示。

表 5-1　Poisson 率检验的数据类型

原始数据：样本列	频率数据	
	样本列	频率列
0	0	3
0	1	1
0	2	1
1	3	4
2	4	2
3	—	—

续表

原始数据：样本列	频率数据	
	样本列	频率列
3	—	—
3	—	—
3	—	—
4	—	—
4	—	—

- ■【样本列（Sample columns）】：选择包含观测值的变量，本例选择“投诉数”。
- ■【频率列（可选）（Frequency columns(optional)）】：选择包含频率的变量，本例未选择。
- ■【进行假设检验（Perform hypothesis test）】：进行发生率等于指定值的假设检验。
  - •【假设率（Hypothesized rate）】：原假设的比率值，本例为“20”。

（3）【单样本 Poisson 率：选项（One-Sample Poisson Rate:Options）】对话框如图 5-33 所示。

- ■【置信水平（Confidence level）】：为“95.0”。
- ■【备择假设（Alternative hypothesis）】：选择【比率 > 假设比率（Rate>hypothesized rate）】。
- ■【方法（Method）】：当样本计数 X>50 时，可选择【正态近似（Normal approximation）】法，当 X≤50 时，建议选择【精确（Exact）】法。
- ■【观测值长度（Length of observation）】：Poisson 过程对指定观测范围（如时间、面积、体积、项数等）内的特定事件或属性的发生次数进行计数。观测值长度表示每个观测周期的量级、持续时间或大小、计算事件的项目数（事件数）。如果样本观测计数为 1 年内的发生次数，则将观测值长度指定为 1.0 时可计算年发生率；而将观测值长度指定为 12 时可计算月发生率。本例观测的长度为每天，因此输入“1.0”。

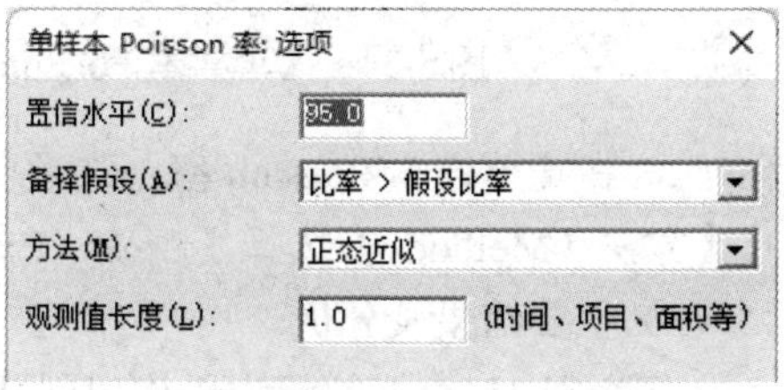

图 5-33　【单样本 Poisson 率：选项（One-Sample Poisson Rate:Options）】对话框

（4）主要结果及分析。

本例中 H_0：$\lambda=20$；H_1：$\lambda>20$，30 天的客户投诉数为 598，平均每天 19.93 次，总体平均每天投诉数的 95%置信区间的下限（λ 的 95%下限）为 18.59<20，$Z=-0.08$，P=0.533>0.05，按 α=0.05 水准，不拒绝 H_0，差异无统计学意义，因此尚不能认为每天的投诉数超过 20 次，如结果 5-15 所示。

结果 5-15

检验

原假设　H_0: λ = 20
备择假设　H_1: λ > 20

方法

λ: 投诉数 的 Poisson 率
此分析使用正态近似方法。

描述性统计量

N	合计出现次数	样本 Poisson 比率	λ 的 95% 下限
30	598	19.9333	18.5926

Z 值	P 值
-0.08	0.533

【例 5-16】某工厂对 3 个车间的粉尘浓度进行检测，每次检测 1L 空气，分别测得 38、29、36 颗粉尘，试计算各车间粉尘浓度的 95%置信区间。

（1）【单样本 Poisson 率（One-Sample Poisson Rate）】主对话框如图 5-34 所示。

- ■ 数据类型菜单：选择【汇总数据（Summarized data）】。
- ■【样本数量（Sample size）】：输入测量的次数，本例为“1”。

■ 【合计出现次数（Total occurrences）】：如果输入多个数值，则请用空格分开，可对每个样本单独进行分析，本例分别为“38”“29”“36”。

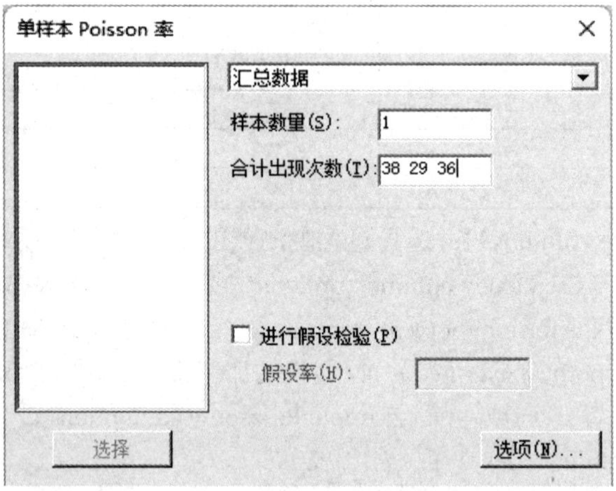

图 5-34 【单样本 Poisson 率（One-Sample Poisson Rate）】主对话框（2）

（2）在【单样本 Poisson 率：选项（One-Sample Poisson Rate: Options）】对话框（见图 5-33）中，【方法（Method）】选择【精确（Exact）】法，其他选项均为默认值。

（3）主要结果及分析。

3 个车间 1L 空气的粉尘平均出现数及其 95%置信区间分别为 38(26.89, 52.16)、29(19.42, 41.65)和 36(25.21, 49.84)，如结果 5-16 所示。

结果 5-16

描述性统计量

方法

λ: 样本 的 Poisson 率
此分析使用精确方法。

N	合计出现次数	样本 Poisson 比率 λ 的 95% 置信区间
1	38	38 (26.8911, 52.1580)
1	29	29 (19.4218, 41.6488)
1	36	36 (25.2140, 49.8392)

【例 5-17】用计数器测得放射物质在 30min 内发出的脉冲数为 360 个，试估计该放射物质每 30 分钟和每小时的总体平均脉冲数的 95%置信区间。

（1）在【单样本 Poisson 率（One-Sample Poisson Rate）】主对话框（见图 5-34）中，数据类型菜单选择【汇总数据（Summarized data）】，【样本数量（Sample size）】为“1”，【合计出现次数（Total occurrences）】为“360”。

（2）在【单样本 Poisson 率：选项（One-Sample Poisson Rate:Options）】对话框（见图 5-33）中，【方法（Method）】选择【正态近似（Normal approximation）】法，【观测值长度（Length of observation）】为“0.5”，其他选项均为默认值。

（3）主要结果及分析。

该放射物质每 30min（观测值长度=0.5）和每小时的平均脉冲数与总体平均脉冲数的 95%置信区间分别为 360(322.81, 397.19)个和 720(645.63, 794.38)个，如结果 5-17 所示。

结果 5-17

方法

λ: 样本 的 Poisson 率
μ: 样本 的 Poisson 均值
观测值长度: 0.5
此分析使用正态近似方法。

描述性统计量

N	合计出现次数	样本 Poisson 比率	样本均值	λ 的 95% 置信区间	μ 的 95% 置信区间
1	360	720	360	(645.625, 794.375)	(322.812, 397.188)

5.3.4　独立样本 Poisson 检验

独立样本 Poisson 检验用于比较两个服从 Poisson 分布的总体均值或发生率是否有统计学差异的假设检验。该检验可用于确定两组的发生率之间是否有统计学差异，一组中发生某个事件的比率是否比另一组高，两组的发生率的差异是否为某一特定量。该检验的原假设为两个 Poisson 分布的均值（μ）或发生率（λ）相等，即 H_0：$\lambda_1=\lambda_2$；备择假设 H_1：左侧（$\lambda_1<\lambda_2$）、右侧（$\lambda_1>\lambda_2$）或双侧（$\lambda_1\neq\lambda_2$）。

【例 5-18】 一位邮政服务分析师记录了 40 个工作日内到访两家邮局的顾客数（单位：人次/天），试比较两家邮局的平均到访顾客数是否相同。

（1）打开工作表“邮局到访.mwx”。

（2）选择【统计（Stat）】→【基本统计量（Basic Statistics）】→【双样本 Poisson 率（2-Sample Poisson Rate）】菜单项，打开【双样本 Poisson 率（Two-Sample Poisson Rate）】主对话框，如图 5-35 所示。

数据类型菜单选择【两个样本在同一列中（Both samples are in one column）】，【样本（Samples）】选择“顾客数”【样本 ID（Sample IDs）】选择“分组”。

（3）在【双样本 Poisson 率：选项（Two-Sample Poisson Rate:Options）】对话框（见图 5-36）中，【检验方法（Test method）】可选择【分别估计比率（Estimate the rates separately）】（使用观测样本比率来分别估计每个总体的比率）【使用合并的比率估计值（Use the pooled estimate of the rate）】（使用两个总体比率的合并估计值来分别估计每个总体的比率），本例选择后者，其他选项均为默认值。

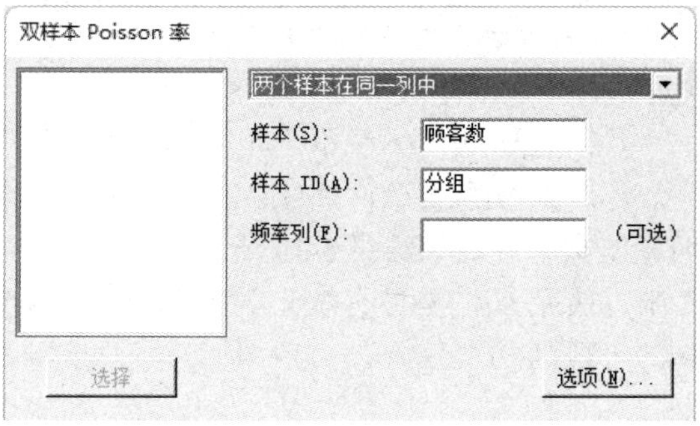

图 5-35　【双样本 Poisson 率（Two-Sample Poisson Rate）】主对话框（1）

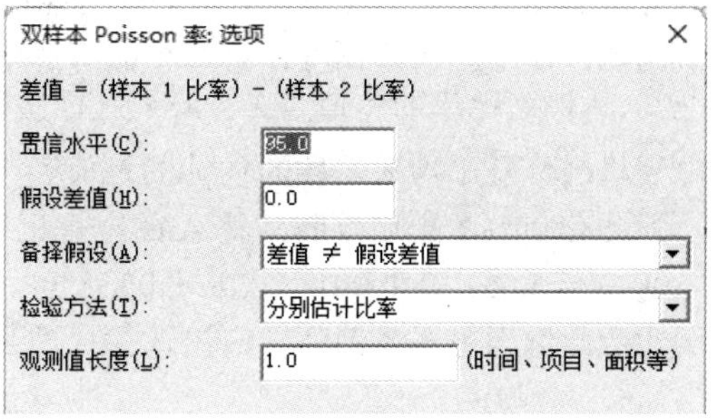

图 5-36　【双样本 Poisson 率：选项（Two-Sample Poisson Rate:Options）】对话框

（4）主要结果及分析。

① 邮局 A 和邮局 B 的平均到访顾客数分别为 249.575 人次/天和 257.275 人次/天，见结果 5-18。

结果 5-18

方法

λ_1: 分组 = 邮局A 时 顾客数 的 Poisson 率
λ_2: 分组 = 邮局B 时 顾客数 的 Poisson 率
差值: $\lambda_1 - \lambda_2$

描述性统计量: 顾客数

分组	N	合计出现次数	样本 Poisson 比率
邮局A	40	9983	249.575
邮局B	40	10291	257.275

差值的估计值

估计的差值	差值的 95% 置信区间
-7.7	(-14.6768, -0.723175)

检验

原假设 $H_0: \lambda_1 - \lambda_2 = 0$
备择假设 $H_1: \lambda_1 - \lambda_2 \neq 0$

方法	Z 值	P 值
精确		0.031
正态近似	-2.16	0.031

② 本例中 H_0：$\lambda_1-\lambda_2=0$；H_1：$\lambda_1-\lambda_2\neq0$，邮局 A 与邮局 B 的平均到访顾客数估计的差值为−7.7 人次/天，其 95%置信区间(−14.68, −0.72)人次/天均为负值，因此有 95%的把握推断邮局 B 的平均到访顾客数更大。$Z=-2.16$，$P=0.031<0.05$，按 $\alpha=0.05$ 水准，拒绝 H_0，接受 H_1，差异有统计学意义，可认为邮局 B 的平均到访顾客数大于邮局 A，如结果 5-18 所示。

【例 5-19】某电器经销商为了确定代理哪个品牌的电视机，分析了品牌 A 和品牌 B 在过去 10 年中的电视机屏幕缺陷数，品牌 A 的缺陷数以每季度为单位，品牌 B 的缺陷数则以每半年为单位，试确定哪个品牌的电视机屏幕月缺陷数（以每月为单位）更低。工作表为“电视缺陷.mwx”，变量为“缺陷 A”和“缺陷 B”。

（1）打开工作表“电视缺陷.mwx”。

（2）【双样本 Poisson 率（Two-Sample Poisson Rate）】主对话框如图 5-37 所示。数据类型菜单选择【每个样本位于其自己的列中（Each sample is in its own column）】,【样本 1（Sample 1）】选择“缺陷 A”,【样本 2（Sample 2）】选择“缺陷 B”。

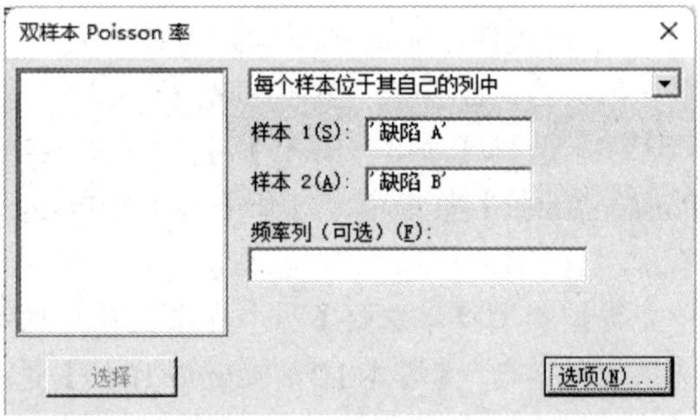

图 5-37 【双样本 Poisson 率（Two-Sample Poisson Rate）】主对话框（2）

（3）在【双样本 Poisson 率：选项（Two-Sample Poisson Rate: Options）】对话框（见图 5-36）中，【观测值长度（Lengths of observation）】输入对应于品牌 A 和品牌 B 统计时长的月数“3”和“6”，两个数值用空格隔开。

（4）主要结果及分析。

① 品牌 A 和品牌 B 的电视机屏幕缺陷数的均值分别为 17.83 和 25.75，似乎得出品牌 B 的电视机屏幕缺陷数更大的错觉，但由于观测周期不同，直接比较缺陷数的均值并不能回答所研究的问题。因此，使用观测值长度计算每个品牌的电视机屏幕月平均缺陷数，如结果 5-19 所示。

② 本例对比率的差值（$\lambda_1-\lambda_2$）进行假设检验，H_0：差值=0；H_1：差值≠0，品牌 A 与品牌 B 的电视机屏幕月平均缺陷数的估计的差值为 1.65 次/月，其 95%置信区间(1.08, 2.22)次/月均为正值，因此有 95%的把握推断品牌 A 的电视机屏幕月缺陷数更高，如结果 5-19 所示。

③ $Z=5.65$，$P<0.001$，按 $\alpha=0.05$ 水准，拒绝 H_0，接受 H_1，差异有统计学意义，如结果 5-19 所示。因此作为电器经销商，应该选择代理品牌 B 的电视机。

结果 5-19

方法

λ_1、μ_1: 缺陷 A 的 Poisson 率、均值
λ_2、μ_2: 缺陷 B 的 Poisson 率、均值
差值: $\lambda_1 - \lambda_2$、$\mu_1 - \mu_2$

描述性统计量

样本	N	合计出现次数	观测值长度	样本 Poisson 比率	样本均值
缺陷 A	40	713	3	5.94167	17.825
缺陷 B	20	515	6	4.29167	25.750

结果 5-19（续）

差值的估计值

差值	估计的差值	差值的 95% 置信区间
比率	1.650	(1.0776, 2.22236)
均值	-7.925	(-10.5053, -5.34474)

检验

原假设　H_0: 差值 = 0

备择假设 H_1: 差值 ≠ 0

差值	方法	Z 值	P 值
比率	精确		0.000
	正态近似	5.65	0.000
均值	精确		0.000
	正态近似	-6.02	0.000

5.4　方差的假设检验与置信区间估计

方差的假设检验与置信区间估计包括单样本方差检验（One-sample variance test）和双样本方差检验（Two-sample variances test）。

5.4.1　单样本方差检验

单样本方差检验可计算标准差的置信区间和总体方差σ^2，并进行假设检验确定总体方差是否等于指定值（目标值）。对于汇总数据，每次只能分析一个样本，并且不能使用针对非正态资料的 Bonett 法（Bonett's method）。该检验的原假设为总体方差σ^2等于假设值，即 H_0：$\sigma^2 = \sigma_0^2$；备择假设 H_1：左侧（$\sigma^2 < \sigma_0^2$）、右侧（$\sigma^2 > \sigma_0^2$）或双侧（$\sigma^2 \neq \sigma_0^2$）。

单样本方差检验常用于产品的质量控制，如制药厂片重差异、木材厂切割木材的长度和厚度、零件的加工等变异是否控制在指定的标准差（方差）范围内。产品经过各种破坏性试验（如抗压、拉伸试验）后的总体标准差是否与原有的总体标准差（方差）相等是衡量产品的质量的标准。

【例 5-20】一家木材厂为了控制 100cm 长的梁的切割后的质量，要求切割后梁长度的标准差不超过 1cm，该木材厂的质管人员从锯木车间选取了 50 根梁作为样本，并测量了它们的长度。试检验该批梁长度的总体标准差是否超过 1.5cm。

（1）打开工作表“梁长度.mwx”。

（2）选择【统计（Stat）】→【基本统计量（Basic Statistics）】→【单方差（1 Variance）】菜单项，打开【单样本方差（One-Sample Variance）】主对话框，如图 5-38 所示。

数据类型菜单可选择【一个或多个样本，每列一个（One or more samples, each in a column）】、【样本标准差（Sample standard deviation）】/【样本方差（Sample variance）】，本例选择前者。

注：如果选择【样本标准差（Sample standard deviation）】/【样本方差（Sample variance）】，则应直接输入检验资料的汇总数据：【样本数量（Sample size）】和【样本标准差（Sample standard deviation）】/【样本方差（Sample variance）】。

- 分析变量：选择“长度”。
- 【进行假设检验（Perform hypothesis test）】：可选择【假设标准差（Hypothesized standard deviation）】或【假设方差（Hypothesized variance）】，并设定标准差或方差的假设【值（Value）】，本例为“1.5”。

（3）【单样本方差：选项（One-Sample Variance:Options）】对话框如图 5-39 所示。【置信水平（Confidence level）】为“95.0”，【备择假设（Alternative hypothesis）】可选择【标准差 < 假设标准

差（Standard deviation < hypothesized standard deviation）】、【标准差≠假设标准差（Standard deviation≠ hypothesized standard deviation）】或【标准差>假设标准差（Standard deviation> hypothesized standard deviation）】。

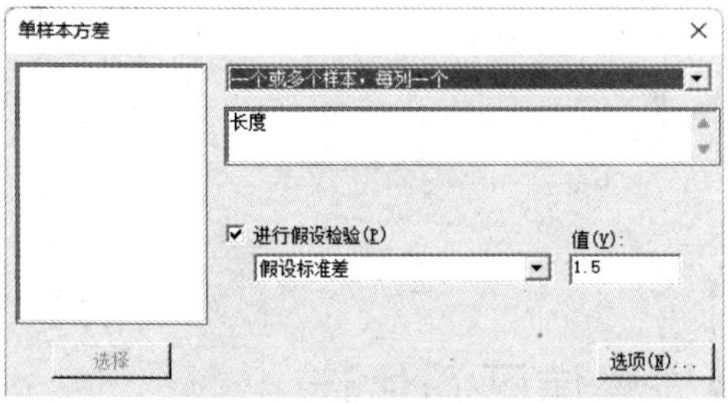

图 5-38　【单样本方差（One-Sample Variance）】主对话框（1）

图 5-39　【单样本方差：选项（One-Sample Variance:Options）】对话框

（4）主要结果及分析。

① 卡方方法仅适用于正态分布的资料，Bonett 方法则适用于任何连续分布的资料，根据 Anderson-Darling 正态性检验，梁长度不服从正态分布（AD=0.74，P=0.05），因此应参考 Bonett 方法的结果。P<0.001，按 α=0.05 水准，拒绝 H_0，接受 H_1，差异有统计学意义，可认为梁长度的总体标准差小于 1.5cm，因此该锯木车间生产的梁是符合质量要求的，如结果 5-20 所示。

② 根据 Bonett 方法计算的梁长度的 95%置信区间表明其总体标准差有 95%的把握小于 1.075cm，因此可认为梁长度的总体标准差是足够小的，如结果 5-20 所示。

结果 5-20

方法

σ: 长度 的标准差
Bonett 方法对任何连续分布有效。
卡方方法仅对正态分布有效。

描述性统计量

N	标准差	方差	使用 Bonett 的 σ 的 95% 上限	使用卡方的 σ 的 95% 上限
50	0.871	0.759	1.075	1.047

检验

原假设　H_0: σ = 1.5
备择假设 H_1: σ < 1.5

方法	检验统计量	自由度	P 值
Bonett	—	—	0.000
卡方	16.52	49	0.000

【例 5-21】 某工厂生产的铜丝折断力 X 服从正态分布 $N(576,8^2)$，现抽取 10 根铜丝进行测试，其折断力的均值和标准差为(575.2±8.71)N，问：该批铜丝折断力的标准差是否仍为 8N？

（1）【单样本方差（One-Sample Variance）】主对话框如图 5-40 所示。数据类型菜单选择【样本标准差（Sample standard deviation）】，【样本数量（Sample size）】为“10”，【样本标准差（Sample standard deviation）】为“8.71”，选择【进行假设检验（Perform hypothesis test）】，设定【假设标准差（Hypothesized standard deviation）】的【值（Value）】为“8”。

（2）在【单样本方差：选项（One-Sample Variance: Options）】对话框（见图 5-39）中，【备择假设（Alternative hypothesis）】选择【标准差≠假设标准差（Standard deviation≠hypothesized standard deviation）】，其他选项均为默认值。

（3）主要结果及分析。

① Bonett 方法不能用于计算汇总数据，由于铜丝折断力 X 服从正态分布，χ^2=10.67（卡方的检验统计量），P=0.598>0.05，按 α=0.05 水准，不拒绝 H_0，差异无统计学意义，因此可认为该批铜丝折断力的标准差仍为 8N，如结果 5-21 所示。

② 卡方方法的结果显示，σ=8 在该批铜丝折断力总体标准差的 95%置信区间(5.99,15.90)内，同样可认为该批铜丝折断力的标准差是符合要求的，如结果 5-21 所示。

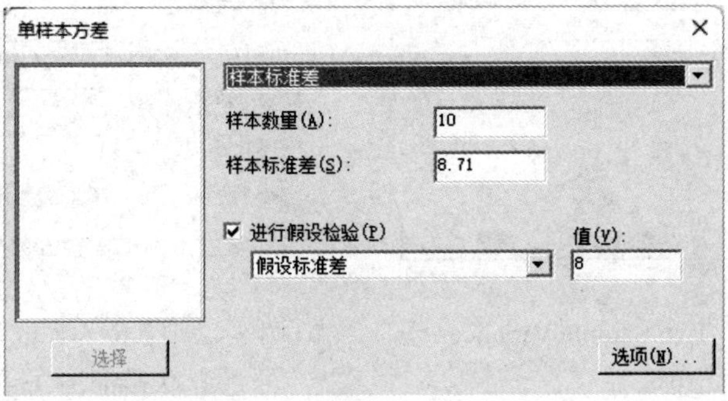

图 5-40　【单样本方差（One-Sample Variance)】主对话框（2）

结果 5-21

方法

σ: 样本 的标准差
Bonett 方法不能用于计算汇总数据。
卡方方法仅对正态分布有效。

描述性统计量

N	标准差	方差	使用卡方的 σ 的 95% 置信区间
10	8.71	75.9	(5.99, 15.90)

检验

原假设　H₀: σ = 8
备择假设 H₁: σ ≠ 8

方法	检验统计量	自由度	P 值
卡方	10.67	9	0.598

5.4.2　独立样本方差检验

独立样本方差检验包括 *F* 检验（*F*-test）、Levene 检验（Levene's test）和 Bonett 检验（Bonett's test）3 种检验方法，是确定两个总体方差之比是否等于指定值的假设检验，当指定值为 1 时，即方差齐性检验。方差齐性检验的原假设为两个总体方差相等，即 H_0：$\sigma_1^2=\sigma_2^2$；备择假设 H_1：左侧（$\sigma_1^2<\sigma_2^2$）、右侧（$\sigma_1^2>\sigma_2^2$）或双侧（$\sigma_1^2\neq\sigma_2^2$）。用户也可以根据需要指定其他检验比值。

独立样本方差检验常用于产品质量考察和评价质量的改进情况，如在考察不同汽车供应商经销的凸轮轴时应选择直径方差较小的产品；药厂在改变生产工艺后，口服液的装量差异是否变得更小等。很多假设检验（如独立样本 *t* 检验）要求两样本方差齐性，这时我们可以使用独立样本方差检验进行方差齐性检验。

【例 5-22】现有 16 名儿童身高（单位：cm）的数据，试对不同性别（sex；1—男性；2—女性）的儿童身高（height）进行方差齐性检验。

（1）打开工作表“身高.mwx”。

（2）选择【统计（Stat)】→【基本统计量（Basic Statistics)】→【双方差（2 variances)】菜单项，打开【双样本方差（Two-Sample Variances)】主对话框，如图 5-41 所示。

数据类型菜单可选择【两个样本在同一列中（Both samples are in one column)】【每个样本位于其自己的列中（Each sample is in its own column)】【样本标准差（Sample standard deviations)】【样本方差（Sample variances)】，本例选择第一个选项。【样本（Samples)】变量选择“height”，【样本 ID（Sample IDs)】选择“sex”。

（3）【双样本方差：选项（Two-Sample Variances:Options)】对话框如图 5-42 所示。

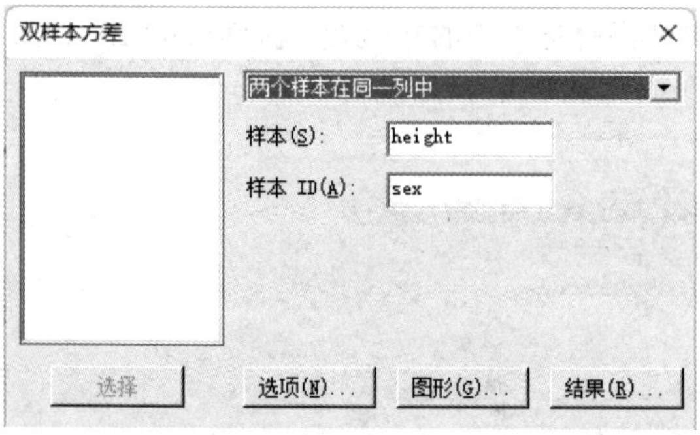

图 5-41 【双样本方差（Two-Sample Variances）】主对话框

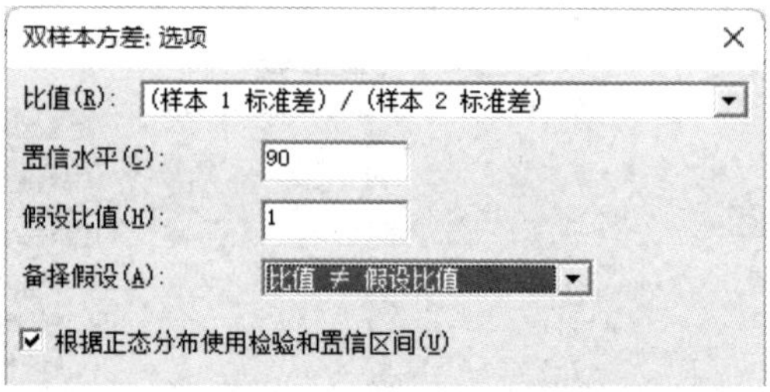

图 5-42 【双样本方差：选项（Two-Sample Variances:Options）】对话框

- 【比值（Ratio）】菜单可选择以下选项。
  - 【(样本 1 标准差）/（样本 2 标准差）((Sample 1 standard deviation)/(sample 2 standard deviation))】：检验标准差的比值。
  - 【(样本 1 方差）/（样本 2 方差）((Sample 1 variance)/(sample 2 variance))】：检验方差的比值。
- 【置信水平（Confidence level）】：默认值为“95”，对于方差齐性检验，常选用“90”（按 α=0.1 水准）。
- 【假设比值（Hypothesized ratio）】：设定比值的假设值。默认值为“1”，此时将检验两个总体方差或标准差是否相等，即方差齐性检验。
- 【备择假设（Alternative hypothesis）】：可选择【比值<假设比值（Ratio < hypothesized ratio）】、【比值≠假设比值（Ratio ≠ hypothesized ratio）】或【比值 > 假设比值（Ratio > hypothesized ratio）】。
- 【根据正态分布使用检验和置信区间（Use test and confidence intervals based on normal distribution）】：默认使用 Levene 检验和 Bonett 检验进行两样本方差检验，如果选择此选项，则使用 F 检验。

注：F 检验仅能用于服从正态分布的资料，对于服从正态分布的资料，F 检验通常要比 Bonett 检验和 Levene 检验的功效更大。对于不服从正态分布的资料，其结果将不准确。Minitab 默认显示 Bonett 检验和 Levene 检验的结果。对于绝大多数连续分布，这两种检验的第一类错误率（Type 1 error rate）接近指定的显著性水平（Significance leve）α。在一般情况下，Bonett 检验的功效更大，因此应以 Bonett 检验的置信区间（CI）和检验结果为依据。但是，当资料样本含量较小（n<20）并存在非常偏斜或重尾分布时，Bonett 检验的第一类错误率可能高于 α，此时，如果 Levene 检验的置信区间较 Bonett 检验小，则应以 Levene 检验的结果为依据，反之仍应以 Bonett 检验的结果为依据（但第一类错误率可能高于 α）。

由于本例中儿童的身高均服从正态分布（Ryan-Joiner 正态性检验，男性：RJ=0.975，P>0.05；女性：RJ=0.971，P>0.05），因此选择此选项。

（4）【双样本方差：图形（Two-Sample Variances:Graphs）】对话框如图 5-43 所示。

- 【摘要图（Summary plot）】：显示汇总结果，包括两个样本标准差或方差比值的置信区间、检验的 P 值、每个样本标准差或方差的置信区间和箱线图。

■【直方图（Histogram）】：绘制每个样本的直方图。

■【单值图（Individual value plot）】：绘制每个样本的单值图。

（5）【双样本方差：结果（Two-Sample Variances:Results）】对话框如图 5-44 所示。

■【方法（Method）】：显示方法信息，即原假设、备择假设和显著性水平 α。

■【统计量（Statistics）】：显示描述性统计量，即每个样本的标准差、方差和置信区间、标准差比与方差比。

■【置信区间（Confidence intervals）】：标准差比和方差比的置信区间。

■【检验（Test）】：显示检验结果，即自由度、检验统计量（Test statistics）和 P 值（P-value）。当样本含量不相等时，将不计算 Bonett 检验的检验统计量，但可通过逆置信区间过程计算 P 值。

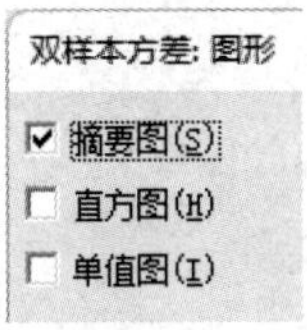

图 5-43　【双样本方差：图形（Two-Sample Variances:Graphs）】对话框

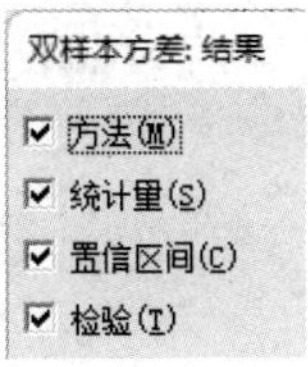

图 5-44　【双样本方差：结果（Two-Sample Variances:Results）】对话框

（6）主要结果及分析。

① F 检验仅适用于服从正态分布的数据，儿童身高的标准差比估计的比值及其 90%置信区间分别为 1.59 和(0.82,3.09)，均包含 1，因此无法拒绝标准差相等的原假设，如结果 5-22 所示。

② 在 F 检验中，F=2.53，P=0.244>0.1，按 α=0.1 的水准，不拒绝 H_0，差异无统计学意义，可认为儿童身高的标准差相等，即方差齐性，如结果 5-22 所示。

结果 5-22

方法

σ_1: sex = 1 时 height 的标准差
σ_2: sex = 2 时 height 的标准差
比值: σ_1/σ_2
已使用 F 方法。此方法仅适用于正态数据。

描述性统计量

sex	N	标准差	方差	σ 的 90% 置信区间
1	8	4.358	18.988	(3.074, 7.831)
2	8	2.741	7.514	(1.934, 4.926)

标准差比

估计的比值	使用 F 的比值的 90% 置信区间
1.58966	(0.817, 3.094)

检验

原假设　H_0: σ_1 / σ_2 = 1
备择假设　H_1: σ_1 / σ_2 ≠ 1
显著性水平 α = 0.1

方法	检验统计量	DF1	DF2	P 值
F	2.53	7	7	0.244

③ 独立样本方差检验图（见图 5-45）的左侧从上至下依次为两样本总体标准差比（σ_1/σ_2）的 90%置信区间图，两样本标准差（σ）的 90%置信区间图，身高与性别（height 与 sex）的箱线图，右侧显示 F 检验的 P 值。

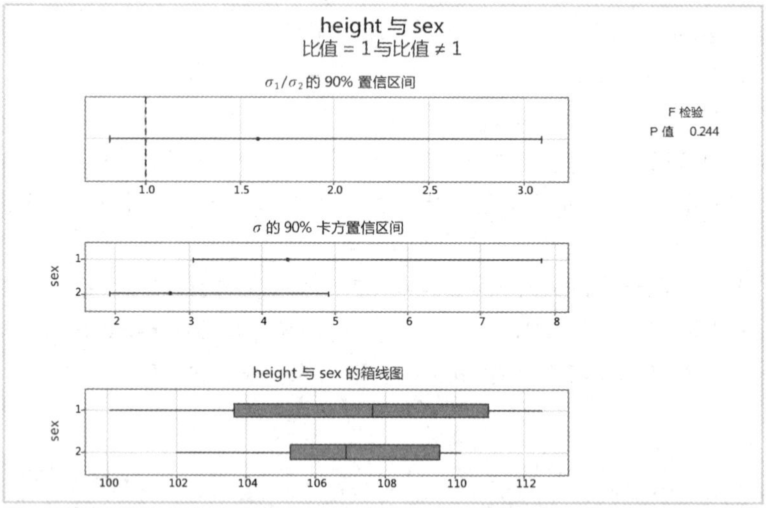

图 5-45　不同性别儿童身高的独立样本方差检验图

5.5　相 联 度 量

5.5.1　相关

相关系数（Correlation coefficient）可测量两个变量同时变化的程度。Minitab 可进行 Pearson 乘积矩相关（Pearson product moment correlation）和 Spearman 等级相关（Spearman rank-order correlation）两种相关分析。

【例 5-23】从某大学统计系的学生中随机抽取 16 个人，对数学和统计的考试成绩（分）进行调查，试分析数学成绩和统计成绩的关系。

（1）打开工作表“分数.mwx”。

（2）选择【统计（Stat）】→【基本统计量（Basic Statistics）】→【相关（Correlation）】菜单项，打开【相关（Correlation）】主对话框，如图 5-46 所示。

- 【变量（Variables）】：选择需要进行相关分析的变量。当选择两个变量时，将计算该对变量的相关系数，如果选择多个变量，则计算每对变量的相关系数，并显示相关矩阵。

（3）【相关：选项（Correlation:Options）】对话框如图 5-47 所示。

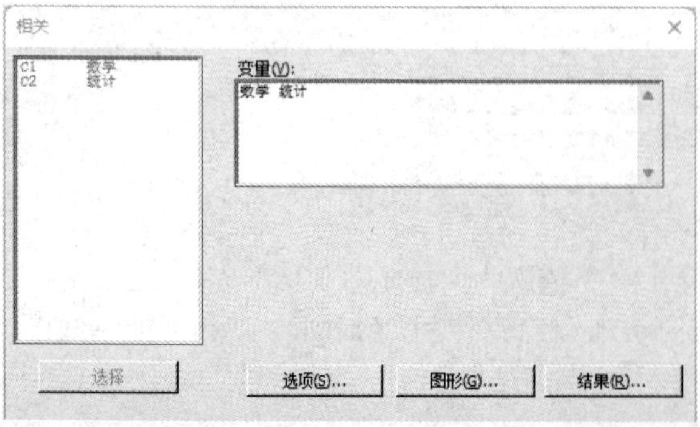

图 5-46　【相关（Correlation）】主对话框

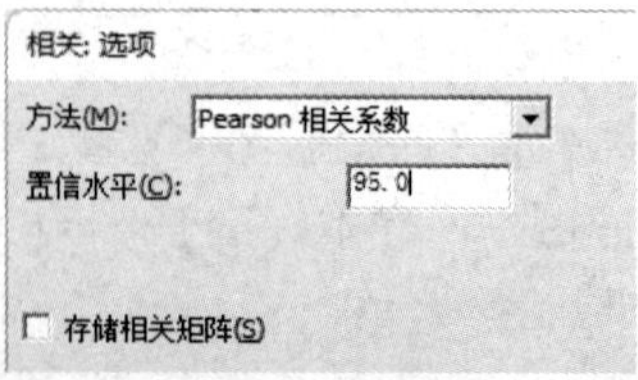

图 5-47　【相关：选项（Correlation:Options）】对话框

■【方法（Method）】。
- 【Pearson 相关系数（Pearson correlation）】：可评价两个连续变量（Continuous variable）之间的线性关系（Linear relationship）。Pearson 相关系数（Pearson correlation coefficient）r 为−1～1，r 的正、负值表示两个变量之间线性关系的方向，即 r>0 为正相关，r<0 为负相关，r=0 为零相关。r 的绝对值大小则表示两个变量之间线性关系的密切程度，$|r|$ 越接近 0，说明密切程度越低。当 r=0 时，也可能会存在非线性关系，可通过散点图来确定。Pearson 相关系数不适合描述两个变量的非线性关系，当数据中出现极值时，对 Pearson 相关系数产生较大的影响。
- 【Spearman 相关（Spearman correlation）】：常用于评价两个连续变量或有序变量（Ordinal variable）之间的单调关系（Monotonic relationship）。在单调关系中，这些变量趋于一起变化，但不一定按恒定速率变化。Spearman 相关系数（Spearman correlation coefficient）是根据每个变量的排序值计算的，而不是原始数据。Spearman 相关系数 r_s 为−1～1，即 r_s>0 为正相关，r_s<0 为负相关，r_s=0 为零相关。

■【置信水平（Confidence level）】：默认值为“95.0”。
■【存储相关矩阵（Store correlation matrix）】：保存相关矩阵。

（4）【相关：图（Correlation:Graphs）】对话框如图 5-48 所示。

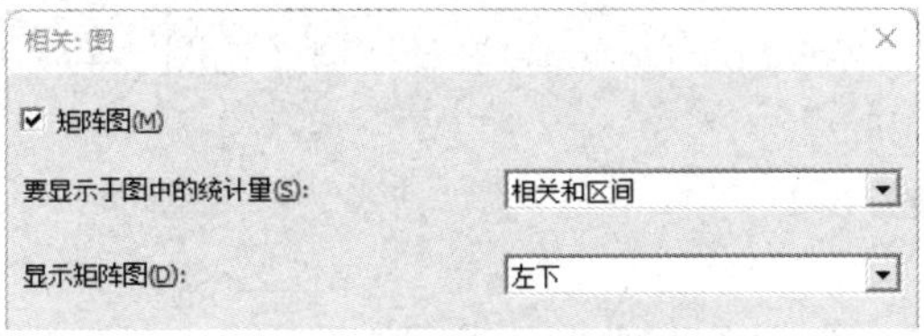

图 5-48　【相关：图（Correlation:Graphs）】对话框

■【矩阵图（Matrix plot）】：绘制散点图矩阵，可用于直观观察各对变量之间的关系，当分析的变量超过 20 个时，将不绘制散点图矩阵。
■【要显示于图中的统计量（Statistics to display on plot）】：设定在矩阵图中显示的统计量，可以选择以下几项。
- 【相关（Correlations）】：显示相关系数。
- 【相关和 p 值（Correlations and p-values）】：显示相关系数和 P 值。
- 【相关和区间（Correlations and intervals）】：显示相关系数及其置信区间。
- 【无统计量（No statistics）】：不显示任何统计量。

■【显示矩阵图（Matrix plot display）】：设定散点图矩阵的显示方式。
- 【左下（Lower left）】：仅显示左下角的三角形矩阵图。
- 【右上（Upper right）】：仅显示右上角的三角形矩阵图。
- 【全因子（Full）】：显示完整矩阵图。

（5）【相关：结果（Correlation:Results）】对话框如图 5-49 所示。

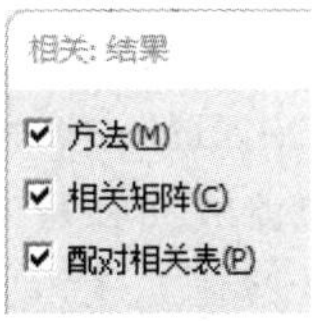

图 5-49　【相关：结果（Correlation:Results）】对话框

■【方法（Method）】：显示相关分析方法和行数表。
■【相关矩阵（Correlation matrix）】：显示相关系数矩阵。
■【配对相关表（Pairwise correlation table）】：显示每对变量的相关统计量表。每一行都包含每对变量的变量名、相关系数、置信区间和 P 值。

（6）主要结果及分析。

① 数学成绩与统计成绩的 Pearson 相关系数 r=0.79，P<0.001，按 α=0.05 水准，拒绝 H_0，接受 H_1，表明数学成绩和统计成绩呈正相关，如结果 5-23 所示。

② 当两个变量有相关关系时，可根据 r 判断两个变量相关关系的密切程度，当 $|r| \geqslant 0.7$ 时，两个变量有高度相关关系；当 $0.7 > |r| \geqslant 0.4$ 时，两个变量有中度相关关系；当 $r < 0.4$ 时，两个变量有低度相关关系。在本例中，r=0.79，表明数学成绩和统计成绩有高度相关关系。

结果 5-23

方法

相关类型	Pearson
已使用的行数	16
ρ: 配对 Pearson 相关	

相关

	数学
统计	0.785

配对 Pearson 相关

样本 1	样本 2	N	相关	ρ 的 95% 置信区间	P 值
统计	数学	16	0.785	(0.473, 0.922)	0.000

【例 5-24】 现有 12 名病人的血小板数和出血症状程度的资料，试分析血小板数和出血症状程度的相关关系。

（1）打开工作表“出血症状.mwx”。

（2）在【相关（Correlation）】主对话框（见图 5-46）中，【变量（Variables）】为“血小板数”“出血症状赋值”。

（3）在【相关：选项（Correlation: Options）】对话框（见图 5-47）中，【方法（Method）】选择【Spearman 相关（Spearman rho）】。

（4）其他对话框选项同例 5-23。

（5）主要结果及分析。

r_s=−0.51，P=0.093>0.05，按 α=0.05 水准，尚不能认为血小板和出血症状程度有相关关系，如结果 5-24 所示。

结果 5-24

方法

相关类型	Spearman
已使用的行数	12
ρ: 配对 Spearman 相关	

相关

	血小板数
出血症状赋值	-0.506

配对 Spearman 相关

样本 1	样本 2	N	相关	ρ 的 95% 置信区间	P 值
出血症状赋值	血小板数	12	-0.506	(-0.849, 0.136)	0.093

5.5.2 协方差

与 Pearson 相关系数类似，协方差（Covariance）也是两个变量之间线性关系的度量。与相关系数不同的是，协方差未标准化，其范围可以是$(-\infty,+\infty)$，如果两个变量的变化趋势一致，则两个变量之间的协方差为正值；如果两个变量的变化趋势相反，则两个变量之间的协方差为负值。协方差对描述相同量纲的两个变量之间的相关程度有一定的作用，但当两个变量采用不同的量纲时，协方差将会有很大差异，因此需要将协方差标准化为相关系数。

【例 5-25】 从某大学统计系的学生中随机抽取 16 个人，对数学和统计的考试成绩进行调查，试分析统计成绩和数学成绩的协方差。

（1）打开工作表“分数. MTW”。

（2）选择【统计（Stat）】→【基本统计量（Basic Statistics）】→【协方差（Covariance）】菜单项，打开【协方差（Covariance）】主对话框，如图 5-50 所示。

■ 【变量（Variables）】：选择需要计算协方差的变量。当选择两个变量时，将计算该对变量的协方差，如果选择多个变量，则计算每对变量的协方差，并显示下三角协方差矩阵。

■ 【存储矩阵（无显示）（Store matrix(Display nothing)）】：保存协方差矩阵。

（3）主要结果及分析。

数学成绩和统计成绩之间的协方差为 114.94，说明两者的变化趋势是一致的，如结果 5-25 所示。

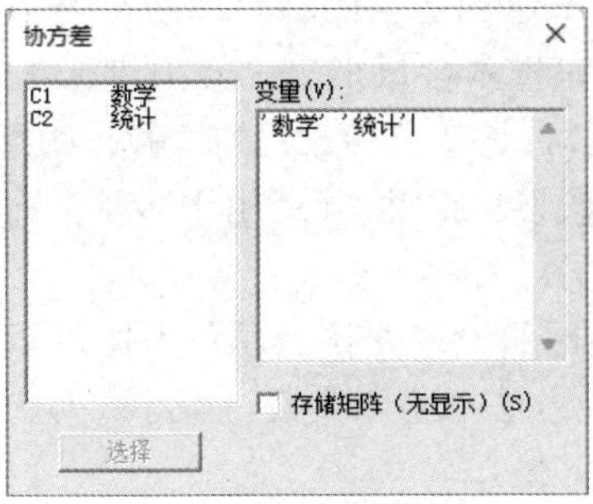

图 5-50　【协方差（Covariance）】主对话框

结果 5-25

协方差

	数学	统计
数学	121.929	
统计	114.938	175.929

5.6　分 布 检 验

5.6.1　正态性检验

正态性检验（Normality Test）可绘制正态概率图（Normal probability plot）并检验观测数据是否服从正态分布。正态性检验的假设为 H_0：数据服从正态分布；H_1：数据不服从正态分布。它共有 3 种检验方法：Anderson-Darling 检验（Anderson-Darling test，AD 检验）、Ryan-Joiner 检验（Ryan-Joiner test，RJ 检验）和 Kolmogorov-Smirnov 检验（Kolmogorov-Smirnov test，KS 检验）。

【例 5-26】现有某中学 80 名学生的数学成绩，试进行正态性检验。

（1）打开工作表“数学. mwx”。

（2）选择【统计（Stat）】→【基本统计量（Basic Statistics）】→【正态性检验（Normality Test）】菜单项，打开【正态性检验（Normality Test）】主对话框，如图 5-51 所示。

■ 【变量（Variables）】：选择作为 *X* 轴的变量，Minitab 将计算该变量的每个观测值出现的概率（假定服从正态分布），并以概率的对数作为 *Y* 值。本例选择“成绩”。

■ 【百分位数线（Percentile Lines）】：在正态概率图中用水平参考线标记每个百分比，并用百分比值标记每条水平参考线。在水平参考线与数据拟合线相交的位置绘制垂直参考线，并用估计数据值标记每条垂直参考线。

- 【无（None）】：不显示百分位数线。
- 【在 Y 值（At Y values）】：输入一个或以上放置百分位数线的 *Y* 轴刻度值（*Y*-scale value），可输入 0～100 之间的值（当 *Y* 轴刻度为百分比时）或 0～1 之间的值（当 *Y* 轴刻度为概率时），本例选择此选项，并设定其为“25 50 75”。
- 【在数据值（At data values）】：输入一个或多个放置百分位数线的数据值。

■ 【正态性检验（Tests for Normality）】：共有如下 3 种检验方法。

- 【Anderson-Darling】：也称为正态性 AD 检验，将样本数据的经验累积分布函数（Empirical Cumulative Distribution Function，ECDF）与假设数据呈正态分布时的期望分布进行比较。如果观测差（Observed difference）足够大，则拒绝总体呈正态分布的原假设。一般统计学者都认为此检验方法是目前所有正态性检验功效最大的检验方法。
- 【Ryan-Joiner】：与 Shapiro-Wilk 检验（W 检验）类似，通过计算数据与数据正态得分的相关关系来评估正态性，如果相关系数接近 1，则总体就很有可能呈正态分布。RJ 检验的统计量可以评估这种相关性的强度，当未达到适当的临界值时，可拒绝总体呈正态分布的原假设。此检验方法的优点是可以对样本含量很小的数据进行正态性检验。
- 【Kolmogorov-Smirnov】：也称为正态性 KS 检验，是基于 ECDF 的检验。如果 KS 检验的观测差足够大，则拒绝总体呈正态分布的原假设。KS 检验适用于多种分布，在单独进行正态性检验时，其检验功效比前两种检验方法要小一些。

上述检验的 P 值如果低于设定的 α 水平，则可拒绝原假设，并认为总体不服从正态分布。如果对相同的数据同时进行 3 种正态性检验，任何一种检验方法拒绝原假设，则可认为该数据不服从正态分布。

（3）主要结果及分析。

① AD 检验的结果：由数学成绩的正态概率图（见图 5-52）可知，图中的点基本分布在拟合线（红色斜线）两侧，并近似呈一条直线，因此可认为数学成绩服从正态分布。3 条百分位数的垂直参考线对应的数学成绩分别为 P_{25}：68.26 分；P_{50}：75.21 分；P_{75}：82.16 分。

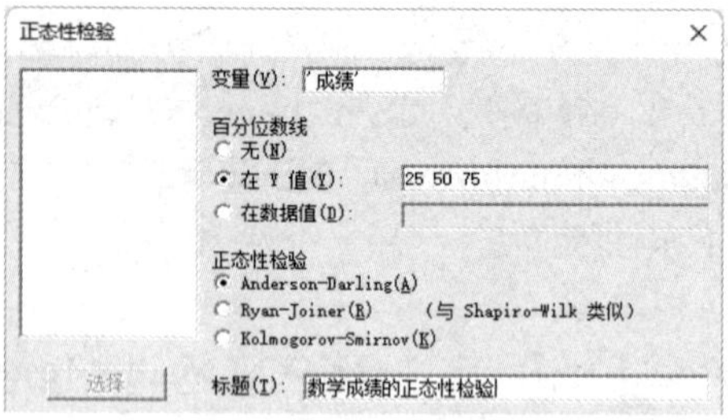

图 5-51 【正态性检验（Normality Test）】主对话框

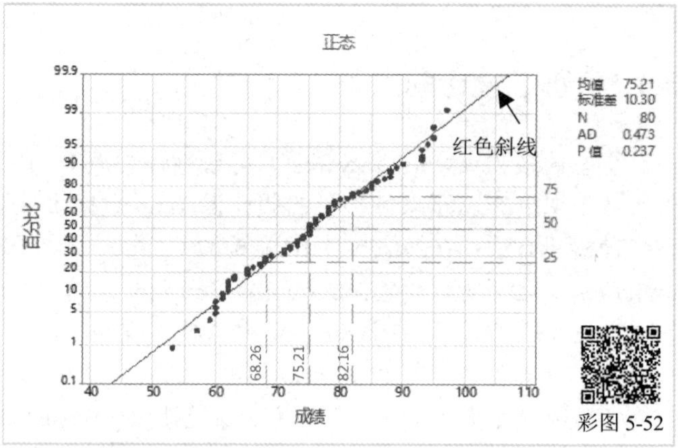

图 5-52 数学成绩的正态概率图

② 3 种检验方法的结果：用 3 种检验方法分别对数学成绩进行正态性检验，其结果如表 5-2 所示。3 种检验方法的结果均为 P>0.1，按 α=0.05 水准，不拒绝 H_0，可认为数学成绩服从正态分布。

【例 5-27】现有某银行 850 位过去和潜在客户的财务和人口统计信息，试对家庭收入（单位：千元）进行正态性检验。

表 5-2 3 种正态性检验的结果

检验方法	统计量	P 值
AD 检验	0.473	P=0.237
RJ 检验	0.993	P>0.100
KS 检验	0.069	P>0.150

（1）打开工作表“收入.mwx”。

（2）在【正态性检验（Normality Test）】主对话框（见图 5-51）中，【变量（Variables）】选择“家庭收入”。【百分位数线（Percentile Lines）】选择【在数据值（At data values）】，并输入“50 100 150 200”。分别选择 3 种正态性检验的检验方法。【标题（Title）】为“家庭收入的正态性检验”。

（3）主要结果及分析。

① AD 检验的结果：由家庭收入的正态概率图（见图 5-53）可知，图中的点远远偏离拟合线（红色斜线），并不呈一条直线，因此可认为家庭收入不服从正态分布。家庭收入 50、100、150、200 千元为 $P_{53.437}$、$P_{91.657}$、$P_{99.633}$ 和 $P_{99.997}$。

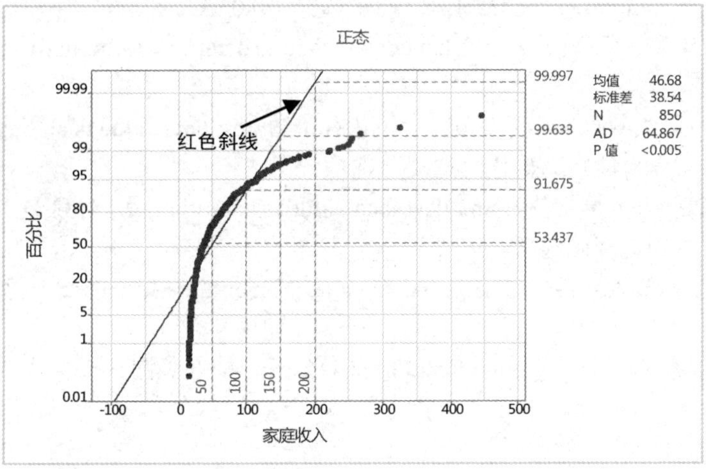

彩图 5-53

图 5-53　家庭收入的正态概率图

② 3 种检验方法的结果：用 3 种检验方法分别对家庭收入进行正态性检验，其结果如表 5-3 所示，3 种检验方法的结果均为 $P<0.01$，按 $\alpha=0.1$ 水准，拒绝 H_0，接受 H_1，可认为家庭收入不服从正态分布。

表 5-3　3 种检验方法的结果（2）

检验方法	统计量	*P* 值
AD 检验	64.867	$P<0.005$
RJ 检验	0.819	$P<0.010$
KS 检验	0.197	$P<0.010$

5.6.2　离群值检验

离群值检验（Outlier Test）又称为异常值检验，可在样本数据中检测异常的观测值（离群值）。其假设为 H_0：样本中的所有值均来自同一正态分布的总体，H_1：样本中的一个值不是来自同一正态分布的总体。对于同一样本，不要重复进行离群值检验，如果删除离群值后重复检验，可能会存在误删非离群值的风险。

【例 5-28】一家木质手柄公司的质量工程师检验了一个扫帚柄随机样本的断裂强度，测量了 14 个折断扫帚柄的力度（单位：N）。在数据的散点图中发现样本中似乎存在一个异常小的值，试进行离群值检验。

（1）打开工作表“手柄强度.mwx”。

（2）选择【统计（Stat）】→【基本统计量（Basic Statistics）】→【异常值检验（Outlier Test）】菜单项，打开【异常值检验（Outlier Test）】主对话框，如图 5-54 所示。

【变量（Variables）】选择“断裂强度”，【按变量分组（可选）（By variables(optional)）】未选择。

（3）【异常值检验：选项（Outlier Test:Options）】对话框如图 5-55 所示。

- 【异常值检验（Outlier test）】：共有 7 种检验方法，即 Grubbs 检验（Grubbs' test）、Dixon Q 比值（Dixon's Q ratio）、Dixon r11 比值、Dixon r12 比值、Dixon r20 比值、Dixon r21 比值和 Dixon r22 比值。当样本中包含多个可疑离群值时，不宜使用 Grubbs 检验和 Dixon Q 比值。而 Dixon 检验（Dixon's test）可用来克服多个潜在离群值引起的掩蔽效应（Masking effect)。Dixon 检验认为正态总体的样本含量越大，其包含极值的可能性就越大。建议根据以下原则选择比值：当 3≤n≤7 时，选择 Dixon r10 比值（Dixon Q 比值）；当 8≤n≤10 时，选择 Dixon r11 比值；当 11≤n≤13 时，选择 Dixon r21 比值；当 n ≥14 时，选择 Dixon r22 比值。

■ 【显著性水平（Significance level）】：通常选择“0.05”。

■ 【您要确定什么（备择假设）（What do you want to determine(Alternative hypothesis)）】：共有以下 3 个选项。

- 【最小或最大数据值为异常值（Smallest or largest data value is an outlier）】：不确定最小值或最大值可能是离群值时选择此选项。
- 【最小数据值为异常值（Smallest data value is an outlier）】：怀疑最小值是离群值时选择此项，本例选择此选项。
- 【最大数据值为异常值（Largest data value is an outlier）】：怀疑最大值是离群值时选择此选项。

（4）在【异常值检验：图（Outlier Test:Graphs）】对话框（见图 5-56）中，可选择【异常值图（Outlier plot）】。

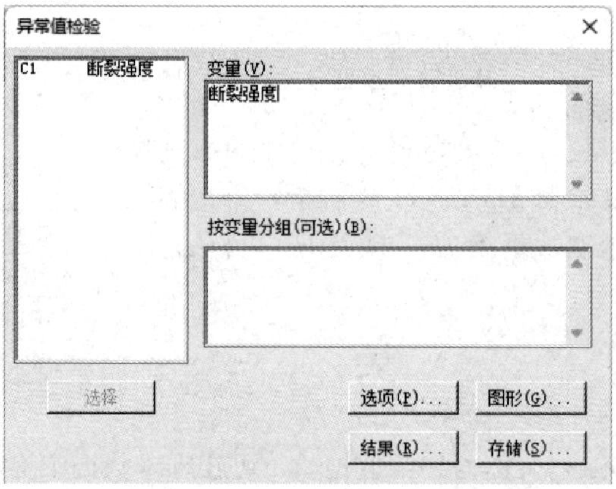

图 5-54 【异常值检验（Outlier Test）】主对话框

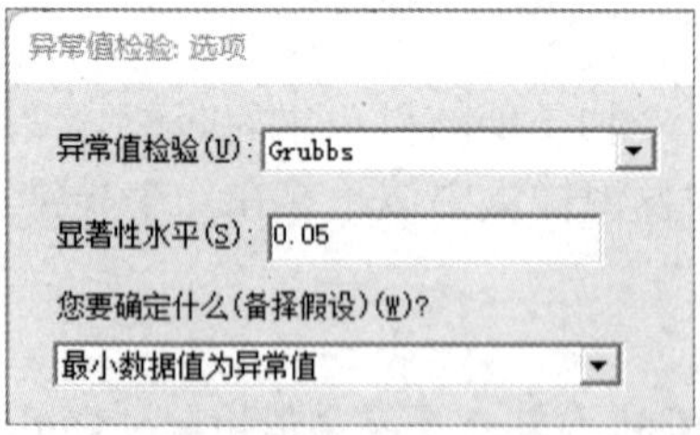

图 5-55 【异常值检验：选项（Outlier Test: Options）】对话框

图 5-56 【异常值检验：图（Outlier Test:Graphs）】对话框

（5）【异常值检验：结果（Outlier Test:Results）】对话框如图 5-57 所示。

■ 【方法（Method）】：显示检验的原假设、备择假设和显著性水平。

■ 【检验（Test）】：显示汇总统计量和检验结果。

■ 【异常值（Outlier）】：显示离群值及其所在工作表中的行。

（6）【异常值检验：存储（Outlier Test:Storage）】对话框如图 5-58 所示。

■ 【异常值指示变量（Outlier indicator variables）】：增加一个标识离群值的变量，1 表示离群值，0 表示非离群值。

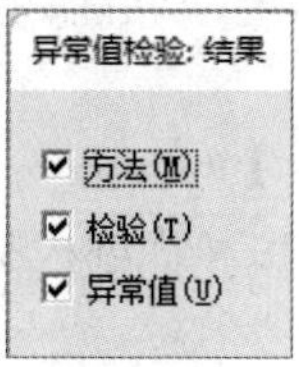

图 5-57　【异常值检验：结果（Outlier Test: Results）】对话框

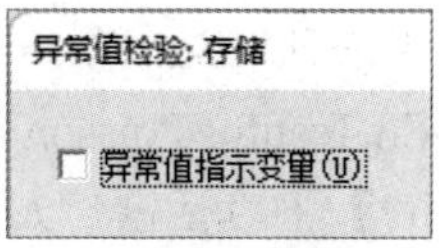

图 5-58　【异常值检验：存储（Outlier Test:Storage）】对话框

（7）主要结果及分析。

① 对扫帚柄断裂强度数据进行 Grubbs 检验，均值为 123.40N，G=2.40，即最小值 12.38N 比均值小 2.4 个标准差，P=0.044<0.05，按 α=0.05 水准，拒绝 H_0，接受 H_1，该数据的最小值为离群值，该值位于工作表的第 10 行，如结果 5-26 所示。

结果 5-26

方法

原假设　所有数据值均来自相同的正态总体
备择假设　最小数据值为异常值
显著性水平 α = 0.05

Grubbs 检验

变量	N	均值	标准差	最小	最大	G	P
断裂强度	14	123.4	46.3	12.38	193.09	2.40	0.044

异常值

变量	行	异常值
断裂强度	10	12.38

② 由扫帚柄断裂强度的异常值图（见图 5-59）可见，该图为扫帚柄断裂强度的点图，方点为离群值，距离圆点有相当一段距离，因此用户应核查原始数据，检查该值是否录入错误。

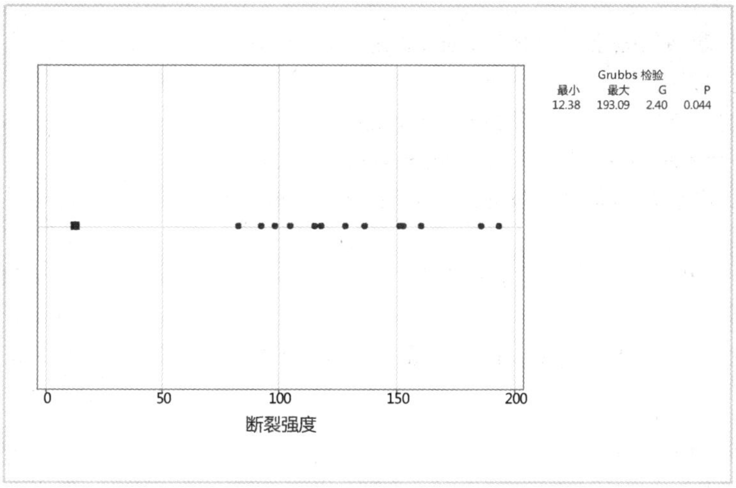

彩图 5-59

图 5-59　扫帚柄断裂强度的异常值图

5.6.3　Poisson 分布的拟合优度检验

拟合优度检验（Goodness-of-fit test）可通过分析观测值和模型期望值（Expected value）之间的差异来确定统计模型是否与数据拟合。Poisson 分布的拟合优度检验（Goodness-of-fit test for Poisson）

的假设为 H_0：数据服从 Poisson 分布；H_1：数据不服从 Poisson 分布。

【例 5-29】腐败现象作为当今社会的一种非常态，它的发生、出现引起了广大群众的关注。某检察院工作人员对某经济落后省的 320 名底层官员在 1 年内的受贿金额进行调查（0 表示未受贿，1 表示受贿金额大于 0 且小于或等于 1 万元），试检验受贿金额是否服从 Poisson 分布。

（1）打开工作表“受贿.mwx”。

（2）选择【统计（Stat）】→【基本统计量（Basic Statistics）】→【Poisson 分布的拟合优度检验（Goodness-of-Fit Test for Poisson）】菜单项，打开【Poisson 分布的拟和优度检验（Goodness-of-Fit Test for Poisson）】主对话框，如图 5-60 所示。

【变量（Variables）】选择“受贿金额”，【频率变量（可选）（Frequency variable(optional)）】选择“人数”。

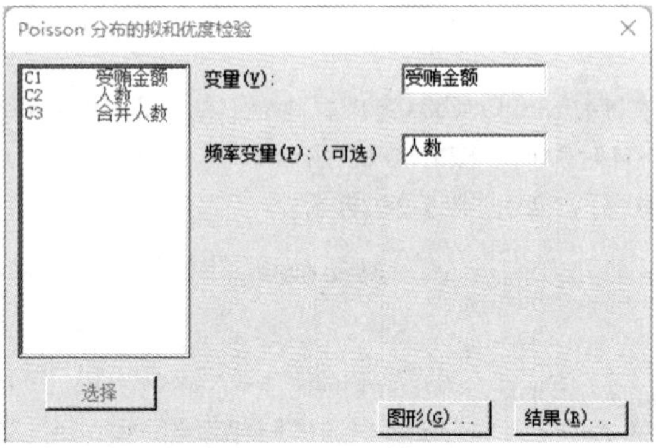

图 5-60　【Poisson 分布的拟和优度检验（Goodness-of-Fit Test for Poisson）】主对话框[①]

（3）【Poisson 分布的拟和优度检验：图形（Goodness-of-Fit Test for Poisson:Graphs）】对话框如图 5-61 所示。

- 【观测值和期望值条形图（Bar chart of the observed and the expected values）】：绘制观测值和期望值的条形图。
- 【每个类别对卡方值贡献的条形图（Bar chart of each category's contribution to the chi-square value）】：绘制每类对χ^2的（Chi-square value）贡献的条形图。
- 【从最大到最小显示条形（Display bars from the largest to the smallest）】：按每类对χ^2的贡献大小降序排列。

（4）【Poisson 分布的拟和优度检验：结果（Goodness-of-Fit Test for Poisson:Results）】对话框如图 5-62 所示。

- 【显示检验结果（Display test results）】：显示观测值、期望值和检验结果。

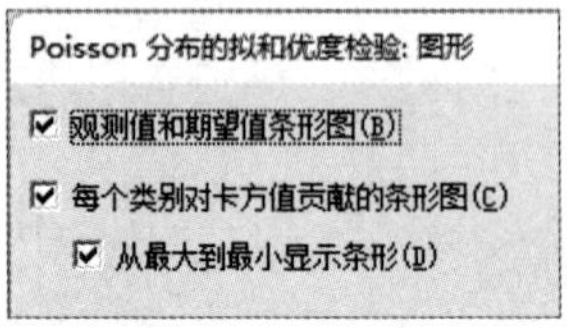

图 5-61　【Poisson 分布的拟和优度检验：图形（Goodness-of-Fit Test for Poisson:Graphs）】对话框

图 5-62　【Poisson 分布的拟和优度检验：结果（Goodness-of-Fit Test for Poisson:Results）】对话框

① 因软件原因，会出现“拟合”和“拟和”两种表达。

（5）主要结果及分析。

由于χ^2检验属于近似检验（Approximate test），所以当某类的期望值小于 5 时，检验结果可能无效，如果一个或以上分类的期望值均小于 5，则应将相邻的分类合并，以使期望值大于 5。本例中“>=8”类的期望值为 3.87<5，因此需将“7”类和“>=8”类合并，生成一个新的变量“合并人数”，如结果 5-27 所示（绘制的图形略）。

结果 5-27

方法

描述性统计量

	N	均值
人数 中的频率	320	3.00937

受贿金额 的观测和期望计数

受贿金额	Poisson 概率	观测计数	期望计数	对卡方的贡献
0	0.049322	15	15.7832	0.03886
1	0.148430	47	47.4976	0.00521
2	0.223341	70	71.4690	0.03019
3	0.224039	81	71.6923	1.20840
4	0.168554	52	53.9373	0.06958
5	0.101448	25	32.4635	1.71589
6	0.050883	16	16.2825	0.00490
7	0.021875	9	7.0000	0.57142
>=8	0.012108	5	3.8747	0.32684

1 (11.11%) 个期望计数小于 5。

卡方检验

原假设　H₀: 数据遵循 Poisson 分布
备择假设 H₁: 数据不遵循 Poisson 分布

自由度	卡方	P 值
7	3.97130	0.783

（6）重复上述步骤，在【Poisson 分布的拟合优度检验（Goodness-of-Fit Test for Poisson）】主对话框（见图 5-60）中，【频率变量（可选）（Frequency variable(optional)）】选择“合并人数”，其他选项不变，得到如下结果。

① 对χ^2的贡献为每类观测值与期望值的差值的平方除以该类的期望值，对χ^2的贡献最大的是“5”类，为 1.55，但贡献不足以拒绝原假设。χ^2=4.07，P=0.667>0.05，按 α=0.05 水准，可认为受贿金额服从 Poisson 分布，如结果 5-28 所示。

② 从受贿金额的观测值和期望值条形图中可见，无斜纹条表示期望值，斜纹条表示观测值，鼠标悬停在相应的条上可显示该类的观测值或期望值，如图 5-63 所示。

结果 5-28

方法

描述性统计量

	N	均值
合并人数 中的频率	320	2.99063

受贿金额 的观测和期望计数

受贿金额	Poisson 概率	观测计数	期望计数	对卡方的贡献
0	0.050256	15	16.0819	0.07279
1	0.150297	47	48.0950	0.02493
2	0.224741	70	71.9171	0.05110
3	0.224039	81	71.6923	1.20840
4	0.167504	52	53.6012	0.04783
5	0.100188	25	32.0602	1.55479
6	0.049938	16	15.9800	0.00002
>=7	0.033038	14	10.5722	1.11138

卡方检验

原假设　H₀: 数据遵循 Poisson 分布
备择假设 H₁: 数据不遵循 Poisson 分布

自由度	卡方	P 值
6	4.07124	0.667

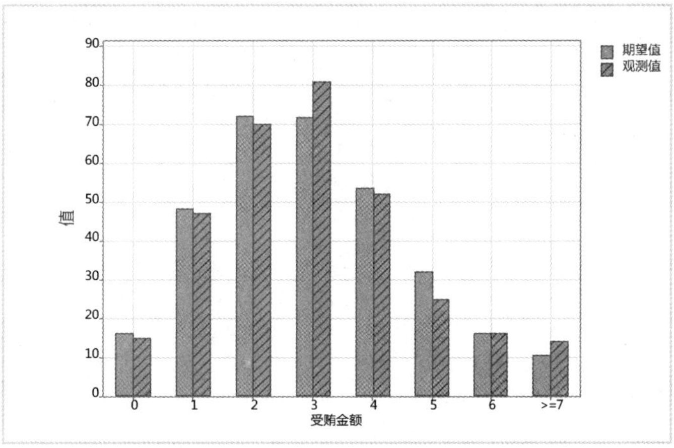

图 5-63　受贿金额的观测值和期望值条形图

③ 从受贿金额的χ^2值贡献图可见，对χ^2的贡献最大的前 3 类分别为“5”、“3”和“>=7”，鼠标悬停在条上可显示该类对χ^2的贡献大小，如图 5-64 所示。

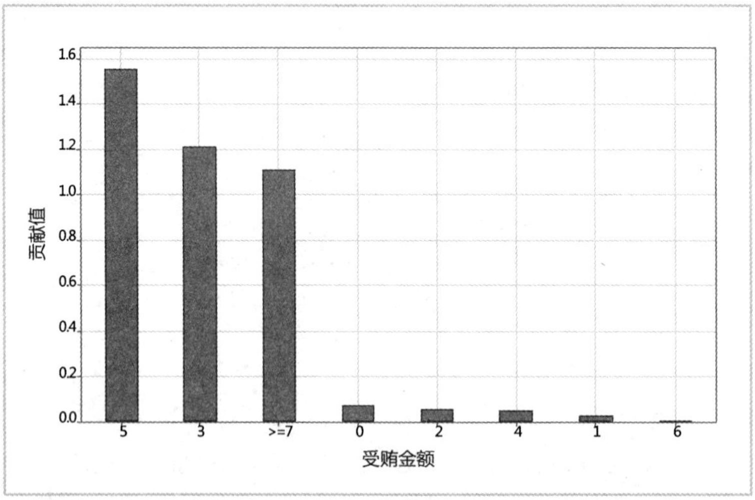

图 5-64　受贿金额的χ^2值贡献图

第6章　统计表和列联表资料的检验

Minitab 的表格功能包括单变量计数（Tally Individual Variables）、相关性的卡方检验（Chi-Square Test for Association）、交叉分组表和卡方（Cross Tabulation and Chi-Square）、单变量卡方拟合优度检验（Chi-Square Goodness-of-Fit Test）和描述性统计量表（Tables of Descriptive Statistics）等。

6.1　单变量计数

单变量计数可列出一个或以上变量的计数、累积计数、百分比和累积百分比。它可以制作一个或多个单变量的统计报表。

【例 6-1】一家巧克力公司的市场分析员记录了 400 位随机选择的客户的性别和巧克力偏好，试进行单变量计数。

（1）打开工作表“巧克力偏好.mwx”。

（2）选择【统计（Stat）】→【表格（Tables）】→【单变量计数（Tally Individual Variables）】菜单项，打开【计数单独变量（Tally Individual Variables）】主对话框，如图 6-1 所示。

- 【变量（Variables）】：可选择一个或以上的变量，本例选择“性别”“偏好”。
- 【显示（Display）】。
  - 【计数（Counts）】：每个值（分类）出现的次数。
  - 【百分比（Percents）】：每个分类的百分比。
  - 【累积计数（Cumulative counts）】：每个分类的累积计数。
  - 【累积百分比（Cumulative percents）】：每个分类的累积百分比。
- 【存储结果（Store results）】：将结果保存到工作表中。

（3）主要结果及分析。

可分左右两部分分别显示性别和偏好的计数、百分比、累积计数和累积百分比统计量。本次共调查女性 204 人（51.00%）、男性 196 人（49.00%），巧克力偏好为黑巧克力的 203 人（50.75%）、牛奶巧克力的 114 人（28.50%）、白巧克力的 83 人（20.75%），如结果 6-1 所示。

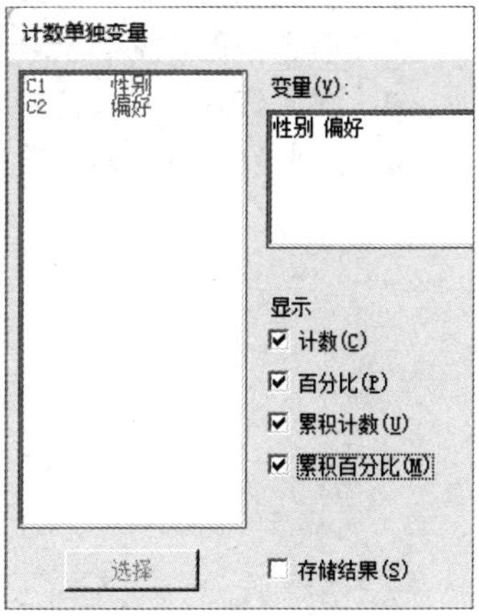

图 6-1　【计数单独变量（Tally Individual Variables）】主对话框

结果 6-1

计数

性别	计数	百分比	累积计数	累积百分比	偏好	计数	百分比	累积计数	累积百分比
女	204	51.00	204	51.00	黑	203	50.75	203	50.75
男	196	49.00	400	100.00	牛奶	114	28.50	317	79.25
N=	400				白	83	20.75	400	100.00
					N=	400			

6.2 列联表资料的分析

列联表资料的分析可通过相关性的卡方检验（Chi-Square Test for Association）与交叉分组表和卡方（Cross Tabulation and Chi-Square）两个功能完成，可进行χ^2检验、四格表的 Fisher 精确检验、配对四格表的 McNemar 检验、多维四格表的 Cochran-Mantel-Haenszel 检验、观测结果一致性的 Kappa 评价、有序分类资料的一致性度量、有序分类资料的 Spearman 等级相关分析，以及 Cramer V^2统计量、Goodman-Kruskal λ统计量和 Goodman-Kruskal τ 统计量等统计分析与统计量计算。

6.2.1 χ^2检验

χ^2 检验是在原假设下对资料的观测分布（Observed distribution）和期望分布（Expected distribution）进行比较，主要用于检验两个或多个总体率（或构成比）是否有差异，或者两个变量之间是否有关联。对于四格表，当 $n\geqslant40$ 且 $T\geqslant5$ 时，可使用χ^2检验。在 Minitab 中，相关性的卡方检验与交叉分组表和卡方两个功能均能够进行χ^2检验。

【例 6-2】一家巧克力公司的市场分析员记录了 400 位随机选择的客户的性别和巧克力偏好，试分析巧克力偏好和客户的性别有无关联。

（1）打开工作表“巧克力偏好.mwx”。

（2）选择【统计（Stat）】→【表格（Tables）】→【相关性的卡方检验（Chi-Square Test for Association）】菜单项，打开【相关性的卡方检验（Chi-Square Test for Association）】主对话框，如图 6-2 所示。

- 数据类型菜单：可选择【原始数据（类别变量）（Raw data(categorical variables))】或【双向表中的汇总数据（Summarized data in a two-way table)】，本例选择前者。
- 【行（Rows)】：选择定义行分类的变量，本例选择“性别”。
- 【列（Column)】：选择定义列分类的变量，本例选择“偏好”。

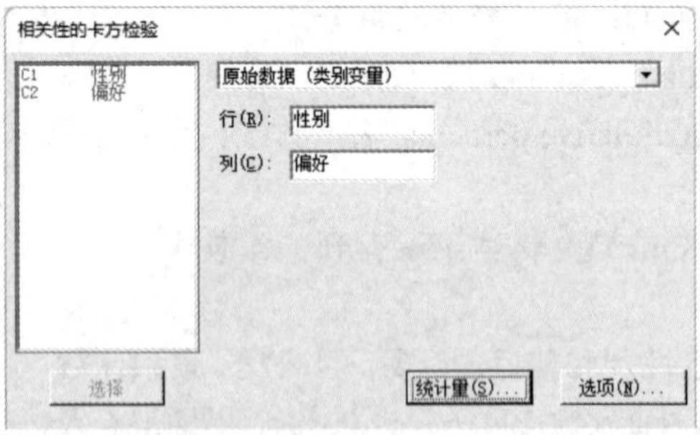

图 6-2 【相关性的卡方检验（Chi-Square Test for Association)】主对话框①（1）

（3）【相联的卡方检验：统计量（Chi-Square Test for Association:Statistics)】对话框如图 6-3 所示。

- 【卡方检验（Chi-square test)】：计算 Pearsonχ^2和似然比χ^2。
- 【计数（Counts)】。
  - 【在每个单元格中显示计数（Display counts in each cell)】：显示每个单元格的实际观

① 软件中的“相关性”与“相联”的意思相同。

测计数。

- 【显示边际计数（Display marginal counts）】：显示行和列实际观测计数的合计。

■【要在每个单元格中显示的统计量（Statistics to display in each cell）】。

- 【期望单元计数（Expected cell counts）】：每个单元格的期望计数。
- 【原始残差（Raw residuals）】：观测计数与期望计数之间的差值。当残差值为正时，表示单元格的观测计数比期望计数大。
- 【标准化残差（Standardized residuals）】：原始残差除以期望计数的平方根。
- 【调整残差（Adjusted residuals）】：原始残差除以观测计数的估计标准差。
- 【每个单元格对卡方的贡献（Each cell's contribution to chi-square）】：每个单元格对整个 χ^2 统计量的贡献，即每个单元格的标准化残差的平方。

（4）【相联的卡方检验：选项（Chi-Square Test for Association:Options）】对话框（见图 6-4）不能用于汇总数据。

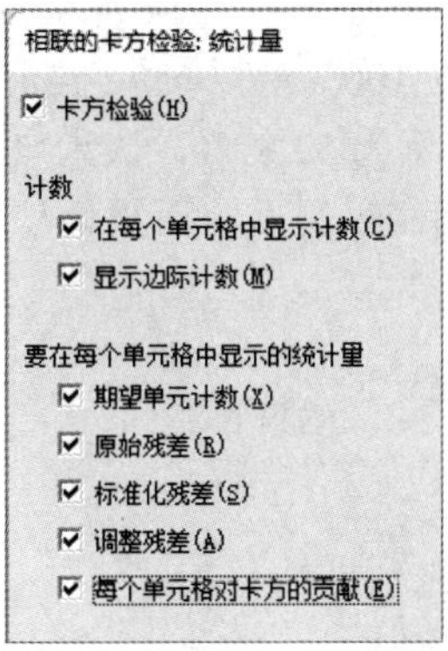

图 6-3　【相联的卡方检验：统计量（Chi-Square Test for Association:Statistics）】对话框

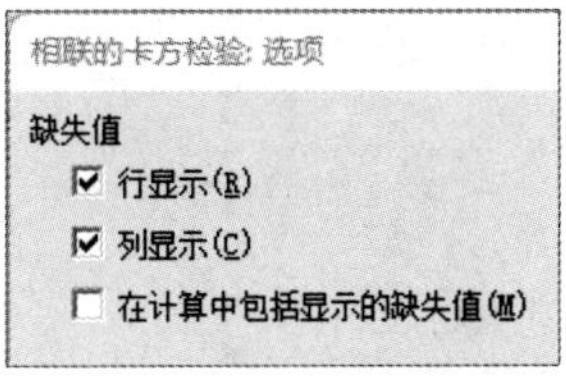

图 6-4　【相联的卡方检验：选项（Chi-Square Test for Association:Options）】对话框

■【缺失值（Missing values）】。

- 【行显示（Display for rows）】：在表格中包含行变量的缺失值分类。
- 【列显示（Display for columns）】：在表格中包含列变量的缺失值分类。
- 【在计算中包括显示的缺失值（Include displayed missing values in calculations）】：选择此选项缺失值将参与计算，默认状态是缺失值不参与计算。

（5）主要结果及分析。

Pearson：χ^2= 6.22；似然比：χ^2=6.24，P 值均小于 0.05，按 α=0.05 水准，拒绝 H_0，接受 H_1，差异有统计学意义，可认为巧克力偏好和客户的性别有关联，或者不同性别对巧克力偏好的构成比不同，如结果 6-2 所示。

【例 6-3】某心理学研究者对青少年自身体重知觉进行调查，试分析青少年对自身体重知觉（过重或过轻）的反应与性别有无关系。

（1）打开工作表“自身体重知觉.mwx”（见图 6-5）。

（2）打开【相关性的卡方检验（Chi-Square Test for Association）】主对

结果 6-2

行: 性别　列: 偏好

	黑	牛奶	白	全部
女	116	51	37	204
	103.53	58.14	42.33	
	12.470	-7.140	-5.330	
	1.2256	-0.9364	-0.8192	
	2.495	-1.582	-1.315	
	1.5020	0.8768	0.6711	
男	87	63	46	196
	99.47	55.86	40.67	
	-12.470	7.140	5.330	
	-1.2503	0.9553	0.8358	
	-2.495	1.582	1.315	
	1.5633	0.9126	0.6985	
全部	203	114	83	400

单元格内容
计数
期望计数
残差
标准化残差
调整残差
对卡方的贡献

卡方检验

	卡方	自由度	P 值
Pearson	6.224	2	0.045
似然比	6.240	2	0.044

话框，如图 6-6 所示。

- 数据类型菜单：选择【双向表中的汇总数据（Summarized data in a two-way table）】。
- 【包含表格的列（Columns containing the table）】：选择包含列联表资料的列，本例选择“过轻”“过重”。
- 【表标签（可选）（Labels for the table(optional)）】：在输出结果中显示相应的标签。
  - 【行（Rows）】：选择包含行变量值标签的列，该列名称为行变量名称，本例选择“性别”。
  - 【列（Column）】：输入列变量的名称，本例为“自身体重知觉”。

（3）【相联的卡方检验：统计量（Chi-Square Test for Association:Statistics）】对话框：选择默认选项。

（4）主要结果及分析。

① Pearson：χ^2=594.44；似然比：χ^2=600.97，P 值均小于 0.01，按 α=0.05 水准，拒绝 H_0，接受 H_1，差异有统计学意义，可认为青少年自身体重知觉的反应与性别有关，或者不同性别的青少年对自身体重知觉的反应比例不同，如结果 6-3 所示。

② 进一步分析，女性认为自身体重过轻的比例为 419/2414×100%=17.36%，同理，得到女性认为自身体重过重的比例为 82.64%；男性认为自身体重过轻的比例为 52.87%，认为自身体重过重的比例为 47.13%。因此得出结论，女性认为自身体重过重的比例高于男性，而男性认为自身体重过轻的比例高于女性，如结果 6-3 所示。

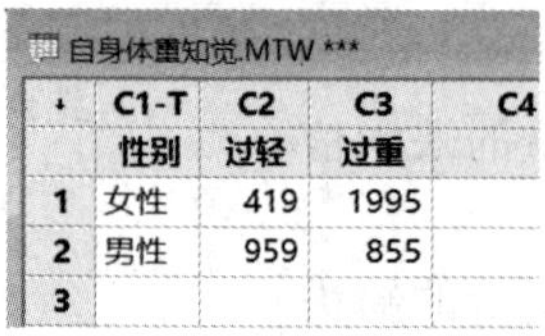

自身体重知觉.MTW ***

	C1-T	C2	C3	C4
	性别	过轻	过重	
1	女性	419	1995	
2	男性	959	855	
3				

图 6-5 工作表“自身体重知觉.mwx”

结果 6-3

行: 性别 列: 自身体重知觉

	过轻	过重	全部
女性	419	1995	2414
	786.8	1627.2	
男性	959	855	1814
	591.2	1222.8	
全部	1378	2850	4228

单元格内容
计数
期望计数

卡方检验

	卡方	自由度	P 值
Pearson	594.436	1	0.000
似然比	600.968	1	0.000

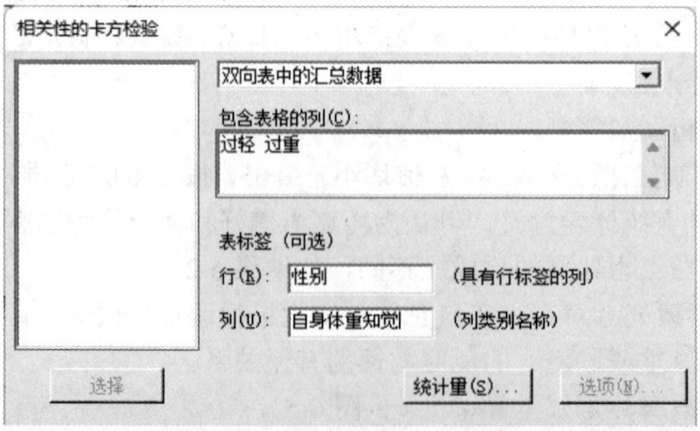

图 6-6 【相关性的卡方检验（Chi-Square Test for Association)】主对话框（2）

6.2.2　四格表的 Fisher 精确检验

Fisher 精确检验为二分变量（Binary variable）的独立性检验，并计算精确 P 值（Exact P-value），可用于四格表（2×2 表格）。其检验假设为 H_0：行变量和列变量是独立的；H_1：行变量和列变量是非独立的。在四格表中，当单元格计数过小时，χ^2 检验结果将不准确，通常认为 Fisher 精确检验中的 P 值对所有样本含量都是准确的。

【例 6-4】某检验机构观察当地的一个污水排放口在高温季节和低温季节中水样的伤寒菌检出情况（各季节检验了 12 次），变量分别为“季节”：1 为高温季节，2 为低温季节；“检验结果”：1 为阴性，2 为阳性。问：两个季节污水的伤寒菌检出率有无差别？

（1）打开工作表“伤寒菌.mwx”。

（2）选择【统计（Stat）】→【表格（Tables）】→【交叉分组表和卡方（Cross Tabulation and Chi-Square）】菜单项，打开【交叉分组表和卡方（Cross Tabulation and Chi-Square）】主对话框，如图 6-7 所示。

- 数据类型菜单：选择【原始数据（类别变量）（Raw data(categorical variables)）】，【行（Rows）】选择“季节”，【列（Columns）】选择“检验结果”，【层（Layers）】和【频率（Frequencies）】未选择。如果【层（Layers）】选择一个或以上的变量，则将产生多个列联表，并对每个表进行 χ^2 检验。
- 【显示（Display）】：可选择计算【计数（Counts）】、【行百分比（Row percents）】、【列百分比（Column percents）】和【总百分比（Total percents）】。

（3）【交叉分组表：卡方（Cross Tabulation:Chi-Square）】对话框（见图 6-8）可选择【卡方检验（Chi-square test）】和【要在每个单元格中显示的统计量（Statistics to display in each cell）】，其中包括【期望单元计数（Expected cell counts）】、【原始残差（Raw residuals）】、【标准化残差（Standardized residuals）】、【调整残差（Adjusted residuals）】和【每个单元格对卡方的贡献（Each cell's contribution to chi-square）】。

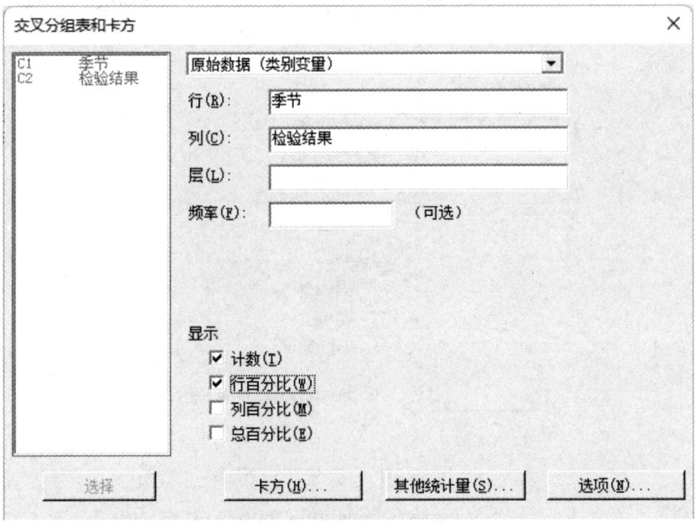

图 6-7　【交叉分组表和卡方（Cross Tabulation and Chi-Square）】主对话框

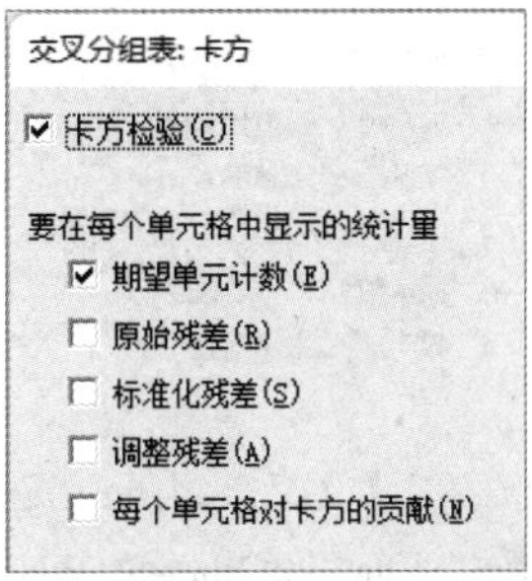

图 6-8　【交叉分组表：卡方（Cross Tabulation:Chi-Square）】对话框

（4）【交叉分组表：其他统计量（Cross Tabulation:Other Statistics）】对话框（见图 6-9）。

- 【2×2 表格的检验（Tests for 2×2 tables）】：也称为四格表的检验，可选择以下 3 个选项。
  - 【Fisher 精确检验（Fisher's exact test）】：四格表的 Fisher 精确检验，本例选择此选项。
  - 【McNemar 检验（McNemar's test）】：二分变量的配对χ^2检验。
  - 【多个表的 Cochran-Mantel-Haenszel 检验（Cochran-Mantel-Haenszel test for multiple tables）】：多维四格表的 Cochran-Mantel-Haenszel 检验。
- 【其他相关性度量（Other measures of association）】。
  - 【Cramer V 方统计量（Cramer's V-square statistic）】：可用于描述两个分类变量之间的关联程度，Cramer V^2 值越接近 0，说明两个分类变量越没有关系；Cramer V^2 值越接近 1，说明两个分类变量的关系越密切。
  - 【测量员间可靠度的 Kappa（Kappa for inter-rater reliability）】：内部一致性系数，用于描述同一批研究对象两次定性观测结果的一致性。
  - 【Goodman-Kruskal λ 和 τ（Goodman-Kruskal λ and τ）】：计算每个因变量 Goodman-Kruskal λ 统计量和 Goodman-Kruskal τ 统计量。两个统计量均为名义变量相联度量（Measure of association），在给定其他变量的情况下，可分别测量因变量概率和可预测性的改善百分比。
  - 【顺序类别的一致性量度（Measures of concordance for ordinal categories）】：计算有序分类的一致性对（Concordant pair）、不一致对（Discordant pair）、Goodman-Kruskal γ 统计量、Somer d 统计量和 Kendall τ_b 统计量。
  - 【顺序类别的相关系数（Correlation coefficients for ordinal categories）】：计算有序分类的 Pearson 和 Spearman 相关系数。

（5）【交叉分组表：选项（Cross Tabulation:Options）】对话框如图 6-10 所示。【显示边际统计量（Display marginal statistics for）】和【显示缺失值（Display missing values for）】可选择显示【行和列（Rows and columns）】、【所有变量（All variables）】、【无变量（No variables）】与【所选变量（Selected variables）】，还可以选择【在计算中包括显示的缺失值（Include displayed missing values in calculations）】。

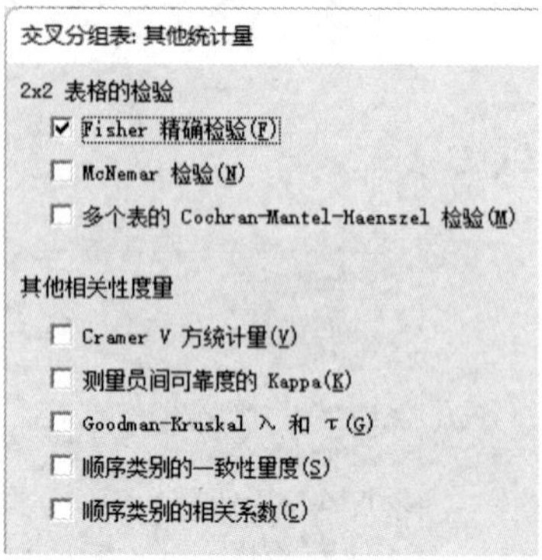

图 6-9　【交叉分组表：其他统计量（Cross Tabulation:Other Statistics）】对话框

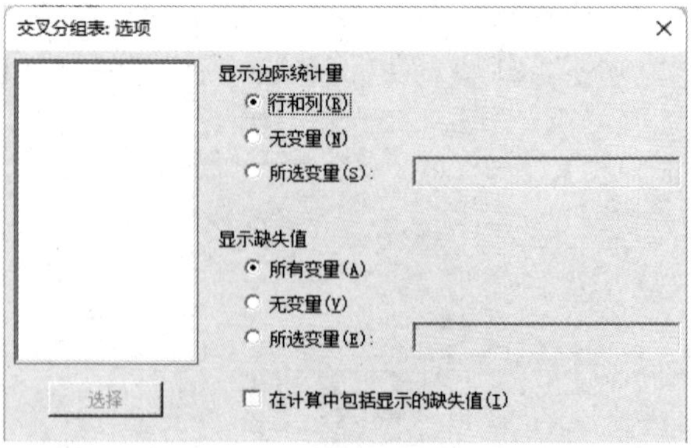

图 6-10　【交叉分组表：选项（Cross Tabulation:Options）】对话框

（6）主要结果及分析。

① 高温季节（“季节”=1）污水的伤寒菌检出率（“检验结果”=2）为 8.33%，低温季节（“季节”=2）污水的伤寒菌检出率（“检验结果”=2）为 58.33%，如结果 6-4 所示。

② 本例有两个单元格的期望计数小于 5，不适合使用χ^2检验，应参考 Fisher 精确检验的结果，P=0.0271907<0.05（见结果 6-5），按 α=0.05 水准，拒绝 H_0，接受 H_1，差异有统计学意义，可认为污水的伤寒菌检出率与季节有关，即低温季节中污水的伤寒菌检出率（58.33%）高于高温季节中污水的伤寒菌检出率（8.33%）。

结果 6-4

行: 季节　列: 检验结果

	1	2	全部
1	11	1	12
	91.67	8.33	100.00
	8	4	
2	5	7	12
	41.67	58.33	100.00
	8	4	
全部	16	8	24
	66.67	33.33	100.00

单元格内容
计数
% 行
期望计数

结果 6-5

卡方检验

	卡方	自由度	P 值
Pearson	6.750	1	0.009
似然比	7.368	1	0.007

2 个单元格的期望计数小于 5。

Fisher 精确检验

P 值
0.0271907

6.2.3　配对四格表的 McNemar 检验

McNemar 检验用于配对计数资料的分析，主要分析配对资料中控制组和处理组的频率或比率是否有差异，在比较同一批观测对象用药前后或实验前后的结果有无差异时非常有用。配对资料中的控制组和处理组均为二值数据，如“是”或“否”、“阳性”或“阴性”、“有反应”或“无反应”等。该检验只适用于二分变量，对于非二分变量，应在分析前进行数据变换。

【例 6-5】研究人员将患霍奇金病的病人和非病人按性别和年龄差别在 5 岁以内的进行配对，得到 85 对观测对象。两组人中扁桃体切除分为“切除”和“未切除”。在工作表“扁桃体切除.mwx”中，变量为“病人”、“非病人”和“例数”。试问配对的两组人中扁桃体切除率是否有差别？

（1）打开工作表“扁桃体切除.mwx”。

（2）在【交叉分组表和卡方（Cross Tabulation and Chi-Square）】主对话框（见图 6-7）中，数据类型菜单选择【原始数据（类别变量）（Raw data(categorical variables)）】，【行（Rows）】选择“病人”，【列（Columns）】选择“非病人”，【频率（Frequencies）】选择“例数”。【显示（Display）】选择【计数（Counts）】。

（3）在【交叉分组表：其他统计量（Cross Tabulation:Other Statistics）】对话框（见图 6-9）中，【2×2 表格的检验（Tests for 2×2 Tables）】选择【McNemar 检验（McNemar's test）】。

（4）主要结果及分析。

病人组的扁桃体切除率为 41/85×100%=48.24%，非病人组的扁桃体切除率为 33/85×100%=38.82%。在 McNemar 检验中，P=0.134>0.05，按 α＝0.05 水准，不拒绝 H_0，差异无统计学意义，不能认为两组人的扁桃体切除率有差别，如结果 6-6 所示。

结果 6-6

行: 病人　列: 非病人

	切除	未切除	全部
切除	26	15	41
未切除	7	37	44
全部	33	52	85

单元格内容
计数

McNemar 检验

估计的差值	95% 置信区间	P
0.0941	(-0.0239, 0.2122)	0.134

差值 = p (病人 = 切除) - p (非病人 = 切除)

6.2.4　多维四格表的 Cochran-Mantel-Haenszel 检验

多维四格表的 Cochran-Mantel-Haenszel 检验是在存在第 3 个分类变量的情况下，两个二值变量的条件相联检验，常用于 R×2×2 表的分析，其原假设是三因子不存在交互作用。

【例 6-6】 某保险公司某年有 12299 份保单，有赔付记录的保单和无赔付记录的保单按照车辆类型与被保险人年龄统计，详见工作表“赔付情况.mwx”，变量为“车型”、“年龄”、“赔付记录”和“例数”。问：“车型”、“年龄”和“赔付记录”这 3 个变量之间的关系。

（1）打开工作表“赔付情况.mwx”。

（2）在【交叉分组表和卡方（Cross Tabulation and Chi-Square)】主对话框（见图 6-7）中，数据类型菜单选择【原始数据（类别变量）(Raw data(categorical variables))】，【行（Rows)】选择“年龄”，【列（Columns)】选择“赔付记录”，【层（Layers)】选择“车型”，【频率（Frequencies)】选择“例数”。【显示（Display)】选择【计数（Counts)】和【行百分比（Row percents)】。

（3）在【交叉分组表：卡方（Cross Tabulation:Chi-Square)】对话框（见图 6-8）中，选择【卡方检验（Chi-square test)】。

（4）在【交叉分组表：其他统计量（Cross Tabulation:Other Statistics)】对话框（见图 6-9）中，【2×2 表格的检验（Tests for 2×2 tables)】选择【多个表的 Cochran-Mantel-Haenszel 检验（Cochran-Mantel-Haenszel test for multiple tables)】。

（5）主要结果及分析。

① 如果选择【层（Layers)】，将根据层变量的值分成若干类，分别进行 χ^2 检验，本例层变量为“车型”，共分成两个四格表。高性能车：χ^2=28.57，P<0.001，按 α=0.05 水准，可认为“年龄<25”的赔付率（27.93%）高于“年龄≥25”的赔付率（19.38%）；普通车：χ^2=48.93，P<0.001，按 α=0.05 水准，可认为“年龄<25”的赔付率（20.76%）高于“年龄≥25”的赔付率（15.14%），如结果 6-7 所示。

结果 6-7

车型 = 高性能车 的结果

行: 年龄　列: 赔付记录

	无	有	全部
年龄<25	1169	453	1622
年龄≥25	1032	248	1280
全部	2201	701	2902

单元格内容
计数

卡方检验

	卡方	自由度	P 值
Pearson	28.570	1	0.000
似然比	28.970	1	0.000

车型 = 普通车 的结果

行: 年龄　列: 赔付记录

	无	有	全部
年龄<25	2829	741	3570
年龄≥25	4945	882	5827
全部	7774	1623	9397

单元格内容
计数

卡方检验

	卡方	自由度	P 值
Pearson	48.932	1	0.000
似然比	48.120	1	0.000

② 在 Cochran-Mantel-Haenszel 检验结果中，公共优势比（Common odds ratio）为 0.66，表明控制“车型”变量后，“年龄≥25”发生赔付的优势（Odds）是“年龄<25”发生赔付的优势的 0.66 倍。Cochran-Mantel-Haenszel（CMH）统计量为 76.57，P<0.001，按 α=0.05 水准，可认为“车型”“年龄”“赔付记录”3 个变量存在交互效应（交互作用），如结果 6-8 所示。

结果 6-8

Cochran-Mantel-Haenszel 检验

公共优势比	CMH 统计量	自由度	P 值
0.663174	76.5724	1	0.0000000

所有 2x2 表格的结果

③ 用户还可以将“年龄”作为层变量，计算在控制“年龄”变量后对不同车型的赔付情况进行分析。

6.2.5 观测结果一致性的 Kappa 评价

Kappa 值又称为内部一致性系数，用于描述同一批研究对象两次定性观测结果的一致性，可以分析有序变量或名义变量的一致性。Kappa 值考虑了机遇因素对一致性的影响，仅可用于正方表（$m \times m$）资料，即两个变量具有相同分类值和类别数。Kappa 值为-1～1，Kappa 值越高，一致性就越高，一般认为，当 Kappa≤0.4 时，表明一致性较低；当 0.4<Kappa≤0.6 时，表明中度一致；当 0.6<Kappa≤0.8 时，表明有较高的一致性；当 Kappa>0.8 时，表明有极高的一致性，Kappa 值最好接近 0.90。Minitab 可以计算 Cohen Kappa 值和 Fleiss Kappa 值。Cohen Kappa 值只能用于两次观测结果的一致性评价，而 Fleiss Kappa 值可用于多次观测结果的一致性评价（见《MINITAB 统计分析方法及应用》（第 3 版　高级版）的 8.2.2 节）。

【例 6-7】甲、乙两名医生分别对同一批肺癌疑似患者的 X 光平片进行有无肺癌的诊断，详见工作表“X 光平片.mwx”，变量为“甲医生”、“乙医生”和“例数”。试评价甲、乙两名医生诊断结果的一致性。

（1）打开工作表“X 光平片.mwx”。

（2）在【交叉分组表和卡方（Cross Tabulation and Chi-Square）】主对话框（见图 6-7）中，数据类型菜单选择【原始数据（类别变量）（Raw data(categorical variables)）】，【行（Rows）】选择“甲医生”，【列（Columns）】选择“乙医生”，【频率（Frequencies）】选择“例数”。【显示（Display）】选择【计数（Counts）】。

（3）在【交叉分组表：其他统计量（Cross Tabulation:Other Statistics）】对话框（见图 6-9）中，【其他相关性度量（Other measures of association）】选择【测量员间可靠度的 Kappa（Kappa for inter-rater reliability）】。

（4）主要结果及分析。

甲、乙两名医生诊断的一致率为(116+80)/246×100%=79.67%，Kappa=0.59>0.4，表明两名医生的诊断结果中度一致，如结果 6-9 所示。

结果 6-9

行: 甲医生　列: 乙医生

	阳性	阴性	全部
阳性	80	38	118
阴性	12	116	128
全部	92	154	246

单元格内容
计数

观测值一致性度量

Kappa 0.589288

6.2.6 有序分类资料的一致性度量

有序分类资料的一致性度量可计算有序分类资料的一致性对（Concordant pair）、不一致对（Discordant pair）、Goodman-Kruskal γ 统计量、Somer D 统计量和 Kendall τ_b 统计量。

【例 6-8】在刺五加注射液治疗冠心病、心绞痛的临床试验评价中，需要根据患者的症状、体征和心电图检查的情况对疗效进行综合评价。为了考核疗效评价标准和医生在试验中的执行情况，将对审核医生判定的结果与执行医生的判定结果进行比较，详见工作表“刺五加.mwx”，变量为“执行医生判定”、“审核医生判定”和“例数”，“执行医生判定”和“审核医生判定”的取值为 1=无效，2=有效，3=显效。试评价两名医生判定结果的一致性。

（1）打开工作表“刺五加.mwx”。

（2）在【交叉分组表和卡方（Cross Tabulation and Chi-Square）】主对话框（见图 6-7）中，数据类型菜单选择【原始数据（类别变量）（Raw data(categorical variables)）】，【行（Rows）】选择“执行医生判定”，【列（Columns）】选择“审核医生判定”，【频率（Frequencies）】选择“例数”，【显示（Display）】选择【计数（Counts）】。

（3）在【交叉分组表：其他统计量（Cross Tabulation:Other Statistics）】对话框（见图 6-9）中，【其他相关性度量（Other measures of association）】选择【测量员间可靠度的 Kappa（Kappa for inter-rater reliability）】和【顺序类别的一致性量度（Measures of concordance for ordinal categories）】。

（4）主要结果及分析。

① Somer D 统计量可测量两个有序变量之间关联的强度和方向，取值为-1（所有对不一致）～1（所有对都一致），与执行医生判定相关的 Somer D 统计量为 0.78，与审核医生判定相关的 Somer D 统计量为 0.87，接近 1，表明审核医生和执行医生的判定结果有较高的一致性，如结果 6-10 所示。

② Goodman-Kruskal γ 统计量可以测量有序变量之间的关联程度，可用 g 表示。当$|g|=1$ 时，表示两个变量是完全关联的；当 $g=0$ 时，表明两个变量是独立的。本例中 $g=0.99$，表示两个变量接近完全关联，如结果 6-10 所示。

③ Kendall τ_b 统计量是有序资料的非参数相联度量，取值为-1.0（所有对都不一致）～1.0（所有对都一致），系数符号表示关联方向，绝对值表示关联程度，绝对值越大则表示关联程度越强。本例中 $\tau_b=0.82$，表明两者有较高的一致性，如结果 6-10 所示。

④ 在一致性检验（Test of concordance）中，$P<0.01$，按 $\alpha=0.01$ 水准，表明两个变量是一致的。结合 Kappa 值（0.77）可认为审核医生判定的结果与执行医生判定的结果有较高的一致性（见结果 6-10），两者判定的一致率为(39+220+105)/418×100%=87.08%。

结果 6-10

行: 执行医生判定　列: 审核医生判定

	1	2	3	全部
1	39	6	0	45
2	20	220	24	264
3	0	4	105	109
全部	59	230	129	418

单元格内容
计数

顺序类别的一致性量度

配对	数量	度量	结果综述
一致	39821	Somer 的 D（与 执行医生判定 相关）	0.778844
不一致	216	Somer 的 D（与 审核医生判定 相关）	0.869274
结	47116	Goodman 和 Kruskal 的 Gamma	0.989210
合计	87153	Kendall 的 Tau-b	0.822818

观测值一致性度量

Kappa	0.767988

一致性检验

P 值
0.0000000

6.2.7　有序分类资料的 Spearman 等级相关分析

Spearman 等级相关系数（Spearman's rho）是根据秩次计算的两个有序变量（双向有序资料）之间的相联度量（参考 5.5.1 节）。

【例 6-9】某地对地方性甲状腺肿患者各年龄组疗效进行观察，详见工作表“地方性甲状腺肿.mwx”，变量为“年龄组”、“疗效”和“例数”，“年龄组”的取值按年龄从小到大赋值 1～5，“疗效”的取值按疗效从差到好赋值 1～4。试分析地方性甲状腺肿的治疗疗效与年龄有无关系。

（1）打开工作表“地方性甲状腺肿.mwx”。

（2）在【交叉分组表和卡方（Cross Tabulation and Chi-Square）】主对话框（见图 6-7）中，数据类型菜单选择【原始数据（类别变量）（Raw data(categorical variables)）】，【行（Rows）】选择“年龄组”，【列（Columns）】选择“疗效”，【频率（Frequencies）】选择“例数”，【显示（Display）】选择【计数（Counts）】和【行百分比（Row percents）】。

（3）在【交叉分组表：卡方（Cross Tabulation:Chi-Square）】对话框（见图 6-8）中，选择【卡方检验（Chi-Square test）】。

（4）在【交叉分组表：其他统计量（Cross Tabulation:Other Statistics）】对话框（见图 6-9）中，【其他相关性度量（Other measures of association）】选择【顺序类别的相关系数（Correlation coefficients for ordinal categories）】。

（5）主要结果及分析。

① 在χ^2检验（卡方检验）中，χ^2=54.59，P<0.001，按 α=0.05 水准，拒绝 H_0，接受 H_1，差异有统计学意义，可认为不同年龄组的地方性甲状腺肿患者的疗效构成比不同。但有 1/4（5 个单元格）的期望计数小于 5，因此使用χ^2检验是不准确的，可考虑进行 Fisher 精确检验或合并单元格后进行分析，如结果 6-11 所示。

② 本例属于双向有序资料，可考虑使用非参数的相关分析，r_s= −0.416，可认为地方性甲状腺肿患者的疗效与年龄呈一定程度的负相关关系，即年龄越大，疗效越差，如结果 6-11 所示。

③ 本例属于含有频率变量的汇总数据，与例 5-23 相比，可发现基本统计量中的相关（Correlation）功能只能分析原始数据，而交叉分组表和卡方功能既能分析原始数据又能分析汇总数据，但该功能的缺点是不能够计算相关系数的 P 值。因此，用户在使用 Minitab 统计时应尽可能使用原始数据，这样可确保数据能够进行最有效的统计分析，如结果 6-11 所示。

结果 6-11

行: 年龄组　列: 疗效

	1	2	3	4	全部
1	3	1	1	35	40
	7.50	2.50	2.50	87.50	100.00
2	2	9	8	32	51
	3.92	17.65	15.69	62.75	100.00
3	2	12	13	17	44
	4.55	27.27	29.55	38.64	100.00
4	2	8	10	15	35
	5.71	22.86	28.57	42.86	100.00
5	5	23	11	10	49
	10.20	46.94	22.45	20.41	100.00
全部	14	53	43	109	219
	6.39	24.20	19.63	49.77	100.00

单元格内容
计数
% 行

卡方检验

	卡方	自由度	P 值
Pearson	54.586	12	0.000
似然比	60.818	12	0.000

5 个单元格的期望计数小于 5。

顺序类别的相关系数

Pearsons r	-0.384138
Spearmans rho	-0.415619

6.3　单变量 χ^2 拟合优度检验

单变量χ^2 拟合优度检验可用于判断实际观测计数的分布是否服从某一理论期望计数分布，如判断某一变量观测值是否分布均匀，是否符合特定的比例。

【例 6-10】已知某医院在 5 周内每天的门诊人数记录数据（每周开诊 5 天，全部门诊人数为 890），详见工作表“门诊人数.mwx”，变量为“工作日”和“门诊人数”。试进行单变量χ^2拟合优度检验（假设每天的门诊人数相等）。

（1）打开工作表“门诊人数.mwx”。

（2）选择【统计（Stat）】→【表格（Tables）】→【卡方拟合优度检验（单变量）（Chi-Square Goodness-of-Fit Test(One Variable)）】菜单项，打开【卡方拟合优度检验（Chi-Square Goodness-of-Fit Test）】主对话框，如图 6-11 所示。

- 【实测计数（Observed counts）】：用于了解每个分类的汇总数据的情况，可选择包含观测计数的变量（本例选择“门诊人数”），也可直接输入每个分类的观测计数，如“304 176 139 141 130”，每个数值应以空格分隔。
  - 【类别名称（可选）（Category names(optional)）】：可选择包含分类名称的变量（本例选择“工作日”）或输入每个分类的名称，如“周一 周二 周三 周四 周五”，每个名称应以空格分隔。
- 【类别数据（Categorical data）】：输入包含原始类别数据的变量。
- 【检验（Test）】：可选择以下选项。
  - 【相等比率（Equal proportions）】：假设各分类的比例相等。
  - 【特定比率（Specific proportions）】：如果每个分类的比例不同，则可选择此选项。选择【输入列（Input column）】可根据包含每个分类比例的变量进行检验；选择【输入常量（Input constant）】可依次输入每个分类的比例。
  - 【按历史计数指定的比率（Proportions specified by historical counts）】：如果已有每个分类的历史计数，则选择此选项。选择【输入列（Input column）】可根据包含每个分类历史计数的变量进行检验；选择【输入常量（Input constant）】可依次输入每个分类的历史计数。

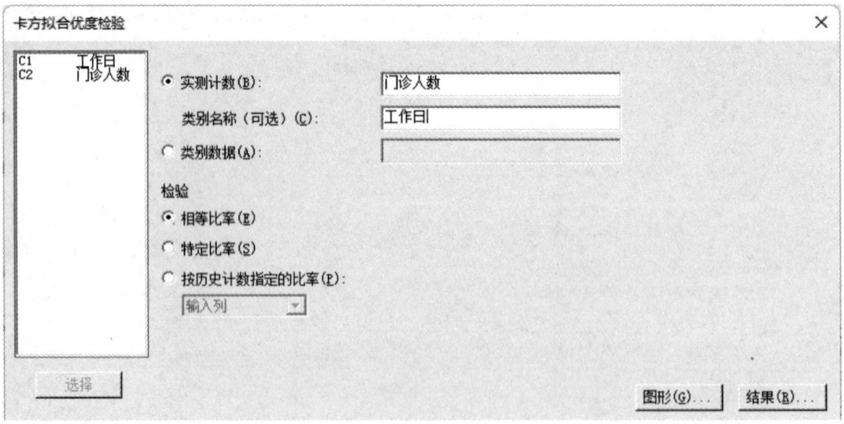

图 6-11　【卡方拟合优度检验（Chi-Square Goodness-of-Fit Test）】主对话框

（3）【卡方拟合优度检验：图形（Chi-Square Goodness-of-Fit Test:Graphs）】对话框（见图 6-12）可选择【观测值和期望值条形图（Bar chart of the observed and the expected values）】、【每个类别对卡方值贡献的条形图（Bar chart of each category’s contribution to the chi-square value）】和【从最大到最小显示条形（Display bars from the largest to the smallest）】。

（4）【卡方拟合优度检验：结果（Chi-Square Goodness-of-Fit Test:Results）】对话框如图 6-13 所示。

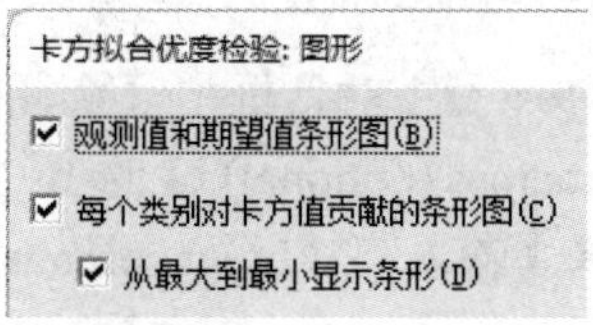

图 6-12　【卡方拟合优度检验：图形（Chi-Square Goodness-of-Fit Test:Graphs）】对话框

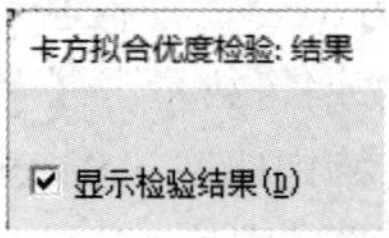

图 6-13　【卡方拟合优度检验：结果（Chi-Square Goodness-of-Fit Test:Results）】对话框

■ 【显示检验结果（Display test results）】：默认显示实测计数和预期计数，以及检验结果。如果只想显示图形而不显示检验结果，则取消选中此选项。

（5）主要结果及分析。

① 本例的原假设是该医院每天的门诊人数比例相等，因此检验比率均为 0.2，$\chi^2=118.39$，$P<0.001$，按 $\alpha=0.05$ 水准，拒绝 H_0，接受 H_1，认为该医院每天的门诊人数是不相同的，如结果 6-12 所示。

② 分类χ^2值贡献图和观测值与期望值图在此处省略。

结果 6-12

实测和预期值计数

类别	观测	检验比率	期望	对卡方的贡献
1	304	0.2	178	89.1910
2	176	0.2	178	0.0225
3	139	0.2	178	8.5449
4	141	0.2	178	7.6910
5	130	0.2	178	12.9438

卡方检验

N	自由度	卡方	P 值
890	4	118.393	0.000

【例 6-11】根据例 6-10 的结果，星期一的门诊人数大约是其他工作日的 2 倍，试检验该医院每周内工作日的门诊人数是否符合 2∶1∶1∶1∶1 的比例。

（1）在【卡方拟合优度检验（Chi-Square Goodness-of-Fit Test）】主对话框（见图 6-11）中，【实测计数（Observed counts）】选择“门诊人数”，【类别名称（可选）（Category names (optional)）】选择“工作日”，【检验（Test）】选择【按历史计数指定的比率（Proportions specified by historical counts）】，并选择【输入常量（Input constant）】，在【历史计数（Historical counts）】栏中依次输入“2、1、1、1、1”，如图 6-14 所示。其他选项同例 6-10。

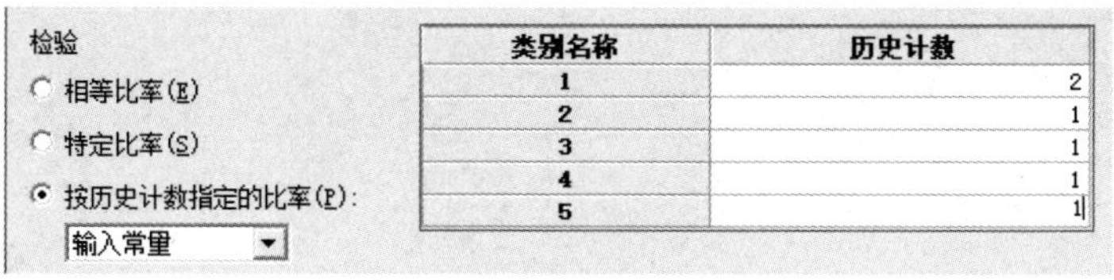

图 6-14　历史计数的设定

（2）主要结果及分析。

本例的原假设是该医院星期一的门诊人数大约是其他工作日的 2 倍，$\chi^2=8.56$，$P=0.07>0.05$。按 $\alpha=0.05$ 水准，不拒绝 H_0，可认为星期一的门诊人数大约是其他工作日的 2 倍，服从 $f(x)=2/5$，$i=1$ 和 $f(x)=1/5$，$i=2$、3、4、5 时的分布，如结果 6-13 所示。

【例 6-12】一家服装店的采购员收集了一周内各尺寸的 T 恤销售数量，试比较各尺寸的 T 恤销售比例与订购比例是否相同。

（1）打开工作表“T 恤销量.mwx”。

（2）在【卡方拟合优度检验（Chi-Square Goodness-of-Fit Test）】主对话框中，【实测计数（Observed counts）】选择“销售数量”，【类别名称（可选）（Category names (optional)）】选择“尺寸”。【检验（Test）】选择【特定比率（Specific proportions）】，并在选择【输入列（Input column）】后选择“订购比例”，其他选项同例 6-9。

（3）主要结果及分析。

本例检验各尺寸的 T 恤销售比例与订购比例（0.1∶0.2∶0.4∶0.3）是否相同，$\chi^2 = 0.65$，$P = 0.885>0.05$，按 $\alpha = 0.05$ 水准，不拒绝 H_0，因此认为各尺寸的 T 恤销售比例与订购比例相同，如结果 6-14 所示。

结果 6-13

实测和预期值计数

类别	观测	历史计数	检验比率	期望	对卡方的贡献
1	304	2	0.333333	296.667	0.18127
2	176	1	0.166667	148.333	5.16030
3	139	1	0.166667	148.333	0.58727
4	141	1	0.166667	148.333	0.36255
5	130	1	0.166667	148.333	2.26592

卡方检验

N	自由度	卡方	P 值
890	4	8.55730	0.073

结果 6-14

实测和预期值计数

类别	观测	检验比率	期望	对卡方的贡献
1	25	0.1	22.5	0.277778
2	41	0.2	45.0	0.355556
3	91	0.4	90.0	0.011111
4	68	0.3	67.5	0.003704

卡方检验

N	自由度	卡方	P 值
225	3	0.648148	0.885

第7章 方差分析

方差分析（Analysis of Variance）与回归分析类似，可用于分析响应变量（Response variable）与一个或以上预测变量之间的关系并建立模型。与回归分析不同，方差分析的预测变量往往是分类变量。实际上，方差分析是检验两个总体均值相等的独立样本 t 检验的推广，其原假设是两个以上总体均值相等。方差分析基于正态分布理论，要求资料满足正态分布和方差相等两个基本假设。Minitab 的方差分析过程均支持模型同时包含分类变量和连续变量。

7.1 方差齐性检验

方差齐性检验（等方差检验）用于检验多个总体的方差或标准差是否相等（也称齐性），包括方差分析在内的许多统计方法都假定不同样本可能来自均值不同的总体，但要求因子水平的总体方差相等，即方差齐性。因此，在方差分析之前，需要先对资料进行方差齐性检验，特别是样本方差相差悬殊时。当模型只包含固定因子且样本含量相等或接近时，方差不齐对方差分析只有轻微影响，但对随机效应的方差分析会有严重影响。

【例 7-1】为检查一种新型煤气洗涤器分离二氧化硫的能力，在为期 15 天的测试期间，每天在 3 个时点（上午 5 点、下午 2 点、下午 10 点）对烟囱冒出的气体进行抽样一次，并测量二氧化硫的排放量（磅/百万 BTU），试对 3 个时点的二氧化硫排放量进行方差齐性检验。

（1）打开工作表“二氧化硫.mwx”。

（2）选择【统计（Stat）】→【方差分析（Analysis of Variance）】→【等方差检验（Test for Equal Variances）】菜单项，打开【等方差检验（Test for Equal Variances）】主对话框，如图 7-1 所示。

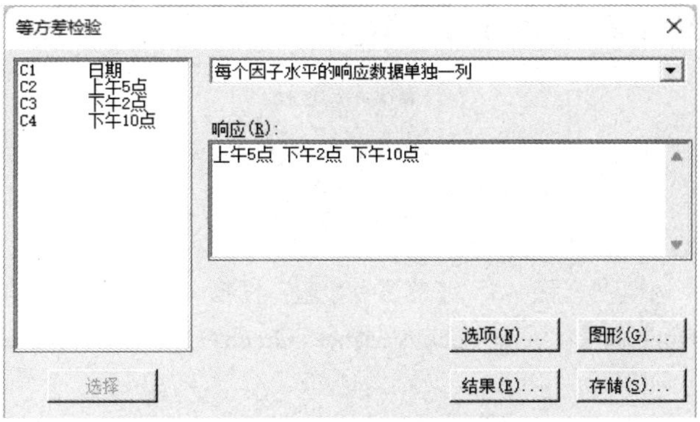

图 7-1 【等方差检验（Test for Equal Variances）】主对话框（1）

■ 数据类型菜单，可选择【所有因子水平的响应数据位于同一列中（Response data are in one column for all factor levels）】或【每个因子水平的响应数据单独一列（Response data are in a separate column for each factor level）】。本例选择后者。

■ 【响应（Responses）】列表：每个变量为一个分组的连续测量结果。本例选择“上午 5 点”“下午 2 点”“下午 10 点”。

（3）【等方差检验：选项（Test for Equal Variances:Options）】对话框如图 7-2 所示。

■ 【置信水平（Confidence level）】：输入 Bonferroni 联合置信区间（Bonferroni simultaneous confidence intervals）的置信水平。Bonferroni 方法使用置信系数 $1-\alpha/g$ 来估计每个区间，其中 g 为区间数。本例为“90.0”。

■ 【根据正态分布使用检验（Use test based on normal distribution）】：选择此选项将显示基于正态分布的 F 检验的结果。此外，如果用户输入了样本含量和方差（或标准差）的汇总数据，Minitab 也会显示 F 检验的结果。如果取消此选项，则显示 Bonett 检验或 Levene 检验的结果。

注： Bonett 检验对于任何连续分布都是准确的，并且不要求资料服从正态分布，通常比 Levene 检验更可靠。

Levene 检验对于任何连续分布也是准确的，对于极其偏斜和重尾的分布，Levene 检验可能比 Bonett 检验更可靠。

F 检验仅对于正态分布资料是准确的，当稍微偏离正态分布时，F 检验将可能不准确，对于服从正态分布的资料，F 检验的功效通常比 Bonett 检验或 Levene 检验更大。

由于本例中各时点二氧化硫排放量均服从正态分布，因此选择此选项（参考 5.6.1 节的方法检验）。

（4）【等方差检验：图形（Test for Equal Variances:Graphs）】对话框如图 7-3 所示。

■ 【摘要图（Summary plot）】：绘制结果的摘要图，包括每个分组或因子水平的多重比较区间（Multiple comparison intervals）、标准差和检验的 P 值。

■ 【单值图（Individual value plot）】：绘制每个分组或因子水平的单值图。

■ 【箱线图（Boxplot）】：绘制每个分组或因子水平的箱线图。

（5）【等方差检验：结果（Test for Equal Variances:Results）】对话框如图 7-4 所示。

■ 【方法（Method）】：显示方法信息，包括原假设、备择假设和显著性水平 α。

■ 【置信区间（Confidence intervals）】：显示 Bonferroni 联合置信区间。

■ 【检验（Tests）】：显示假设检验的 P 值。

图 7-2 【等方差检验：选项（Test for Equal Variances:Options）】对话框

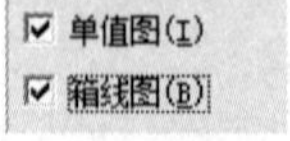

图 7-3 【等方差检验：图形（Test for Equal Variances:Graphs）】对话框

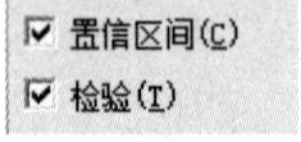

图 7-4 【等方差检验：结果（Test for Equal Variances:Results）】对话框

（6）【等方差检验：存储（Test for Equal Variances:Storage）】对话框如图 7-5 所示。该对话框将有关统计量保存到工作表中，以便进一步分析。

■ 【标准差（Standard deviations）】：保存每个分组或因子水平的标准差。

■ 【方差（Variances）】：保存每个分组或因子水平的方差。

■ 【标准差的 Bonferroni 置信区间（Bonferroni confidence intervals for standard deviations）】：保存每个分组或因子水平的标准差的 Bonferroni 联合置信区间。

■ 【多重比较区间（Multiple comparison intervals）】：保存每组或因子水平的多重比较区间，如果选择【根据正态分布使用检验（Use test based on normal distribution）】，则此选项不可用。

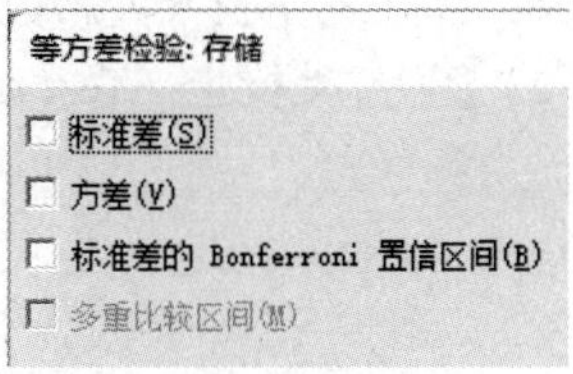

图 7-5　【等方差检验：存储（Test for Equal Variances:Storage）】对话框

（7）主要结果及分析。

① 方法：由于本例选择了【根据正态分布使用检验（Use test based on normal distribution）】，且因子水平为 3，因此 Minitab 进行适用于多组正态分布资料方差齐性检验的 Bartlett 方法，如结果 7-1 所示。

② 90%Bonferroni 标准差置信区间：调整后的单组置信水平为 96.67%，即 α=0.0333，当两个或多个 Bonferroni 标准差置信区间不重叠时，多重比较检验的 P 值才有统计学意义，结合方差齐性检验的摘要图（见图 7-6），3 个 90% Bonferroni 标准差置信区间均重叠，可认为 3 个时点二氧化硫的排放量的总体方差相等，如结果 7-2 所示。

③ 检验：在 Bartlett 方差齐性检验中，χ^2=0.49，P=0.784>0.1，按 α=0.1 的水准，不拒绝 H_0，差别无统计学意义，因此可认为 3 个时点二氧化硫的排放量的总体方差相等，即方差齐性，如结果 7-3 所示。

结果 7-1

方法

原假设　所有方差都相等
备择假设　至少有一个方差不同
显著性水平 α = 0.1

已使用 Bartlett 方法。此方法仅适用于正态数据。

结果 7-2

90% Bonferroni 标准差置信区间

样本	N	标准差	置信区间
上午5点	15	0.0355163	(0.0253505, 0.0584558)
下午2点	15	0.0406008	(0.0289797, 0.0668244)
下午10点	15	0.0427982	(0.0305481, 0.0704410)

单组置信水平 = 96.6667%

结果 7-3

检验

方法	检验统计量	P 值
Bartlett	0.49	0.784

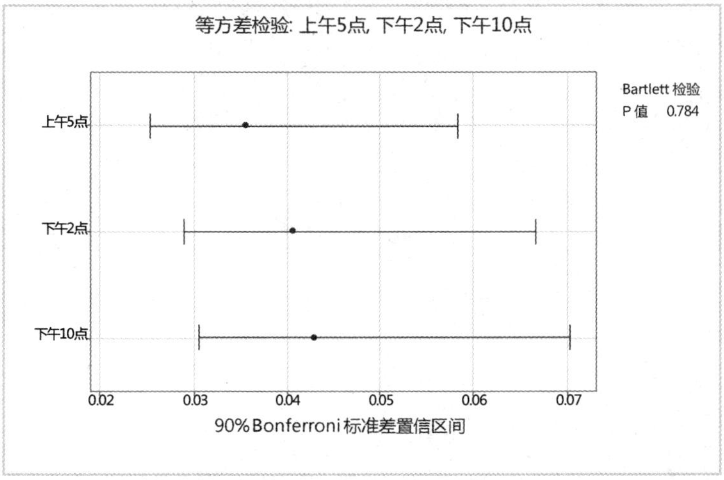

图 7-6　方差齐性检验的摘要图（1）

【例 7-2】现有某银行 5000 位客户的财务和人口统计信息，试对不同文化程度客户的现职工作年限进行方差齐性检验。

（1）打开工作表“欠款数据.mwx”。

（2）【等方差检验（Test for Equal Variances）】主对话框如图 7-7 所示。

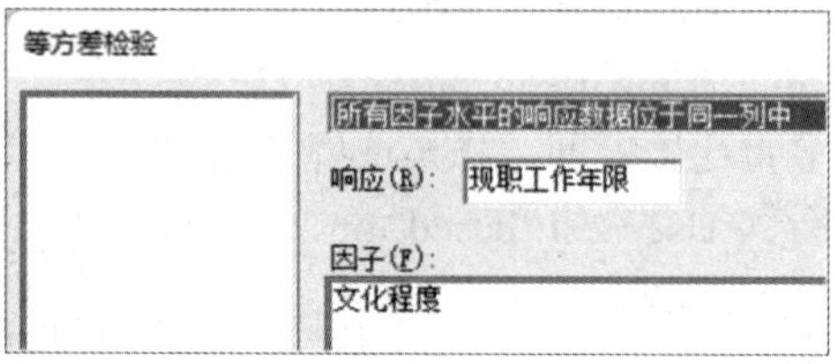

图 7-7　【等方差检验（Test for Equal Variances）】主对话框（2）

- 数据类型菜单：选择【所有因子水平的响应数据位于同一列中（Response data are in one column for all factor levels）】。
- 【响应（Response）】：响应变量又称为因变量（Dependent variable），为试验中所关注的测量变量或观测变量，响应变量的值应为连续测量值。本例选择“现职工作年限”。
- 【因子（Factors）】：选择表示测量值所属分组的变量，可以是分类变量或连续变量（试验中仅使用几个受控制的值）。本例选择“文化程度”。

（3）在【等方差检验：选项（Test for Equal Variances:Options）】对话框（见图 7-2）中，【置信水平（Confidence level）】为“90.0”，不选择【根据正态分布使用检验（Use test based on normal distribution）】，其他对话框的选项均选择默认值。

（4）主要结果及分析。

① 方法：由于本例未选择【根据正态分布使用检验（Use test based on normal distribution）】，且因子水平为 5，因此 Minitab 进行适用于多组非正态分布资料方差齐性检验的多重比较检验和 Levene 检验。

② 90%Bonferroni 标准差置信区间：调整后的单组置信水平为 98%，即 α=0.02，结合方差齐性检验的摘要图（见图 7-8），“大专”((5.69,6.66)年）和“大学本科”((5.56,7.13)年）的 90% Bonferroni 标准差置信区间与“高中以下”((7.23,7.83)年）的不重叠，因此可认为至少有一个因子水平的方差不同，如结果 7-4 所示。

结果 7-4

方法

原假设　所有方差都相等
备择假设　至少有一个方差不同
显著性水平 α = 0.1

90% Bonferroni 标准差置信区间

文化程度	N	标准差	置信区间
高中以下	2699	7.51846	(7.25627, 7.79684)
高中	1365	6.90916	(6.57531, 7.27235)
大专	566	6.14280	(5.69178, 6.65692)
大学本科	324	6.27652	(5.56014, 7.13644)
研究生及以上	46	5.18489	(3.33972, 8.47828)

单组置信水平 = 98%

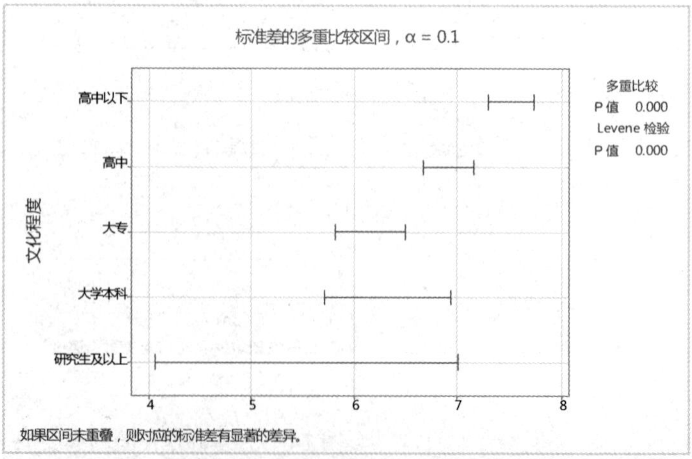

图 7-8　方差齐性检验的摘要图（2）

③ 检验：在多重比较检验中，$P<0.001$，在 Levene 检验中，$F=13.42$，$P<0.001$，按 $\alpha=0.1$ 水准，拒绝 H_0，接受 H_1，差异有统计学意义，因此可认为不同文化程度客户的现职工作年限的方差至少有一个方差不相等，如结果 7-5 所示。

结果 7-5

检验

方法	检验统计量	P 值
多重比较	—	0.000
Levene	13.42	0.000

7.2　单因子方差分析

单因子方差分析又称为单向方差分析（One-way ANOVA），用于对单因子多个独立样本的均值进行比较，是独立样本 t 检验的扩展，可检验均值之间是否存在差异或哪些因子的平均值存在差异。

【例 7-3】 硬度是油漆质量的一个重要指标，某化学工程师想比较 4 种油漆配方的硬度，对每种油漆配方抽取 6 个样本，将这些样本涂在一小块金属上，待其凝固后测量每个样本的硬度。试比较 4 种油漆配方的硬度有无不同。

（1）打开工作表“喷漆硬度.mwx”。

（2）选择【统计（Stat）】→【方差分析（Analysis of Variance）】→【单因子（One-way）】菜单项，打开【单因子方差分析（One-Way Analysis of Variance）】主对话框，如图 7-9 所示。

数据类型菜单选择【所有因子水平的响应数据位于一列中（Response data are in one column for all factor levels）】，【响应（Response）】选择“硬度”，【因子（Factor）】为“油漆”。

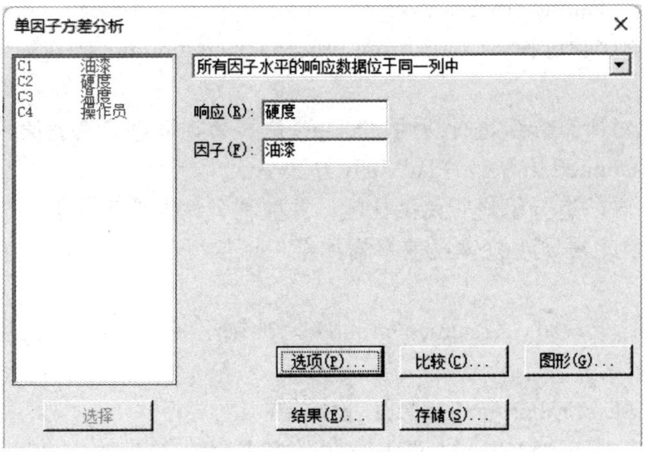

图 7-9　【单因子方差分析（One-Way Analysis of Variance）】主对话框

（3）【单因子方差分析：选项（One-Way Analysis of Variance:Options）】对话框如图 7-10 所示。

- 【假定等于方差（Assuming equal variances）】：如果选择此选项，则假定各组的总体方差相等，即各组方差齐性，Minitab 将进行传统的单因子方差分析。如果不选择此选项，则假定方差不齐，将进行 Welch 方差分析（Welch's ANOVA）。当各组方差齐性时，传统的单因子方差分析的功效略大于 Welch 方差分析，但如果方差不齐，则会出现严重错误。
- 【置信水平（Confidence level）】：输入 0.0001～99.9999 之间的置信水平，本例为“95”。
- 【置信区间类型（Type of confidence interval）】：可选择【双侧（Two-sided）】、【下限（Lower bound）】或【上限（Upper bound）】置信区间。

（4）【单因子方差分析：比较（One-Way Analysis of Variance:Comparisons）】对话框如图 7-11 所示。

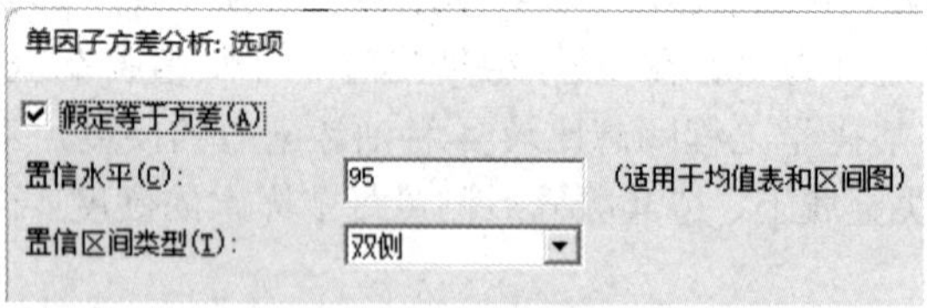

图 7-10　【单因子方差分析：选项（One-Way Analysis of Variance:Options）】对话框

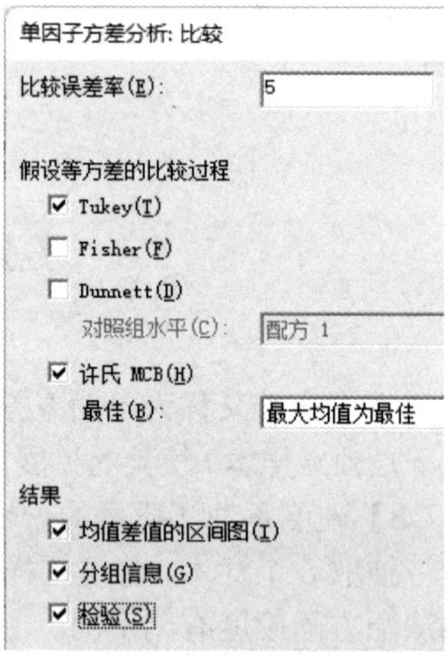

图 7-11　【单因子方差分析：比较（One-Way Analysis of Variance:Comparisons）】对话框

- 【比较误差率（Error rate for comparisons）】：输入 0.001～50 之间的误差率，默认值为 5。误差率为 Fisher 方法（Fisher's method）的个体误差率（Individual error rate）和其他检验的整体误差率（Family error rate）。
- 【假设等方差的比较过程（Comparison procedures assuming equal variances）】：可选择以下多重比较检验。
  - 【Tukey】：对所有分组进行两两比较并控制整体误差率，其置信区间的精度和假设检验的功效比 Dunnett 方法或许氏 MCB 方法小。
  - 【Fisher】：对所有分组进行两两比较，并控制个体误差率。由于 Fisher 方法不控制整体误差率，因此常导致整体误差率增加至不可接受的水平，因此 Fisher 方法没有 Tukey 方法常用。
  - 【Dunnett】：处理组（Treatment group）与控制组（Control group）进行比较，并控制整体误差率。
- 【对照组水平（Control group level）】：设定控制组。
  - 【许氏 MCB（Hsu MCB）】：即 Hsu 最佳多重比较（Hsu's multiple comparisons with the best），专门识别最佳因子水平，以及与最佳因子水平差别有/无统计学意义的因子水平，并控制整体误差率。
- 【最佳（Best）】：可选择以下选项。
  - 【最大均值为最佳（Largest mean is best）】：每个分组均与具有最大均值的分组进行比较。
  - 【最小均值为最佳（Smallest mean is best）】：每个分组均与具有最小均值的分组进行比较。

注：多重比较检验的选择取决于用户所需的推断，当适合使用 Dunnett 方法或许氏 MCB 方法时，使用 Tukey 方法的检验功效会更小。当需要淘汰非最佳因子水平并找出最佳或接近最佳因子水平时，许氏 MCB 方法优于 Dunnett 方法，Tukey 方法和 Fisher 方法的选择取决于指定整体误差率还是个体误差率。

■ 【未假定等方差的比较过程（Comparison procedures not assuming equal variances）】：【单因子方差分析：选项（One-Way Analysis of Variance: Options）】对话框中未选择【假定等于方差（Assuming equal variances）】时将出现该选项。
  - 【Games-Howell】：对所有分组进行两两比较，并控制整体误差率。

■ 【结果（Results）】。
  - 【均值差值的区间图（Interval plot for differences of means）】：绘制各种检验方法的分组均值之间差值的置信区间图。使用置信区间可判定差异可能的范围，并评估差异的实际统计学意义。
  - 【分组信息（Grouping information）】：突出显示各种检验方法的显著和非显著比较。
  - 【检验（Tests）】：比较的假设检验包括均值差值和调整 P 值（Adjusted P-values）。当选择了前述控制整体误差率的多重比较检验时，其结果将计算调整 P 值，如果调整 P 值小于 α，则认为差异有统计学意义。

（5）【单因子方差分析：图形（One-Way Analysis of Variance:Graphs）】对话框如图 7-12 所示。

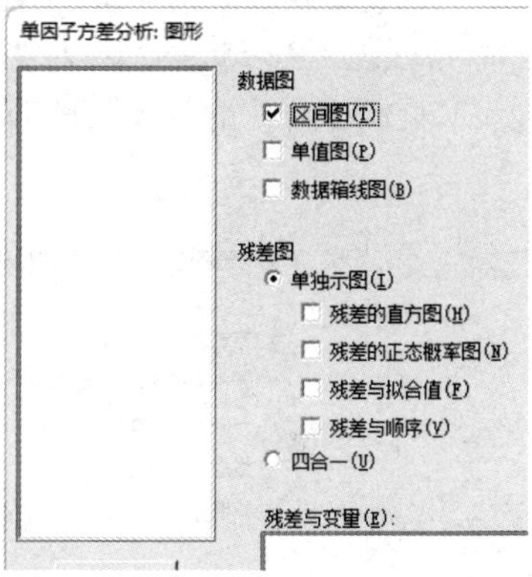

图 7-12　【单因子方差分析：图形（One-Way Analysis of Variance:Graphs）】对话框

■ 【数据图（Data plots）】：可选择绘制每个样本的【区间图（Interval plot）】、【单值图（Individual value plot）】或【数据箱线图（Boxplots of data）】。

■ 【残差图（Residual plots）】：用于检查回归和方差分析中模型的拟合优度，有助于确定模型是否满足普通最小二乘（Ordinary least squares）回归的假设。如果满足假设，则普通最小二乘回归将产生方差最小的无偏系数估计（Unbiased coefficient estimates）。
  - 【单独示图（Individual plots）】：可选择绘制一个或多个图，包括以下选项。
    - 【残差的直方图（Histogram of residuals）】：绘制残差的直方图，可显示残差的一般特征（包括典型值、展开和形状），一侧的长尾表示偏斜分布（Skewed distribution）。如果有一个或两个条与其他条距离较远，则这些点可能是离群值。
    - 【残差的正态概率图（Normal probability plot of residuals）】：绘制残差的正态概率图。如果图中的点呈一条直线，则表明残差服从正态分布；如果图中的点不呈一条直线，则正态性假设可能不成立。
    - 【残差与拟合值（Residuals versus fits）】：绘制残差与拟合值图。当图中某个点远离大多数点时，该点可能是离群值；如果残差值的离散程度随着拟合值增大而增大，则可能拒绝等方差的假设。
    - 【残差与顺序（Residuals versus order）】：绘制残差与顺序图（Plot of residuals versus order），所有残差按数据收集的顺序排列，可用于发现非随机误差（Non-random error），特别是与时间相关的效应。该图有助于检查残差彼此不相关的假设。
  - 【四合一（Four in one）】：残差的直方图、残差的正态概率图、残差与拟合值图，以及残差与顺序图将一起显示。

■ 【残差与变量（Residuals versus the variables）】列表：选择一个或多个要绘制残差图的变量，每个变量将单独绘制一个图形。

（6）【单因子方差分析：结果（One-Way Analysis of Variance:Results）】对话框（见图 7-13）。

- 【结果显示（Display of results）】：设定结果的详细程度，可以显示方差分析表（ANOVA Table）、模型汇总（Model summary）和多重比较表（Multiple comparisons tables）的简单版本或扩展版本，可选择【简单表（Simple tables）】或【扩展表（Expanded tables）】，本例选择后者。
- 【方法（Method）】：显示方法设置的汇总表。
- 【因子信息（Factor information）】：显示因子名称（Factor name）、水平数（Number of levels）和水平值（Level value）。
- 【方差分析（Analysis of variance）】：显示包含 P 值的方差分析表或 Welch 检验表。
- 【模型汇总（Model summary）】：显示评估模型拟合度的统计量，包括 R^2。
- 【均值（Mean）】：显示因子水平均值（Factor level mean）、标准差和置信区间。

（7）【单因子方差分析：存储（One-Way Analysis of Variance:Storage）】对话框如图 7-14 所示。

- 【拟合值（Fits）】：保存分组均值的拟合值（Fitted value），拟合值又称为 $\hat{y}$ 或预测值，是预测变量、因子水平或分量特定值的响应均值（Response mean）的点估计（Point estimate）。
- 【残差（Residuals）】：为观测值 y 与其对应的 $\hat{y}$ 之间的差值。残差在回归分析和方差分析中非常有用，可以表示模型解释观测数据中的变异程度。

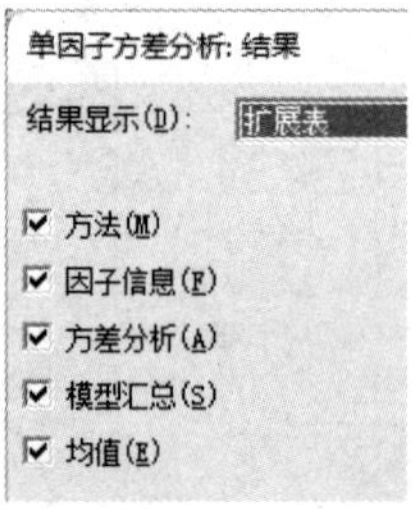

图 7-13 【单因子方差分析：结果（One-Way Analysis of Variance:Results）】对话框

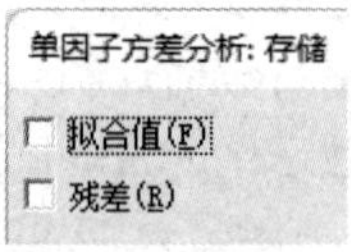

图 7-14 【单因子方差分析：存储（One-Way Analysis of Variance:Storage）】对话框

（8）主要结果及分析。

方差分析表给出了模型中每项的自由度（Degrees of Freedom，DF）、序贯平方和（Seq SS）、贡献（分布，Contribution）、调整平方和（Adj SS）、调整均方（Adj MS）和调整均方的 F 值及其 P 值。

通常，方差分析表的组成如下。

- 来源（Source）：表明变异源（Source of variation），包括来自因子、交互效应或误差（Error）的变异，其中的合计（Total）是所有来源的总和。
- 自由度：每个来源的自由度。如果因子有 3 个水平，则自由度为 $n-1=2$；如果总共有 30 个观测值，则总自由度为 29。
- 平方和（SS）：包括因子的组间平方和（Sum of squares between groups）与误差的组内平方和（Sum of squares within groups）。
- 均方（Mean Squares，MS）：为平方和除以自由度。Minitab 给出了调整均方。
- F 值：由因子均方除以误差均方得出。
- P 值：用于确定某个因子是否有统计学意义，通常取 $\alpha=0.05$ 水准，如果 $P<0.05$，则认为该因子有统计学意义。

① 方差分析表：油漆的 $F=6.02$，$P=0.004<0.01$，按 $\alpha=0.05$ 水准，拒绝 H_0，接受 H_1，差异有统计学意义，因此可认为在 4 种油漆配方的硬度中，至少有一种总体均值不等，如结果 7-6 所示。

结果 7-6

方法

原假设	所有均值都相等
备择假设	并非所有的均值都相等
显著性水平	α = 0.05

已针对此分析假定了相等方差。

因子信息

因子	水平数	值
油漆	4	配方 1, 配方 2, 配方 3, 配方 4

方差分析

来源	自由度	Seq SS	分布	Adj SS	Adj MS	F 值	P 值
油漆	3	281.7	47.44%	281.7	93.90	6.02	0.004
误差	20	312.1	52.56%	312.1	15.60		
合计	23	593.8	100.00%				

② 模型汇总：预测 R^2（24.32%）比 R^2（47.44%）小了将近一半，表明模型可能过拟合（Overfitting），如结果 7-7 所示。

注： 预测 R^2（Predicted R^2）表示回归模型对新观测值响应的预测优度，而 R^2 表示模型对数据的拟合优度。预测 R^2 取值为 0～100%，预测 R^2 越大，说明模型的预测能力越强。预测 R^2 可以避免模型过拟合（Overfitting），当模型过拟合时，只能根据计算模型的数据解释预测变量与响应变量之间的关系，但无法为新观测值提供有效的预测模型。此外，在比较模型时，预测 R^2 比调整 R^2（Adjusted R^2）更有用。

③ 不同油漆配方的硬度区间图（见图 7-15）：显示每个分组的均值和置信区间，不同油漆配方的硬度均值从大到小依次为配方 4（18.07）、配方 1（14.73）、配方 3（12.98）和配方 2（8.57），如结果 7-8 所示。

结果 7-7

模型汇总

S	R-sq	R-sq（调整）	PRESS	R-sq（预测）
3.95012	47.44%	39.56%	449.378	24.32%

结果 7-8

均值

油漆	N	均值	标准差	95% 置信区间
配方 1	6	14.73	3.36	(11.37, 18.10)
配方 2	6	8.57	5.50	(5.20, 11.93)
配方 3	6	12.98	3.73	(9.62, 16.35)
配方 4	6	18.07	2.64	(14.70, 21.43)

合并标准差 = 3.95012

④ Tukey 方法多重比较：Tukey 方法将油漆配方分成 A、B 两个组，其中，A 组包括配方 1、3、4，B 组包括配方 1、2、3，当不同配方具有一个以上相同的分组字母时，表明这两个配方的总体硬度均值之间的差异无统计学意义。配方 4 和配方 2 分别位于 A 组和 B 组，表明这两个配方的总体硬度均值之间的差异有统计学意义，如结果 7-9 所示。

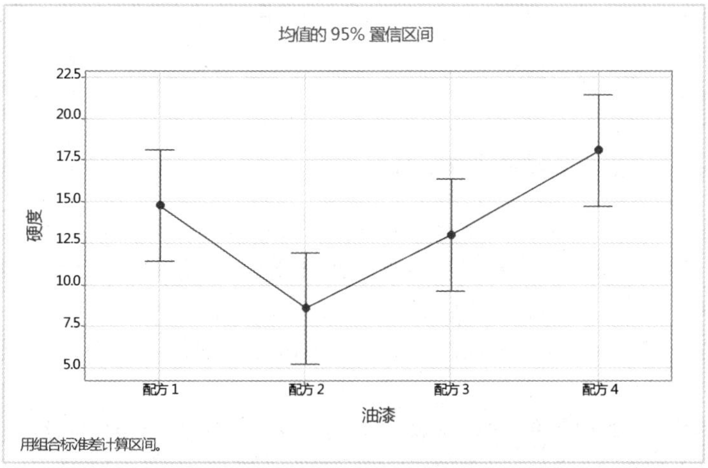

图 7-15　不同油漆配方的硬度区间图

结果 7-9

使用 Tukey 方法和 95% 置信度对信息进行分组

油漆	N	均值	分组	
配方 4	6	18.07	A	
配方 1	6	14.73	A	B
配方 3	6	12.98	A	B
配方 2	6	8.57		B

不共享字母的均值之间具有显著差异。

⑤ 均值差值的 Tukey 检验（同时检验）：“配方 4-配方 2”的均值差值为 9.50，$t=4.17$，$P=0.002<0.01$，按 $\alpha=0.05$ 水准，拒绝 H_0，接受 H_1，差异有统计学意义，可认为配方 4 的总体硬度均值大于配方 2，而其他配方进行两两比较，P 值均大于 0.05，按 $\alpha=0.05$ 水准，不拒绝 H_0，差异无统计学意义，如结果 7-10 所示。（**注：Tukey 检验直接计算调整 P 值，用户在计算时不要重复调整**）。

Tukey 联合置信区间图（Tukey simultaneous confidence intervals graph）显示了各比较组的均值差值和置信区间。图 7-16 中显示的垂直虚线是差值为 0 的参考线，可见除了“配方 4-配方 2”均值差值的 95%置信区间(3.11,15.89)不包含 0，其他比较组的平均差的 95%置信区间均包含 0，表明仅有配方 4 和配方 2 的总体硬度均值的差异有统计学意义，即配方 4 的总体硬度均值高于配方 2，如图 7-16 所示。

结果 7-10

均值差值的 Tukey 同时检验

水平的差值	均值差值	差值标准误	95% 置信区间	T 值	调整的 P 值
配方 2 - 配方 1	-6.17	2.28	(-12.55, 0.22)	-2.70	0.061
配方 3 - 配方 1	-1.75	2.28	(-8.14, 4.64)	-0.77	0.868
配方 4 - 配方 1	3.33	2.28	(-3.05, 9.72)	1.46	0.478
配方 3 - 配方 2	4.42	2.28	(-1.97, 10.80)	1.94	0.245
配方 4 - 配方 2	9.50	2.28	(3.11, 15.89)	4.17	0.002
配方 4 - 配方 3	5.08	2.28	(-1.30, 11.47)	2.23	0.150

单组置信水平 = 98.89%

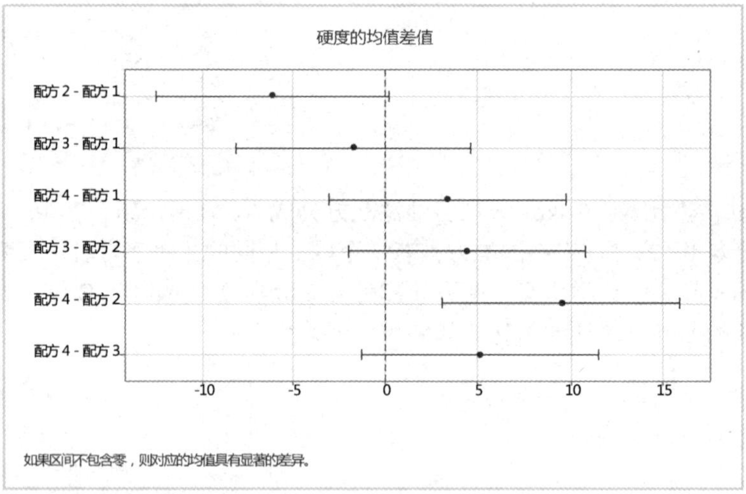

图 7-16　Tukey 联合置信区间图

⑥ 许氏 MCB（与最佳值的多重比较）：由于配方 4 的硬度均值（18.07）最大，根据以往经验，油漆的硬度越大越好，因此认为配方 4 的硬度为最佳值，其他配方均和配方 4 进行多重比较。其中，“配方 2-配方 4”：$t=-4.17$，$P=0.001<0.01$；“配方 3-配方 4”：$t=-2.23$，$P=0.047<0.05$；按 $\alpha=0.05$ 水准，差异有统计学意义。“配方 1-配方 4”：$t=-1.46$，$P=0.177$，按 $\alpha=0.05$ 水准，差异无统计学意义，如结果 7-11 所示。

⑦ Hsu 联合置信区间图（见图 7-17）：如果置信区间的端点（End point）为 0，则认为对应的两组均值之间的差异有统计学意义，如果端点不为 0，则认为差异无统计学意义。“配方 2-配方 4”和“配方 3-配方 4”的均值差值的 95%置信区间的端点为 0，因此认为差异有统计学意义。

结果 7-11

水平均值 - 其他水平均值最大值的许氏同时检验

水平的差值	均值差值	差值标准误	95% 置信区间	T 值	调整的 P 值
配方 1 - 配方 4	-3.33	2.28	(-8.33, 1.67)	-1.46	0.177
配方 2 - 配方 4	-9.50	2.28	(-14.50, 0.00)	-4.17	0.001
配方 3 - 配方 4	-5.08	2.28	(-10.08, 0.00)	-2.23	0.047
配方 4 - 配方 1	3.33	2.28	(-1.67, 8.33)	1.46	0.177

单组置信水平 = 95.97%

由于本次试验的目的是找出硬度最大的油漆，并且配方 4 和配方 1 的总体硬度均值之间的差异无统计学意义，因此可认为它们之间的硬度是相等的，应该综合衡量两种油漆配方的成本、操作难度，以及油漆的其他指标要求等各种因子，选择最佳的油漆配方。

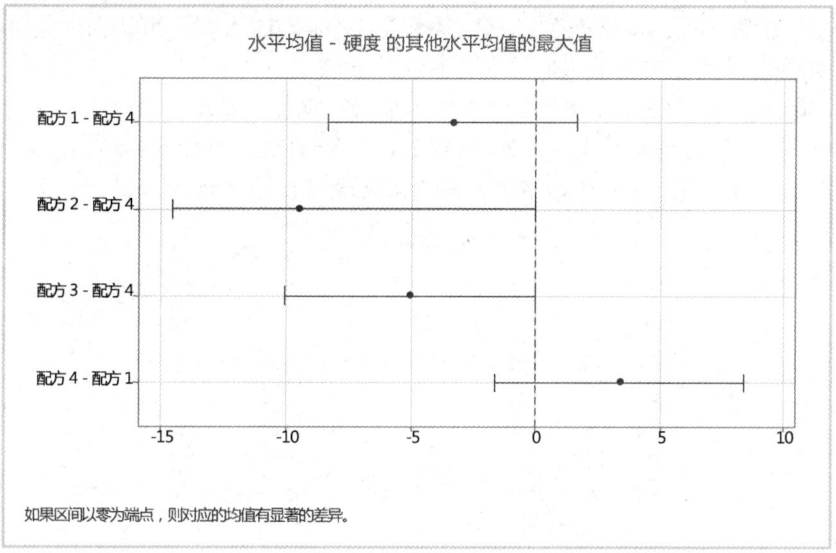

图 7-17　Hsu 联合置信区间图

【例 7-4】 已知 1974—1985 年某湖在不同季节的湖水氯化物含量（单位：mg/L），试比较不同季节的湖水氯化物含量的差别有无统计学意义。

（1）打开工作表“氯化物.mwx”。

（2）在【单因子方差分析（One-Way Analysis of Variance）】主对话框（见图 7-9）中，数据类型菜单选择【每个因子水平的响应数据单独一列（Response data are in a separate column for each factor level）】，【响应（Responses）】选择所有变量。

（3）在【单因子方差分析：比较（One-Way Analysis of Variance:Comparisons）】对话框（见图 7-11）中，【假设等方差的比较过程（Comparison procedures assuming equal variances）】选择【Fisher】，【结果（Results）】选择【均值差值的区间图（Interval plot for differences of means）】、【分组信息（Grouping information）】和【检验（Tests）】。

（4）其他选项设置同例 7-3。

（5）主要结果及分析。

① 方差分析表：F=10.41，P<0.001，按 α=0.05 水准，拒绝 H_0，接受 H_1，差异有统计学意义，可认为不同季节的湖水氯化物含量不同，如结果 7-12 所示。

结果 7-12

方差分析

来源	自由度	Seq SS	分布	Adj SS	Adj MS	F值	P值
因子	3	163.5	52.73%	163.5	54.490	10.41	0.000
误差	28	146.6	47.27%	146.6	5.234		
合计	31	310.0	100.00%				

结果 7-13

使用 Fisher LSD 方法和 95% 置信度对信息进行分组

因子	N	均值	分组	
春季	8	21.488	A	
夏季	8	19.91	A	
秋季	8	16.488		B
冬季	8	16.162		B

不共享字母的均值之间具有显著差异。

② 两两比较：本例选择使用 Fisher 方法（LSD 方法）进行两两比较，将季节分为 A、B 两个组，其中，A 组包括春季和夏季，B 组包括秋季和冬季，按 α=0.05 水准，可认为春、夏季的湖水氯化物含量高于秋、冬季，如结果 7-13 所示。

③ 对均值差值逐一进行 Fisher 检验：结果 7-14 列出了所有组合，其中 P<0.05 的组合有“秋季–春季”“冬季–春季”“秋季–夏季”“冬季–夏季”，按 α=0.05 水准，可认为这些组合对应的两个季节的湖水氯化物含量的总体均值之间的差异有统计学意义。

注：由于 Fisher 方法（LSD 方法）未对检验水准进行调整，因此可以尝试用 Bonferroni 方法对检验水准进行调整，由于本例共有 4 个季节，进行了 6 次两两比较，调整的检验水准 α' = 0.05/6=0.008（保留 3 位小数），本例按 α' = 0.008 的水准，其结果与调整前是一致的。

结果 7-14

均值差值的 Fisher 单个检验

水平的差值	均值差值	差值标准误	95% 置信区间	T值	调整的 P 值
夏季 - 春季	-1.58	1.14	(-3.92, 0.77)	-1.38	0.179
秋季 - 春季	-5.00	1.14	(-7.34, -2.66)	-4.37	0.000
冬季 - 春季	-5.33	1.14	(-7.67, -2.98)	-4.65	0.000
秋季 - 夏季	-3.42	1.14	(-5.77, -1.08)	-2.99	0.006
冬季 - 夏季	-3.75	1.14	(-6.09, -1.41)	-3.28	0.003
冬季 - 秋季	-0.33	1.14	(-2.67, 2.02)	-0.28	0.778

同时置信水平 = 80.51%

7.3 均值分析图

均值分析（Analysis of means，ANOM）功能可绘制正态分布、二项分布和 Poisson 分布资料的均值分析图（Analysis of means chart），并生成正态分布和二项分布资料的汇总表。

7.3.1 正态分布资料的均值分析图

均值分析是方差分析的图形模拟，用于检验总体均值是否相等。在单因子设计（One-factor design）中，均值分析可用于检验所有因子均固定的设计试验中的主效应（Main effect），也可以使用均值分析的扩展或均值分析处理效应（ANOME）来检验双因子设计（Two-factor design）中均值处理效应的显著性。

均值分析图可通过外观和功能两种方式进行描述。它的外观与 Shewhart 控制图（Shewhart control chart）类似，功能与方差分析类似。均值分析与方差分析的原假设相同，即两种方法均检验均值之间是否相等。但它们的备择假设（H_1）则略有不同，均值分析的备择假设是各组总体均值之一不等于总均值（Grand mean），方差分析的备择假设并非所有因子水平的均值都相等。

均值分析和方差分析在大多数情况下会得出类似的结果，但对于个别情况，它们的结果可能不同，当一组的均值高于总均值，且另一组的均值低于总均值时，方差分析可提供存在差异的证据，而均值分析则不能；如果一组的均值独立于其他均值，均值分析可将该组标记为与总均值不同，而方差分析则不能。

【例 7-5】一位安全分析师想比较有经验的驾驶员（老手）和无经验的驾驶员（新手）在 3 种路面（柏油路、石路和土路）上的驾驶水平，记录了每位驾驶员在每种路面上进行控制的校正时间（单位：s），试进行均值分析。

（1）打开工作表“路面状况.mwx”。

（2）选择【统计（Stat）】→【方差分析（Analysis of Variance）】→【均值分析（Analysis of Means）】菜单项，打开【均值分析（Analysis of Means）】主对话框，如图 7-18 所示。

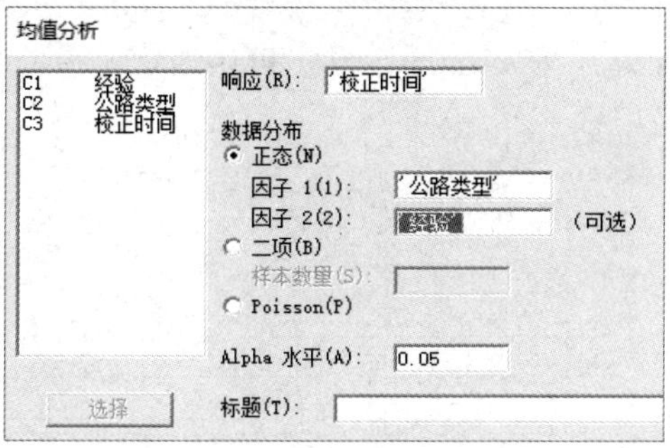

图 7-18 【均值分析（Analysis of Means）】主对话框

- 【响应（Response）】：响应变量的意义和限制会因正态分布、二项分布或 Poisson 分布的选择而不同。正态分布资料通常为计量资料，如质量或水分含量，格式可以为数字或数据日期/时间数据，且必须在同一列中。二项分布和 Poisson 分布资料为每个样本中发现的缺陷数（非负整数），必须在同一列中，最多可以包括 500 个样本（行）。
- 【数据分布（Distribution of Data）】。
  - 【正态（Normal）】：响应数据服从正态分布（计量资料）时选择此选项。
    - 【因子 1（Factor 1）】：包含第 1 个因子水平的变量，如果只选择一个因子，则绘制因子每个水平均值的单个图。
    - 【因子 2（Factor 2）】：包含第 2 个因子水平的变量。如果选择两个因子，则绘制 3 个图形：一个图形显示交互效应（Interaction effect），另外两个图形分别显示两个因子的主效应。
  - 【二项（Binomial）】：响应数据服从二项分布时选择此选项。
    - 【样本数量（Sample size）】：设定样本含量，可直接输入数字或选择一个包含常量的变量。
  - 【Poisson】：响应数据服从 Poisson 分布时选择此选项。
    - 【Alpha 水平（Alpha level）】：输入 0～1 之间的误差率（Error rate）的值或 α 水平。均值分析图中的决策限（Decision limit）取决于试验范围的误差率，与在方差分析中进行两两比较或对比时可以使用的整体误差率类似。
    - 【标题（Title）】：输入新标题可替换图的默认标题。

（3）主要结果及分析。

① 均值分析图显示了每个因子水平的均值、总均值和决策限。如果点落在决策限外，则有证据表明该点代表的因子水平均值与总均值之间存在统计学差异。

② 图7-19中的上图为驾驶员的“经验”和“公路类型”对“校正时间”的交互效应图，上下两条实线为交互效应的决策限，即(–3.83,3.83)，中心线（Center line）表示平均效应0，图中的“经验”和“公路类型”两个变量的水平值组合成的6个点均落在决策限内，按 α=0.05水准，可认为“经验”和“公路类型”对“校正时间”不存在交互效应。

③ 图7-19中的左下图为“公路类型”的主效应图，其中石路的校正时间均值为12.50s，位于决策限(9.20,16.64)s内，并接近中心线（总均值为12.92s），而土路（17.50s）和柏油路（8.75s）的校正时间均值则均落在决策限外，按 α=0.05水准，可认为土路和柏油路的总体校正时间均值和总均值之间的差别均有统计学意义。

④ 图7-19的右下图为“经验”的主效应图，新手（16.00s）和老手（9.80s）的校正时间均值则均落在决策限(10.76,15.08)s外，按 α=0.05水准，可认为新手和老手的总体校正时间均值和总均值之间的差别均有统计学意义。

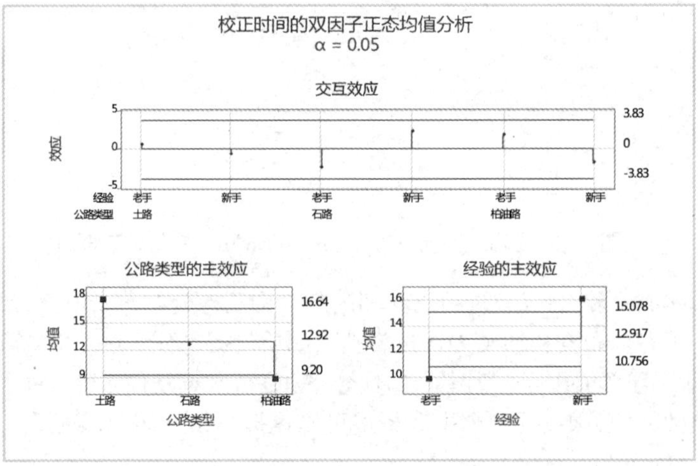

彩图7-19

图7-19 校正时间的双因子正态均值分析

7.3.2 二项分布资料的均值分析图

二项分布均值分析图中的决策限基于正态分布，因此其样本含量必须为常量（平衡设计）且足够大，以确保二项分布正态近似。一般认为，均值分析的条件为 $np>5$ 且 $n(1-p)>5$，其中，n 为样本含量，p 为率。

【例7-6】一位工程师想了解焊接过程产生的缺陷是否比之前多，他收集了80个样本，并记录了11天内每天不合格的焊接数，试进行二项分布资料的均值分析。

（1）打开工作表“焊接不合格.mwx”。

（2）在【均值分析（Analysis of Means）】主对话框（见图7-18）中，【响应（Response）】变量为“焊接不合格数”，【数据分布（Distribution of data）】选择【二项（Binomial）】，【样本数量（Sample Size）】为“80”，其他选项同例7-5。

（3）主要结果及分析。

二项分布均值分析图的中心线为平均缺陷品率=0.08，决策限为(0,0.15)，第4天缺陷品率的点落在上决策限外且高于上决策限，按 α=0.05 水准，可认为第 4 天的缺陷品率高于总平均缺陷品率，如图 7-20 所示。

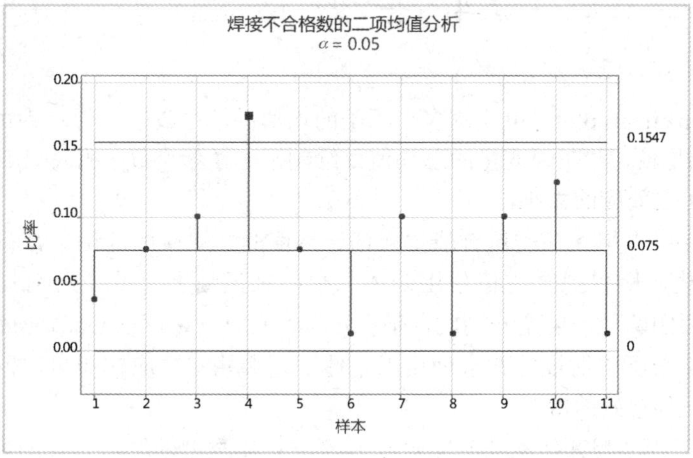

彩图 7-20

图 7-20　焊接缺陷品率的二项分布均值分析图

7.3.3　Poisson 分布资料的均值分析图

【例 7-7】某壁纸制造商的质量工程师想评估印刷过程的稳定性。该工程师每小时选取 100ft 的壁纸作为样本，并记录印刷缺陷（其中包括印刷污渍、图形失真和缺墨）数，试进行 Poisson 分布资料的均值分析。

（1）打开工作表“壁纸缺陷.mwx”。

（2）在【均值分析（Analysis of Means）】主对话框（见图 7-18）中，【响应（Response）】选择“缺陷数”，【数据分布（Distribution of data）】选择【Poisson】，其他选项同例 7-5。

（3）主要结果及分析。

印刷缺陷数的 Poisson 分布均值分析图的中心线为平均缺陷数=36.68，决策限为(18.34,55.02)，第 12、13 个样本点落在上决策限外且高于上决策限，按 α=0.05 水准，可认为这两个样本的缺陷数高于总平均缺陷数，如图 7-21 所示。

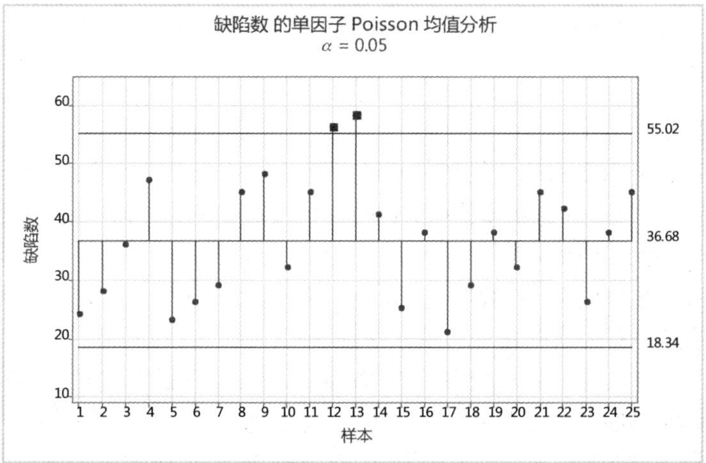

彩图 7-21

图 7-21　印刷缺陷数的 Poisson 分布均值分析图

7.4 主效应图

主效应图（Main effects plot）可绘制多个因子的均值图，主效应图的点为每个因子各水平的因变量（响应变量）的均值，并在因变量的总均值处绘制了一条参考线（Reference line），通过主效应图可以比较每个因子主效应的大小。

在拟合模型后也可以用保存的拟合值生成拟合均值的主效应图。由于数据均值是每个水平组合的因变量原始均值，所以拟合均值使用最小二乘法来预测平衡设计的响应均值。在平衡设计（Balanced design）中的两种均值是相同的，但在不平衡设计（Unbalanced design）中则可能不同。虽然可以将原始数据与不平衡设计结合使用以整体了解哪些主效应较明显，但是使用拟合均值得出更精确的结果是一种较好的做法。

【例 7-8】 一位工程师想评估烧结时间对 3 种不同金属类型的抗压强度的影响。在不同的烧结时间（100min、150min 和 200min）对每种金属类型的 3 个样本测量其抗压强度，试绘制主效应图。

（1）打开工作表“烧结时间.mwx”。

（2）选择【统计（Stat）】→【方差分析（Analysis of Variance）】→【主效应图（Main Effects Plot）】菜单项，打开【主效应图（Main Effects Plot）】主对话框，如图 7-22 所示。

【响应（Responses）】选择“强度”；【因子（Factors）】选择“烧结时间”“金属类型”。

（3）在【主效应图：选项（Main Effects Plot:Options）】对话框（见图 7-23）中，可设定【Y（响应）尺度上的最小值（Minimum for Y(response)scale）】和【Y（响应）尺度上的最大值（Maximum for Y(response)scale）】，设定【标题（Title）】为“金属抗压强度的主效应图”。

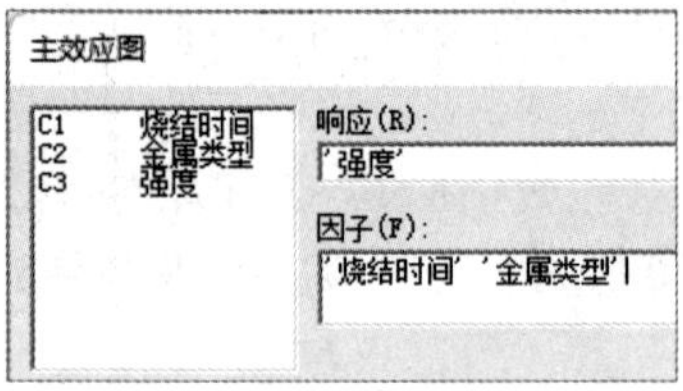

图 7-22　【主效应图（Main Effects Plot）】主对话框

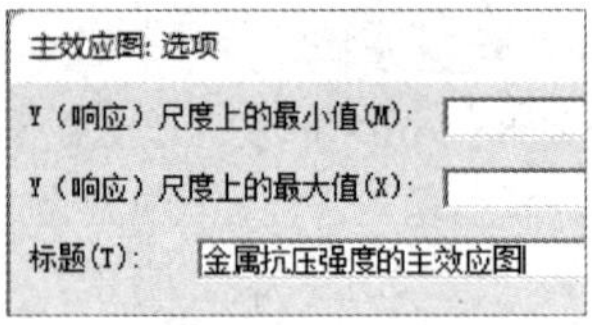

图 7-23　【主效应图：选项（Main Effects Plot: Options）】对话框

（4）主要结果及分析。

主效应图中为各因子水平的响应均值的连线，可用于检查一个或多个因子水平均值之间的差值。当因子的不同水平对响应的影响不同时，表明存在主效应。在主效应图中，当连线处于水平（与横轴平行）时，表明不存在主效应，即响应均值在各因子水平上都相同；当连线不处于水平（与横轴不平行）时，表明存在主效应。连线越陡峭，主效应越大。值得注意的是，主效应图不能显示是否有交互效应，且不能判断主效应是否有统计学意义。

鼠标悬停在图中的点上时可显示相应的均值，金属抗压强度的总均值为 20.67（参考线）。两个因子各水平响应均值的连线均与横轴不平行，可认为这两个因子均存在主效应。从烧结时间看，150min 的金属抗压强度均值（21.44）高于总均值，而 100min 的金属抗压强度均值（20.33）和 200min 的金属抗压强度均值（20.22）低于总均值。从金属类型看，金属 2 的抗压强度均值（21.78）高于总均值，而金属 1 的抗压强度均值（19.67）和金属 3 的抗压强度均值（20.56）低于总均值。主效应是指均值与参考线之间的差，如图 7-24 所示，金属类型的效应大于烧结时间。

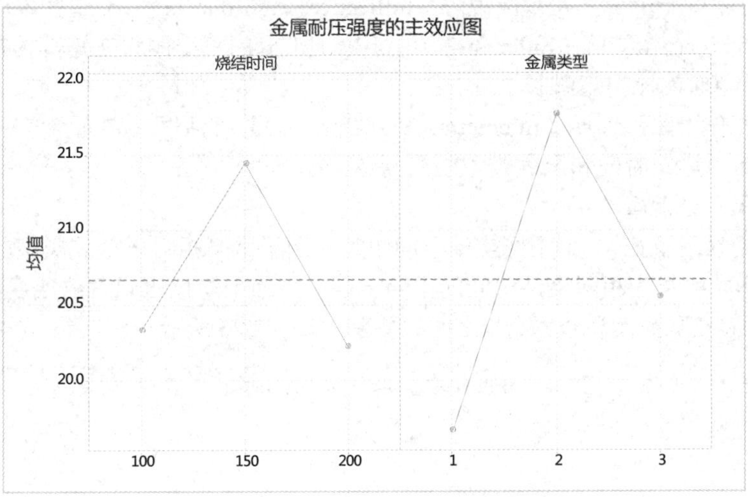

图 7-24　金属抗压强度的主效应图

7.5　交互效应图

交互效应图（交互作用图）可绘制两个因子的交互效应图，或者 3～9 个因子的交互效应图矩阵（Matrix of interaction plots）。交互效应图是在一个因子水平始终保持恒定时另一个因子的均值图。

交互效应图又称为交互效应的轮廓图，可比较各个因子中效应的相对强度。当一个因子从低水平到高水平的响应变化与另一个因子的相同两个水平的响应变化不同时，因子之间就会出现交互效应，即一个因子的效应与另一个因子相关。如果图中显示的是平行线（Parallel lines），则表示不存在交互效应，如果是不平行线（Nonparallel lines），则表示两个因子存在交互效应。线与线之间的斜率越大，表示交互效应程度越高。但是交互效应图不能说明该交互效应是否有统计学意义。绘制交互效应图必须能获得所有因子水平组合的资料。

【例 7-9】根据例 7-8 的数据，试绘制烧结时间和金属类型的交互效应图。

（1）打开工作表“烧结时间.mwx”。

（2）选择【统计（Stat）】→【方差分析（Analysis of Variance）】→【交互作用图（Interaction Plot）】菜单项，打开【交互作用图（Interaction Plot）】主对话框，如图 7-25 所示。

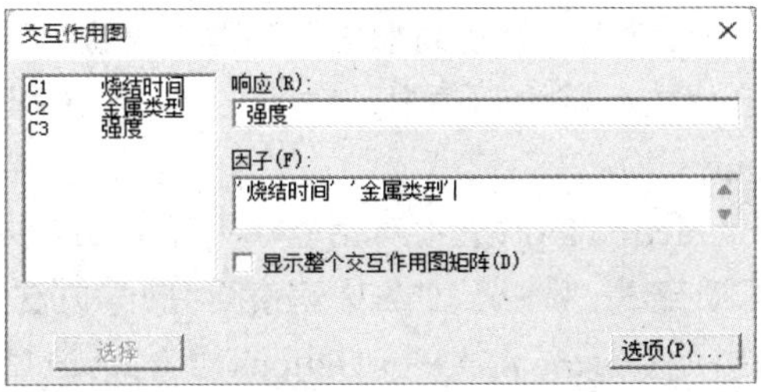

图 7-25　【交互作用图（Interaction Plot）】主对话框

【响应（Responses）】选择“强度”,【因子（Factors）】选择“烧结时间”“金属类型”。

■ 【显示整个交互作用图矩阵（Display full interaction plot matrix）】：当指定两个以上因子时，选择此选项可显示全交互效应矩阵（Full interaction matrix），不选择该选项则只显示矩阵的右上部分。在全矩阵（Full matrix）中，右上部分的每个图将在矩阵的左下部分显示。全矩阵的计算时间比半矩阵长。

（3）在【交互作用图：选项（Interaction Plot:Options）】对话框（界面参考图 7-23）中，设定【标题（Title）】为“烧结时间和金属类型的交互效应图”。

（4）主要结果及分析。

交互效应图中显示了在 3 个不同烧结时间中每个因子水平相对于金属类型的平均抗压强度，图 7-26 中不同形状的线为相同烧结时间的不同金属类型的平均抗压强度的连线。通过交互效应图可从 3 方面直观反映烧结时间和金属类型之间的关系，如图 7-26 所示。

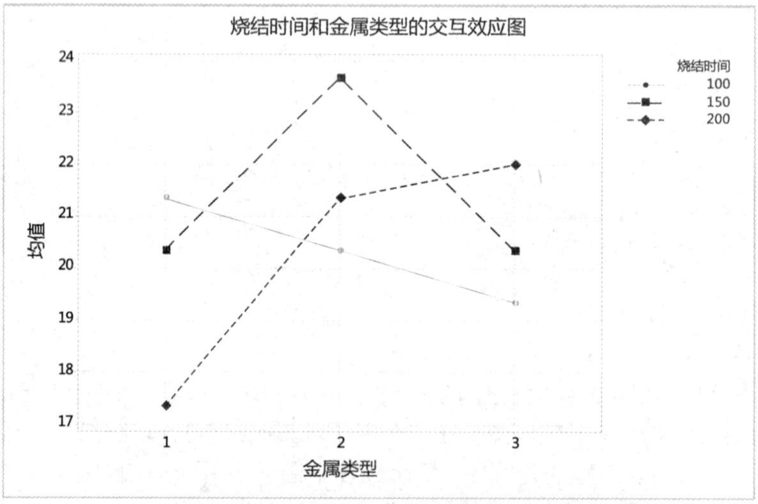

彩图 7-26

图 7-26 烧结时间和金属类型的交互效应图

① 如果交互效应图中的 3 条线近乎平行，则表明不存在交互效应；反之，则 3 条线相交的锐角越大，交互效应程度越高。本例的 3 条线不平行甚至交叉，表明烧结时间和金属类型存在明显的交互效应。

② 如果 3 条线近乎水平，则表明 3 种金属类型的抗压强度相差不显著；反之则相差显著。本例的 3 条线均不水平，表明 3 种金属类型的抗压强度有显著差异。

③ 如果 3 条线近乎重合，则表明不同烧结时间的金属抗压强度相差不显著；反之则相差显著。本例的 3 条线间均有一定距离，表明不同烧结时间的金属抗压强度有显著差异。

【例 7-10】现有 36 名男、女学生，分为高焦虑组和低焦虑组，每人参加 3 种教学实验后得到笔试成绩和口语成绩两项测验分数，试绘制性别、教学方法、焦虑程度对笔试成绩的交互效应图。

（1）打开工作表“焦虑.mwx”。

（2）在【交互作用图（Interaction Plot）】主对话框（见图 7-25）中，【响应（Responses）】选择“笔试成绩”,【因子（Factors）】选择“性别”“焦虑程度”“教学方法”。

（3）在【交互作用图：选项（Interaction Plot:Options）】对话框（界面参考图 7-23）中，设定【标题（Title）】为“性别、教学方法、焦虑程度对笔试成绩的交互效应图”。

（4）主要结果及分析。

性别与焦虑程度的交互效应图中的线不平行，而焦虑程度与教学方法、性别与教学方法的交互效应图中的线基本为平行，因此可认为性别与焦虑程度存在交互效应，而焦虑程度与教学方法、性别与教学方法不存在交互效应，如图 7-27 所示。

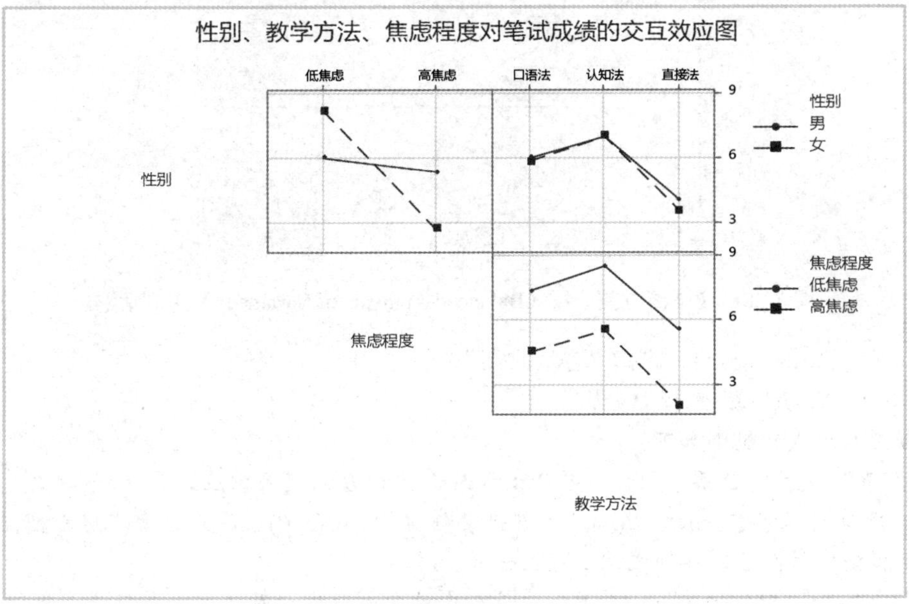

彩图 7-27

图 7-27　性别、教学方法、焦虑程度对笔试成绩的交互效应图

7.6　平衡方差分析

平衡方差分析（Balanced Analysis of Variance）对每个因变量进行单变量方差分析，除了单因子设计，其他设计必须是平衡的。平衡是指处理组（单元）都必须有相同数量的观测值。

7.6.1　完全随机设计资料的方差分析

完全随机设计只研究一个处理因子，但可以有 k（≥2）个水平（处理组），因此称为单因子设计，k 个处理组的样本含量相等，而当每个试验数据随机分配到 k 个处理组时，称为完全随机平衡设计。完全随机设计资料的方差分析又称为单因素方差分析，是两组均值比较 t 检验的推广，可统计分析处理因子中各处理组之间均值差别有无统计学意义。

【例 7-11】某单位研究茶多酚保健饮料对急性缺氧的影响，将 60 只 Wistar 小白鼠随机分为低、中、高 3 个剂量组和 1 个对照组。每组 15 只小白鼠，对照组每天给予蒸馏水 0.25mL 灌胃，低、中、高剂量组分别给予 2.0g/kg、4.0g/kg、8.0g/kg 的饮料溶于 0.2～0.3mL 蒸馏水后灌胃。每天一次，40 天后对小白鼠进行耐缺氧存活时间试验，试比较不同剂量的茶多酚保健饮料对延长小白鼠的耐缺氧存活时间（单位：min）有无差别。

（1）打开工作表“耐缺氧.mwx”。

（2）选择【统计（Stat)】→【方差分析（Analysis of Variance)】→【平衡方差分析（Balanced

Analysis of Variance)】菜单项，打开【平衡方差分析（Balanced Analysis of Variance)】主对话框，如图 7-28 所示。个别对话框设定参见 7.2 节。

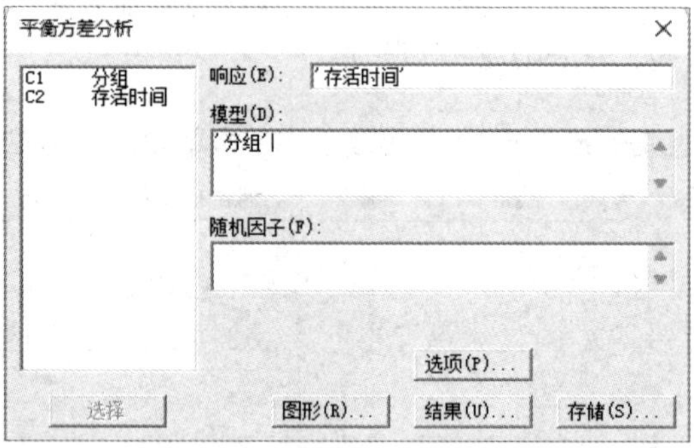

图 7-28 【平衡方差分析（Balanced Analysis of Variance)】主对话框

- 【响应（Responses)】：选择“存活时间”。
- 【模型（Model)】：选择“分组”。

注：模型表达式的规则如下。

① “” 表示交互效应项。例如，$A*B$ 表示因子 A 和 B 的交互效应。*

② “( )” 表示嵌套。例如，$B(A)$表示 B 嵌套在 A 内；$C(A\ B)$表示 C 嵌套在 A 和 B 内。括号中的项始终是模型中的因子，各项之间以空格分开。

③ 使用 “|” 或 “!” 的缩写模型表示在模型中包含所有因子及其交互效应项。例如，$A\mid B\mid C$ 将在模型中包含 A、B、C、$A*B$、$A*C$、$B*C$、$A*B*C$。

④ 使用 “–” 从模型中删除项。例如，$A\mid B\mid C - A*B*C$ 将删除包含 $A*B*C$ 的交互效应项。

常见模型的示例如下。

两因子交叉：$A\ B\ A*B$。

三因子交叉：$A\ B\ C\ A*B\ A*C\ B*C\ A*B*C$。

三因子嵌套：$A\ B(A)C(A\ B)$。

交叉且嵌套（B 嵌套在 A 内，两者都与 C 交叉)：$A\ B(A)\ C\ A*C\ C*B(A)$。

当一项既包含交叉又包含嵌套时，请将“*”(或交叉因子)放在前面，如 $C*B(A)$，而不是 $B(A)*C$。

- 【随机因子（Random factors)】：本例未选择。

（3)【平衡方差分析：选项（Balanced Analysis of Variance:Options)】对话框如图 7-29 所示。

- 【使用模型的约束形式（Use the restricted form of the model)】：默认拟合无约束模型（Unrestricted model)，如果选择此选项，则拟合约束模型（Restricted model)。

（4)【平衡方差分析：结果（Balanced Analysis of Variance:Results)】对话框如图 7-30 所示。

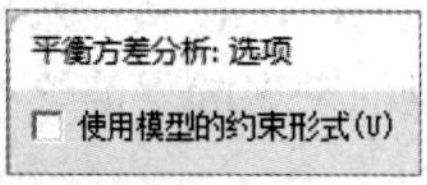

图 7-29 【平衡方差分析：选项（Balanced ANOVA:Options)】对话框

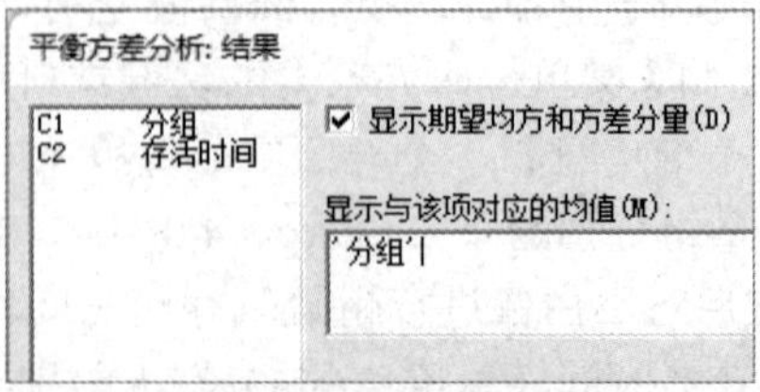

图 7-30 【平衡方差分析：结果（Balanced ANOVA:Results)】对话框

- 【显示期望均方和方差分量（Display expected mean squares and variance components）】：显示期望均方、估计方差分量（Estimated variance components）和误差项（Error term）。
- 【显示与该项对应的均值（Display means corresponding to the terms）】列表：选择用于计算样本含量和均值的变量，本例选择“分组”。

（5）主要结果及分析。

存活时间的方差分析：F=21.14，P<0.001，按 α=0.05 水准，拒绝 H_0，接受 H_1，可认为不同剂量的茶多酚保健饮料对延长小白鼠的平均耐缺氧存活时间有差别，且对照组和低、中、高剂量组的平均耐缺氧存活时间是逐渐延长的，即均值：21.55min（对照组）→22.88min（低剂量组）→ 28.06min（中剂量组）→ 31.83min（高剂量组），如结果 7-15 所示。

结果 7-15

存活时间 的方差分析

因子信息

因子	类型	水平数	值
分组	固定	4	1, 2, 3, 4

来源	自由度	SS	MS	F	P
分组	3	1017.4	339.14	21.14	0.000
误差	56	898.4	16.04		
合计	59	1915.8			

模型汇总

S	R-sq	R-sq（调整）
4.00533	53.11%	50.59%

检验的误差项

	来源	方差分量	误差项	每项的期望均方（使用无限制模型）
1	分组		2	(2) + Q[1]
2	误差	16.04		(2)

均值

分组	N	存活时间
1	15	21.5453
2	15	22.8767
3	15	28.0553
4	15	31.8333

注：方差分析的结果如果拒绝 H_0，接受 H_1，则不能说明各组总体均值两两之间均有差别。如果要分析哪两个组有差别，需要进行多个均值之间的多重比较检验。

7.6.2　双因子方差分析

两个分类变量（因子）的每个分类交叉分组比较一个定量响应变量均值的方法称为双因子方差分析。双因子方差分析可计算两个因子的主效应和交互效应。

【例 7-12】谷物必须干燥后才能包装。实验室技术人员收集了谷物在不同烘烤时间和烘烤温度（℉）下的含水量，试进行两交叉因子平衡设计方差分析。

（1）打开工作表“湿度百分比.mwx”。

（2）在【平衡方差分析（Balanced Analysis of Variance）】主对话框（见图 7-28）中，【响应（Responses）】选择“含水量”，【模型（Model）】选择“烘烤时间”“烘烤温度”。

（3）在【平衡方差分析：结果（Balanced Analysis of Variance:Results）】对话框（见图 7-30）中，选择【显示期望均方和方差分量（Display expected mean squares and variance components）】，【显示与该项对应的均值（Display means corresponding to the terms）】列表中选择“烘烤时间”“烘烤温度”，其他选项同例 7-11。

（4）主要结果及分析。

① 含水量的方差分析：烘烤时间：F=33.22，P<0.001，按 α=0.05 水准，拒绝 H_0，接受 H_1，可认为不同烘烤时间的谷物含水量的总体均值之间的差异有统计学意义；烘烤温度：F=16.92，P<0.001，按 α=0.05 水准，拒绝 H_0，接受 H_1，可认为不同烘烤温度的谷物含水量的总体均值之间

的差异有统计学意义，即烘烤时间和烘烤温度对谷物含水量有影响，如结果 7-16 所示。

② 均值：不同烘烤时间的含水量均值为 30min（0.11）→60min（0.10）→90min（0.06）；不同烘烤温度的含水量均值为 125℉（0.12）→130℉（0.09）→135℉（0.08），可见烘烤时间越长、烘烤温度越高，谷物的含水量越低，如结果 7-17 所示。

结果 7-16

因子信息

因子	类型	水平数	值
烘烤时间	固定	3	30, 60, 90
烘烤温度	固定	3	125, 130, 135

含水量 的方差分析

来源	自由度	SS	MS	F	P
烘烤时间	2	0.020087	0.010043	33.22	0.000
烘烤温度	2	0.010232	0.005116	16.92	0.000
误差	31	0.009373	0.000302		
合计	35	0.039691			

结果 7-17

均值

烘烤时间	N	含水量
30	12	0.114583
60	12	0.103667
90	12	0.059917

烘烤温度	N	含水量
125	12	0.116083
130	12	0.085167
135	12	0.076917

【例 7-13】城市道路交通管理部门为研究不同路段和不同时段对行车时间的影响，让一名交通警察分别在两个路段的高峰期与非高峰期亲自驾车进行试验，通过试验共获得 20 个行车时间（单位：min）数据，试分析路段、时段与路段和时段的交互效应对行车时间的影响。

（1）打开工作表“行车时间.mwx”。

（2）在【平衡方差分析（Balanced Analysis of Variance）】主对话框（见图 7-28）中，【响应（Responses）】选择“行车时间”，【模型（Model）】为“时段”“路段”“时段*路段”。

（3）在【平衡方差分析：结果（Balanced Analysis of Variance:Results）】对话框（见图 7-30）中，选择【显示期望均方和方差分量（Display expected mean squares and variance components）】，【显示与该项对应的均值（Display means corresponding to the terms）】列表中选择“时段”“路段”“时段*路段”，其他选项同例 7-11。

（4）主要结果及分析。

行车时间的方差分析：时段：F=44.06，P<0.001，按 α=0.05 水准，拒绝 H_0，接受 H_1，可认为不同时段行车时间的总体均值之间的差异有统计学意义，即时段对行车时间有影响；路段：F=23.41，P<0.001，按 α=0.05 水准，拒绝 H_0，接受 H_1，可认为不同路段行车时间的总体均值之间的差异有统计学意义，即路段对行车时间有影响；时段*路段：F=0.01，P=0.912，按 α=0.05 水准，不拒绝 H_0，尚不能认为路段和时段存在交互效应，如结果 7-18 所示。

结果 7-18

行车时间 的方差分析

来源	自由度	SS	MS	F	P
时段	1	174.050	174.050	44.06	0.000
路段	1	92.450	92.450	23.41	0.000
时段*路段	1	0.050	0.050	0.01	0.912
误差	16	63.200	3.950		
合计	19	329.750			

7.6.3　混合模型平衡设计资料的方差分析

【例 7-14】根据例 7-10 的资料，试分析性别、教学方法、焦虑程度对笔试成绩（单位：分）的影响。

（1）打开工作表“焦虑.mwx”。

（2）在【平衡方差分析（Balanced Analysis of Variance）】主对话框（见图 7-28）中，【响应（Responses）】选择“笔试成绩”，【模型（Model）】为“性别”“焦虑程度”“教学方法”。

（3）在【平衡方差分析：结果（Balanced Analysis of Variance: Results）】对话框（见图 7-30）中，选择【显示期望均方和方差分量（Display expected mean squares and variance components）】，【显

示与该项对应的均值（Display means corresponding to the terms）】为“性别”“焦虑程度”“教学方法”“性别*焦虑程度”“性别*教学方法”“焦虑程度*教学方法”“性别*焦虑程度*教学方法”，其他选项为默认值。

（4）主要结果及分析。

① 笔试成绩的方差分析：焦虑程度：F=44.80，P<0.001；教学方法：F=16.90，P<0.001，按 α=0.05 水准，拒绝 H_0，接受 H_1，可认为焦虑程度和教学方法对笔试成绩有影响。性别*焦虑程度：F=27.66，P<0.001，按 α=0.05 水准可认为性别与焦虑程度存在交互效应，如结果 7-19 所示。

② 均值：低焦虑组的笔试成绩（7.11 分）高于高焦虑（4.00 分）；不同教学方法的笔试成绩依次为认知法（7.00 分）→口语法（5.92 分）→直接法（3.75 分）；性别与焦虑程度交叉，笔试成绩依次为女性低焦虑组（8.22 分）→男性低焦虑组（6.00 分）→男性高焦虑组（5.33 分）→女性高焦虑组（2.67 分），由于性别和焦虑程度存在交互效应，因此女性低焦虑组使笔试成绩更高，而女性高焦虑组则使笔试成绩更低，如结果 7-20 所示。

结果 7-19

因子信息

因子	类型	水平数	值
性别	固定	2	男, 女
焦虑程度	固定	2	低焦虑, 高焦虑
教学方法	固定	3	口语法, 认知法, 直接法

笔试成绩 的方差分析

来源	自由度	SS	MS	F	P
性别	1	0.444	0.4444	0.23	0.637
焦虑程度	1	87.111	87.1111	44.80	0.000
教学方法	2	65.722	32.8611	16.90	0.000
性别*焦虑程度	1	53.778	53.7778	27.66	0.000
性别*教学方法	2	0.389	0.1944	0.10	0.905
焦虑程度*教学方法	2	0.722	0.3611	0.19	0.832
性别*焦虑程度*教学方法	2	4.056	2.0278	1.04	0.368
误差	24	46.667	1.9444		
合计	35	258.889			

结果 7-20

均值

性别	N	笔试成绩
男	18	5.66667
女	18	5.44444

焦虑程度	N	笔试成绩
低焦虑	18	7.11111
高焦虑	18	4.00000

教学方法	N	笔试成绩
口语法	12	5.91667
认知法	12	7.00000
直接法	12	3.75000

性别*焦虑程度	N	笔试成绩
男 低焦虑	9	6.00000
男 高焦虑	9	5.33333
女 低焦虑	9	8.22222
女 高焦虑	9	2.66667

7.7　一般线性模型

一般线性模型（General Linear Model，GLM）可进行响应变量平衡设计或非平衡设计的方差分析、协方差分析（Analysis of covariance）和回归分析等。模型可包含交互效应项和多项式项、交叉和嵌套因子，以及固定和随机因子。一般线性模型还可以进行逐步回归（Stepwise regression）、保存统计量、估计残差诊断（Residual diagnostics）、进行失拟检验（Lack-of-fit tests）和变换高度偏斜资料。

7.7.1　随机区组设计资料的方差分析

随机区组设计（Randomized block design）又称为随机配伍组设计、单位组设计，是配对设计的扩展，这种设计将多方面条件相同或相近的受试对象作为区组，如试验动物的种属、窝别、性别、月龄、体重相同或相近的划入一个区组，此外，还可以用时间或地域作为区组，分别将各区组内的受试对象随机分配到处理水平不同的各个组。随机区组设计的设计方法是将数据按区组因子和试验因子两个方向进行分组，并对两个分组变量进行方差分析。随机区组设计可以排除区组因子对试验效应的干扰，真实反映试验因子的作用，以提高试验效率。由于随机区组设计的主要目的在于排除非试验因子的系统性影响，所以区组因子不应与试验因子存在交互效应，并且划分区组的因子应为对试验指标有影响的非试验因子。

【例 7-15】 研究人员在 4 块地块里分块种植了 6 种不同的紫花苜蓿，并对其产量进行了计算。将地块视为区组，试比较不同品种的紫花苜蓿的产量。

（1）打开工作表“紫花苜蓿.mwx”。

（2）选择【统计（Stat）】→【方差分析（Analysis of Variance）】→【一般线性模型（General Linear Model）】→【拟合一般线性模型（Fit General Linear Model）】菜单项，打开【一般线性模型（General Linear Model）】主对话框，如图 7-31 所示。

- 【响应（Responses）】：又称为 y 变量，是用因子（X）解释和预测的连续变量。如果选择多个响应变量，则分别为每个响应变量拟合单独的模型。本例选择“产量”
- 【因子（Factors）】：又称为 x 变量，是解释响应变量的分类。本例选择“品种”“地块”。
- 【协变量（Covariates）】：又称为 x 变量，用于解释响应变量的连续变量。

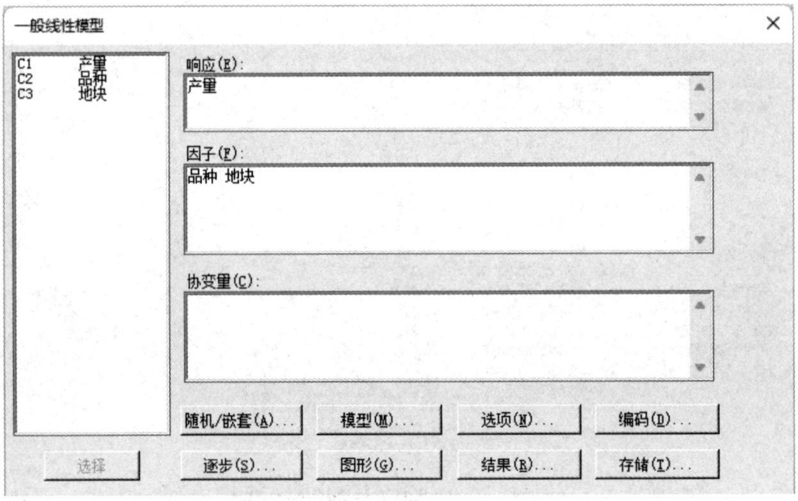

图 7-31 【一般线性模型（General Linear Model）】主对话框

（3）【一般线性模型：随机/嵌套（General Linear Model:Random/Nest）】对话框如图 7-32 所示。

- 【嵌套（Nesting）】：设定一个因子是否嵌套在另一个因子中。例如，机器和操作人员两个因子，机器 1 由李某、王某、张某操作，而机器 2 由刘某、陈某、杨某操作，因此认为这两个因子是嵌套的。
- 【因子/协变量（Factor/Covariates）】：显示模型中的所有因子和协变量。
- 【已嵌套在指定的因子中（Nested in specific factors）】：如果某个因子嵌套在一个或多个因子中，则输入这些因子。对于多级嵌套，仅输入直接嵌套的因子。例如，假设 C 嵌套在 B 中，B 嵌套在 A 中，对于 C，仅输入 B。
- 【因子类型（Factor type）】：在方差分析中，因子分为固定因子和随机因子。控制因子水平的应为固定因子，而从总体中随机抽取因子水平作为样本（区组因子）的应为随机因子。在 Minitab 中，不同的方差分析命令可以处理不同类型的因子。一般线性模型和平衡方差分析可以分析固定因子和随机因子。但是，完全嵌套方差分析只能分析随机因子，而双因子方差分析只能分析固定因子。

- 【因子（Factor）】：显示模型中的所有因子。
- 【类型（Type）】：可选择【固定（Fixed）】或【随机（Random）】，本例重点关注不同品种紫花苜蓿的产量，而地块为区组因子，因此设定“品种”为【固定（Fixed）】，“地块”为【随机（Random）】。

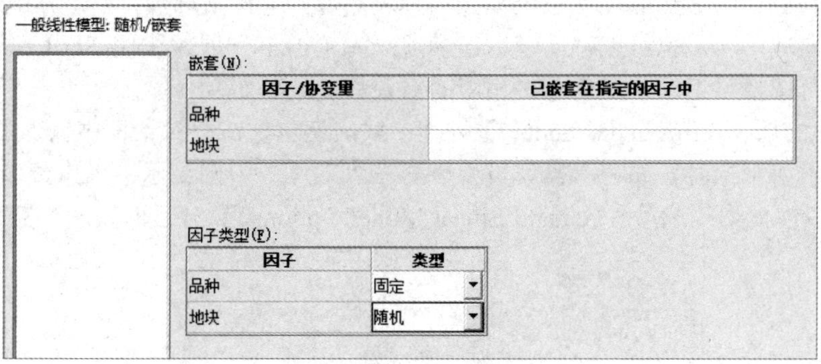

图 7-32　【一般线性模型：随机/嵌套（General Linear Model:Random/Nest）】对话框

（4）【一般线性模型：模型（General Linear Model:Model）】对话框（见图 7-33）可将交互效应项（Interaction terms）和多项式项（Polynomial terms）添加到模型中。

- 【因子和协变量（Factors and covariates）】列表：显示主对话框中输入的因子和协变量。
- 【使用选定因子、协变量和模型项添加项（Add terms using selected factors, covariates and model terms）】。
    - 【按变量顺序添加交互项（Interactions through order）】：按指定的阶数（Order）添加所有交互效应项。例如，当阶数为 3 时，选择变量 X、Y、A 和交互效应项后单击【添加（Add）】按钮，将添加 $X*Y$、$X*A$、$Y*A$ 和 $X*Y*A$。
    - 【模型中的交叉因子、协变量和项（Cross factors, covariates and terms in the model）】：可以通过多种方式使用。

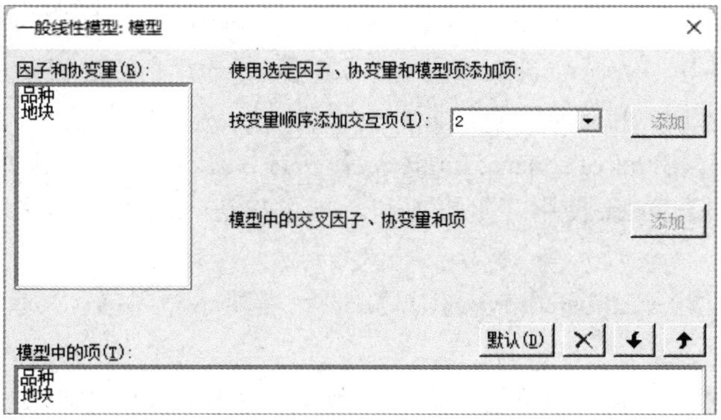

图 7-33　【一般线性模型：模型（General Linear Model:Model）】对话框

注：① 交叉使用两个或以上的因子和协变量。例如，选择了 X、Y、Z，单击【添加（Add）】按钮可添加 $X*Y*Z$。

② 交叉使用模型中两个或以上的项。例如，选择了已在模型中的 $X*A$ 和 $X*B$，单击【添加

（Add）】按钮可添加 $X*X*A*B$。

③ 将因子和协变量与已在模型中的项交叉使用。例如，选择已在模型中的 $X*X$ 和 $Y*Y$，以及因子 A 和 B，单击【添加（Add）】按钮可添加 $X*X*A$、$X*X*B$、$Y*Y*A$、$Y*Y*B$。

- 【默认（Default)】按钮：只添加主对话框中输入的因子和协变量。
- × 按钮：从模型中删除一个或多个项，也可以双击某项将其删除。
- ↓ ↑ 按钮：新添加的项均位于模型项列表底部，选择某项后，单击其中一个箭头可以上下移动该项。用户也可以移动一组连续项。先单击第一项，按住 Shift 键并同时单击最后一项即可选择整组项，然后单击相应的箭头移动此整组项。
- 【模型中的项（Terms in the model)】列表：默认仅包含在主对话框中输入的因子和协变量。嵌套因子将带括号，如将“操作员”嵌套在“工厂”中则显示“操作员（工厂)”。

（5）【一般线性模型：选项（General Linear Model:Options)】对话框如图 7-34 所示。

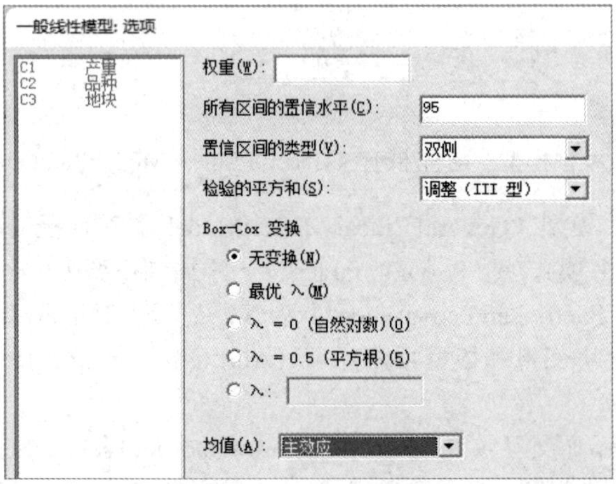

图 7-34 【一般线性模型：选项（General Linear Model:Options)】对话框

- 【权重（Weights)】：选择用于加权回归的权重变量，权重必须大于或等于 0，权重变量的个案数必须与响应变量一致。
- 【所有区间的置信水平（Confidence level for all intervals)】：默认为“95”。
- 【置信区间的类型（Type of confidence interval)】：可选择【双侧（Two-sided)】、【下限（Lower bound)】或【上限（Upper bound)】。
- 【检验的平方和（Sums of squares for tests)】：选择用于计算 F 值和 P 值的平方和（SS），常使用调整平方和。如果使用序贯平方和，则可按进入模型的顺序确定项的显著性。可选择以下两项。
  - 【调整（III 型）（Adjusted(Type III))】：表示当项添加到包含其余所有项的模型后，误差平方和的减少量。
  - 【序贯（I 型）（Sequential(Type I))】：表示当项添加到仅包含前一个项的模型后，误差平方和的减少量。
- 【Box-Cox 变换（Box-Cox transformation)】：目的是让响应变量满足线性模型的基本假定，即线性、正态性和方差齐性，然而是否能够同时满足上述假定需要进一步验证。在大多数情况下（除非资料非常偏斜）不需要纠正资料的非正态性。Box-Cox 变换要求所有响应资料都必须大于 0。

- 【无变换（No transformation）】：使用原始响应资料。
- 【最优 λ（Optimal λ）】：搜索最优值，但在逐步回归或模型包含随机因子时，无法计算最优的 λ 值。
- 【λ=0（自然对数）（λ= 0(natural log)）】：对响应变量进行自然对数变换。
- 【λ= 0.5（平方根）（λ= 0.5(Square root)）】：对响应变量进行平方根变换。
- 【λ】：输入一个-5～5 之间的响应变量并进行相应的次幂变换，当 λ=-1 时，进行倒数变换；当 λ=2 时，进行平方变换等。

■ 【均值（Mean）】：可以快速显示多组项的最小二乘均值（Least squares means），如果结果没有显示指定项的均值，就将其添加到模型中，可以选择【无（None）】、【主效应（Main effects）】、【双因子交互作用（Two-way interactions）】、【模型中的所有项（All terms in the model）】或【指定的项（Specified terms）】。本例选择【主效应（Main effects）】。

（6）【一般线性模型：结果（General Linear Model:Results）】对话框如图 7-35 所示。

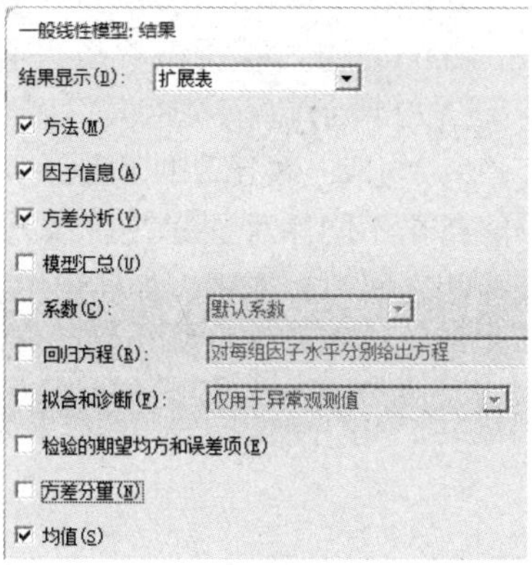

图 7-35 【一般线性模型：结果（General Linear Model:Results）】对话框

■ 【结果显示（Display of results）】：设定结果显示的详细程度。
- 【简单表（Simple tables）】：显示所有表的简单版。
- 【扩展表（Expanded tables）】：显示方差分析、系数、模型汇总，以及拟合和诊断表的扩展版。

■ 【方法（Method）】：显示非默认设置的汇总表。

■ 【因子信息（Factor information）】：显示因子名称（Factor Names）、水平数（Number of Levels）和水平值（Level Values）的汇总信息。

■ 【方差分析（Analysis of Variance）】：显示方差分析表［源平方和（Sums of squares by source）与 P 值］。

■ 【模型汇总（Model summary）】：显示用于评估模型拟合度（Model fit）的统计量，包括 R^2。

■ 【系数（Coefficients）】下拉菜单：显示系数、效应和 P 值。使用该下拉菜单可以控制表中因子系数的个数。
- 【默认系数（Default coefficients）】：显示所有线性独立的因子系数。
- 【整套系数（Full set of coefficients）】：显示所有水平的因子系数，包括最终的线性独立水平。

■ 【回归方程（Regression equation）】下拉菜单：显示回归方程。
- 【对每组因子水平分别给出方程（Separate equation for each set of factor levels）】：显示每个因子水平组合的单独方程。
- 【单一方程（Single equation）】：显示包含所有因子、所有水平的方程。

■ 【拟合和诊断（Fits and diagnostics）】菜单：显示拟合和诊断，可选择以下选项。
- 【仅用于异常观测值（Only for unusual observations）】：仅显示异常观测值的拟合与诊断。
- 【适用于所有观测值（For all observations）】：显示所有观测值的拟合与诊断。

■ 【检验的期望均方和误差项（Expected mean squares and error terms for tests）】：显示在包含随机项（Random terms）的每个 F 检验中使用的误差项（Error terms）。

■ 【方差分量（Variance components）】：显示随机项的方差分量估计值。

■ 【均值（Means）】：显示在【一般线性模型：选项（General linear model: options）】对话框（见图 7-34）中指定的最小二乘均值。

注：一般线性模型更多的对话框选项可参见 10.2 节。

（7）主要结果及分析。

① 因子信息：因变量为产量，固定（试验）因子为品种（6 个水平），随机（区组）因子为地块（4 个水平），如结果 7-21 所示。

结果 7-21

方法

因子编码 (-1, 0, +1)

因子信息

因子	类型	水平数	值
品种	固定	6	1, 2, 3, 4, 5, 6
地块	随机	4	1, 2, 3, 4

② 方差分析：品种的序贯平方和（Seq SS）为 4.80，对总变异的贡献为 4.80/5.11×100%=93.93%，表明品种解释了总变异的绝大部分。品种：F=132.95，P<0.001，按 α=0.05 水准，拒绝 H_0，接受 H_1，差异有统计学意义，因此可认为不同品种的紫花苜蓿的产量不同；地块：F=1.69，P=0.186>0.05，按 α=0.05 水准，不拒绝 H_0，差异无统计学意义，尚不能认为不同地块的紫花苜蓿的产量不同，如结果 7-22 所示。

③ 均值：显示品种和地块两个因子各水平的紫花苜蓿产量的最小二乘均值，但由于方差分析只能得出不同品种的紫花苜蓿产量的总体均值不相等的结论，所以不能说明各因子水平的总体均值两两之间都有差别，如结果 7-23 所示。如果要分析哪两个因子水平之间有差别，就要进行均值的多重比较检验（见例 7-30）。

结果 7-22

方差分析

来源	自由度	Seq SS	分布	Adj SS	Adj MS	F 值	P 值
品种	5	4.80048	93.93%	4.78536	0.957072	132.95	0.000
地块	3	0.03647	0.71%	0.03647	0.012158	1.69	0.186
误差	38	0.27355	5.35%	0.27355	0.007199		
失拟	15	0.27355	5.35%	0.27355	0.018237	*	*
纯误差	23	0.00000	0.00%	0.00000	0.000000		
合计	46	5.11050	100.00%				

结果 7-23

均值

项	拟合均值
品种	
1	3.26378
2	3.12500
3	3.06250
4	2.65000
5	3.23250
6	2.40250
地块	
1	2.94252
2	2.99833
3	2.92333
4	2.96000

7.7.2 析因设计资料的方差分析

析因设计是一种多因子的交叉分组试验设计，是多因子各水平所有组合都进行试验的方法。析因设计资料的方差分析包含主效应分析、交互效应分析和单独效应分析。单独效应是在一个因子水平固定时，另一个因子在不同水平之间的比较。如果分析所有主效应和交互效应，则称为全因子模型；如果只分析部分主效应和交互效应，则称为非全因子模型。由于析因设计是将各因子的各水平的所有组合都进行试验，因此能清楚地揭示事物内部的规律性，是一种高效率的试验设计。但是当因子数、水平数较多时，由于试验次数太多，因此难以实现。**析因设计资料可进行方差分析，把总变异分解为各因子水平之间的差异、因子间的交互效应和误差变异。**在统计分析前，应先对 A×B、A×B×C 等各组合试验数据进行方差齐性检验，如果方差齐性，则可进行方差分析；如果方差不齐，则可选择相应的方法先进行变量变换，使方差齐性，再进行方差分析。

注：例 7-12～例 7-14 也为析因设计资料。

1. 两因子析因设计资料的方差分析

2×2（2^2）设计表示有两个因子，每个因子有两个水平；3×4 设计表示有两个因子，每个因子分别有 3 个水平和 4 个水平。同理，$R\times C$ 设计表示因子 A 有 R 个水平，因子 B 有 C 个水平，$R\times C$ 设计的方差分析模型共有 $R\times C$ 种组合。在两个因子的试验中，不仅需要考虑每个因子的主效应，还需要研究两个因子之间的交互效应，记作 $A\times B$，如果要研究 A、B 两个因子的交互效应，两个因子水平的每种组合不能只进行一次试验，而应进行 n 次重复试验（$n\geqslant2$）。在试验设计时应尽可能使每种组合的重复试验次数相等。这样不但计算简单，而且精度高。可选择完全随机设计或配伍组设计等将试验对象随机分配到处理组中。

【例 7-16】根据例 7-5 的资料（2×3 析因设计），试进行方差分析。

（1）打开工作表“路面状况.mwx”。

（2）在【一般线性模型（General Linear Model）】主对话框（见图 7-31）中，【响应（Responses）】选择“校正时间”，【因子（Factors）】选择“经验”“公路类型”。

（3）在【一般线性模型：随机/嵌套（General Linear Model: Random / Nest）】对话框（见图 7-32）中，【因子类型（Factor type）】均选择【固定（Fixed）】。

（4）【一般线性模型：模型（General Linear Model: Model）】对话框如图 7-36 所示。按住 Ctrl 键选择【因子和协变量（Factors and covariates）】列表中的“经验”“公路类型”后单击【添加（Add）】按钮，将“经验”“公路类型”“经验*公路类型”（交互效应项）添加至【模型中的项（Terms in the model）】列表。

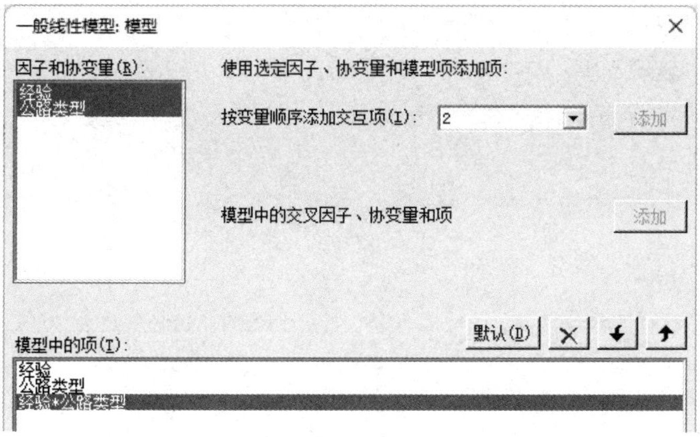

图 7-36　【一般线性模型：模型（General Linear Model: Model）】对话框

（5）在【一般线性模型：结果（General Linear Model: Results）】对话框（见图 7-35）中，【结果显示（Display of results）】菜单项选择【简单表（Simple tables）】，并选择【方法（Method）】【因子信息（Factor information）】【方差分析（Analysis of Variance）】，其他对话框选项均为默认选项。

（6）主要结果及分析。

① 因子信息：本例为 2×3 析因设计资料，其中经验有两个水平，公路类型有 3 个水平，如结果 7-24 所示。

② 主效应结果：经验：F=8.99，P=0.008<0.01；公路类型：F=6.07，P=0.010<0.05，按 α=0.05 水准，均拒绝 H_0，接受 H_1，差异有统计学意义，因此可认为驾驶员的经验和公路类型都对驾驶员

的校正时间有影响，如结果 7-25 所示。由于公路类型共有 3 个水平，所以需要进行均值的多重比较检验，参见 7.7.9 节。

③ 方差分析：经验和公路类型的交互效应结果为 F=1.50，P=0.249，按 α=0.05 水准，不拒绝 H_0，尚不能认为因经验和公路类型存在交互效应，如结果 7-25 所示，与例 7-5 的结果一致。

结果 7-24

因子信息

因子	类型	水平数	值
经验	固定	2	老手, 新手
公路类型	固定	3	土路, 石路, 柏油路

结果 7-25

方差分析

来源	自由度	Adj SS	Adj MS	F 值	P 值
经验	1	228.17	228.17	8.99	0.008
公路类型	2	308.33	154.17	6.07	0.010
经验*公路类型	2	76.33	38.17	1.50	0.249
误差	18	457.00	25.39		
合计	23	1069.83			

【例 7-17】一位电子设计工程师研究因子 A（3 种面板的玻璃类型）和因子 B[工作温度（100℉、125℉和 150℉）]对示波器管的光输出量的效应（3×3 析因设计），试进行方差分析。

（1）打开工作表“光输出.mwx”。

（2）在【一般线性模型（General Linear Model）】主对话框（见图 7-31）中，【响应（Responses）】选择“光输出”，【因子（Factors）】选择“温度”“玻璃类型”。

（3）在【一般线性模型：随机/嵌套（General Linear Model: Random / Nest）】对话框（见图 7-32）中，【因子类型（Factor type）】均选择【固定（Fixed）】。

（4）在【一般线性模型：模型（General Linear Model:Model）】对话框（见图 7-36）中，【模型中的项（Terms in the model）】为“温度”“玻璃类型”“温度*玻璃类型”。其他对话框选项同例 7-16。

（5）主要结果及分析。

① 主效应结果：玻璃类型：F=206.37，P<0.001；温度：F=2695.26，P<0.001，按 α=0.05 水准，均拒绝 H_0，接受 H_1，差异有统计学意义，因此可认为不同温度和玻璃类型的光输出量的总体均值不同，如结果 7-26 所示。

结果 7-26

因子信息

因子	类型	水平数	值
温度	固定	3	100, 125, 150
玻璃类型	固定	3	1, 2, 3

方差分析

来源	自由度	Adj SS	Adj MS	F 值	P 值
温度	2	1970335	985167	2695.26	0.000
玻璃类型	2	150865	75432	206.37	0.000
温度*玻璃类型	4	290552	72638	198.73	0.000
误差	18	6579	366		
合计	26	2418330			

② 交互效应结果：温度*玻璃类型：F=198.73，P<0.001，按 α=0.05 水准，拒绝 H_0，接受 H_1，可认为玻璃类型和温度存在交互效应，如结果 7-26 所示。

③ 单独效应分析：上述 3×3 析因设计的方差分析给出了主效应和交互效应的结果，为了更细致地分析交互效应，还可以配合单独效应分析，又称为固定水平分析，即分别固定一个因子后，对另一个因子进行单因子方差分析。表 7-1 所示为不同玻璃类型在不同温度下的光输出量的单独效应，同时给出了主效应、交互效应的结果。如果固定玻璃类型水平，则对不同温度的光输出量进行单因子方差分析，玻璃类型 1：F=18207.87，P<0.001；玻璃类型 2：F=651.40，P<0.001；玻璃类型 3：F=461.84，P<0.001。同理，如果固定温度水平，则有 100℉：F=0.89，P=0.459>0.05；125℉：F=4.68，P=0.060>0.05；150℉：F=1103.32，P<0.001。此单独效应分析未进行检验水准 α 的调整，如果推断结果非常重要，则需要考虑 α 的调整问题，如可使用 Bonferroni 方法进行调整。

表 7-1　不同玻璃类型在不同温度下的光输出量的单独效应

玻璃类型	温度/°F			合计	F 值	P 值
	100	125	150			
1	572.67±6.43	1087.3±2.52	1386.0±6.00	1015.0±356.00	18207.87	<0.001
2	553.0±24.60	1035.0±35.00	1313.0±14.50	967.0±334.00	651.40	<0.001
3	573.3±26.50	1054.7±10.60	886.7±18.60	838.2±212.30	461.84	<0.001
合计	566.33±20.93	1059.0±29.30	1195.2±233.9	940.2±305.00	2695.26*	<0.001*
F 值	0.89	4.68	1103.32	206.37*	198.73#	
P 值	0.459	0.060	<0.001	<0.001*	<0.001#	

注：*为主效应的 F 值和 P 值；#为交互效应的 F 值和 P 值。

④ 如果想进一步了解不同温度和玻璃类型组合之间两两比较的结果，可进行均值的多重比较检验（见例 7-31）。

2. 三因子析因设计资料的方差分析

三因子析因设计资料共有 A、B、C 这 3 个因子，三因子析因设计模型共有 $A\times B\times C$ 种组合，每种组合作为一个水平来安排试验。各全因子模型包括 A、B、C 这 3 个主效应，$A\times B$、$A\times C$、$B\times C$ 二阶交互效应，以及 $A\times B\times C$ 三阶交互效应。

【例 7-18】在治疗肝癌的药物研究中，为了提高药物治疗在靶器官（肝脏）的浓度，降低非靶器官（如心脏）的浓度，研究人员进行了 2×3×2 析因设计，设置了 3 个因子，即药物（A）：丝裂霉素+高分子物质＋磁性物质（试验组，A_1）和丝裂霉素（对照组，A_2）；时间（B）：15min（B_1）、30min（B_2）和 60min（B_3）；器官（C）：肝脏（C_1）和心脏（C_2）。将 60 只小鼠随机分为 12 组（2×3×2 种组合），每组 5 只。观察指标为组织中丝裂霉素的浓度（单位：μg/g），试进行方差分析。

（1）打开工作表“肝癌.mwx”。

（2）在【一般线性模型（General Linear Model）】主对话框（见图 7-31）中，【响应（Responses）】选择“丝裂霉素”，【因子（Factors）】选择“器官”“时间”“组别”。

（3）在【一般线性模型：随机/嵌套（General Linear Model: Random / Nest）】对话框（见图 7-32）中，【因子类型（Factor type）】均选择【固定（Fixed）】。

（4）在【一般线性模型：模型（General Linear Model: Model）】对话框（见图 7-36）中，【按变量顺序添加交互项（Interactions through order）】选择“3”，按住 Ctrl 键选择【因子和协变量（Factors and covariates）】列表中的“器官”“时间”“组别”后，单击【添加（Add）】按钮，将交互效应项“器官*时间”“器官*组别”“时间*组别”“器官*时间*组别”添加至【模型中的项（Terms in the model）】列表。其他对话框选项同例 7-16。

（5）主要结果及分析。

方差分析：所有主效应水平之间均存在统计学差异，各交互效应项均有统计学意义，如结果 7-27 所示。当 3 个因子的析因分析结果存在交互效应时，单独效应分析将会比较烦琐，如果要分析某因子的单独效应，则需要固定其他两个因子的所有不同组合。例如，本例中在分析药物的单独效应时，需要在 B_1C_1、B_1C_2、B_2C_1、B_2C_2、B_3C_1、B_3C_2 这 6 种组合下比较药物的两个水平。

本节主要介绍了两因子和三因子的析因设计资料的方差分析，其方法可推广至任意因子及任意因子水平析因设计的方差分析。

结果 7-27

因子信息

因子	类型	水平数	值
器官	固定	2	肝脏, 心脏
时间	固定	3	15, 30, 60
组别	固定	2	对照组, 试验组

方差分析

来源	自由度	Adj SS	Adj MS	F 值	P 值
器官	1	4.6598	4.65975	3393.71	0.000
时间	2	9.8555	4.92774	3588.89	0.000
组别	1	5.0256	5.02560	3660.16	0.000
器官*时间	2	5.7908	2.89538	2108.71	0.000
器官*组别	1	9.8433	9.84328	7168.88	0.000
时间*组别	2	4.8472	2.42360	1765.11	0.000
器官*时间*组别	2	5.8764	2.93822	2139.91	0.000
误差	48	0.0659	0.00137		
合计	59	45.9644			

7.7.3 正交设计资料的方差分析

正交设计（Orthogonal design）又称为田口玄一方法，是根据正交性从全面试验中挑选部分有代表性的点进行的非全面试验，仅对各因子、各水平的部分进行试验，这些有代表性的点具备均匀分散、整齐可比的特点，既可以大大减少试验次数和试验误差，又可以对各因子、各水平进行全面比较，选出最优的试验条件。该设计对因子的个数、水平数和因子之间有无交互效应无限制，是一种高效、快速、经济、适用的试验设计方法，常用于筛选最佳方案或最佳配方的研究。

【例 7-19】 现有高频呼吸机的 A、B、C、D、E 这 5 个参数对通气量影响的数据，每个参数有高、低两个水平，试对该数据进行方差分析。

（1）打开工作表“呼吸机.mwx”。

（2）在【一般线性模型（General Linear Model）】主对话框（见图 7-31）中，【响应（Responses）】选择“通气量”，【因子（Factors）】选择“A”“B”“C”“D”“E”。

（3）在【一般线性模型：随机/嵌套（General Linear Model:Random / Nest）】对话框（见图 7-32）中，【因子类型（Factor type）】均选择【固定（Fixed）】。

（4）在【一般线性模型：模型（General Linear Model:Model）】对话框（见图 7-36）中，【模型中的项（Terms in the model）】为“A B C D E”。其他对话框选项同例 7-16。

（5）主要结果及分析：按 α=0.05 水准可认为高频呼吸机的参数 A、B、C（高、低两个水平）对通气量有影响（P<0.01），尚不能认为参数 D、E（高、低两个水平）对通气量有影响（P>0.05），可见高频呼吸机的通气量主要受参数 A、B、C 的影响，如结果 7-28 所示。

结果 7-28

因子信息

因子	类型	水平数	值
A	固定	2	1, 2
B	固定	2	1, 2
C	固定	2	1, 2
D	固定	2	1, 2
E	固定	2	1, 2

方差分析

来源	自由度	Adj SS	Adj MS	F 值	P 值
A	1	538.59	538.59	17.49	0.002
B	1	1747.87	1747.87	56.77	0.000
C	1	784.42	784.42	25.48	0.001
D	1	81.14	81.14	2.64	0.136
E	1	29.35	29.35	0.95	0.352
误差	10	307.86	30.79		
合计	15	3489.22			

【例 7-20】 为了探讨 β 胡萝卜素（β-c）与维生素 E（VE）在不同水平的两两配比，以及放疗、化疗两种治疗方案的不同配比对荷瘤小鼠放疗、化疗后血小板的影响，确定其减轻放疗、化疗毒副作用的合理剂量配比水平[因子 A（β-c）：A_1=30mg/kg・bw，A_2=60mg/kg・bw；因子 B（VE）：B_1=17.5mg/kg・bw，B_2=50mg/kg・bw；因子 C：C_1=放疗，C_2=化疗]，研究者采用有重复的正交试

验设计，不仅分析了因子 A、B、C 的主效应，还分析了交互效应 $A\times B$、$A\times C$ 和 $B\times C$，选用 $L_8(2^7)$ 正交表安排试验，将 24 只荷瘤小鼠随机分成 8 组进行试验，在放疗、化疗后第 3 天取尾血测量血小板含量，如表 7-2 所示，试进行方差分析。

表 7-2　β-c、VE 对放疗、化疗后荷瘤小鼠血小板影响的 $L_8(2^7)$ 正交试验

试验号	A	B	$A\times B$	C	$A\times C$	$B\times C$	空列	x_1	x_2	x_3
1	1	1	1	1	1	1	1	21	21	33
2	1	1	1	2	2	2	2	461	597	598
3	1	2	2	1	1	2	2	62	69	70
4	1	2	2	2	2	1	1	409	499	432
5	2	1	2	1	2	1	2	115	128	133
6	2	1	2	2	1	2	1	463	354	518
7	2	2	1	1	2	2	1	286	241	201
8	2	2	1	2	1	1	2	518	769	476

（1）打开工作表“血小板.mwx”。

（2）在【一般线性模型（General Linear Model）】主对话框（见图 7-31）中，【响应（Responses）】选择“血小板量”，【因子（Factors）】选择“A”“B”“A×B”“C”“A×C”“B×C”“空列”。

（3）在【一般线性模型：随机/嵌套（General Linear Model:Random / Nest）】对话框（见图 7-32）中，【因子类型（Factor type）】均选择【固定（Fixed）】。

（4）在【一般线性模型：模型（General Linear Model:Model）】对话框（见图 7-36）中，【模型中的项（Terms in the model）】为“A B 'A×B' C 'A×C' 'B×C' 空列”。其他对话框选项同例 7-16。

（5）主要结果及分析。

方差分析：按 $\alpha=0.05$ 水准可认为不同剂量的 β-c 和放、化疗对荷瘤小鼠血小板含量有影响（$P<0.05$），β-c 与 VE 之间存在交互效应（$P<0.05$），如结果 7-29 所示。

结果 7-29

因子信息

因子	类型	水平数	值
A	固定	2	1, 2
B	固定	2	1, 2
A×B	固定	2	1, 2
C	固定	2	1, 2
A×C	固定	2	1, 2
B×C	固定	2	1, 2
空列	固定	2	1, 2

方差分析

来源	自由度	Adj SS	Adj MS	F 值	P 值
A	1	36037	36037	6.79	0.019
B	1	14504	14504	2.73	0.118
A×B	1	39204	39204	7.39	0.015
C	1	925908	925908	174.58	0.000
A×C	1	21961	21961	4.14	0.059
B×C	1	5581	5581	1.05	0.320
空列	1	11180	11180	2.11	0.166
误差	16	84857	5304		
合计	23	1139234			

7.7.4　拉丁方设计资料的方差分析

用 r 个拉丁字母排列成 r 行 r 列方阵，使每行每列中这 r 个拉丁字母都恰好出现一次，称为拉丁方（Latin square），r 称为拉丁方的阶，按拉丁方字母的行和列来安排处理因子和两个被控制因子的试验设计称为拉丁方设计（Latin square design）。拉丁方设计是随机区组设计的扩展，可增加试验的均衡性、减少误差和提高效率。它的优点是可同时研究 3 个因素，大大减少试验次数；缺点是要求处理数必须等于拉丁方的行（列）数，一般试验不容易满足此条件，且数据缺失会增加统计分析的难度。

【例 7-21】 5 种防护服由 5 个人在 5 天中穿着，并测量他们的脉搏（试验以脉搏作为人对高温反应的指标），试比较 5 种防护服在不同天气中对脉搏的影响是否有差别。5 种防护服的编号为 A、B、C、D、E，5 名受试者的编号为甲、乙、丙、丁、戊，试验日期编号为 1、2、3、4、5，试进行方差分析。

（1）打开工作表“防护服.mwx”。

（2）在【一般线性模型（General Linear Model）】主对话框（见图 7-31）中，【响应（Responses）】选择“脉搏次数”，【因子（Factors）】选择“受试者”“试验日期”“防护服”。

（3）在【一般线性模型：随机/嵌套（General Linear Model:Random / Nest）】对话框（见图 7-32）中，【因子类型（Factor type）】均选择【固定（Fixed）】。

（4）在【一般线性模型：模型（General Linear Model:Model）】对话框（见图 7-36）中，【模型中的项（Terms in the model）】为“受试者”“试验日期”“防护服”。其他对话框选项同例 7-16。

（5）主要结果及分析。

方差分析：受试者：F=16.27，P<0.001，按 α=0.05 水准，拒绝 H_0，接受 H_1，差异有统计学意义；试验日期：F=2.90，P=0.068>0.05；防护服：F=1.24，P=0.344>0.05，按 α=0.05 水准，不拒绝 H_0，差异无统计学意义，如结果 7-30 所示。方差分析结果显示，5 种防护服在不同天气对脉搏的影响无差别。

结果 7-30

因子信息

因子	类型	水平数	值
受试者	固定	5	甲, 乙, 丙, 丁, 戊
试验日期	固定	5	1, 2, 3, 4, 5
防护服	固定	5	A, B, C, D, E

方差分析

来源	自由度	Adj SS	Adj MS	F 值	P 值
受试者	4	2853.7	713.42	16.27	0.000
试验日期	4	508.1	127.02	2.90	0.068
防护服	4	218.0	54.51	1.24	0.344
误差	12	526.1	43.85		
合计	24	4105.9			

7.7.5 系统分组试验设计资料的方差分析

系统分组又称为组内分组、层次分组，是将受试对象按一级因子 A 分成若干个大组，每个大组再按二级因子 B 分成若干个小组，每个小组再按三级因子 C 分成若干个更小的组，等等，如此依照不同因子将受试对象进行分组再分组。在系统分组中，一级因子 A 和二级因子 B 与三级因子 C 之间的关系是不平等的，通常侧重一级因子 A（因子 A 是重点分析因子），二级因子 B 的效应随着因子 A 的水平变化而变化。同理，三级因子 C 随着一级因子 A 和二级因子 B 的水平变化而变化，因此重要因子应放在一级。由于研究考虑到因子之前的层次结果，所以各因子的影响根据专业知识有主次之分，次要因子的各水平嵌套在主要因子的水平之下，形成嵌套结构，因此这种设计也常称为嵌套设计（Nested Design）或巢氏设计、窝设计、套设计。

1. 二因子系统分组试验设计资料的方差分析

【例 7-22】 试验甲、乙、丙 3 种催化剂在不同温度下对某化合物的转化作用。由于各催化剂所要求的温度范围不同，因此将催化剂作为一级试验因子（A=3），温度作为二级试验因子（B=3），采用套设计，每个处理重复两次（n=2），试进行方差分析。

（1）打开工作表“催化剂.mwx”。

（2）在【一般线性模型（General Linear Model）】主对话框（见图 7-31）中，【响应（Responses）】选择“转化率”，【因子（Factors）】选择“催化剂”“温度（催化剂）”。

（3）在【一般线性模型：随机/嵌套（General Linear Model:Random / Nest）】对话框（见图 7-32）中，将“温度”设为“催化剂”的【已嵌套在指定的因子中（Nested in specific factors）】，即将“温度”嵌套在“催化剂”中。【因子类型（Factor type）】均选择【固定（Fixed）】。

（4）在【一般线性模型：模型（General Linear Model:Model）】对话框（见图 7-36）中，【模型中的项（Terms in the model）】为“催化剂”“温度（催化剂）”。其他对话框选项同例 7-16。

（5）主要结果及分析。

方差分析：催化剂：F=177.82，P<0.001，按 α=0.05 水准，拒绝 H_0，接受 H_1，差异有统计学意义，可认为不同催化剂对该化合物的转化率不同。温度(催化剂)：F=12.15，P=0.001<0.01，按 α=0.05 水准，拒绝 H_0，接受 H_1，差异有统计学意义，可认为对于同一催化剂，在不同温度下该化合物的转化率不同，如结果 7-31 所示。

结果 7-31

因子信息

因子	类型	水平数	值
催化剂	固定	3	1, 2, 3
温度(催化剂)	固定	9	1(1), 2(1), 3(1), 4(2), 5(2), 6(2), 7(3), 8(3), 9(3)

方差分析

来源	自由度	Adj SS	Adj MS	F 值	P 值
催化剂	2	1956.00	978.000	177.82	0.000
温度(催化剂)	6	401.00	66.833	12.15	0.001
误差	9	49.50	5.500		
合计	17	2406.50			

2. 三因子系统分组试验设计资料的方差分析

【例 7-23】某研究者进行绵马贯众和单芽狗脊贯众饮片的凝血时间对比试验，取昆明种小鼠 48 只，随机分成 8 组，分别为绵马贯众生品高低剂量组、炭品高低剂量组；单芽狗脊贯众生品高低剂量组、炭品高低剂量组。各组小鼠连续灌胃给药 3 天，第 3 天给药 1h 后以毛细管法测量小鼠的凝血时间（单位：s）。假设专业上认为对观测指标影响最大的首先生品或炭品的选择，然后是剂量的选择（高剂量或低剂量），最后是药物的选择（绵马贯众或单芽狗脊贯众）。试进行合适的统计分析。

（1）打开工作表“贯众.mwx”。

（2）在【一般线性模型（General Linear Model）】主对话框（见图 7-31）中，【响应（Responses）】选择“凝血时间”，【因子（Factors）】选择“炮制类型”“剂量”“药材种类”。

（3）在【一般线性模型：随机/嵌套（General Linear Model:Random / Nest）】对话框（见图 7-37）中，将“剂量”设为“炮制类型”的【已嵌套在指定的因子中（Nested in specific factors）】，将“药材种类”设为“剂量”的【已嵌套在指定的因子中（Nested in specific factors）】，即将“剂量”嵌套在“炮制类型”中，将“药材种类”嵌套在“剂量”中。【因子类型（Factor type）】均选择【固定（Fixed）】。

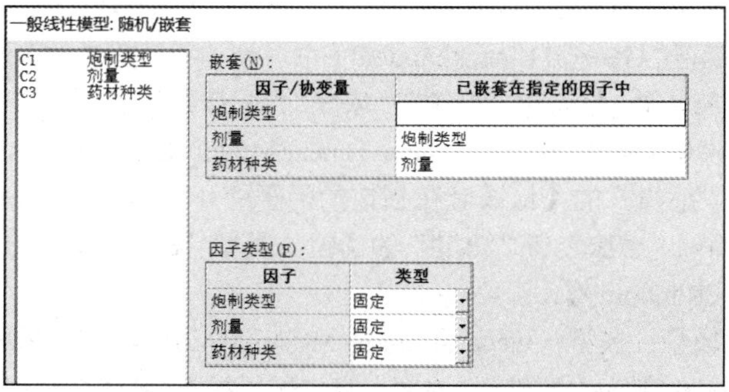

图 7-37　【一般线性模型：随机/嵌套（General Linear Model:Random / Nest）】对话框

（4）在【一般线性模型：模型（General Linear Model:Model）】对话框（见图 7-36）中，【模型中的项（Terms in the model）】为“炮制类型”“剂量（炮制类型）”“药材种类（剂量）”。其他对话框选项同例 7-16。

（5）主要结果及分析。

方差分析：炮制类型：F=41.85，P<0.001，按 α=0.05 水准，拒绝 H_0，接受 H_1，差异有统计学意义，可认为不同炮制类型的绵马贯众对小鼠凝血时间有影响；剂量（炮制类型）：F=2.11，P=0.135>0.05，按 α=0.05 水准，不拒绝 H_0，差异无统计学意义，尚不能认为相同炮制类型中不同剂量的药材对小鼠凝血时间有影响。同理，不能认为相同的炮制类型和剂量的两种药材对小鼠凝血时间有影响，如结果 7-32 所示。

结果 7-32

因子信息

因子	类型	水平数	值
炮制类型	固定	2	生品, 炭品
剂量(炮制类型)	固定	4	0.75(生品), 2.25(生品), 0.75(炭品), 2.25(炭品)
药材种类(炮制类型, 剂量)	固定	8	单芽狗脊贯众(生品, 0.75), 绵马贯众(生品, 0.75), 单芽狗脊贯众(生品, 2.25), 绵马贯众(生品, 2.25), 单芽狗脊贯众(炭品, 0.75), 绵马贯众(炭品, 0.75), 单芽狗脊贯众(炭品, 2.25), 绵马贯众(炭品, 2.25)

方差分析

来源	自由度	Adj SS	Adj MS	F 值	P 值
炮制类型	1	15126.9	15126.9	41.85	0.000
剂量(炮制类型)	2	1522.8	761.4	2.11	0.135
药材种类(炮制类型, 剂量)	4	203.9	51.0	0.14	0.966
误差	40	14456.9	361.4		
合计	47	31310.6			

7.7.6 分割试验设计资料的方差分析

分割试验设计（Split experiment design）又称为裂区设计（Split plot design），是系统分组试验设计的常用类型。它的目的是节省试验费用、提高试验效率，常把完全随机设计、配伍组（随机区组）设计或拉丁方设计中的一种或两种混合使用。

【例 7-24】为了研究蛇毒的抑瘤作用，用 48 只小白鼠做实验。实验用的瘤株共 4 种：小鼠肉瘤（S180）、小鼠肝肉瘤（HS）、小鼠艾氏腹水瘤（EC）和小鼠网状细胞肉瘤（ARS）。先将瘤株匀浆接种小白鼠，一天后用 0、0.03mg/kg、0.05mg/kg、0.07mg/kg 4 种不同浓度的蛇毒进行腹腔注射，每日一次，连续 10 天，停药一天，解剖并测量瘤重，试进行裂区设计。将 48 只小白鼠随机分为Ⅰ、Ⅱ、Ⅲ 3 个配伍组，进行配伍组设计试验，试进行方差分析。

（1）打开工作表“蛇毒.mwx”。

（2）在【一般线性模型（General Linear Model）】主对话框（见图 7-31）中，【响应（Responses）】选择“瘤重”，【因子（Factors）】选择“瘤株”“浓度”“配伍组”。

（3）在【一般线性模型：随机/嵌套（General Linear Model:Random / Nest）】对话框（见图 7-32）中，将“配伍组”设为“瘤株”的【已嵌套在指定的因子中（Nested in specific factors）】，即将“配伍组”嵌套在“瘤株”中。“瘤株”和“浓度”的【因子类型（Factor type）】选择【固定（Fixed）】，“配伍组”选择【随机（Random）】。

（4）在【一般线性模型：模型（General Linear Model:Model）】对话框（见图 7-36）中，【模型中的项（Terms in the model）】为“瘤株”“浓度”和“配伍组”“瘤株*浓度”“配伍组（瘤株）”。其他对话框选项同例 7-16。

（5）主要结果及分析。

① 主效应：瘤株：F=2.12，P=0.176>0.05，按 α=0.05 水准，不拒绝 H_0，差异无统计学意义；浓度：F=18.47，P<0.001，按 α=0.05 水准，拒绝 H_0，接受 H_1，差异有统计学意义；配伍组(瘤株)：F=1.70，P=0.151>0.05，按 α=0.05 水准，不拒绝 H_0，差异无统计学意义，如结果 7-33 所示。

② 交互效应："瘤株*浓度"：F=1.76，P=0.130>0.05，按 α=0.05 水准，不拒绝 H_0，尚不能认为瘤株与蛇毒浓度之间存在交互效应，如结果 7-33 所示。

③ 方差分析结果显示，不同的瘤株和小鼠对抑瘤效果没有影响，瘤株和蛇毒浓度不存在交互效应，不同浓度的蛇毒抑瘤效果不同，如结果 7-33 所示。

结果 7-33

因子信息

因子	类型	水平数	值
瘤株	固定	4	ARS, EC, HS, S180
浓度	固定	4	0.000, 0.030, 0.050, 0.075
配伍组(瘤株)	随机	12	1(ARS), 2(ARS), 3(ARS), 1(EC), 2(EC), 3(EC), 1(HS), 2(HS), 3(HS), 1(S180), 2(S180), 3(S180)

方差分析

来源	自由度	Adj SS	Adj MS	F 值	P 值
瘤株	3	0.1109	0.03696	2.12	0.176
浓度	3	0.5703	0.19010	18.47	0.000
瘤株*浓度	9	0.1630	0.01812	1.76	0.130
配伍组(瘤株)	8	0.1397	0.01746	1.70	0.151
误差	24	0.2470	0.01029		
合计	47	1.2309			

7.7.7　交叉试验设计资料的方差分析

1. 二阶段交叉试验设计资料的方差分析

将 A、B 两种处理先后施以同一批试验对象（要求试验对象为偶数），将试验分为两个阶段，在Ⅰ阶段，随机将一半试验对象施以 A 处理，另一半试验对象施以 B 处理，处理期间停止试验一段时间（清洗期），以消除Ⅰ阶段的影响；在Ⅱ阶段交换一下，将Ⅰ阶段接受 A 处理的试验对象改为接受 B 处理，Ⅰ阶段接受 B 处理的试验对象改为接受 A 处理。由于在试验的两个阶段中，A、B 两种处理有交叉过程，因此称之为交叉试验设计（Crossover experiment design）。

【例 7-25】为了研究帕罗西汀和文拉法辛的抗抑郁作用，用 8 只雄性近交系小鼠进行随机交叉试验，交叉试验间隔两周，在注射后 1h 测试强迫游泳不动时间（单位：s）。随机数为奇数者在Ⅰ阶段接受 A 处理（帕罗西汀），Ⅱ阶段接受 B 处理（文拉法辛）；随机数为偶数者在Ⅰ阶段接受 B 处理，Ⅱ阶段接受 A 处理。试分析两种药物的抗抑郁作用是否相同。

（1）打开工作表"不动时间.mwx"。

（2）在【一般线性模型（General Linear Model）】主对话框（见图 7-31）中，【响应（Responses）】选择"不动时间"，【因子（Factors）】选择"受试者编号""阶段""药物"。

（3）在【一般线性模型：随机/嵌套（General Linear Model:Random / Nest）】对话框（见图 7-32）中，各【因子类型（Factor type）】均为【固定（Fixed）】。

（4）在【一般线性模型：模型（General Linear Model:Model）】对话框（见图 7-36）中，【模型中的项（Terms in the model）】为"受试者编号""阶段""药物"。

其他对话框选项同例 7-16。

（5）主要结果及分析。

方差分析：P 值均大于 0.05，按 α=0.05 水准，不拒绝 H_0，可认为两种药物之间、两个阶段之间和受试者之间强迫游泳不动时间的差异均无统计学意义，如结果 7-34 所示。

结果 7-34

因子信息

因子	类型	水平数	值
受试者编号	固定	8	1, 2, 3, 4, 5, 6, 7, 8
阶段	固定	2	1, 2
药物	固定	2	帕罗西汀, 文拉法辛

方差分析

来源	自由度	Adj SS	Adj MS	F 值	P 值
受试者编号	7	9414.8	1345.0	0.35	0.904
阶段	1	8372.3	8372.3	2.16	0.192
药物	1	306.2	306.2	0.08	0.788
误差	6	23226.5	3871.1		
合计	15	41319.8			

2. 三阶段交叉试验设计资料的方差分析

与二阶段交叉试验设计类似，三阶段交叉试验设计是将 A、B、C 3 种处理按先后顺序施以同一批试验对象（要求试验对象数是 3 的倍数）。I 阶段随机将各 1/3 的受试对象分别施以 A、B、C 处理。其试验顺序如下：

I 阶段（先）	II 阶段（中）	III 阶段（后）	或	I 阶段（先）	II 阶段（中）	III 阶段（后）
A	B	C		A	C	B
B	C	A		B	A	C
C	A	B		C	B	A

三阶段交叉试验设计资料的方差分析方法与二阶段交叉试验设计资料的方差分析方法类似。

【例 7-26】 3 种不同药物为西酞普兰（A）、米氮平（B）和度洛西汀（C），进行三阶段交叉试验设计，对 9 只雄性小鼠（日龄、体重相近）每隔 3 周进行 3 种药物交叉给予，并测定其运动活性，即 1h 活动距离（单位：cm）。试进行方差分析。

（1）打开工作表“活动距离.mwx”。

（2）在【一般线性模型（General Linear Model）】主对话框（见图 7-31）中，【响应（Responses）】选择“活动距离”，【因子（Factors）】选择“受试者编号”“阶段”“药物”。其他对话框选项同例 7-25。

（3）主要结果及分析。

方差分析：P 值均大于 0.05，按 α=0.05 水准，不拒绝 H_0，可认为 3 种药物之间、3 个阶段之间和受试者之间 1h 活动距离的差异均无统计学意义，如结果 7-35 所示。

结果 7-35

因子信息

因子	类型	水平数	值
受试者编号	固定	9	1, 2, 3, 4, 5, 6, 7, 8, 9
阶段	固定	3	1, 2, 3
药物	固定	3	度洛西汀, 米氮平, 西酞普兰

方差分析

来源	自由度	Adj SS	Adj MS	F 值	P 值
受试者编号	8	62119267	7764908	1.04	0.455
阶段	2	24053995	12026997	1.60	0.236
药物	2	39565280	19782640	2.64	0.107
误差	14	105002552	7500182		
合计	26	230741094			

7.7.8 协方差分析

协方差分析（ANCOVA，MANCOVA）是把线性回归（Linear regression）与方差分析结合起来应用的一种方法，目的是要把与因变量 y 值呈线性关系的自变量（Independent variable）x 值调整为相等，以扣除其影响后用于检验两个或多个校正均值间有无差别。通过协方差分析能够校正和对比由于各组 x 值的不同引起的偏倚，更恰当地评价各种处理的优劣。

应用协方差分析的条件：各观测数据相互独立，服从正态分布，各比较组方差齐性；各比较组的 x 与 y 之间的直线回归系数 b 有统计学意义（总体回归系数 $\beta_i \neq 0$）；各比较组回归系数 b 之间的差别无统计学意义（各比较组总体直线回归系数 β_i 相等）；协变量是连续变量或等级变量，不能是影响处理的变量。

1. 完全随机设计资料的协方差分析

【例 7-27】比较两个处理：缓慢释放的肥料（S）和快速释放的肥料（F），以及对照组（C）的一种标准的肥料对花生产量（单位：oz[①]）的效应。每个处理有 10 次重复，试验在室温中进行。在开始试验时，研究者考虑到这 30 株花生的健康水平与成长水平并不完全相同。因此，研究者在试验开始前记录下每株花生的高度（单位：cm）并作为衡量健康水平与成长水平的标准。试进行协方差分析，问：两个处理对花生产量有无影响。

（1）打开工作表“花生产量.mwx”。

（2）在【一般线性模型（General Linear Model）】主对话框（见图 7-31）中，【响应（Responses）】选择“产量”，【因子（Factors）】选择“肥料”，【协变量（Covariates）】选择“高度”。

（3）在【一般线性模型：随机/嵌套（General Linear Model:Random / Nest）】对话框（见图 7-32）中，“肥料”的【因子类型（Factor type）】选择【固定（Fixed）】。

（4）在【一般线性模型：模型（General Linear Model:Model）】对话框（见图 7-36）中，【模型中的项（Terms in the model）】为“肥料”“高度”。

（5）在【一般线性模型：选项（General Linear Model:Options）】对话框（见图 7-34）中，【均值（Mean）】选择【主效应（Main effects）】。

（6）在【一般线性模型：结果（General Linear Model:Results）】对话框（见图 7-35）中，【结果显示（Display of results）】选择【简单表（Simple tables）】，并选择【方法（Method）】【因子信息（Factor information）】【方差分析（Analysis of Variance）】【模型汇总（Model summary）】，【回归方程（Regression equation）】下拉菜单选择【每组因子水平分别给出方程（Separate equation for each set of factor levels）】【均值（Mean）】。其他对话框选项均为默认值。

（7）主要结果及分析。

① 方差分析：花生的高度和产量有一定关系（花生高度越高，产量越高），因此在比较不同肥料对花生产量的影响时有必要扣除花生高度因素的影响。协变量效应（高度）：F=416.62，P<0.001，按 α=0.05 水准，拒绝 H_0，接受 H_1，可认为花生的高度与产量存在较强的线性关系，因此进行协方差分析是有必要的。主效应（肥料）：F=6657.08，P<0.001，按 α=0.05 水准，拒绝 H_0，接受 H_1，可认为扣除花生高度因素后不同的肥料对花生产量有影响，如结果 7-36 所示。

② 模型汇总：决定系数 R^2（R-sq）（$0 \leqslant R^2 \leqslant 100\%$）是自变量 x_1，x_2，…，x_m 能够解释 y 变异的百分比，其值越接近 100%，表明模型对数据的拟合程度越好。本例的 R^2 为 99.81%，接近 100%，表明花生产量变异的 99.81%可由肥料和花生高度的变异来解释，说明该回归方程数据拟合程度是非常好的，如结果 7-37 所示。

③ 回归方程：一般线性模型拟合了不同肥料的回归方程，从方程中的常量可见，在花生高度固定的情况下，缓慢释放的产量最高，对照组次之，快速释放最低。高度的回归系数（0.05581）为正值，可认为花生的高度越高，产量越高，如结果 7-38 所示。

---

① 1oz=28.35g。

结果 7-36

因子信息

因子	类型	水平数	值
肥料	固定	3	对照组, 缓慢释放, 快速释放

方差分析

来源	自由度	Adj SS	Adj MS	F 值	P 值
高度	1	6.693	6.693	416.62	0.000
肥料	2	213.904	106.952	6657.08	0.000
误差	26	0.418	0.016		
失拟	22	0.306	0.014	0.50	0.871
纯误差	4	0.112	0.028		
合计	29	214.794			

结果 7-37

模型汇总

S	R-sq	R-sq（调整）	R-sq（预测）
0.126751	99.81%	99.78%	99.73%

结果 7-38

回归方程

肥料

对照组　产量 = 9.529 + 0.05581 高度

缓慢释放 产量 = 13.101 + 0.05581 高度

快速释放 产量 = 6.385 + 0.05581 高度

④ 均值：在扣除协变量影响后（校正高度=49.90cm），对照组、缓慢释放和快速释放的花生产量的拟合均值（最小二乘均值）分别为 12.31oz、15.89oz 和 9.17oz，如结果 7-39 所示。如果要进一步比较不同肥料组和对照组的差别，则可进行均值的多重比较检验，详见例 7-32。

结果 7-39

均值

项	拟合均值	均值标准误
肥料		
对照组	12.3142	0.0411
缓慢释放	15.8858	0.0402
快速释放	9.1700	0.0418

协变量的均值

协变量	数据均值	标准差
高度	49.90	9.20

2. 随机区组设计资料的协方差分析

【例 7-28】研究者决定考察 3 种草皮的性能指标（高尔夫球被球杆击中后在草坪上的滚动速度）。在 8 个不同的高尔夫球场中，每个高尔夫球场铺了 3 块草坪。3 块草坪之间具有相同的土壤结构和坡度。每个球场内的 3 种草皮随机分到一块草坪上。这样与地理位置有关的影响滚动速度的因素通过划分区组得到控制。一个非常重要而研究者又难以控制的因素是试验期间的空气湿度，因此决定记录空气湿度，并把它作为协变量。研究者在球场测量了球在草坪上的滚动速度和空气湿度，试进行协方差分析。

（1）打开工作表“滚动速度.mwx”。

（2）在【一般线性模型（General Linear Model）】主对话框（见图 7-31）中，【响应（Responses）】选择“球速”，【因子（Factors）】选择“草皮”“球场”，【协变量（Covariates）】选择“湿度”。

（3）在【一般线性模型：随机/嵌套（General Linear Model:Random / Nest）】对话框（见图 7-32）中，【因子类型（Factor type）】中的“草皮”选择【固定（Fixed）】，“球场”选择【随机（Random）】。

（4）在【一般线性模型：模型（General Linear Model:Model）】对话框（见图 7-36）中，【模型中的项（Terms in the model）】为“湿度”“草皮”“球场”“湿度*草皮”。

（5）在【一般线性模型：结果（General Linear Model:Results）】对话框（参见图 7-35）中，【结果显示（Display of results）】选择【简单表（Simple tables）】，并选择【方法（Method）】【因子信息（Factor information）】【方差分析（Analysis of Variance）】。其他对话框选项均为默认值。

（6）主要结果及分析。

① 协变量效应：湿度：F=113.05，P<0.001，按 α=0.05 水准，拒绝 H_0，接受 H_1，可认为湿度与球速存在线性关系，因此进行协方差分析是有必要的，如结果 7-40 所示。

② 主效应：草皮：F=9.11，P=0.005<0.01；球场：F=6.22，P=0.004<0.01，按 α=0.05 水准，均

拒绝 H_0，接受 H_1，可认为扣除湿度因素的影响后，不同的草皮和球场，球速的总体均值不等或不完全相等，如结果 7-40 所示。

③ 交互效应：湿度*草皮：F=2.81，P=0.104>0.05，按 α=0.05 水准，不拒绝 H_0，尚不能认为湿度和草皮存在交互效应，如结果 7-40 所示。

结果 7-40

因子信息

因子	类型	水平数	值
草皮	固定	3	1, 2, 3
球场	随机	8	1, 2, 3, 4, 5, 6, 7, 8

方差分析

来源	自由度	Adj SS	Adj MS	F 值	P 值
湿度	1	3.2069	3.20688	113.05	0.000
草皮	2	0.5170	0.25850	9.11	0.005
球场	7	1.2348	0.17640	6.22	0.004
湿度*草皮	2	0.1592	0.07962	2.81	0.104
误差	11	0.3120	0.02837		
合计	23	18.8865			

3. *多元协方差分析*

在多重线性回归中，当需要比较两组或多组因变量，而这些因变量 y 又与多个自变量 x 之间存在一定的线性关系时，要考虑 x 的影响，必要时应将各 x 调整至相同水平。在 y 的均值调整后做比较需要进行多元协方差分析。

【例 7-29】为了研究不孕症，研究者在甲、乙两个地区各收集了 10 名男子的精子数（单位：10^6/mL），舒张压（单位：mmHg）和年龄（单位：岁）资料，在充分利用所给资料的前提下，试分析甲、乙两个地区男子精子数的总体均值有无不同。

（1）打开工作表“精子数.mwx”。

（2）在【一般线性模型（General Linear Model）】主对话框（见图 7-31）中，【响应（Responses）】选择“精子数”，【因子（Factors）】选择“地区”，【协变量（Covariates）】选择“年龄”“舒张压”。

（3）在【一般线性模型：随机/嵌套（General Linear Model:Random / Nest）】对话框（见图 7-32）中，“地区”的【因子类型（Factor type）】选择【固定（Fixed）】。

（4）在【一般线性模型：模型（General Linear Model:Model）】对话框（见图 7-36）中，【模型中的项（Terms in the model）】为“年龄”“舒张压”“地区”“年龄*舒张压”“年龄*地区”“舒张压*地区”。

（5）在【一般线性模型：结果（General linear model:Results）】对话框（见图 7-35）中，【结果显示（Display of results）】选择【简单表（Simple tables）】，并选择【方法（Method）】【因子信息（Factor information）】【方差分析（Analysis of Variance）】。其他对话框选项均为默认值。

（6）主要结果及分析。

① 协变量效应：年龄：F=23.95，P<0.001；舒张压：F=22.74，P<0.001，按 α=0.05 水准，拒绝 H_0，接受 H_1，可认为舒张压和年龄与精子数存在线性关系，因此进行协方差分析是有必要的，如结果 7-41 所示。

② 交互效应：年龄*舒张压：F= 20.11，P=0.001<0.01，按 α=0.05 水准，拒绝 H_0，接受 H_1，可认为年龄和舒张压存在交互效应，其他交互效应项的 P 值均大于 0.05，尚不能认为其他交互效应项存在交互效应，如结果 7-41 所示。

③ 主效应：地区：F=0.09，P=0.772，按 α=0.05 水准，不拒绝 H_0，在扣除年龄和舒张压因素和有关交互效应项影响后，尚不能认为甲、乙两个地区男子精子数的总体均值不同，如结果 7-41 所示。

结果 7-41

因子信息

因子	类型	水平数	值
地区	固定	2	甲地, 乙地

方差分析

来源	自由度	Adj SS	Adj MS	F 值	P 值
年龄	1	401.58	401.580	23.95	0.000
舒张压	1	381.32	381.319	22.74	0.000
地区	1	1.47	1.468	0.09	0.772
年龄*舒张压	1	337.16	337.159	20.11	0.001
年龄*地区	1	68.69	68.693	4.10	0.064
舒张压*地区	1	8.69	8.694	0.52	0.484
误差	13	217.97	16.767		
合计	19	3258.20			

7.7.9 均值的多重比较

多组均值比较的方差分析的结论为差异有统计学意义，说明多个总体均值不全相等，但究竟具体是哪两个组的总体均值不相等，哪两个组的总体均值相等，或者是所有的总体均值都不相等需要进一步对多个均值进行两两比较，即均值的多重比较（Multiple comparisons of means）。一般线性模型均值的多重比较共包括 Tukey 方法、Fisher 方法、Dunnett 方法、Bonferroni 方法和 Sidak 方法 5 种多重比较方法。在进行方差分析时，当主效应或交互效应有统计学意义时，我们可进一步对主效应的各水平或交互效应的各水平的组合进行均值的多重比较。

1. 多个均值间的两两比较

【例 7-30】 对例 7-15 中 6 种紫花苜蓿产量的均值进行多重比较。将田地视为区组，试比较不同品种紫花苜蓿的产量。

（1）打开工作表“紫花苜蓿.mwx”。

（2）选择【统计（Stat）】→【方差分析（Analysis of Variance）】→【一般线性模型（General Linear Model）】→【比较（Comparisons）】菜单项，打开【比较（Comparisons）】主对话框，如图 7-38 所示。

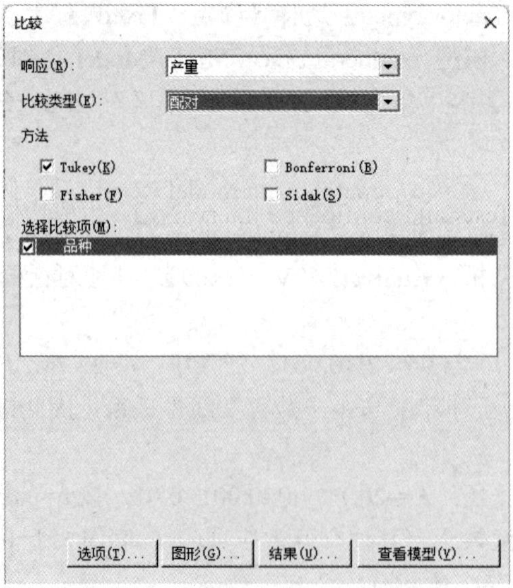

图 7-38 【比较（Comparisons）】主对话框

- 【响应（Responses）】：选择响应变量，本例选择“产量”。
- 【比较类型（Type of comparison）】：可选择以下选项。

- 【配对（Pairwise）】：对所有水平的均值进行两两比较。
- 【具有一个对照（With a control）】：将处理组均值与对照组均值进行比较，当资料适合此方法时（如具有对照组），由于两两比较的置信区间比给定的联合置信水平（Simultaneous confidence level）更宽，因此两两比较假设检验的功效更小。

■ 【方法（Method）】：选择多重比较方法（Multiple comparison method），有以下几种，其特点如表 7-3 所示。

- 【Tukey】：控制联合置信水平的两两比较方法。在两两比较方法中，Tukey 方法比 Bonferroni 方法和 Sidak 方法的功效更大。
- 【Fisher】：控制个体置信水平（Individual confidence level）的两两比较方法。由于 Fisher 方法无法控制联合置信水平，常使功效减小至无法接受的水平，因此该方法不太常用。
- 【Bonferroni】：控制联合置信水平的两两比较方法。
- 【Sidak】：控制联合置信水平的两两比较方法。

表 7-3　各种多重比较方法的特点

比较方法	特点	指定置信水平
Tukey 方法	两两比较，不保守	联合置信水平
Fisher 方法	两两比较，没有防误判功能	单个置信水平
Bonferroni 方法	最保守的两两比较方法	联合置信水平
Sidak 方法	两两比较，保守性略低于 Bonferroni 方法	联合置信水平

■ 【选择比较项（Choose terms for comparisons）】列表：为“品种”。

（3）【比较：选项（Comparisons:Options）】对话框如图 7-39 所示。

■ 【置信水平（Confidence level）】：指定比较的置信水平，Fisher 方法为单个置信水平，而其他比较方法则为联合置信水平。

（4）【比较：图形（Comparisons:Graphs）】对话框如图 7-40 所示。

■ 【均值差值的区间图（Interval plot for differences of means）】：可显示均值之间的差别程度，置信区间可确定差别的可能范围，并估计差别的统计学意义。

（5）【比较：结果（Comparisons:Results）】对话框如图 7-41 所示。

■ 【分组信息（Grouping information）】：生成分组信息汇总表，表中标记每项是否有统计学意义。

■ 【检验和置信区间（Tests and confidence intervals）】：生成均值的差值及其置信区间和调整 P 值。

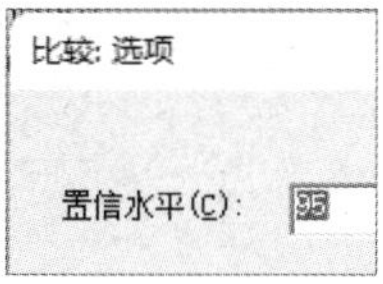

图 7-39　【比较：选项（Comparisons:Options）】对话框

图 7-40　【比较：图形（Comparisons:Graphs）】对话框

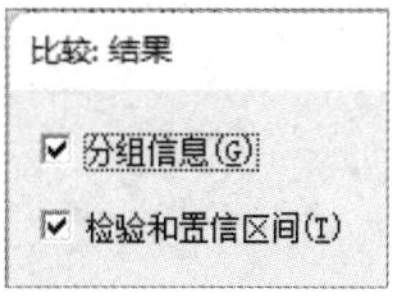

图 7-41　【比较：结果（Comparisons:Results）】对话框

（6）【比较：查看模型（Comparisons:view model）】对话框如图 7-42 所示。Minitab 会在每次进行分析后为响应变量自动存储最新模型，并覆盖之前拟合的模型，因此在分析之前需要确认当前的模型是否为正确的模型。多重比较是根据存储模型进行均值比较的，而不是用工作表的数据，只有当模型表示真实的关系时，比较结果才是准确的。

- 【模型类型（Model type）】：仅显示该工作表中可用于比较均值的一般线性模型。
- 【响应（Responses）】：如果有多个响应变量时，则应选择其中一个，本例选择“产量”。
- 【项（Terms）】：显示指定响应变量拟合的最后一个模型中的项，用户可根据分析的历史记录确定模型当前项是否与正确的模型对应。
- 【模型状态（Model status）】：显示与响应变量关联的模型状态。如果工作表中的数据发生更改，则C1右下角的“√”标志变成“×”标志，当鼠标悬停在标志上时，可显示“此模型使用的不是最新数据”。鼠标悬停在“√”标志上同样可查看模型的状态。

（7）主要结果及分析。

① Tukey 两两比较：分组信息可直观地显示哪两个品种的紫花苜蓿的总体平均产量之间的差异有统计学意义，结果按均值的降序显示了6种紫花苜蓿产量的均值，用A、B、C、D、E5个字母标识，不共享字母的两组总体平均产量的差别有统计学意义，反之无统计学意义。例如，品种5（AB）和品种2（BC）共享字母B，按α=0.05水准，尚不能认为品种5的总体平均产量与品种2不同。品种1（A）和品种3（C）不共享字母，按α=0.05水准，可认为品种1的总体平均产量与品种3不同。同理，读者可尝试分析哪两个品种的总体平均产量不同，如结果7-42所示。

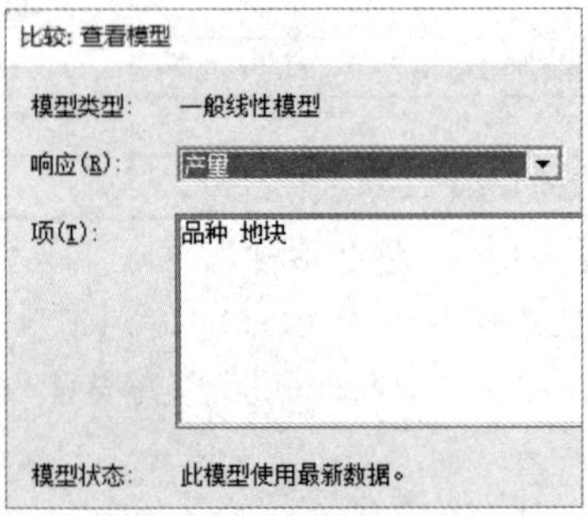

图7-42　【比较：查看模型（Comparisons:view model）】对话框

结果7-42

使用 Tukey 方法和 95% 置信度对信息进行分组

品种	N	均值	分组
1	7	3.26378	A
5	8	3.23250	A B
2	8	3.12500	B C
3	8	3.06250	C
4	8	2.65000	D
6	8	2.40250	E

不共享字母的均值之间具有显著差异。

② 均值差值的 Tukey 联合（同时）检验：共计算出12对均值两两比较的Tukey方法结果，根据联合95%置信区间和调整P值可推断所在的均值对的差别有无统计学意义，当联合95%置信区间不包含0或P<0.05时，可认为该均值对之间的差异有统计学意义，如结果7-43所示。

结果7-43

均值差值的 Tukey 同时检验

品种 水平的差值	均值差值	差值标准误	同时 95% 置信区间	T 值	调整的 P 值
2 - 1	-0.1388	0.0440	(-0.2708, -0.0068)	-3.15	0.035
3 - 1	-0.2013	0.0440	(-0.3333, -0.0693)	-4.57	0.001
4 - 1	-0.6138	0.0440	(-0.7458, -0.4818)	-13.94	0.000
5 - 1	-0.0313	0.0440	(-0.1633, 0.1007)	-0.71	0.980
6 - 1	-0.8613	0.0440	(-0.9933, -0.7293)	-19.56	0.000
3 - 2	-0.0625	0.0424	(-0.1897, 0.0647)	-1.47	0.683
4 - 2	-0.4750	0.0424	(-0.6022, -0.3478)	-11.20	0.000
5 - 2	0.1075	0.0424	(-0.0197, 0.2347)	2.53	0.140
6 - 2	-0.7225	0.0424	(-0.8497, -0.5953)	-17.03	0.000
4 - 3	-0.4125	0.0424	(-0.5397, -0.2853)	-9.72	0.000
5 - 3	0.1700	0.0424	(0.0428, 0.2972)	4.01	0.004
6 - 3	-0.6600	0.0424	(-0.7872, -0.5328)	-15.56	0.000
5 - 4	0.5825	0.0424	(0.4553, 0.7097)	13.73	0.000
6 - 4	-0.2475	0.0424	(-0.3747, -0.1203)	-5.83	0.000
6 - 5	-0.8300	0.0424	(-0.9572, -0.7028)	-19.57	0.000

单组置信水平 = 99.52%

③ 均值差值的 Tukey 联合 95%置信区间图（见图 7-43）：图中有一条位于 0（0.0）的垂直参考线，如果置信区间和参考线不相交（不包含 0），则可认为品种对均值对之间的差异有统计学意义。通过查看置信区间的位置，还可以估计均值对之间差别的实际显著性，置信区间离参考线越远，表明差别越大，当置信区间小于 0（位于参考线的左侧）时，表明均值对中前者的均值小于后者，反之则表明前者的均值大于后者。

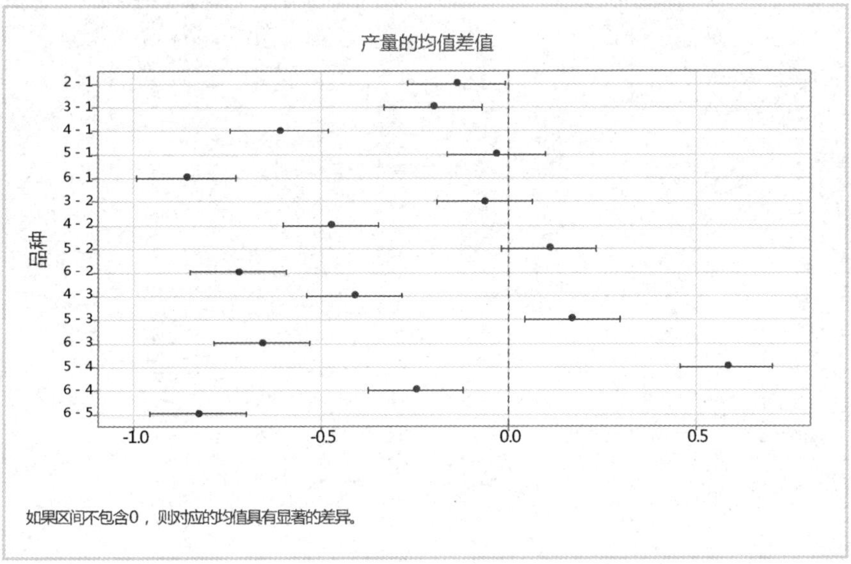

图 7-43　均值差值的 Tukey 联合 95%置信区间图

2. 单独效应的两两比较

在例 7-17 的单独效应分析中，固定玻璃类型水平，对不同温度的光输出量进行单因子方差分析，无论哪种类型的玻璃，在 3 种工作温度（100℉、125℉和 150℉）下的光输出量都不相等或不全相等。如果想比较具体哪两种工作温度的光输出量的总体均值之间的差异有统计学意义时，则需对交互效应进行两两比较。

【例 7-31】根据例 7-17 的资料，试分别对每种玻璃的不同工作温度的光输出量进行两两比较。

（1）打开工作表“光输出.mwx”。

（2）在【比较（Comparisons）】主对话框（见图 7-38）中，【方法（Method）】选择【Fisher】，【选择比较项（Terms for Comparisons）】选择“温度*玻璃类型”。其他对话框选项同例 7-30。

（3）主要结果及分析。

① 均值差值的 Fisher 单个检验：对交互效应项温度*玻璃类型进行 Fisher 两两比较时共进行了 36 次比较，得出的 P 值是未经调整的，即每对均值之间的 t 检验的 P 值，如结果 7-44 所示。

② 将上述两两比较结果进行挑选，仅保留每种玻璃类型中不同工作温度之间的两两比较结果，由结果 7-45 可知，在固定玻璃类型水平时，不同工作温度之间的两两比较共进行了 9 次。由于 P 值未经调整，因此用 Bonferroni 方法对检验水准进行调整，即 $\alpha'=0.05/9=0.0056$，按校正检验水准 $\alpha'=0.0056$ 可认为当固定玻璃类型水平时，不同工作温度的光输出量的总体均值之间的差别均有统计学意义，如结果 7-45 所示。

结果 7-44

均值差值的 Fisher 单个检验

玻璃类型*温度 水平的差值	均值差值	差值标准误	单组 95% 置信区间	T 值	P 值
(1 125) - (1 100)	514.7	15.6	(481.9, 547.5)	32.97	0.000
(1 150) - (1 100)	813.3	15.6	(780.5, 846.1)	52.10	0.000
(2 100) - (1 100)	-19.7	15.6	(-52.5, 13.1)	-1.26	0.224
(2 125) - (1 100)	462.3	15.6	(429.5, 495.1)	29.62	0.000
(2 150) - (1 100)	740.3	15.6	(707.5, 773.1)	47.43	0.000
(3 100) - (1 100)	0.7	15.6	(-32.1, 33.5)	0.04	0.966
(3 125) - (1 100)	482.0	15.6	(449.2, 514.8)	30.88	0.000
(3 150) - (1 100)	314.0	15.6	(281.2, 346.8)	20.12	0.000
(1 150) - (1 125)	298.7	15.6	(265.9, 331.5)	19.13	0.000
(2 100) - (1 125)	-534.3	15.6	(-567.1, -501.5)	-34.23	0.000
(2 125) - (1 125)	-52.3	15.6	(-85.1, -19.5)	-3.35	0.004
(2 150) - (1 125)	225.7	15.6	(192.9, 258.5)	14.46	0.000
(3 100) - (1 125)	-514.0	15.6	(-546.8, -481.2)	-32.93	0.000
(3 125) - (1 125)	-32.7	15.6	(-65.5, 0.1)	-2.09	0.051
(3 150) - (1 125)	-200.7	15.6	(-233.5, -167.9)	-12.85	0.000
(2 100) - (1 150)	-833.0	15.6	(-865.8, -800.2)	-53.36	0.000
(2 125) - (1 150)	-351.0	15.6	(-383.8, -318.2)	-22.49	0.000
(2 150) - (1 150)	-73.0	15.6	(-105.8, -40.2)	-4.68	0.000
(3 100) - (1 150)	-812.7	15.6	(-845.5, -779.9)	-52.06	0.000
(3 125) - (1 150)	-331.3	15.6	(-364.1, -298.5)	-21.23	0.000
(3 150) - (1 150)	-499.3	15.6	(-532.1, -466.5)	-31.99	0.000
(2 125) - (2 100)	482.0	15.6	(449.2, 514.8)	30.88	0.000
(2 150) - (2 100)	760.0	15.6	(727.2, 792.8)	48.69	0.000
(3 100) - (2 100)	20.3	15.6	(-12.5, 53.1)	1.30	0.209
(3 125) - (2 100)	501.7	15.6	(468.9, 534.5)	32.14	0.000
(3 150) - (2 100)	333.7	15.6	(300.9, 366.5)	21.37	0.000
(2 150) - (2 125)	278.0	15.6	(245.2, 310.8)	17.81	0.000
(3 100) - (2 125)	-461.7	15.6	(-494.5, -428.9)	-29.57	0.000
(3 125) - (2 125)	19.7	15.6	(-13.1, 52.5)	1.26	0.224
(3 150) - (2 125)	-148.3	15.6	(-181.1, -115.5)	-9.50	0.000
(3 100) - (2 150)	-739.7	15.6	(-772.5, -706.9)	-47.38	0.000
(3 125) - (2 150)	-258.3	15.6	(-291.1, -225.5)	-16.55	0.000
(3 150) - (2 150)	-426.3	15.6	(-459.1, -393.5)	-27.31	0.000
(3 125) - (3 100)	481.3	15.6	(448.5, 514.1)	30.83	0.000
(3 150) - (3 100)	313.3	15.6	(280.5, 346.1)	20.07	0.000
(3 150) - (3 125)	-168.0	15.6	(-200.8, -135.2)	-10.76	0.000

同时置信水平 = 49.83%

结果 7-45

均值差值的 Fisher 单个检验

玻璃类型*温度水平的差值	均值差值	差值标准误	单组 95% 置信区间	T 值	P 值
(1 125)-(1 100)	514.7	15.6	(481.9,547.5)	32.97	0.000
(1 150)-(1 100)	813.3	15.6	(780.5,846.1)	52.10	0.000
(1 150)-(1 125)	298.7	15.6	(265.9,331.5)	19.13	0.000
(2 125)-(2 100)	482.0	15.6	(449.2,514.8)	30.88	0.000
(2 150)-(2 100)	760.0	15.6	(727.2,792.8)	48.69	0.000
(2 150)-(2 125)	278.0	15.6	(245.2,310.8)	17.81	0.000
(3 125)-(3 100)	481.3	15.6	(448.5,514.1)	30.83	0.000
(3 150)-(3 100)	313.3	15.6	(280.5,346.1)	20.07	0.000
(3 150)-(3 125)	–168.0	15.6	(–200.8,–135.2)	–10.76	0.000

3. 与对照组均值比较

当因子的主效应有统计学意义时，如果试验设计中设置了对照组，那么应该选择与对照组比较的方法，而不是采用其他两两比较方法。

【例 7-32】根据例 7-27 的资料，试比较不同肥料的花生产量与对照组的差别。

（1）打开工作表“花生产量.mwx”。

（2）在【比较（Comparisons）】主对话框（见图 7-44）中，【比较类型（Type of comparison）】

选择【具有一个对照（With a control）】，【方法（Method）】选择【Dunnett】，【选择比较项（Choose terms for comparisons）】选择“肥料”，【对照水平（Control levels）】选择“对照组”。其他对话框选项同例 7-30。

（3）主要结果及分析。

① 带有对照的 Dunnett 多重比较：在分组信息中，对照组（对照）带有字母 A，而缓慢释放和快速释放没有字母，表明它们的花生总体平均产量均与对照组不同。缓慢释放的平均产量（15.89oz）高于对照组的产量（12.31oz），而快速释放的平均产量（9.17oz）低于对照组的产量，如结果 7-46 所示。

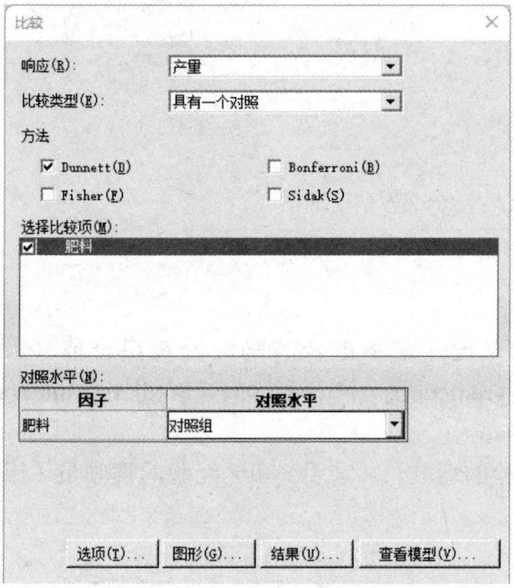

图 7-44　【比较（Comparisons）】主对话框

结果 7-46

带有对照的 Dunnett 多重比较: 肥料

使用 Dunnett 方法和 95% 置信度对信息进行分组

肥料	N	均值	分组
对照组 （对照）	10	12.3142	A
缓慢释放	10	15.8858	
快速释放	10	9.1700	

未标字母 A 的均值与对照水平均值有显著差异。

② Dunnett 联合（同时）检验结果：共进行了两次检验，两次检验的联合 95%置信区间均不包含 0，调整 P 值均小于 0.05，按 α=0.05 水准，拒绝 H_0，接受 H_1，差异有统计学意义，可认为处理组（缓慢释放和快速释放）的总体均值和对照组不同。缓慢释放和对照组差值的联合 95%置信区间大于 0，可认为缓慢释放的产量高于对照组的产量；同理，可认为快速释放的产量低于对照组的产量，如结果 7-47 所示。

结果 7-47

水平均值 - 对照均值的 Dunnett 同时检验

肥料 水平的差值	均值差值	差值标准误	同时 95% 置信区间	T 值	调整的 P 值
缓慢释放 - 对照组	3.5716	0.0570	(3.4383, 3.7050)	62.62	0.000
快速释放 - 对照组	-3.1442	0.0604	(-3.2853, -3.0030)	-52.08	0.000

单组置信水平 = 97.26%

③ 均值差值的 Dunnett 联合 95%置信区间图（见图 7-45）：当鼠标悬停在对应的置信区间上时，可显示该相应的均值差值及其 95%置信区间，两个置信区间均与参考线不相交（不包含 0），可认为处理组均值和对照组均值之间的差异有统计学意义。快速释放与对照组均值差值的置信区间位于参考线的左侧，表明快速释放的产量低于对照组的产量；反之，可认为缓慢释放的产量高于对照组的产量。

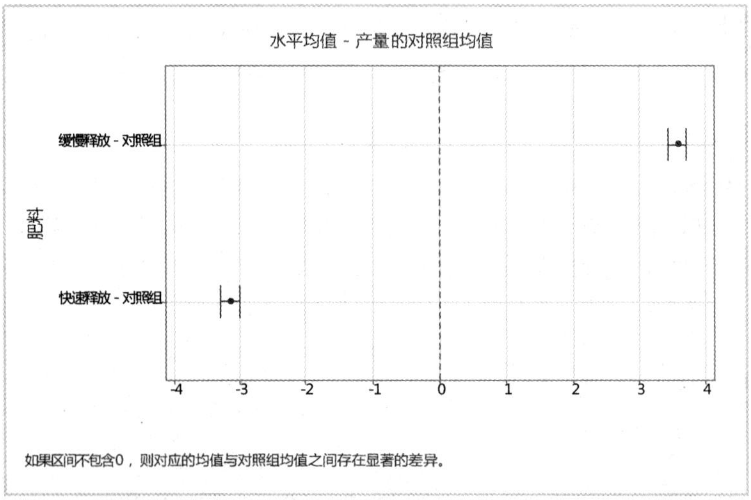

图 7-45　均值差值的 Dunnett 联合 95%置信区间图

7.7.10　计算预测信息

预测功能可根据一般线性模型拟合的方程计算设定变量组合的响应变量拟合值（Fitted values）、预测的置信区间（Confidence interval for the predictions）和预测区间（Prediction interval），并可将预测信息（Prediction information）保存到工作表中。

【例 7-33】根据例 7-5 拟合的模型，试计算有经验的驾驶员（老手）和无经验的驾驶员（新手）分别在土路上驾驶的校正时间的预测信息。

（1）打开工作表“路面状况.mwx”。

（2）选择【统计（Stat）】→【方差分析（Analysis of Variance）】→【一般线性模型（General Linear Model）】→【预测（Predict）】菜单项，打开【预测（Predict）】主对话框，如图 7-46 所示。

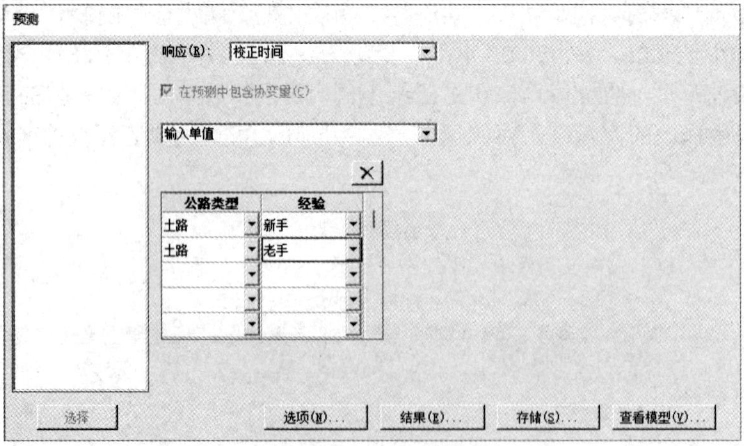

图 7-46　【预测（Predict）】主对话框（1）

- 【响应（Responses）】：选择“校正时间”。
- 【在预测中包含协变量（Include covariates in prediction）】：如果模型包含协变量，但未在预测中包含协变量，则将对协变量的预测取平均值。

- 数据输入类型：可选择【输入单值（Enter individual values）】或【输入值列（Enter columns of values）】。
- 变量值列表：每个固定变量至少输入一个值。对于连续变量，必须输入数字数据或日期/时间数据；对于分类变量，可在下拉菜单中直接选择。

（3）【预测：选项（Predict:Options）】对话框如图 7-47 所示。

- 【置信水平（Confidence level）】：本例为“95”。
- 【区间类型（Type of interval）】：可选择【双侧（Two-sided）】、【下限（Lower bound）】或【上限（Upper bound）】，本例选择【双侧（Two-sided）】。

（4）【预测：结果（Predict:Results）】对话框如图 7-48 所示。

- 【模型信息（Model information）】：显示一般线性模型的信息。
- 【回归方程（Regression equation）】：显示用于计算拟合值的方程。
- 【预测表（Prediction table）】：显示拟合值、预测的置信区间和预测区间。预测区间表示在指定的预测变量设置时，单个新观测值可能落入的范围。预测的置信区间表示在指定的预测变量设置时，响应均值可能落入的范围。由于单个值比响应均值的不确定性更大，因此预测区间总是大于对应的置信区间。

（5）【预测：存储（Predict:Storage）】对话框如图 7-49 所示。

- 【预测拟合（Predicted fits）】：保存新观测值的拟合值。
- 【预测拟合的标准误（Standard error of predicted fits）】：保存估计拟合值标准误。
- 【置信限（Confidence limits）】：保存预测的置信区间的上、下限。
- 【预测限（Prediction limits）】：保存预测区间的上、下限。

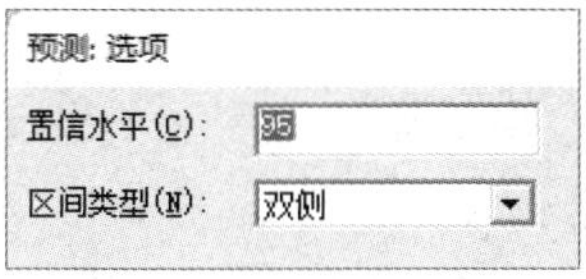

图 7-47　【预测：选项（Predict:Options）】对话框

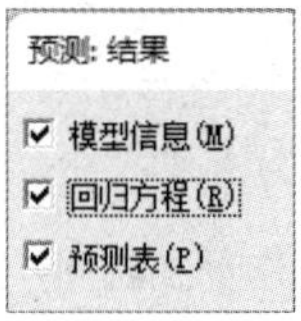

图 7-48　【预测：结果（Predict:Results）】对话框

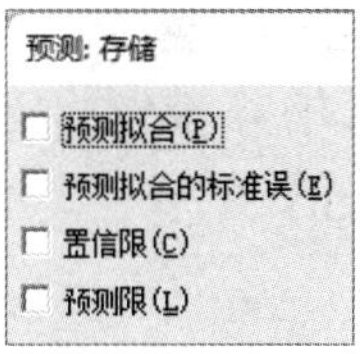

图 7-49　【预测：存储（Predict:Storage）】对话框

（6）主要结果及分析：新手在土路上驾驶时校正时间的拟合值为 20s，预测的 95%置信区间为(14.71,25.29)s，95%预测区间为(8.16,31.84)s，而老手在土路上驾驶时校正时间的拟合值为 15s，预测的 95%置信区间为(9.71,20.29)s，95%预测区间为(3.16,26.84)s，可见在同是土路的情况下，新手的校正时间多于老手的校正时间，如结果 7-48 所示。

结果 7-48

一般线性模型信息

项
公路类型 经验 公路类型*经验

回归方程

校正时间 = 12.92 + 4.58 公路类型_土路 - 0.42 公路类型_石路 - 4.17 公路类型_柏油路 - 3.08 经验_老手 + 3.08 经验_新手 + 0.58 公路类型*经验_土路 老手 - 0.58 公路类型*经验_土路 新手 - 2.42 公路类型*经验_石路 老手 + 2.42 公路类型*经验_石路 新手 + 1.83 公路类型*经验_柏油路 老手 - 1.83 公路类型*经验_柏油路 新手

结果 7-48（续）

设置

变量	设置
公路类型	土路
经验	新手

预测

拟合值	拟合值标准误	95% 置信区间	95% 预测区间
20	2.51937	(14.7070, 25.2930)	(8.16450, 31.8355)

设置

变量	设置
公路类型	土路
经验	老手

预测

拟合值	拟合值标准误	95% 置信区间	95% 预测区间
15	2.51937	(9.70700, 20.2930)	(3.16450, 26.8355)

【例 7-34】根据例 7-5 拟合的模型，试计算不同经验的驾驶员在不同公路类型上驾驶的校正时间的预测信息。

（1）打开工作表“路面状况.mwx”。

（2）【预测（Predict)】主对话框如图 7-50 所示。

- 【响应（Responses)】：选择“校正时间”。
- 数据输入类型：选择【输入值列（Enter columns of values)】。
- 变量值列表：每个固定变量选择一列。本例选择原工作表中的“公路类型”和“经验”，用户也可以选择新列以计算新个案的预测信息。

注：其他选项同例 7-33。

（3）主要结果及分析。

在工作表中生成了 C4～C9 共 6 个变量（见图 7-51），依次为预测拟合值、拟合标准误、置信限、置信限_1、预测限、预测限_1。在 Minitab 的多个功能中都可以提供将统计量保存到工作表中的功能，用户可对保存的统计量进行更深入的统计分析。

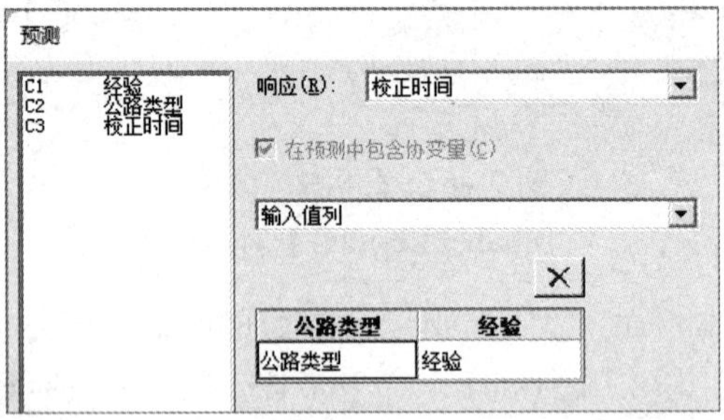

图 7-50 【预测（Predict)】主对话框（2）

↓	C1-T	C2-T	C3	C4	C5	C6	C7	C8	C9
	经验	公路类型	校正时间	预测拟合值	拟合标准误	置信限	置信限_1	预测限	预测限_1
1	新手	柏油路	4	10.0	2.51937	4.7070	15.2930	-1.83550	21.8355
2	新手	柏油路	18	10.0	2.51937	4.7070	15.2930	-1.83550	21.8355
3	新手	柏油路	8	10.0	2.51937	4.7070	15.2930	-1.83550	21.8355
4	新手	柏油路	10	10.0	2.51937	4.7070	15.2930	-1.83550	21.8355
5	新手	石路	23	18.0	2.51937	12.7070	23.2930	6.16450	29.8355
6	新手	石路	15	18.0	2.51937	12.7070	23.2930	6.16450	29.8355
7	新手	石路	21	18.0	2.51937	12.7070	23.2930	6.16450	29.8355
8	新手	石路	13	18.0	2.51937	12.7070	23.2930	6.16450	29.8355

图 7-51 工作表“路面状况.mwx”的原始资料与预测信息

7.7.11　因子图

因子图（Factorial Plots）可绘制一般线性模型的主效应图和交互效应图，与 7.4 节和 7.5 节不同，因子图中的主效应图可比较不同变量水平的拟合均值（Fitted means）而不是原始数据均值，可直观显示一个变量的拟合值和另一个变量的固定值的关系。而交互效应图可评估一个变量对另一个变量的效应，但主效应和交互效应的统计学意义需根据方差分析表确定。

【例 7-35】 试根据例 7-5 的资料绘制因子图。

（1）打开工作表“路面状况.mwx”。

（2）选择【统计（Stat）】→【方差分析（Analysis of Variance）】→【一般线性模型（General Linear Model）】→【因子图（Factorial Plots）】菜单项，打开【因子图（Factorial Plots）】主对话框，如图 7-52 所示。

- 【响应（Responses）】：选择“校正时间”。
- 【图中包括的变量（Variables to Include in Plots）】：箭头按钮可将变量从一个列表移动到另一个列表中。双箭头按钮可将一个列表中的所有变量移动到另一个列表中，或者通过双击变量来移动变量。
    - 【可用（Available）】：模型中可用于绘制因子图的所有分类变量。
    - 【所选（Selected）】：用于绘制因子图的所有分类变量，最多可以选择 50 个变量。本例选择“公路类型”“经验”。
- 【要显示的项（Terms to display）】：可选择【仅模型项（Only model terms）】或【所有项（All terms）】。

（3）【因子图：图形（Factorial Plots:Graphs）】对话框如图 7-53 所示。

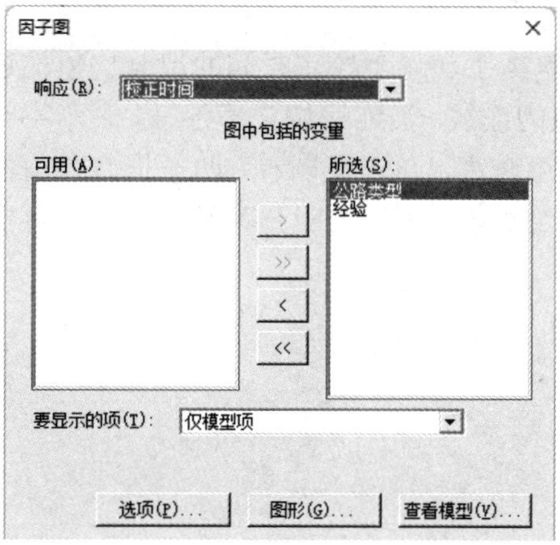

图 7-52　【因子图（Factorial Plots）】主对话框

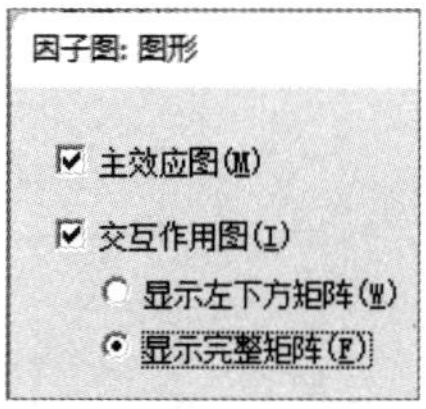

图 7-53　【因子图：图形（Factorial Plots: Graphs）】对话框

- 【主效应图（Main effects plot）】：绘制主效应图。
- 【交互作用图（Interaction plot）】：绘制交互效应图。当只有两个变量时，可绘制一个交互效应图；当有 3 个或以上的变量时，可绘制交互效应图矩阵（Matrix of interaction plots）。
    - 【显示左下方矩阵（Display lower left matrix）】：每对变量绘制一个图。
    - 【显示完整矩阵（Display full matrix）】：每对变量（$A \times B$ 和 $B \times A$）绘制两个图。两个图可更轻松地找出交互效应。

（4）主要结果及分析。

① 校正时间的主效应图：当鼠标悬停在图中各点上时，可显示相应的均值，校正时间的总拟合均值为 12.92s（参考线）。两个因子各水平响应均值的连线均与横轴不平行，可认为这两个因子均存在主效应。从公路类型看，土路校正时间的拟合均值（17.50s）高于总拟合均值，柏油路校正时间的拟合均值（8.75s）低于总拟合均值，而石路校正时间的拟合均值（12.50s）与总拟合均值接近；从驾驶员经验看，新手校正时间的拟合均值（16.00s）高于总拟合均值，老手校正时间的拟合均值（9.30s）低于总拟合均值。效应是指均值与参考线之间的差，如图 7-54 所示，公路类型对校正时间的影响比驾驶员经验的影响大。值得注意的是，主效应仅能在没有交互效应的前提下解释。

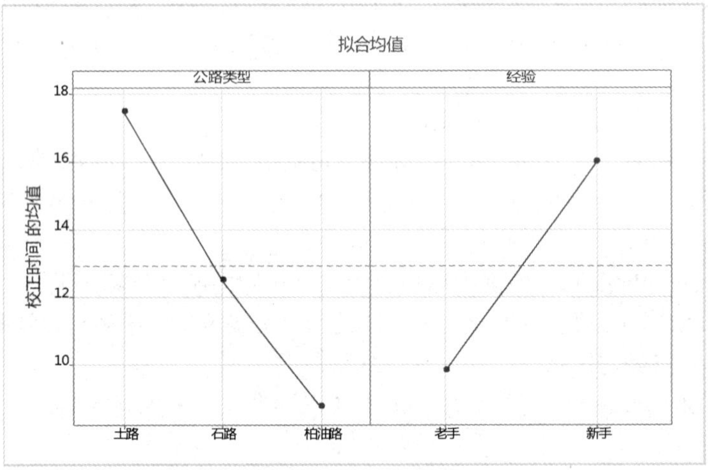

图 7-54　校正时间的主效应图

② 校正时间的交互效应图：左下图为不同公路类型新手和老手校正时间的拟合均值的连线，而右上图为不同经验驾驶员的各种公路类型的拟合均值的连线。当连线相互平行时，表示不存在交互效应，当偏离平行状态的程度越大时，交互效应的程度越高。从左下图看，两条拟合均值的连线基本平行，而右上图的石路和柏油路的两条拟合均值的连线不平行，表明公路类型和经验可能存在交互效应，如图 7-55 所示。

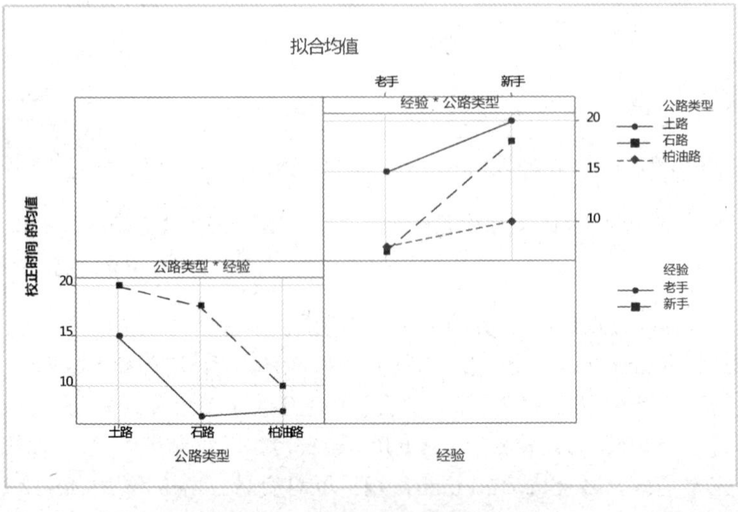

彩图 7-55

图 7-55　校正时间的交互效应图

③ 无论主效应图还是交互效应图，都不能确定主效应或交互效应是否有统计学意义，必须根据方差分析表的结果判断。结合例 7-16 的结果，可认为公路类型和经验的主效应有统计学意义（$P<0.05$），而公路类型和经验不存在交互效应（$P>0.05$）。

7.8　一般多元方差分析

一般多元方差分析（General MANOVA）可对平衡和不平衡设计的资料进行多元方差分析（MANOVA），如果有协变量，则可利用数据的协方差结构（Covariance structure）来同时检验不同响应的均值是否相等。计算使用回归分析的方法进行。该功能由因子和协变量形成满秩设计矩阵（Full rank design matrix）后，每个响应变量在满秩设计矩阵的列上进行回归。因子可以是交叉或嵌套的，但不能是随机因子，协变量之间可以彼此交叉或与因子交叉，也可以嵌套在因子内。

【例 7-36】试根据例 7-10 的资料，对“口语成绩”和“笔试成绩”进行多元方差分析。

（1）打开工作表“焦虑.mwx”。

（2）选择【统计（Stat）】→【方差分析（Analysis of Variance）】→【一般多元方差分析（General MANOVA）】菜单项，打开【一般多元方差分析（General MANOVA）】主对话框，如图 7-56 所示。

- 【响应（Responses）】：可最多选择 50 个响应变量，本例选择“口语成绩”“笔试成绩”。
- 【模型（Model）】：输入模型表达式，本例为“C2|C3|C4”，即分析 C2、C3 和 C4 的主效应与 3 个变量之间所有组合的交互效应。模型表达式的设置规则请参考 7.6.1 节。

（3）【一般多元方差分析：协变量（General MANOVA:Covariates）】对话框如图 7-57 所示。

- 【协变量（Covariates）】：在模型中选择协变量，最多可选择 50 个协变量。选择协变量后可进行多元协方差分析。

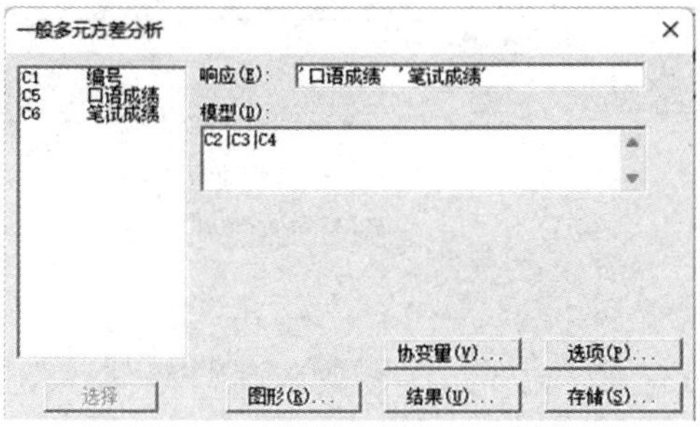

图 7-56　【一般多元方差分析（General MANOVA）】主对话框

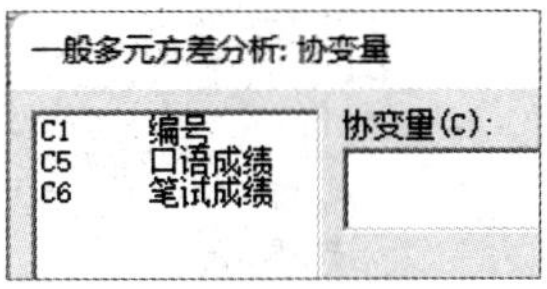

图 7-57　【一般多元方差分析：协变量（General MANOVA:Covariates）】对话框

（4）【一般多元方差分析：选项（General MANOVA:Options）】对话框如图 7-58 所示。

【一般多元方差分析：选项（General MANOVA:Options）】对话框设定用于加权回归（Weighted regression）的变量，如果进行加权回归，则可将变量选入【进行加权拟合，使用权重在（Do a weighted fit, using weights in）】。

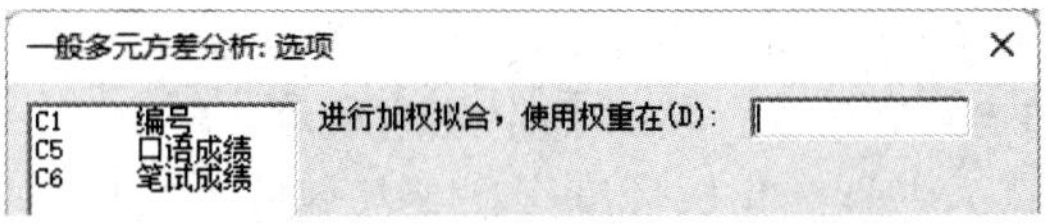

图 7-58　【一般多元方差分析：选项（General MANOVA:Options）】对话框

（5）【一般多元方差分析：图形（General MANOVA:Graphs）】对话框如图 7-59 所示。

■ 【残差图（Residuals for Plots）】：设定残差图的类型。

- 【正规（Regular）】：绘制正规残差图（Regular residuals plot），又称为原始残差图（Raw residuals plot）。
- 【标准化（Standardized）】：绘制标准化残差图（Standardized residuals plot）。
- 【删后的（Deleted）】：绘制 t 化删除残差图（Studentized deleted residuals plot）。

注：【残差图（Residual Plots）】和【残差与变量（Residuals versus the variables）】列表的设定可参考图 7-12 的介绍。

（6）【一般多元方差分析：结果（General MANOVA:Results）】对话框如图 7-60 所示。

■ 【结果显示（Display of Results）】。

- 【矩阵（假设、误差、偏相关）（Matrices(Hypothesis, error, partial correlations)）】：显示假设矩阵 $\boldsymbol{H}$（Hypothesis matrix $\boldsymbol{H}$）、误差矩阵 $\boldsymbol{E}$（Error matrix $\boldsymbol{E}$）和偏相关矩阵（Matrix of partial correlations）。
- 【特征分析（Eigen analysis）】：显示特征值和矩阵 $\boldsymbol{E}^{-1}\boldsymbol{H}$ 的特征值。
- 【单变量方差分析（Univariate analysis of variance）】：对每个响应变量进行单变量方差分析。

■ 【显示与项对应的最小二乘均值（Display least squares means corresponding to the terms）】：选择需计算均值表（Table of means）的项。如指定 A B D $A*B*D$ 会显示 4 个均值表，包括 A、B、D 3 个主效应表和 $A*B*D$ 三因子交互效应表。

■ 【以下项的自定义多变量检验（Custom multivariate tests for the following terms）】：选择进行 4 种多变量检验（Multivariate tests）的项。如果不选择，则默认对所有模型项进行检验。

■ 【误差（Error）】：选择 4 种多变量检验的误差项，如果不选择，则使用与均方误差（Mean Squares Error，MSE）关联的误差。

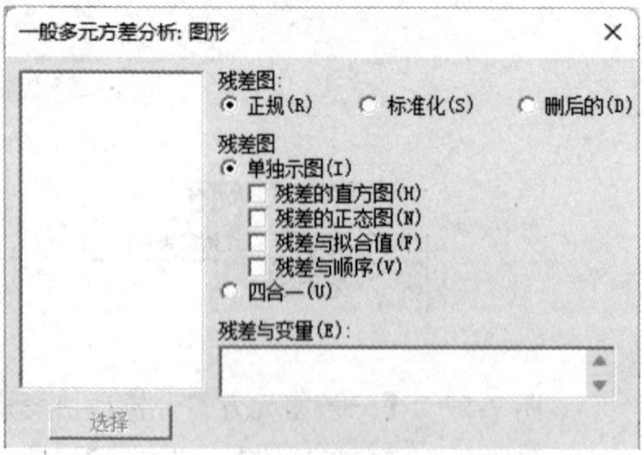

图 7-59 【一般多元方差分析：图形（General MANOVA:Graphs）】对话框

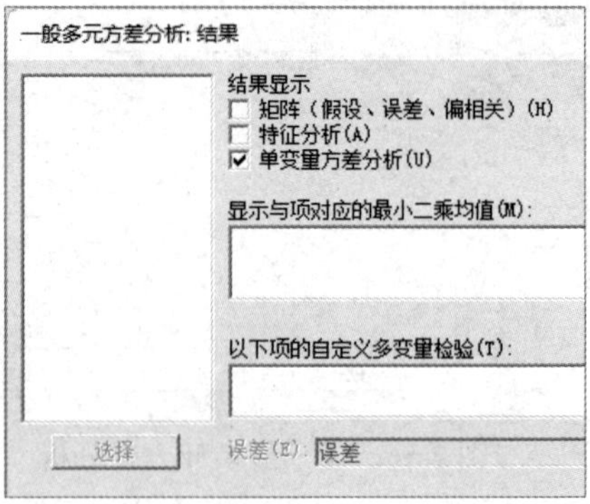

图 7-60 【一般多元方差分析：结果（General MANOVA:Results）】对话框

（7）主要结果及分析。

① 在口语成绩的单变量方差分析中，主效应项：焦虑程度，F=23.28，P<0.001；教学方法，F=7.86，P=0.002<0.01，按 α=0.05 水准，拒绝 H_0，接受 H_1，差异有统计学意义，可认为焦虑程度和教学方法对口语成绩有影响。交互效应项：性别*焦虑程度，F=5.07，P=0.034<0.05，按 α=0.05 水准，拒绝 H_0，接受 H_1，可认为性别和焦虑程度存在交互效应。其他主效应项和交互效应项均无统计学意义（P>0.05），见结果 7-49。

② 笔试成绩的单变量方差分析的结果与例 7-14 的结果一致（结果与分析略）。

③ 各因子变量的多元方差分析分别对各主效应项和交互效应项进行了 4 种多元方差分析方法：Wilks 方法、Lawley-Hotelling 方法、Pillai 方法和 Roy 方法。其中焦虑程度、教学方法和性别*焦虑程度的 4 种多元方差分析方法的 P 值均小于 0.05，整体而言，以口语成绩和笔试成绩衡量教学效果，按 α=0.05 水准认为不同焦虑程度与不同教学方法的各组学生的口语成绩和笔试成绩的总体均值向量之间的差异有统计学意义。性别和焦虑程度存在交互效应。其他主效应项和交互效应项均无统计学意义（P>0.05）如结果 7-50 所示。

结果 7-49

因子信息

因子	类型	水平数	值
性别	固定	2	男, 女
焦虑程度	固定	2	低焦虑, 高焦虑
教学方法	固定	3	口语法, 认知法, 直接法

口语成绩 的方差分析，在检验中使用调整的 SS

来源	自由度	Seq SS	Adj SS	Adj MS	F	P
性别	1	2.250	2.2500	2.2500	0.93	0.344
焦虑程度	1	56.250	56.2500	56.2500	23.28	0.000
教学方法	2	38.000	38.0000	19.0000	7.86	0.002
性别*焦虑程度	1	12.250	12.2500	12.2500	5.07	0.034
性别*教学方法	2	6.000	6.0000	3.0000	1.24	0.307
焦虑程度*教学方法	2	0.000	0.0000	0.0000	0.00	1.000
性别*焦虑程度*教学方法	2	8.000	8.0000	4.0000	1.66	0.212
误差	24	58.000	58.0000	2.4167		
合计	35	180.750				

结果 7-50

性别 的多元方差分析检验

			自由度		
标准	检验统计量	F	分子	分母	P
Wilks	0.99057	0.229	1	24	0.637
Lawley-Hotelling	0.00952	0.229	1	24	0.637
Pillai	0.00943	0.229	1	24	0.637
Roy	0.00952				

s = 1　m = -0.5　n = 11

焦虑程度 的多元方差分析检验

			自由度		
标准	检验统计量	F	分子	分母	P
Wilks	0.34884	44.800	1	24	0.000
Lawley-Hotelling	1.86667	44.800	1	24	0.000
Pillai	0.65116	44.800	1	24	0.000
Roy	1.86667				

s = 1　m = -0.5　n = 11

教学方法 的多元方差分析检验

			自由度		
标准	检验统计量	F	分子	分母	P
Wilks	0.41522	16.900	2	24	0.000
Lawley-Hotelling	1.40833	16.900	2	24	0.000
Pillai	0.58478	16.900	2	24	0.000
Roy	1.40833				

s = 1　m = 0　n = 11

性别*焦虑程度 的多元方差分析检验

			自由度		
标准	检验统计量	F	分子	分母	P
Wilks	0.46460	27.657	1	24	0.000
Lawley-Hotelling	1.15238	27.657	1	24	0.000
Pillai	0.53540	27.657	1	24	0.000
Roy	1.15238				

s = 1　m = -0.5　n = 11

性别*教学方法 的多元方差分析检验

			自由度		
标准	检验统计量	F	分子	分母	P
Wilks	0.99174	0.100	2	24	0.905
Lawley-Hotelling	0.00833	0.100	2	24	0.905
Pillai	0.00826	0.100	2	24	0.905
Roy	0.00833				

s = 1　m = 0　n = 11

焦虑程度*教学方法 的多元方差分析检验

			自由度		
标准	检验统计量	F	分子	分母	P
Wilks	0.98476	0.186	2	24	0.832
Lawley-Hotelling	0.01548	0.186	2	24	0.832
Pillai	0.01524	0.186	2	24	0.832
Roy	0.01548				

s = 1　m = 0　n = 11

性别*焦虑程度*教学方法 的多元方差分析检验

			自由度		
标准	检验统计量	F	分子	分母	P
Wilks	0.92004	1.043	2	24	0.368
Lawley-Hotelling	0.08690	1.043	2	24	0.368
Pillai	0.07996	1.043	2	24	0.368
Roy	0.08690				

s = 1　m = 0　n = 11

第8章　等效检验

等效检验（Equivalence Tests）又称为等价检验，可用于确定产品测量或过程测量均值的接近程度是否足以认为是等效的，包括单样本等效检验（1-Sample Equivalence Test）、独立样本等效检验（2-Sample Equivalence Test）、配对资料的等效检验（Equivalence Test With Paired Data）和二阶段交叉试验设计资料的等效检验（Equivalence Test For 2×2 Crossover Design），均可进行等效性检验、非劣效性检验和优效性检验，常用于药物、医疗器械、治疗方法的临床试验。

8.1　单样本等效检验

单样本等效检验用于评估某一产品或过程均值和目标值之间的等效性，均值是否小于或大于目标值等。

【例 8-1】现有某中学 80 名学生的数学成绩，已知该地区联考的数学平均分为 75 分，设定等效性界值为 5 分，试检验该中学数学成绩的平均分是否与该地区联考的数学平均分相等。（数学.mwx）

（1）打开工作表“数学.mwx”。

（2）选择【统计（Stat)】→【等价检验（Equivalence Tests)】→【单样本（1-Sample)】菜单项，打开【单样本等价检验（1-Sample Equivalence Test)】主对话框，如图 8-1 所示。

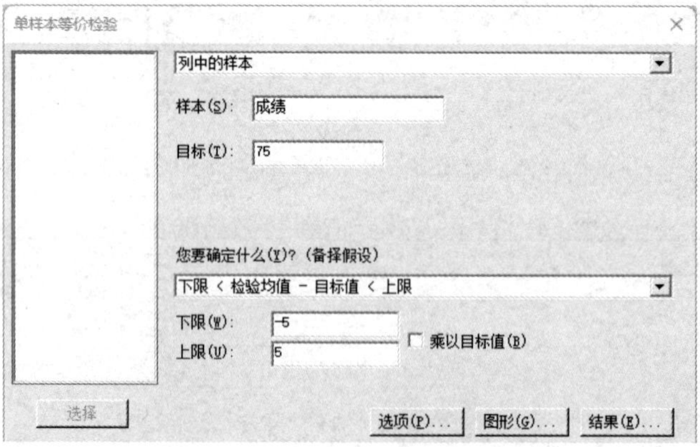

图 8-1　【单样本等价检验（1-Sample Equivalence Test)】主对话框（1）

- 数据类型菜单：可选择【列中的样本（Sample in a column)】或【汇总数据（Summarized data)】，本例选择前者。
- 【样本（Samples)】：选择“成绩”
- 【目标（Target)】：输入该地区联考的数学平均分“75”。

- 【您要确定什么？（备择假设）（What do you want to determine?(Alternative hypothesis)）】：可选择以下选项。
    - 【下限<检验均值-目标值<上限（Lower limit < test mean-target < upper limit）】：检验均值和目标值之间的差值（效应差值）是否在指定的范围（等效区间）内。
    - 【检验均值>目标值（Test mean > target）】：检验均值是否大于目标值。
    - 【检验均值<目标值（Test mean < target）】：检验均值是否小于目标值。
    - 【检验均值-目标值>下限（Test mean-target > lower limit）】：检验均值是否大于目标值+特定量，如检验总体均值是否比目标值至少大 0.2g。
    - 【检验均值-目标值<上限（Test mean- target < upper limit）】：检验均值是否小于目标值+特定量，如检验总体均值是否比目标值至少小 0.2g。
- 【下限（Lower limit）】：指定等效区间的下限，如-0.2，本例为“-5”。
- 【上限（Upper limit）】：指定等效区间的上限，如 0.2，本例为“5”。
- 【乘以目标值（Multiply by target）】：设定等效区间的界值占目标值的比例。例如，选择此选项可指定限值为 0.2 乘以目标值，而不是固定值 0.2。

（3）【单样本等价检验：选项（1-Sample Equivalence Test:Options）】对话框如图 8-2 所示。

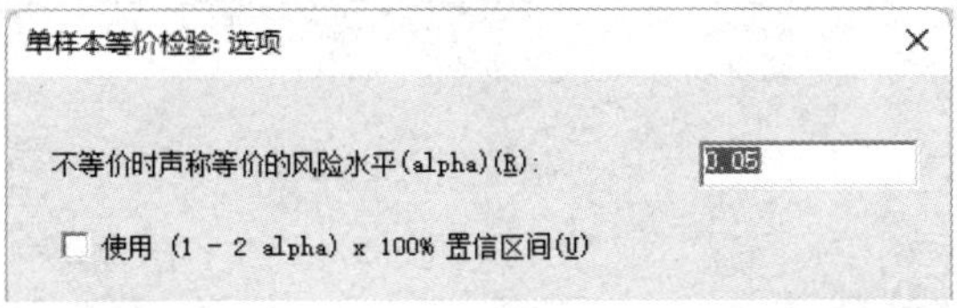

图 8-2 【单样本等价检验：选项（1-Sample Equivalence Test:Options）】对话框

- 【不等价时声称等价的风险水平(alpha)（Risk level of claiming equivalence when it is not true(alpha)）】：指定检验的显著性水平 α，通常为“0.05”。
- 【使用(1-2 alpha)× 100%置信区间（Use(1-2 alpha)× 100% confidence interval）】：使用替代方法计算效应差值的置信区间。替代方法的置信上限和置信下限可以与默认方法相同。但替代方法的置信水平始终小于默认方法的置信水平。例如，如果默认方法的显著性水平 α 为 0.05，则替代方法的置信水平为 90%，而不是 95%。

（4）【单样本等价检验：图形（1-Sample Equivalence Test:Graphs）】对话框如图 8-3 所示。

- 【等价图（Equivalence plot）】（等效图）：可生成等效检验结果的图形化汇总，包括效应差值的置信区间、等效区间，以及等效界值和等效检验的结果判定。此外，该对话框还可以绘制样本资料的【直方图（Histogram）】、【单值图（Individual value plot）】和【箱线图（Boxplot）】。

（5）【单样本等价检验：结果（1-Sample Equivalence Test:Results）】对话框如图 8-4 所示。

- 【方法（Method）】：显示方法信息和目标值。
- 【描述性统计量（Descriptive statistics）】：计算样本的描述性统计量，包括例数、均值和标准差。
- 【差值（Difference）】：显示效应差值信息，包括效应差值的置信区间、等效区间和等效检验的结果判定。
- 【检验（Test）】：显示检验结果，包括检验假设、每个假设检验的 P 值和等效检验的结果判定。

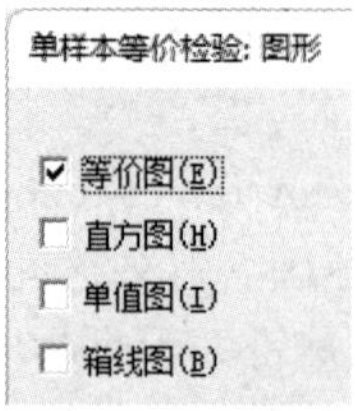

图 8-3　【单样本等价检验：图形（1-Sample Equivalence Test:Graphs）】对话框

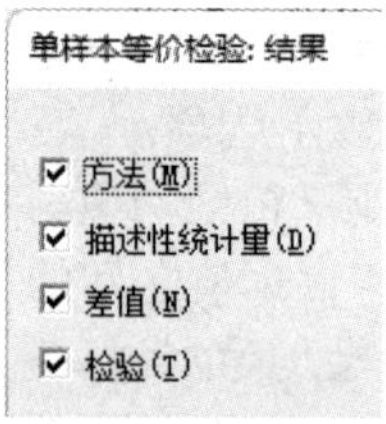

图 8-4　【单样本等价检验：结果（1-Sample Equivalence Test:Results）】对话框

（6）主要结果及分析。

① 方法和描述性统计量：在数学成绩的单样本等效检验的基本信息中，其目标值为 75 分，数学平均分（均值）与标准差为(75.21±10.30)分，如结果 8-1 所示。

② 差值：效应差值为 0.21 分，效应差值的 95%置信区间（对等项的 95%，CI）为(−1.70,2.13)分，在等效区间（等价区间）(−5.00,5.00)分内，可认为该中学学生的数学成绩与地区联考成绩是等效的。如图 8-5 所示，等效性检验图两侧的虚线分别为等效下限（等价下限）（LEL）和等效上限（等价上限）（UEL），效应均值的 95%置信区间在两条虚线之间，同样可得出等效的结论，如结果 8-2 所示。

结果 8-1

方法

目标值 = 75

描述性统计量

变量	N	均值	标准差	均值标准误
成绩	80	75.213	10.304	1.1520

结果 8-2

差值: 均值(成绩) - 目标值

差值	SE	对等项的 95% CI	等价区间
0.21250	1.1520	(-1.70487, 2.12987)	(-5, 5)

置信区间在等价区间内。可以认为是等价。

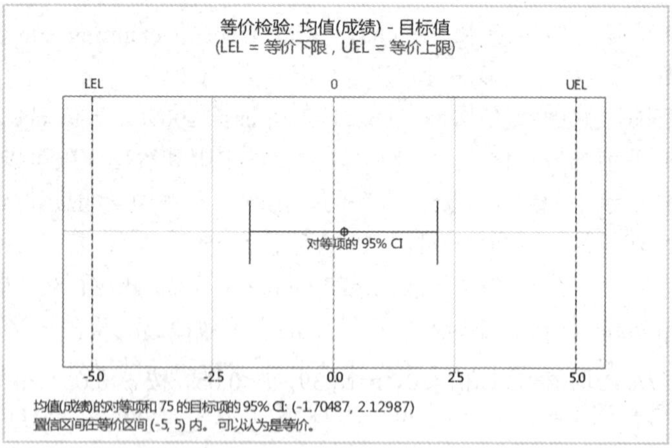

图 8-5　某中学数学成绩的等效性检验图

③ 检验：本例为学生数学成绩的平均分是否等于目标值 75 分的等效性检验，等效区间为(−5.00,5.00)分，包含 H_0 分别为等效差值≤−5 和等效差值≥5 的两个假设检验，t_1=4.52，P_1<0.025，按 α=0.025（单侧）的水准，拒绝 $H_{0(1)}$，接受 $H_{1(1)}$；t_2=4.16，P_2<0.025，按 α=0.025（单侧）的水准，拒绝 $H_{0(2)}$，接受 $H_{1(2)}$，可认为是等效的，即该中学数学成绩的平均分与该地区联考的数学平均分 75 分相同，如结果 8-3 所示。

结果 8-3

检验

原假设:　差值 ≤ -5 或差值 ≥ 5
备择假设: -5 < 差值 < 5
α 水平:　0.05

原假设	自由度	T 值	P 值
差值 ≤ -5	79	4.5247	0.000
差值 ≥ 5	79	-4.1558	0.000

两个 P 值中更大的值为 0.000。可以认为是等价。

【例 8-2】某协会编制了一套阅读能力测验试卷，测验的全国常模为 μ=250 分，某学校引进了一种基于计算机阅读的创新教学方法，对某年级进行了为期一年的教学试验。完成试验后，该地区的一位评估专家在该年级随机抽取了 100 名学生进行评估，其测验的平均分与标准差是(263±7.07)分，试检验该教学试验有无效果。

（1）在【单样本等价检验（1-Sample Equivalence Test）】主对话框（见图 8-6）中，数据类型菜单选择【汇总数据（Summarized data）】，设定【样本数量（Sample size）】为“100”，【均值（Mean）】为“263”，【标准差（Standard deviation）】为“7.07”，【目标（Target）】为“250”，【您要确定什么？（备择假设）（What do you want to determine?(Alternative hypothesis)）】选择【检验均值>目标值（Test mean > Target）】。

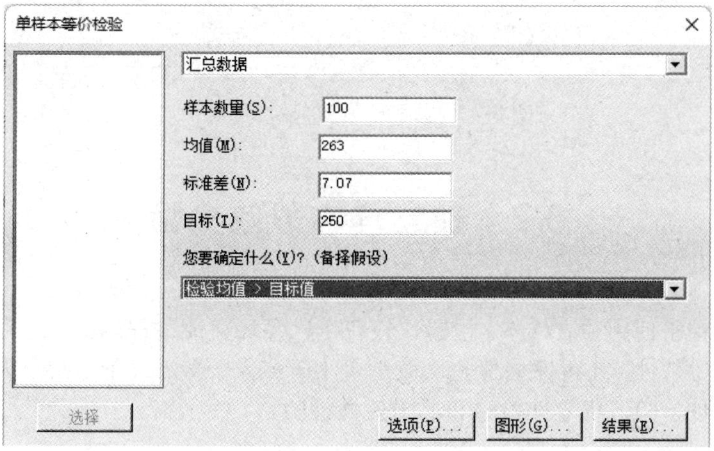

图 8-6　【单样本等价检验（1-Sample Equivalence Test）】主对话框（2）

（2）主要结果及分析。

① 方法和描述性统计量：该年级学生测验成绩的单样本等效检验（右单侧检验）的测验平均分与标准差为(263±7.07)分，如结果 8-4 所示。

② 差值：效应差值为 13 分，效应差值的 95%置信区间的下限（11.83 分）大于 0，可认为测验成绩的总体均值大于目标值。如图 8-7 所示，优效性检验图的左侧虚线为目标值的下限 0，效应均值的 95%置信区间的下限大于 0，因此可得相同的结论，如结果 8-5 所示。

③ 检验：本例的 H_0 为均值-目标值≤0，t=18.39，P<0.05，按 α=0.05 水准，拒绝 H_0，接受 H_1，可认为该年级学生的测验成绩高于全国常模，即该教学试验是有效的，如结果 8-6 所示。

结果 8-4

方法

目标值 = 250

描述性统计量

N	均值	标准差	均值标准误
100	263	7.07	0.70700

结果 8-5

差值: 均值 - 目标值

差值	SE	95% 下限	下限
13.000	0.70700	11.826	0

下限大于0。可以认为均值>目标值。

结果 8-6

检验

原假设: 均值 - 目标值 ≤ 0
备择假设: 均值 - 目标值 > 0
α 水平: 0.05

自由度	T 值	P 值
99	18.388	0.000

P值≤0.05。可以认为均值>目标值。

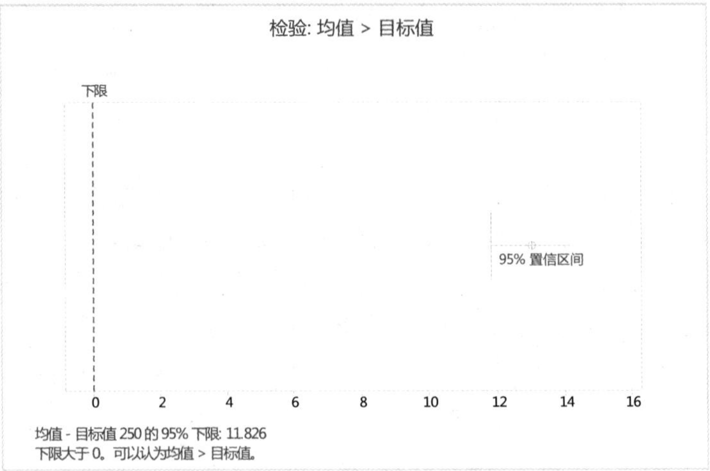

图 8-7 测验成绩的优效性检验图

8.2 独立样本等效检验

独立样本等效检验使用独立样本 t 检验比较两个产品均值或过程均值。它不仅可用于评估检验均值和参考均值的等效性，还可评估检验均值是否小于或大于参考均值。在药物临床试验中，常用的检验方法有等效性检验、优效性检验和非劣效性检验。

8.2.1 等效性检验

等效性检验主要用于研究某种处理方法是否与标准处理方法或已有的处理方法类似，从而判断是否可用新处理方法代替标准处理方法。

【例 8-3】某工厂改进某部件的装配工艺，改进后的成本可降低 5%，但其中一个重要指标是衡量新工艺的劳动效率是否与原工艺相同，劳动效率可以用平均装配时间反映。现从两种装配工艺中各抽取 12 件产品，记录各自的装配时间（单位：min），设定等效性界值为 10%，试检验两种装配工艺的装配时间是否相同。

（1）打开工作表“装配时间.mwx”。

（2）选择【统计（Stat）】→【等价检验（Equivalence Tests）】→【双样本（2-sample）】菜单项，打开【双样本等价检验（2-Sample Equivalence Test）】主对话框，如图 8-8 所示。

- 数据类型菜单：可选择【样本在一列中（Samples in one column）】、【样本在不同列中（Samples in different columns）】或【汇总数据（Summarized data）】，本例选择【样本在不同列中（Samples in different columns）】。
- 【检验样本（Test sample）】：通常是新产品或过程。例如，在药物临床试验中，常希望新药与参比药物效果相同或优于参比药物。
- 【参考样本（Reference sample）】：通常是经过验证的产品或过程。例如，在药物临床试验中，参考样本通常是经过大量的实践且疗效明确的药品。
- 【相关假设（Hypothesis about）】：可选择以下选项。

- 【检验均值-参考均值（Test mean – reference mean）】：根据检验均值和参考均值的差值（效应差值）指定等效标准。
- 【检验均值/参考均值（Test mean / reference mean）】：根据检验均值与参考均值的比值指定等效标准。
- 【检验均值/参考均值（通过对数变换）（Test mean / reference mean(by log transformation)）】：根据检验均值的对数与参考均值的对数的比值指定等效标准，要求所有观测值均必须大于 0。

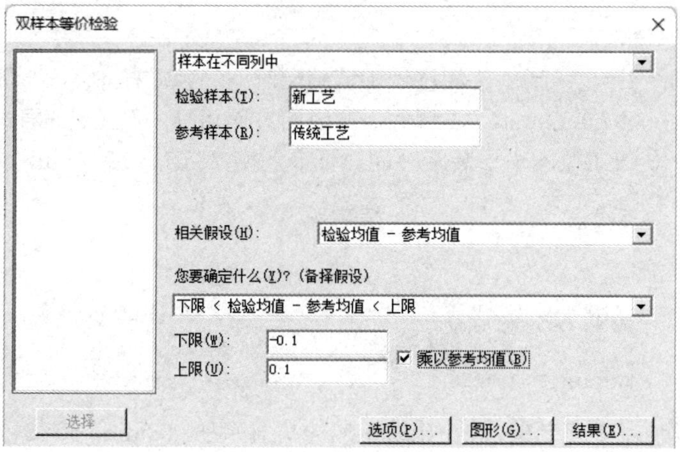

图 8-8　【双样本等价检验（2-Sample Equivalence Test）】主对话框（1）

- 【您要确定什么？（备择假设）（What do you want to determine?(Alternative hypothesis)）】：根据【相关假设（Hypothesis about）】的选择不同分为以下两种情况。
  - 当【相关假设（Hypothesis about）】选择【检验均值-参考均值（Test mean – reference mean）】时，可选择【下限 < 检验均值-参考均值 < 上限（Lower limit < test mean – reference mean < upper limit）】、【检验均值 > 参考均值（Test mean > reference mean）】、【检验均值 < 参考均值（Test mean < reference mean）】、【检验均值-参考均值 > 下限（Test mean – reference mean > lower limit）】或【检验均值-参考均值 < 上限（Test mean – reference mean < upper limit）】。本例选择第一个选项。
  - 当【相关假设（Hypothesis about）】选择【检验均值/参考均值（Test mean / reference mean）】或【检验均值/参考均值（通过对数变换）（Test mean / reference mean(by log transformation)）】时，可选择【下限 < 检验均值/参考均值 < 上限（Lower limit < test mean / reference mean < upper limit）】、【检验均值/参考均值 > 下限（Test mean / reference mean > lower limit）】或【检验均值/参考均值 < 上限（Test mean / reference mean < upper limit）】。

本例设置【下限（Lower limit）】为-0.1，【上限（Upper limit）】为 0.1，并选择【乘以参考均值（Multiply by reference mean）】。

注：当【相关假设（Hypothesis about）】选择【检验均值/参考均值（Test mean / reference mean）】或【检验均值/参考均值（通过对数变换）（Test mean / reference mean(by log transformation)）】时，上、下限必须大于 0。

（3）在【双样本等价检验：选项（2-Sample Equivalence Test:Options）】对话框（见图 8-9）中，

选择【假定等方差（Assume equal variances)】，其他选项均为默认值，设置方法可参照 8.1 节。

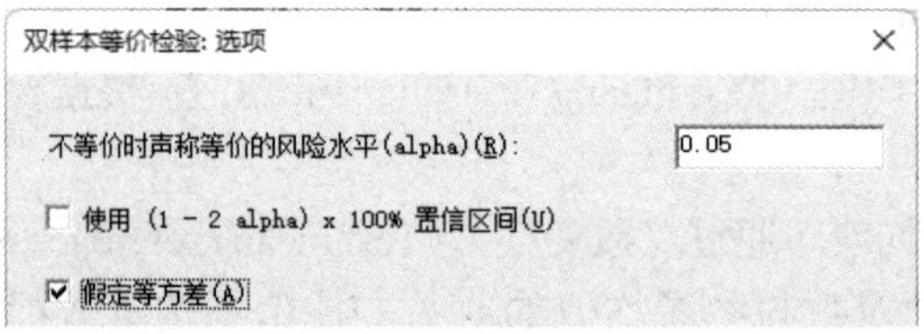

图 8-9 【双样本等价检验：选项（2-Sample Equivalence Test:Options)】对话框

（4）主要结果及分析。

① 方法和描述性统计量：新工艺和传统工艺装配时间的独立样本等效检验的等效区间（等价上限和等价下限）为(−2.87,2.87)min，本例假定两组的方差相等。新工艺的平均装配时间与标准差为(31.75±2.46)min，传统工艺的平均装配时间与标准差为(28.67±0.71)min，如结果 8-7 所示。

结果 8-7

方法

检验均值 = 新工艺 的均值
参考均值 = 传统工艺 的均值
等价下限 = -0.1 × 样本参考均值 = -2.8667
等价上限 = 0.1 × 样本参考均值 = 2.8667
已针对此分析假定了相等方差。

描述性统计量

变量	N	均值	标准差	均值标准误
新工艺	12	31.750	3.1945	0.92216
传统工艺	12	28.667	2.4618	0.71067

合并标准差 = 2.85177

② 差值：效应差值（新工艺的均值-传统工艺的均值）为 3.08min，其 95%置信区间(0,5.08)min 不在等效区间(–2.87,2.87)min 内，可认为新工艺的装配时间与传统工艺是不等效的（见结果 8-8）。新工艺和传统工艺装配时间的等效性检验图如图 8-10 所示，同样可得出不等效的结论。

结果 8-8

差值: 均值(新工艺) - 均值(传统工艺)

差值	SE	对等项的 95% CI	等价区间
3.0833	1.1642	(0, 5.08248)	(-2.86667, 2.86667)

置信区间不在等价区间内。不能认为是等价。

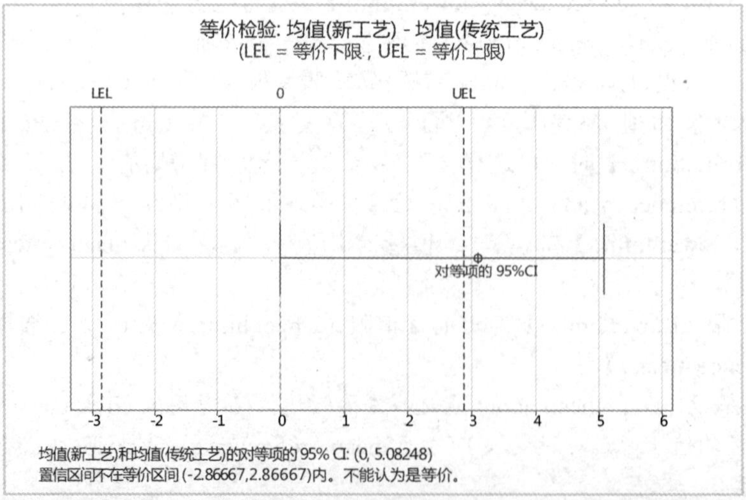

图 8-10 新工艺和传统工艺装配时间的等效性检验图

结果 8-9

检验

原假设：　差值 ≤ -2.8667 或差值 ≥ 2.8667
备择假设：-2.8667 < 差值 < 2.8667
α 水平：　0.05

原假设	自由度	T 值	P 值
差值 ≤ -2.8667	22	5.1107	0.000
差值 ≥ 2.8667	22	0.18610	0.573

两个 P 值中更大的值为 0.573。不能认为是等价。

③ 检验：本例 H_0 分别为等效差值≤−2.8667min 和等效差值≥2.8667min，t_1=5.11，P_1<0.025，按 α=0.025（单侧）水准，拒绝 $H_{0(1)}$，接受 $H_{1(1)}$；t_2=0.19，P_2=0.573>0.025，按 α=0.025（单侧）水准，不拒绝 $H_{0(2)}$，可认为新工艺的装配时间与传统工艺是不等效的，即新工艺的劳动效率与传统工艺不同，如结果 8-9 所示。

【例 8-4】 某血液病研究室观察复方硫酸亚铁冲剂治疗小儿缺铁性贫血的治疗效果，试图用每日 10mg 剂量代替每日 20mg 剂量，120 名病人随机分成两组，治疗两个月后血红蛋白平均升高值与标准差分别为 (36.6±16.3)g/L（10mg 组）、(41.5±18.2)g/L（20mg 组），设定等效性界值为 8.8 g/L，问：两种治疗方法是否等效？

（1）在【双样本等价检验（2-Sample Equivalence Test)】主对话框（见图 8-11）中，数据类型菜单选择【汇总数据（Summarized data)】，分别输入【检验样本（Test sample)】（10mg 组）与【参考样本（Reference sample)】（20mg 组）的【样本数量（Sample size)】、【均值（Mean)】和【标准差（Standard deviation)】，【相关假设（Hypothesis about)】选择【检验均值-参考均值（Test mean – reference mean)】，【您要确定什么？（备择假设）(What do you want to determine?(Alternative hypothesis))】选择【下限 < 检验均值-参考均值 < 上限（Lower limit < test mean – reference mean < upper limit)】，【下限（Lower limit)】为“−8.8”，【上限（Upper limit)】为“8.8”。

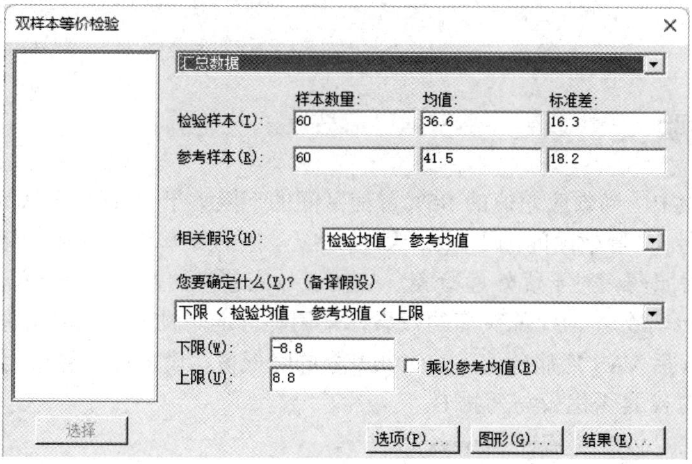

图 8-11　【双样本等价检验（2-Sample Equivalence Test)】主对话框（2）

（2）其他对话框选项同例 8-3。

（3）主要结果及分析。

① 差值：效应差值为−4.90g/L，其 95%置信区间(−10.13,0.33)g/L 不在等效区间(−8.80,8.80)g/L 内，可认为两种治疗方法是不等效的，如图 8-12 所示。

② 检验：t_1=1.24，P_1=0.109>0.025，按 α=0.025（单侧）水准，不拒绝 $H_{0(1)}$；t_2=−4.34，P_2<0.025，按 α=0.025（单侧）水准，拒绝 $H_{0(2)}$，接受 $H_{1(2)}$，同样认为两种治疗方法是不等效的，如结果 8-10 所示。

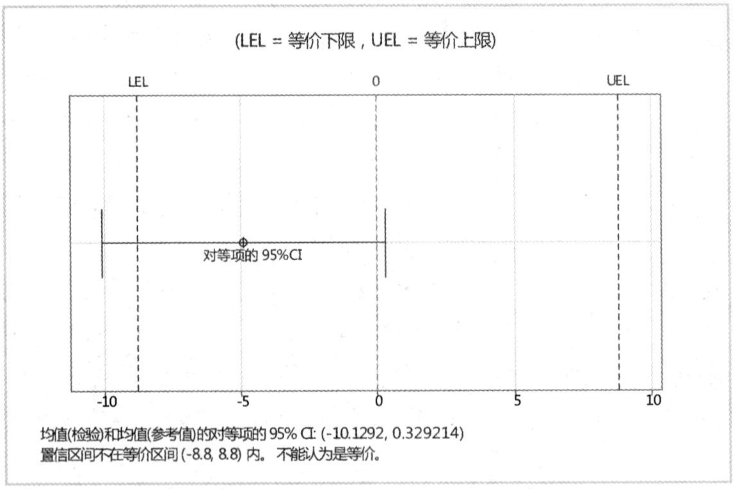

图 8-12 不同剂量的复方硫酸亚铁冲剂治疗小儿缺铁性贫血的治疗效果的等效性检验图

结果 8-10

差值: 均值(检验) - 均值(参考值)

差值	SE	对等项的 95% CI	等价区间
-4.9000	3.1542	(-10.1292, 0.329214)	(-8.8, 8.8)

置信区间不在等价区间内。不能认为是等价。

检验

原假设: 差值 ≤ -8.8 或差值 ≥ 8.8

备择假设: -8.8 < 差值 < 8.8

α 水平: 0.05

原假设	自由度	T 值	P 值
差值 ≤ -8.8	118	1.2365	0.109
差值 ≥ 8.8	118	-4.3434	0.000

两个 P 值中更大的值为 0.109。不能认为是等价。

8.2.2 优效性检验

在药物临床试验中，当效应差值的 95%置信区间的下限大于 0 时，可认为试验药优效于对照药，如果优效界值为 δ（等效区间的上限），则当效应差值的 95%置信区间的下限大于 δ 时，可认为试验药强优效于对照药。对于优效性检验，应估计效应差值的双侧置信区间。

【例 8-5】为评价药物 A 治疗偏头痛的效果，采用与标准药物 B 进行比较的方法。主要观察指标为患者服药 10min 后 VAS 疼痛分值（0～100）分的降低值，设定优效界值为 15 分，试判断在治疗偏头痛方面，药物 A 是否优效与药物 B。

（1）打开工作表“VAS 疼痛评分.mwx”。

（2）在【双样本等价检验（2-Sample Equivalence Test）】主对话框（见图 8-13）中，数据类型菜单选择【样本在一列中（Samples in one column）】，【样本（Samples）】选择“疼痛评分降低值”，【样本 ID（Sample ID）】选择“药物”，【参考水平（Reference level）】选择“B”，【相关假设（Hypothesis about）】选择【检验均值-参考均值（Test mean – reference mean）】，【您要确定什么？（备择假设）（What do you want to determine?(Alternative hypothesis)）】选择【检验均值-参考均值 > 下限（Test mean – reference mean > lower limit）】并设定【下限（Lower limit）】为“15”。

（3）其他对话框选项同例 8-3。

（4）主要结果及分析。

① 差值：效应差值为 23.61 分，其 95%置信区间下限（95%下限）（22.04 分）大于优效界值（下限）15 分，可认为在治疗偏头痛方面，药物 A 强优效于药物 B，如图 8-14 所示。

② 检验：t=9.00，P<0.001，按 α=0.05 水准，拒绝 H_0，接受 H_1，可得出相同的结论，如结果 8-11 所示。

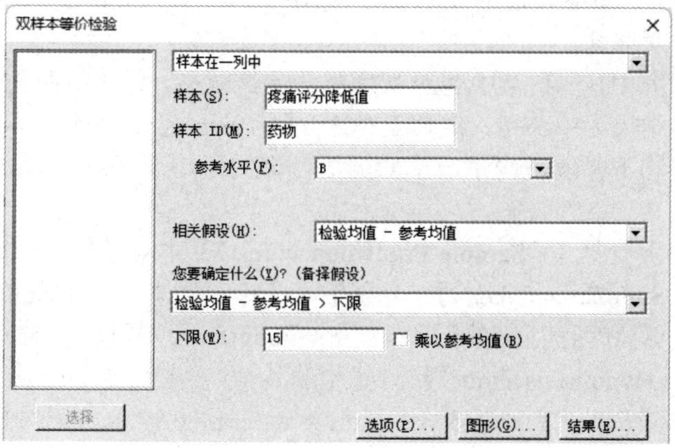

图 8-13　【双样本等价检验（2-Sample Equivalence Test）】主对话框（3）

结果 8-11

方法

检验均值 = A 的均值
参考均值 = B 的均值
已针对此分析假定了相等方差。

描述性统计量

药物	N	均值	标准差	均值标准误
A	223	71.489	10.069	0.67427
B	225	47.876	10.182	0.67880

合并标准差 = 10.12589

差值: 均值(A) - 均值(B)

差值	SE	95% 下限	下限
23.613	0.95682	22.036	15

下限大于 15。可以认为均值(A) - 均值(B) > 15。

检验

原假设: 均值(A) - 均值(B) ≤ 15
备择假设: 均值(A) - 均值(B) > 15
α 水平: 0.05

自由度	T 值	P 值
446	9.0018	0.000

P 值 ≤ 0.05。可以认为均值(A) - 均值(B) > 15。

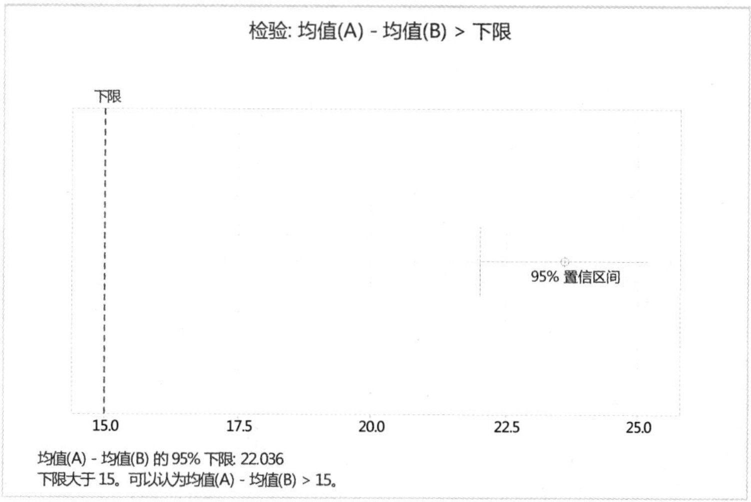

图 8-14　药物 A 与药物 B 治疗偏头痛的优效性检验图

8.2.3 非劣效性检验

在药物临床试验中，当效应差值的 95%置信区间的下限大于非效界值 δ（等效区间的下限）时，可认为试验药非劣效于对照药。

【例 8-6】在某项研究中，观察某中药对某病患的治疗效果，并与某西药进行比较，以血沉的下降值作为疗效指标，其结果为中药组：n=75，(3.3±1.04)mm/h；西药组：n=80，(4.9±2.10)mm/h。假设该中药对血沉的平均下降值平均不低于西药对血沉的平均下降值 0.7mm/h 才有推广价值，试评价该中药的治疗效果。

（1）在【双样本等价检验（2-Sample Equivalence Test）】主对话框（见图 8-11）中，数据类型菜单选择【汇总数据（Summarized data）】，分别输入【检验样本（Test sample）】（中药组）与【参考样本（Reference sample）】（西药组）的【样本数量（Sample size）】【均值（Mean）】【标准差（Standard deviation）】，【相关假设（Hypothesis about）】选择【检验均值-参考均值（Test mean – reference mean）】，【您要确定什么？（备择假设）（What do you want to determine?(Alternative hypothesis)）】选择【检验均值-参考均值 > 下限（Test mean – reference mean > lower limit）】并设定【下限（Lower limit）】为“-0.7”。

（2）其他对话框选项同例 8-3。

（3）主要结果及分析。

① 差值：效应差值为-1.60mm/h，其 95%置信区间下限（-2.05mm/h）小于非劣效界值-0.7mm/h，尚不能认为该中药对血沉的下降效果非劣效于西药，如图 8-15 所示。

② 检验：t=-3.35，P=0.999>0.05，按 α=0.05 水准，不拒绝 H_0，可得出相同的结论，如结果 8-12 所示。

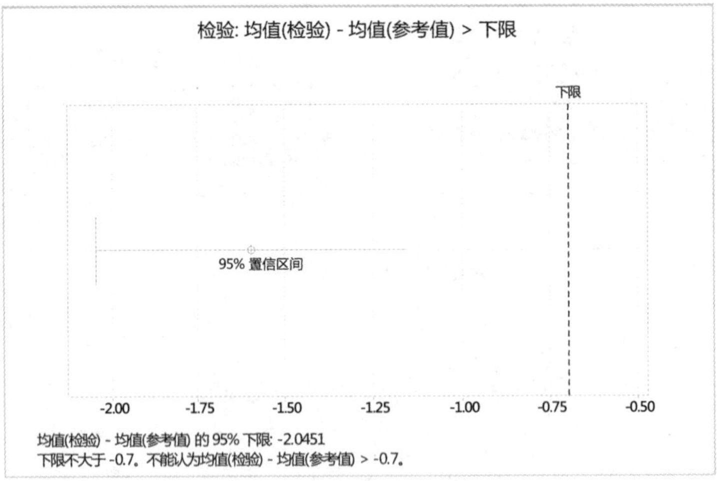

图 8-15 中药与西药对血沉的下降效果的非劣效性检验图

结果 8-12

差值: 均值(检验) - 均值(参考值)

差值	SE	95% 下限	下限
-1.6000	0.26896	-2.0451	-0.7

下限不大于 -0.7。不能认为均值(检验) - 均值(参考值) > -0.7。

检验

原假设: 均值(检验) - 均值(参考值) ≤ -0.7
备择假设: 均值(检验) - 均值(参考值) > -0.7
α 水平: 0.05

自由度	T 值	P 值
153	-3.3463	0.999

P 值 > 0.05。不能认为均值(检验) - 均值(参考值) > -0.7。

8.3　配对资料的等效检验

配对资料的等效检验可评估检验均值和参考均值之间的等效性，或者评估检验均值是否小于或大于参考均值。

【例 8-7】保险公司的评估员认为汽车修理厂 1 比汽车修理厂 2 对汽车修理费用的评估要低 0.4 万元左右。为了证实他们的猜想，评估员将最近出现事故的 15 辆汽车分别在两个汽车修理厂进行维修费用评估。试检验该评估员的猜想是否正确。

（1）打开工作表“维修报价.mwx”。

（2）选择【统计（Stat）】→【等价检验（Equivalence Tests）】→【配对（Paired）】菜单项，打开【使用配对数据的等价检验（Equivalence Test With Paired Data）】主对话框，如图 8-16 所示。

【检验样本（Test sample）】选择“修理厂 1”，【参考样本（Reference sample）】选择“修理厂 2”，【相关假设（Hypothesis about）】选择【检验均值-参考均值（Test mean – reference mean）】，【您要确定什么？（备择假设）（What do you want to determine?（Alternative hypothesis））】选择【检验均值-参考均值 < 上限（Test mean – reference mean < upper limit）】，并设置【上限（Upper limit）】为“−0.4”。

（3）在【使用配对数据的等价检验：图形（Equivalence Test With Paired Data:Graphs）】对话框（见图 8-17）中，选择【等价图（Equivalence plot）】和【概貌图（Subject profile plot）】。

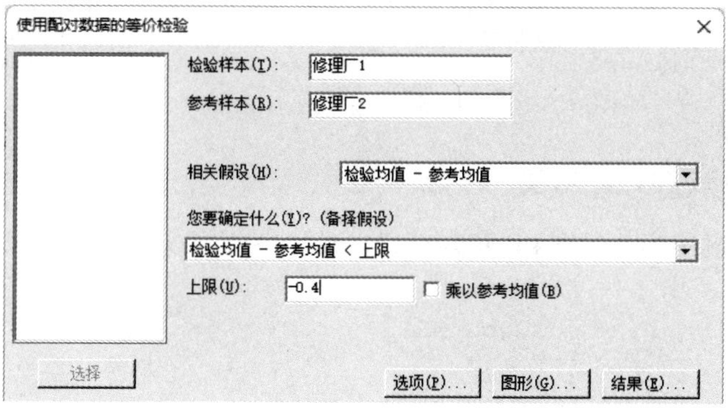

图 8-16　【使用配对数据的等价检验（Equivalence Test With Paired Data）】主对话框

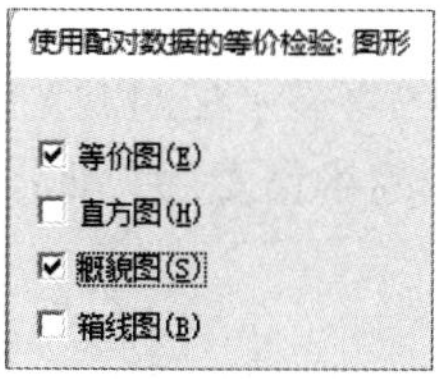

图 8-17　【使用配对数据的等价检验：图形（Equivalence Test With Paired Data:Graphs）】对话框

（4）主要结果及分析。

① 描述性统计量：修理厂 1 的平均维修费用与标准差为(16.23±2.94)万元，修理厂 2 的维修费用与标准差为(16.85±3.20)万元，如结果 8-13 所示。

② 差值：效应差值为−0.61 万元，其 95%置信区间上限为−0.43 万元，小于界值−0.4 万元，可认为修理厂 1 的维修费用比修理厂 2 的维修费用低 0.4 万元以上，如结果 8-14 和图 8-18 所示。

③ 检验：t=−2.10，P=0.027<0.05，按 α=0.05 水准，拒绝 H_0，接受 H_1，可得出相同的结论，如结果 8-15 所示。

结果 8-13

方法

检验均值 = 修理厂1 的均值
参考均值 = 修理厂2 的均值

描述性统计量

变量	N	均值	标准差	均值标准误
修理厂1	15	16.233	2.9413	0.75943
修理厂2	15	16.847	3.2040	0.82727

结果 8-14

差值: 均值(修理厂1) - 均值(修理厂2)

差值	标准差	SE	95% 上限	上限
-0.61333	0.39437	0.10182	-0.43399	-0.4

上限小于 -0.4。可以认为均值(修理厂1) - 均值(修理厂2) < -0.4。

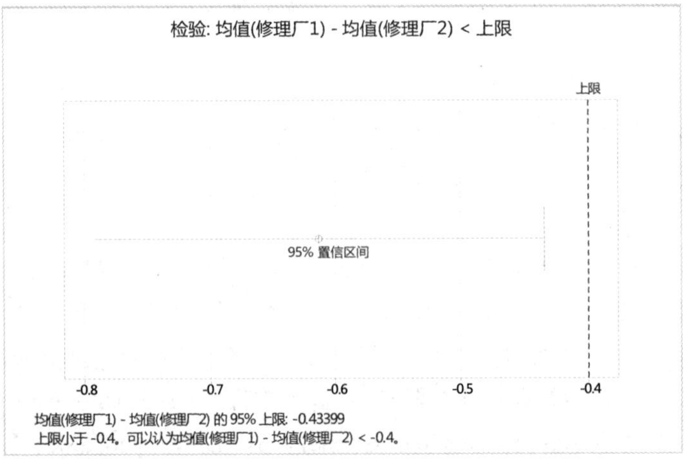

图 8-18　两个修理厂维修费用的配对左单侧检验图

结果 8-15

检验

原假设:　均值(修理厂1) - 均值(修理厂2) ≥ -0.4
备择假设: 均值(修理厂1) - 均值(修理厂2) < -0.4
α 水平:　0.05

自由度	T 值	P 值
14	-2.0951	0.027

P 值 ≤ 0.05。可以认为均值(修理厂1) - 均值(修理厂2) < -0.4。

④ 概貌图可显示配对观测值的差别，连线的两端（相同颜色和形状的符号）表示同一辆汽车在两个修理厂的维修费用，如图 8-19 所示。

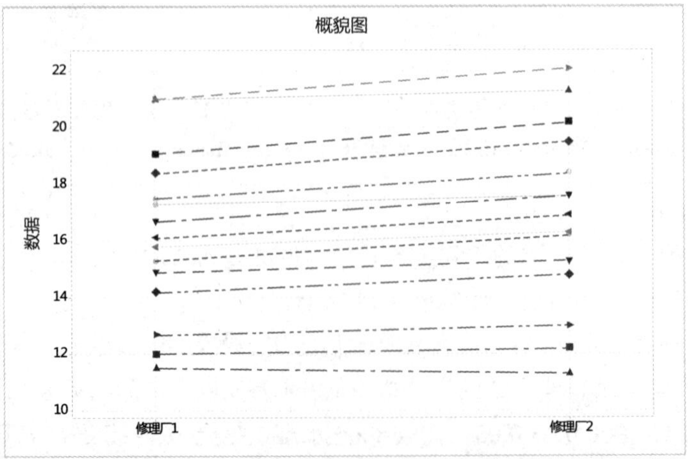

彩图 8-19

图 8-19　两个修理厂维修费用的概貌图

8.4 二阶段交叉试验设计资料的等效检验

二阶段交叉试验设计将试验分成两个阶段，在 I 阶段，随机让一半受试者接受检验药物（序列 1），另一半受试者接受参比药物（序列 2），由于交叉试验设计处理之间的差别是在受试者内进行比较的，所以允许受试者之间有较大的个体差异，特别是适用于不易控制个体差异的临床试验。一个较为严格的限制条件是没有剩余效应（又称为遗留效应、残留效应、延迟效应或延滞效应），或者各处理的剩余效应相等。为了保证这个条件，每两个阶段之间停止试验一段时间（清洗期），以消除 I 阶段的影响；在 II 阶段，将 I 阶段接受检验药物的受试者改为接受参比药物（序列 1），I 阶段接受参比药物的受试者改为接受检验药物（序列 2），如表 8-1 所示。在医学临床研究中，二阶段交叉试验设计多用于止痛、镇静、降血压、抗风湿等缓解症状的药物或治疗方法之间的疗效对比。

表 8-1 二阶段交叉试验设计示意

序列	I 阶段	清洗期	II 阶段
序列 1	参比药物	无药物	检验药物
序列 2	检验药物	无药物	参比药物

【例 8-8】采用二阶段交叉试验设计将 12 名患有肥胖症的受试者随机等分为甲、乙两组，甲组前 4 周服新减肥药，后 4 周服老减肥药；乙组前 4 周服老减肥药，后 4 周服新减肥药。设定等效界值为 2kg，试检验新减肥药和老减肥药的等效性。

（1）打开工作表“新老减肥药.mwx”。

（2）选择【统计（Stat）】→【等价检验（Equivalence Tests）】→【2×2 交叉设计（2×2 Crossover Design）】菜单项，打开【2×2 交叉设计的等价检验（Equivalence Test For 2×2 Crossover Design）】主对话框，如图 8-20 所示。

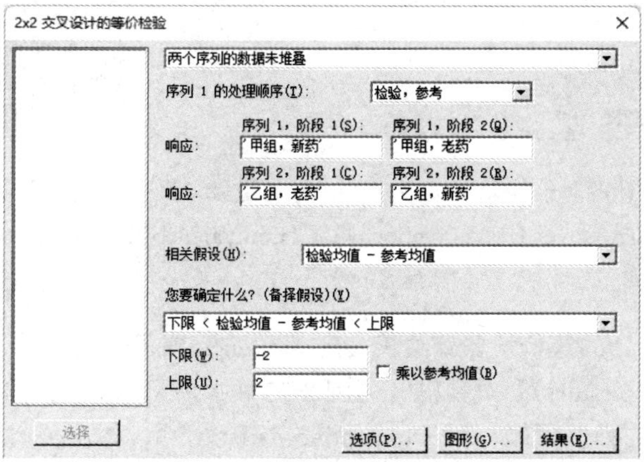

图 8-20 【2×2 交叉设计的等价检验（Equivalence Test For 2×2 Crossover Design）】主对话框

- 数据类型菜单：可选择【两个序列的数据未堆叠（Data for two sequences are unstacked）】或【两个序列的数据已堆叠（Data for two sequences are stacked）】，本例选择前者。
- 【序列 1 的处理顺序（Treatment order for sequence 1）】：可选择【参考，检验（Reference, Test）】或【检验，参考（Test, Reference）】，由于本例设定甲组为序列 1，处理顺序为新药→

老药，因此选择后者。

- 【响应（Responses）】：在各框中选择包含相应的序列和阶段的变量。本例甲组在 I 阶段为新药，因此【序列 1、阶段 1（Sequence 1, Period 1）】选择“甲组，新药”，【序列 1，阶段 2（Sequence 1, Period 2）】选择“甲组，老药”，【序列 2，阶段 1（Sequence 2, Period 1）】中选择“乙组，老药”，【序列 2，阶段 2（Sequence 2, Period 1）】中选择“乙组，新药”。
- 其他选项：【相关假设（Hypothesis about）】选择【检验均值-参考均值（Test mean – reference mean）】，【您要确定什么？（备择假设）（What do you want to determine?(Alternative hypothesis)）】选择【下限 < 检验均值-参考均值 < 上限（Lower limit < test mean – reference mean < Upper limit）】并设置【下限（Lower limit）】为“-2”，【上限（Upper limit）】为“2”。

（3）在【2×2 交叉设计的等价检验：选项（Equivalence Test For 2×2 Crossover Design:Options）】对话框（见图 8-21）中，设定【参考处理的标签（Label for reference treatment）】为“老减肥药”，【检验处理的标签（Label for test treatment）】为“新减肥药”，其他为默认值。

（4）【2×2 交叉设计的等价检验：图形（Equivalence Test For 2×2 Crossover Design:Graphs）】对话框如图 8-22 所示。

- 【等价图（Equivalence plot）】：显示等效检验结果的图形化汇总，包括差值（或比率）的置信区间，以及等效界值和关于是否等效的决定。
- 【概貌图（Subject profile plot）】：反映每个序列中每个受试者的检验响应与参考响应之间差值的图形。
- 【阶段图（Period plot）】：在 x 轴上显示 I 阶段的与在 y 轴上显示 II 阶段的响应值之间的关系图。用不同的符号表示不同的序列。
- 【阶段的均值序列图（Sequence by period mean plot）】：显示每个序列和每个阶段的均值序列图。

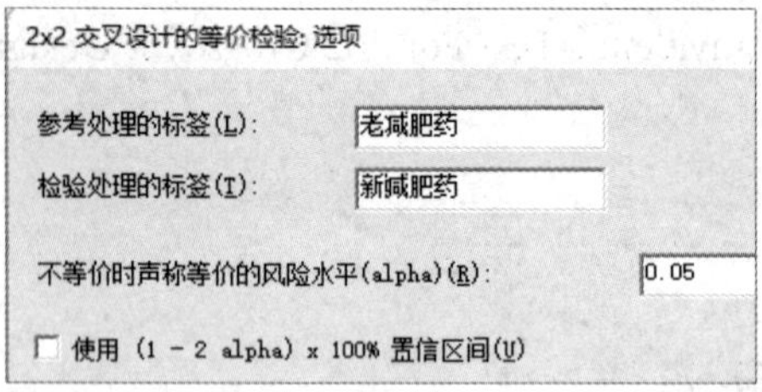

图 8-21 【2×2 交叉设计的等价检验：选项（Equivalence Test For 2×2 Crossover Design:Options）】对话框

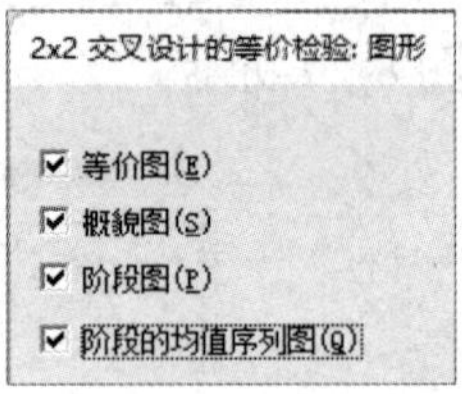

图 8-22 【2×2 交叉设计的等价检验：图形（Equivalence Test For 2×2 Crossover Design:Graphs）】对话框

（5）在【2×2 交叉设计的等价检验：结果（Equivalence Test For 2×2 Crossover Design:Results）】对话框（见图 8-23）中，可选择【方法（Method）】、【描述性统计量（Descriptive statistics）】、【效应（Effects）】（剩余效应、处理效应和阶段效应）、【差值（Difference）】或【检验（Test）】，本例选择全部。

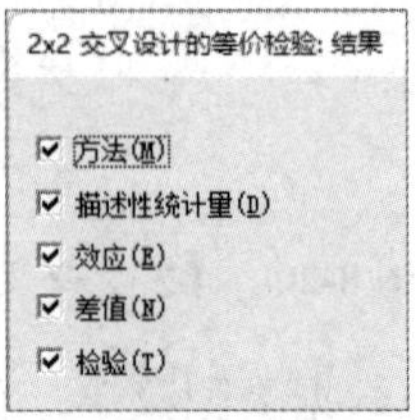

图 8-23 【2×2 交叉设计的等价检验：结果（Equivalence Test For 2×2 Crossover Design:Results）】对话框

（6）主要结果及分析。

① 方法：本例为新减肥药和老减肥药的二阶段交叉试验设计资料的等效性检验，甲组（序列 1）先服用新减肥药，再服用老减肥药；乙组（序列 2）反之，并得到两组在两个阶段的描述

性统计量（均值和标准差），如结果 8-16 所示。

结果 8-16

方法

序列 1 中受试者的处理顺序: 新减肥药, 老减肥药
序列 2 中受试者的处理顺序: 老减肥药, 新减肥药

描述性统计量

		阶段 1		阶段 2	
序列	N	均值	标准差	均值	标准差
1	6	4.5248	2.4164	1.5133	1.7208
2	6	1.9748	2.1970	1.3543	0.66943

主题组内标准差 = 0.72147

② 效应：效应分别对剩余（延滞）效应（Carryover effect）、处理效应（Treatment effect）和阶段效应（Period effect）进行检验。二阶段交叉试验设计资料的等效性检验要求资料均不存在剩余效应和阶段效应，否则等效性检验的结果将可能不可靠。本例中，剩余效应：t=1.49，P=0.167>0.05，按 α=0.05 水准，可认为该资料不存在剩余效应；阶段效应：t=−3.08，P=0.012<0.05，按 α=0.05 水准，可认为该资料存在阶段效应，即不同阶段受试者的减重程度不同。因此，本资料的等效性检验结果可能不可靠，如结果 8-17 所示。

结果 8-17

效应

	效应	SE	自由度	T 值	P 值	对等项的 95% CI
延滞	2.7090	1.8176	10	1.4904	0.167	(-1.3409, 6.7589)
处理	1.1955	0.58908	10	2.0295	0.070	(-0.11704, 2.5080)
阶段	-1.8160	0.58908	10	-3.0828	0.012	(-3.1285, -0.50346)

③ 差值与检验：效应差值的 95%置信区间(0,2.26)kg 不在等效区间(−2.00,2.00)kg 内，结合等效性检验图（见图 8-24）和等效性检验（t_1=5.42，P_1<0.001；t_2=−1.37，P_2=0.101>0.05），按 α=0.05 水准，尚不能认为新减肥药和老减肥药等效，如结果 8-18 所示。

结果 8-18

差值: 均值(新减肥药) - 均值(老减肥药)

差值	SE	对等项的 95% CI	等价区间
1.1955	0.58908	(0, 2.26318)	(-2, 2)

置信区间不在等价区间内。不能认为是等价。

检验

原假设:　差值 ≤ -2 或差值 ≥ 2
备择假设: -2 < 差值 < 2
α 水平:　0.05

原假设	自由度	T 值	P 值
差值 ≤ -2	10	5.4246	0.000
差值 ≥ 2	10	-1.3657	0.101

两个 P 值中更大的值为 0.101。不能认为是等价。

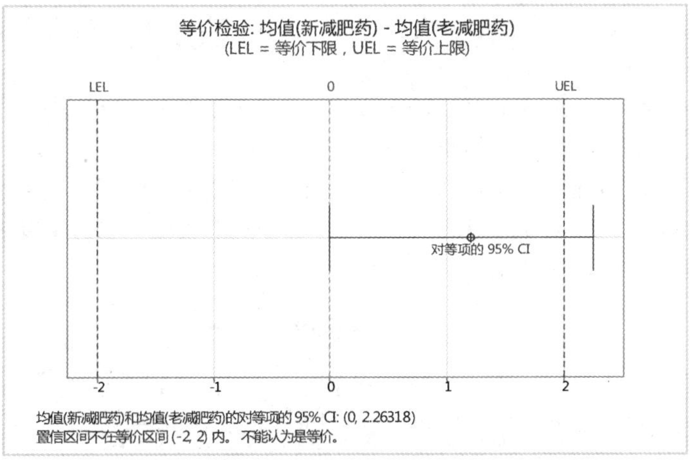

图 8-24　新减肥药和老减肥药的等效性检验图

【例 8-9】为比较血液透析过程中的低分子肝素钙与速避凝对凝血酶原时间（TT）（单位：s）的影响，选择了 20 例接受血液透析的病人作为受试者，采取二阶段交叉试验设计，试分析低分子肝素钙在血液透析过程中的抗凝效果是否比速避凝优效。

（1）打开工作表“抗凝药物.mwx”。

（2）在【2×2 交叉设计的等价检验（Equivalence Test for 2×2 Crossover Design）】主对话框（见图 8-25）中，数据类型菜单选择【两个序列的数据已堆叠（Data for two sequences are stacked）】，【序列 ID（Sequence ID）】的变量选择“分组”，【来自阶段 1 的响应（Response from period 1）】选择“第一阶段”，【来自阶段 2 的响应（Response from period 2）】选择“第二阶段”，【序列的处理顺序（Treatment order for sequence）】为【是参考，检验（Is reference, test）】顺序的组别“2”（第 2 组：速避凝→低分子肝素钙），【相关假设（Hypothesis about）】选择【检验均值-参考均值（Test mean – reference mean）】，【您要确定什么？（备择假设）（What do you want to determine? (Alternative hypothesis)）】选择【检验均值>参考均值（Test mean>reference mean）】。

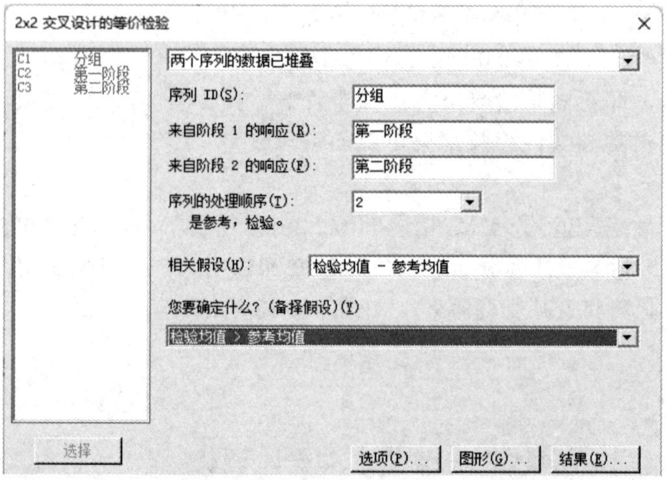

图 8-25　【2×2 交叉设计的等价检验（Equivalence Test for 2×2 Crossover Design）】主对话框

（3）在【2×2 交叉设计的等价检验：选项（Equivalence Test for 2×2 Crossover Design:Options）】对话框（见图 8-21）中，设定【参考处理的标签（Label for reference treatment）】为“速避凝”，【检验处理的标签（Label for test treatment）】为“低分子肝素钙”，其他选项同例 8-8。

（4）主要结果及分析。

① 效应：剩余效应：P=0.176>0.05；阶段效应：P=0.241>0.05，可认为该资料不存在剩余效应和阶段效应，适合进行等效检验，如结果 8-19 所示。

② 差值与检验：效应差值的 95%下限小于 0s，结合等效性检验图（见图 8-26）和等效性检验（t=−0.76，P=0.772>0.05），按 α=0.05 水准，不拒绝 H_0，尚不能认为低分子肝素钙在血液透析过程中的抗凝效果比速避凝优效，如结果 8-20 所示。

结果 8-19

效应

	效应	SE	自由度	T 值	P 值	95% 置信区间
延滞	-10.620	7.5427	18	-1.4080	0.176	(-26.467, 5.2267)
处理	-1.6700	2.1937	18	-0.76128	0.456	(-6.2787, 2.9387)
阶段	2.6600	2.1937	18	1.2126	0.241	(-1.9487, 7.2687)

结果 8-20

差值: 均值(低分子肝素钙) - 均值(速避凝)

差值	SE	95% 下限	下限
-1.6700	2.1937	-5.4740	0

下限不大于 0。不能认为均值(低分子肝素钙) > 均值(速避凝)。

检验

原假设:　均值(低分子肝素钙) - 均值(速避凝) ≤ 0
备择假设: 均值(低分子肝素钙) - 均值(速避凝) > 0
α 水平:　0.05

自由度	T 值	P 值
18	-0.76128	0.772

P 值 > 0.05。不能认为均值(低分子肝素钙) > 均值(速避凝)。

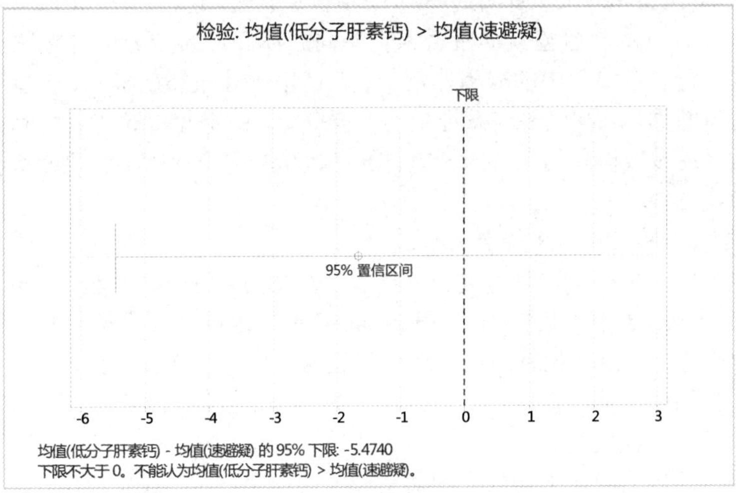

图 8-26　低分子肝素钙与速避凝抗凝效果的优效性检验图

第 9 章　非参数检验

非参数检验（Non-Parametric tests，NPar）是指在总体不服从正态分布或分布情况不明（不依赖于总体分布的类型）时用于检验数据是否来自相同总体假设的一类检验方法，又称为自由分布（Distribution-free）检验，在实际中的应用非常广泛，适用于分布类型未知、一端或两端无界、出现少量异常值的小样本数据，以及以等级做记录的数据分析。由于此检验在分析时丢弃了原始数据的信息，因此当数据满足参数检验的条件时，应首选参数检验；当数据不满足参数检验的条件时，非参数检验就成了较优选择。

Minitab 的非参数检验包括以下检验方法。

（1）总体位置检验：单样本符号检验、单样本 Wilcoxon 符号秩检验、Mann-Whitney 检验、Kruskal-Wallis 检验、Mood 中位数检验和 Friedman 检验。这些非参数检验与参数 t 检验和方差分析类似，用非参数检验进行总体位置或中心值的假设检验。对于参数检验，中心值为均值，而对于非参数检验，中心值为中位数。

（2）随机性检验：游程检验。

（3）计算配对统计量：配对平均数、配对差和配对斜率。

9.1　单样本中位数检验

单样本中位数检验（1-sample median test）包括单样本符号检验和单样本 Wilcoxon 符号秩检验，可用于单样本中位数的点估计、置信区间估计和假设检验，这两个检验相当于单样本 Z 检验和单样本 t 检验。

9.1.1　单样本符号检验

单样本符号检验是单样本 t 检验的非参数模拟，目的是推断某随机样本所代表的总体是否与已知总体位置（常为标准值或大量观测的稳定值）相等。它不要求数据来自正态分布或对称分布的总体，可进行中位数的单样本符号检验，并进行单样本总体中位数的点估计和置信区间估计。其 H_0 为总体中位数（η）等于假设值，即 H_0：$\eta=\eta_0$；H_1：左侧（$\eta<\eta_0$）、右侧（$\eta>\eta_0$）或双侧（$\eta\neq\eta_0$）。该检验相当于单样本 Z 检验和单样本 t 检验的非参数方法。

【例 9-1】 已知 16 名 50～60 岁健康男性的浅睡眠阶段时间百分比，试估计总体中位数的 95% 置信区间。

（1）打开工作表“浅睡眠阶段.mwx”。

（2）选择【统计（Stat）】→【非参数（Nonparametrics）】→【单样本符号（1-Sample Sign）】菜单项，打开【单样本符号（1-Sample Sign）】主对话框，如图 9-1 所示。

■ 【变量（Variables）】：选择要检验的变量，本例选择“百分比”。

- 【置信区间（Confidence interval）】：使用单样本符号检验估计总体中位数的置信区间，总体中位数的置信区间表示对估计的未知总体中位数的可信程度，即置信区间可以有多大概率覆盖未知总体中位数。
  - 【水平（Level）】：设定置信水平，一般为 95%或 99%。

注：Minitab 计算与所设定的置信水平最接近置信水平的置信区间。

- 【检验中位数（Test median）】：进行符号检验。
  - 【备择（Alternative）】：设定备择假设，可选择【小于（Less than）】、【不等于（Not equal）】或【大于（Greater than）】。

（3）主要结果及分析。

用单样本符号检验对浅睡眠阶段时间百分比进行置信区间估计，首先计算与 95%置信区间接近的 92.32%置信区间和 97.87%置信区间，然后根据非线性插值法，可知浅睡眠阶段时间百分比总体中位数的 95%置信区间为(2.31,5.03)%，如结果 9-1 所示。

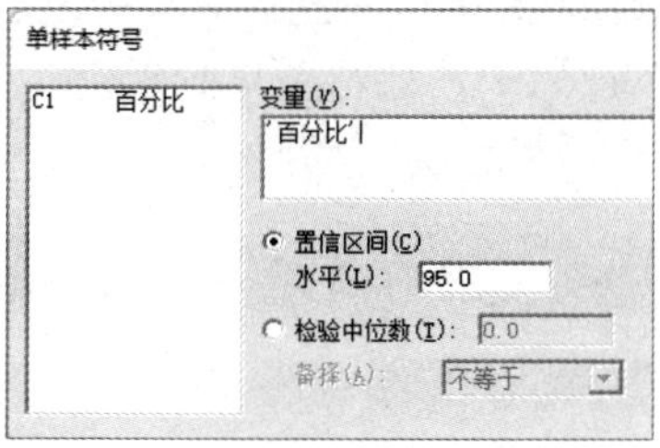

图 9-1　【单样本符号（1-Sample Sign）】主对话框

结果 9-1

方法

η: 百分比 的中位数

描述性统计量

样本	N	中位数
百分比	16	3.315

η 的 95% 置信区间

样本	η 的置信区间	取得的置信度	位置
百分比	(2.41, 4.07)	92.32%	(5, 12)
	(2.31034, 5.02861)	95.00%	插值
	(1.99, 8.11)	97.87%	(4, 13)

【例 9-2】一位冶金工程师随机选择了 12 个不锈钢样本并测量了铬含量，试检验铬含量的总体中位数是否等于 18%。

（1）打开工作表"不锈钢成分.mwx"。

（2）在【单样本符号（1-Sample Sign）】主对话框（见图 9-1）中，【变量（Variables）】选择"铬百分比"，选择【检验中位数（Test median）】并设定为"18"，【备择（Alternative）】选择【不等于（Not equal）】。

（3）主要结果及分析。

用单样本符号检验对不锈钢的铬含量进行中位数检验，在 12 个铬百分比的样本中，有 8 个样本小于 18%，4 个样本大于 18%，铬百分比的中位数（η）为 17.70%，P=0.388>0.05，不拒绝 H_0，差异无统计学意义，可认为这批不锈钢的铬含量的总体中位数等于 18%，如结果 9-2 所示。

结果 9-2

方法

η: 铬百分比 的中位数

描述性统计量

样本	N	中位数
铬百分比	12	17.7

检验

原假设　H_0: η = 18

备择假设 H_1: η ≠ 18

样本	数字 < 18	数字 = 18	数字 > 18	P 值
铬百分比	8	0	4	0.388

9.1.2　单样本 Wilcoxon 符号秩检验

单样本 Wilcoxon 符号秩检验是单样本 t 检验的非参数模拟，可进行中位数的单样本 Wilcoxon

符号秩检验，并计算单样本总体中位数和置信区间，其 H_0 为总体中位数（η）等于假设值，即 H_0：$\eta=\eta_0$；H_1：左侧（$\eta<\eta_0$）、右侧（$\eta>\eta_0$）或双侧（$\eta\neq\eta_0$）。该检验不要求数据服从正态分布，但要求数据服从对称分布，如均匀分布或 Cauchy 分布。当总体服从正态分布时，其检验功效比 t 检验稍小，而对于其他分布的总体功效较大。对于非对称分布的数据，建议使用单样本符号检验。

【例 9-3】现有 32 名心脏前壁梗塞和前壁坏死的病人，测量他们的心脏病发作指数值，试估计心脏病发作指数的总体中位数的 95%置信区间。

（1）打开工作表"心脏病.mwx"。

（2）选择【统计（Stat）】→【非参数（Nonparametrics）】→【单样本 Wilcoxon（1-Sample Wilcoxon）】菜单项，打开【单样本 Wilcoxon（1-Sample Wilcoxon）】对话框（界面参考图 9-1），【变量（Variables）】选择"心脏病发作指数"，选择【置信区间（Confidence interval）】并设定【水平（Level）】为"95.0"。

（3）主要结果及分析。

用单样本 Wilcoxon 符号秩检验对心脏病发作指数的总体中位数进行置信区间估计，心脏病发作指数的中位数为 23，是 Walsh 平均数（Walsh average）的中位数，Minitab 只能计算与所设定的置信水平最接近的置信区间，即心脏病发作指数的 94.9%置信区间(20,27)，如结果 9-3 所示。

结果 9-3

描述性统计量

样本	N	中位数	η 的置信区间	取得的置信度
心脏病发作指数	32	23	(20, 27)	94.93%

【例 9-4】一家制药公司的药剂师测量了 16 个新研发的抗酸药样本的反应时间，试检验这种新研发的抗酸药的反应时间是否大于 12min。

（1）打开工作表"抗酸剂反应时间.mwx"。

（2）在【单样本 Wilcoxon（1-Sample Wilcoxon）】对话框（见图 9-1）中，【变量（Variables）】选择"时间"，选择【检验中位数（Test median）】并设定为"12"，【备择（Alternative）】选择【不等于（Not equal）】。

（3）主要结果及分析。

用单样本 Wilcoxon 符号秩检验对抗酸药的反应时间进行中位数检验，反应时间的总体中位数为 11.55min，Wilcoxon 统计量为 53.00，P=0.453>0.05，按 α=0.05 水准，不拒绝 H_0，差异无统计学意义，没有证据表明该抗酸药的反应时间大于 12min，如结果 9-4 所示。

结果 9-4

描述性统计量

样本	N	中位数
时间	16	11.55

检验

原假设 H_0: η = 12

备择假设 H_1: η ≠ 12

样本	检验 N	Wilcoxon 统计量	P 值
时间	16	53.00	0.453

9.2 两独立样本的 Mann-Whitney 检验

两独立样本的 Mann-Whitney 检验又称为 Mann-Whitney U 检验，利用两个样本观测值的秩来推断两个样本分别代表的总体中位数有无差别，并计算总体中位数和置信区间。其 H_0 为两个总体中位数相等，即 H_0：$\eta_1=\eta_2$；H_1：左侧（$\eta_1<\eta_2$）、右侧（$\eta_1>\eta_2$）或双侧（$\eta_1\neq\eta_2$）。该检验的假设为数据来自两个形状相同的连续分布或有序多分类的离散分布的总体。当总体服从正态分布时，两独立样本的 Mann-Whitney 检验的检验功效比独立样本 t 检验稍小，但相对于其他分布的总体的检验功效，则大很多。因此，对于完全随机设计两组独立样本的比较，如果两样本为计量资料且来自非正态总体和两总体方差不齐，或者两样本为有序多分类变量时，则宜用两独立样本的 Mann-Whitney 检验进行比较。

【例 9-5】某公路管理部门使用两种品牌的油漆喷涂公路标线，现记录了两种品牌的油漆在高速公路上保留的月数，问：这两种品牌的油漆的耐用性是否存在差异？

（1）打开工作表“高速公路油漆.mwx”。

（2）选择【统计（Stat）】→【非参数（Nonparametrics）】→【Mann-Whitney】菜单项，打开【Mann-Whitney】对话框，如图 9-2 所示。

【第一样本（First sample）】选择“品牌 A”，【第二样本（Second sample）】选择“品牌 B”，【置信水平（Confidence level）】为“95.0”，【备择（Alternative）】选择【不等于（Not equal）】。

（3）主要结果及分析。

① 描述性统计量与差值的估计值：两独立样本的 Mann-Whitney 检验对两种品牌的油漆在高速公路上保留的月数的总体中位数进行检验，品牌 A：η_1=36.0 月，η_2=37.6 月，两种品牌的中位数差值为 $\eta_1-\eta_2$=−1.85 月，中位数检验差值的 95% 置信区间为(−3,−0.9)月，不包含 0 月，可认为两组的总体中位数有差别，如结果 9-5 所示。

② 检验：W=76.50，对应的调整 P 值小于 0.01，按 α=0.05 水准，拒绝 H_0，接受 H_1，差异有统计学意义，可认为品牌 B 的油漆比品牌 A 的油漆耐用，如结果 9-5 所示。

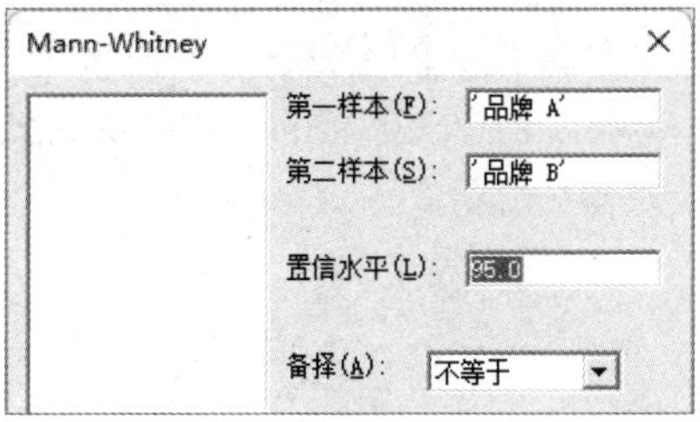

图 9-2　【Mann-Whitney】对话框

结果 9-5

方法

η_1: 品牌 A 的中位数
η_2: 品牌 B 的中位数
差值: $\eta_1 - \eta_2$

描述性统计量

样本	N	中位数
品牌 A	11	36.0
品牌 B	10	37.6

差值的估计值

差值	差值的置信区间	取得的置信度
-1.85	(-3, -0.9)	95.52%

检验

原假设　H_0: $\eta_1 - \eta_2 = 0$
备择假设 H_1: $\eta_1 - \eta_2 \neq 0$

方法	W 值	P 值
未进行结调整	76.50	0.002
已进行结调整	76.50	0.002

9.3　方差分析的非参数方法

方差分析的非参数方法包括 Kruskal-Wallis 检验、Mood 中位数检验和 Friedman 检验。

9.3.1　两个或多个独立样本的 Kruskal-Wallis 检验

Kruskal-Wallis 检验又称为 K-W 检验或 H 检验，利用多个样本的秩和来推断各样本分别代表的总体的位置有无差别，与 Mood 中位数检验类似，相当于单因素方差分析的非参数方法，当只有两个样本比较时，该检验与 Mann-Whitney 检验完全等价。其假设为 H_0：总体中位数全都相等；H_1：总体中位数不相等或不完全相等。Kruskal-Wallis 检验可用于完全随机设计的两组或多组独立样本的比较，适用于各处理组资料不满足方差分析的条件或变换后仍不能满足条件的，或者属于有序多分类资料的情形。对于大多数分布（包括正态分布）的资料，Kruskal-Wallis 检验比 Mood 中位数检验更有效，但如果有离群值，则前者的稳健性较差。

【例 9-6】某卫生行政人员从某城市 3 家医院的记录中随机选择了 11 天中每天的空病床数（单位：张），试比较这 3 家医院的空病床数有无差别。

（1）打开工作表“医院床位.mwx”。

（2）选择【统计（Stat）】→【非参数（Nonparametrics）】→【Kruskal-Wallis】菜单项，打开【Kruskal-Wallis】对话框，如图 9-3 所示。

【响应（Response）】选择“床位数”、【因子（Factors）】选择“医院”。

（3）主要结果及分析。

① 描述性统计量：3 家医院的空病床数的中位数分别为 16 张、31 张和 17 张。医院 1 的 z 值（−1.28）的绝对值最小，表明医院 1 的空病床数的平均秩与总体（整体）平均秩（17.00）相差最小。医院 1 的 z 值（−1.28）和医院 3 的 z 值（−1.37）为负值，而医院 2 的 z 值（2.65）为正值，表明医院 1 和医院 3 的空病床数的平均秩小于总体平均秩，医院 3 的空病床数的平均秩大于总体平均秩。3 家医院的空病床数的平均秩从大到小依次为医院 2（23.30）→医院 1（14.00）→医院 3（13.70），如结果 9-6 所示。

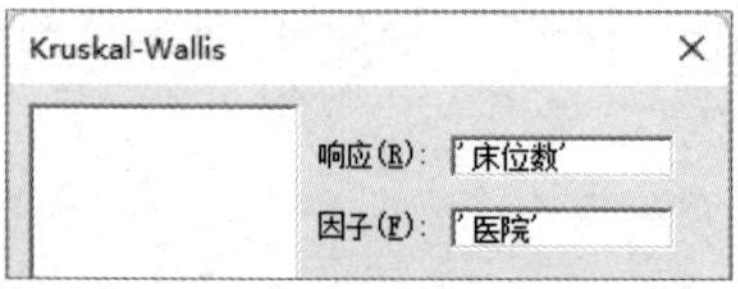

图 9-3　【Kruskal-Wallis】对话框

结果 9-6

描述性统计量

医院	N	中位数	平均秩	Z 值
1	11	16	14.0	-1.28
2	11	31	23.3	2.65
3	11	17	13.7	-1.37
整体	33		17.0	

检验

原假设　H_0: 所有中位数都相等
备择假设 H_1: 至少有一个中位数不同

方法	自由度	H 值	P 值
未进行结调整	2	7.05	0.029
已进行结调整	2	7.05	0.029

② 检验：对 3 家医院的空病床数进行 Kruskal-Wallis 检验，无论是否进行结调整，结果均为 H=7.05，P=0.029<0.05，按 α=0.05 水准，拒绝 H_0，接受 H_1，差异有统计学意义，可认为 3 家医院的空病床数的总体中位数不相等或不全相等，如结果 9-6 所示。

9.3.2　两个或多个独立样本的 Mood 中位数检验

Mood 中位数检验又称为中位数检验（Median test）或符号得分检验（Sign scores test），与 Kruskal-Wallis 检验类似，相当于单因素方差分析的非参数方法，是一个最简单和应用最广的两个总体或多个总体的中位数是否有差别的检验。该检验适用于计量资料。其假设为 H_0：总体中位数全都相等；H_1：总体中位数不相等或不完全相等。该检验的假设为不同总体的样本来自分布形状相同的连续分布的独立随机样本。Mood 中位数检验非常适用于数据分析的初级阶段，当资料包含离群值或误差值时，比 Kruskal-Wallis 检验稳健，对于来自大多数分布（包括正态分布）的资料，前者的功效较小。

【例 9-7】某研究者欲研究 A、B 两个菌种对小鼠巨噬细胞吞噬功能的激活作用，将 60 只小鼠随机分为 3 组，其中对照组为生理盐水，用常规巨噬细胞吞噬功能的监测方法获得了 3 组小鼠巨噬细胞的吞噬指数，试比较 3 组小鼠巨噬细胞的吞噬指数有无差别。

（1）打开工作表“吞噬指数.mwx”。

（2）选择【统计（Stat）】→【非参数（Nonparametrics）】→【Mood 中位数检验（Mood's Median Test）】菜单项，打开【Mood 中位数检验（Mood's Median Test）】对话框，如图 9-4 所示。

【响应（Responses）】选择“吞噬指数”，【因子（Factors）】选择“分组”。【存储残差（Store residuals）】和【存储拟合值（Store fits）】未选择。

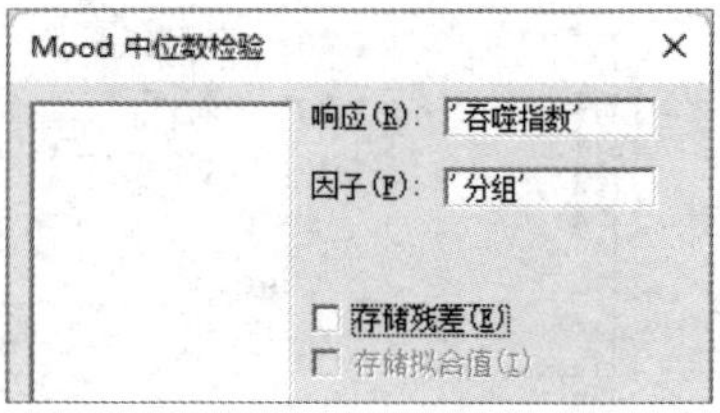

图 9-4　【Mood 中位数检验（Mood's Median Test）】对话框

（3）主要结果及分析。

① 3 组小鼠巨噬细胞的吞噬指数的 Mood 中位数检验为各组小于或等于总体中位数的个案数（$N \leqslant$）和大于总体中位数的个案数（$N>$）构成比的 χ^2 检验，$\chi^2=14.02$，$P=0.001<0.01$，按 $\alpha=0.05$ 水准，拒绝 H_0，接受 H_1，差异有统计学意义，可认为 3 组小鼠巨噬细胞吞噬指数的总体中位数不相等或不完全相等，如结果 9-7 所示。

② 3 组小鼠巨噬细胞吞噬指数的中位数从大到小依次为 A 菌种（2.68）→B 菌种（2.40）→对照组（1.70），总体中位数为 2.35，A 菌种和 B 菌种的总体中位数的 95%中位数置信区间均与对照组总体中位数的 95%中位数置信区间不重叠，可认为 A 菌种和 B 菌种的总体中位数大于对照组，如结果 9-7 所示。

结果 9-7

描述性统计量

分组	中位数	N <= 整体中位数	N > 整体中位数	Q3 – Q1	95% 中位数置信区间
对照组	1.70	15	2	0.750	(1.6, 2.29520)
A菌种	2.68	9	15	0.875	(2.3, 3.01732)
B菌种	2.40	6	13	0.300	(2.3, 2.6)
整体	2.35				

检验

原假设　H_0: 总体中位数全部相等
备择假设 H_1: 总体中位数并非全部相等

自由度	卡方	P 值
2	14.02	0.001

9.3.3　随机区组设计资料的 Friedman 检验

Friedman 检验又称为 M 检验，相当于双因子方差分析，是随机区组试验（Randomized block experiment）的非参数分析。其目的是推断各处理组样本分别代表的总体分布是否不同。对于随机区组设计资料，各处理组如果不满足方差分析的条件或变换后仍不能满足条件，则可用 Friedman 检验进行比较。其假设为 H_0：各总体分布相同；H_1：各总体分布的位置不同或不完全相同。

【例 9-8】某检测点为研究长江某段水中的生化需氧量（单位：mg/L），同时在 6 个采样点（区组）和 4 个时刻（处理）进行采样测定，试检验不同月份水中生化需氧量之间有无差别。

（1）打开工作表“生化需氧量.mwx”，变量为“采样点”、“月份”和“生化需氧量”。

（2）选择【统计（Stat）】→【非参数（Nonparametrics）】→【Friedman】菜单项，打开【Friedman】对话框，如图 9-5 所示。

【响应（Response）】选择“生化需氧量”，【处理（Treatment）】选择“月份”，【区组（Blocks）】选择“采样点”，【存储残差（Store residuals）】和【存储拟合值（Store fits）】未选择。

（3）主要结果及分析。

① 检验：对于不同月份水中生化需氧量的 Friedman 检验，$\chi^2=14.80$（已进行结调整），$P=0.002<$

0.01，按 α=0.05 水准，拒绝 H_0，接受 H_1，差异有统计学意义，可认为 4 个月份的生化需氧量有差别，如结果 9-8 所示。

② 描述性统计量：1 月份生化需氧量的估计中位数（1.46mg/L）最大，并大于总体中位数（0.76mg/L），其他月份的估计中位数均小于总体中位数，如结果 9-8 所示。

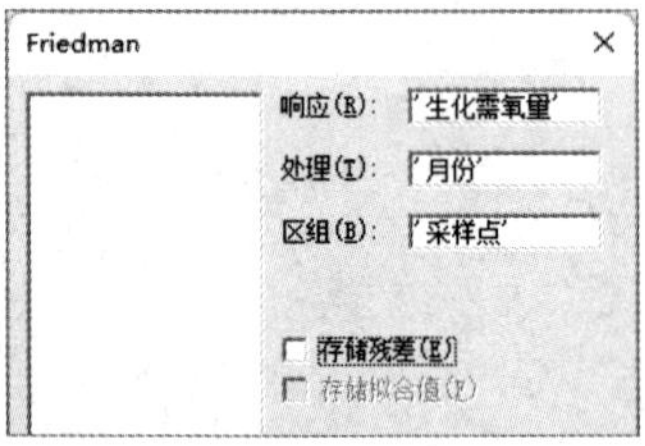

图 9-5　【Friedman】对话框

结果 9-8

方法

处理 = 月份
区组 = 采样点

描述性统计量

月份	N	中位数	秩和
1	6	1.46406	24.0
2	6	0.75031	17.0
7	6	0.36156	9.5
8	6	0.45531	9.5
整体	24	0.75781	

检验

原假设　H_0: 所有处理效应均为零
备择假设 H_1: 并非所有处理效应均为零

方法	自由度	卡方	P 值
未进行结调整	3	14.55	0.002
已进行结调整	3	14.80	0.002

9.4　随机性检验

随机性检验（Test for randomness）包括游程检验（连检验），是检查数据是否按随机顺序排列的非参数检验。

【例 9-9】一家制药公司的研究人员想比较 3 种治疗方式对 35 位患者的影响。研究人员为每位患者分配了一种治疗方式，试检验治疗方式的分配是否随机。

（1）打开工作表“治疗分配.mwx”。

（2）选择【统计（Stat）】→【非参数（Nonparametrics）】→【游程检验（Runs Test）】菜单项，打开【游程检验（Runs Test）】对话框，如图 9-6 所示。

■ 【变量（Variables）】：选择要检验随机性的变量。

■ 【均值以上和以下（Above and below the mean）】：使用均值作为确定游程数（Number of runs）的基线，本例选择此选项。

■ 【以右列值为界分以上或以下（Above and below）】：输入其他值作为确定游程数的基线。

（3）主要结果及分析。

对治疗方式的分配进行游程检验，3 种治疗方式的编码分别为 1、2、3，其均值为 2，因此取 2 作为分界值 K（样本均值）。本例总共观测到 17 个游程，其中 12 个观测值大于 K，23 个观测值小于或等于 K，P=0.930>0.05，按 α=0.05 水准，不拒绝 H_0，可认为该资料是按随机顺序排列的，如结果 9-9 所示。

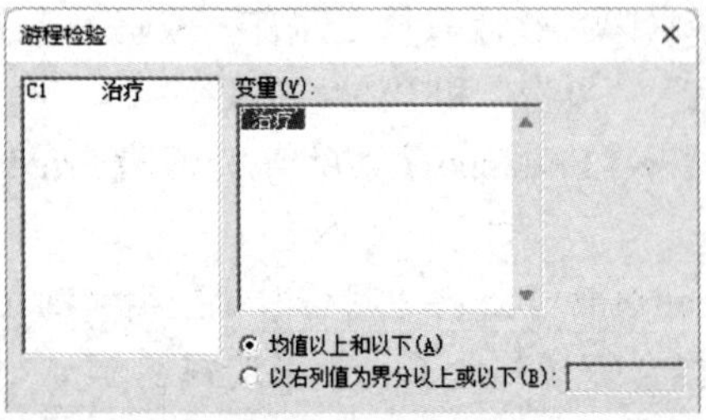

图 9-6　【游程检验（Runs Test）】对话框

结果 9-9

描述性统计量

		观测值个数	
N	K	≤K	>K
35	2	23	12

K = 样本均值

检验

原假设　H_0: 数据顺序是随机的
备择假设 H_1: 数据顺序不是随机的

游程数

观测	期望	P 值
17	16.77	0.930

第 10 章　回 归 分 析

回归分析（Regression analysis）用于研究响应变量（Response variable，又称反应变量、应变量或因变量）与一个或多个预测变量（Predictor variable，预报变量或自变量）之间的统计关系，侧重考察变量之间的数量变化规律，并通过回归建模的形式描述和反映这种统计关系。

回归分析方法有很多种，本章重点讨论回归分析的基本思想和多种回归分析方法的实现过程。Minitab 的回归（Regression）模块提供了多种重要的回归分析方法，主要包括以下内容。

最小二乘回归（Least square regression）：响应变量为连续变量时使用。

非线性回归（Nonlinear regression）：无法对线性参数的关系充分建模时使用。

正交回归（Orthogonal regression）：响应变量和预测变量都包含测量误差时使用。

偏最小二乘回归（Partial least square regression）：预测变量高度相关或变量数超过观测值个数时使用。

Logistic 回归（Logistic regression）：响应变量为分类变量时使用。

Poisson 回归（Poisson regression）：响应变量为发生次数时使用。

10.1　拟 合 线 图

拟合线图（Fitted Line Plot）是通过使用一个预测变量的线性项和多项式（二阶或三阶）项进行回归，并以实际尺度或 lg 尺度绘制的回归线图。多项式回归是通过扩展简单线性回归模型，为响应变量（Y）与预测变量（X）进行曲率建模的，可将 X^2 和 X^3 作为预测变量。

拟合线图可建立以下 3 种模型，包括直线回归模型和多项式回归模型。

直线（Linear）回归模型：$Y=b_0+b_1X$。

二次（Quadratic）曲线回归模型：$Y=b_0+b_1X+b_2X^2$。

三次（Cubic）曲线回归模型：$Y=b_0+b_1X+b_2X^2+b_3X^3$。

其中，Y 为响应变量；X 为预测变量；b_0 为截距；b_1、b_2 和 b_3 为系数。当建立的模型是二次曲线回归模型或三次曲线回归模型时，可输出序贯方差分析表（Sequential analysis of variance）。

【例 10-1】已知钩虫病复查阳性率 Y 和治疗次数 X，试建立合适的回归模型并进行分析。

（1）打开工作表“钩虫病.mwx”。

（2）选择【统计（Stat）】→【回归（Regression）】→【拟合线图（Fitted Line Plot）】菜单项，打开【拟合线图（Fitted Line Plot）】主对话框，如图 10-1 所示。

- 【响应（Response）】：选择响应变量，本例选择“阳性率”。
- 【预测变量（Predictor）】：选择“治疗次数”。
- 【回归模型类型（Type of Regression Model）】：选择回归模型的类型。
  - 【线性（Linear）】，拟合直线回归模型，默认格式，本例选择此选项。

- 【二次（Quadratic）】：拟合二次曲线回归模型。
- 【立方（Cubic）】：拟合三次曲线回归模型。

（3）【拟合线图：图形（Fitted Line Plot:Graphs）】对话框如图 10-2 所示。

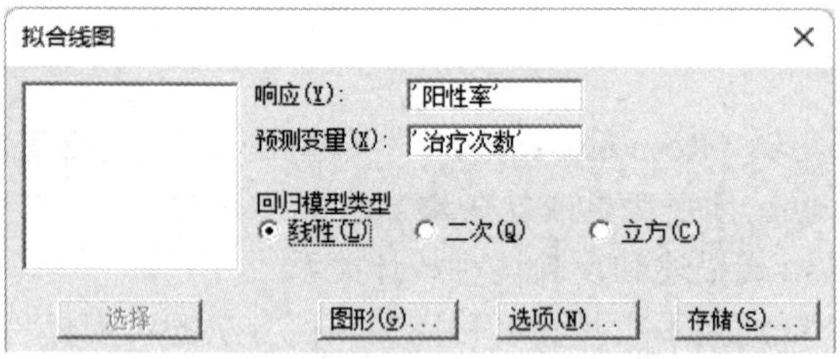

图 10-1 【拟合线图（Fitted Line Plot）】主对话框

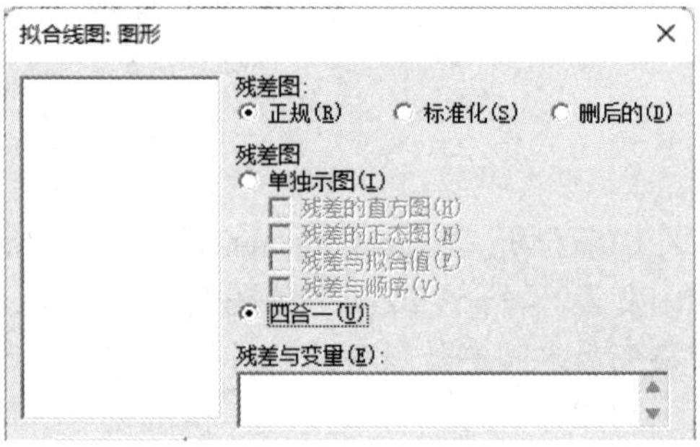

图 10-2 【拟合线图：图形（Fitted Line Plot: Graphs）】对话框

■ 【残差图（Residuals for Plots）】：用于检查回归模型和方差分析模型的拟合优度，有助于确定模型是否满足普通最小二乘（Ordinary least squares）回归的假设。如果满足假设，则普通最小二乘回归将产生方差最小的无偏系数估计（Unbiased coefficient estimates），可选择以下选项。

- 【正规（Regular）】：绘制原始残差图。正规残差又称为原始残差，等于观测值（Y）与其相应拟合值（$\hat{Y}$）之间的差。
- 【标准化（Standardized）】：绘制标准化残差图。标准化残差（Standardized residuals）又称内部 t 化残差（Internally studentized residuals），为残差值 e_i 除以其标准差的估计值。标准化残差有助于检测异常值，常认为标准化残差绝对值大于 2 的为大残差，其观测值为异常值，并用“R”标注。本例选择此选项。
- 【删后的（Deleted）】：绘制 t 化删后残差图。t 化删后残差（Studentized deleted residuals）又称为外部 t 化残差（Externally studentized residuals）或删后 t 化残差（Deleted studentized residuals），为观测值的删后残差除以其标准差的估计值。t 化删后残差用于标识与模型拟合不佳的观测值，绝对值很大的 t 化删后残差表明模型中包括该观测值可能会增大误差方差，或者它对参数估计会产生很大影响，或者两种情况都存在。当观测值的 t 化删后残差的绝对值大于 2 时，该值可能是异常值。

■ 【残差图（Residual Plots）】：选择【四合一（Four in one）】。

注：有关选项解释参见图 7-12 相关选项的解释。

（4）【拟合线图：选项（Fitted line plot:options）】对话框如图 10-3 所示。

■ 【变换（Transformations）】：可选择以下选项。

- 【Y 的常用对数（Log10 of Y）】：对响应变量 Y 进行对数变换（$\lg Y$）。
- 【显示 Y 变量的对数尺度（Display logscale for Y variable）】：以对数刻度绘制变换后的 Y 变量。
- 【X 的常用对数（Log10 of X）】：对预测变量 X 进行对数变换（$\lg X$），如果一阶以上的多项式选择此选项，则多项式回归模型将基于 $\lg X$ 的幂。
- 【显示 X 变量的对数尺度（Display logscale for X variable）】：以对数刻度绘制变换后的 X 变量。

- 【显示选项（Display Options）】：可选择以下选项。
  - 【显示置信区间（Display confidence interval）】：绘制总体回归线的置信区间带（Confidence interval bands）。
  - 【显示预测区间（Display prediction interval）】：绘制总体回归线的预测区间带（Prediction interval bands）。本例选择此选项。
- 【置信水平（Confidence level）】：设定一个 0～100 之间的数值作为置信区间带或预测区间带的置信度（置信水平），默认为“95.0”。
- 【标题（Title）】：设定图形标题。

（5）【拟合线图：存储（Fitted Line Plot:Storage）】对话框如图 10-4 所示。

- 【残差（Residuals）】：保存残差。
- 【标准化残差（Standardized residuals）】：保存标准化残差。
- 【删后 t 化残差（Deleted t residuals）】：保存删后 t 化残差。
- 【拟合值（Fits）】：保存拟合值。

注：如果对变量 Y 进行了对数变换，则上述结果将用对数刻度表示。

- 【系数（Coefficients）】：保存回归方程的系数。
- 【采用原始单位的残差（Residuals in original units）】：用数据的原始刻度保存变换后响应变量的残差。
- 【采用原始单位的拟合值（Fits in original units）】：用数据的原始刻度保存变换后响应变量的拟合值。

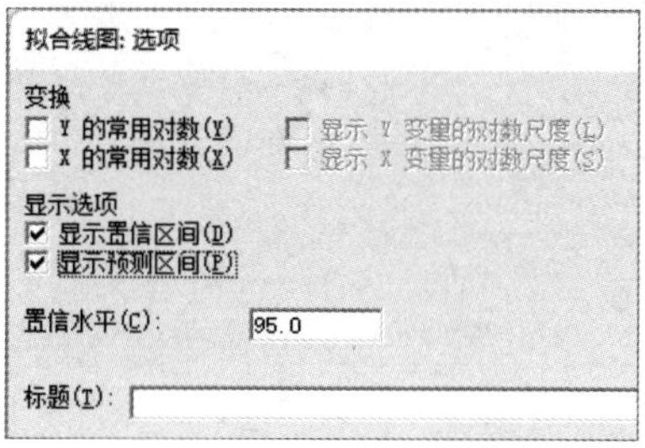

图 10-3　【拟合线图：选项（Fitted Line Plot: Options）】对话框

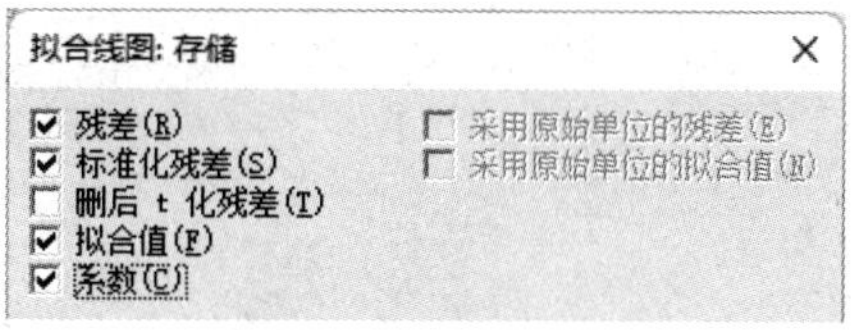

图 10-4　【拟合线图：存储（Fitted Line Plot: Storage）】对话框

（6）主要结果及分析（1）。

① 本例拟合的直线回归模型（方程）为 $y = 52.39 - 7.648x$，其中，y 为阳性率；x 为治疗次数。P=0.006<0.01，按 α=0.05 水准，拒绝 H_0，接受 H_1，回归方程具有统计学意义，如结果 10-1 所示。

结果 10-1

回归方程为
阳性率 = 52.39 - 7.648 治疗次数

模型汇总

S	R-sq	R-sq（调整）
11.7255	74.86%	70.67%

方差分析

来源	自由度	SS	MS	F	P
回归	1	2456.42	2456.42	17.87	0.006
误差	6	824.92	137.49		
合计	7	3281.33			

② 在拟合线图中，治疗次数越大，复查阳性率越低，两者大致呈直线关系，拟合回归线两侧的曲线依次为回归线的 95%置信区间带和预测区间带，预测区间带比置信区间带宽，如图 10-5 所示。

③ 残差图的纵坐标为残差，横坐标为阳性率的拟合值，可简单而又直观地评价回归模型与数

据拟合的优劣，判断适用条件是否满足，识别离群值和可疑值。如果各点随机均匀地分布在参考线（Y=0）的上下两侧，没有呈现某种特别的趋势，则说明数据用于拟合直线回归模型是恰当的。如图 10-6 右上图所示，残差图的散点呈曲线趋势，表明不满足线性回归条件，可考虑对该数据进行曲线回归。

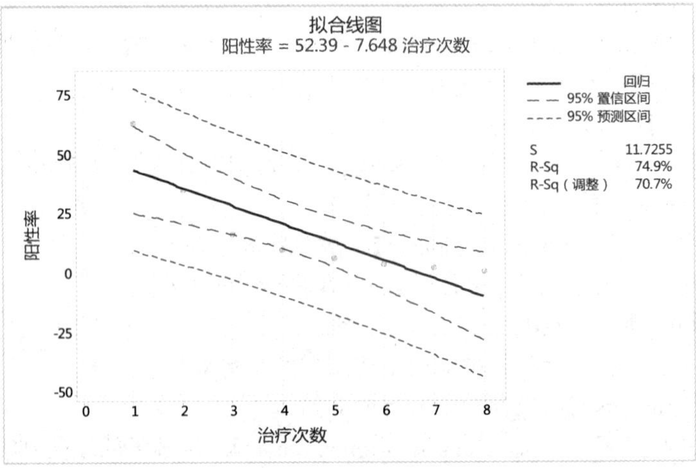

彩图 10-5

图 10-5　钩虫病阳性率与治疗次数的拟合线图

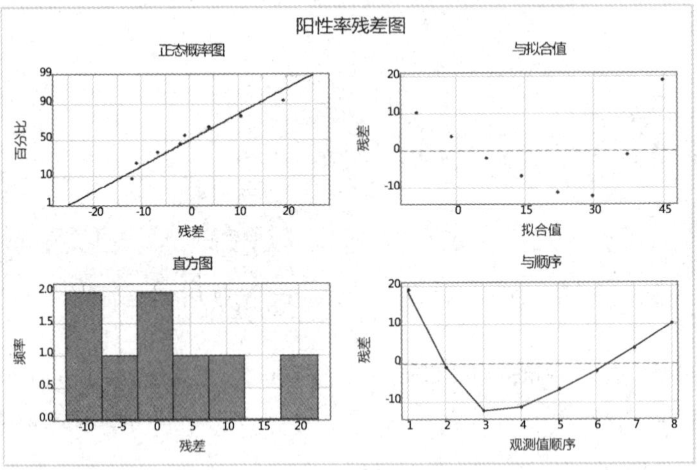

图 10-6　钩虫病阳性率的残差图

④ 工作表中新增了 4 个变量，即"标准化残差 1""残差 1""拟合值 1""系数 1"，新增的变量可用于后续的统计分析，如图 10-7 所示。

↓	C1	C2	C3	C4	C5	C6
输入方向	治疗次数	阳性率	标准化残差1	残差1	拟合值1	系数1
1	1	63.9	2.13929	19.1583	44.7417	52.3893
2	2	36.0	-0.10949	-1.0940	37.0940	-7.6476
3	3	17.1	-1.16179	-12.3464	29.4464	
4	4	10.5	-1.03367	-11.2988	21.7988	
5	5	7.3	-0.62678	-6.8512	14.1512	
6	6	4.5	-0.18853	-2.0036	6.5036	
7	7	2.8	0.39472	3.9440	-1.1440	

图 10-7　工作表中新增的变量

（7）拟合多项式回归模型。

重复上述步骤，在【拟合线图（Fitted Line Plot）】主对话框中分别选择【二次（Quadratic）】和【立方（Cubic）】，其他选项不变。

（8）主要结果及分析（2）。

① 各点随机均匀地分布在参考线（Y=0）的上下两侧，没有呈某种特别的趋势，说明数据用于二次或三次曲线回归模型是恰当的，如图 10-8 和图 10-9 所示。

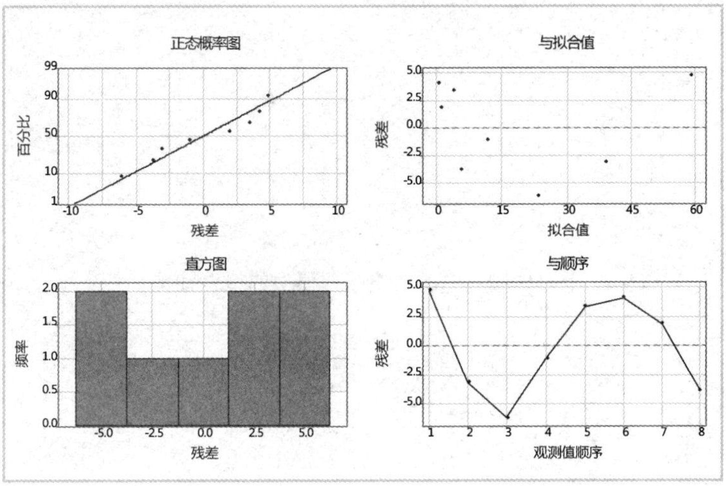

图 10-8　二次曲线回归模型的残差图

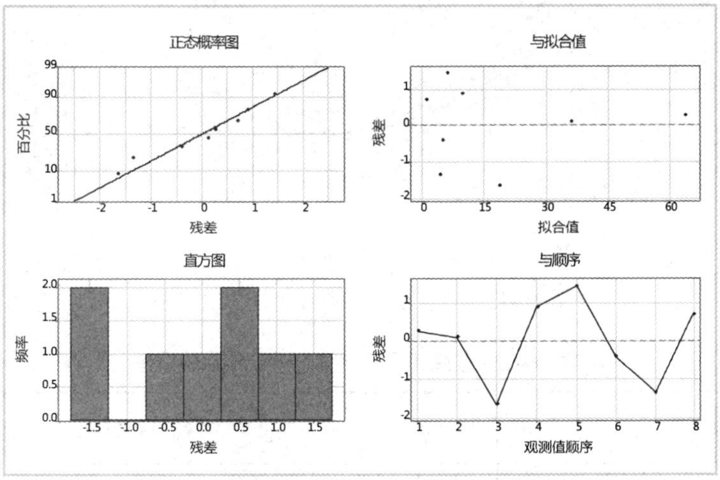

图 10-9　三次曲线回归模型的残差图

② 二次和三次曲线回归模型与数据拟合均较好，但数据点与三次曲线回归模型的回归线最为贴近，且总体回归线的 95%置信区间带最窄，表明三次曲线回归模型与数据拟合最好，如图 10-10 和图 10-11 所示。

③ 决定系数 R^2 为相关或回归拟合效果的概括统计量，R^2 取值为 0～100%且无单位，其数值大小反映了回归贡献的相对程度，即在 Y 的总变异中回归关系所能解释的百分比。R^2 越接近 100%，回归拟合效果越好。当多项式的次数越高时，其估计标准误（S）越小，而 R^2 和调整 R^2 与 F 值越大，但相应的 P 值越小，表明三次曲线回归模型与数据拟合最好，如表 10-1 所示。

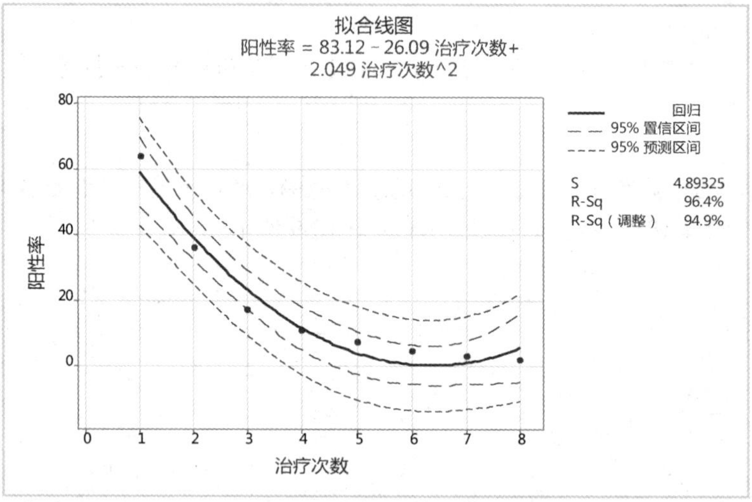

彩图 10-10

图 10-10　二次曲线回归模型的拟合线图

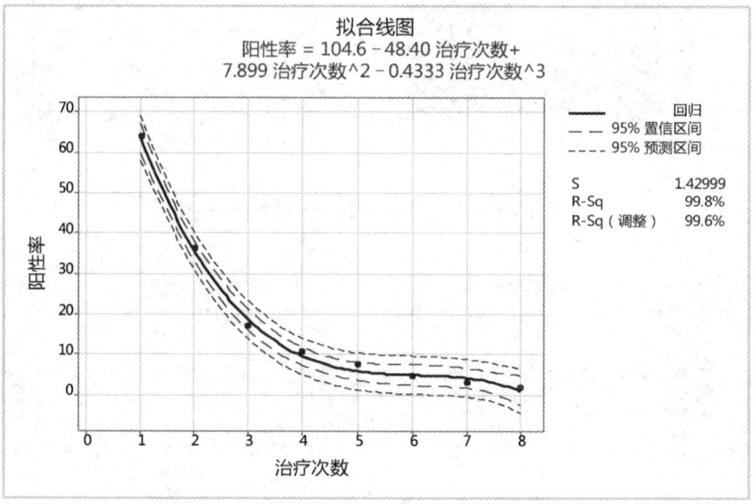

彩图 10-11

图 10-11　三次曲线回归模型的拟合线图

表 10-1　直线回归模型和多项式回归模型

模型	估计标准误	决定系数（R^2）	调整 R^2	F 值	P 值
线性，Y=52.3893−7.6476X	11.7255	74.9%	70.7%	17.87	0.006
二次，Y=83.1214−26.0869X+2.0488X^2	4.89325	96.4%	94.9%	29.45	0.003
三次，Y=104.571−48.404X+7.899X^2−0.433X^3	1.42999	99.8%	99.6%	54.55	0.002

10.2　线性回归

线性回归又称为普通最小二乘回归（Ordinary least squares regression），简称 OLS 回归，它基于最小二乘法（Least square method）原理生成古典统计假设下的最优线性无偏估计，是研究一个或多个预测变量与一个响应变量之间是否存在某种线性关系的统计方法。在 OLS 回归中，估计方程为使样本数据点与预测值之间的距离平方和最小化的方程。

如果引入回归的预测变量只有一个，则称为简单直线回归（Simple linear regression），所得方程为直线回归方程，即

$$Y=b_0+b_1X$$

其中，Y 是因变量的估计值；X 是预测变量；b_0 是回归方程的常数项（截距，Intercept）；b_1 是回归系数（Regression coefficient）。

如果引入回归的预测变量有两个及以上，则称为多重线性回归（Multiple linear regression）。所得方程为多重线性回归方程，即

$$Y=b_0+b_1X_1+b_2X_2+\cdots+b_mX_m$$

其中，Y 是响应变量的估计值；X_1，X_2，…，X_m 是预测变量；b_0 是回归方程的常数项；b_1，b_2，…，b_m 是偏回归系数（Partial regression coefficient）；m 是预测变量的个数（$m\geqslant2$）。

此外，OLS 回归可通过变换变量（不是系数）进行曲率建模，如二次曲线回归模型：

$$Y=b_0+b_1X+b_2X^2$$

OLS 回归应满足 OLS 假设：回归模型的系数为线性系数；残差的均值为 0；所有预测变量都与残差不相关；残差之间互不相关（序列相关）；残差具有恒定方差；预测变量之间互不完全相关（r=1），还要避免不完全的高度相关（多重共线性）；残差呈正态分布。

仅当所有这些假设都满足时，OLS 回归才会提供最佳估计值，因此检验这些假设极为重要。常用的检验方法包括检查残差图、使用失拟检验和方差膨胀因子（VIF）检验预测变量之间的相关性。

10.2.1　拟合回归模型

拟合回归模型（Fit Regression Model）可拟合连续和/或分类预测变量的最小二乘模型，可拟合交互效应项和多项式项，进行逐步回归、残差诊断，保存回归统计量、变换高度偏态的数据，当数据包括多个副本时，进行纯误差失拟检验等。

【例 10-2】已知 29 名儿童的血红蛋白（Hemoglo）与钙（Ca）、镁（Mg）、铁（Fe）、锰（Mn）、铜（Cu）的含量，试建立钙、镁、铁、锰、铜对血红蛋白的回归模型，分析哪种元素对血红蛋白的影响最大。

（1）打开工作表“血红蛋白.mwx”。

（2）选择【统计（Stat）】→【回归（Regression）】→【回归（Regression）】→【拟合回归模型（Fit Regression Model）】菜单项，打开【回归（Regression）】主对话框，如图 10-12 所示。

- 【响应（Responses）】：响应变量又称为 Y 变量，即使用预测变量（X）解释和预测的连续变量。如果选择多个响应变量，则分别为每个响应变量拟合单独的模型，本例选择“血红蛋白”。
- 【连续预测变量（Continuous predictors）】：预测变量又称为 X 变量，可选择连续预测变量，本例选择“Ca”“Mg”“Fe”“Mn”“Cu”。
- 【类别预测变量（Categorical predictors）】：可选择分类预测变量，本例未选择。

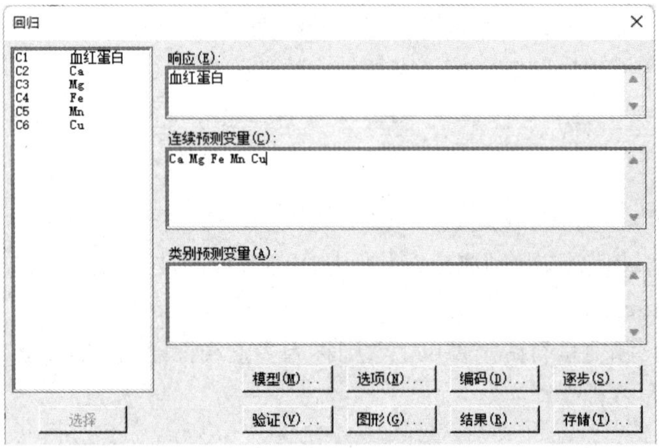

图 10-12 【回归（Regression）】主对话框

（3）【回归：模型（Regression:Model）】对话框如图 10-13 所示。在此对话框中，可将交互效应项和多项式项添加到模型中，在默认情况下，模型中仅包含主对话框中输入的预测变量。向模型中添加项时，应至少选择一个预测变量或项，如果需要选择多个项，则应按住 Ctrl 键同时单击相应的预测变量或项。

图 10-13 【回归：模型（Regression:Model）】对话框

- 【预测变量（Predictors）】：显示候选的预测变量。
- 【使用选定预测变量和模型项添加项（Add terms using selected predictors and model terms）】。
  - 【按变量顺序添加交互项（Interactions through order）】：按指定的阶数添加所有交互效应项，如按阶数 3 选择预测变量 X、Y、A，单击右侧的【添加（Add）】按钮可添加 $X*Y$、$X*A$、$Y*A$、$X*Y*A$。
  - 【按阶数添加全部交互项（Terms through order）】：用于曲率建模，按指定的阶数添加乘幂项和交互效应项。乘幂项适用于连续预测变量，如按阶数 3 选择预测变量 X、Y、A，单击右侧的【添加（Add）】按钮后可添加乘幂项 *X**X*、*Y**Y*、*X**X**X*、*Y**Y**Y*，以及预测变量和乘幂的交互效应项 *X**Y*、*X**A*、*Y**A*、*X**X**Y*、*X**Y**Y*、*X**X**A*、*X**Y**A*、*Y**Y**A*。

- 【模型中的交叉预测变量和项（Cross predictors and terms in the model）】：主要有以下 3 种用途。
    - 交叉两个或多个预测变量，如在选择 *X*、*Y*、*Z* 后，单击右侧的【添加（Add）】按钮将添加 *X**Y**Z*。
    - 交叉模型中已存在的两个或多个项，如在选择模型中的 *X**A* 和 *X**B* 后，单击右侧的【添加（Add）】按钮将添加 *X**X**A**B*。
    - 每个预测变量将与每个模型项交叉使用，但是预测变量和模型项不会与其自身交叉，如在选择模型中的 *X**X*、*Y**Y* 和预测变量 *A*、*B* 后，单击右侧的【添加（Add）】按钮将添加 *X**X**A*、*X**X**B*、*Y**Y**A*、*Y**Y**B*。

- 【默认（Default）】：仅使用在主对话框中输入的预测变量填充模型。
- 【模型中的项（Term in the model）】：显示添加到模型中的项。
- 【包含模型中的常数项（Include the constant term in the model）】：使用 *Y* 轴截距（常数项）为拟合回归模型。仅当从模型中删除所有不显著项且常数项与 0 之间并不存在统计学差异时，考虑拟合不带有常数项的模型。如果在正常情况下不包含常数项，那么可以改进模型的拟合与预测值的精确度。本例选择此选项。

（4）【回归：选项（Regression:Options）】对话框如图 10-14 所示。

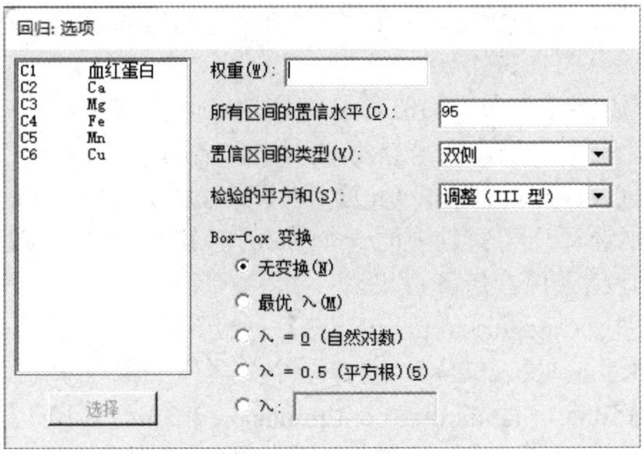

图 10-14 【回归：选项（Regression:Options）】对话框

- 【权重（Weights）】：选择用于加权回归的权重变量，权重必须大于或等于 0。
- 【所有区间的置信水平（Confidence level for all intervals）】：默认值为“95”。
- 【置信区间的类型（Type of confidence interval）】：可选择【双侧（Two-sided）】、【下限（Lower bound）】或【上限（Upper bound）】。
- 【检验的平方和（Sums of squares for tests）】：选择用于计算 *F* 值和 *P* 值的平方和。
    - 【调整（III 型）（Adjusted(Type III)）】：对于与包含所有剩余项的模型相关的每个项，测量平方和的减少量，以确定项的显著性。
    - 【序贯（I 型）（Sequential(Type I)）】：将某项添加到仅包含该项之前的项的模型中时测量平方和的减少量，以确定项的显著性。

注：通常选择调整（III 型）平方和，而序贯平方和可按项进入模型的顺序确定项的显著性。

- 【Box-Cox 变换（Box-Cox transformation）】：当残差不服从正态分布或不具有恒定的方差时，可对响应数据进行 Box-Cox 变换。变换后的响应数据将用于回归，在大多数情况下，除非数据的偏斜非常大，否则不必纠正非正态性。当使用 Box-Cox 变换时，所有响应数据都必须大于 0。

注：Box-Cox 变换选项更多的解释可参见《MINITAB 统计分析方法及应用》（第 3 版 高级版）中的 5.7 节。

（5）【回归：编码（Regression:Coding）】对话框如图 10-15 所示。

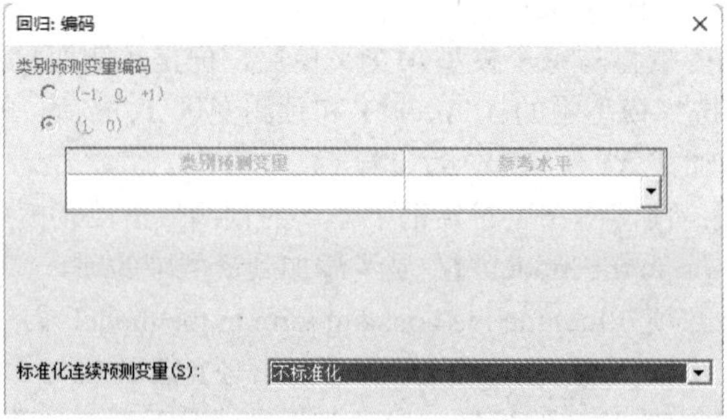

图 10-15　【回归：编码（Regression:Coding）】对话框

- 【类别预测变量编码（Coding for categorical predictors）】：当预测变量为分类变量时，可以选择将各水平均值与总体均值或参考水平均值进行比较。无论选择何种编码方法，分类变量整体效果的检验都将保持不变。
  - 【(1, 0, +1)】：估计每个水平均值和总体均值之间的差异。
  - 【(1, 0)】：估计每个水平均值与参考水平均值之间的差异。
- 【类别预测变量（Categorical predictor）】和【参考水平（Reference level）】：如果选择【(1, 0)】编码方法，则选择分类变量中的一个分类作为参考水平。改变参考水平不会影响总体显著性，但可以让结果更有统计意义。
  - 【类别预测变量（Categorical predictor）】：显示模型中所有的分类预测变量。
  - 【参考水平（Reference level）】：选择一个分类作为参考水平。
- 【标准化连续预测变量（Standardize continuous predictors）】：可以选择对连续预测变量进行标准化，可以提高特定条件下的模型解释，标准化过程仅用于拟合模型但不保存到工作表中（详细的解释参考图 4-10 的解释）。
  - 【不标准化（Do not standardize）】：使用连续预测变量的原始数据。
  - 【将要编码的低水平和高水平指定为-1 和+1（Specify low and high levels to code as -1 and +1）】（参考图 4-10 所示的【从起点到终点生成极差（Make range from start to end）】的解释）。
  - 【减去均值，然后除以标准差（Subtract the mean, then divide by the standard deviation）】：使预测变量居中。
  - 【减去均值（Subtract the mean）】：使预测变量居中，该选项有助于减少多重共线性，增加系数估计的精度，当回归模型包含高度相关的预测变量、更高阶项和交互效应项时，此选项很有效。每个系数表示预测变量中每变化一个单位（使用原始尺度）所能在因变量中产生的预期变化。
  - 【除以标准差（Divide by the standard deviation）】：对所有预测变量使用可比较尺度，该选项允许对系数的大小进行比较。当想要知道哪些预测变量具有更大效应，同时控制尺度中的差异时，此选项很有效。但是，每个系数表示预测变量中一个标准差的变化所能在因变量中产生的预期变化。

- 【减去指定值，然后除以另一个值（Subtract a specified value, then divide by another）】。

（6）【回归：逐步（Regression:Stepwise）】对话框如图 10-16 所示。

Minitab 提供了 3 个常用回归过程：标准逐步回归（添加和删除项）、向前选择回归（添加项）和后向消元回归（删除项）。如果选择某个逐步回归过程，则在【回归：模型（Regression:Model）】对话框中的指定项为最终模型的候选项。

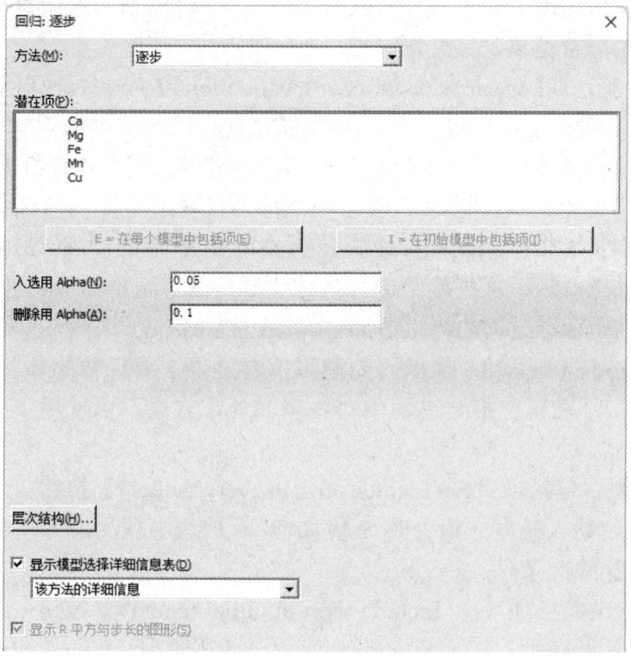

图 10-16　【回归：逐步（Regression:Stepwise）】对话框

■ 【方法（Method）】：选择拟合模型的方法，可选择以下选项。

- 【无（None）】：强迫法，所有项（所有可能的影响因素，以下均称为项）均纳入回归模型进行拟合。
- 【逐步（Stepwise）】：默认先从一个空模型开始，然后在每步中添加或删除项，也可以预先指定包括在初始模型的项或强制包括在每个模型中的项。当模型外所有变量的 P 值大于指定的【入选用 Alpha（Alpha to enter）】，以及模型中所有变量的 P 值小于或等于指定的【删除用 Alpha（Alpha to remove）】时，将终止逐步回归过程。
- 【前进法（Forward selection）】（向前选择回归）：默认先从一个空模型开始，然后在每步中添加最显著的项，也可以预先指定强制包括在每个模型中的项。当模型外所有变量的 P 值大于指定的【入选用 Alpha（Alpha to enter）】时，将终止逐步回归过程。
- 【后退法（Backward elimination）】（后向消元回归）：先在模型中纳入所有项，然后在每步中逐步删除最不显著的项，也可以预先指定强制包括在每一个模型中的项。当模型中所有变量的 P 值小于或等于指定【删除用 Alpha（Alpha to remove）】时，将终止逐步回归过程。

- 【转发信息标准（Forward information criteria）】（向前信息准则）：每步将最低 P 值的项引入模型。如果分析设置允许考虑非分层项，但要求每个模型都分层，则可以一次性将其他项引入模型。Minitab 计算每步的信息准则。在大多数情况下，当出现如下情形之一时，将终止该过程。

  ① 连续 8 步中标准没有改善、改进。

  ② 已拟合全模型。

  ③ 拟合误差自由度为 1 的模型。

  如果设定每步需要分层的模型，且每次仅允许输入一个项，则该过程将在拟合全模型或拟合误差自由度为 1 的模型处终止。Minitab 将显示所选信息标准（AICc 或 BIC）最小值模型的分析结果。

- 【前进法并验证（Forward selection with validation）】（向前选择回归并验证）：取决于验证方法（Validation method）。当使用测试集时，该过程类似于向前选择回归。在一步结束时计算检验 R^2 统计量。在向前选择回归过程结束时，具有最大检验 R^2 值的模型为最终模型。当使用交叉验证时，该过程在每个折叠上重复向前选择回归。该过程评估每步中的所有折叠，并标识具有最佳 K 折叠逐步 R^2 值的步骤。最后一部分是对完整数据集进行向前选择法，从折叠中选择最佳步骤终止。无论选择哪种验证方法，当遇到符合向前选择回归标准过程的终止情形时，该过程将终止。

■ 【潜在项（Potential terms）】：显示回归模型拟合过程中要评估的项。列表中的指示符（“E”“I”或空白）指示在模型拟合过程中对各项的处理方式。可使用下方的两个按钮修改过程对项的处理方式。

■ 【E=在每个模型中包括项（E = Include term in every model）】按钮：选择一个项并单击此按钮可将该项强制纳入模型（无论其 P 值如何），被选中项的前方将包含指示符“E”，再次单击该按钮可删除此条件。

■ 【I=在初始模型中包括项（I = Include term in initial model）】按钮：选择一个项并单击此按钮可将项纳入初始模型，但如果它的 P 值大于【删除用 Alpha（Alpha to remove）】设定的值，则该项将从模型中剔除。再次单击该按钮可删除此条件，此按钮仅用于逐步回归。

注：对于前方留空的项，在模型拟合过程中，根据该项的 P 值确定是否在模型中添加或删除此项。

■ 【入选用 Alpha（Alpha to enter）】：确定在回归模型中纳入一个新项的条件，即当该项的 $P<\alpha$ 时，将该项引入回归模型，当选择逐步回归或向前选择回归时可以设置该值。本例为“0.05”。

■ 【删除用 Alpha（Alpha to remove）】：确定在回归模型中剔除一个项的条件，即当该项的 $P>\alpha$ 时，将该项从回归模型中剔除，当选择逐步回归或后向消元回归时可以设置该值。本例为“0.1”。

■ 【标准（Criterion）】：可指定向前选择回归的信息标准【AICc】或【BIC】。

注：当【方法（Method）】选择【转发信息标准（Forward information criteria）】时，【回归：逐步（Regression: Stepwise）】对话框将出现【标准（Criterion）】选项组（见图 10-17）。

图 10-17 【标准（Criterion）】选项组

AICc 和 BIC 用于评估模型的似然值，并对模型添加项进行惩罚。惩罚将降低模型过度拟合样本数据的趋势，以生成更佳的模型。

一般而言，当参数个数相对于样本含量较小时，BIC 对增加每个参数所施加的惩罚比 AICc 大。

在这些情况下，最小化 BIC 的模型引入的变量数往往比最小化 AICc 的模型少。

在某些常见的情形（如筛选设计）中，当参数个数相对于样本含量通常较大时，最小化 AICc 的模型引入的变量数往往比最小化 BIC 的模型少。

- 【验证方法（Validation method）】：在【回归：逐步（Regression: Stepwise）】对话框（见图 10-16）中，当【方法（Method）】选择【前进法并验证（Forward selection with validation）】时，可选择用于检验模型的验证方法。该选项组的解释参考图 10-19 和图 10-20 的相关解释。
- 【显示模型选择详细信息表（Display the table of model selection details）】：设定显示逐步回归过程的信息，可选择以下选项。
  - 【该方法的详细信息（Details about the method）】：可显示逐步回归过程的类型和用于在模型中输入和/或删除预测变量的 α 值。
  - 【包括每个步骤的详细信息（Include details for each step）】：显示系数、P 值、Mallows Cp 和过程中每步的模型汇总统计量。
- 【显示 R 平方与步长的图形（Display the graph of R-squared vs step）】：当选择【前进法并验证（Forward selection with validation）】时，绘制向前选择回归的每步训练和验证 R^2 值的图。该图通常用于确定较简单的模型是否具有相似的验证值。

在【回归：逐步（Regression: Stepwise）】对话框中，单击【层次结构（Hierarchy）】按钮，打开【回归：层次结构（Regression: Hierarchy）】对话框（见图 10-18）。

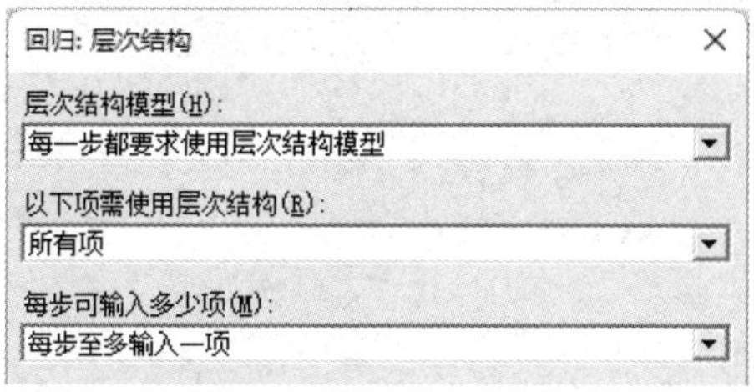

图 10-18　【回归：层次结构（Regression: Hierarchy）】对话框

- 【层次结构模型（Hierarchical model）】：选择是否在逐步回归过程中生成分层模型，可以选择以下选项。
  - 【每一步都要求使用层次结构模型（Require a hierarchical model at each step）】：每步都使用分层模型，但只能添加或删除保留分层的项。
  - 【在最后添加项以生成模型层次结构（Add terms at the end to make the model hierarchical）】：开始时，根据逐步回归过程的标准规则。到最后一步时，添加生成分层模型的项，即使 P 值大于【入选用 Alpha（Alpha to enter）】值。如果在【方法（Method）】选择【转发信息标准（Forward information criteria）】时选中此选项，则 Minitab 会提示错误。用户如果需要在每步中的多个模型中获取最小化该标准的分层模型，则应选择【每一步都要求使用层次结构模型（Require a hierarchical model at each step）】。
  - 【不需要使用层次结构模型（Do not require a hierarchical model）】：最终模型可能是非分层模型。Minitab 仅根据逐步回归过程规则添加和删除项。
- 【以下项需使用层次结构（Require hierarchy for the following terms）】：如果使用分层模型，则必须选择有分层的项。
  - 【所有项（All terms）】：包含连续变量和/或类别变量的项都必须分层。

- 【具有类别预测变量的项（Terms with categorical predictors）】：只有包含类别变量的项才必须分层。

■ 【每步可输入多少项（How many terms can enter at each step）】：如果每步都需要分层，则必须设定每步添加用于保留分层的项数。

- 【每步至多输入一项（At most one term can enter at each step）】：只有在增加单个项时，高阶项才能引入模型。所有组成高阶项的低阶项必须已经在模型中。
- 【可以输入额外项以保持层次结构（Extra terms can enter to maintain hierarchy）】：即使生成了非分层模型，高阶项也可引入模型。但是，还会增加生成分层模型所必须的项，即使 P 值大于【入选用 Alpha（Alpha to enter）】值。

（7）【回归：验证（Regression:validation）】对话框可选择检验模型的验证方法。通常，当样本含量较小时，宜用 K 折叠交叉验证。当样本含量较大时，可用测试集验证，将数据分为训练集和测试集。

■ 【验证方法（Validation method）】可选择【无（None）】、【K 折叠交叉验证（K-fold cross-validation）】或【使用测试集验证（Validation with a test set）】，本例选择【无（None）】。当选择不同的验证方法时，其对话框的界面将不同。

【回归：验证（Regression: Validation）】对话框（K 折叠交叉验证）（见图 10-19）。

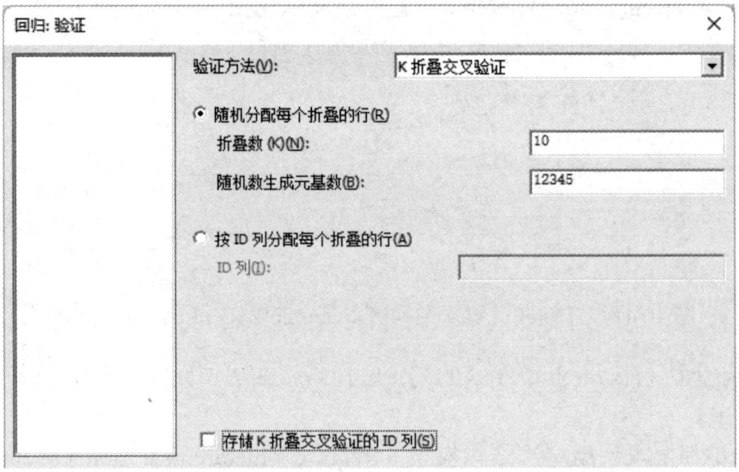

图 10-19 【回归：验证（Regression: Validation）】对话框（K 折叠交叉验证）

■ 【随机分配每个折叠的行（Randomly assign rows of each fold）】：随机选择每个折叠包括的行。

- 【折叠数（Number of folds）】：在大多数情况下，折叠数（K 值）默认值 10 的效果良好。使用更小的 K 值可能会引入更多的偏倚，但 K 值越大，引入的变异性可能更多。
- 【随机数生成元基数（Base for the random number generator）】：设定随机数生成器的基数。

■ 【按 ID 列分配每个折叠的行（Assign rows of each fold by ID column）】：选择标识折叠的【ID 列（ID column）】变量，具有相同值的行均位于同一折叠中。

■ 【存储 K 折叠交叉验证的 ID 列（Store ID column for K-fold cross-validation）】：保存 ID 列变量，以便进一步分析。

【回归：验证（Regression: Validation）】对话框（使用测试集验证）（见图 10-20）。当选择【使用测试集验证（Validation with a test set）】时，将数据分为训练集和测试集。

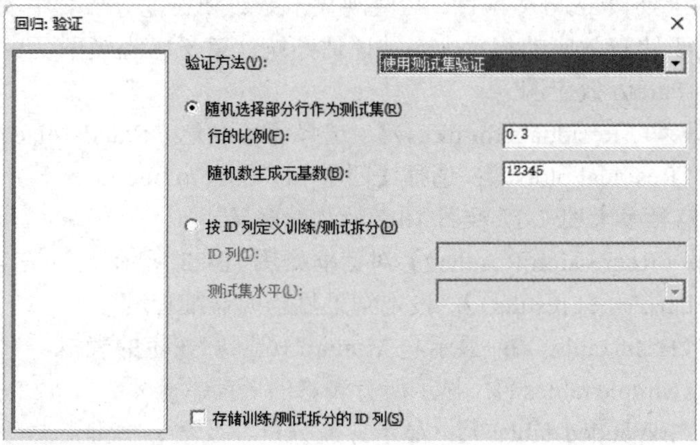

图 10-20　【回归：验证（Regression: Validation）】对话框（使用测试集验证）

- 【随机选择部分行作为测试集（Randomly select a fraction of rows as a test set）】：随机选择测试集。
  - 【行的比例（Fraction of rows）】：设定测试集的数据量，在大多数情况下，默认值 0.3 的效果良好。当测试集中包含足够的数据时，可充分评估模型。当不确定模型的形式时，较大的测试集可提供更强的验证。同时，训练集也应包含足够的数据来充分估计模型。通常，预测变量更多的模型需要更多的训练数据来估计。
  - 【随机数生成元基数（Base for the random number generator）】：设定随机数生成器的基数。
- 【按 ID 列定义训练/测试拆分（Define training/test split by ID column）】：选择标识训练集和测试集的【ID 列（ID column）】变量，该变量仅包含两个值。
  - 【测试值水平（Level for test set）】：选择测试集的水平。
- 【存储训练/测试拆分的 ID 列（Store ID column for training/test split）】：将标识训练集和测试集的数值保存到 ID 列中，以便进一步分析。

（8）【回归：图形（Regression:Graphs）】对话框如图 10-21 所示。

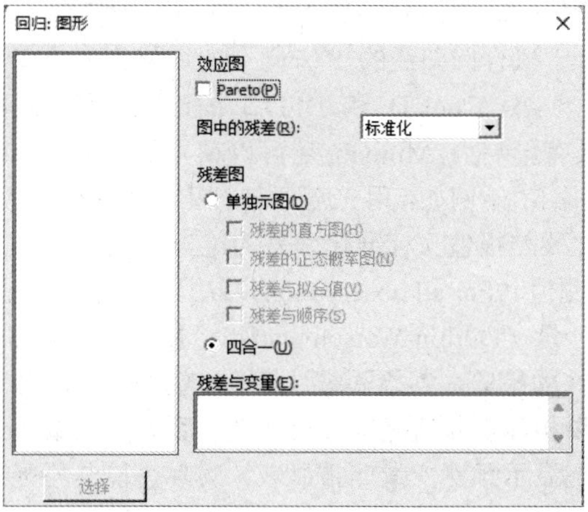

图 10-21　【回归：图形（Regression:Graphs）】对话框

- 【效应图（Effects Plots）】。
  - 【Pareto】：绘制 Pareto 效应图，可直观显示系数和方差分析表中的结果。对于模型中的项，可用于比较效应的相对大小并评估其统计意义。当模型至少保留一个误差自由度时，绘制 Pareto 效应图。
  - 【图中的残差（Residuals for plots）】：选择【标准化（Standardized）】。
  - 【残差图（Residual plots）】：选择【四合一（Four in one）】。

注：有关选项的解释参考图 7-12 和图 10-2 的相关解释。

（9）【回归：结果（Regression:Results）】对话框如图 10-22 所示。

- 【结果显示（Display of results）】：设定结果显示的详细程度。
  - 【基本表（Basic tables）】：显示与 Minitab 16 回归兼容的表格。
  - 【简单表（Simple tables）】：显示所有表格的更简单版本。
  - 【扩展表（Expanded tables）】：显示方差分析、系数、模型汇总，以及拟合和诊断的扩展版本。
- 【方法（Method）】：显示汇总非默认设置的表。
- 【方差分析（Analysis of Variance）】：显示包含源平方和及 P 值的方差分析表。
- 【模型汇总（Model summary）】：显示用于评估模型拟合度的统计量，包括 R^2。
- 【系数（Coefficients）】：显示系数、效应和 P 值，如果模型中包含分类预测变量，则会启用下拉列表，以便控制表中分类预测变量系数的个数。
  - 【默认系数（Default coefficients）】：显示分类预测变量的所有线性独立系数。
  - 【整套系数（Full set of coefficients）】：显示所有水平的分类预测变量的系数，包括最终的线性相关水平系数。
- 【回归方程（Regression equation）】：显示回归方程，如果模型包含分类预测变量，则会启用下拉列表，以便控制显示的方程数。
  - 【对类别预测变量的每个水平分别给出方程（Separate equation for each combination of categorical predictor levels）】：显示每个分类预测变量组合的单独方程。
  - 【单一方程（Single equation）】：显示一个包括所有水平的所有分类预测变量的方程。
- 【拟合和诊断（Fits and diagnostics）】：显示拟合和诊断的结果。
  - 【仅用于异常观测值（Only for unusual observations）】：仅显示异常观测值的拟合与诊断。异常观测值包括杠杆率值和异常值两类。其中，杠杆率点是指 X 方向上的极值，而异常值则是指相对于拟合回归线的 Y 方向上的极值。如果识别有影响的观测值，就要检验包含杠杆率、残差、Cook D 和 DFITS 的诊断度量。这些诊断量中的较大值表示某个观测值可能具有影响力。Minitab 还可以在异常观测值表中标记具有杠杆率或残差极值的观测值（异常值）。例如，用 X 表示杠杆率点（杠杆率大于 3×模型项数/观测值数），用 R 表示标准化残差极值（标准化残差的绝对值大于+2）。
  - 【适用于所有观测值（For all observations）】：显示所有观测值的拟合与诊断。
- 【Durbin-Watson 统计量（Durbin-Watson statistic）】：Durbin-Watson 检验是对线性回归或多元回归中残差独立性的检验，其检验统计量为 D。Minitab 假设观测值遵循有意义的顺序（如时间顺序）。如果相邻观测值之间存在相关关系，那么最小二乘回归会低估系数的标准误。此时，即使模型显示预测变量非常显著，实际可能是不显著的。随着序列相关关系的增加，D 越来越小。对于不同的 q（解释变量的数目）和 n 的取值，可以查表得出上临界值 D_U 和下临界值 D_L。如果 $D>D_U$，则表示不存在相关关系；如果 $D<D_L$，则表示存在正相

关关系；如果 D 在上、下临界值之间，则检验没有结论。

（10）【回归：存储（Regression:Storage）】对话框如图 10-23 所示。

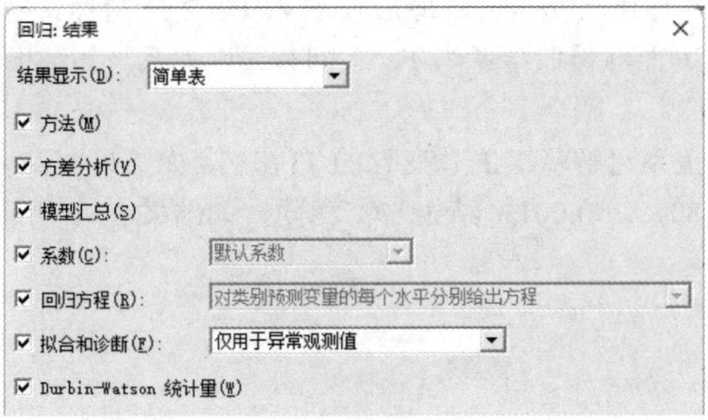

图 10-22　【回归：结果（Regression:Results）】对话框

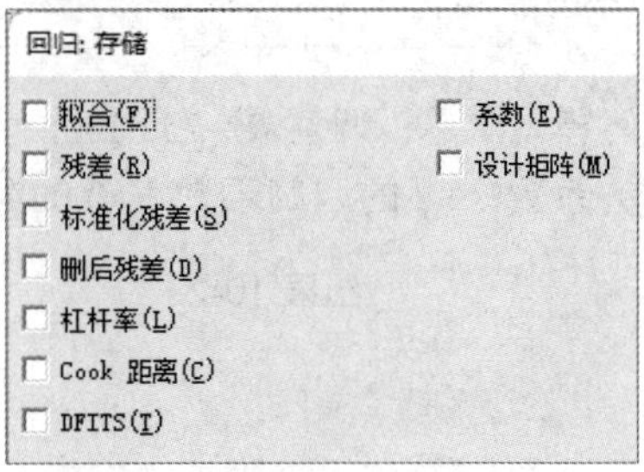

图 10-23　【回归：存储（Regression:Storage）】对话框

- 【拟合（Fits）】：保存拟合值。
- 【残差（Residuals）】：保存残差。
- 【标准化残差（Standardized residuals）】：保存标准化残差。
- 【删后残差（Deleted residuals）】：保存 t 化删后残差。
- 【杠杆率（Leverages）】：保存杠杆率。杠杆率可识别具有异常或无关 X 值的观测值。高杠杆率的观测值具有远离零点的 X 得分，对回归系数有显著影响。高杠杆率的点不一定是 Y 空间中的异常值。建议使用大于 $2m/n$ 的杠杆率的较小者作为标准来检查观测值，其中，m 是分量数，n 是观测值数，具有高杠杆率的观测值以 X 表示。
- 【Cook 距离（Cook's distance）】：保存 Cook 距离（D 值）。在回归分析或方差分析模型中，Cook 距离用于测量某个观测值对一组回归系数的影响。有影响的观测值对模型具有不成比例的影响，会产生误导性结果。Cook 距离在确定对回归系数的影响时考虑每个观测值的杠杆率和标准化残差。一个检验 Cook 距离较好的方法是检查 Cook 距离大于 $F(0.5, p, n-p)$的观测值。$F(0.5, p, n-p)$是 F 分布的中位数，其中，p 是模型项数（包括常数），n 是观测值数。另一种检验 Cook 距离的方法是以图形方式将它们与另一个值相比较（使用线条图）。相对于其他观测值，具有较大 Cook 距离的观测值可能是有影响的观测值。
- 【DFITS】：保存 DFITS 值。DFITS 值用于测量每个观测值对回归分析和方差分析模型中的拟合值的影响。DFITS 值粗略表示从数据集中删除每个观测值并重新拟合模型时拟合值改变的标准差的数量。通常使用大于 $2\sqrt{p/n}$ 的 DFITS 值来检查观测值，其中，p 是模型项的数量（包括常数），n 是观测值数。

要确定较大的 Cook 距离或 DFITS 值的观测值的影响程度，可以包含或不包含该有影响的观测值来拟合模型，并比较系数、P 值、R^2 和其他模型参数。如果在排除有影响的观测值后模型有显著变化，则首先确定该观测值是否是数据输入或测量错误；如果都不是，则进一步检查模型以确定是否忽略了重要项（交互效应项）或变量，或者指定了错误的模型。也可能需要收集更多数据来解决此问题。

- 【系数（Coefficients）】：保存回归方程的估计系数（不包括删除项）。
- 【设计矩阵（Design matrix）】：保存与模型对应的设计矩阵。Minitab 会取因子创建平方项和交叉积，并将所有这些信息存储在矩阵中。

（11）主要结果及分析。

① 方差分析：采用逐步回归过程建立血红蛋白含量与 Ca、Mg、Fe、Mn、Cu 几项指标的多重线性回归方程，引入标准为 α=0.05，剔除标准为 α=0.1，最后仅引入 Fe 这个指标，回归方程具有统计学意义（F=79.10，P<0.001），可认为血红蛋白含量与 Fe 之间有线性关系，如结果 10-2 所示。

② 模型汇总：调整 R^2=73.61%，表明回归关系可解释 Y 的总变异的 73.61%，如结果 10-3 所示。

③ 系数：Fe 的回归系数 b=0.02938，t=8.89，P<0.001，结论与①相同，如结果 10-4 所示。

结果 10-2

项的逐步选择法

入选用 α = 0.05, 删除用 α = 0.1

方差分析

来源	自由度	Adj SS	Adj MS	F 值	P 值
回归	1	99.201	99.2013	79.10	0.000
Fe	1	99.201	99.2013	79.10	0.000
误差	27	33.863	1.2542		
失拟	26	33.363	1.2832	2.57	0.462
纯误差	1	0.500	0.5000		
合计	28	133.064			

结果 10-3

模型汇总

S	R-sq	R-sq（调整）	R-sq（预测）
1.11991	74.55%	73.61%	70.55%

结果 10-4

系数

项	系数	系数标准误	T 值	P 值	方差膨胀因子
常量	-0.66	1.28	-0.51	0.611	
Fe	0.02938	0.00330	8.89	0.000	1.00

④ 回归方程：经过逐步回归过程得到最终的回归方程为血红蛋白=−0.66+0.02938Fe，如结果 10-5 所示。

结果 10-5

回归方程

血红蛋白 = -0.66 + 0.02938 Fe

⑤ 在标准化残差图的正态概率图中，标准化残差的数据点基本呈直线，在−2～+2 之间，表明标准化残差呈正态分布，且没有异常观测值，如图 10-24 所示。

⑥ 在标准化残差与拟合值图中，各数据点随机均匀分布在参考线（Y=0）的上下两侧，没有呈某种特别的趋势，说明数据用于拟合线性回归方程是恰当的，如图 10-24 所示。

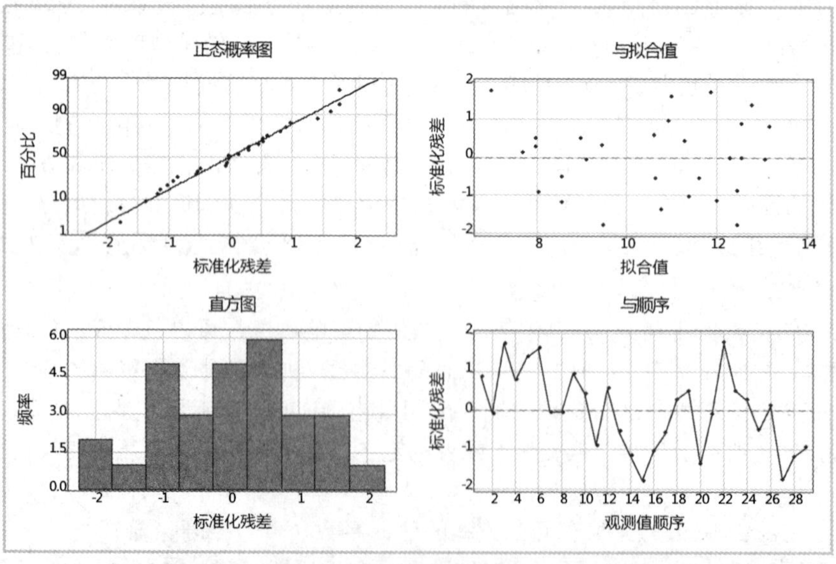

图 10-24　血红蛋白含量与 Fe 线性回归的标准化残差图

10.2.2　最佳子集回归

最佳子集回归（Best subsets regression）可根据所有预测变量集生成最高 R^2 值的子集模型。该方法是一种有效识别最优目标模型的简单方法，可以估计回归系数。该方法预测未知响应变量得到的方差比使用所有预测变量的完整模型的方差更小。

Minitab 检验所有可能的预测变量子集，先从所有包含一个预测变量的模型开始，然后是包含两个预测变量的模型，依次类推。Minitab 对每种数量的预测变量默认显示两个最优模型。例如，假设进行包含 3 个预测变量的最佳子集回归，Minitab 将首先报告最优和次优单预测变量模型，然后报告最优和次优双预测变量模型，最后报告包含所有 3 个预测变量的完整模型。

【例 10-3】试根据例 10-2 的资料建立最佳子集回归模型。

（1）打开工作表“血红蛋白.mwx”。

（2）选择【统计（Stat）】→【回归（Regression）】→【回归（Regression）】→【最佳子集（Best Subsets）】菜单项，打开【最佳子集回归（Best Subsets Regression）】主对话框，如图 10-25 所示。

- 【响应（Response）】：选择响应变量，本例选择“血红蛋白”。
- 【自由预测变量（Free predictors）】：选择预测变量，最多可选择 31 个变量，模型越大，需要的计算时间越长，本例选择“Ca”“Mg”“Fe”“Mn”“Cu”。
- 【所有模型中的预测变量（Predictors in all models）】：选择每个模型中均包含的预测变量，所选择的变量必须为自由预测变量列表以外的变量，该选项可以减少自由变量数，加快运算速度。

（3）【最佳子集回归：选项（Best Subsets Regression:Options）】对话框如图 10-26 所示。

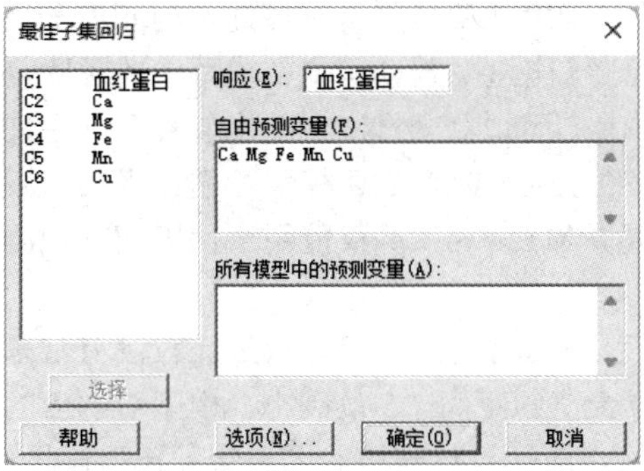

图 10-25　【最佳子集回归（Best Subsets Regression）】主对话框

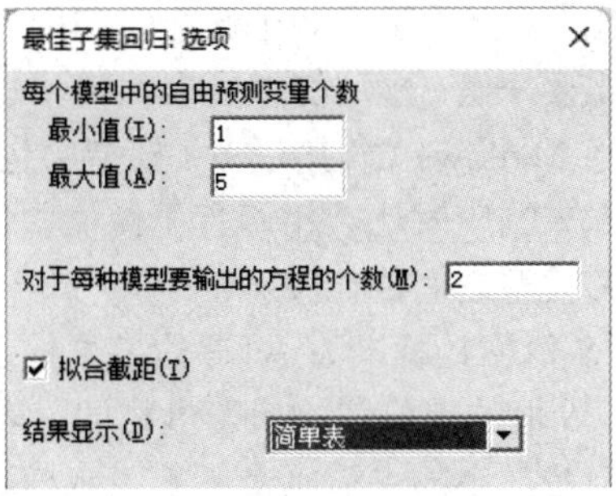

图 10-26　【最佳子集回归：选项（Best Subsets Regression:Options）】对话框

- 【每个模型中的自由预测变量个数（Free Predictor(s) In Each Model）】：默认显示最佳单预测变量模型、最佳双预测变量模型、……、最佳 m 预测变量模型，如果设定范围，如 5～12，则只显示最佳 5、6、…、12 预测变量模型。
  - 【最小值（Minimum）】：指定模型中的最小预测变量数，默认为“1”。
  - 【最大值（Maximum）】：指定模型中的最大预测变量数，本例为“5”。
- 【对于每种模型要输出的方程的个数（Models of each size to print）】：如果选择“3”，则每种类型显示最大 R^2 值的 3 个最佳预测变量模型的信息，默认值为“2”。
- 【拟合截距（Fit intercept）】：在回归模型中包含截距。
- 【结果显示（Display of results）】：设定选择的结果信息。

- 【简单表（Simple tables）】：仅显示简单表。
- 【扩展表（Expanded tables）】：在简单表的基础上增加显示 4 个统计量：预测平方和（PRESS）、更正的 Akaike 信息标准（AICc）、Bayesian 信息标准（BCC）和条件编码。

（4）主要结果及分析（见结果 10-6）。

① 读者可以根据最佳子集回归的各统计量的大小评估模型拟合的效果。

变量：标识每个模型中所包含的预测变量数。默认情况只会显示两个具有最大 R^2 值的最佳预测变量模型。表的右侧用符号“X”标注在模型中的预测变量。

R-sq（R^2 值）：是指模型解释的响应中变异的百分比，在 0～100%之间，可用于确定模型与数据的拟合优度。R^2 值越大，模型拟合数据的优度越高。但在解释 R^2 值时应考虑如下问题：当模型引入其他预测变量时，R^2 值始终会增大。例如，最佳 5 预测变量模型的 R^2 值始终比最佳 4 预测变量模型的 R^2 值大。因此，在比较相同大小的模型时，R^2 值最有效。小样本数据不能精确估计响应与预测变量之间的关系强度。如果希望 R^2 值更精确，则应使用更大的样本含量（通常为 40 或以上）。由于拟合优度统计量只是衡量模型与数据拟合程度的一个指标，因此即使 R^2 值较理想，也应检查残差图，以验证模型是否符合模型假设。

R-sq（调整）（调整 R^2 值）：是模型解释的响应中变异的百分比，根据模型中相对于观测值数量的预测变量数进行校正。调整 R^2 值为 1 减均方误差（MSE）与均方总和（MS total）之比。

R-Sq（预测）（预测 R^2 值）：用于确定模型预测的新观测值响应的优度。预测 R^2 值较大的模型具有更好的预测能力。如果预测 R^2 值明显小于 R^2 值，则表示模型可能过拟合。当向总体添加不重要的效应项时，会发生过拟合，由于该模型是根据样本数据量身定制的，因此不能有效预测总体。在比较模型时，预测 R^2 值比调整 R^2 值更有用，因为它是使用模型中未包含的观测值计算得出的。

Mallows Cp（Mallows Cp 统计量）：将整个模型的精确度和偏倚与具有最佳预测变量子集的模型进行比较，可用于在多个候选回归模型之间选择最优回归模型，帮助用户在模型中的预测变量方面实现重要平衡。预测变量过多的模型的精确度相对较差，而预测变量过少的模型又会产生偏倚的估计。当 Mallows Cp 接近 p（模型中包括截距项的参数个数）时，表明模型在估计真实回归系数和预测未来响应时比较精确且无偏倚，但值得注意的是，Mallows Cp 仅能用于使用相同预测变量数的回归模型之间的比较。

S（S 值估计标准）：可评估模型描述响应值的程度。它可代替 R^2 统计量来比较没有常量的模型拟合。S 值的单位和响应变量相同，表示数据值与拟合值的距离。S 值越小，模型对响应的描述越好。但是，小的 S 值本身并不表示模型符合模型假设，应通过检查残差图来验证模型假设。

结果 10-6

响应为 血红蛋白

变量	R-Sq	R-Sq (调整)	PRESS	R-Sq (预测)	Mallows Cp	S	AICc	BIC	条件编码	Ca	Mg	Fe	Mn	Cu
1	74.6	73.6	39.2	70.6	5.7	1.1199	93.754	96.896	1.000			X		
1	32.4	29.9	101.5	23.7	56.6	1.8252	122.083	125.224	1.000		X			
2	77.4	75.7	38.3	71.2	4.3	1.0751	93.001	96.803	1.855	X		X		
2	75.4	73.5	41.0	69.2	6.7	1.1219	95.472	99.274	1.742			X	X	
3	79.6	77.2	36.3	72.7	3.6	1.0412	92.943	97.170	4.865	X		X		X
3	78.9	76.4	40.0	69.9	4.5	1.0600	93.985	98.213	6.644	X	X	X		
4	80.7	77.5	38.4	71.1	4.3	1.0339	94.564	98.950	5.298	X		X	X	X
4	80.1	76.8	43.1	67.6	5.0	1.0501	95.466	99.851	9.569	X	X	X		X
5	81.0	76.8	46.9	64.7	6.0	1.0497	97.722	101.960	10.155	X	X	X	X	X

② 含所有变量的模型具有较大的调整 R^2（76.80%）和较小的 S 值（1.05），Mallows Cp（6.00）等于预测变量数+常数（5+1）。

③ 在最佳 4 预测变量模型中，不包括 Mg 的模型的调整 R^2（77.50%）最高，S 值（1.03）最小，Mallows Cp（4.30）稍远离 p（4+1），AICc（94.56）、BIC（98.95）较低。

④ 在最佳 3 预测变量模型中，包含 Ga、Fe、Cu 的模型具有较高的调整 R^2（77.2%），仅次于最佳 4 预测变量模型（77.50%），S 值（1.04）较小，仅大于最佳 4 预测变量模型的 S 值（1.03），Mallows Cp（3.6）最接近 p（3+1），但其预测 R^2（72.70%）在所有模型中最大（表明包含其他预测变量的模型可能与数据过拟合）。如果同时考虑模型的拟合度和对新观测值的预测性，则该最佳 3 预测变量模型为最佳预测变量模型。

注：在选择模型之前，应使用残差图和其他诊断检验查看模型是否违反任何回归假设。

10.3　非线性回归

由于线性回归要求线性参数，因此限制了方程只能有一种基本形式。当模型中的各项之间是相加关系，且每项只包含一个与该项相乘的参数时，参数是线性的，此时，响应变量=常数+参数×预测变量 1+…+参数×预测变量 k 或 $y=b_0+b_1X_1+b_2X_2+\cdots+b_kX_k$。而当使用线性参数无法对数学关系进行充分建模时，可使用非线性回归（Nonlinear regression）。非线性回归在数学上描述一个响应变量和一个或多个预测变量之间的非线性关系。不同于线性参数的要求，非线性方程可以采取许多不同的形式，如 $y=q_1X_1$（凸起 2，一个参数，一个预测变量）；$y=q_1X_1/(q_2+X_1)$（Michaelis-Menten 方程，两个参数，一个预测变量）；$y=q_1-q_2[\ln(X_1+q_3)-\ln(X_2)]$（Nernst 方程，3 个参数，两个预测变量）。因为有无限多种可能性，所以研究者必须根据以往知识要求或经验指定 Minitab 用于进行非线性回归的预期函数。使用 Minitab 的非线性回归还可以拟合参数为非线性的模型，存储回归统计数据，检查残差诊断数据，生成点估计值，以及生成预测区间和置信区间。

【例 10-4】锡克试验阴性率随着年龄的增长而增大，某地查得儿童年龄（岁）X 与锡克试验阴性率 Y 的资料，经过查询专业文献，研究者最终发现年龄和阴性率之间应当是指数函数关系，试拟合指数函数方程。

（1）打开工作表“锡克试验.mwx”。

（2）选择【统计（Stat）】→【回归（Regression）】→【非线性回归（Nonlinear Regression）】菜单项，打开【非线性回归（Nonlinear Regression）】主对话框，如图 10-27 所示。

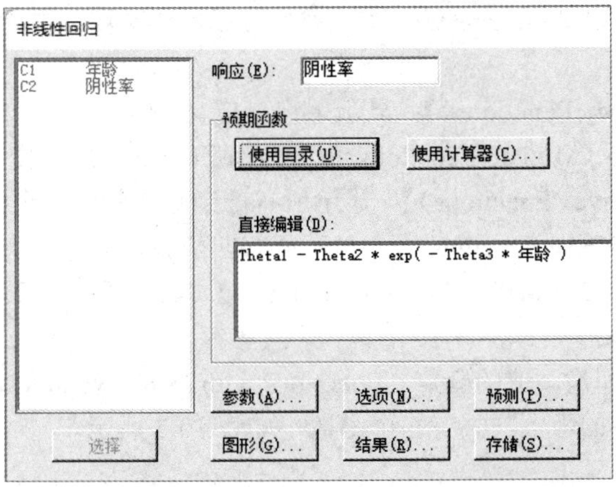

图 10-27　【非线性回归（Nonlinear Regression）】主对话框

- 【响应（Response）】：选择响应变量，本例选择“阴性率”。
- 【预期函数（Expectation Function）】：输入模型方程，由于非线性回归模型复杂，因此可使用以下 3 种方式输入模型方程，描述预测变量与预期响应值之间关系的函数。
  - 【使用目录（Use Catalog）】：单击此按钮可打开【非线性回归：目录（Nonlinear Regression: Catalog）】对话框，选择 Minitab 自带的预定义预期函数新增或添加自定义函数。
  - 【使用计算器（Use Calculator）】按钮：单击此按钮可打开【非线性回归：计算器（Nonlinear Regression:Calculator）】对话框，直接输入自定义函数。
  - 【直接编辑（Edit directly）】：在输入框内直接编辑自定义函数，系统默认参数用“Theta”表示，也可以用其他字符表示，如“a”“b”。本例也可以直接输入“Theta1-Theta2 * exp (－Theta3 * 年龄)”

（3）单击【使用目录（Use Catalog）】按钮，打开【非线性回归：目录（Nonlinear Regression: Catalog）】对话框，如图 10-28 所示。

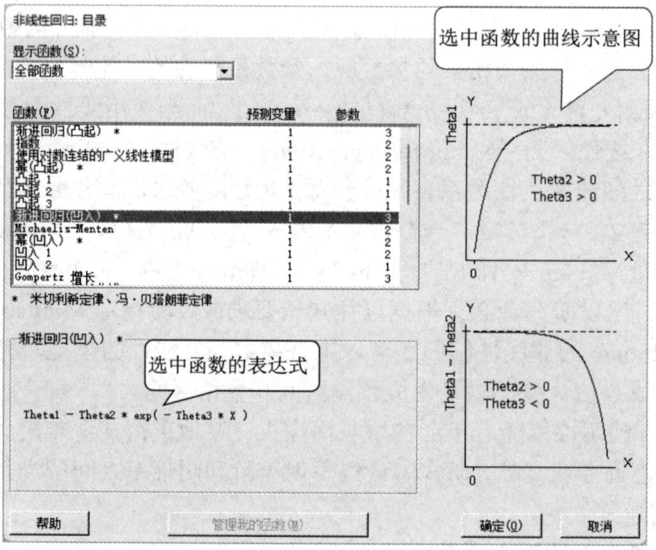

图 10-28 【非线性回归：目录（Nonlinear Regression: Catalog）】对话框[①]

- 【显示函数（Show Functions）】：可选择如下选项以筛选函数。
  - 【全部函数（All Functions）】：显示所有函数，包括用户自定义函数和 Minitab 预定义函数。
  - 【我的函数（My Functions）】：显示用户自定义的函数。
  - 【Minitab 函数（Minitab Functions）】：显示所有 Minitab 预定义函数，共有 27 个函数。
  - 【凸函数（Convex Functions）】：显示所有凸函数，共有 7 个函数，如表 10-2 所示。
  - 【凹函数（Concave Functions）】：显示所有凹函数，共有 5 个函数，如表 10-3 所示。
  - 【Σ 形函数（Sigmoidally Shaped Functions）】：显示所有 S 形函数，共有 7 个函数，如表 10-4 所示。
  - 【具有最大值和最小值的函数（Functions with Minima and Maxima）】：显示所有具有最大值和最小值的函数，共有 6 个函数，如表 10-5 所示。

① 软件图中的“连结”的正确写法应为“连接”。

- 【超过 1X 的函数（Functions with More Than 1X）】：显示所有超过一个预测变量的函数，共有两个函数，如表 10-6 所示。

■ 【函数（Function）】：显示候选函数的名称、【预测变量（Predictor）】数和【参数（Parameters）】个数，本例选择【渐进回归（凹入）（Asymptotic Regression(concave)）】。Minitab 的预定义函数如表 10-2～表 10-6 所示。

表 10-2　凸函数

函数名称	预测变量数	参数个数	表达式
渐进回归（凸起）（Asymptotic regression(convex)）	1	3	b1 - b2 * exp(- b3 * x1)
指数（Exponential）	1	2	b1 * exp(b2 * x)
使用对数连接的广义线性模型（Generalized Linear Model with Log Link）	1	2	exp(b1 + b2 * x)
幂（凸起）（Power(convex)）	1	2	b1 * x^b2
凸起 1（Convex 1）	1	1	1 /(1 + b * x)
凸起 2（Convex 2）	1	1	b^x
凸起 3（Convex 3）	1	1	1-1 / x^b

表 10-3　凹函数

函数名称	预测变量数	参数个数	表达式
渐进回归（凹入）（Asymptotic Regression(concave)）	1	3	b1-b2 * exp(- b3 * x)
Michaelis-Menten	1	2	b1 * x /(b2 + x)
幂（凹入）（Power(concave)）	1	2	b1 * x^b2
凹入 1（Concave 1）	1	2	b1 * ln(x - b2)
凹入 2（Concave 2）	1	1	1-1 / x^b

表 10-4　S 形函数

函数名称	预测变量数	参数个数	表达式
Compertz 增长（Compertz Growth）	1	3	b1 * exp(-exp(b2-b3 * x))
Logistic 增长曲线（Logistic Growth）	1	4	b1 +(b2-b1)/(1+exp((x-b3)/ b4))
Loglogistic 增长（Loglogistic Growth）	1	4	b1 +(b2-b1)/(1+exp(b4 * ln(x / b3)))
Weibull 增长（Weibull Growth）	1	4	b1+(b2-b1)* exp(-b3 * x^b4)
单参数 S 形曲线（1-Parameter Sigmoid）	1	1	1-exp(-x^b)
双参数 S 形曲线 1（2-Parameter Sigmoid 1）	1	2	1-exp(-b1 * x^b2)
双参数 S 形曲线 2（2-Parameter Sigmoid 2）	1	2	1-exp(-exp(b1-b2 * x))

表 10-5　具有最大值和最小值的函数

函数名称	预测变量数	参数个数	表达式
Bragg 方程（Bragg Equation）	1	4	b1+(b2-b1)* exp(-b3 *(x-b4)^2)
Holliday	1	3	1/(b1+b2 *(x-b3)^2)
有理多项式函数 1（Rational Polynomial Function 1）	1	4	(b1+b2 * x)/(1+b3* x+b4* x^2)
有理多项式函数 2（Rational Polynomial Function 2）	1	5	(b1+b2*x+b3*x^2)/(1+b4*x+b5*x^2)
Fourier 1	1	4	b1*cos(x2+b4)+b2*cos(2*x2+b4)+b3
Fourier 2	1	4	b1*cos(x+b4)+b2*cos(2*x+b4)+b3*cos(3*x+b4)

表 10-6　超过一个预测变量的函数

函数名称	预测变量数	参数个数	表达式
Nernst 方程（Nernst Equation）	2	3	b1−b2*(ln(x1+b3)−ln(x2))
酶反应（Enzyme Reaction）	3	4	x1*x2/(b1+b2*x1+b3*x1*x2+b4*x1*x3)

- 选中函数的表达式：显示选中函数的名称和表达式。
- 选中函数的曲线示意图：用户可结合 10.1 节拟合的曲线形状，对照各函数曲线的示意图选择相近的曲线进行非线性回归。

（4）选择相应的函数后，单击【确定（OK）】按钮，打开【非线性回归：选择预测变量（Nonlinear Regression:Choose Predictors）】对话框，如图 10-29 所示。

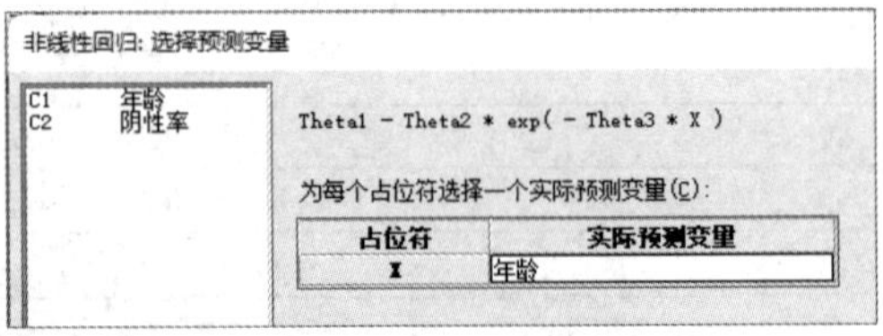

图 10-29　【非线性回归：选择预测变量（Nonlinear Regression:Choose Predictors）】对话框

- 【为每个占位符选择一个实际预测变量（Choose an actual predictor for each placeholder）】。
  - 【占位符（Placeholder）】：自动列出在预期函数中检测到的所有占位符，如 x、$x1$、$x2$ 等。
  - 【实际预测变量（Actual predictor）】：选择包含每个占位符所代表的预测变量。

注：在【非线性回归（Nonlinear Regression）】主对话框中，单击【使用计算器（Use Calculator）】按钮可打开【非线性回归：计算器（Nonlinear Regression: Calculator）】对话框（见图 10-30），在【预期函数（Expectation function）】框中输入相应的表达式。本对话框中有关选项的介绍参见 4.1.1 节。

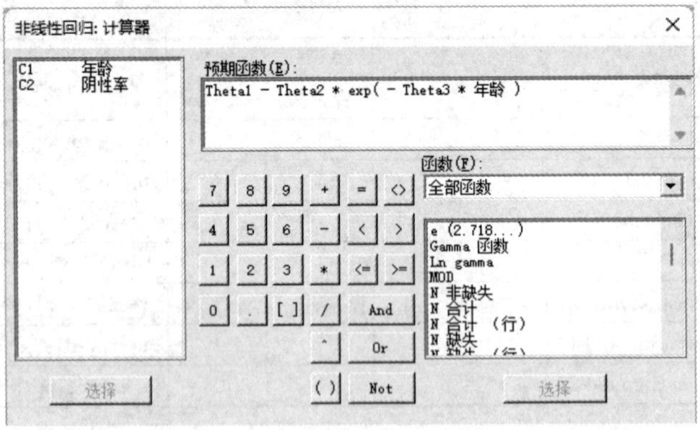

图 10-30　【非线性回归：计算器（Nonlinear Regression: Calculator）】对话框

（5）【非线性回归：参数（Nonlinear Regression:Parameters）】对话框如图 10-31 所示。Minitab 使用迭代算法最小化残差平方和（SSE）来估计参数。每个参数需设置算法的初始值，某些模型和数据集的初始值可以得到有统计学意义的结果，但某些初始值可以导致收敛失败或局部收敛，而不是全局最小 SSE。有时需要花费很长时间才能构建一个理想的初始值。如果算法不能收敛，那么可尝试不同的初始值并/或尝试其他算法。Minitab 提供的单个预测变量预期函数可查看目录中的函数简介，了解参数与响应曲线的各个部分有何联系，帮助确定初始值。

- ■【函数（Function）】：显示所选的函数。
- ■【必需的初始值（Required starting values）】：为每个参数输入至少一个初始值。如果一个参数输入多个值，则应用空格分隔各个值，或者使用速记符号。例如，10:40/5 表示初始值从 10 以 5 递增至 40。本例中 Theta1、Theta2、Theta3 的初始【值（Value）】分别为“1”“1”“0.8”。
  - 【已锁定（Locked）】：强制拟合模型中的参数等于初始值，至少必须锁定一个参数。本例锁定 Theta3 的初始值。
- ■【可选约束（Optional constraints）】：将估计参数值限制在指定范围内，可设定各【参数（Parameter）】的【下限（Lower Bound）】和【上限（Upper Bound）】。

（6）【非线性回归：选项（Nonlinear Regression:Options）】对话框如图 10-32 所示。

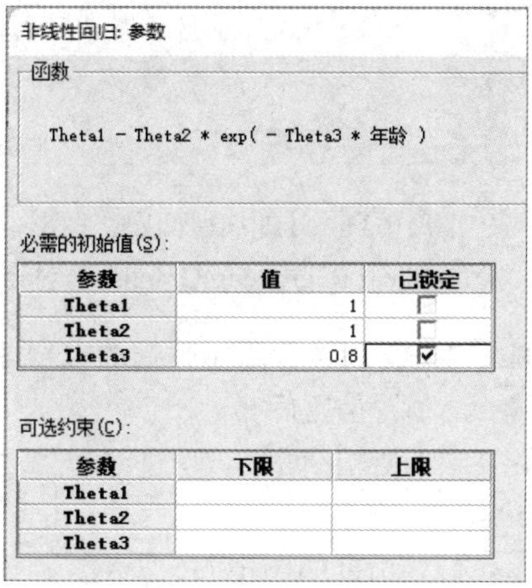

图 10-31　【非线性回归：参数（Nonlinear Regression: Parameters）】对话框

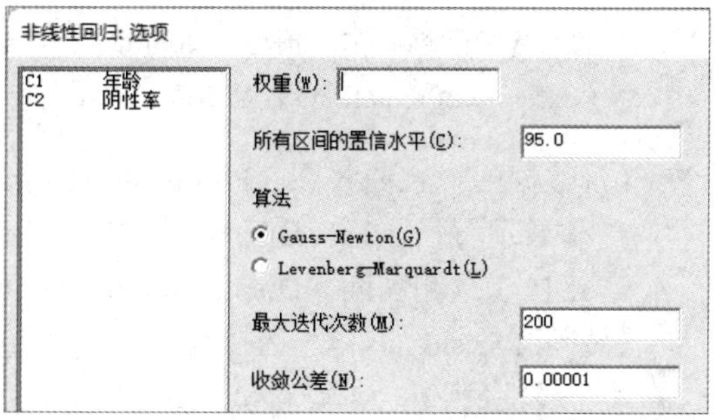

图 10-32　【非线性回归：选项（Nonlinear Regression:Options）】对话框

- ■【权重（Weights）】：设定进行加权回归的权重变量。权重必须大于或等于 0，且权重变量的长度必须与响应变量的长度相匹配。
- ■【所有区间的置信水平（Confidence level for all intervals）】：默认为“95.0”。
- ■【算法（Algorithm）】：选择相应的算法将 SSE 收敛至最小值以估计参数。
  - 【Gauss-Newton】：默认为 Gauss-Newton 算法。
  - 【Levenberg-Marquardt】：选择 Levenberg-Marquardt 算法。
- ■【最大迭代次数（Maximum number of iterations）】：默认迭代“200”次。
- ■【收敛公差（Convergence tolerance）】：默认收敛公差（容差）为“0.00001”。

（7）【非线性回归：预测（Nonlinear Regression:Prediction）】对话框如图 10-33 所示。

- ■【预测变量的新观测值（New observation for predictors）】：可输入预测变量的数值或保存预测变量数值的变量。
- ■【限制类型（Type of limit）】：设定预测区间类型，可选择【双侧（Two-sided）】、【下限（Lower bound）】或【上限（Upper bound）】。
- ■【存储（Storage）】：可选择以下选项。
  - 【拟合值（Fits）】：保存新观测值的拟合值。
  - 【拟合值标准误（SEs of fits）】：保存估计的拟合值标准误。

- 【置信限（Confidence limits）】：保存预测值的置信区间的上、下限。
- 【预测限（Prediction limits）】：保存预测区间的上、下限。

（8）【非线性回归：图形（Nonlinear Regression:Graphs）】对话框如图 10-34 所示。

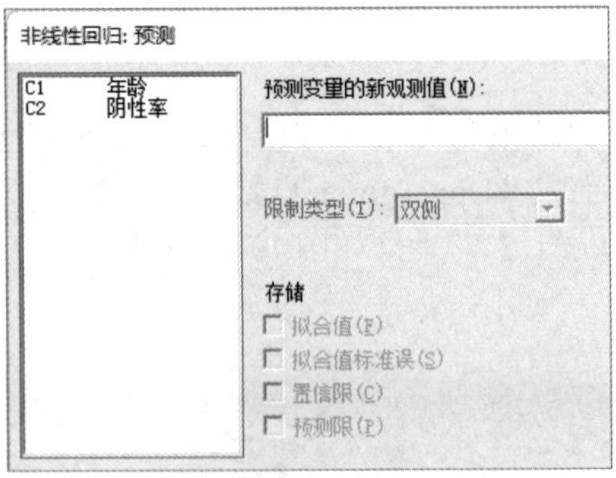

图 10-33 【非线性回归：预测（Nonlinear Regression:Prediction）】对话框

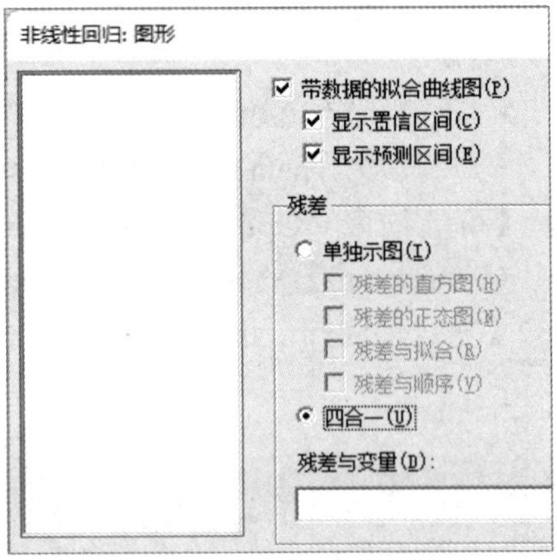

图 10-34 【非线性回归：图形（Nonlinear Regression:Graphs）】对话框

- 【带数据的拟合曲线图（Plot of fitted curve with data）】：绘制包含原始数据的拟合曲线图。
  - 【显示置信区间（Display confidence interval）】：绘制置信区间带。
  - 【显示预测区间（Display prediction interval）】：绘制预测区间带。
- 【残差（Residuals）】：选择【四合一（Four in one）】。

（9）【非线性回归：结果（Nonlinear Regression:Results）】对话框如图 10-35 所示。

- 【方法（Method）】：显示算法、最大迭代次数和收敛公差的信息。
- 【初始值（Starting values）】：显示参数的初始值。
- 【约束（Constraints）】：显示参数估计值的约束。
- 【每次迭代的信息（Information for each iteration）】：显示每次迭代的信息，包括参数估计值和 SSE。
- 【回归方程（Regression equation）】：显示回归方程。
- 【参数表（Parameter table）】：显示参数估计值和标准误。
  - 【显示置信区间（Display confidence intervals）】：显示每个参数的置信区间。
- 【参数估计的相关矩阵（Correlation matrix for the parameter estimates）】：显示参数估计值的相关矩阵。
- 【拟合汇总（Summary of fit）】：显示评估模型的拟合统计量，包括失拟检验、拟合汇总、迭代次数、最终 SSE、自由度误差、均方误差（MSE）和回归标准误（S）。
- 【预测表（Prediction tables）】：显示【非线性回归：预测（Nonlinear Regression:Prediction）】对话框中指定的新观测值的拟合值、置信区间和预测区间。

（10）【非线性回归：存储（Nonlinear Regression:Storage）】对话框如图 10-36 所示。

- 【残差（Residuals）】：保存残差。
- 【拟合值（Fits）】：保存拟合值。
- 【参数（Parameters）】：保存回归方程的估计参数。
- 【参数标准误（Standard errors of parameters）】：保存每个参数估计值的标准误。

■【初始值与 SSE 值的网格（Grid of starting values and SSE values）】：保存每个初始值组合和对应的初始 SSE，Minitab 使用可产生最小初始 SSE 的初始值组合进行非线性回归分析。

图 10-35　【非线性回归：结果（Nonlinear Regression:Results）】对话框

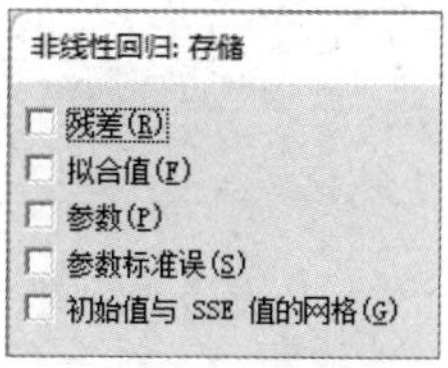

图 10-36　【非线性回归：存储（Nonlinear Regression:Storage）】对话框

（11）主要结果及分析。

① 每次迭代的估计值：根据渐近回归（凹入）函数和指定参数的初始值，使用 Gauss-Newton 算法进行两次迭代后达到了收敛标准，使 SSE 最小。但有时收敛不能保证模型拟合最优或 SSE 最小。局部 SSE 最小、初始值错误或预期函数不正确都会导致在错误参数值的条件下收敛。因此，对参数值、拟合线图和残差图进行检查至关重要，确保模型能够充分拟合数据且算法在整体 SSE 最小的条件下收敛，如结果 10-7 所示。

② 方程：收敛将得到如下方程：阴性率= 97.0244−90.6217×exp(−0.8×年龄)，如结果 10-8 所示。

结果 10-7

每次迭代的估计值

迭代	SSE	Theta1	Theta2	Theta3
0	52599.4	1.0000	1.0000	0.8
1	15.1	97.0244	90.6217	0.8
2	15.1	97.0244	90.6217	0.8

结果 10-8

方程

阴性率 = 97.0244 - 90.6217 * exp(-0.8 * 年龄)

③ 参数估计：由于 Minitab 不计算参数的 P 值，因此对于线性回归，每个参数的原假设值为 0（没有效应），并计算其 P 值。在非线性回归中，每个参数的正确原假设值取决于预期函数和参数在预期函数中的位置。Minitab 可显示每个参数估计值的置信区间，而不是 P 值。利用专业知识和预期函数确定置信区间的范围是否合理，以及它表示的是否有统计学效应。

例如，参数 Theta1 的点估计为 97.0244，且 95%置信区间为(94.89,99.15)，研究人员将其视为表示显著性的合理范围，如结果 10-9 所示。

④ 汇总：对于非线性回归，Minitab 不会计算模型的 R^2 值或 P 值，因为它们在线性模型以外并无意义。因此，在评估拟合情况并比较竞争的非线性模型时，通常会根据专业知识、何者的最终 SSE 或 S 值最小并结合统计图进行选择。

在本例中，S=1.74，表示观测锡克试验阴性率与拟合锡克试验阴性率的标准化距离为 1.74 个单位，如结果 10-10 所示。

结果 10-9

参数估计

参数	估计	标准误估计值	95% 置信区间
Theta1	97.0244	0.82862	(94.8944, 99.154)
Theta2	90.6217	4.35888	(79.4169, 101.827)
Theta3	0.8000	*	(*, *)

阴性率 = Theta1 - Theta2 * exp(-Theta3 * 年龄)

结果 10-10

汇总

迭代	2
最终 SSE	15.0626
DFE	5
MSE	3.01251
S	1.73566

⑤ 拟合线图：带原始数据的拟合线图表明渐近回归（凹入）与数据拟合程度适当。点与线相当接近，紧随曲线分布，没有任何系统性偏离，如图 10-37 所示。

⑥ 残差图：直方图未显示异常值，但略有偏斜；正态概率图显示与正态分布一致的近似线性模式；残差与拟合值图显示随机模式，表明残差具有恒定方差；残差与顺序图显示数据收集的顺序，可以用来发现非随机误差，特别是与时间相关的效应。残差与顺序图显示 7 个数据点呈随机模式，如图 10-38 所示。

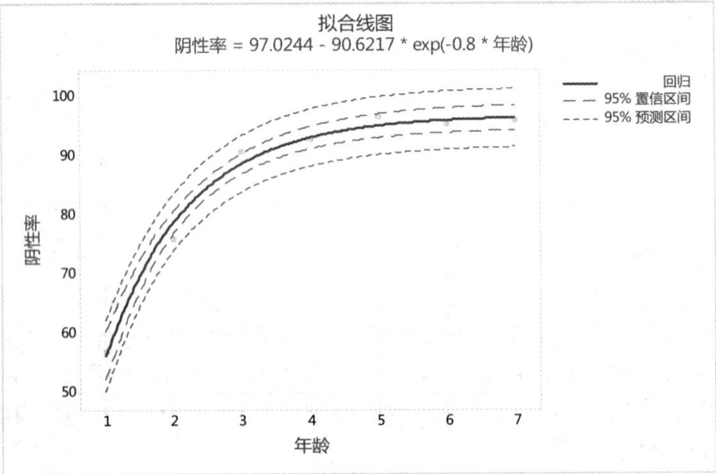

彩图 10-37

图 10-37 锡克试验阴性率与年龄的拟合线图

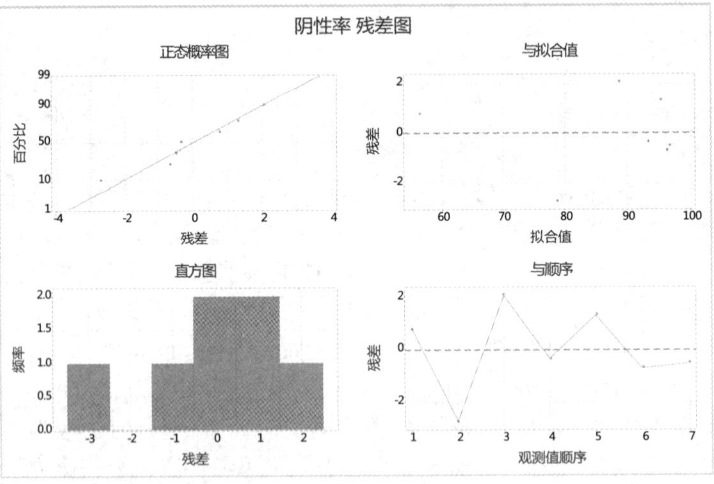

图 10-38 锡克试验阴性率的残差图

10.4 稳定性研究

稳定性研究（Stability Study）用于分析产品在一段时间内的稳定性，并确定产品的保质期。Minitab 可拟合一个线性模型，以表示响应变量、时间变量和可选择批次因子之间的关系，并根据该模型计算保质期，即预计响应处于规格范围内的时间长度，其中，批次因子可以是固定的或随机的。

10.4.1　创建稳定性研究工作表

在进行稳定性研究之前，需要先创建稳定性研究工作表（Create Stability Study Worksheet），以帮助收集和分析稳定性研究需要的数据。待数据收集完毕后进行稳定性研究，分析数据并确定产品的保质期。

【例 10-5】一种新药成分在药品中的浓度随着时间而降低，为了测量其保质期，研究者决定在 4 年内对 5 批药品进行抽检，每次检验时从每批药品中抽出一粒药品进行检验，使用 Minitab 默认的不同间隔的检验时间。试创建稳定性研究工作表以确定药品何时达到预期浓度的 90%。

（1）选择【统计（Stat）】→【回归（Regression）】→【稳定性研究（Stability Study）】→【创建稳定性研究工作表（Create Stability Study Worksheet）】菜单项，打开【创建稳定性研究工作表（Create Stability Study Worksheet）】对话框，如图 10-39 所示。

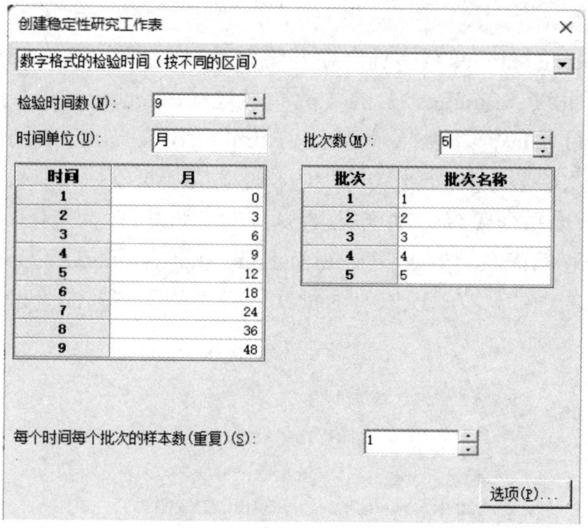

图 10-39　【创建稳定性研究工作表（Create Stability Study Worksheet）】对话框

- 检验时间的格式下拉菜单：可选择以下选项。
  - 【数字格式的检验时间（按不同的区间）（Test times in numeric format, at varying intervals）】：输入作为产品年限的检验时间，并在不同的时间间隔进行检验。例如，0、3 和 9 分别表示在产品初次创建（时间 0），以及产品年限为 3 个月、9 个月时进行的一次样本分析。应设定【检验时间数（Number of test times）】、【时间单位（Unit of time）】和【批次数（Number of batches）】，本例选择此选项。
  - 【数字格式的检验时间（按恒定的区间）（Test times in numeric format, at constant intervals）】：输入作为产品年限的检验时间，并指定以相同的时间间隔进行检验。例如，指定在产品初次创建（时间 0）时进行一次样本分析，然后 2 年内每个月进行一次样本分析，总共分析 25 次。应设定【检验时间数（Number of test times）】、【起始时间（Starting time）】、【区间长度（Interval length）】、【时间单位（Unit of time）】和【批次数（Number of batches）】。
  - 【日期/时间格式的检验时间（按不同的区间）（Test times in date/time format, at varying intervals）】：输入每次检验的日期并在不同的时间间隔进行检验。例如，可以输入一系列日期：1/1/2014、4/1/2014、10/1/2014。应设定【检验时间数（Number of test times）】、

【起始日期（Starting date）】和【批次数（Number of batches）】等选项。

- 【日期/时间格式的检验时间（按恒定的区间）（Test times in date/time format, at constant Intervals）】：输入每次检验的日期并指定以相同的时间间隔进行检验。例如，在 1/1/2014 进行一次样本分析，然后在 2 年时间内每月进行一次样本分析，总共分析 25 次。应设定【检验时间数（Number of test times）】、【起始时间（Starting time）】、【区间长度（Interval length）】、【时间单位（Unit of time）】和【批次数（Number of batches）】。
- 【使用工作表列中的检验（Use test times from columns in worksheet）】：选择包含检验时间的变量，每个变量必须包含一个批次的检验时间。应选择包含【检验时间（每个批次一列）（Test times(one column per batch)）】的变量。

■ 【检验时间数（Number of test times）】：研究期间每个批次的检验次数，本例为“9”。

■ 【时间单位（Unit of time）】：时间间隔以天、月、年或其他时间单位计算，并在下方的列表中输入相应的检验时间。

■ 【批次数（Number of batches）】：研究期间将要测试的批次数，本例为“5”，并在下方的列表中输入相应【批次（Batches）】的【批次名称（Batch Name）】。

■ 【每个时间每个批次的样本数（重复）（Number of samples from each batch at each time (Repeats)）】：每次检验中每个批次检验的样本数量，本例为“1”。

注：其他时间格式的选项的设定方法与此类似，不在此赘述。

（2）【创建稳定性研究工作表：选项（Create Stability Study Worksheet:Options）】对话框如图 10-40 所示。为便于读者了解各选项的含义，现以对 3 批次逐批检验两粒药品为例，对各类随机化原则进行说明。

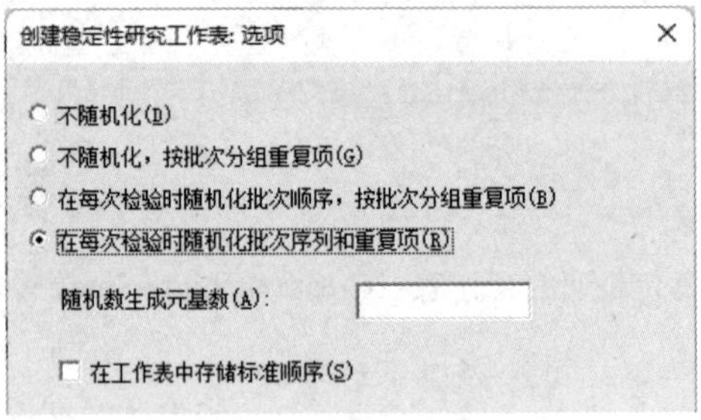

图 10-40 【创建稳定性研究工作表：选项（Create Stability Study Worksheet:Options）】对话框

■ 【不随机化（Do not randomize）】：每次检验按先后顺序对每个批次进行抽样，在进行任何重复检验前，每个批次抽验一次，如表 10-7 所示。

表 10-7 【不随机化（Do not randomize）】的稳定性研究工作表样例

C1	C2	C3-T
运行序	月份	批次
1	0	1
2	0	2
3	0	3
4	0	1
5	0	2
6	0	3
⋮	⋮	⋮

■ 【不随机化，按批次分组重复项（Do not randomize, group repeats by batch）】：按先后顺序对每个批次进行抽样，并在转入下一个批次前对一个批次进行所有重复检验，如表 10-8 所示。

表 10-8　【不随机化，按批次分组重复项（Do not randomize, group repeats by batch）】的稳定性研究工作表样例

C1	C2	C3-T
运行序	月份	批次
1	0	1
2	0	1
3	0	2
4	0	2
5	0	3
6	0	3
⋮	⋮	⋮

■ 【在每次检验时随机化批次顺序，按批次分组重复项（Randomize batch sequence at each testing time, group repeats by batch）】：在每次检验时随机化确定批次顺序，并在转入下一个批次前对一个批次进行所有重复检验，如表 10-9 所示。

表 10-9　【在每次检验时随机化批次顺序，按批次分组重复项（Randomize batch sequence at each testing time, group repeats by batch）】的稳定性研究工作表样例

C1	C2	C3-T
运行序	月份	批次
1	0	2
2	0	2
3	0	1
4	0	1
5	0	3
6	0	3
⋮	⋮	⋮

■ 【在每次检验时随机化批次序列和重复项（Randomize batch sequence and repeats at each testing time）】：随机化确定批次顺序，并在每次检验时进行重复，如表 10-10 所示。

表 10-10　【在每次检验时随机化批次序列和重复项（Randomize batch sequence and repeats at each testing time）】的稳定性研究工作表样例

C1	C2	C3-T
运行序	月份	批次
1	0	2
2	0	1
3	0	1
4	0	3
5	0	2
6	0	3
⋮	⋮	⋮

- 【随机数生成元基数（Base for random data generator）】：输入任意正整数以生成具有相

同运行序的多个工作表。例如，假定两位 Minitab 用户各自遵循创建稳定性研究工作表样例中的步骤，由于 Minitab 随机化确定运行序，因此他们的工作表运行序肯定是不同的。但是，如果每位用户在【随机数生成元基数（Base for random data generator）】中输入“37”，则他们的工作表将相同，包括运行序。

- 【在工作表中存储标准顺序（Store standard order in worksheet）】：向工作表中添加显示运行标准序的列，如果选择不随机化，则运行序与标准序相同，如表 10-11 所示。

表 10-11 【在工作表中存储标准顺序（Store standard order in worksheet）】的稳定性研究工作表样例

C1	C2	C3	C4-T
标准序	运行序	月份	批次
1	1	0	1
2	2	0	2
3	3	0	3
4	4	0	1
5	5	0	2
6	6	0	3
⋮	⋮	⋮	⋮

注： 在创建稳定性研究工作表时，共可选择 4 类不同类型的检验时间，通常根据研究目的选择与之相对应的选项。

（3）主要结果及分析。

新建的空白稳定性研究工作表，即“空白稳定性研究工作表.mwx”（见图10-41），包括“运行序”“月”“批次”“响应”，其中“响应”的所有记录均为缺失值“*”，用户可按照“运行序”依次测量相应月份和批次的药物浓度后输入“响应”。

↓	C1	C2	C3-T	C4
	运行序	月	批次	响应
1	1	0	2	*
2	2	0	1	*
3	3	0	4	*
4	4	0	5	*
5	5	0	3	*
6	6	3	1	*
7	7	3	5	*
8	8	3	4	*
9	9	3	3	*
10	10	3	2	*

图 10-41 空白稳定性研究工作表.mwx

10.4.2 拟合稳定性研究模型

【例 10-6】 一种新药成分在药品中的浓度随着时间而降低，为了测量其保质期，研究者决定在 4 年内每 3 个月对 5 批药品进行抽检，每次检验时从每批药品中抽出一粒药品进行检验，试确定药品何时达到预期浓度的 90%。

（1）打开工作表“药物浓度.mwx”。

（2）选择【统计（Stat）】→【回归（Regression）】→【稳定性研究（Stability Study）】→【稳

定性研究（Stability Study）】菜单项，打开【稳定性研究（Stability Study）】对话框，如图 10-42 所示。

- 【响应（Response）】：选择包含测量数据的变量，本例选择“药物浓度”。
- 【时间（Time）】：选择包含每个样品所用时间的变量，本例选择“月份”。
- 【批次（Batch）】：选择包含样品批次的变量，本例选择“批次”。
- 【规格下限（Lower spec）】：设定响应的最低可接受值，可以输入规格下限和/或规格上限或两者同时输入。根据本例题意，在此处输入“90”。
- 【规格上限（Upper spec）】：设定响应的最高可接受值，本例在此处不输入。

（3）【稳定性研究：选项（Stability Study:Options）】对话框（见图 10-43）。

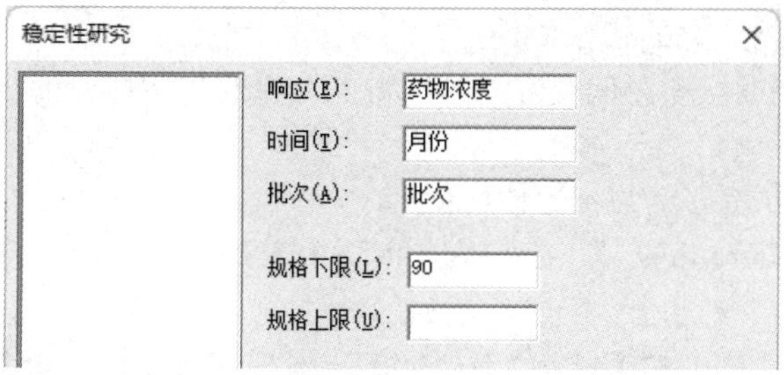

图 10-42 【稳定性研究（Stability Study）】对话框

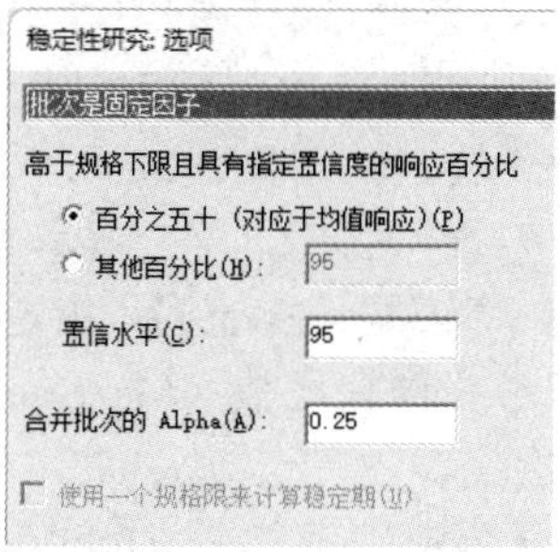

图 10-43 【稳定性研究：选项（Stability Study:Options）】对话框（【批次是固定因子（Batch is a fixed factor）】）

- 批次的因子类型可选择以下选项。
  - 【批次是固定因子（Batch is a fixed factor）】：在估计生产药品的稳定期时，在生产此药品的多条生产线中，每条生产线都是稳定的，产量一致。如果要估计在特定生产线上生产的药品的稳定期，且仅从这些生产线中选择检验批次，则批次是固定因子。例如，要估计在每条生产线上生产的药品的稳定期，可以在每条生产线上各检验一个批次；要估计在 3 条特定生产线上生产的药品的稳定期，可以从这 3 条生产线的每条生产线上各检验一个批次。本例选择此选项。
  - 【批次是随机因子（Batch is a random factor）】：如果估计所有生产线生产的药品的稳定期，并从随机选择的生产线子组中选择检验批次，则批次是随机因子。例如，假设总共有 30 条生产线，现估计这 30 条生产线生产的药品的稳定期，但无法检验所有生产线，则可随机选择一个包含 8 条生产线的子组，并从这个子组中的每条生产线上检验一个批次。此时，批次是随机因子。此分析使用从随机选择的 8 条生产线上收集的数据来计算适用于在 30 条生产线上任意一条生产线生产的药品的单个稳定期估计值。选择的生产线越多，估计值将越精确。
- 【高于规格下限且具有指定置信度的响应百分比（Percent of response above lower spec limit with specified confidence）】。
  - 【百分之五十（对应于均值响应）（50 percent(corresponds to mean response)）】：根据响应值的均值计算保质期。Minitab 根据正态分布计算百分位数，因此 P_{50} 等于均值。
  - 【其他百分比（Other percent）】：根据研究者指定的百分位数计算保质期。
  - 【置信水平（Confidence level）】：默认为“95”。
- 【合并批次的 Alpha（Alpha for pooling batches）】：指定模型选择的显著性水平 α，默认为“0.25”。

■【使用一个规格限来计算稳定期（Use one spec limit to calculate shelf life）】：使用规格限计算稳定期。

如果批次的因子类型选择【批次是随机因子（Batch is a random factor）】，则【稳定性研究：选项（Stability Study:Options）】对话框将如图 10-44 所示。

注：部分选项的介绍参见图 10-43 的介绍。

■【百分比（Percent）】：根据指定的百分位数计算保质期。

■【为方差分量提供起始估计值（Provide starting estimates for variance components）】：选择此选项可指定初始估计值；反之，将使用最小正态二次无偏估计（MINQUE）估计值。MINQUE 估计值通常是较好的估计值。

- 【批次（Batch）】：指定批次因子方差分量的初始估计值。
- 【批次×时间（Batch × Time）】：指定批次和时间交互效应的方差分量的初始估计值（批次×时间）。
- 【误差（Error）】：指定误差方差的方差分量的初始估计值。

■【最大迭代次数（Maximum number of iterations）】：指定估计模型中未知参数的最大迭代次数。

如果【稳定性研究（Stability study）】主对话框中的【批次（Batch）】未选择任何变量，则【稳定性研究：选项（Stability Study: Options）】对话框中只需设置【百分之五十（对应于均值响应）（50 Percent(corresponds to mean response)）】、【其他百分位比（Other percent）】和【置信水平（Confidence level）】3 个参数。

（4）【稳定性研究：图形（Stability Study:Graphs）】对话框。

如果【稳定性研究：选项（Stability Study: Options）】对话框选择【批次是固定因子（Batch is a fixed factor）】（见图 10-43），则【稳定性研究：图形（Stability Study:Graphs）】对话框如图 10-45 所示。

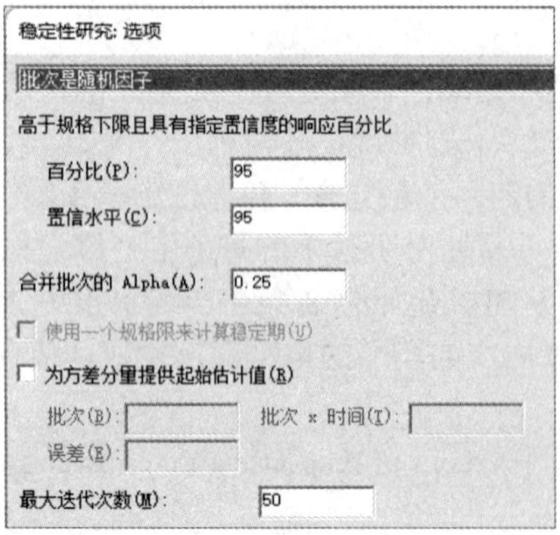

图 10-44 【稳定性研究：选项（Stability Study: Options）】对话框（【批次是随机因子（Batch is a random factor）】）

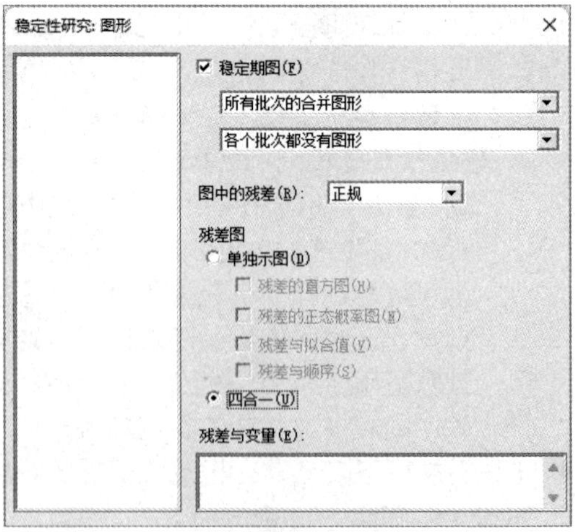

图 10-45 【稳定性研究：图形（Stability Study:Graphs）】对话框（【批次是固定因子（Batch is a fixed factor）】）

■【稳定期图（Shelf life plot）】：绘制响应随时间线性变化的保质期图，本例选择此选项。

■ 合并图形下拉菜单：可选择以下选项。

- 【无合并图形（No combined graph）】：不绘制反映多个批次的图。
- 【所有批次的合并图形（Combined graph for all batches）】：在一个图上显示所有批次，本例选择此选项。
- 【每个图形具有 4 个批次的合并图形（Combined graphs with 4 batches per graph）】：每个图上显示不超过 4 个批次。例如，如果研究 12 个批次，则绘制 3 个图，每个图显示 4 个批次。

■ 图形下拉菜单：可选择以下选项。

- 【各个批次都没有图形（No graphs for individual batches）】：不绘制每个批次的单独保质期图，本例选择此选项。
- 【各个批次的图形（Graphs for individual batches）】：绘制每个批次的单独保质期图。

注：残差图有关选项的解释参见图 7-12 和图 10-2 的解释。

如果【稳定性研究：选项（Stability Study: Options）】对话框选择【批次是随机因子（Batch is a random factor）】（见图 10-44），则【稳定性研究：图形（Stability Study: Graphs）】对话框如图 10-46 所示。

■ 【图中的残差（Residuals for plots）】：可选择以下选项。

- 【边际正规（Marginal regular）】：绘制边际残差（Marginal residuals）图。
- 【边际标准化（Marginal standardized）】：绘制 t 化边际残差图。
- 【正规条件（Conditional regular）】：绘制条件残差（Conditional residuals）图。
- 【条件标准化（Conditional standardized）】：绘制 t 化条件残差图。

注：其他选项的解释参见图 7-12、图 10-2 和图 10-45 的解释。

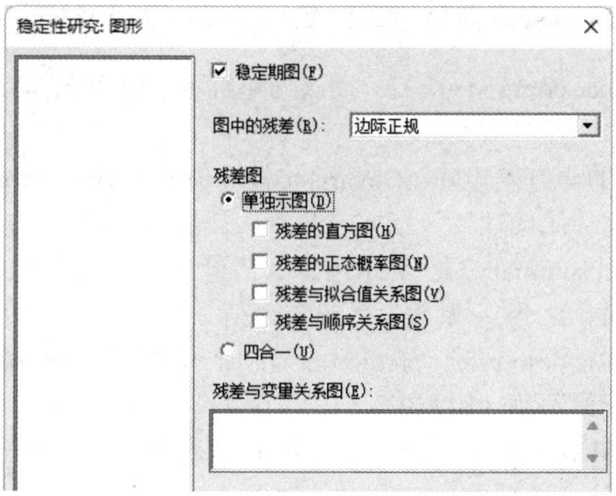

图 10-46 【稳定性研究：图形（Stability Study: Graphs）】对话框（【批次是随机因子（Batch is a random factor）】）

（5）【稳定性研究：结果（Stability Study:Results）】对话框。

在【稳定性研究：选项（Stability Study:Options）】对话框（见图 10-43）中，当选择【批次是固定因子（Batch is a fixed factor）】或无批次时，【稳定性研究：结果（Stability Study:Results）】对话框如图 10-47 所示；当选择【批次是随机因子（Batch is a random factor）】（见图 10-44）时，【稳定性研究：结果（Stability Study:Results）】对话框如图 10-48 所示。

■ 【结果显示（Display of results）】：可选择【简单表（Simple tables）】或【扩展表（Expanded tables）】，其具体显示的项目如表 10-12 所示。

- 【方法（Method）】：显示缺失数据和 Box-Cox 变换的信息。
- 【因子信息（Factor information）】：显示因子信息，包括批次因子的名称、类型和批次数。
- 【模型选择（Model selection）】：显示模型选择结果，包括从最终模型中剔除的项。
- 【方差分析（Analysis of Variance）】：显示方差分析表，包括不同数据的源平方和与 P 值。
- 【迭代历史记录（Iteration history）】：批次为随机因子时可选择此选项，显示使用所选模型每次迭代的对数似然值。

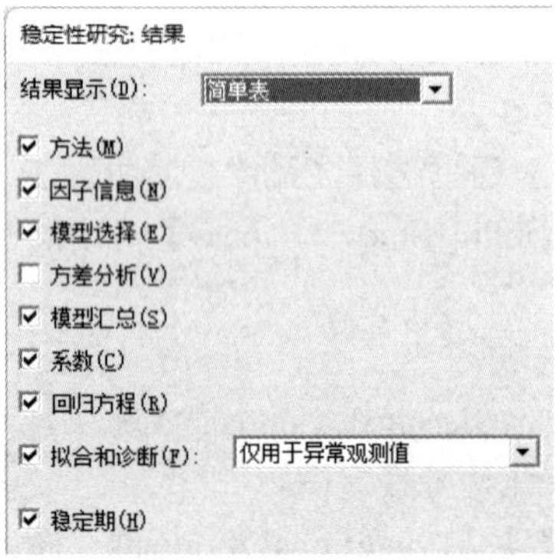

图 10-47 【稳定性研究：结果（Stability Study: Results）】对话框
（【批次是固定因子（Batch is a fixed factor）】或无批次）

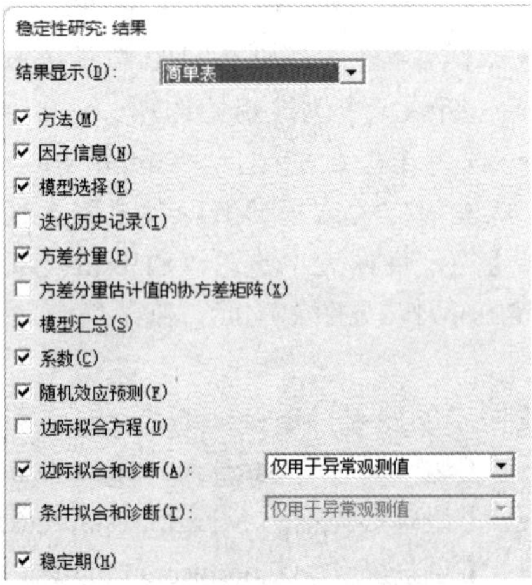

图 10-48 【稳定性研究：结果（Stability Study:Results）】对话框
（【批次是随机因子（Batch is a random factor）】）

- 【方差分量（Variance components）】：批次为随机因子时可选择此选项，显示最终模型的方差分量估计值。
- 【方差分量估计值的协方差矩阵（Covariance matrix of variance component estimates）】：批次为随机因子时可选择此选项，显示方差分量估计值的方差-协方差矩阵。
- 【模型汇总（Model summary）】：显示用于评估最终模型拟合度的统计量，包括 R^2 值。
- 【系数（Coefficients）】：显示系数、效应和 P 值。
- 【随机效应预测（Random effect prediction）】：显示最终模型中随机项的统计量，包括每个水平的最佳线性无偏预测（BLUP）。
- 【边际拟合方程（Marginal fitted equation）】：批次为随机因子时可选择此选项，显示边际拟合值的方程。
- 【回归方程（Regression equation）】：批次为固定因子时可选择此选项，显示回归方程。
- 【拟合和诊断（Fits and diagnostics）】：显示拟合值、残差和诊断数据时可选择此选项。
  - 【仅用于异常观测值（Only for unusual observations）】：仅显示异常观测值的拟合值、残差和诊断数据。
  - 【适用于所有观测值（For all observations）】：显示所有观测值的拟合值、残差和诊断数据时可选择此选项。
- 【边际拟合和诊断（Marginal fits and diagnostics）】：批次为随机因子时可选择此选项，显示边际拟合值、残差和诊断数据。
  - 【仅用于异常观测值（Only for unusual observations）】：仅显示异常观测值的边际拟合值、

残差和诊断数据。

- 【适用于所有观测值（For all observations）】：显示所有观测值的边际拟合值、残差和诊断数据。

■【条件拟合和诊断（Conditional fits and diagnostics）】：批次为随机因子时可选择此选项，显示条件拟合值、残差和诊断数据。仅在最终模型中包含一个随机项与批次或批次和时间交互效应时显示此表。

- 【仅用于异常观测值（Only for unusual observations）】：显示异常观测值的条件拟合值、残差和诊断数据。
- 【适用于所有观测值（For all observations）】：显示所有观测值的条件拟合值、残差和诊断数据。

■【稳定期（Shelf life）】：显示产品保质期的最终估计值。

输出结果显示内容的详细程度，有无批次与批次的因子类型有关，不同情况下稳定性研究结果显示的统计量如表 10-12 所示。

表 10-12　不同情况下稳定性研究结果显示的统计量

选项	批次		
	无	固定	随机
【结果显示（Display of results）】	√	√	√
【方法（Method）】	√	√	√
【因子信息（Factor information）】	—	√	√
【模型选择（Model selection）】	—	√	√
【方差分析（Analysis of Variance）】	√E	√E	—
【迭代历史记录（Iteration history）】	—	—	√
【方差分量（Variance components）】	—	—	√E
【方差分量估计值的协方差矩阵（Covariance matrix of variance component estimates）】	—	—	√
【模型汇总（Model summary）】	√E	√E	√
【系数（Coefficients）】	√E	√E	√E
【随机效应预测（Random effect prediction）】	—	—	√E
【边际拟合方程（Marginal fitted equation）】	—	—	√
【回归方程（Regression equation）】	√	√	—
【拟合和诊断（Fits and diagnostics）】	√E	√E	—
【边际拟合和诊断（Marginal fits and diagnostics）】	—	—	√E
【条件拟合和诊断（Conditional fits and diagnostics）】	—	—	√E
【稳定期（Shelf life）】	√	√	√

注：√标识批次选择不同选项时，【稳定性研究：结果（Stability Study: Results）】对话框可选择的选项，E 表示扩展表显示的统计量。

（6）【稳定性研究：存储（Stability Study:Storage）】对话框。

在【稳定性研究：选项（Stability Study: Options）】对话框（见图 10-43）中，当选择【批次是固定因子（Batch is a fixed factor）】或无批次时，【稳定性研究：存储（Stability Study:Storage）】对话框如图 10-49 所示；当选择【批次是随机因子（Batch is a random factor）】（见图 10-44）时，【稳定性研究：存储（Stability Study:Storage）】对话框如图 10-50 所示。

■【设计矩阵（Design matrix）】：保存与最终模型对应的设计矩阵。

■【参数估计值的协方差矩阵（Covariance matrix of parameter estimates）】：保存参数估计值的

协方差矩阵。

- 【固定效应的设计矩阵（Design matrix for fixed effects）】：保存最终模型中时间项的设计矩阵。
- 【随机效应的设计矩阵（Design matrix for random effects）】：如果因子的设计矩阵和批次时间在最终模型中存在交互效应，则将保存交互效应。
- 【参数效应估计值的协方差矩阵（Covariance matrix of fixed effect estimates）】：保存固定项参数的协方差矩阵。
- 【方差分量估计值的协方差矩阵（Covariance matrix of variance component estimates）】：保存方差分量估计值的协方差矩阵。

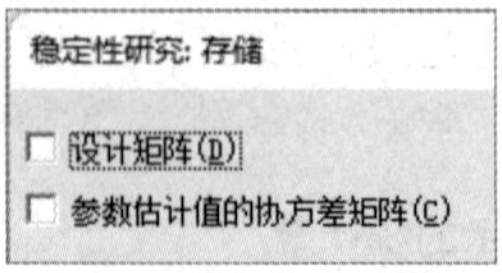

图 10-49　【稳定性研究：存储（Stability Study:Storage）】对话框（【批次是固定因子（Batch is a fixed factor）】或无批次）

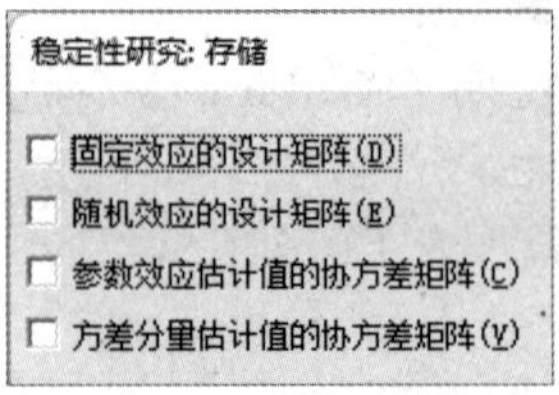

图 10-50　【稳定性研究：存储（Stability Study:Storage）】对话框（【批次是随机因子（Batch is a random factor）】）

（7）主要结果及分析。

① 模型选择，α=0.25：月份：F=907.34，P<0.001，药物浓度与月份存在线性关系；批次：F=27.42，P<0.001，不同批次药品的药物浓度的差别有统计学意义；月份*批次：P=0.021<0.05，两者存在交互效应，因此无法简化模型，如结果 10-11 所示。

② 模型汇总：调整 R^2=95.87%，表明回归关系可解释药物浓度总变异的 95.87%，拟合效果较好，预测 R^2 可以防止过拟合模型，在比较模型时比调整 R^2 更有用，预测 R^2（94.93%）接近调整 R^2 和 100%，表明稳定性模型没有过拟合，且预测效果很好，如结果 10-12 所示。

结果 10-11

模型选择，α = 0.25

来源	自由度	Seq SS	Seq MS	F 值	P 值
月份	1	186.358	186.358	907.34	0.000
批次	4	22.530	5.632	27.42	0.000
月份*批次	4	2.734	0.683	3.33	0.021
误差	35	7.189	0.205		
合计	44	218.810			

选定模型中的项: 月份, 批次, 月份*批次

结果 10-12

模型汇总

S	R-sq	R-sq（调整）	R-sq（预测）
0.453199	96.71%	95.87%	94.93%

③ 残差图：正态概率图的残差基本呈直线，结合直方图，表明残差服从正态分布。由于在早期药物浓度较高时收集的观测值较多，因此残差与拟合值图右侧的点比左侧的点多，如图 10-51 所示。

④ 由于月份和批次存在交互效应，每个批次的回归方程具有不同的截距和斜率。批次 3 的斜率最陡，为-0.16048，说明批次 3 的药物浓度（药物含量）每个月下降 0.16048 个百分点。批次 4 的截距最小，为 99.579，说明批次 4 在时间 0 的药物浓度最低，如图 10-52 和结果 10-13 所示。

⑤ 在 5 批药品的保质期估计值（稳定期）中，最短的保质期估计值为 59.54 个月，因此药品的总体保质期估计值为 59.54 个月，如结果 10-14 所示。

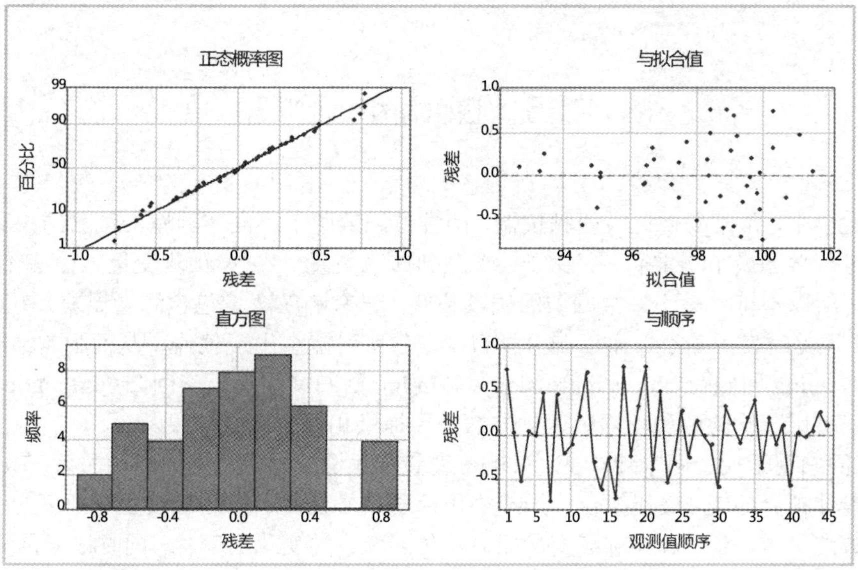

图 10-51　药物浓度稳定性模型的残差图

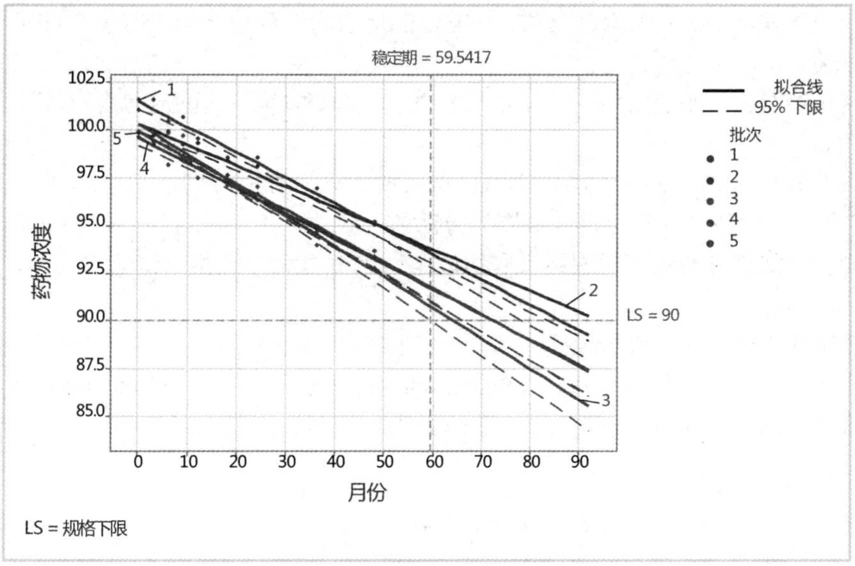

彩图 10-52

图 10-52　所有批次药品的保质期图

结果 10-13

回归方程

批次	
1	药物% = 101.490 - 0.13329 月份
2	药物% = 100.305 - 0.10924 月份
3	药物% = 100.310 - 0.16048 月份
4	药物% = 99.579 - 0.13213 月份
5	药物% = 99.900 - 0.13643 月份

结果 10-14

估计稳定期

规格下限 = 90
稳定期 = 您可以 95% 确信至少 50% 的响应高于规格下限的时间期间

批次	稳定期
1	78.263
2	83.818
3	59.542
4	65.999
5	66.243
整体	59.542

10.5 Deming 回归

在临床检验中，常常需要比较两种仪器、两种方法或两个不同实验室的测量结果是否相同，如对两种结果进行普通最小二乘回归，由于此类资料响应变量（Y）和预测变量（X）都包含测量误差（随机变量），所以不符合最小二乘回归的假设条件（只有响应变量包含测量误差）。因此，在 X 和 Y 都包含测量误差时使用最小二乘回归分析数据，斜率可能会出现偏倚，从而影响结果的有效性，此时应使用 Deming 回归（Deming regression）。Deming 回归又称为正交回归（Orthogonal regression）或戴明回归，可用于检验两种仪器或两种方法是否提供相似的测量结果。

Deming 回归用于检验两个连续变量（响应变量和预测变量）之间的线性关系，Deming 回归可提供与数据最佳拟合的线。最佳拟合线为最小化标绘点与直线之间的加权正交距离的线，可用于确定两种检验方法是否等价，检验响应变量如何随预测变量的变化而变化，同时根据预测变量预测响应变量的值。

Deming 回归必须满足以下假设条件：预测变量和响应变量分别包含一个表示为 X 与 Y 的固定未知数量及一个误差项，误差项为独立项，误差项的均值为 0 且包含恒定方差，同时预测变量和响应变量线性相关。

要确定两种检验方法是否等价，总体回归系数（斜率）的置信区间应包含 1，而总体截距的置信区间应包含 0。

回归系数的假设为 H_0：$\beta=1$；H_1：$\beta\neq1$；截距的假设为 H_0：$\alpha=0$；H_1：$\alpha\neq0$。

【例 10-7】 为了解新方法和标准（参照）方法的一致性，用两种方法分别测量某物质的浓度，每个样品用同一方法重复测量，两次结果取均值作为 X 变量和 Y 变量。试建立两种方法的 Deming 回归方程。

（1）打开工作表“物质浓度.mwx”。

（2）选择【统计（Stat）】→【回归（Regression）】→【正交回归（Orthogonal Regression）】菜单项，打开【正交回归（Orthogonal Regression）】主对话框，如图 10-53 所示。

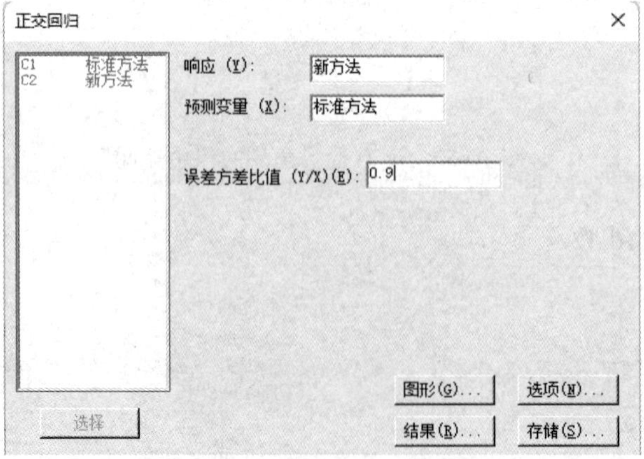

图 10-53 【正交回归（Orthogonal Regression）】主对话框

■ 【响应（Responses）】：选择“新方法”。

■ 【预测变量（Predictor）】：选择“标准方法”（Y），选择包含 X 或预测变量的列。

■ 【误差方差比值(Y/X)（Error variance ratio (Y/X)）】：输入 Y 和 X 测量误差方差的比值，可以通过分别对 X 和 Y 进行量具 R&R 研究得到误差方差的估计值，本例为“0.9”。

（3）【正交回归：图形（Orthogonal Regression:Graphs）】对话框如图 10-54 所示。

■ 【带数据的拟合线图（Plot of fitted line with data）】：绘制正交拟合线的拟合线图，即在图中显示 Deming 回归方程。

  • 【同时绘制最小二乘曲线（Overlay least squares fitted line）】：在图中同时显示普通最小二乘拟合线以进行比较。

■ 【残差图（Residuals for plots）】：选择【标准化（Standardized）】。

■ 【残差图（Residual Plots）】：选择【四合一（Four in one）】。

（4）【正交回归：选项（Orthogonal Regression:Options）】对话框如图 10-55 所示。

■ 【置信水平（Confidence level）】：默认为“95”。

■ 【通过输入 X 的新观测值预测 Y（Predict Y by entering new observations of X）】：可以输入一个数字预测变量值、一个预测变量或一个包含预测变量的常数。预测变量的数据类型必须与主对话框中使用的预测变量的数据类型相匹配。

■ 【存储（Storage）】：可选择以下选项。

  • 【预测值（Predicted values）】：保存预测值。
  • 【预测值的标准差（Standard deviations of the predicted values）】：保存预测值的标准差。

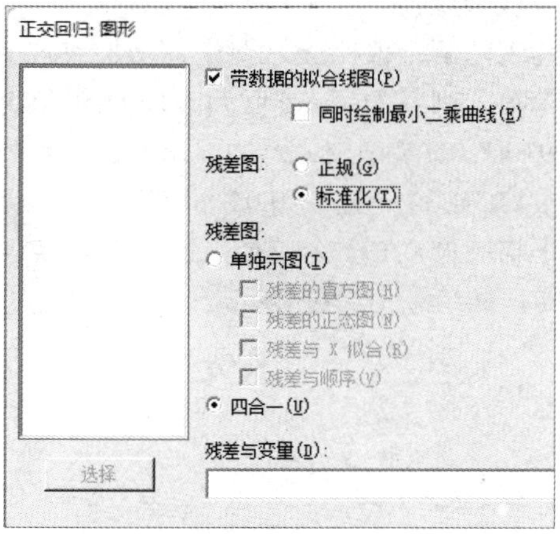

图 10-54　【正交回归：图形（Orthogonal Regression:Graphs）】对话框

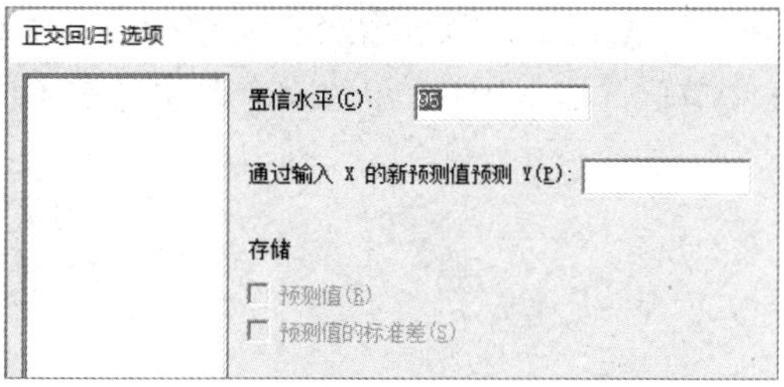

图 10-55　【正交回归：选项（Orthogonal Regression:Options）】对话框

（5）【正交回归：结果（Orthogonal regression:results）】对话框如图 10-56 所示。

■ 【显示（Display）】：本例选择前 4 个选项。

  • 【误差方差比值（Error variance ratio）】：显示指定的误差方差的比值（Y/X）。
  • 【回归方程（Regression equation）】：显示 Deming 回归方程。
  • 【系数表（Coefficient table）】：显示系数表。
  • 【误差方差（Error variances）】：显示响应变量和预测变量的误差方差。
  • 【拟合值与残差（Fits and Residuals）】：显示拟合值和残差。

（6）在【正交回归：存储（Orthogonal Regression:Storage）】对话框（见图 10-57）中，可选择

保存【残差（Residuals）】、【标准化残差（Standardized residuals）】、【系数（Coefficients）】、【误差方差（Error variances）】、【X 拟合值（X Fits）】和【Y 拟合值（Y fits）】。

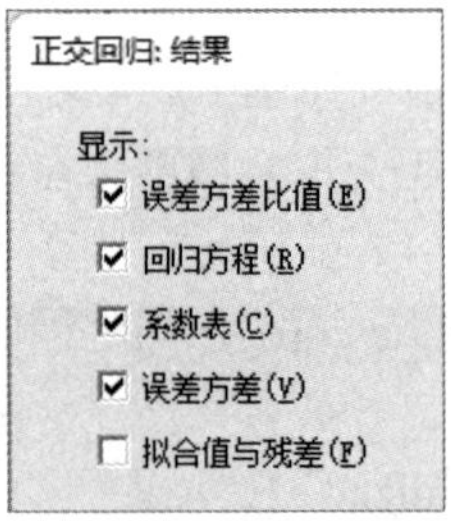

图 10-56　【正交回归：结果（Orthogonal Regression:Results）】对话框

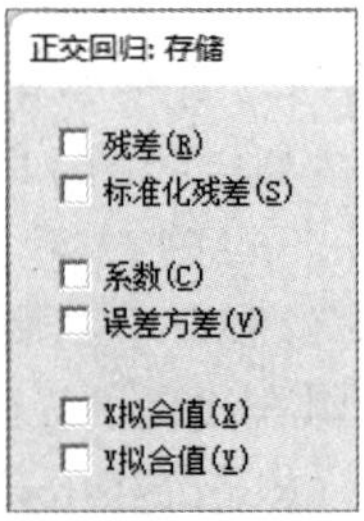

图 10-57　【正交回归：存储（Orthogonal Regression:Storage）】对话框

（7）主要结果及分析。

① 回归方程：拟合的 Deming 回归方程为新方法（Y）=53.12+1.193 标准方法（X），如结果 10-15 和图 10-58 所示。

结果 10-15

回归方程
新方法 = 53.12 + 1.193 标准方法

② 系数：在两种方法进行对比时，结果不同的原因大致分成两类，即常数偏差和比例偏差（见图 10-59）。在理论上，当两种方法结果完全一致时，其斜率 β=1，截距 α=0，即 Y=X［见图 10-59（a）］；常数偏差为 Y 法（标准方法）测定值比 X 法（新方法）测定值增加一个比例常数，即 $\alpha \neq 0$［见图 10-59（b）］；比例偏差为 Y 法测定值比 X 法测定值增加或减少一个比例常数，即 $\beta \neq 1$［见图 10-59（c）］；如果两类偏差都存在，则其 Deming 回归方程如图 10-59（d）所示。本例 α=53.12，总体截距 α 的 95%置信区间为(−91.47,197.71)，按 α=0.05 水准，没有理由支持常数偏差存在。而总体回归系数 β 的 95%置信区间为(1.05,1.33)，按 α=0.05 水准，可认为比例偏差存在，即 X 法测定值每增加 1 个单位，Y 法测定值平均增加 0.193 个单位，比 X 法测定值高了 0.193 个单位，这 0.193 个单位完全是由方法不同引起的，如结果 10-16 所示。

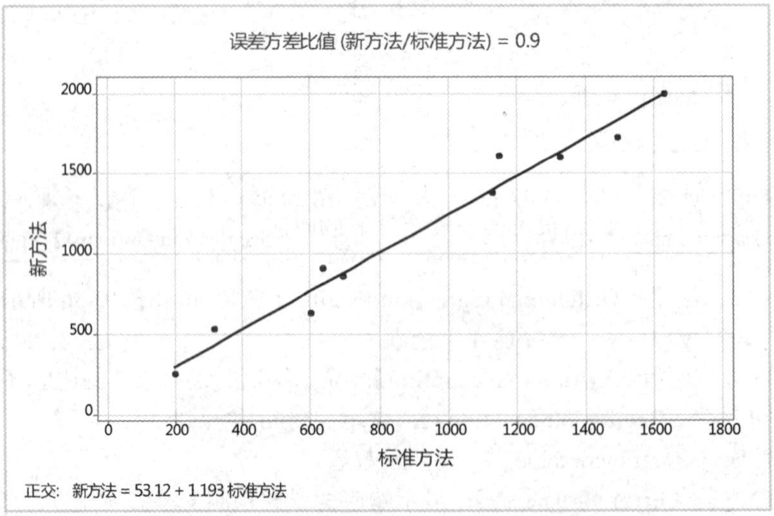

图 10-58　两种方法的 Deming 回归方程

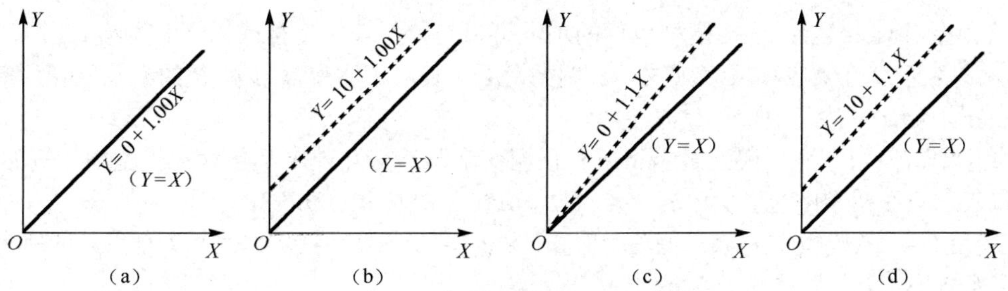

图 10-59　常数偏差和比例偏差示意图

结果 10-16

系数

预测变量	系数	系数标准误	Z	P	近似 95% 置信区间
常量	53.12211	73.7719	0.7201	0.471	(-91.4681, 197.712)
标准方法	1.19340	0.0718	16.6138	0.000	(1.0526, 1.334)

10.6　偏最小二乘回归

偏最小二乘（Partial Least Squares）回归简称 PLS 回归，主要用于化学、药品、食品和塑料工业。PLS 回归常见的应用是对光谱测量值（NIR、IR、UV）之间的关系建模，这些测量值中通常包括彼此相关的变量、化学成分或其他物理、化学指标。当预测变量高度相关或预测变量数大于观测值数，以及普通最小二乘回归失败或生成了标准误很高的系数时，PLS 回归非常有用。PLS 回归将预测变量数简化为一系列互不相关的分量（成分），并对这些分量进行最小二乘回归。PLS 回归可以计算与预测变量相同数量的分量，并能够使用交叉验证找出可提供最大预测能力的最小分量集。如果计算所有可能的分量，则生成的模型将与使用最小二乘回归得到的模型等效。在 PLS 回归中，分量的选择基于分量在预测变量中和在预测变量与响应变量之间解释的方差大小。如果预测变量之间高度相关，或者使用更少分量便可以完全为响应变量建模，则 PLS 回归模型中的分量数可能比预测变量数少得多。在 PLS 回归中，重点是建立预测模型，因此 PLS 回归通常不用于筛选对响应变量解释不起作用的变量。

与最小二乘回归不同的是，PLS 回归可以在单个模型中拟合多个响应变量。由于 PLS 回归以多元方式为响应变量建模，因此结果可能与逐个计算的响应变量有明显不同。仅当各响应变量彼此相关时，才能在一个模型中包括多个响应变量；否则，应分别为每个响应变量单独拟合模型。

【例 10-8】某食品化学实验室的科学家分析了 60 个大豆粉的样本。对于每个样本，科学家测定了含水量和脂肪含量，并记录了 88 种波长的近红外光谱（NIR）数据。试根据这 60 个样本中的 54 个样本，使用 PLS 回归估计响应变量（含水量和脂肪含量）与预测变量（88 种波长的 NIR）之间的关系，并用其余的 6 个样本作为检验集来检验模型的预测能力。

（1）打开工作表“大豆粉.mwx”。

（2）选用【统计（Stat）】→【回归（Regression）】→【偏最小二乘（Partial Least Squares）】菜单项，打开【偏最小二乘（Partial Least Squares）】主对话框，如图 10-60 所示。

■ 【响应（Responses）】：选择一个或以上的响应变量，本例选择“含水量”。

- 【模型（Model）】：选择模型包括的项，可以是工作表的变量或以下几种模式。

① “*” 表示交互效应项或多项式项。例如，$A*B$ 表示预测变量 A 和 B 的交互效应，多项式项 $A*A$ 表示 A^2，$A*A*A$ 表示 A^3。

② 用 “|” 或 “!” 缩写模型表示将所有预测变量及其交互效应都包含在模型中。例如，$A|B|C$ 或 $A!B!C$ 表示将在模型中包含 A、B、C、$A*B$、$A*C$、$B*C$ 和 $A*B*C$。

③ 使用 “−” 从模型中删除某些项。例如，$A|B|C-A*B*C$ 将包含除 $A*B*C$ 之外的所有预测变量及其交互效应。

本例为 “1-88”，即模型包括所有 88 种波长的 NIR 数据。

- 【类别预测变量（可选）(Categorical predictors(optional))】：选择模型中的分类变量。因为本例中无分类变量，所以不选择此选项。
- 【最大分量数(Maximum number of components)】：设定要计算或交叉验证的分量数。Minitab 默认计算或交叉验证 10 个分量或预测变量数的较小者，设定的分量数不能大于预测变量数，本例为 “15”。

(3)【偏最小二乘：选项（Partial Least Squares:Options）】对话框如图 10-61 所示。

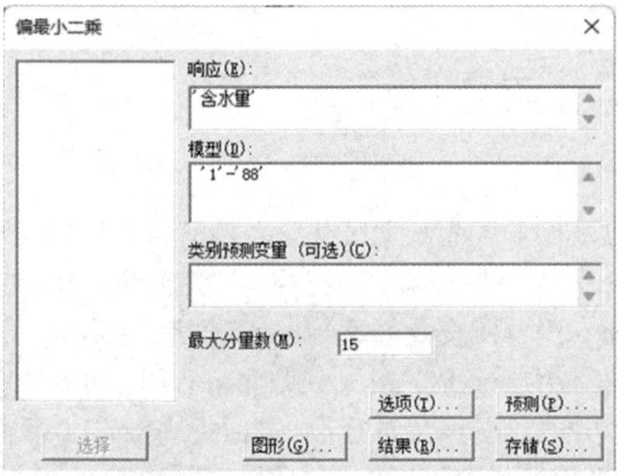

图 10-60　【偏最小二乘（Partial Least Squares）】主对话框

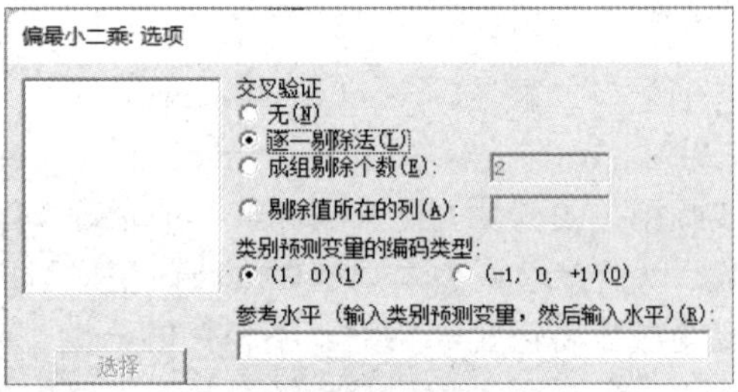

图 10-61　【偏最小二乘：选项（Partial Least Squares:Options）】对话框

- 【交叉验证（Cross-Validation）】：可计算潜在模型的预测能力，帮助确定要保留在模型中适当的分量数。如果最优的分量数未知，则建议使用交叉验证。当数据包含多个响应变量时，Minitab 同时验证所有响应的分量。它可选择以下选项。
    - 【无（None）】：不进行交叉验证。
    - 【逐一剔除法（Leave-one-out）】：又称为留一交叉验证，在每次重新计算模型时，剔除一个观测值后进行交叉验证，对大型数据集比较费时，本例选择此选项。
    - 【成组剔除个数（Leave-group-out of size）】：又称为成组剔除法，在每次重新计算模型时，剔除多个观测值（组）后进行交叉验证，适用于大型数据集。如果选择此选项，则应设定剔除的观测值数，默认为 “2”。
    - 【剔除值所在的列（Leave out as specified in column）】：当每次重新计算模型时，在剔除与标识变量中一个标识符（正整数）对应的观测值后进行交叉验证。选择此选项应选择标识变量，该变量的单元格数必须与响应变量的个案数相等且不包含缺失值。例如，如果标识变量包括数字 1、2 和 3，则首先剔除所有包含 1 的观测值并重新计算模型，然后剔除所有包含 2 的观测值并重新计算模型，该模型一共重新计算 3 次。

■ 【类别预测变量的编码类型（Type of coding for categorical predictors）】：当模型包含分类预测变量时使用，参见图 10-15 的解释。

■ 【参考水平（输入类别预测变量，然后输入水平）（Reference level(Enter categorical predictor followed by level)）】：如果选择【(1, 0)】编码方案，则应在选择分类预测变量后并输入参考水平，对于文本水平和日期/时间水平必须用引号引起。

（4）【偏最小二乘：预测（Partial Least Squares:Prediction）】对话框如图 10-62 所示。

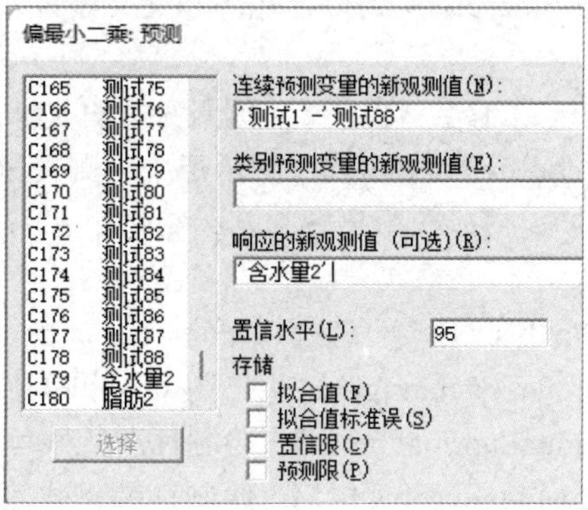

图 10-62　【偏最小二乘：预测（Partial Least Squares:Prediction）】对话框

PLS 回归模型计算和保存预测变量的响应值，可检验预测质量并预测新的响应值。

① 检验预测质量：将 PLS 回归模型应用于包含每个观测值的响应变量的新数据集，计算新的响应值，并将其与每个观测值的实际响应进行比较，得到检验 R^2（Test R^2）。检验 R^2 为原始模型使用检验数据的预测变量值解释响应变异的百分比，可反映 PLS 回归模型预测检验数据的准确程度。PLS 回归常分为两步，第一步称为训练（Training），将计算样本数据集的 PLS 回归模型，该数据集又称为训练集（Training set）。第二步是用另一个数据集验证此模型，该数据集又称为检验集（Test set）。检验集必须包括与训练集相同数量的预测变量，当其包括响应值时，才能计算检验 R^2。

② 预测新的响应值：使用 PLS 回归模型预测没有响应值的一组预测变量的响应值，由于没有响应值，所以不计算检验 R^2。

■ 【连续预测变量的新观测值（New observation for continuous predictors）】：按照每个预测变量引入模型时的顺序为每个连续预测变量输入一个新观测值，或者按顺序输入一组包含新观测值的变量，各变量的长度必须相同。本例为“测试 1-测试 88”。

■ 【类别预测变量的新观测值（New observation for categorical predictors）】：按照每个预测变量引入模型时的顺序为每个分类预测变量输入一个新观测值，或者按顺序输入一组包含新观测值的变量，各变量的长度必须相同。在输入新观测值时，必须将文本值引在双引号内，如“女性”。

■ 【响应的新观测值（可选）（New observation for responses(optional)）】：选择包含响应值的变量，响应变量的数量必须等于模型中的响应数量，且长度也必须与包含新观测值的预测变量的长度相等，本例选择“含水量 2”。

■ 【置信水平（Confidence level）】：默认为“95”。

■ 【存储（Storage）】：将以下统计量保存到工作表中。

- 【拟合值（Fits）】：保存新观测值的拟合值。
- 【拟合值标准误（SE of fits）】：保存拟合值的估计标准误。

- 【置信限（Confidence limits）】：保存预测置信区间的上、下限。
- 【预测限（Prediction limits）】：保存预测区间的上、下限。

（5）【偏最小二乘：图形（Partial Least Squares:Graphs）】对话框如图 10-63 所示。

■ 【模型评估（Model Evaluation）】：可选择以下选项。

- 【模型选择图（Model selection plot）】：绘制拟合模型和交叉验证模型的 R^2 值图。本例选择此选项。
- 【响应图（Response plot）】：绘制拟合响应和交叉验证响应与实际响应的对比图。本例选择此选项。
- 【系数图（Coefficient plot）】：图示每个预测变量的非标准化回归系数。
- 【标准系数图（Std coefficient plot）】：图示每个预测变量的标准化回归系数。
- 【距离图（Distance Plot）】：在距离图中，绘制每个观测值距 X 模型的距离和距 Y 模型的距离。

■ 【残差分析（Residual Analysis）】：可选择以下选项。

- 【残差直方图（Residual histogram）】：绘制标准化残差的直方图。
- 【残差正态图（Residual normal plot）】：绘制标准化残差的正态概率图。
- 【残差与拟合值（Residual versus fit）】：绘制标准化残差与拟合值图。
- 【残差与杠杆率（Residual versus leverage）】：绘制标准化残差与杠杆率图。本例选择此选项。
- 【残差 fourpack（Residual fourpack）】：在一个图上同时显示上述 4 个残差图。

■ 【分量评估（Component Evaluation）】：可选择以下选项。

- 【分值图（Score plot）】：图示第 1 个分量与第 2 个分量的 X 得分。
- 【3D 分值图（3D score plot）】：图示第 1 个、第 2 个和第 3 个分量的 X 得分。
- 【载荷图（Loading plot）】：图示第 1 个分量与第 2 个分量的 X 载荷。本例选择此选项。
- 【残差 X 图（Residual X plot）】：绘制残差 X 值的线图。
- 【计算 X 图（Calculated X plot）】：绘制拟合 X 值的线图。

（6）【偏最小二乘：结果（Partial Least Squares:Results）】对话框如图 10-64 所示。

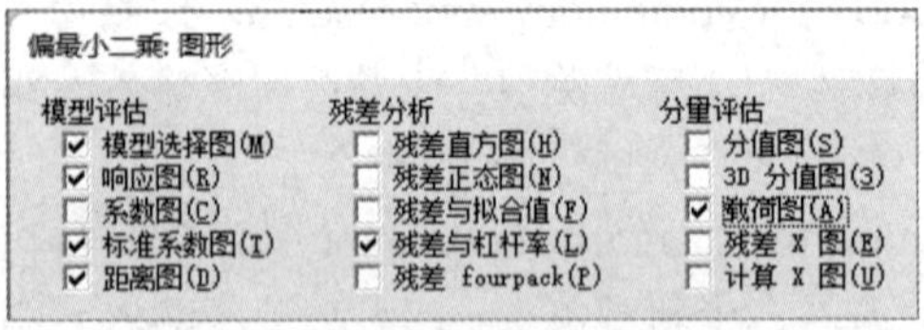

图 10-63 【偏最小二乘：图形（Partial Least Squares:Graphs）】对话框

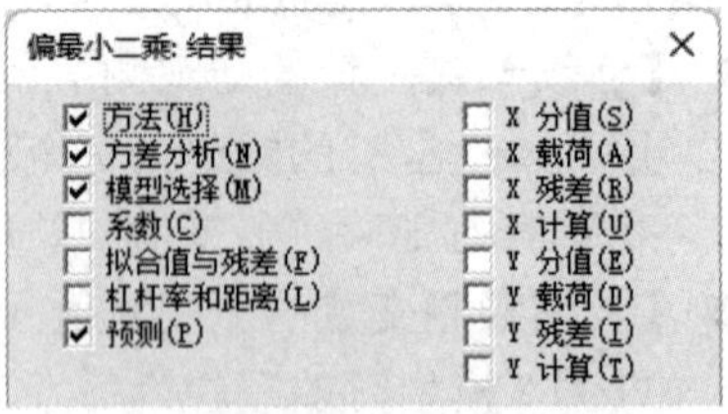

图 10-64 【偏最小二乘：结果（Partial Least Squares:Results）】对话框

■ 【方法（Method）】：显示包含有关交叉验证方法和分析的分量数信息的方法表。本例选择此选项。

■ 【方差分析（Analysis of Variance）】：显示方差分析表，模型中每个响应变量对应一个方差分析表。本例选择此选项。

■ 【模型选择（Model selection）】：显示每个模型的拟合值、交叉验证平方和、X 方差值、R^2 值和预测 R^2 值。如果不选择交叉验证模型，则结果不显示交叉验证平方和与预测 R^2 值。本例选择此选项。

- 【系数（Coefficients）】：显示预测变量的标准化和非标准化回归系数。
- 【拟合值与残差（Fits and residuals）】：显示拟合值、残差和标准化残差、交叉验证的拟合值与残差值。如果不选择交叉验证模型，则结果不显示交叉验证的拟合值和残差值。
- 【杠杆率和距离（Leverages and distances）】：显示杠杆率、距 X 模型的距离和距 Y 模型的距离。
- 【预测（Predict）】：显示新观测值表的预测值。本例选择此选项。
- 【X 分值（X scores）】：显示每个观测值的 X 得分。
- 【X 载荷（X loadings）】：显示每个预测变量的载荷。
- 【X 残差（X residuals）】：显示 X 矩阵的残差。
- 【X 计算（X calculated）】：显示 X 矩阵的计算值。
- 【Y 分值（Y scores）】：显示每个观测值的 Y 得分。
- 【Y 载荷（Y loadings）】：显示每个响应的载荷。
- 【Y 残差（Y residuals）】：显示 Y 矩阵的残差。Y 残差与模型的残差相同。
- 【Y 计算（Y calculated）】：显示 Y 矩阵的计算值。Y 计算值与模型的拟合值相同。

（7）【偏最小二乘：存储（Partial Least Squares:Storage）】对话框如图 10-65 所示。

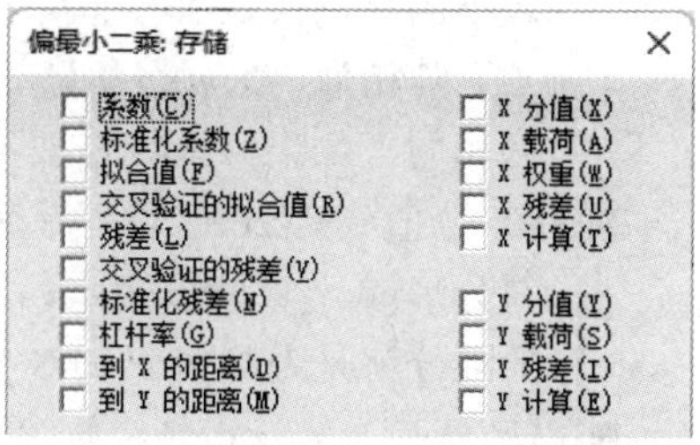

图 10-65　【偏最小二乘：存储（Partial Least Squares:Storage）】对话框

- 【系数（Coefficients）】：保存系数，每个响应保存一列。系数为估计 PLS 回归模型中的总体回归参数，系数与预测变量结合可用于计算响应变量的拟合值。
- 【标准化系数（Standardized coefficients）】：保存标准化系数，每个响应保存一列。在 PLS 回归模型中，标准化系数表示模型中每个预测变量的重要性，并且标准化 X 变量和 Y 变量对应。
- 【拟合值（Fits）】：保存拟合值，每个响应保存一列。拟合值又称为 $\hat{Y}$ 或预测值，是对指定的预测变量、因子水平或分量值的响应均值的点估计。在 PLS 回归模型中，拟合值对确定模型是否与数据拟合非常重要。
- 【交叉验证的拟合值（Cross-validated fits）】：保存交叉验证的拟合值，每个响应保存一列。交叉验证的拟合值可反映模型对数据的预测能力。
- 【残差（Residuals）】：保存残差，每个响应保存一列。残差为观测值（Y）与其相应拟合值（$\hat{Y}$）之间的差值。
- 【交叉验证的残差（Cross-validated residuals）】：保存交叉验证的残差，每个响应保存一列。
- 【标准化残差（Standardized residuals）】：保存标准化残差。
- 【杠杆率（Leverages）】：保存杠杆率。
- 【到 X 的距离（Distances from X）】：保存距 X 模型的距离，距 X 模型的距离可测量 X 空间中的观测值的拟合优度。距 X 模型的距离表示 X 得分对观测值的描述效果。距离值很大的观测值也可能是杠杆率点。
- 【到 Y 的距离（Distances from Y）】：保存距 Y 模型的距离。距 Y 模型的距离可测量 Y 空间中的观测值的拟合优度。距 Y 模型的距离表示 Y 得分对观测值的描述效果。距离值很大的观测值也可能是异常值。
- 【X 分值（X scores）】：保存矩阵中预测变量的 X 得分。X 得分是预测变量的线性组合，与主成分得分相似，形成一个不相关列的 $n \times m$ 矩阵，其中，n=观测值数，m=分量数。如果有朝向 X 空间的窗口，则 X 得分为观测值在 PLS 分量上的投影。PLS 回归模型使用最小二乘估计拟合 X 得分，用 X 得分替换原始预测变量。

- 【X 载荷（X loadings）】：保存矩阵中预测变量的载荷，本例未选择此选项。X 载荷是将预测变量与 X 得分相联系的线性系数。X 载荷表示相应预测变量对第 m 个分量的重要性。X 载荷与主成分分析中的特征向量相似，构成 $p \times m$ 矩阵，其中，p=预测变量数，m=分量数。
- 【X 权重（X weights）】：保存矩阵中预测变量的权重。X 权重为描述预测变量和响应之间的协方差。在运算中，X 权重用于保证 X 得分相互正交，即互不相关。X 权重用于计算 X 得分，形成一个 $p \times m$ 矩阵，其中，p=预测变量数，m=分量数。
- 【X 残差（X residuals）】：保存预测变量的 X 残差，每个预测变量保存一列。X 残差为包含预测变量中不由 PLS 回归模型解释的方差。X 残差相对较大的观测值是 X 空间中的异常值，表明模型无法很好解释这些残差。X 残差是实际预测变量值与 Y 计算值之间的差，且与原始预测变量的尺度相同。X 残差矩阵与原始 X 矩阵相似，为 $n \times p$ 矩阵，其中，n=观测值数，p=预测变量数。
- 【X 计算（X calculated）】：保存储预测变量的拟合值，每个预测变量保存一列。X 计算值是 Y 得分的线性组合。X 计算值包含预测变量中由 PLS 回归模型解释的方差。X 计算值相对较小的观测值是 X 空间中的异常值，而模型无法很好地解释这些值。X 计算值矩阵与原始 X 矩阵相似，为 $n \times p$ 矩阵，其中，n=观测值数，p=预测变量数。X 计算值与预测变量的尺度相同，如果分量数等于预测变量数，则 X 计算值等于原始 X 值。
- 【Y 分值（Y scores）】：保存矩阵中响应变量的 Y 得分。Y 得分是响应变量的线性组合。Y 得分形成一个 $n \times m$ 矩阵，其中，n=观测值数，m=分量数。如果有朝向 Y 空间的窗口，则 Y 得分就是观测值在 PLS 分量上的投影。
- 【Y 载荷（Y loadings）】：保存矩阵中响应的载荷。Y 载荷为将响应与 Y 得分相联系的线性系数。Y 载荷值表示相应响应对第 m 个分量的重要性。Y 载荷形成一个 $r \times m$ 矩阵，其中，r=响应数，m=分量数。
- 【Y 残差（Y residuals）】：保存响应的 Y 残差。每个响应保存一列。Y 残差是模型中的残差，为包含响应中不由 PLS 回归模型解释的剩余方差。Y 残差相对较大的观测值是 Y 空间中的异常值，表明模型无法很好地解释这些残差。Y 残差是实际响应值与 Y 计算值之间的差，且与原始响应的尺度相同。Y 残差矩阵与原始 Y 矩阵相似，为 $n \times r$ 矩阵，其中，n=观测值数，r=响应数。
- 【Y 计算（Y calculated）】：保存响应的 Y 计算值。每个响应保存一列。Y 计算值是模型中的拟合值，为 Y 得分的线性组合。Y 计算值包含响应中由 PLS 回归模型解释的方差。Y 计算值相对较小的观测值是 Y 空间中的异常值，模型无法很好地解释这些观测值。Y 计算矩阵与原始 Y 矩阵相似，为 $n \times r$ 矩阵，其中，n=观测值数，r=响应数。*Y* 计算值与响应的尺度相同。

（8）主要结果及分析。

① 方法：Minitab 自动计算 8 分量 PLS 回归模型，软件选择具有最高预测 R^2 的模型作为最优 PLS 回归模型。当分量数为 8 时，模型的预测 R^2（89.66%）最高，因此可认为 8 分量 PLS 回归模型为最优 PLS 回归模型，如结果 10-17 所示。

② 含水量方差分析：含水量的 F=78.72，P<0.001，表明 8 分量 PLS 回归模型具有统计学意义，如结果 10-18 所示。

结果 10-17

方法

交叉验证	逐一剔除法
要估算的分量	用户指定的
已估算的分量数	15
已选定的分量数	8

结果 10-18

含水量 的方差分析

来源	自由度	SS	MS	F	P
回归	8	467.861	58.4826	78.72	0.000
残差误差	45	33.433	0.7430		
合计	53	501.293			

③ 含水量的模型选择和验证：可选择最优分量数，8 分量 PLS 回归模型的预测 R^2 最高，可作为最优 PLS 回归模型，X 方差表示预测变量中由模型解释的方差百分比，在本例中，8 分量 PLS 回归模型解释了预测变量中 99.9978%的方差（见结果 10-19）。PLS 回归模型选择图是模型选择和交叉验方法的图形化显示，如图 10-66 所示，垂直线表明最优模型有 8 个分量，从图中可知，多于 8 个分量的模型预测 R^2 明显降低，并与模型 R^2 的距离增大，表明这些模型的预测能力将明显降低。

结果 10-19

含水量 的模型选择和验证

分量	X 方差	误差	R-Sq	PRESS	R-Sq（预测）
1	0.984979	97.0227	0.806455	103.642	0.793251
2	0.995391	80.8899	0.838638	95.300	0.809891
3	0.998452	59.1167	0.882072	74.425	0.851533
4	0.999456	54.7371	0.890808	76.176	0.848041
5	0.999674	47.0275	0.906188	68.855	0.862645
6	0.999801	42.1703	0.915877	65.743	0.868854
7	0.999905	37.5759	0.925042	59.039	0.882226
8	0.999978	33.4328	0.933307	51.849	0.896571
9		30.0464	0.940062	58.126	0.884049
10		26.9965	0.946146	60.336	0.879639
11		25.6823	0.948768	62.967	0.874392
12		24.4077	0.951311	67.975	0.864401
13		23.0671	0.953985	68.982	0.862392
14		19.6007	0.960900	83.457	0.833517
15		17.7708	0.964550	87.048	0.826353

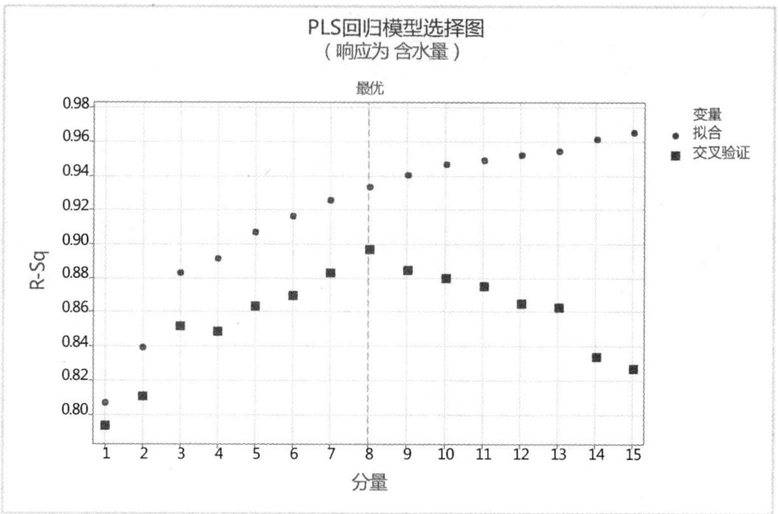

图 10-66　大豆粉含水量的 PLS 回归模型选择图

④ PLS 响应图：由于图形中的点从左下角至右上角呈线性关系，因此，模型与数据充分拟合。尽管拟合响应与交叉验证拟合响应之间存在差异，但其中没有一个差异足以表明极端的杠杆率点，如图 10-66 所示。

⑤ PLS 回归模型标准化系数图：显示了预测变量的标准化系数，可以使用此图解释系数的量值和符号。鼠标悬停在图中的条形上可显示条形对应的变量和标准化系数，标准化系数越大的波长的 NIR 值对大豆粉含水量的影响越大。例如，第 55 个波长的 NIR 值的标准化系数为 1.49，与含水量呈正相关。而第 18 个波长的 NIR 值的标准化系数为−1.67，与含水量呈负相关，如图 10-67 所示。

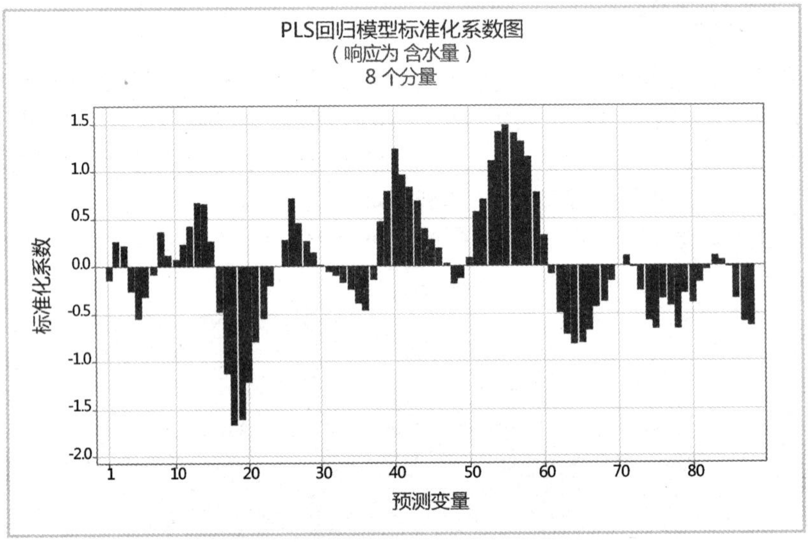

图 10-67 大豆粉含水量的 PLS 回归模型标准化系数图

⑥ PLS 回归模型残差与杠杆率图：由于观测值 22 和 36 在水平参考线之上，其标准化残差分别为 2.52 和 2.92（标准化残差>2），所以表明这两个观测值为异常值。观测值 41、42、43 位于垂直参考线的右侧，为杠杆率点，如图 10-68 所示。

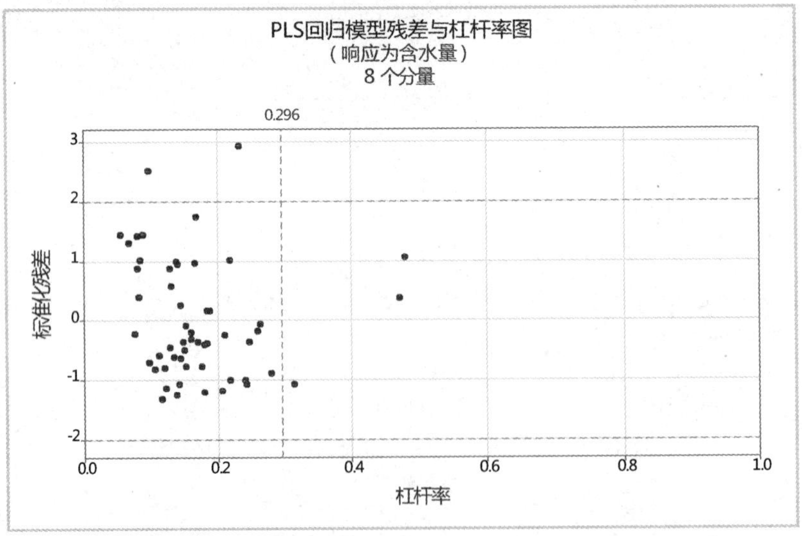

图 10-68 大豆粉含水量的 PLS 回归模型残差与杠杆率图

⑦ 其余的 6 个样本作为检验集来检验模型的预测能力，可得到这 6 个样本的拟合值。结果 10-20 给出了拟合值标准误、95%置信区间和 95%预测区间。

结果 10-20

使用 含水量 模型对新观测值的预测响应

行	拟合值	拟合值标准误	95% 置信区间	95% 预测区间
1	14.5127	0.343596	(13.8207, 15.2048)	(12.6438, 16.3816)
2	9.4607	0.338218	(8.7795, 10.1419)	(7.5958, 11.3256)
3	14.1760	0.491581	(13.1859, 15.1661)	(12.1774, 16.1745)
4	16.5431	0.548772	(15.4379, 17.6484)	(14.4851, 18.6012)
5	15.0451	0.333871	(14.3726, 15.7175)	(13.1833, 16.9068)
6	9.1112	0.205256	(8.6978, 9.5246)	(7.3266, 10.8958)

检验 R-sq: 0.900631

10.7　Logistic 回归

线性回归用于分析一个连续响应变量与一个或多个预测变量之间的统计关系，但当响应变量为分类变量时，如发病与否、死亡与否等，此时线性回归将不适用，而需要引入 Logistic 回归模型对分类响应变量（Categorical response variable）与一个或多个预测变量之间的关系进行统计分析。分类响应变量的类型如表 10-13 所示。

表 10-13　分类响应变量的类型

分类响应变量类型	类别数	水平	举例
二值（二分类）	2	两个水平	是或不是、发生或不发生
有序（多分类）	3 或更多	各水平的自然顺序	显效、有效、无效
名义（无序多分类）	3 或更多	各水平不是自然顺序	蓝色、红色、黄色、白色

Minitab 可以对响应变量[二值、有序、名义（无序多分类）]与多个预测变量的观测数据进行回归。

10.7.1　拟合二值 Logistic 曲线

二值拟合线图（Binary Fitted Line Plot）又称为二元拟合线图，可以对二值响应变量中的单个预测变量进行 Logistic 回归。它可使用迭代重加权最小二乘算法拟合包含一个连续预测变量的模型，以获得参数的极大似然估计值。二值 Logistic 回归可将观测值分成两个类别，在某些情况下，其分类错误率比判别分析的分类错误率更低。

【例 10-9】某医学研究人员为了解一种新药的剂量水平（单位：mg）对成人体内细菌的影响，随机选择了 30 位患者参加试验，将新药分成 6 种剂量水平，每种剂量水平各有 5 位患者参加试验，在为期两周的试验结束后，检验患者体内是否有细菌，并记录细菌检测结果为阴性的患者数。试拟合二值 Logistic 曲线模型。

（1）打开工作表“抗菌药.mwx”。

（2）选择【统计（Stat）】→【回归（Regression）】→【二值拟合线图（Binary Fitted Line Plot）】菜单项，打开【二值拟合线图（Binary Fitted Line Plot）】主对话框，如图 10-69 所示。

■　数据类型：可选择以下选项。

- 【二值响应/频率格式的响应（Response in binary response/frequency format）】：如果响应数据为两个值时选择此选项，则 Minitab 将自动忽略包含缺失值的所有观测值。

- 【事件/试验格式的响应（Response in event/trial format）】：如果响应数据是按两列输入的（一列包含成功次数或希望事件数，另一列包含试验次数），则选择此选项可用于分析汇总数据。由于本例为汇总数据，因此选择此选项。

■【事件名称（Event name）】：输入事件的名称，本例输入“有效”，即患者体内未检测到细菌表明有效。

■【事件数（Number of events）】：选择包含事件数的变量，本例选择“无细菌”。

■【试验数（Number of trials）】：选择包含参与试验对象数的变量，本例选择“试验”。

■【预测变量（Predictor）】：选择“剂量”。

注：当数据类型选择【二值响应/频率格式的响应（Response in binary response/frequency format）】时，界面选项的有关介绍请参见图10-74的介绍。

（3）【二值拟合线图：选项（Binary Fitted Line Plot:Options）】对话框如图10-70所示。

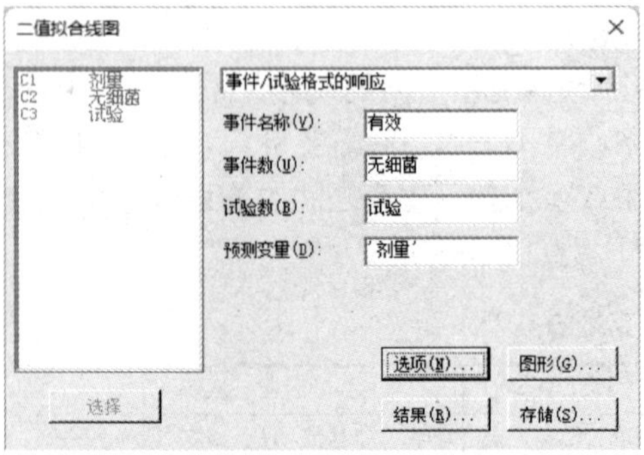

图10-69　【二值拟合线图（Binary Fitted Line Plot）】主对话框

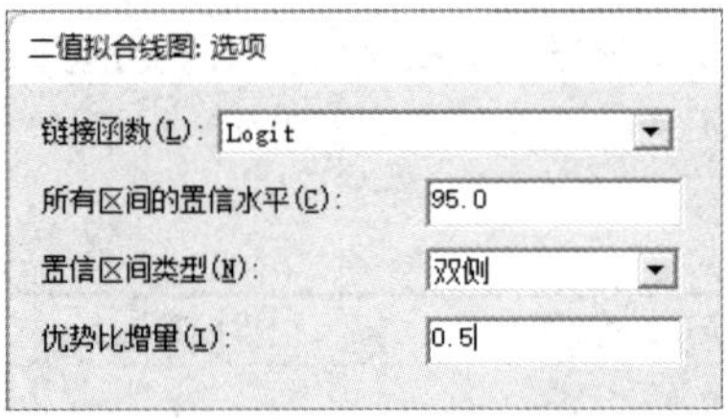

图10-70　【二值拟合线图：选项（Binary Fitted Line Plot:Options）】对话框

■【链接函数（Link Function）】：可选择3种链接函数拟合多种二值响应模型。链接函数是分布函数的反函数。用户可以使用拟合优度统计量比较不同链接函数的拟合效果。Logit链接函数的优点之一是可估计优势比（Odds Ratios，OR）。

- 【Logit】：使用Logit函数。Logit函数是二值Logistic回归的标准函数。
- 【Normit（probit）】：使用Normit函数或概率单位函数。
- 【Gompit（互补对数-对数）（Gompit(complementary log-log)）】：使用Gompit链接函数（互补对数-对数函数）。Gompit链接函数是Gompertz分布函数的反函数。

■【所有区间的置信水平（Confidence level for all intervals）】：默认为“95.0”。

■【置信区间类型（Type of confidence interval）】：可选择【双侧（Two-sided）】、【下限（Lower bound）】或【上限（Upper bound）】。

■【优势比增量（Increments for odds ratios）】：设定连续预测变量中用于计算优势比的单位增量（Increment）。本例为“0.5”，即当模型使用Logit链接函数时，优势比为剂量0.5mg的对数优势的变化。

（4）【二值拟合线图：图形（Binary Fitted Line Plot: Graphs）】对话框如图10-71所示。

■【二值拟合线图（Binary fitted line plot）】：绘制二值拟合线图，可选择图形上显示的内容。本例选择此选项。

- 【显示观测到的比率（Display observed proportions）】：在图形上显示原始数据点。本例选择此选项。

- 【显示置信区间（Display confidence interval）】：显示拟合线指定置信水平的置信区间带。本例选择此选项。

■ 【图中的残差（Residuals for plots）】：选择【标准化（Standardized）】。

■ 【残差图（Residual plots）】：选择【四合一（Four in one）】。

注：有关选项解释参见图 7-12 的解释。

（5）【二值拟合线图：结果（Binary Fitted Line Plot: Results）】对话框如图 10-72 所示，本例选择所有选项。

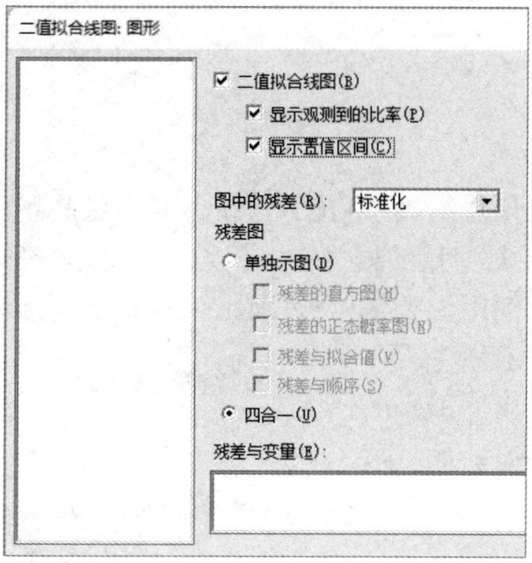

图 10-71 【二值拟合线图：图形（Binary Fitted Line Plot: Graphs）】对话框

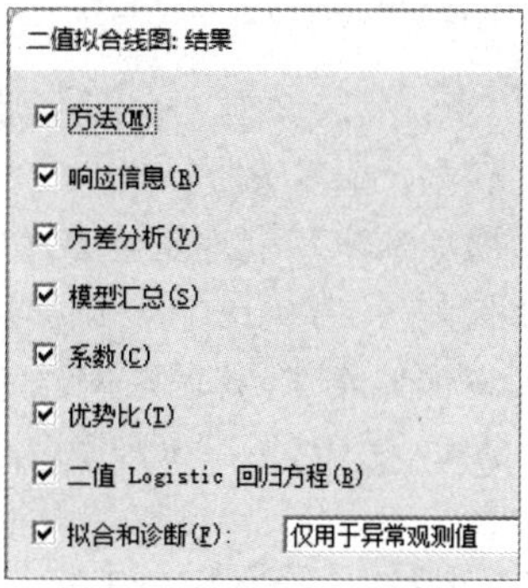

图 10-72 【二值拟合线图：结果（Binary Fitted Line Plot: Results）】对话框

■ 【方法（Method）】：显示链接函数。

■ 【响应信息（Response information）】：显示响应变量中的事件数和非事件数。

■ 【方差分析（Analysis of Variance）】：显示方差分析表。

■ 【模型汇总（Model summary）】：显示评估模型拟合的统计量，包括偏差 R^2。

■ 【系数（Coefficients）】：显示 Wald 正态近似检验的系数和 P 值。

■ 【优势比（Odds ratios）】：显示连续预测变量的优势比。

■ 【二值 Logistic 回归方程（Binary logistic regression equation）】：显示回归方程。

■ 【拟合和诊断（Fits and diagnostics）】：显示拟合和诊断。

- 【仅用于异常观测值（Only for unusual observations）】：仅显示异常观测值的拟合与诊断。本例选择此选项。
- 【适用于所有观测值（For all observations）】：显示所有观测值的拟合与诊断。

（6）【二值拟合线图：存储（Binary Fitted Line Plot: Storage）】对话框如图 10-73 所示。

■ 【拟合（事件概率）（Fits(event probabilities)）】：保存事件概率。

■ 【残差（Residuals）】：保存偏差残差。

■ 【标准化残差（Standardized residuals）】：保存标准化偏差残差。

■ 【删后残差（Deleted residuals）】：保存删后偏差残差。

■ 【系数（Coefficients）】：在模型中出现的顺序沿一列向下保存拟合模型的估计系数。

（7）主要结果及分析。

① 方差分析：显示回归系数的似然比检验 P 值。剂量（毫克）的 χ^2=22.71，P<0.001，按 α=0.05

水准，尚不能认为剂量的回归系数等于 0；回归的 χ^2=22.71，P<0.001，结果是等价的，同样认为该二值 Logistic 回归模型有统计学意义，如结果 10-21 所示。

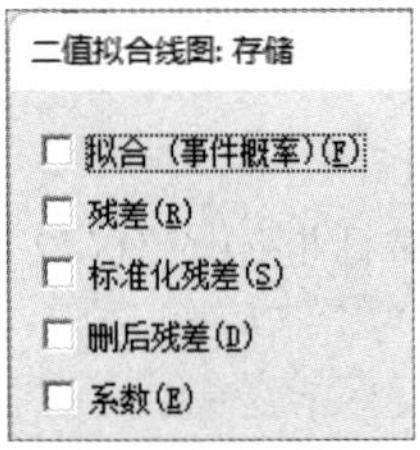

图 10-73　【二值拟合线图：存储（Binary Fitted Line Plot: Storage)】对话框

结果 10-21

方差分析

来源	自由度	调整后偏差	调整后均值	卡方	P 值
回归	1	22.7052	22.7052	22.71	0.000
剂量	1	22.7052	22.7052	22.71	0.000
误差	4	0.9373	0.2343		
合计	5	23.6425			

② 模型汇总：显示偏差 R^2、调整偏差 R^2 和 Akaike 信息准则（AIC）等统计量。这些统计量可用于比较不同模型，偏差 R^2 为 96.04%，在相同数量的预测变量的模型中，偏差 R^2 越大，模型拟合越好。但由于增加预测变量时偏差 R^2 会增大，因此建议使用调整偏差 R^2 来比较具有不同预测变量的模型。调整偏差 R^2 为 91.81%，调整偏差 R^2 越大，表示模型的拟合越好。本例偏差 R^2 和调整偏差 R^2 均很大，表明模型拟合效果很好。AIC 为 10.63，AIC 越小，表示模型拟合越好，如结果 10-22 所示。

结果 10-22

模型汇总

偏差 R-Sq	偏差 R-Sq (调整)	AIC	AICc	BIC
96.04%	91.81%	10.63	14.63	10.22

③ 系数：剂量的估计系数为 3.63，当新药的剂量按 1mg 变化时，通过 $P_{(有效)}/P_{(无效)}$ 对数的变化，得到二值 Logistic 回归方程 $P_{(有效)}=\dfrac{\mathrm{e}^{-5.25+3.63剂量}}{1+\mathrm{e}^{-5.25+3.63剂量}}$，如结果 10-23 所示。

④ 连续预测变量的优势比：新药的剂量水平的变化为 0.5mg，剂量的优势比=6.13，95%置信区间为(1.72, 21.81)，不包含 1，表明剂量的优势比不等于 1，新药的剂量水平每增加 0.5mg，治疗有效的优势是抗菌药的前一个剂量水平的 6.13 倍，如结果 10-24 所示。

结果 10-23

系数

项	系数	系数标准误	方差膨胀因子
常量	-5.25	1.99	
剂量	3.63	1.30	1.00

回归方程

P(有效) = exp(-5.25 + 3.63 剂量)/(1 + exp(-5.25 + 3.63 剂量))

结果 10-24

连续预测变量的优势比

	变更单位	优势比	95% 置信区间
剂量	0.5	6.1279	(1.7218, 21.8087)

10.7.2　二值 Logistic 回归

设 P 为某事件发生的概率，取值范围为 0～1，如患病与否。1−P 为该事件不发生的概率，将比数 $P/(1-P)$取自然对数得 $\ln[P/(1-P)]$，即对 P 进行 Logit 变换，记为 Logit$P$，则 Logit$P$ 的取值范围为−∞～+∞。以 Logit$P$ 为响应变量建立线性回归方程：

$$\mathrm{Logit}P=\beta_0+\beta_1x_1+\cdots+\beta_mx_m$$

经变换得

$$P = \exp(\beta_0 + \beta_1 x_1 + \cdots + \beta_m x_m) / [1 + \exp(\beta_0 + \beta_1 x_1 + \cdots + \beta_m x_m)] \quad (10\text{-}1)$$

或

$$P = 1 / \{1 + \exp[-(\beta_0 + \beta_1 x_1 + \cdots + \beta_m x_m)]\} \quad (10\text{-}2)$$

以上模型即 Logistic 回归模型。实际上，该模型为普通多元线性回归模型的推广，但它的误差项服从二项分布而非正态分布，因此在拟合时采用最大似然估计法进行参数估计。模型中的 β_0 是与诸因素 x_i（i=1,…,m）无关的常数项，表示当预测变量取值全为 0 时，比数（Y=1 与 Y=0 的概率之比）的自然对数值，参数 β_1，β_2，…，β_m 是 Logistic 回归系数，即流行病学中常用的统计指标——优势比（Odds ratio，OR，优势比）的对数，因此，β_i（i=1,…,m）的意义是当其他预测变量取值保持不变时，因素 x_i 每改变一个测量单位时所引起的优势比的自然对数改变量。

【例 10-10】某研究机构欲研究乳腺癌患者发病的危险因素，经回顾性调查，获得某医院在 2012—2015 年中乳腺科收治的 1429 例发生乳腺癌的住院患者的临床资料，同时选取同期乳腺科收治的未发生乳腺癌仅发生乳腺良性病变的 1432 例住院患者的临床资料作为对照。本资料共涉及 5 个变量，分别为年龄、母乳喂养史、血型、一级亲属肿瘤家族史、BMI 分组。其中，BMI 分组和血型为多分类变量，分别有 3 个水平和 4 个水平；年龄为定量变量；母乳喂养史、一级亲属肿瘤家族史为二分类变量。试根据本资料分析影响乳腺癌患者发病的危险因素，并建立预测乳腺癌患者发病的数学模型。

（1）打开工作表“乳腺癌.mwx”。

（2）选择【统计（Stat）】→【回归（Regression）】→【二值 Logistic 回归（Binary Logistic Regression）】→【拟合二值 Logistic 模型（Fit Binary Logistic model）】菜单项，打开【二值 Logistic 回归（Binary Logistic Regression）】主对话框，如图 10-74 所示。

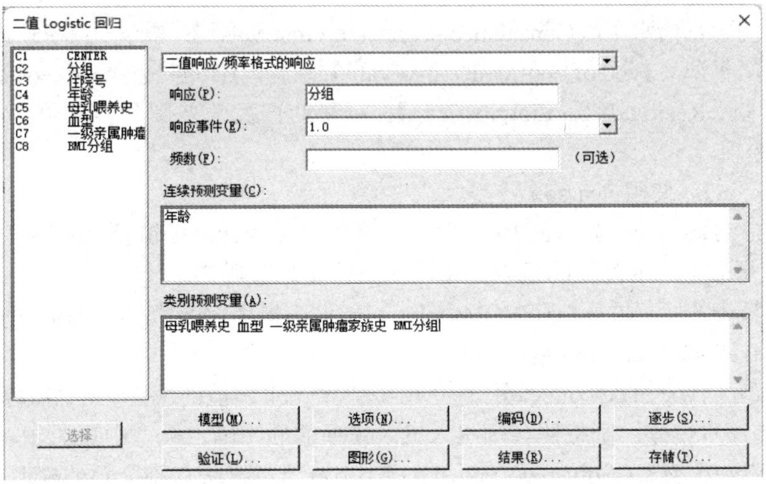

图 10-74　【二值 Logistic 回归（Binary Logistic Regression）】主对话框

- 数据类型：选择【二值响应/频率格式的响应（Response in binary response/frequency format）】。
- 【响应（Response）】：选择响应变量“分组”。
- 【响应事件（Response event）】：选择分析结果将描述的期望事件或阳性结果，本例选择的阳性结果为乳腺癌，因此选择“1.0”。
- 【频数（Frequency）】：对于汇总数据，选择包括频率计数的变量，由于本例为原始数据，因此未选择此选项。

- 【连续预测变量（Continuous predictors）】：选择“年龄”。
- 【类别预测变量（Categorical predictors）】：选择“母乳喂养史”“血型”“一级亲属肿瘤家族史”“BMI 分组”。

如果数据类型选择【事件/试验格式的响应（Response in event/trial format）】，则本对话框有关选项的介绍参见图 10-69 的介绍。

（3）【二值 Logistic 回归：模型（Binary Logistic Regression: Model）】对话框（界面参考图 10-13）中各选项均为默认选项。

（4）【二值 Logistic 回归：选项（Binary Logistic Regression: Options）】对话框如图 10-75 所示。

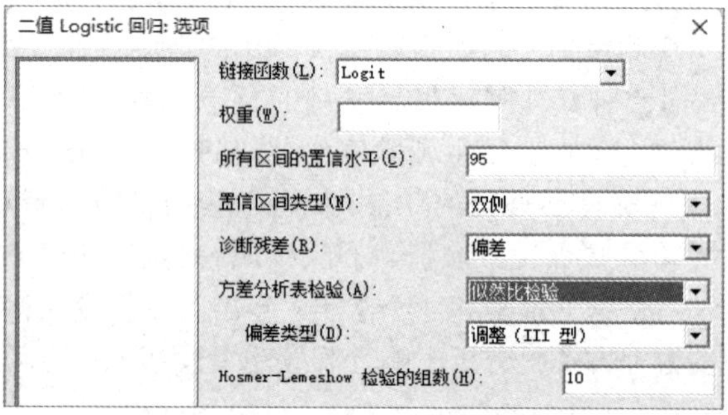

图 10-75 【二值 Logistic 回归：选项（Binary Logistic Regression: Options）】对话框

- 【链接函数（Link function）】：选择【Logit】。
- 【权重（Weights）】：选择进行加权回归的权重变量，权重必须大于或等于 0，权重变量列的长度必须与响应变量相同。
- 【所有区间的置信水平（Confidence level for all intervals）】：默认为“95”。
- 【置信区间类型（Type of confidence interval）】：选择【双侧（Two-sided）】。
- 【诊断残差（Residuals for diagnostics）】：可帮助查找残差图和异常值的分布模式，可选择以下选项。
  - 【Pearson】：使用 Pearson 残差。
  - 【偏差（Deviance）】：使用偏差残差，当模型使用 Logit 链接函数时，偏差残差的分布更像是最小二乘模型的残差分布，本例选择此选项。
- 【方差分析表检验（Test for ANOVA table）】：可选择【Wald 检验（Wald test）】或【似然比检验（Likelihood ratio test）】。
- 【偏差类型（Type of deviance）】：选择用于计算χ^2和 P 值的偏差。常用调整（III 型）偏差，如果使用序贯偏差，则按照各项引入输入模型的顺序确定模型中项的显著性。
  - 【调整（III 型）（Adjusted(Type III)）】：相对于包含所有剩余项的模型，调整（III 型）偏差可测量各项偏差的减少量。
  - 【序贯（I 型）（Sequential(Type I)）】：当将某项引入仅包含该项之前的项的模型时，序贯残差可测量引入的项的偏差减少量。
- 【Hosmer-Lemeshow 检验的组数（Number of groups for Hosmer-Lemeshow test）】：输入 Hosmer-Lemeshow 检验的组数，Hosmer-Lemeshow 统计量是来自 2×组数表的χ^2拟合优度统计量，默认组数为“10”。如果可区分因子/协变量分布模式的数量很小或很大，则需要调整该组数。Hosmer 和 Lemeshow 建议最小组数为 6。

（5）【二值 Logistic 回归：编码（Binary Logistic Regression: Code）】对话框如图 10-76 所示。

- 【优势比增量（Increments for odds ratios）】：设定模型中【连续预测变量（Continuous predictors）】的优势比【增量（Increments）】，在本例中，【连续预测变量（Continuous predictors）】为“年龄”，其【增量（Increments）】为“10”，即当模型使用 Logit 链接函数时，优势比为年龄每增加 10 岁的对数优势的变化。
- 【类别预测变量编码（Coding for categorical predictors）】：选择【(1, 0)】，即估计每个水平均值与参考水平均值之间的优势比。
  - 【类别预测变量（Categorical predictor）】和【参考水平（Reference level）】：列表自动显示所有分类预测变量和默认参考水平，用户也可以设定任意分类作为参考水平。当 Logistic 回归模型中包含一个分类预测变量时，Minitab 将根据数据类型和编码方案分配一个分类水平作为参考水平。如果选择(–1,0,1)编码，则对于数字分类预测变量，参考水平为最大值的水平；对于日期/时间分类预测变量，参考水平为最近日期/时间的水平；对于文本分类预测变量，参考水平为按字母顺序排在最后的水平。如果选择(1,0)编码，则对于数字分类预测变量，参考水平为最小值的水平；对于日期/时间分类预测变量，参考水平为最早日期/时间的水平；对于文本分类预测变量，参考水平为按字母顺序排在最前的水平。
- 【标准化连续预测变量（Standardize continuous predictors）】：选择【不标准化（Do not standardize）】。

注：更多选项的解释请参见图 10-15 的解释。

（6）在【二值 Logistic 回归：逐步（Binary Logistic Regression: Stepwise）】对话框（界面参考图 10-16）中，【方法（Method）】选择【逐步（Stepwise）】，【入选用 Alpha（Alpha to enter）】为“0.05”，【删除用 Alpha（Alpha to remove）】为“0.1”，其他为默认选项。

（7）在【二值 Logistic 回归：验证（Binary Logistic Regression: Validation）】对话框中，【验证方法（Validation method）】可选择【无（None）】。该对话框中选项的介绍参见图 10-19 和图 10-20 的介绍。

（8）在【二值 Logistic 回归：图形（Binary Logistic Regression: Graphs）】对话框（见图 10-77）中，【图中的残差（Residuals for plots）】选择【标准化（Standardized）】，【残差图（Residual plots）】选择【三合一（Three in one）】。

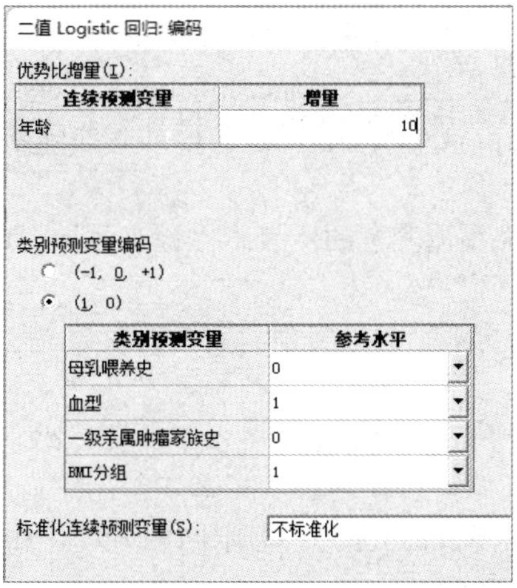

图 10-76　【二值 Logistic 回归：编码（Binary Logistic Regression: Code）】对话框

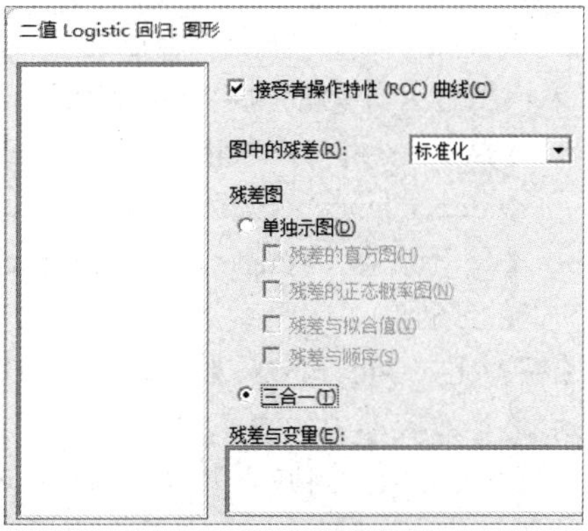

图 10-77　【二值 Logistic 回归：图形（Binary Logistic Regression: Graphs）】对话框

- 【接受者操作特性(ROC)曲线（Receiver operating characteristic (ROC) curve）】：绘制模型 ROC 曲线。ROC 曲线下面积（Area under the ROC curve）记为 A，A 可以用于综合评价模型预测的准确性，可以将它理解为在所有特异度下的平均灵敏度，其取值范围为 $0 \leq A \leq 1$，当 $A>0.5$ 时，A 越接近 1 说明模型预测的准确性越高；当 $A=0.5$ 时，说明模型预测完全不起作用；当 $A<0.5$ 时，说明不符合实际情况。一般认为，$0.5<A\leq 0.7$ 表示预测价值较低；$0.7<A\leq 0.9$ 表示预测价值中等；$A>0.9$ 表示预测价值较高。

注：其他选项的解释参见图 7-12 的解释。

（9）【二值 Logistic 回归：结果（Binary Logistic Regression: Results）】对话框如图 10-78 所示。

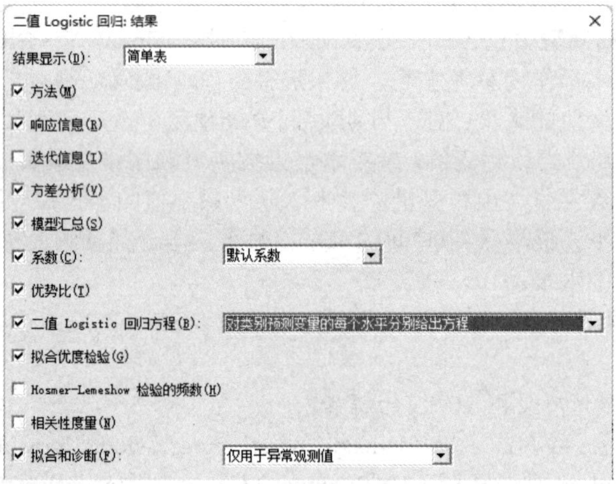

图 10-78 【二值 Logistic 回归：结果（Binary Logistic Regression: Results）】对话框

- 【结果显示（Display of results）】：选择【简单表（Simple tables）】。
- 【方法（Method）】：显示某些分析设置的汇总表。
- 【响应信息（Response information）】：显示响应变量中的事件数和非事件数。
- 【迭代信息（Iteration information）】：显示每次参数迭代的偏差。
- 【方差分析（Analysis of variance）】：显示方差分析表。
- 【模型汇总（Model summary）】：显示评估模型拟合的统计量，包括偏差 R^2。
- 【系数（Coefficients）】：显示系数、标准误和方差膨胀因子（Variance Inflation Factors，VIF），扩展表还可显示 Wald 正态近似（Wald normal approximation）的置信区间和检验结果。如果模型包含分类预测变量，那么可以选择以下选项。
  - 【默认系数（Default coefficients）】：显示分类预测变量的所有线性独立系数（Linearly independent coefficients）。
  - 【整套系数（Full set of coefficients）】：显示所有水平的分类预测变量的系数，包括最终的线性相关水平系数。
- 【优势比（Odds ratios）】：显示每个连续预测变量和分类预测变量各水平的优势比，但不显示交互效应项中预测变量的优势比。
- 【二值 Logistic 回归方程（Binary Logistic regression equation）】：显示回归方程，如果模型包含分类预测变量，那么可以选择以下选项。
  - 【对类别预测变量的每个水平分别给出方程（Separate equation for each set of categorical predictor levels）】：显示每个分类预测变量的多个方程。

- 【单一方程（Single equation）】：显示一个包括所有水平的所有分类预测变量的方程。

■ 【拟合优度检验（Goodness-of-fit tests）】：显示 Pearson、偏差和 Hosmer-Lemeshow 拟合优度检验。

■ 【Hosmer-Lemeshow 检验的频数（Frequencies for Hosmer-Lemeshow test）】：显示确定 Hosmer-Lemeshow 检验拟合的观测频数和期望频数（Expected frequencies）。

■ 【相关性度量（Measures of associaton）】：显示 Somer D 值、Goodman-Kruskal γ 值及 Kendall τ_a 等统计量。

■ 【拟合和诊断（Fits and diagnostics）】：显示拟合和诊断，扩展表还可显示标准误、置信区间、删后残差、杠杆率（H_i）、Cook 距离和 DFITS，还可选择以下选项。

- 【仅用于异常观测值（Only for unusual observations）】：仅显示异常观测值的拟合与诊断。
- 【适用于所有观测值（For all observations）】：显示所有观测值的拟合与诊断。

（10）【二值 Logistic 回归：存储（Binary Logistic regression: storage）】对话框如图 10-79 所示。

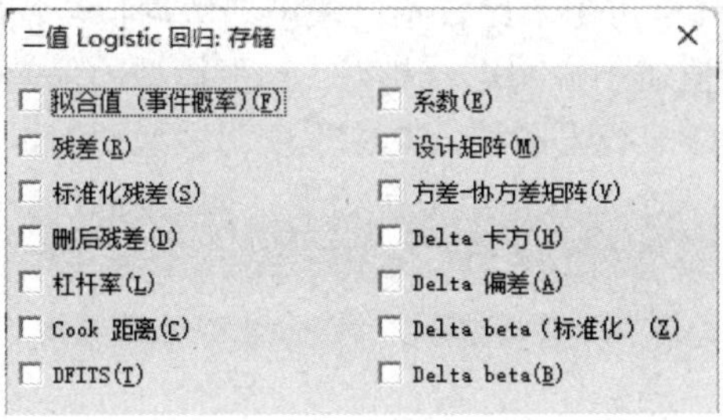

图 10-79 【二值 Logistic 回归：存储（Binary Logistic Regression: Storage）】对话框

■ 【拟合值（事件概率）（Fits(event probabilities)）】：保存事件概率。事件概率为出现特定结果或条件（事件或成功）的概率。事件概率又称为预测概率（Predicted probability），用于估计事件发生的可能性。在二值 Logistic 回归中，响应变量只有两个可能值，如存在或不存在某种特定疾病。事件概率是给定因子/协变量模式的响应为 1 或某一事件的可能性，如 50 岁以上的妇女患 II 型糖尿病的可能性。

■ 【残差（Residuals）】：保存偏差残差（Deviance residual）或 Pearson 残差。偏差残差和 Pearson 残差都是模型预测观测值准确程度的度量。当模型拟合较差时，偏差残差和 Pearson 残差较高。Minitab 针对每个可区分的因子/协变量模式计算偏差残差和 Pearson 残差。

■ 【标准化残差（Standardized residuals）】：保存标准化偏差残差或标准化 Pearson 残差。

■ 【删后残差（Deleted residuals）】：保存删后偏差残差或删后 Pearson 残差。

■ 【杠杆率（Leverages）】：保存杠杆率。

■ 【Cook 距离（Cook's distance）】：保存 Cook 距离。

■ 【DFITS】：保存 DFITS。

■ 【系数（Coefficients）】：可按照系数在模型中出现的顺序在一个变量中向下保存拟合模型的估计系数。

■ 【设计矩阵（Design matrix）】：保存与模型对应的设计矩阵。

■ 【方差-协方差矩阵（Variance-covariance matrix）】：保存 $d \times d$ 矩阵$(\boldsymbol{X'WX})^{-1}$，其中，d 为模型中参数的个数。$(\boldsymbol{X'WX})^{-1}$ 矩阵是估计系数的方差-协方差矩阵。

■ 【Delta 卡方（Delta chi-square）】：保存χ^2 的变化。Delta χ^2（卡方）为由删除所有包含第 j 个因子/协变量模式的观测值而导致的 Pearson χ^2 变化。当模型拟合较差时，Delta χ^2 较高。

- 【Delta 偏差（Delta deviance）】：保存偏差统计量的变化，即 Delta 偏差。Delta 偏差为由删除所有包含第 j 个因子/协变量模式的观测值而导致的偏差统计量变化。
- 【Delta beta（标准化）（Delta beta(Standardized)）】：保存标准化估计系数的变化。Delta beta（标准化）为由删除所有包含第 j 个因子/协变量模式的观测值而导致的标准化估计系数的变化。
- 【Delta beta】：保存估计系数的变化。Delta beta 为由删除所有包含第 j 个因子/协变量模式的观测值而导致的估计系数的变化。

（11）主要结果及分析。

① 方差分析：本例进行逐步 Logistic 回归，总体回归的 χ^2=1576.64，P<0.001，按 α=0.05 水准，可认为回归方程中至少有一个预测变量的系数不等于 0，表明回归方程有统计学意义。最终引入回归方程的变量有两个，即年龄：χ^2=1386.15，P<0.001；BMI 分组：χ^2=8.28，P=0.016<0.05，按 α=0.05 水准，两者的回归系数不等于 0，如结果 10-25 所示。

② 模型汇总：显示的统计量可用于比较不同模型的数据拟合程度。偏差 R^2 和调整偏差 R^2 的值越大表明拟合越好，AIC 的值越小说明拟合越好。当前模型的偏差 R^2 为 39.75%，调整偏差 R^2 为 39.68%，AIC 为 2397.54。ROC 曲线下面积为 0.89，表明模型预测价值中等。用户可尝试拟合不同的模型来比较这 4 个统计量的大小，以找出最优模型，如结果 10-26 和图 10-80 所示。

结果 10-25

方差分析

来源	自由度	序贯偏差	分布	调整后偏差	调整后均值	似然比卡方	P 值
回归	3	1576.64	39.75%	1576.64	525.55	1576.64	0.000
年龄	1	1568.36	39.54%	1386.15	1386.15	1386.15	0.000
BMI分组	2	8.28	0.21%	8.28	4.14	8.28	0.016
误差	2857	2389.54	60.25%	2389.54	0.84		
合计	2860	3966.19	100.00%				

结果 10-26

模型汇总

偏差 R-Sq	偏差 R-Sq (调整)	AIC	AICc	BIC	ROC 曲线下面积
39.75%	39.68%	2397.54	2397.55	2421.38	0.8898

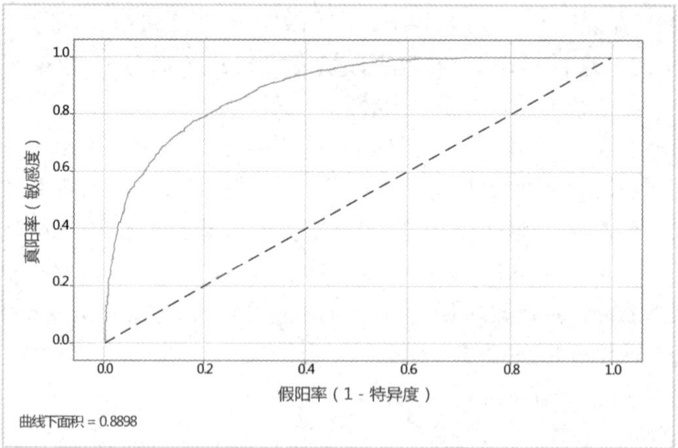

图 10-80 模型预测值的 ROC 曲线

③ 系数：显示估计系数、系数标准误和方差膨胀因子（VIF）等。年龄的估计系数为 0.1487，表示在因子 BMI 分组保持恒定的情况下，年龄增加一个单位（1 岁）时 $P_{(病例组)}/P_{(对照组)}$ 的对数值所发生的变化。BMI 分组为 2.00 和 3.00 的估计系数分别为−0.36 和−0.09，表示 $P_{(病例组)}/P_{(对照组)}$ 的对数值的变化，即假设在协变量年龄是固定的情况下，这两个系数分别表示中 BMI 组（2.00）与低 BMI 组（1.00）的比较，以及高 BMI 组（3.00）与低 BMI 组的比较，如结果 10-27 所示。

结果 10-27

系数

项	系数	系数标准误	95% 置信区间	Z 值	P 值	方差膨胀因子
常量	-6.076	0.278	(-6.622, -5.531)	-21.83	0.000	
年龄	0.1487	0.00560	(0.13771, 0.15967)	26.54	0.000	1.04
BMI分组						
2.00	-0.360	0.154	(-0.663, -0.058)	-2.34	0.019	2.18
3.00	-0.092	0.172	(-0.429, 0.245)	-0.54	0.592	2.19

④ 连续预测变量的优势比：由于年龄每增加 1 岁，对乳腺癌患病率影响非常小，因此用更大年龄差的研究对象的优势比进行对比会发现更明显的差别。本例的年龄变更单位为 10 岁，优势比为 4.42，95%置信区间为(3.96,4.94)，不包含 1，按 α=0.05 水准，不等于 1。结合正系数 0.1487 表明年龄越大患乳腺癌的概率越高，年龄每增加 10 岁，患乳腺癌的概率增加 4.42−1=3.42 倍，如结果 10-28 所示。

⑤ 类别预测变量的优势比：BMI 分组共有 3 个水平，3 个水平两两比较共得到 3 个优势比。中 BMI 组与低 BMI 组相比，优势比为 0.70，95%置信区间为(0.52, 0.94)，均小于 1，表明相对于低 BMI 组，中 BMI 组为保护因素，中 BMI 组患乳腺癌的概率是低 BMI 组的 0.70 倍。

高 BMI 组与中 BMI 组相比，优势比为 1.31，95%置信区间为(1.03, 1.66)，大于 1，表明相对于中 BMI 组，高 BMI 为危险因素，高 BMI 组患乳腺癌的概率是中 BMI 组的 1.31 倍。高 BMI 组和低 BMI 组优势比的 95%置信区间(0.65,1.28)包含 1，按 α=0.05 水准，可认为这两组患乳腺癌概率的差别无统计学意义，如结果 10-29 所示。

结果 10-28

连续预测变量的优势比

	变更单位	优势比	95% 置信区间
年龄	10	4.4233	(3.9634, 4.9366)

结果 10-29

类别预测变量的优势比

水平 A	水平 B	优势比	95% 置信区间
BMI分组			
2.00	1.00	0.6974	(0.5154, 0.9436)
3.00	1.00	0.9121	(0.6513, 1.2773)
3.00	2.00	1.3079	(1.0305, 1.6599)

水平 A 相对于水平 B 的优势比

⑥ 回归方程：由于 BMI 分组共有 3 个水平，因此可得以下 3 个回归方程。

低 BMI 组：$P_{(病例组)}=\dfrac{e^{-6.076+0.1487年龄}}{1+e^{-6.076+0.1487年龄}}$。

中 BMI 组：$P_{(病例组)}=\dfrac{e^{-6.437+0.1487年龄}}{1+e^{-6.437+0.1487年龄}}$。

高 BMI 组：$P_{(病例组)}=\dfrac{e^{-6.168+0.1487年龄}}{1+e^{-6.168+0.1487年龄}}$。

与中 BMI 组相比，低 BMI 组和高 BMI 组的常数项更大，表明这些人患乳腺癌的概率更高，如结果 10-30 所示。

⑦ 拟合优度检验：显示偏差、Pearson 和 Hosmer-Lemeshow 的拟合优度检验。当 $P<\alpha$ 时，检验将否定充分拟合的原假设。但是 Logistic 回归模型没有一个公认的统计量来衡量拟合优度检验。在本例的偏差拟合优度检验中，P=1.000>0.05，表明 Logistic 回归模型拟合良好。而在 Pearson 拟合优度检验和 Hosmer-Lemeshow 拟合优度检验中，P<0.001，表明 Logistic 回归模型拟合较差，如结果 10-31 所示。

结果 10-30

回归方程

P(1.0) = exp(Y')/(1 + exp(Y'))

BMI分组	
1.00	Y' = -6.076 + 0.1487 年龄
2.00	Y' = -6.437 + 0.1487 年龄
3.00	Y' = -6.168 + 0.1487 年龄

结果 10-31

拟合优度检验

检验	自由度	卡方	P 值
偏差	2857	2389.54	1.000
Pearson	2857	3219.97	0.000
Hosmer-Lemeshow	8	38.91	0.000

⑧ 异常观测值的拟合和诊断：显示标准化残差或杠杆率较大的观测值。例如，模型对观测值2826的拟合度不高（*X*），读者应进一步调查此个案，找出模型与其拟合度不高的原因。观测值93可能对模型的影响较大（*R*），可以在删除此个案后拟合模型，以观察该观测值对结果的影响有多大，如结果10-32所示。

结果 10-32

异常观测值的拟合和诊断

观测值	观测到的概率	拟合值	拟合值标准误	95% 置信区间	残差	标准化残差	删后残差	Hi(杠杆率)	Cook 距离
21	0.0000	0.9210	0.0090	(0.9015, 0.9368)	-2.2530	-2.25	-2.26	0.0011022	0.00
93	0.0000	0.9714	0.0044	(0.9614, 0.9789)	-2.6662	-2.67	-2.67	0.0007000	0.01
165	0.0000	0.8848	0.0112	(0.8609, 0.9050)	-2.0789	-2.08	-2.08	0.0012378	0.00
省略中间部分结果									
2826	0.0000	0.6144	0.0330	(0.5480, 0.6768)	-1.3806	-1.38	-1.38	0.0046010	0.00
2832	1.0000	0.2648	0.0288	(0.2123, 0.3250)	1.6301	1.63	1.63	0.0042715	0.00
2860	1.0000	0.6144	0.0330	(0.5480, 0.6768)	0.9870	0.99	0.99	0.0046010	0.00

观测值	DFITS	
21	-0.113458	R
93	-0.154300	R
165	-0.097613	R
2826	-0.086020	X
2832	0.109358	X
2860	0.053983	X

R 残差大
X 异常 X

⑨ 偏差残差图：在Logistic回归中，残差及残差的方差并不独立于估计概率，残差不服从正态分布，且存在异方差性。由于偏差残差更接近正态分布，因此常选择偏差残差。本例偏差残差的正态概率图非直线，且偏差残差的直方图为双峰，对于依靠正态分布理论的结果（预测概率的置信区间），在解释时应非常小心，如图10-81所示。

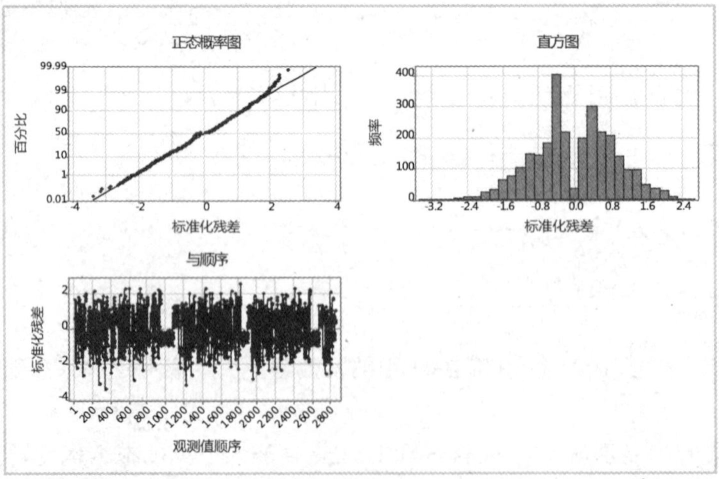

图10-81 乳腺癌患者发病危险因素二值Logistic回归的偏差残差图

⑩ 模型Logit(*y*)还可用于预测，如某年龄60岁、BMI分组≥24的女性患者，根据本回归方程，罹患乳腺癌的概率为0.94；某年龄20岁、18.5≤BMI分组<24的女性患者罹患乳腺癌的概率为0.03。

10.7.3　无序多分类资料的名义 Logistic 回归

名义 Logistic 回归又称为多项分类 Logistic 回归（Polytomous Logistic regression），是普通二值 Logistic 回归的自然推广。在实际中用得最多的是二项响应 Logistic 回归，但当响应变量的水平多于两个时，如胃部病变分为胃炎、不典型增生和恶性病变，颜色分为红色、绿色、黄色、蓝色，学校课程分为数学、语文、英语等，普通二值 Logistic 回归就不适用了，这时可以使用无序多分类资料的名义 Logistic 回归进行分析。

为便于理解，可以把无序多分类资料的名义 Logistic 回归模型分解成若干个简单的二项响应 Logistic 回归模型，只需注意这些模型的参数估计和假设检验是放在一起进行的。例如，对于响应变量有 3 个水平 a、b、c，如果以 a 为参照水平，则得到两个 Logistic 函数，一个是 b 与 a 相比，另一个是 c 与 a 相比，即

$$\text{Logit}P_a = \ln(P_a / P_b) = \ln 1 = 0$$
$$\text{Logit}P_b = \ln[P(Y = b \mid X) / P(Y = a \mid X)] = a_b + \beta_{11}x_1 + \cdots + \beta_{1p}x_p$$
$$\text{Logit}P_c = \ln[P(Y = c \mid X) / P(Y = a \mid X)] = a_c + \beta_{21}x_1 + \cdots + \beta_{2p}x_p$$

同时，$P_a+P_b+P_c=1$。

由上式可以看出，$Y=a$ 成为 b 和 c 的共同参照组，如果希望比较 b 和 c，则直接将 LogitP_b 与 LogitP_c 相减即可得到相应函数。

无序多分类 Logistic 回归模型的拟合可通过 Minitab 中名义 Logistic 回归过程实现。

【例 10-11】现有研究不同细胞的分化程度（X_1）和细胞染色（X_2）与恶性肿瘤组织类型（Y）关系的资料，试拟合无序多分类 Logistic 回归模型，并分析不同细胞的分化程度和细胞染色与恶性肿瘤组织类型的关系。

（1）打开工作表“恶性肿瘤.mwx”。

（2）选择【统计（Stat）】→【回归（Regression）】→【名义 Logistic 回归（Nominal Logistic Regression）】菜单项，打开【名义 Logistic 回归（Nominal Logistic Regression）】主对话框，如图 10-82 所示。

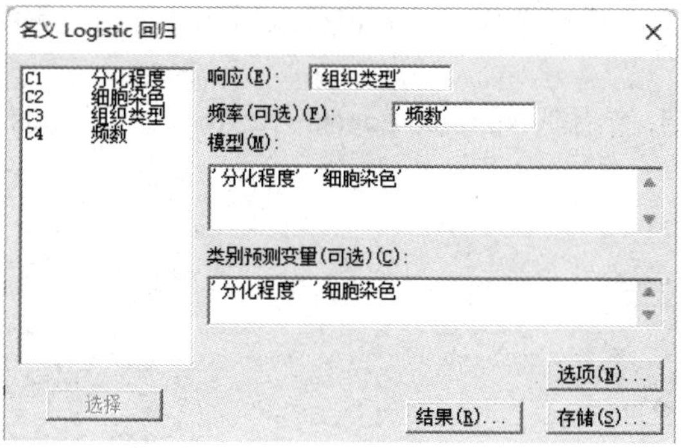

图 10-82　【名义 Logistic 回归（Nominal Logistic Regression）】主对话框

- 【响应（Response）】：选择响应变量，该变量至少包含 3 个水平，本例选择“组织类型”。
- 【频率（可选）（Frequency(optional)）】：如果数据是汇总资料，那么应选择频率变量，本例选择“频数”。
- 【模型（Model）】：选择模型包含的项。名义 Logistic 回归模型的模型项最多可以包含 9 个

因子和 50 个协变量，包括交叉或嵌套因子，彼此交叉、与因子交叉或嵌套在因子内的协变量。连续预测变量建模为协变量，分类预测变量建模为因子。常见的方式如下（*A* 为因子，*X* 为协变量）。

① *A* *X* *A* * *X*：拟合具有与因子交叉的协变量模型。

② *A* | *X*：拟合具有与因子交叉的协变量模型。

③ *A* *X* *X* * *X*：拟合具有与自身交叉形成平方项的协变量模型。

④ *A* *X*（*A*）：拟合具有嵌套在一个因子内的协变量模型。

本例选择“分化程度”“细胞染色”。

- 【类别预测变量（可选）（Categorical predictors(optional)）】：选择作为因子的分类预测变量，选中的变量将视为因子，未选中的变量将视为协变量，本例选择“分化程度”“细胞染色”。

（3）【名义 Logistic 回归：选项（Nominal Logistic Regression: Options）】对话框如图 10-83 所示。

- 【参考选项（Reference Options）】。
  - 【参考事件（Reference event）】：定义响应变量的参考事件。当响应变量为二分类或多分类时，需要将其中一个水平指定为参考事件。默认参考事件与数据类型有关：对于数字变量，参考事件为最大值；对于日期/时间变量，参考事件为最近的日期/时间；对于文本变量，参考事件为按字母顺序排在最后的事件。如果要更改默认事件，则输入参考事件。
  - 【参考水平（输入类别预测变量，然后输入水平）（Reference level(enter categorical predictor followed by level)）】：如果要更改默认水平，则可选择预测变量并输入参考水平。
- 【算法选项（Algorithm Options）】。
  - 【算法的起始估计存于（Starting estimates for algorithm）】：选择包含模型参数初始值的变量，以指定模型参数的初始值或验证模型的参数估计。
  - 【验证的模型估计存于（Estimates for validation model）】：选择包含估计模型参数的变量，以用于拟合该验证模型。
- 【最大迭代次数（Maximum number of iterations）】：默认为 20。用户也可以设定最大迭代次数。Logistic 回归命令通过迭代过程获得极大似然估计，如果收敛前达到最大迭代次数，则终止命令。

（4）【名义 Logistic 回归：结果（Nominal Logistic Regression: Results）】对话框如图 10-84 所示。

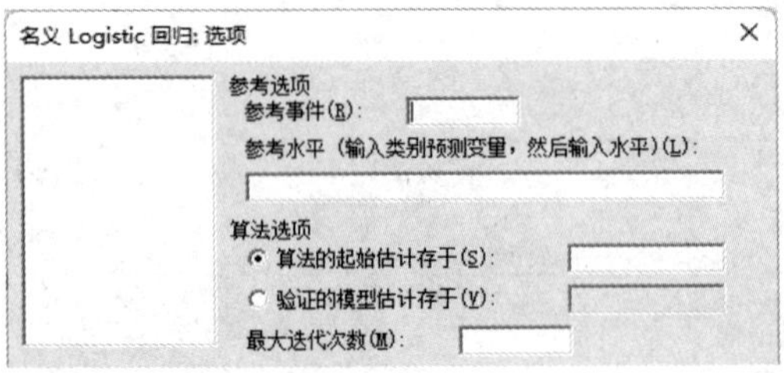

图 10-83 【名义 Logistic 回归：选项（Nominal Logistic Regression: Options）】对话框

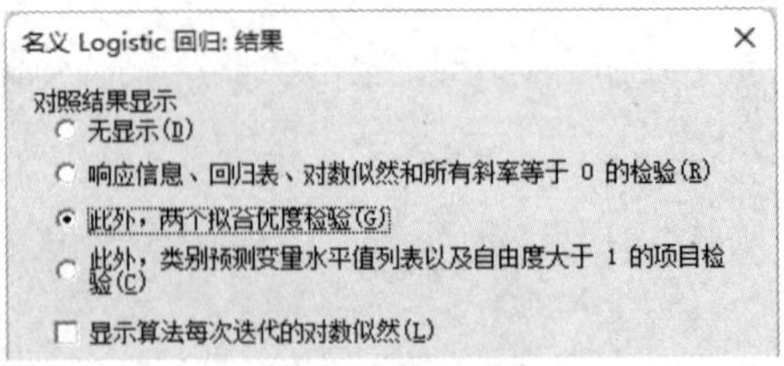

图 10-84 【名义 Logistic 回归：结果（Nominal Logistic Regression: Results）】对话框

- 【对照结果显示（Control the Display of Results）】。
  - 【无显示（Display nothing）】：不显示结果，但保存统计量并显示图形。
  - 【响应信息、回归表、对数似然和所有斜率等于 0 的检验（Response information, regression

table, log-likelihood, and test that all slopes equal 0)】：显示响应信息、Logistic 回归表、对数似然和所有斜率等于 0 的检验。

- 【此外，两个拟合优度检验（In addition, 2 goodness-of-fit tests）】：除上述两个结果外，还显示 Pearson 拟合优度检验和偏差拟合优度检验，本例选择此选项。
- 【此外，类别预测变量水平值列表以及自由度大于 1 的项目检验（In addition, list of categorical predictor level values, and tests for terms with more than 1 degree of freedom）】：除上述 3 个结果外，还显示预测变量水平值和自由度大于 1 的项目检验。

■ 【显示算法每次迭代的对数似然（Show log-likelihood for each iteration of algorithm）】：显示参数估计过程中每次迭代的对数似然。

（5）【名义 Logistic 回归：存储（Nominal Logistic Regression: Storage）】对话框如图 10-85 所示。

■ 【估计方程特征（Characteristics of Estimated Equation）】。

- 【系数（Coefficients）】：按估计系数在模型中出现的顺序保存拟合模型的估计系数。
- 【系数的标准误（Standard error of coefficients）】：按估计系数在模型中出现的顺序保存估计系数的标准误。
- 【方差/协方差矩阵（Variance/covariance matrix）】：保存 $d\times d$ 矩阵$(\boldsymbol{X'WX})^{-1}$，其中，d 为模型中参数的数量；$(\boldsymbol{X'WX})^{-1}$ 矩阵是估计系数的方差-协方差矩阵。
- 【最后迭代的对数似然（Log-likelihood for last iteration）】：将最后一个对数似然保存到常量中。

■ 【事件概率和/或总量数据（Event probabilities and/or aggregated data）】。

- 【试验数（Number of trials）】：保存每个因子/协变量模式的试验数。

■ 【对于其余两个存储项（For the remaining two storage items）】。

- 【输入事件数（Enter the number of events）】：响应变量的水平（可区分响应值）数。
- 【事件概率（Event probabilities）】：保存预测事件概率，每个可区分响应值对应一个概率。
- 【出现次数（Number of occurrences）】：保存第 j 个因子/协变量模式的出现次数。

（6）主要结果及分析。

① 响应信息：显示响应变量中各分类的例数（计数），定义 3（大细胞癌）为参考事件（见结果 10-33）。

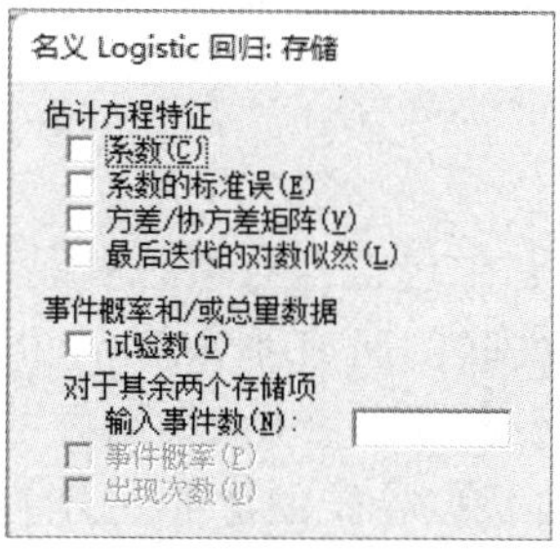

图 10-85 【名义 Logistic 回归：存储（Nominal Logistic Regression: Storage）】对话框

结果 10-33

响应信息

变量	值	计数	
组织类型	3	164	（参考事件）
	2	85	
	1	79	
	合计	328	

② Logistic 回归表（见结果 10-34）：显示估计系数（参数估计）、系数标准误、Z 值、P 值、优势比，以及优势比的 95%置信区间。与预测变量关联的系数是在假设其他所有因子和协变量相同

的情况下，预测变量每单位变化时 Logit 中变化的参数估计。

如果响应变量数有 k 个水平，则计算 k–1 组参数估计，由于本例响应变量的水平数为 3，因此本例标记为 Logit1 和 Logit2。

第一组估计 Logit 标记为 Logit1，是腺癌（Y=2）相对于大细胞癌（Y=3）的 Logit 中变化的参数估计。与腺癌和大细胞癌两种恶性肿瘤组织类型相比，细胞的分化程度 X_1=1、X_1=2 和 X_1=3 与恶性肿瘤组织类型并无统计相关关系（P 值分别为 0.300 和 0.053）。而细胞染色阴性（X_2=2）的患者比细胞染色阳性（X_2=1）的患者恶性肿瘤组织类型诊断为大细胞癌的可能性更大（Z=−2.33，P=0.020<0.05，优势比=0.53）。

第二组估计 Logit 标记为 Logit2，是磷癌（Y=1）相对于大细胞癌（Y=3）的 Logit 中变化的参数估计。细胞分化程度和细胞染色对应的 P 值均小于 0.05，表明细胞的分化程度和细胞染色与恶性肿瘤组织类型呈相关关系。其中，与细胞的分化程度 X_1=1 相比，X_1=2 和 X_1=3 的患者诊断为磷癌的可能性更大（Z=3.46，P=0.001<0.01，优势比=3.45；Z=3.43，P=0.001，优势比=3.72）。而细胞染色阴性（X_2=2）的患者比细胞染色阳性（X_2=1）的患者恶性肿瘤组织类型诊断为大细胞癌的可能性更大（Z=−2.17，P=0.030<0.05，优势比=0.54）。

因此，可以得到两个 Logistic 回归模型，分别为

$$\text{Logit}(P_{\text{腺癌}} / P_{\text{大细胞癌}}) = -0.62 + 0.33X_{11} + 0.65X_{12} - 0.64X_2$$
$$\text{Logit}(P_{\text{磷癌}} / P_{\text{大细胞癌}}) = -1.29 + 1.24X_{11} + 1.31X_{12} - 0.62X_2$$

极大似然迭代中最后一个对数似然为−327.51。

结果 10-34

Logistic 回归表

						95% 置信区间	
自变量	系数	系数标准误	Z	P	优势比	下限	上限
Logit 1:(2/3)							
常量	-0.622080	0.259798	-2.39	0.017			
分化程度							
2	0.333471	0.321570	1.04	0.300	1.40	0.74	2.62
3	0.654098	0.338383	1.93	0.053	1.92	0.99	3.73
细胞染色							
2	-0.635017	0.272836	-2.33	0.020	0.53	0.31	0.90
Logit 2:(1/3)							
常量	-1.28910	0.317230	-4.06	0.000			
分化程度							
2	1.23754	0.357574	3.46	0.001	3.45	1.71	6.95
3	1.31392	0.382775	3.43	0.001	3.72	1.76	7.88
细胞染色							
2	-0.618152	0.285078	-2.17	0.030	0.54	0.31	0.94

对数似然 = -327.506

③ 所有斜率等于零的检验：统计量 G 是 Logistic 回归中包含常数项的模型和拟合模型之间−2 对数似然值的差值。G 用于检验原假设为与预测变量关联的所有系数等于 0 的检验统计量。G=26.83，P<0.001，按 α=0.05 水准，表明模型至少有一个系数不为 0，如结果 10-35 所示。

④ 拟合优度检验：Pearson 拟合优度检验和偏差拟合优度检验的 P 值分别为 0.599 和 0.593，均大于 0.05，表明模型拟合良好，如结果 10-36 所示。

结果 10-35

所有斜率等于零的检验

自由度	G	P 值
6	26.825	0.000

结果 10-36

拟合优度检验

方法	卡方	自由度	P
Pearson	2.76026	4	0.599
偏差	2.79045	4	0.593

10.7.4　有序多分类资料的顺序 Logistic 回归

当响应变量为有序多分类变量，即变量的分类水平大于 2 且水平之间有等级关系时，如流行病学中一些慢性病的危险因素研究，观察结果为“无、轻、中、重”；临床中的疗效评价，结果为“无效、好转、显效、治愈”；临床影像诊断按照“–、+、++、+++”不同等级进行分类等，可进行顺序 Logistic 回归（Ordinal Logistic Regression），该方法使用迭代重加权最小二乘算法拟合(水平数–1)个 Logit 模型，即累加 Logit 模型（Cumulative Logit model），以得到参数的极大似然估计。例如，针对一个三分类有序变量，应当同时拟合以下两个模型：

$$\text{Logit}_1 = \lg[P_1/(1-P_1)] = a_1 + \beta X$$
$$\text{Logit}_2 = \lg[P_1 + P_2/(1-P_1-P_2)] = a_2 + \beta X$$

其中，P_1、P_2 分别为响应变量取第 1 等级、第 2 等级时的概率，此时，第 3 等级则作为用于对比的参考水平。从上式可以看出，模型中各预测变量的系数β都保持不变，改变的只是常数项 a，故模型中假设回归线平行。此时求出的优势比代表预测变量每改变一个单位，响应变量就提高一个及以上等级的优势比。

【例 10-12】 研究性别（X_1）和两种治疗方法（X_2，新疗法和传统疗法）对某种疾病疗效的影响，疗效的评价（Y，响应变量）分为 3 个等级，分别为显效（Y=1）、有效（Y=2）、无效（Y=3），试进行有序多分类资料的顺序 Logistic 回归，分析疗效与性别和两种治疗方法的关系。

（1）打开工作表“疗效.mwx”。

（2）选择【统计（Stat）】→【回归（Regression）】→【顺序 Logistic 回归（Ordinal Logistic Regression）】菜单项，打开【顺序 Logistic 回归（Ordinal Logistic Regression）】主对话框（界面参考图 10-82）。

【响应（Responses）】选择“疗效”，【频率（可选）（Frequency(optional)）】选择“频数”，【模型（Model）】和【类别预测变量（Categorical predictors）】均选择“性别”“治疗方法”。

（3）【顺序 Logistic 回归：选项（Ordinal Logistic Regression: Options）】对话框如图 10-86 所示。

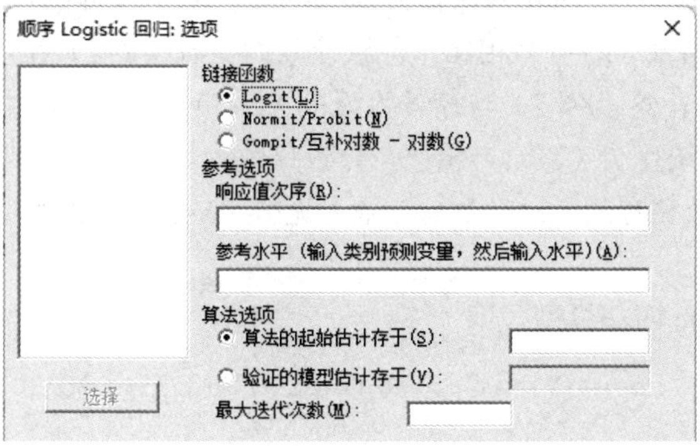

图 10-86　【顺序 Logistic 回归：选项（Ordinal Logistic Regression: Options）】对话框

- 【链接函数（Link Functions）】：选择【Logit】。
- 【参考选项（Reference Options）】。
  - 【响应值次序（Order of the response values）】：如果要更改参考事件顺序，则按从低到高的顺序输入响应值。

注：其他选项均为默认值，有关的解释请参见图 10-70 和图 10-83 的解释。

（4）在【顺序 Logistic 回归：结果（Ordinal Logistic Regression: Results）】对话框（见图 10-87）中，【对照结果显示（Control the Display of Results）】选择【此外，两个拟合优度检验和相关性度量（In addition, 2 goodness-of-fit tests, and measures of association）】。

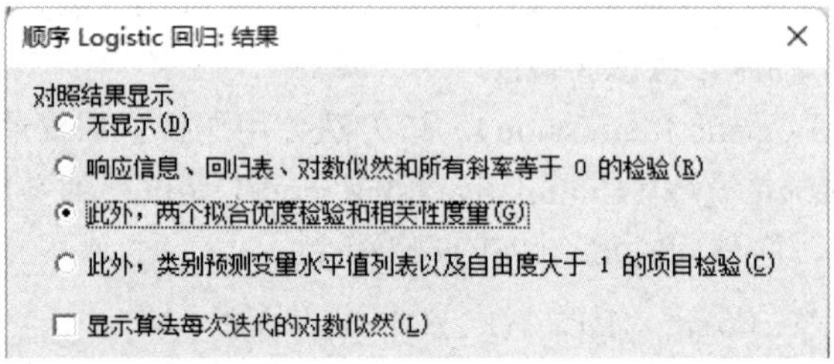

图 10-87 【顺序 Logistic 回归：结果（Ordinal Logistic Regression: Results）】对话框

注：其他选项解释请参见图 10-84 的解释。

（5）在【顺序 Logistic 回归：存储（Ordinal Logistic Regression: Storage）】对话框（见图 10-88）中，与【名义 Logistic 回归：存储（Nominal Logistic Regression: Storage）】对话框（见图 10-85）相比，增加了一个选项：【累积事件概率（Cumulative event probabilities）】。

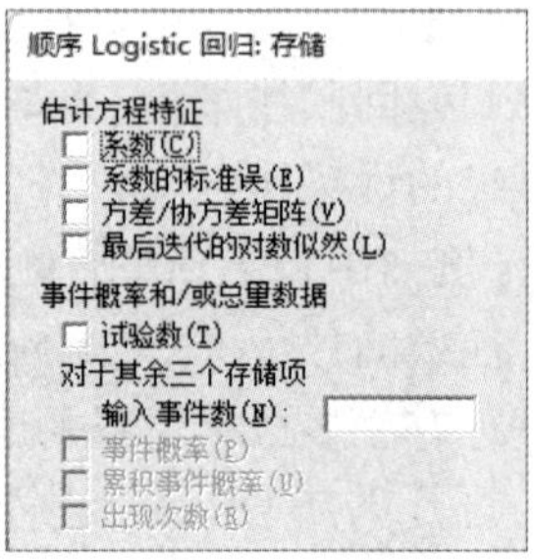

图 10-88 【顺序 Logistic 回归：存储（Ordinal Logistic Regression: Storage）】对话框

（6）主要结果及分析。

① Logistic 回归表：常量（1）和常量（2）的系数值分别是疗效为显效（Y=1）和有效（Y=2）的累积有效概率的 Logit 估计截距，由于最后一个响应值的累积概率为 1，因此不需要估计无效（Y=3）的截距。性别的系数 1.32 为当因子治疗方法保持恒定时，女性（X_1=2）与男性（X_1=1）相比，累积无效概率的 Logit 变化的估计，其 P=0.01<0.05，按 α=0.05 水准，可认为性别对疗效有影响。由于系数为正且优势比>1，因此当治疗方法相同时，表明女性的疗效要好于男性（事件数值小），即女性（X_1=2）与男性（X_1=1）相比，导致疗效为显效（Y=1）和疗效为有效与无效（$Y\geqslant 2$）相比，或者疗效为显效和有效（$Y\leqslant 2$）与疗效为无效（Y=3）相比，优势增加了 3.74−1=2.74 倍。同理，新疗法（X_2=2）与传统疗法（X_2=1）相比，导致疗效为显效（Y=1）和疗效为有效与无效（$Y\geqslant 2$）相比，或者疗效为显效和有效（$Y\leqslant 2$）与疗效为无效（Y=3）相比，优势增加了 6.03−1=5.03 倍，如结果 10-36 所示。

本例得到两个 Logistic 回归模型，即

$$\text{Logit}[P(Y\leqslant 1 \mid X_1,X_2)]=-2.67+1.32X_1+1.80X_2$$

$$\text{Logit}[P(Y\leqslant 2 \mid X_1,X_2)]=-1.81+1.32X_1+1.80X_2$$

假设某女性病人接受了新疗法，这时 X_1=2，X_2=2，则有

$$P[P(Y\leqslant 1 \mid X_1,X_2)]=1/\{1+\exp[-(-2.67+1.32X_1+1.80X_2)]\}=0.61$$

$$P[P(Y\leqslant 2 \mid X_1,X_2)]=1/\{1+\exp[-(-1.81+1.32X_1+1.80X_2)]\}=0.79$$

由上述可知，该女性病人的疗效为显效的概率为 0.61，有效的概率为 0.79−0.61=0.18，而无效的概率为 1−0.79=0.21。可见，该女性病人的疗效为显效的概率最大，预期新疗法对女性的疗效较好。

结果 10-37

Logistic 回归表

自变量	系数	系数标准误	Z	P	优势比	95% 置信区间 下限	95% 置信区间 上限
常量(1)	-2.66719	0.599697	-4.45	0.000			
常量(2)	-1.81280	0.556609	-3.26	0.001			
性别							
2	1.31875	0.529188	2.49	0.013	3.74	1.33	10.55
治疗方法							
2	1.79730	0.472822	3.80	0.000	6.03	2.39	15.24

② 所有斜率等于零的检验：G=19.89，P<0.001，按 α=0.05 水准，表明模型至少有一个系数不为 0，如结果 10-38 所示。

③ 拟合优度检验：Pearson 拟合优度检验和偏差拟合优度检验的 P 值分别为 0.752 和 0.607，均大于 0.05，表明模型拟合良好，如结果 10-39 所示。

④ 相关性度量：Somer D 的值、Goodman-Kruskal γ 值和 Kendall τ_a 等统计量用于评价观测响应与预测概率之间的关联程度。这些统计量的值在 0～1 之间，数值越大表示模型的预测能力越强，如结果 10-40 所示。

结果 10-38

所有斜率等于零的检验

自由度	G	P 值
2	19.887	0.000

结果 10-39

拟合优度检验

方法	卡方	自由度	P
Pearson	1.91000	4	0.752
偏差	2.71210	4	0.607

结果 10-40

相关性度量:

(响应变量与预测概率之间)

配对	数量	百分比	度量结果综述	值
一致	1268	58.8	Somer 的 D	0.44
不一致	324	15.0	Goodman-Kruskal Gamma	0.59
结	564	26.2	Kendall 的 Tau-a	0.27
合计	2156	100.0		

10.8　Poisson 回归

在科学研究和日常工作中，单位时间、空间中罕见事件的发生数服从 Poisson 分布，如研究每升水中大肠菌群数的分布，粉尘在单位容积内计数的分布，放射性物质在单位时间（1min）内放射质点数的分布，每平方千米内某些野生动物或昆虫数的分布，某地每天交通事故发生数的分布，以及在一定人群中某种患病率很低的非传染性疾病发病数或死亡数的分布等。对单位时间、面积、空间内某事件发生数的影响因素的分析可采用 Poisson 回归模型。

【例 10-13】某质量工程师担心模制树脂零件出现两种缺陷：褪色和结块。软管内的污染和树脂颗粒的磨损可能会导致最终产品出现褪色条纹，较高的温度和较快的传送速度会导致颗粒结块。工程师确定了响应变量（缺陷）的 3 个可能的预测变量，并测量不同预测变量水平的每种缺陷的数量。试分析导致褪色缺陷的影响因素。

（1）打开工作表“树脂缺陷.mwx”。

（2）选择【统计（Stat）】→【回归（Regression）】→【Poisson 回归（Poisson Regression）】→【拟合 Poisson 模型（Fit Poisson Model）】菜单项，打开【Poisson 回归（Poisson Regression）】主对

话框，如图 10-89 所示。

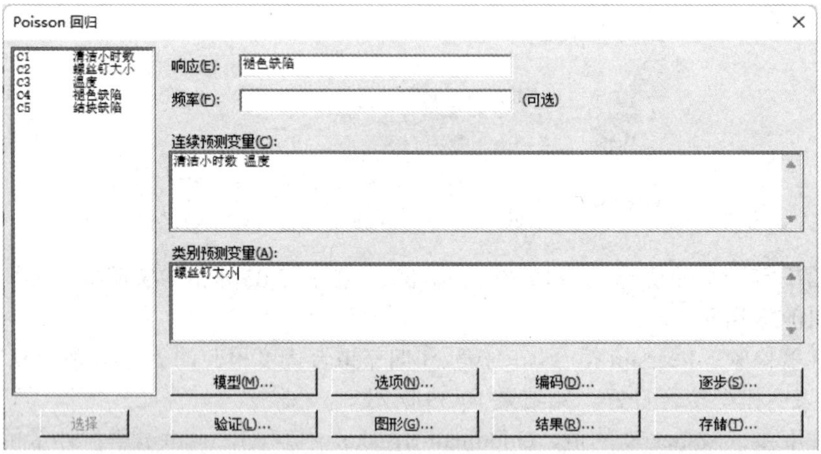

图 10-89 【Poisson 回归（Poisson Regression）】主对话框

【响应（Response）】选择“褪色缺陷”，【连续预测变量（Continuous predictors）】选择“清洁小时数”“温度”，【类别预测变量（Categorical predictors）】选择“螺丝钉大小”。

（3）【Poisson 回归：选项（Poisson Regression: Options）】对话框如图 10-90 所示。

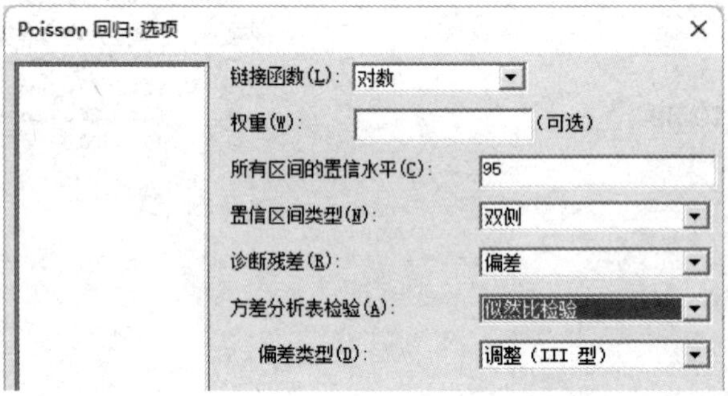

图 10-90 【Poisson 回归：选项（Poisson Regression: Options）】对话框

■ 【链接函数（Link Functions）】：可选择 3 种链接函数拟合多种 Poisson 回归模型。链接函数是分布函数的反函数。用户可以使用拟合优度统计量比较使用不同链接函数的拟合效果。使用某些链接函数可能出于历史原因或因为其在规律方面有特殊意义。

- 【对数（Log）】：使用对数链接函数（Log link function）。对数链接函数是用于 Poisson 回归的典型链接函数。
- 【平方根（Square root）】：使用平方根链接函数。
- 【标识（Identity）】（恒等）：使用恒等链接函数（Identity link function）。

注：其他选项的解释参见图 10-75 的解释。

（4）在【Poisson 回归：图形（Poisson Regression: Graphs）】对话框（界面参考图 10-21）中，【图中的残差（Residuals for plots）】选择【标准化（Standardized）】，【残差图（Residual plots）】选择【四合一（Four in one）】。

（5）在【Poisson 回归：结果（Poisson Regression: Results）】对话框（见图 10-91）中，均选择默认选项。

（6）其他对话框均选择默认选项。

（7）主要结果及分析。

① 方差分析：清洁小时数、温度、螺丝钉大小的 P 值均小于 0.05，表明这 3 个因素对褪色缺陷均有影响，如结果 10-41 所示。

② 模型汇总：偏差 R^2 表明这些预测变量可以解释褪色缺陷中 64.20%的变异。当模型中预测变量数不同时，应使用调整偏差 R^2 比较不同模型，调整偏差 R^2 越大，模型拟合越好。AIC 也可比较不同的模型，AIC 越小，模型拟合越好，如结果 10-42 所示。

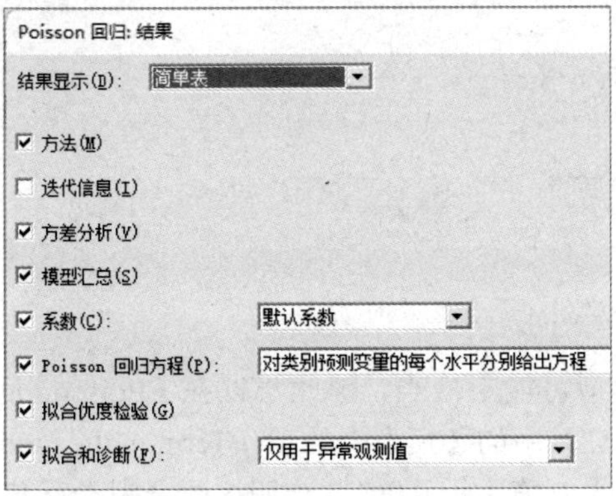

图 10-91　【Poisson 回归：结果（Poisson Regression: Results）】对话框

结果 10-41

方差分析

来源	自由度	调整后偏差	调整后均值	似然比卡方	P 值
回归	3	56.670	18.8900	56.67	0.000
清洁小时数	1	4.744	4.7444	4.74	0.029
温度	1	38.800	38.8000	38.80	0.000
螺丝钉大小	1	13.126	13.1256	13.13	0.000
误差	32	31.607	0.9877		
合计	35	88.277			

③ 系数：由于 3 个因素对褪色缺陷均有影响，因此结合系数的符号，褪色缺陷与清洁小时数成正比，与温度成反比，小螺丝钉的褪色缺陷数比大螺丝钉少，如结果 10-43 所示。

结果 10-42

模型汇总

偏差 R-Sq	偏差 R-Sq (调整)	AIC	AICc	BIC
64.20%	60.80%	253.29	254.58	259.62

结果 10-43

系数

项	系数	系数标准误	Z 值	P 值	方差膨胀因子
常量	4.3982	0.0628	70.02	0.000	
清洁小时数	0.01798	0.00826	2.18	0.029	1.00
温度	-0.001974	0.000318	-6.20	0.000	1.00
螺丝钉大小					
小	-0.1546	0.0427	-3.62	0.000	1.00

④ 回归方程：本例可得到如下两个 Poisson 回归方程（见结果 10-44）。

大螺丝钉：褪色缺陷=$\exp^{4.398+0.01798\text{清洁小时数}-0.001974\text{温度}}$。

小螺丝钉：褪色缺陷=$\exp^{4.244+0.01798\text{清洁小时数}-0.001974\text{温度}}$。

结果 10-44

回归方程

褪色缺陷 = exp(Y')

螺丝钉大小	
大	Y' = 4.398 + 0.01798 清洁小时数 - 0.001974 温度
小	Y' = 4.244 + 0.01798 清洁小时数 - 0.001974 温度

⑤ 残差与拟合值图呈曲线关系，表明该模型不恰当，可能是因为螺丝钉大小和温度的交互效应导致残差与顺序图以 9 个负残差开头，中间部分的残差比两端高，由于数据不是按随机顺序收集的，因此缺少交互效应项，可能存在时间效应，如图 10-92 所示。

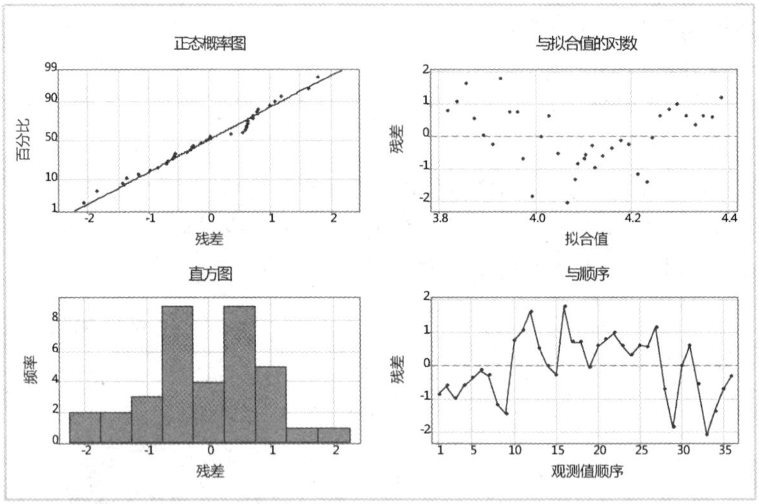

图 10-92　Poisson 回归的残差偏差图（无交互效应项）

（8）由于残差图（见图 10-92 右上）提示上述模型可能不恰当，因此尝试在【Poisson 回归：模型（Poisson Regression:Model）】对话框（见图 10-13）中的【模型中的项（Term in the model）】添加交互效应项螺丝钉大小*温度。螺丝钉大小*温度的 P 值小于 0.001，表明这两个因素存在交互效应。残差图各点随机均匀分布在参考线（Y=0）的上下两侧，没有呈某种特别的趋势，表明增加交互效应的模型是恰当的，如图 10-93 所示。表 10-14 所示为两个 Poisson 回归模型的拟合优度统计量，表明有交互效应项的模型优于无交互效应项的模型。同理，读者还可以尝试引入不同的模型项，选择不同的链接函数，通过比较不同模型的拟合优度统计量探索最优的 Poisson 回归方程。

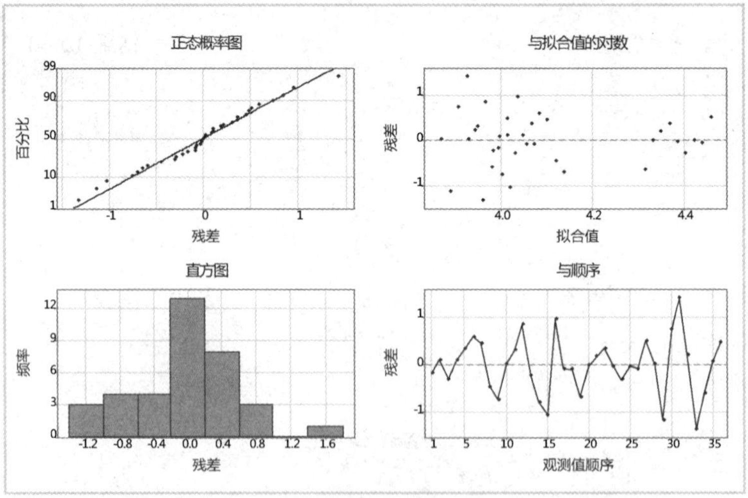

图 10-93　Poisson 回归的残差偏差图（有交互效应项）

表 10-14　两个 Poisson 回归模型的拟合优度统计量

交互效应项	调整偏差 R^2	AIC	偏差 χ^2	Pearson χ^2
无	60.80%	253.29	31.61	31.27
有	81.46%	236.03	12.37	12.32

第 11 章　常用统计图

Minitab 可绘制饼图（Pie Chart）、条形图（Bar Chart）、直方图（Histogram）、点图（Dot Plot）、茎叶图（Stem-and-Leaf）、概率图（Probability Plot）、经验累积分布函数（Empirical Cumulative Distribution Function）图、概率分布图（Probability Distribution Plot）、散点图（Scatterplot）、矩阵图（Matrix Plot）、气泡图（Bubble Plot）、边际图（Marginal Plot）、箱线图（Boxplot）、区间图（Interval Plot）、单值图（Individual Value Plot）、线条图（Line Plot）、时间序列图（Time Series Plot）、区域图（Area Graph）、等值线图（Contour Plot）、3D 散点图（3D Scatterplot）和 3D 曲面图（3D Surface Plot）等多种图形。根据不同的数据类型和统计分析目的，读者可根据如下情况选择合适的图形。

（1）观察变量对之间的关系：散点图、气泡图、矩阵图或边际图。

（2）观察并比较分布：直方图、点图、茎叶图、概率图、经验累积分布函数图、概率分布图或箱线图。

（3）比较变量的统计量或单个值：箱线图、区间图、单值图、线条图、条形图或饼图。

（4）观察计数资料的分布：条形图或饼图。

（5）随时间变化而变化的数据：时间序列图、区域图或散点图。

（6）观察 3 个变量之间的关系：等值线图、3D 散点图、3D 曲面图或气泡图。

11.1　饼　　图

饼图又称为圆图，用圆的面积表示定性变量的频率分布。圆的面积为 100%，圆内扇形面积的大小表示不同构成部分的构成比，不同扇形区用不同的颜色或花纹区别，并用图例说明各种颜色或花纹代表的分类。Minitab 可绘制简单饼图和复式饼图。

11.1.1　简单饼图

【例 11-1】一家汽车供应公司的质量工程师想降低汽车门板因喷漆瑕疵而被拒绝收货的数量，收集了不同班次的门板喷漆瑕疵类型，试绘制汽车门板喷漆瑕疵构成的饼图。

（1）打开工作表“喷漆瑕疵.mwx”。

（2）选择【图形（Graph）】→【饼图（Pie Chart）】菜单项，打开【饼图（Pie Charts）】主对话框，如图 11-1 所示。

- 【用原始记录画图（Chart counts of unique values）】：当数据中每行都表示一个单独的个案（原始数据）时，饼图的每个扇形区面积与某个值出现的次数成比例。
- 【用整理好的表格画图（Chart values from a table）】：用汇总数据绘制图，数据格式包括一列汇总数据和一列对应的类别。

■ 【类别变量（Categorical variables）】：可选择一个或以上的分类变量，当选择多个分类变量时，每个变量绘制一个饼图，本例选择“瑕疵”。

（3）【饼图：选项（Pie Chart: Options）】对话框如图 11-2 所示。

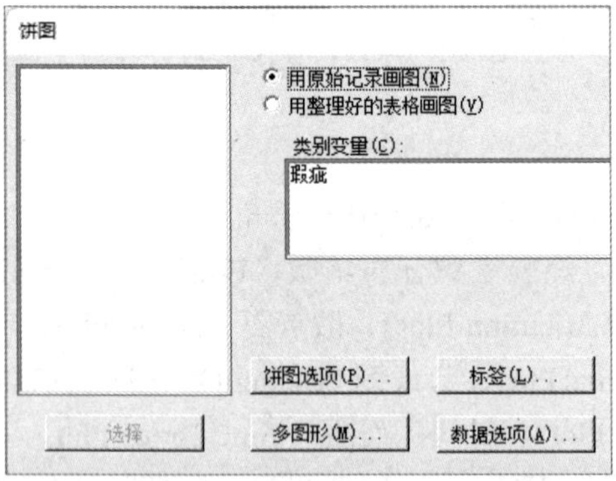

图 11-1 【饼图（Pie Charts）】主对话框（1）

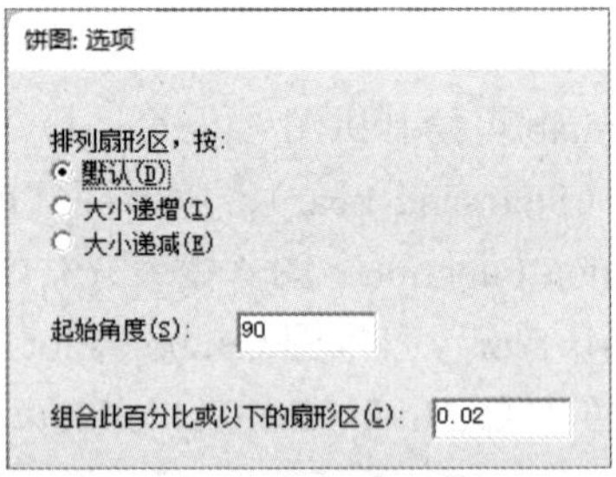

图 11-2 【饼图：选项（Pie Chart: Options）】对话框

■ 【排列扇形区，按（Order Slices By）】：可选择以下选项。
   - 【默认（Default）】：对于数字数据和日期/时间数据，扇形区按数值递增的顺序排列；对于文本数据，按字母顺序排列；对于汇总数据，默认的扇形区顺序为各分类在工作表中的显示顺序。
   - 【大小递增（Increasing volume）】：按扇形区面积递增的顺序排列。
   - 【大小递减（Decreasing volume）】：按扇形区面积递减的顺序排列。

■ 【起始角度（Start angle）】：设定扇形区的起始角度。默认以 90°（12 点）为起始角度并按顺时针排列。

■ 【组合此百分比或以下的扇形区（Combine slices of this percent or less）】：设定独立扇形区的最小比例。小于指定比例的分类将合并到名为“其他”的扇形区，并始终排在最后。

（4）【饼图：标签（Pie Chart: Labels）】对话框的【标题/脚注（Titles / Footnotes）】选项卡如图 11-3 所示。

可输入图形的【标题（Title）】【副标题 1（Subtitle 1）】【副标题 2（Subtitle 2）】【脚注 1（Footnote 1）】【脚注 2（Footnote 2）】等信息。

（5）【扇形区标签（Slice Labels）】选项卡如图 11-4 所示。

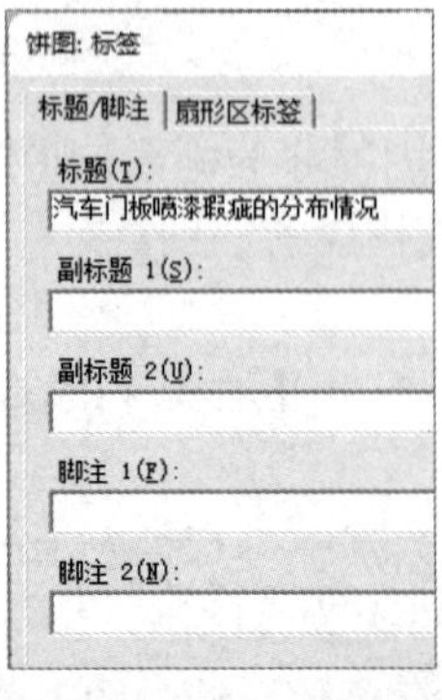

图 11-3 【标题/脚注（Titles / Footnotes）】选项卡

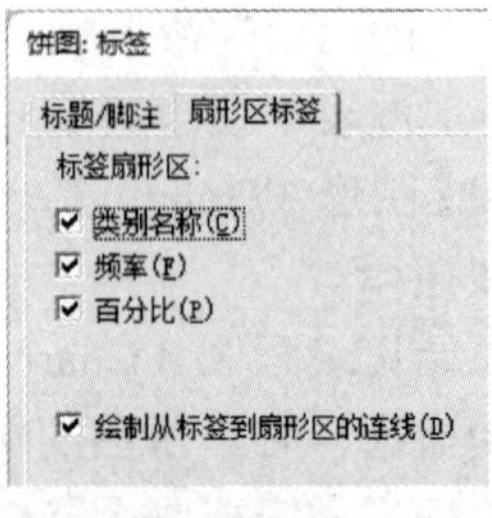

图 11-4 【扇形区标签（Slice Labels）】选项卡

- 【标签扇形区（Label pie slices with）】：可选择以下选项。
  - 【类别名称（Category name）】：在扇形区标签中包含的分类名称。
  - 【频率（Frequency）】：在扇形区标签中包含每个分类的计数。
  - 【百分比（Percent）】：在扇形区标签中包含每个分类的百分比。
- 【绘制从标签到扇形区的连线（Draw a line from label to slice）】：在标签和扇形区之间画连线。

（6）主要结果及分析。

不同瑕疵类型用不同颜色的扇形区表示，扇形区面积占圆形面积的比例与瑕疵的构成比一致，扇形区按照默认的方式排列，用户也可以设定按照面积递增或递减的顺序排列，如图 11-5 所示。

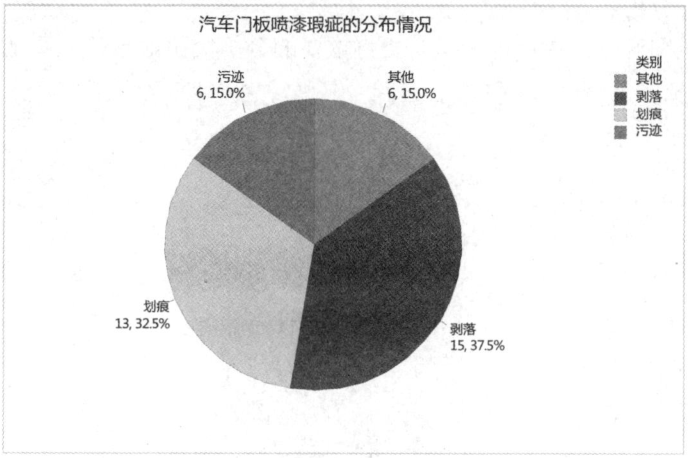

彩图 11-5

图 11-5　汽车门板喷漆瑕疵的饼图

（7）【编辑图形（Edit Graph）】窗口（见图 11-6）在选定剥落扇形区后，右击可弹出菜单，选择【编辑饼形（Edit Pie）】菜单项，打开【编辑饼形（Edit Pie）】对话框，选择【胀裂图（Explode）】选项卡，如图 11-7 所示。

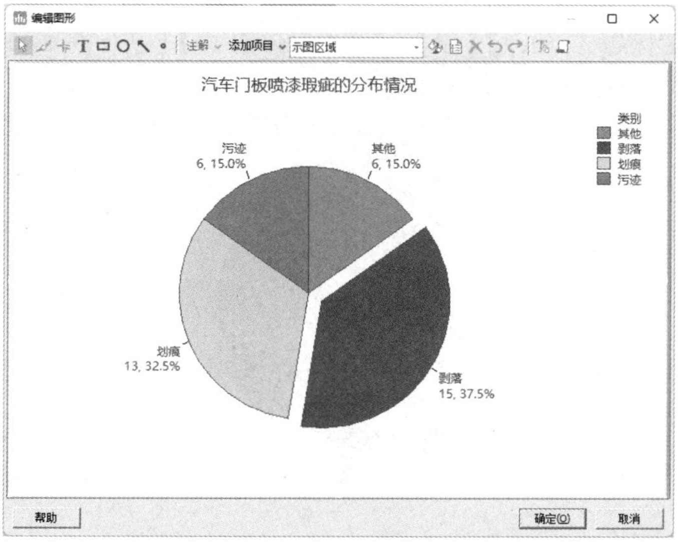

彩图 11-6

图 11-6　【编辑图形（Edit Graph）】窗口

■ 【胀裂扇形区（Explode slice）】：绘制分离型饼图，即将选中的扇形区从饼图中分离出来，以突出显示。

- 【胀裂长度（Explode length）】：设定 0～1 之间的分离距离，本例为默认值“0.5”。

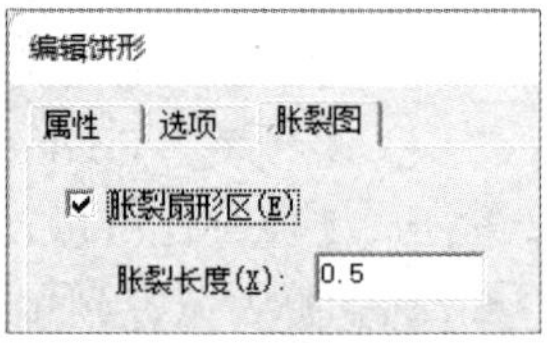

图 11-7 【胀裂图（Explode）】选项卡

注：编辑图形的方法如下。

① 双击图形的任意部位，打开【编辑图形（Edit Graph）】窗口。

② 在图形的任意区域右击，选择弹出菜单中的【编辑图形（Edit Graph）】菜单项，打开【编辑图形（Edit Graph）】窗口。

在【编辑图形（Edit Graph）】窗口中，可执行一系列的编辑图形操作，这里不再赘述。

（8）主要结果及分析。

从部分分离型饼图可见，用户可根据需要将重要的分类突出显示，如图 11-8 所示。

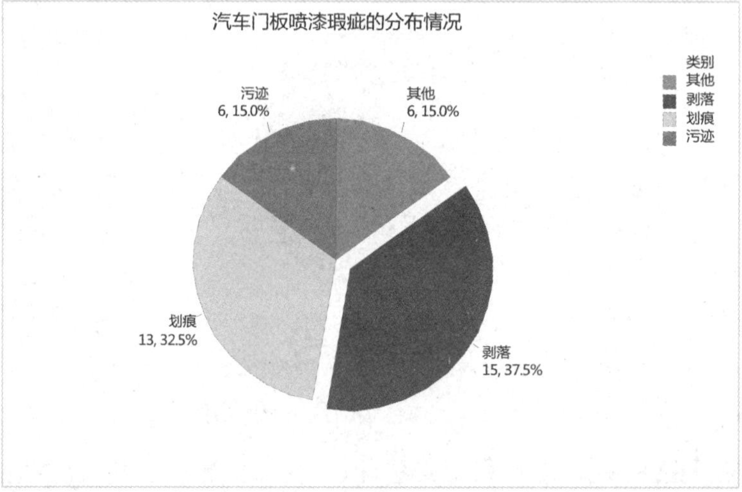

彩图 11-8

图 11-8 部分分离型饼图

（9）如果用户在选定整个饼图后重复上述操作，则可绘制完全分离型饼图，如图 11-9 所示。

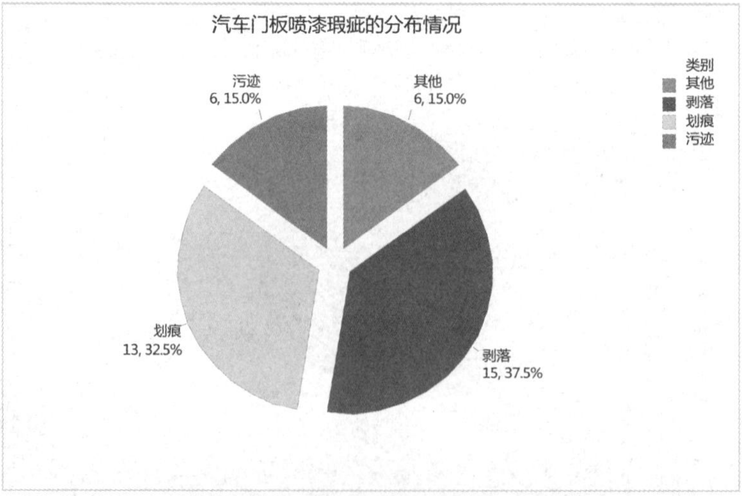

彩图 11-9

图 11-9 完全分离型饼图

【例 11-2】某人力资源经理对公司员工的所有职务进行了分类，并统计了每个职务的男、女员工数，试绘制不同职务的饼图。

（1）打开工作表“工作类型.mwx”。

（2）【饼图（Pie Charts）】主对话框如图 11-10 所示。

■ 【用整理好的表格画图（Chart values from a table）】：当分类名称与汇总数据在同一列时，选择此选项。
  - 【类别变量（Categorical variable）】：本例选择“职务”。
  - 【汇总变量（Summary variables）】：可选择一个或以上的汇总变量，每个变量将绘制一个饼图，本例选择“人数”。

（3）在【饼图：选项（Pie Chart: Options）】对话框（见图 11-2）中，选择【排列扇形区，按（Order Slices By）】中的【大小递减（Decreasing volume）】。

（4）在【饼图：标签（Pie Chart: Labels）】对话框的【标题/脚注（Titles / Footnotes）】选项卡（见图 11-3）中，【标题（Title）】为“某公司员工的职务构成”。

（5）在【扇形区标签（Slice Labels）】选项卡（见图 11-4）中，选择所有选项。

（6）主要结果及分析。

各分类按照扇形区面积大小排列后，可读性更强，可直观地观察和比较各分类的构成比，如图 11-11 所示。

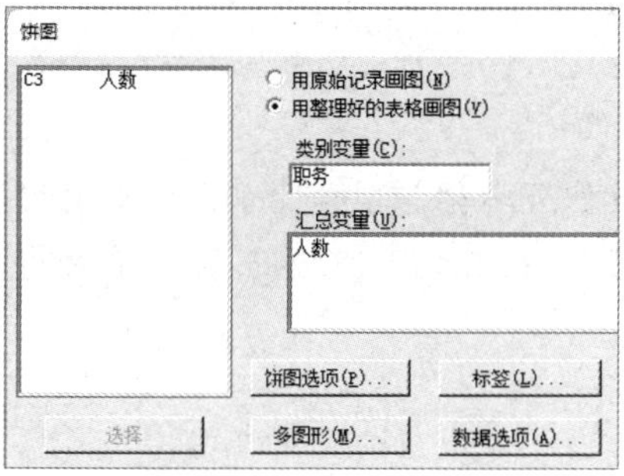

图 11-10　【饼图（Pie Charts）】主对话框（2）

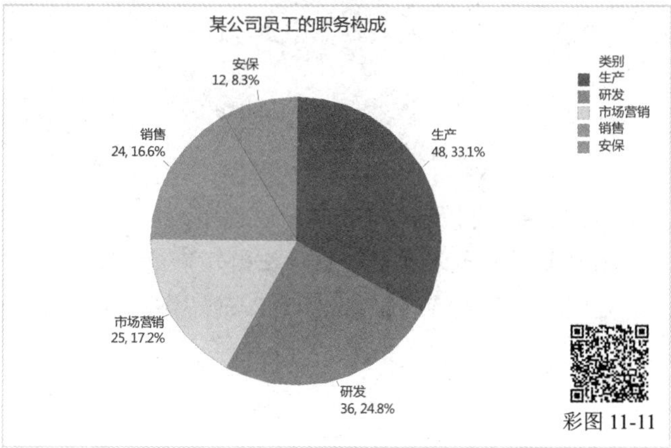

图 11-11　员工职务构成的饼图

11.1.2　复式饼图

【例 11-3】在美国的非疾病死因中，枪击占第二位，仅次于交通事故，现有 1990—1994 年威斯康星州密尔沃基市所有不同类型枪击死亡的数据，试绘制复式饼图。

（1）打开工作表“枪击死亡.mwx”。

（2）在【饼图（Pie Charts）】主对话框（见图 11-10）中，选择【用整理好的表格画图（Chart values from a table）】，【类别变量（Categorical variable）】选择“枪支”，【汇总变量（Summary variables）】选择“人数”。

（3）在【饼图：选项（Pie Chart: Options）】对话框（见图 11-2）中，选择【排列扇形区，按（Order Slices By）】中的【大小递减（Decreasing volume）】。

（4）在【饼图：标签（Pie Chart: Labels）】对话框的【标题/脚注（Titles / Footnotes）】选项卡

（见图 11-3）中，【标题（Title）】为“杀人与自杀的枪支使用情况比较”。

（5）在【扇形区标签（Slice Labels）】选项卡（见图 11-4）中，选择所有选项。

（6）【饼图：多图形（Pie Chart: Multiple Graphs）】对话框的【多变量（Multiple Variables）】选项卡如图 11-12 所示。

■ 【显示不同变量的饼图（Show Pie Charts from Different Variables）】：可选择以下选项。
  - 【在同一图形上（On the same graph）】：所有饼图在同一个图上，本例选择此选项。
  - 【在单独的图形上（On separate graphs）】：每个饼图在不同的图上。

（7）【按变量分组（By Variables）】选项卡如图 11-13 所示。

■ 【按变量分组，组在相同图形中（By variables with groups in separate panels）】：选择分组变量，每个分组显示一个组块，并在同一个图上全部显示。

■ 【按变量分组在不同图中分列（By variables with groups on separate graphs）】：选择分组变量，每个分组显示一个组块，各组块分别在不同的图中显示。

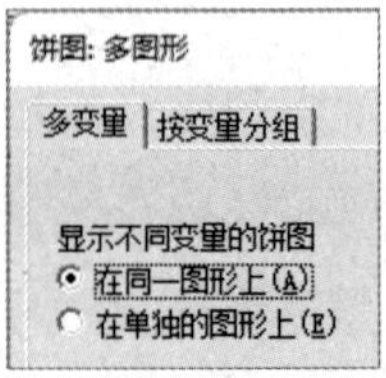

图 11-12 【多变量（Multiple Variables）】选项卡

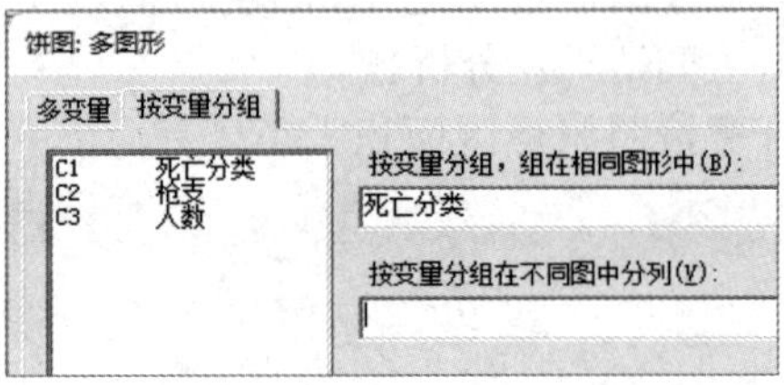

图 11-13 【按变量分组（By Variables）】选项卡

（8）主要结果及分析。

由于美国很多人家里都备有长枪（猎枪和来福枪），因此研究者猜想自杀比杀人更常用的是长枪，复式饼图可支持这种猜想，自杀使用猎枪和来福枪的比例（12.6%和 13.7%）高于杀人的使用比例（5.3%和 2.9%），如图 11-14 所示。

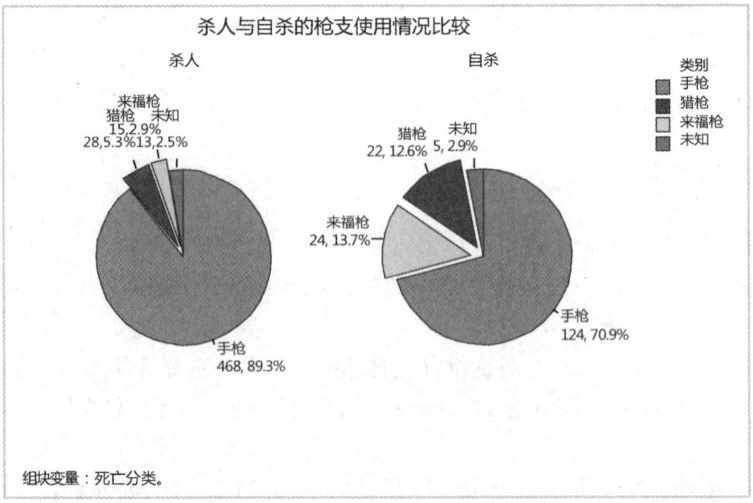

彩图 11-14

图 11-14 枪支使用构成的饼图

11.2　条　形　图

条形图用相同宽度条形的高度表示相互独立的各项指标数量的大小，用于性质相似的分类资料的比较，通过条形图可容易看出各分类统计量的大小或所占的比例。条形图可以横放也可以竖放，两者没有本质区别。通常纵轴表示数量，横轴表示分组标志，表示指标数量的尺度必须从 0 开始，不宜折断，否则会改变各条形长短的比例，使人产生错觉。条形图共有 3 种类型：简单条形图（Simple bar chart）又称为单式条形图，表示单个指标的大小；复式条形图（Clustered bar chart）又称为分类条形图，表示两个或多个指标的大小，通常用于在同一个指标下两组或多组之间数值大小的比较；分段条形图（Stacked bar chart）又称为分量条形图、堆积条形图，表示每个指标条形图中某个因素各水平的构成情况。

11.2.1　用原始数据绘制简单条形图

【例 11-4】根据例 6-1 的资料，绘制简单条形图。

（1）打开工作表“巧克力偏好.mwx”。

（2）选择【图形（Graph）】→【条形图（Bar Chart）】菜单项，打开【条形图（Bar Charts）】主对话框，如图 11-15 所示。

- 【条形表示（Bars represent）】：可选择【唯一值计数（Counts of unique values）】、【变量函数（A function of a variable）】或【来自表格的值（Values from a table）】。
- 条形图的类型：可选择【简单（Simple）】、【聚类（Cluster）】或【堆叠（Stack）】。

（3）【条形图：唯一值的计数，简单（Bar Chart:Counts of unique values, Simple）】对话框如图 11-16 所示。

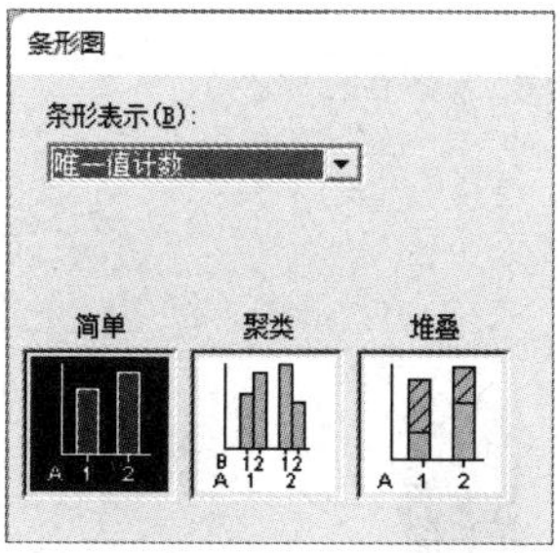

图 11-15　【条形图（Bar Charts）】主对话框

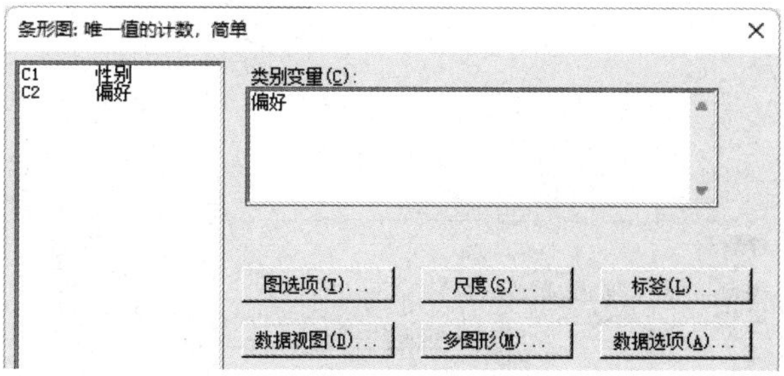

图 11-16　【条形图：唯一值的计数，简单（Bar Chart: Counts of unique values, Simple）】对话框

- 【类别变量（Categorical variable）】：可选择一个或以上的分类变量，每个变量将绘制一个条形图，本例选择“偏好”。

（4）【条形图：选项（Bar Chart: Options）】对话框如图 11-17 所示。

- 【主 X 组排序按（Order Main X Groups By）】：可选择【默认（Default）】、【递增 Y（Increasing Y）】或【递减 Y（Decreasing Y）】。
- 【百分比和累积（Percent and Accumulate）】：可选择以下选项。

- 【显示 Y 为百分比（Show Y as Percent）】：y 轴为百分比刻度。
- 【跨 X 累积 Y（Accumulate Y across X）】：y 轴为累积刻度。

（5）主要结果及分析。

选择黑巧克力的人最多，选择牛奶巧克力的人次之，选择白巧克力的人最少，如图 11-18 所示。

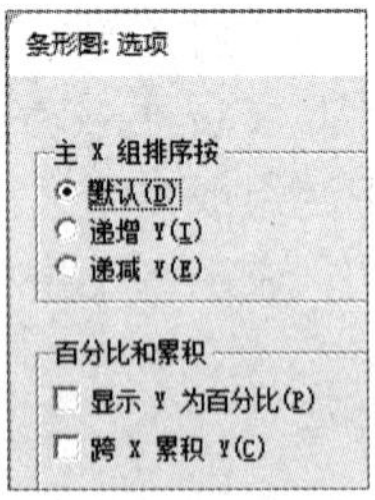

图 11-17 【条形图：选项（Bar Chart: Options）】对话框

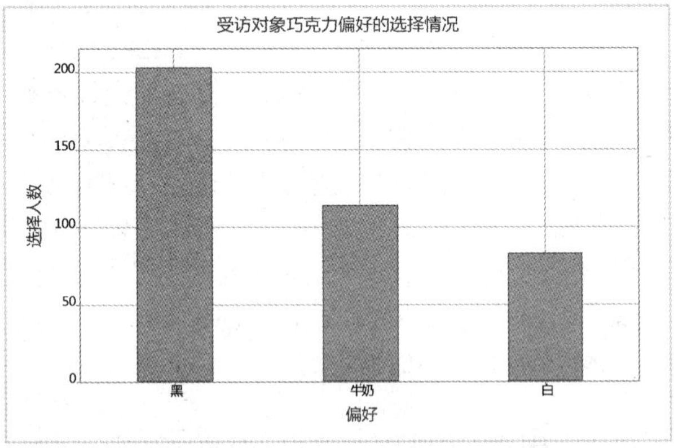

图 11-18 巧克力偏好的条形图

（6）在【编辑图形（Edit Graph）】窗口（见图 11-6）中，选择图中的条形后右击，在弹出菜单中选择【编辑条形（Edit bars）】菜单项，打开【编辑条形（Edit bars）】对话框，切换至【组（Groups）】选项卡，如图 11-19 所示。

- 【按类别变量指定属性（Assign attributes by categorical variables）】：根据分类变量，为每一类指定不同的属性（颜色、填充类型），本例选择“偏好”。
- 【对所有数据显示应用属性变量（Apply attribute variables to other data displays）】：数据显示（符号和连接线）均使用与条形相同的属性变量。

（7）设定属性变量后的条形图如图 11-20 所示。

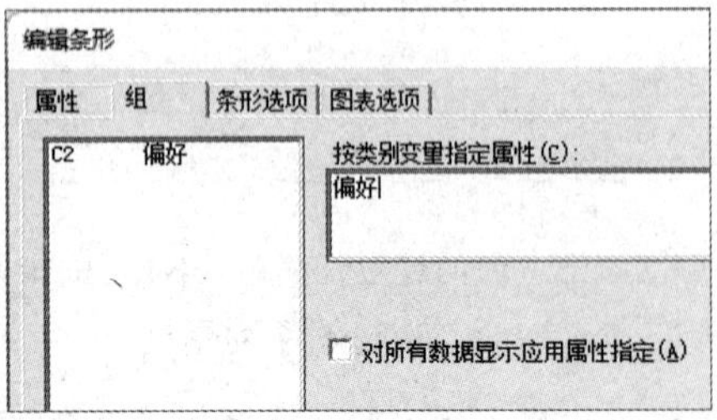

图 11-19 【组（Groups）】选项卡

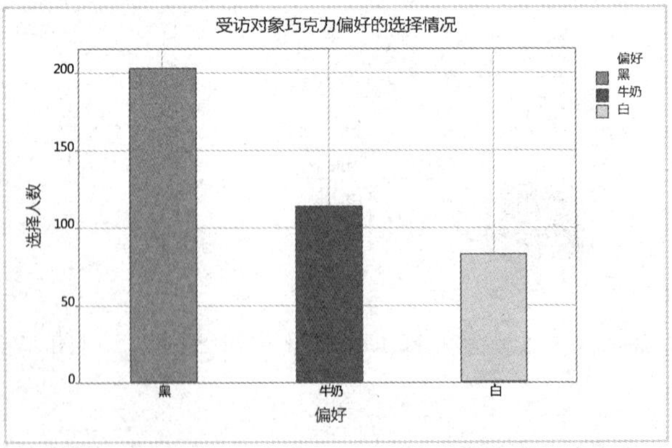

图 11-20 设定属性变量后的条形图

（8）重复上述步骤，但是在【条形图：多图形（Bar Chart: Multiple Graphs）】对话框的【按变量分组（By Variables）】选项卡（界面参考图 11-13）中，【按变量分组，组在相同图形中（By variables with groups in separate panels）】选择“性别”，可按性别分别绘制两个不同的条形图，如图 11-21 所示。

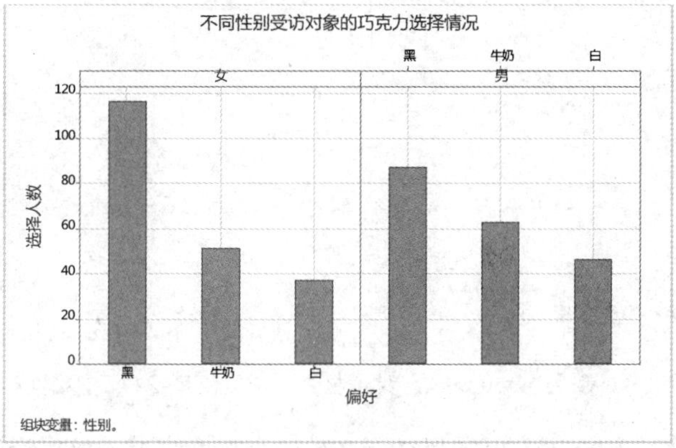

图 11-21　不同性别巧克力偏好条形图

11.2.2　用原始数据绘制复式条形图

【例 11-5】根据例 6-1 的资料，绘制复式条形图。

（1）打开工作表“巧克力偏好.mwx”。

（2）在【条形图（Bar Charts）】主对话框（见图 11-15）中，【条形表示（Bars represent)】选择【唯一值计数（Counts of unique values)】，条形图的类型选择【聚类（Cluster)】。

（3）【条形图：唯一值的计数，聚类（Bar Chart:Counts of unique values, Cluster)】对话框如图 11-22 所示。

■ 【类别变量（2-4，第一个为最外层）（Categorical variables(2-4, outermost first))】：可选择 2～4 个分类变量。第一个变量在刻度的最外层，最后一个变量在最内层，本例选择“性别”“偏好”。

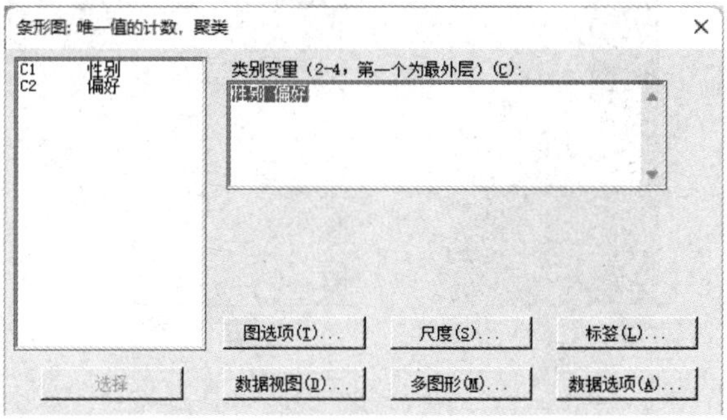

图 11-22　【条形图：唯一值的计数，聚类（Bar Chart: Counts of unique values, Cluster)】对话框

（4）【条形图：选项（Bar Chart:Options)】对话框如图 11-23 所示。

■ 【主 X 组排序按（Order Main X Groups By)】：选择【递减 Y（Decreasing Y)】。

■ 【百分比和累积（Percent and Accumulate)】：选择【显示 Y 为百分比（Show Y as Percent)】。【取百分比和/或累积（Take percent and/or accumulate)】可选择【跨所有类别（Across all categories)】或【水平 1（最外层）处的类别内（Within categories at level 1(outermost))】，本例选择后者。

（5）【条形图：标签（Bar Chart: Labels)】对话框的【数据标签（Data Labels)】选项卡如图 11-24 所示。

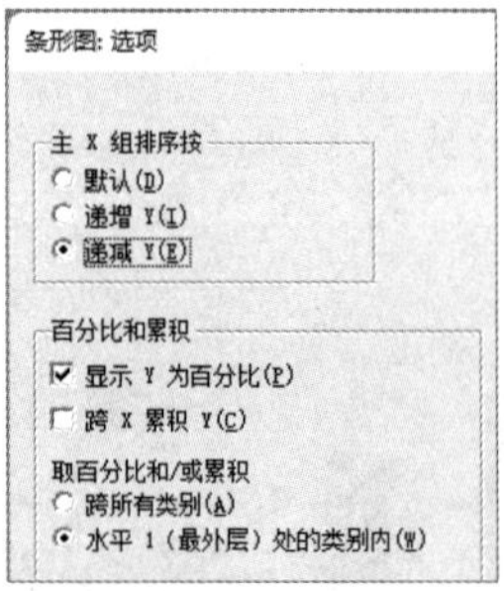

图 11-23 【条形图：选项（Bar Chart:Options）】对话框

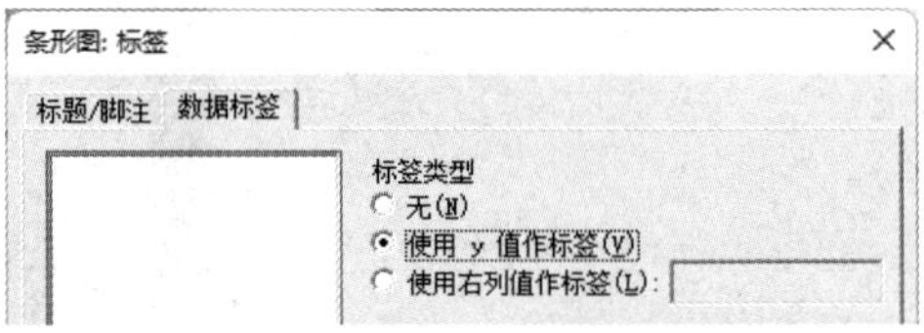

图 11-24 【数据标签（Data Labels】选项卡

- 【标签类型（Label Type）】：可选择【无（None）】、【使用 y 值作标签（Use y-value labels）】或【使用右列值作标签（Use labels from column）】，本例选择【使用 y 值作标签（Use y-value labels）】。

（6）在【编辑图形（Edit Graph）】窗口（见图 11-6）中，选择图中的条形后右击，在弹出菜单中选择【编辑条形（Edit Bars）】菜单项，打开【编辑条形（Edit Bars）】对话框，切换至【组（Groups）】选项卡（见图 11-19），【按类别变量指定属性（Assign attributes by categorical variables）】选择“性别”“偏好”。

（7）主要结果及分析。

不同的条形用不同的颜色表示，条形顶端的数值为该分类占所有调查人数的构成比，条形按照巧克力颜色的构成比递减排列，如图 11-25 所示。

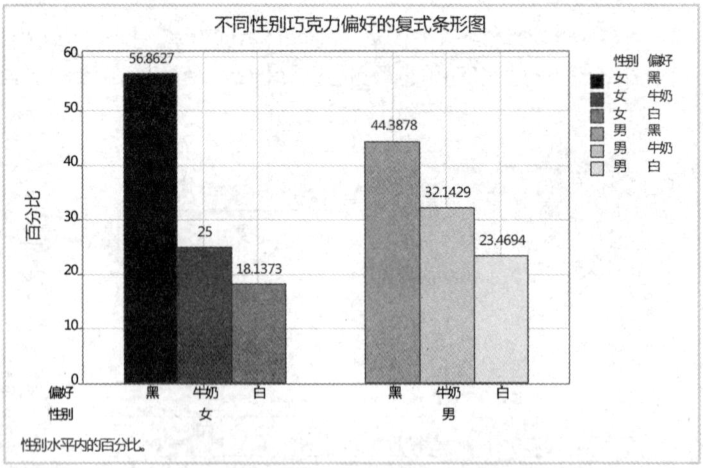

图 11-25 不同性别巧克力偏好的复式条形图

11.2.3 用原始数据绘制分段条形图

【例 11-6】根据例 6-1 的资料，绘制分段条形图。

（1）打开工作表“巧克力偏好.mwx”。

（2）在【条形图（Bar Charts）】主对话框（见图 11-15）中，【条形表示（Bars represent）】选择【唯一值计数（Counts of unique values）】，条形图的类型选择【堆叠（Stack）】。

（3）【条形图：唯一值的计数，堆叠（Bar Chart: Counts of unique values, Stack）】对话框如图 11-26 所示。

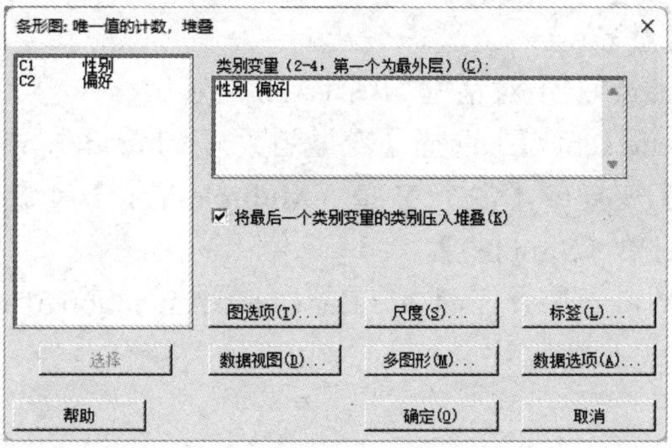

图 11-26　【条形图：唯一值的计数，堆叠（Bar Chart: Counts of unique values, Stack）】对话框

- 【类别变量（2-4，第一个为最外层）（Categorical variables(2～4, outermost first)）】：选择“性别”“偏好”。
- 【将最后一个类别变量的类别压入堆叠（Stack categories of last categorical variable）】：每个分组都用一个单独的条形表示。

（4）在【条形图：选项（Bar Chart: Options）】对话框（见图 11-23）中，【主 X 组排序按（Order Main X Groups By）】选择【默认（Default）】，【百分比和累积（Percent and Accumulate）】选择【显示 Y 为百分比（Show Y as Percent）】，【取百分比和/或累积（Take Percent and/or Accumulate）】选择【水平 1（最外层）处的类别内（Within categories at level 1(outermost)）】。

（5）在【数据标签（Data Labels）】选项卡（见图 11-24）中，【标签类型（Label Type）】选择【使用 y 值作标签（Use y-value labels）】。

（6）主要结果及分析。

不同颜色的条形代表不同颜色的巧克力选择情况，条形中的数值为该性别各种颜色的巧克力选择的累积百分比，如图 11-27 所示。

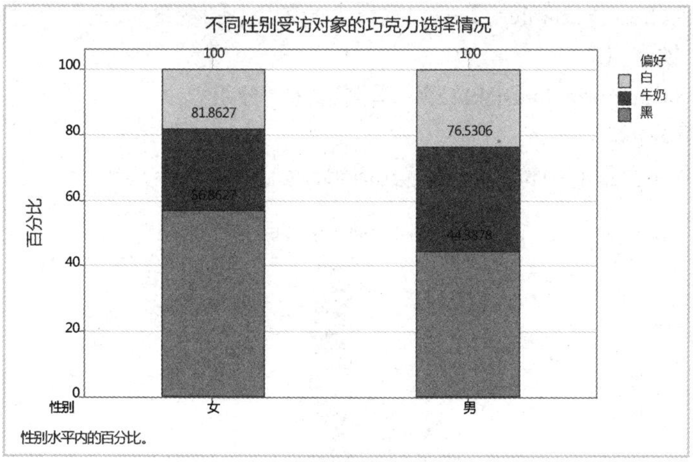

彩图 11-27

图 11-27　不同性别巧克力偏好的分段条形图

11.2.4　用变量函数绘制简单条形图

【例 11-7】将 50 只小鼠随机分配到 5 个不同的饲料组，每组 10 只小鼠。在喂养一定时间后，测量鼠肝中的铁含量（单位：μg/g），试根据鼠肝中铁含量的中位数绘制简单条形图。

（1）打开工作表“铁含量.mwx”。

（2）【条形图（Bar Charts）】主对话框如图 11-28 所示。

■ 【条形表示（Bars represent）】：选择【变量函数（A function of a variable）】，用户可以根据【一个 Y（One Y）】变量或【多个 Y 值（Multiple Y’s）】变量绘制图，本例选择【一个 Y（One Y）】中的【简单（Simple）】。

（3）【条形图：变量函数，一个 Y，简单（Bar Chart: A function of a variable, One Y, Simple）】对话框如图 11-29 所示。

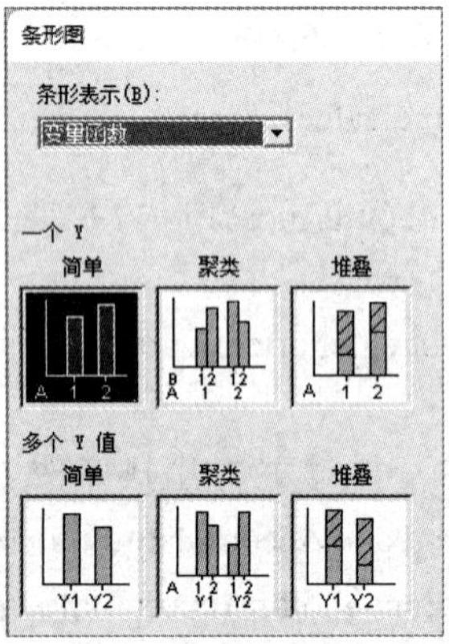

图 11-28　【条形图（Bar Charts）】主对话框

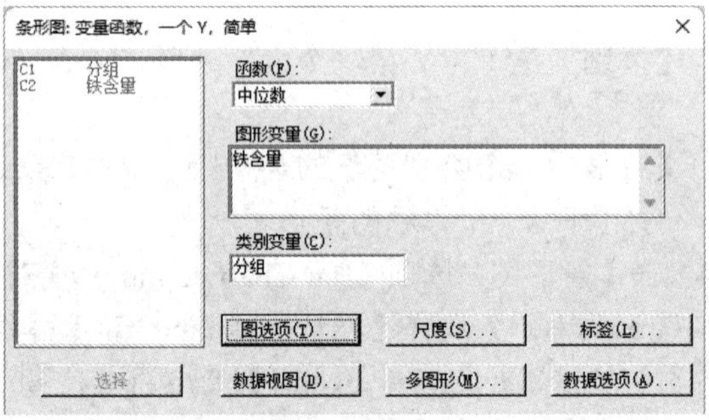

图 11-29　【条形图：变量函数，一个 Y，简单（Bar Chart: A function of a variable, One Y, Simple）】对话框

■ 【函数（Function）】：可选择【均值（Mean）】、【计数（Count）】、【和（Sum）】、【中位数（Median）】、【N】、【缺失数据数（NMissing）】、【标准差（StDev）】、【最小值（Minimum）】、【最大值（Maximum）】或【平方和（SSQ）】，本例选择【中位数（Median）】。

■ 【图形变量（Graph variables）】：可选择一个或以上的变量，每个变量单独绘制一个图形，本例选择“铁含量”。

■ 【类别变量（Categorical variable）】：本例选择“分组”。

（4）主要结果及分析。

第 3 组小鼠肝中铁含量的中位数远高于其他组，如图 11-30 所示。

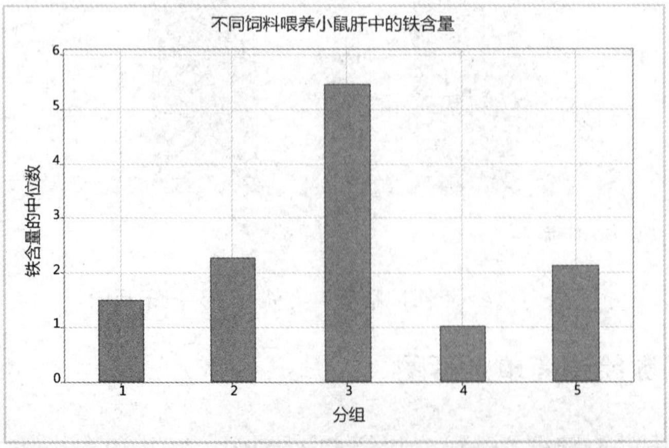

图 11-30　小鼠肝中铁含量的简单条形图

【例 11-8】英国交通部调查了 326 个地区的市民每月和每周骑自行车的频率，试根据不同骑车频率的总人数绘制简单条形图。

（1）打开工作表“骑自行车频率.mwx”。

（2）在【条形图（Bar Charts）】主对话框（见图 11-28）中，【条形表示（Bars represent）】选择【变量函数（A function of a variable）】，条形图的类型选择【多个 Y 值（Multiple Y’s）】中的【简单（Simple）】。

（3）【条形图：变量函数，多个 Y 值，简单（Bar Chart: A function of a variable, Multiple Y’s, Simple）】对话框如图 11-31 所示。【函数（Function）】选择【和（Sum）】，【图形变量（Graph variables）】为“每月 1 次-每周 5 次”。

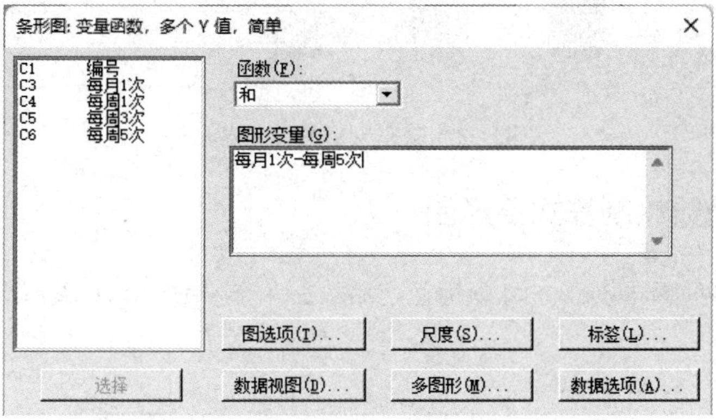

图 11-31　【条形图：变量函数，多个 Y 值，简单（Bar Chart: A function of a variable, Multiple Y’s, Simple）】对话框

（4）在【条形图：选项（Bar Chart:Options）】对话框（见图 11-23）中，【主 X 组排序按（Order Main X Groups By）】选择【递减 Y（Decreasing Y）】。

（5）在【编辑图形（Edit Graph）】窗口（见图 11-6）中，选择图中的条形后右击，在弹出菜单中选择【编辑条形（Edit Bars）】菜单项，打开【编辑条形（Edit Bars）】对话框，切换至【组（Groups）】选项卡，如图 11-32 所示，选择【按图形变量指定属性（Assign attributes by graph variables）】。

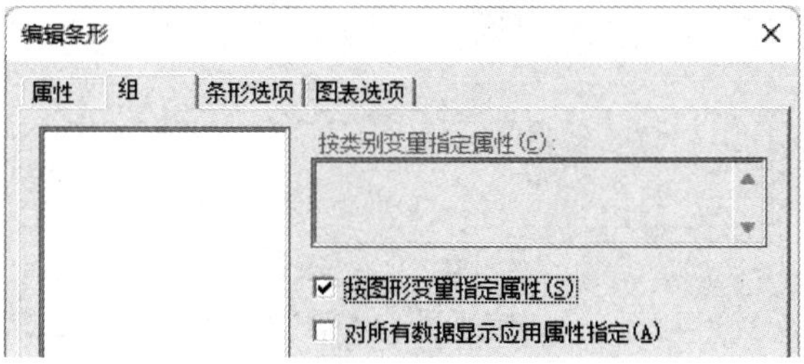

图 11-32　【组（Groups）】选项卡

（6）主要结果及分析。

在受访的市民中，每月骑 1 次自行车的人数最多，随着骑车频率的增加，人数呈减少的趋势，如图 11-33 所示。

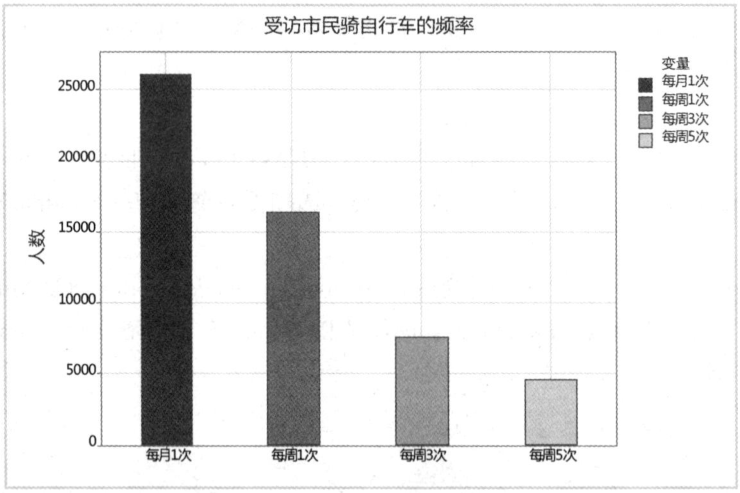

图 11-33 骑车频率的简单条形图

11.2.5 用变量函数绘制复式条形图

【例 11-9】现将两种不同成分的 4 块地毯产品放在 4 个家庭中，60 天后评估其耐用性，试绘制复式条形图。

（1）打开工作表“地毯.mwx”。

（2）在【条形图（Bar Charts）】主对话框（见图 11-28）中，【条形表示（Bars represent）】选择【变量函数（A function of a variable）】，条形图的类型选择【一个 Y（One Y）】中的【聚类（Cluster）】。

（3）【条形图：变量函数，一个 Y，聚类（Bar Chart: A function of a variable, One Y, Cluster）】对话框如图 11-34 所示。【函数（Function）】选择【均值（Mean）】，【图形变量（Graph variables）】选择“耐用性”。【用于分组的类别变量（1-4，第一个为最外层）（Categorical variables for grouping (1-4, outermost first)）】选择“地毯类型”“成分”。

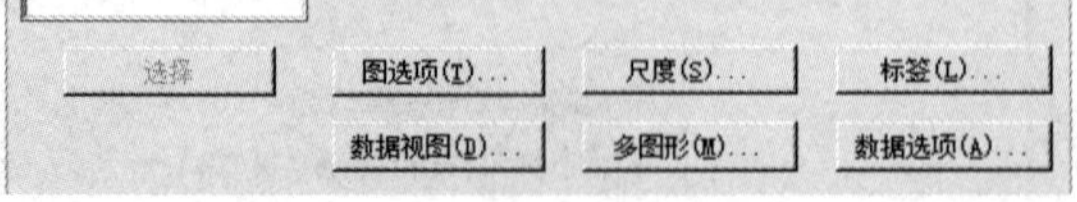

图 11-34 【条形图：变量函数，一个 Y，聚类（Bar Chart: A function of a variable, One Y, Cluster）】对话框

（4）在【编辑图形（Edit Graph）】窗口（见图 11-6）中，选择图中的条形后右击，在弹出菜单中选择【编辑条形（Edit Bars）】菜单项，打开【编辑条形（Edit Bars）】对话框，切换至【组（Groups）】选项卡（见图 11-32），【按类别变量指定属性（Assign attributes by categorical variables）】选择“成分”。

（5）主要结果及分析。

B 成分的贝伯轻薄缎面地毯的耐用性最好，其次为 A 成分的撒克逊呢地毯和 A 成分的贝伯轻薄缎面地毯，耐用性最差的是 A 成分的厚粗绒地毯，如图 11-35 所示。

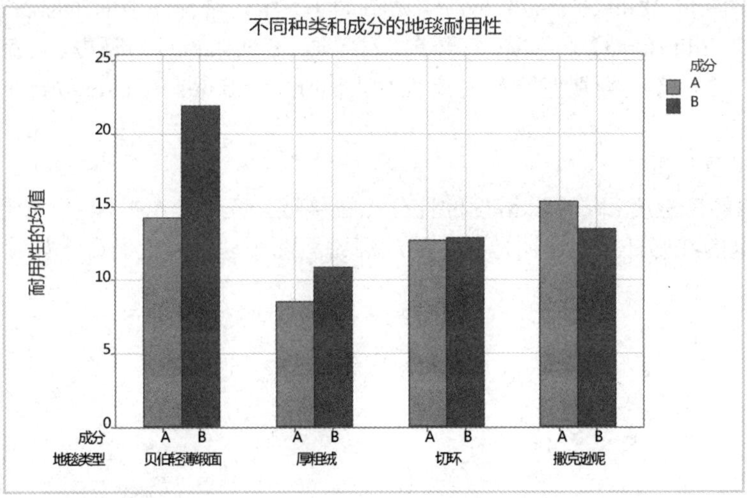

图 11-35　地毯耐用性的复式条形图

【例 11-10】为了比较 3 个不同地区酿制的红酒，从每个地区分别选取了红酒样本，并由评判组根据 6 个指标进行评分，分数越高，评级就越高，试绘制复式条形图。

（1）打开工作表“红酒.mwx”。

（2）在【条形图（Bar Charts）】主对话框（见图 11-28）中，【条形表示（Bars represent）】选择【变量函数（A function of a variable）】，条形图的类型选择【多个 Y 值（Multiple Y's）】中的【聚类（Cluster）】。

（3）【条形图：变量函数，多个 Y 值，聚类（Bar Chart: A function of a variable, Multiple Y's, Cluster）】对话框如图 11-36 所示。【函数（Function）】选择【均值（Mean）】，【图形变量（Graph variables）】为“清澈度-品质”。【用于分组的类别变量（1-3，第一个为最外层）（Categorical variables for grouping(1-3, outermost first)）】选择“地区”。

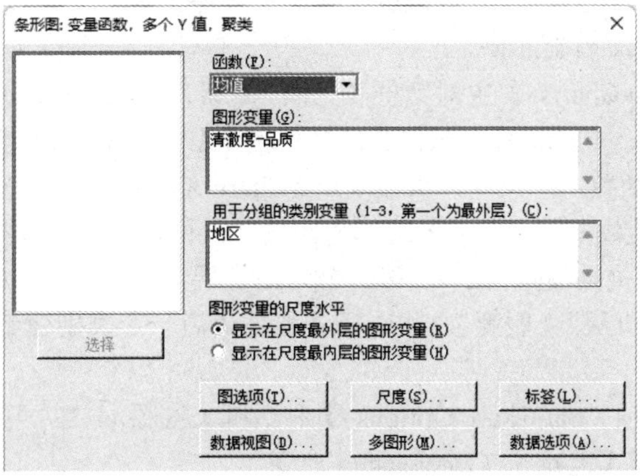

图 11-36　【条形图：变量函数，多个 Y 值，聚类（Bar Chart: A function of a variable, Multiple Y's, Cluster）】对话框

- 【图形变量的尺度水平（Scale Level for Graph Variables）】：可选择【显示在尺度最外层的图形变量（Graph variables displayed outermost on scale）】或【显示在尺度最内层的图形变量（Graph variables displayed innermost on scale）】，本例选择前者。

（4）在【编辑图形（Edit Graph）】窗口（见图 11-6）中，选择图中的条形后右击，在弹出菜单中选择【编辑条形（Edit Bars）】菜单项，打开【编辑条形（Edit Bars）】对话框，切换至【组（Groups）】选项卡（见图 11-32），【按类别变量指定属性（Assign attributes by categorical variables）】选择“地区”。

（5）主要结果及分析。

3 个地区红酒的清澈度和橡木味醇度的评分比较接近，但在其他指标中，地区 3 的红酒评分均高于其他两个地区的红酒评分，说明地区 3 的红酒比另两个地区的红酒好，如图 11-37 所示。

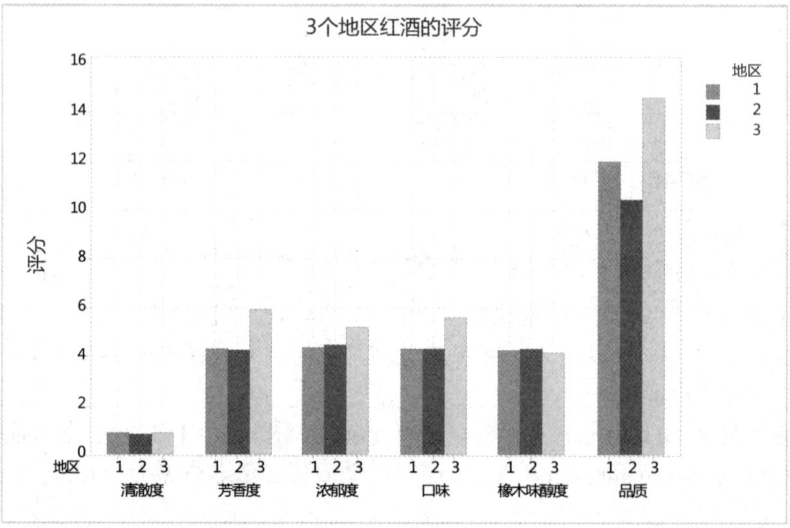

图 11-37　红酒评分的复式条形图

11.2.6　用变量函数绘制分段条形图

【例 11-11】根据例 11-1 的资料，试按班次绘制分段条形图。

（1）打开工作表“喷漆瑕疵.mwx”。

（2）在【条形图（Bar Charts）】主对话框（见图 11-28）中，【条形表示（Bars represent）】选择【变量函数（A function of a variable）】，条形图的类型选择【一个 Y（One Y）】中的【堆叠（Stack）】。

（3）【条形图：变量函数，一个 Y，堆叠（Bar Chart: A function of a variable, One Y, Stack）】对话框如图 11-38 所示。【函数（Function）】选择【计数（Count）】，【图形变量（Graph variables）】选择“编号”，【用于分组的类别变量（2-4，第一个为最外层）（Categorical variables for grouping (2-4, outermost first)）】选择“班次”“瑕疵”，并选择【堆叠最后一个类别变量的值（Stack values of last categorical variable）】。

（4）在【条形图：选项（Bar Chart: Options）】对话框（见图 11-23）中，【主 X 组排序按（Order Main X Groups By）】选择【递减 Y（Decreasing Y）】。

（5）在【条形图：标签（Bar Chart: Labels）】对话框的【数据标签（Data Labels）】选项卡（见图 11-24）中，【标签类型（Label Type）】选择【使用 y 值作标签（Use y-value labels）】。

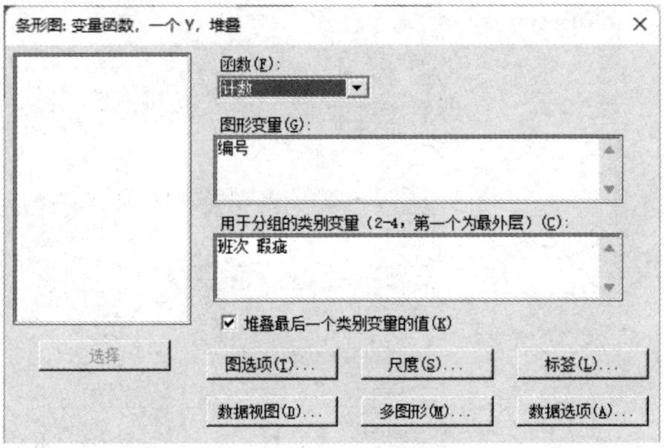

图 11-38　【条形图：变量函数，一个 Y，堆叠（Bar Chart: A function of a variable, One Y, Stack）】对话框

（6）主要结果及分析。

夜班的瑕疵数远高于其他班次，从瑕疵的构成比看，夜班和白班的主要瑕疵是划痕和剥落，晚班的主要瑕疵是剥落和划痕，而周末的主要瑕疵是污迹和剥落，如图 11-39 所示。

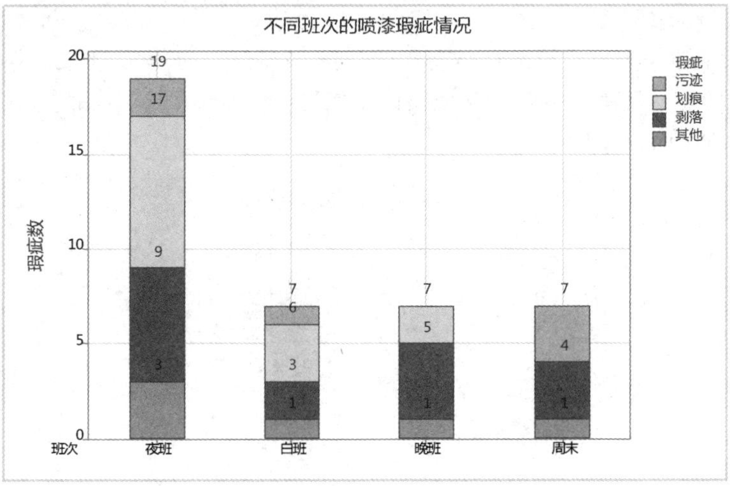

图 11-39　车门喷漆瑕疵的分段条形图

【例 11-12】现有 1986 年某地城市和农村 20～40 岁育龄妇女避孕方法的数据，试按地区绘制分段条形图。

（1）打开工作表“避孕方法.mwx”。

（2）在【条形图（Bar Charts）】主对话框（见图 11-28）中，【条形表示（Bars represent）】选择【变量函数（A function of a variable）】，条形图的类型选择【多个 Y 值（Multiple Y's）】中的【堆叠（Stack）】。

（3）【条形图：变量函数，多个 Y 值，堆叠（Bar Chart: A function of a variable, Multiple Y's, Stack）】对话框如图 11-40 所示。【函数（Function）】选择【和（Sum）】，【图形变量（Graph variables）】为“节育器-其他”，【用于分组的类别变量（1-3，第一个为最外层）（Categorical variables for grouping (1-3, outermost first)）】选择“地区”，选择【将最内层尺度类别的值压入堆叠（Stack values of innermost scale categories）】和【图形变量的尺度水平（Scale Level for Graph Variables）】中的【显示在尺度最内层的图形变量（Graph variables displayed innermost on scale）】。

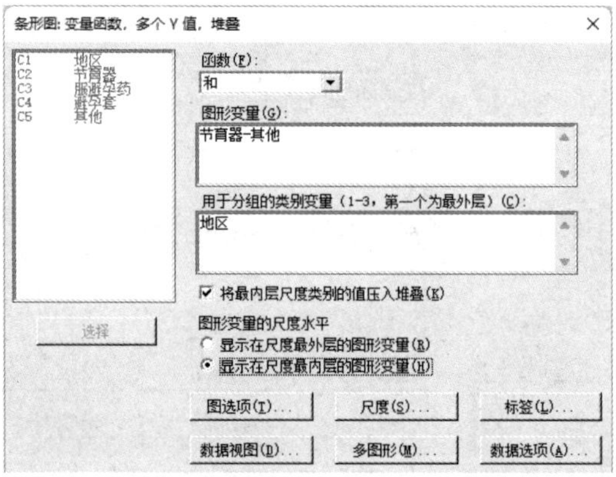

图 11-40 【条形图：变量函数，多个 Y 值，堆叠（Bar Chart:A function of a variable, Multiple Y's, Stack）】对话框

（4）在【条形图：选项（Bar Chart: Options）】对话框（见图 11-23）中，【百分比和累积（Percent and Accumulate）】选择【显示 Y 为百分比（Show Y as percent）】，【取百分比和/或累积（Take Percent and/or Accumulate）】选择【水平 1（最外层）处的类别内（Within categories at level 1(outermost)）】。

（5）主要结果及分析。

城市育龄妇女的避孕方法主要是避孕套和节育器，农村育龄妇女的主要避孕方法是节育器。从构成比看，城市育龄妇女使用避孕套的构成比高于农村，而农村育龄妇女使用节育器和服避孕药的构成比高于城市，如图 11-41 所示。

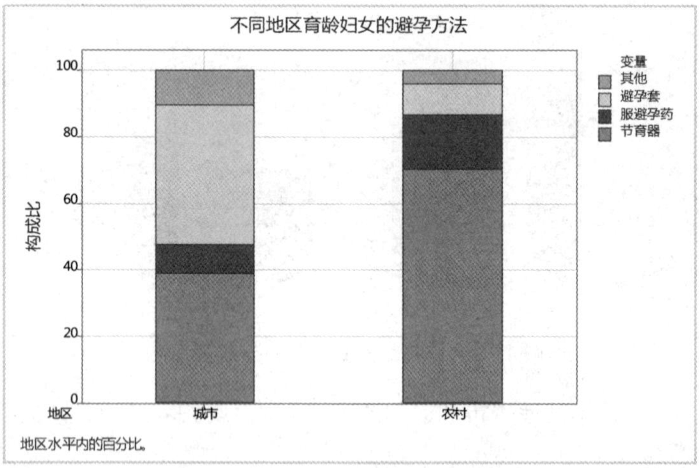

图 11-41 避孕方法的分段条形图

11.2.7 用汇总数据绘制简单条形图

【例 11-13】已知 2003 年我国各省份的血吸虫病的患病率（1/10 万），试绘制简单条形图。

（1）打开工作表“血吸虫.mwx”。

（2）在【条形图（Bar Charts）】主对话框（见图 11-42）中，【条形表示（Bars represent）】选择【来自表格的值（Values from a table）】，条形图的类型选择【单列值（One column of values）】中的【简单（Simple）】。

（3）在【条形图：来自表格的值，一列值，简单（Bar Chart: Values from a table, One column of values, Simple)】对话框（见图 11-43）中，【图形变量（Graph variables）】选择“患病率”，【类别变量（Categorical variable）】选择“省份”。

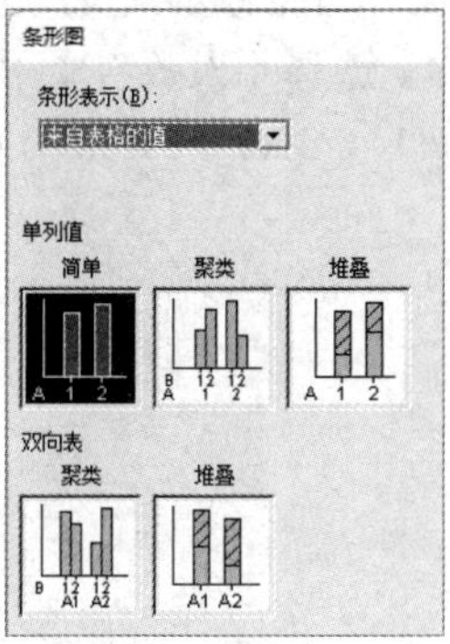

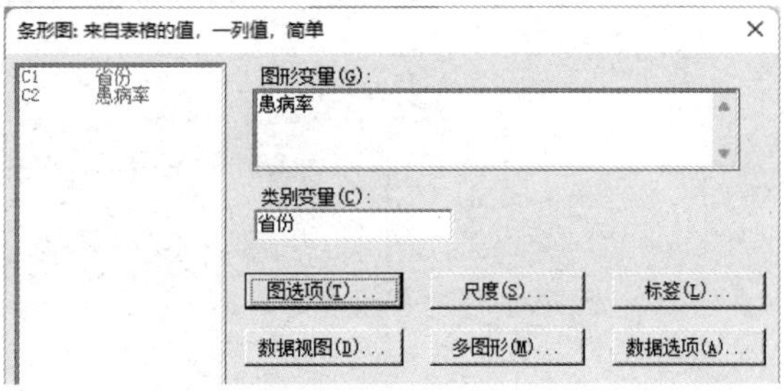

图 11-42　【条形图（Bar Charts）】主对话框

图 11-43　【条形图：来自表格的值，一列值，简单（Bar Chart: Values from a table, One column of values, Simple）】对话框

（4）在【条形图：选项（Bar Chart: Options）】对话框（见图 11-23）中，【主 X 组排序按（Order Main X Groups By）】选择【递减 Y（Decreasing Y）】。

（5）在【条形图：标签（Bar Chart: Labels）】对话框的【数据标签（Data Labels）】选项卡（见图 11-24）中，【标签类型（Label Type）】选择【使用 y 值作标签（Use y-value labels）】。

（6）主要结果及分析。

我国的血吸虫流行地区主要分布在长江流域及其以南的 12 个省份。经过 50 年的有效防治，截至 2003 年，已有广东、上海、福建、广西 4 个省份阻断了血吸虫病的传播，但尚未阻断血吸虫病传播的有 8 个省份，如图 11-44 所示。

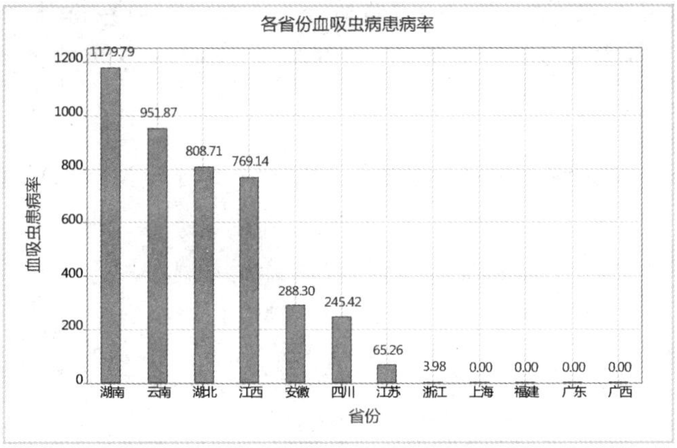

图 11-44　血吸虫病患病率的简单条形图

11.2.8　用汇总数据绘制复式条形图

【例 11-14】将一个由 901 人组成的样本按 3 个收入水平（单位：美元）和 4 个职业满意度水平进行交叉分类，得到汇总数据，试绘制复式条形图。

（1）打开工作表“职业满意度.mwx”。

（2）在【条形图（Bar Charts）】主对话框（见图 11-42）中，【条形表示（Bars represent）】选择

【来自表格的值（Values from a table）】，条形图的类型选择【单列值（One column of values）】中的【聚类（Cluster）】。

（3）在【条形图：来自表格的值，一列值，聚类（Bar Chart: Values from a table, One column of values, cluster）】对话框（见图 11-45）中，【图形变量（Graph variables）】选择“人数”，【用于分组的类别变量（1-4，第一个为最外层）（Categorical variables for grouping(1-4, outermost first)）】选择“收入”“职业满意度”。

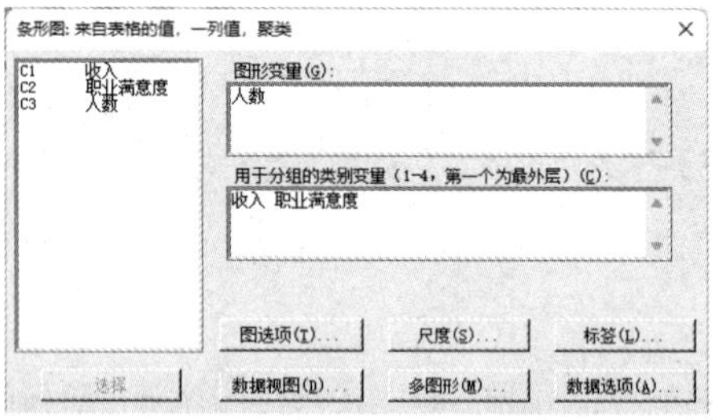

图 11-45　【条形图：来自表格的值，一列值，聚类（Bar Chart: Values from a table, One column of values, Cluster）】对话框

（4）在【条形图：选项（Bar Chart:Options）】对话框（见图 11-23）中，【百分比和累积（Percent and Accumulate）】选择【显示 Y 为百分比（Show Y as Percent）】，【取百分比和/或累积（Take Percent and/or Accumulate）】选择【水平 1（最外层）处的类别内（Within categories at level 1(outermost)）】，其他选项为默认值。

（5）【条形图：标签（Bar Chart: Labels）】对话框的【数据标签（Data Labels）】选项卡（见图 11-24）中，【标签类型（Label Type）】选择【使用 y 值作标签（Use y-value labels）】。

（6）在【编辑图形（Edit Graph）】窗口（见图 11-6）中，选择图中的条形后右击，在弹出菜单中选择【编辑条形（Edit Bars）】菜单项，打开【编辑条形（Edit Bars）】对话框，切换至【组（Groups）】选项卡（见图 11-19），【按类别变量指定属性（Assign attributes by categorical variables）】选择“职业满意度”。

（7）主要结果及分析。

收入越高的人对职业非常满意的比例越高，对职业非常不满意和有些不满意的比例越低，如图 11-46 所示。

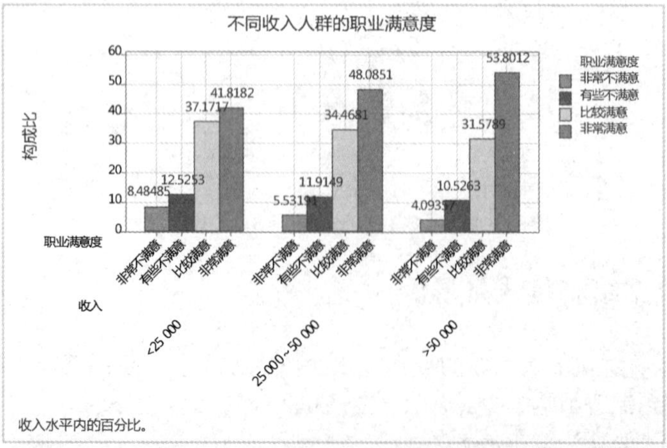

图 11-46　职业满意度的复式条形图

【例 11-15】某单位在 1993 年对 1191 名职工进行冠心病普查，按冠心病发病年龄、职业分组统计，得到干部和工人冠心病发病年龄组的构成比，试绘制复式条形图。

（1）打开工作表“冠心病.mwx”。

（2）在【条形图（Bar Charts）】主对话框（见图 11-42）中，【条形表示（Bars represent）】选择【来自表格的值（Values from a table）】，条形图的类型选择【双向表（Two-way table）】中的【聚类（Cluster）】。

（3）【条形图：来自表格的值，双向表，聚类（Bar Chart: Values from a table, Two-way table, Cluster）】对话框如图 11-47 所示。

- 【图形变量（Graph variables）】：为“‘40 岁～’ - ‘60～70 岁’”。
- 【行标签（Row labels）】：选择“职业”。
- 【表格排列（Table Arrangement）】：可选择【列为最外层的类别，行为最内层的类别（Columns are outermost categories and rows are innermost）】或【行为最外层的类别，列为最内层的类别（Rows are outermost categories and columns are innermost）】，本例选择后者。

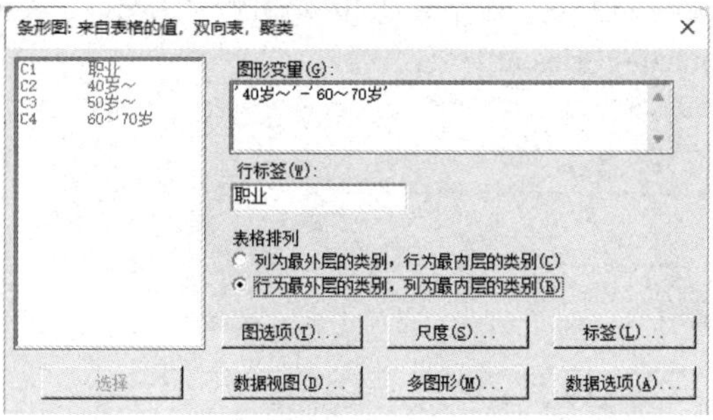

图 11-47　【条形图：来自表格的值，双向表，聚类（Bar Chart: Values from a table, Two-way table, Cluster）】对话框

（4）主要结果及分析。

不同职业冠心病发病年龄的构成比是不同的，工人 40 岁～组的构成比高于干部 40 岁～组的构成比，而工人 60～70 岁组的构成比则低于干部 60～70 岁组的构成比，如图 11-48 所示。

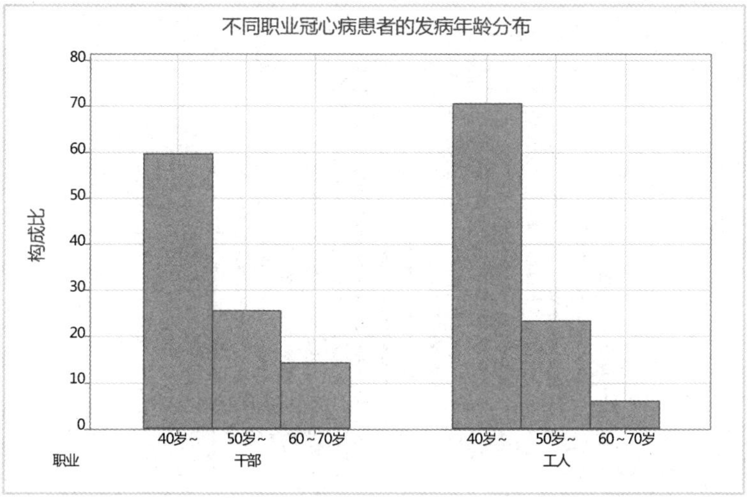

图 11-48　冠心病发病年龄组构成比的复式条形图

11.2.9　用汇总数据绘制分段条形图

【例 11-16】现有 1986 年我国 9 个城市的城区和农村（或郊区）11764 名 20～40 岁已婚妇女不同避孕方法的人数汇总数据，试绘制分段条形图。

（1）打开工作表“避孕.mwx”。

（2）在【条形图（Bar Charts）】主对话框（见图 11-42）中，【条形表示（Bars represent)】选择【来自表格的值（Values from a table)】，条形图的类型选择【单列值（One column of values)】中的【堆叠（Stack)】。

（3）在【条形图：来自表格的值，一列值，堆叠（Bar Chart: Values from a table, One column of values, Stack)】对话框（见图 11-49）中，【图形变量（Graph variables)】选择“人数”，【用于分组的类别变量（2-4，第一个为最外层）(Categorical variables for grouping(2-4, outermost first))】选择“地区”“城乡”“避孕方法”。

（4）在【条形图：选项（Bar Chart: Options)】对话框（见图 11-50）中，【主 X 组排序按（Order Main X Groups By)】选择【默认（Default)】。【百分比和累积（Percent and Accumulate)】选择【显示 Y 为百分比（Show Y as percent)】，【取百分比和/或累积（Take Percent and/or Accumulate)】选择【水平 2 处的类别内（Within categories at level 2)】。

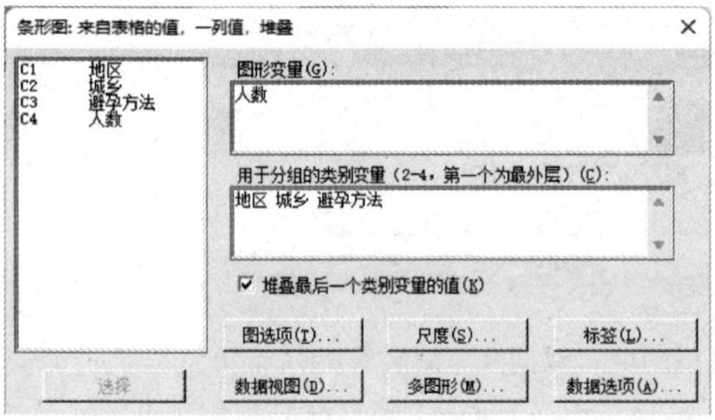

图 11-49　【条形图：来自表格的值，一列值，堆叠（Bar Chart: Values from a table, One column of values, Stack)】对话框

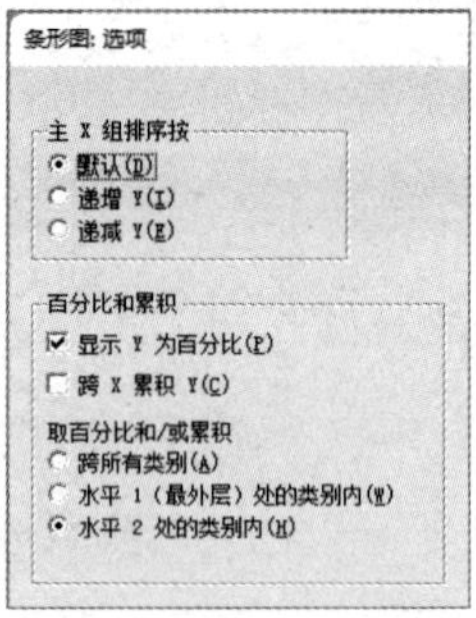

图 11-50　【条形图：选项（Bar Chart: Options)】对话框

（5）主要结果及分析。

分段条形图显示了 1986 年我国 9 个城市的城区和农村（或郊区）已婚妇女避孕方法的构成比，读者不妨尝试进行描述分析，如图 11-51 所示。

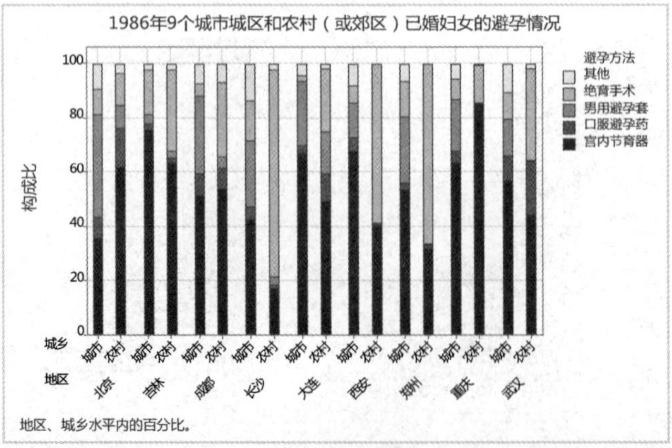

图 11-51　避孕方法的分段条形图

【例 11-17】一家商学院的学生创建并管理的公司正在销售校园日历。该公司通过对校园的各群体进行市场调查来确定销售潜力和目标细分市场，以决定是否应该在校友杂志或当地报纸上做广告。该公司获得了不同群体购买日历可能性的人数汇总数据，试绘制分段条形图。

（1）打开工作表“校园日历.mwx”。

（2）在【条形图（Bar Charts）】主对话框（见图 11-42）中，【条形表示（Bars represent）】选择【来自表格的值（Values from a table）】，条形图的类型选择【双向表（Two-way table）】中的【堆叠（Stack）】。

（3）在【条形图：来自表格的值，双向表，堆叠（Bar chart: values from a table, two-way table, stack）】对话框（见图 11-52）中，【图形变量（Graph variables）】为“不大可能的-非常有可能”，【行标签（Row labels）】选择“校园群体”，【表格排列（Table Arrangement）】选择【行为最外层的类别，列为最内层的类别（Rows are outermost categories and columns are innermost）】，并选择【堆叠最内层的类别值（Stack innermost category values）】，即最内层的分类用分段条表示。

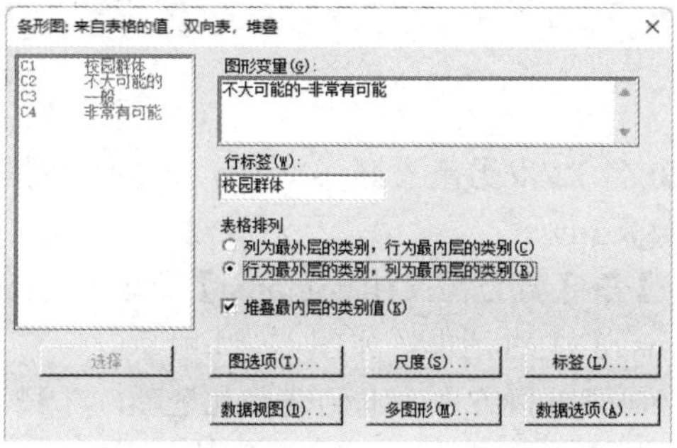

图 11-52　【条形图：来自表格的值，双向表，堆叠（Bar Chart:Values from a table, Two-way table, Stack）】对话框

（4）在【条形图：选项（Bar Chart: Options）】对话框（见图 11-50）中，【主 X 组排序按（Order Main X Groups By）】选择【默认（Default）】，【百分比和累积（Percent and Accumulate）】选择【显示 Y 为百分比（Show Y as Percent）】，【取百分比和/或累积（Take Percent and/or Accumulate）】选择【水平 1（最外层）处的类别内（Within categories at level 1（outermost））】。

（5）在【条形图：标签（Bar Chart: Labels）】对话框的【数据标签（Data Labels）】选项卡（见图 11-24）中，【标签类型（Label Type）】选择【使用 y 值作标签（Use y-value labels）】。

（6）主要结果及分析。

分段条形图显示了不同校园群体对购买校园日历可能性选项的选择结果，分段条越长表示选择该选项的构成比越大，分段条上的数字为该选项的累积百分比，如图 11-53 所示。

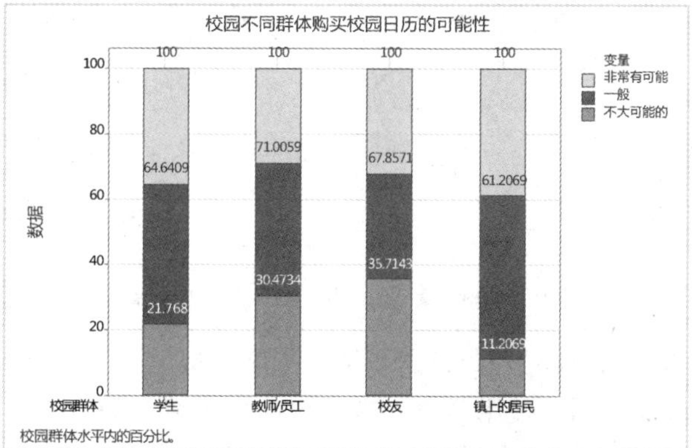

图 11-53　购买校园日历可能性的分段条形图

11.3 直 方 图

直方图又称为质量分布图，是一种二维统计图，用于表示连续变量的频数分布。它是根据数据分布情况，以观测数据的组距为横坐标，以频数或频率为纵坐标的一系列连接起来的直方矩形图，主要用于显示各组的频数分布情况、发现异常数据、指定正常值范围、显示数据的波动状态、判断相关条件的稳定性、提示施加干预措施的方向。Minitab 可绘制简单直方图（Simple histogram）和复式直方图（Histogram with groups），并可在直方图中包含 14 种分布的概率密度函数（Probability Density Function，PDF）（拟合分布线）。

11.3.1 简单直方图

【例 11-18】已知某市 120 名 12 岁男童身高（单位：cm）的数据，试绘制男童身高的直方图。

（1）打开工作表“男童身高.mwx”。

（2）选择【图形（Graph）】→【直方图（Histogram）】菜单项，打开【直方图（Histograms）】主对话框，如图 11-54 所示。

- 【简单（Simple）】：绘制简单直方图，本例选择此选项。
- 【包含拟合（With Fit）】：绘制包含概率密度函数的简单直方图。
- 【含组（With Groups）】：绘制复式直方图，即在同一个图中显示多个直方图。
- 【包含拟合和组（With Fit and Groups）】：绘制包含概率密度函数的复式直方图。

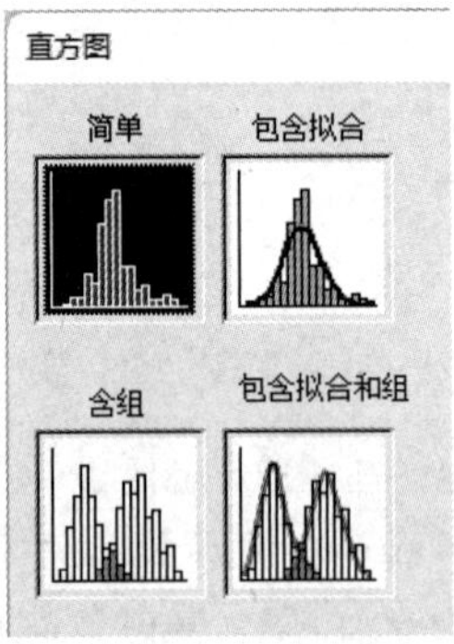

图 11-54 【直方图（Histograms）】主对话框

（3）在【直方图：简单（Histogram:Simple）】对话框（见图 11-55）中，【图形变量（Graph variables）】选择“身高”。

（4）【直方图：尺度（Histogram: Scale）】对话框的【Y 尺度类型（Y-Scale Type）】选项卡如图 11-56 所示。

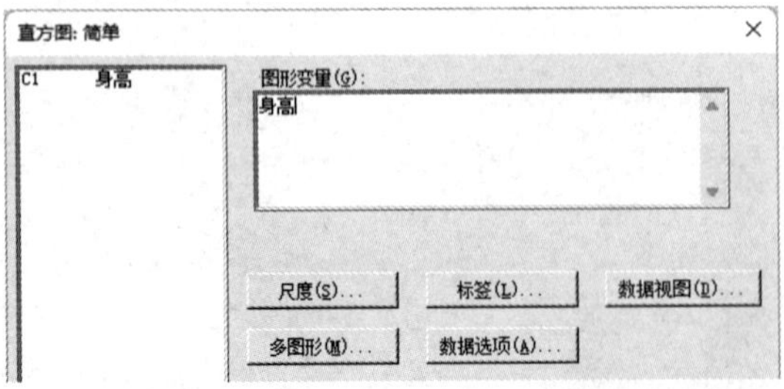

图 11-55 【直方图：简单（Histogram:Simple）】对话框

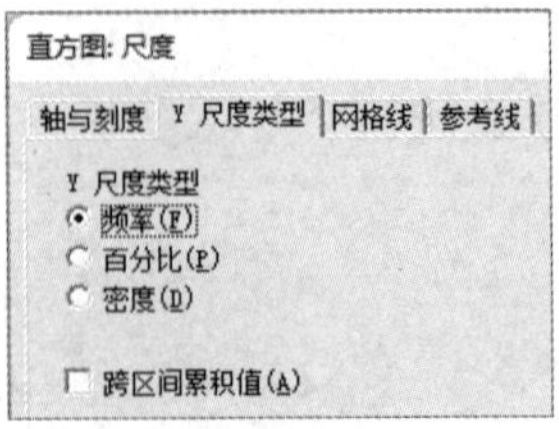

图 11-56 【Y 尺度类型（Y-Scale Type）】选项卡

- 【Y 尺度类型（Y-Scale Type）】：设定 y 轴的刻度类型。
  - 【频率（Frequency）】：使用频率刻度，仅能用于直方图。
  - 【百分比（Percent）】：使用百分比刻度。
  - 【密度（Density）】：使用密度刻度，仅能用于直方图。

- 【跨区间累积值（Accumulate values across bins）】：从左到右累积每个条形的值，如累积频率和累积百分比，仅能用于直方图。

（5）主要结果及分析（1）：直方图的纵坐标为频率，横坐标为身高，男童身高主要集中在131.25～153.75cm之间，频率最高的区间为141.25～143.75cm，如图11-57所示。

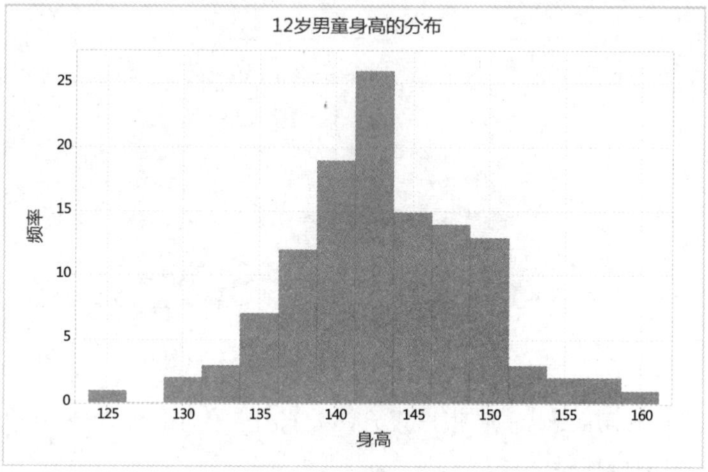

图 11-57　身高的直方图

（6）重复上述（1）～（3）操作，在【Y尺度类型（Y-Scale Type）】选项卡（见图11-56）中，【Y尺度类型（Y-Scale Type）】选择【百分比（Percent）】，并选择【跨区间累积值（Accumulate values across bins）】。

（7）主要结果及分析（2）：累积直方图的纵坐标为累积百分比，横坐标为身高，如图11-58所示。

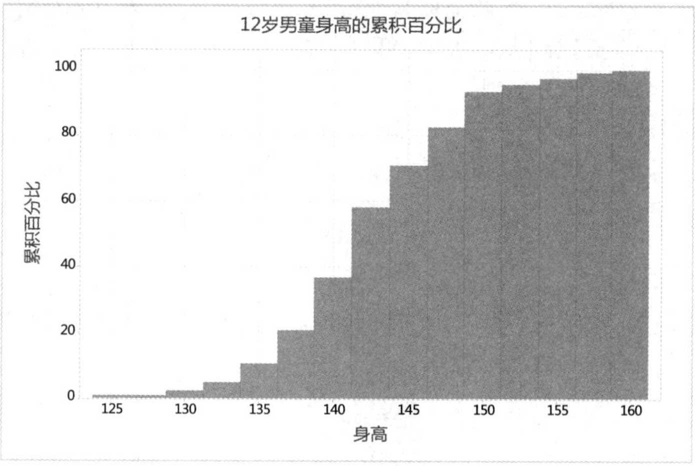

图 11-58　身高的累积直方图

【例 11-19】根据例11-18的资料，试绘制男童身高（单位：cm）包含拟合正态分布线的直方图。

（1）打开工作表“男童身高.mwx”。

（2）在【直方图（Histograms）】主对话框（见图11-54）中，选择【包含拟合（With Fit）】。

（3）在【直方图：包含拟合（Histogram: With Fit）】对话框（界面参考图11-55）中，【图形变量（Graph variables）】选择“身高”。

（4）在【Y 尺度类型（Y-Scale Type）】选项卡（见图 11-56）中，【Y 尺度类型（Y-Scale Type）】选择【密度（Density）】。

（5）【直方图：数据视图（Histogram: Data View）】对话框的【分布（Distribution）】选项卡如图 11-59 所示。

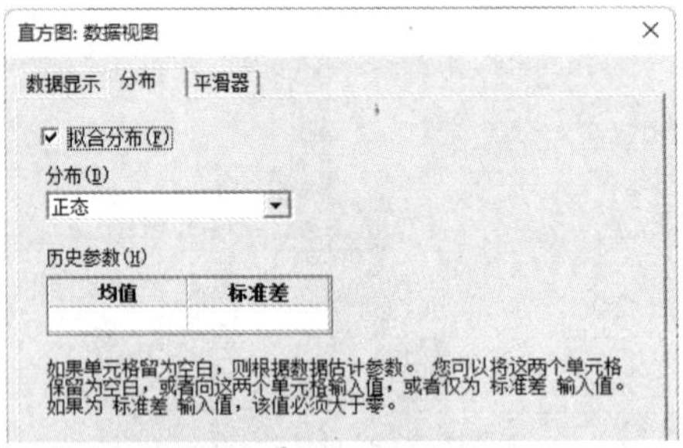

图 11-59 【分布（Distribution）】选项卡

- 【拟合分布（Fit distribution）】：根据直方图数据拟合分布，拟合分布线（Fitted line）有助于选择适合的分布进行建模。
- 【分布（Distribution）】：选择相应的经验累积分布函数，共包括 14 种分布，即【正态（Normal）】、【对数正态（Lognormal）】、【3 参数对数正态（3-parameter lognormal）】、【Gamma】、【3 参数 Gamma（3-parameter gamma）】、【指数（Exponential）】、【2 参数指数（2-parameter exponential）】、【最小极值（Smallest extreme value）】、【Weibull】、【3 参数 Weibull（3-parameter Weibull）】、【最大极值（Largest extreme value）】、【Logistic】、【对数 Logistic（Loglogistic）】及【3 参数对数 Logistic（3-parameter loglogistic）】，本例选择【正态（Normal）】。
- 【历史参数（Historical Parameters）】：选择正态分布时，须在【历史参数】中输入【平均值】和【标准差】的参数值，如果选择其他分布，将会根据所选的分布类型，输入相应的参数值：【均值（Mean）】、【标准差（StDev）】、【位置（Location）】、【形状（Shape）】、【尺度（Scale）】或【阈值（Threshold）】。

（6）主要结果及分析。

直方图的纵坐标为频率，横坐标为身高，正态曲线 $N(143.00, 5.82^2)$呈钟形，如图 11-60 所示。

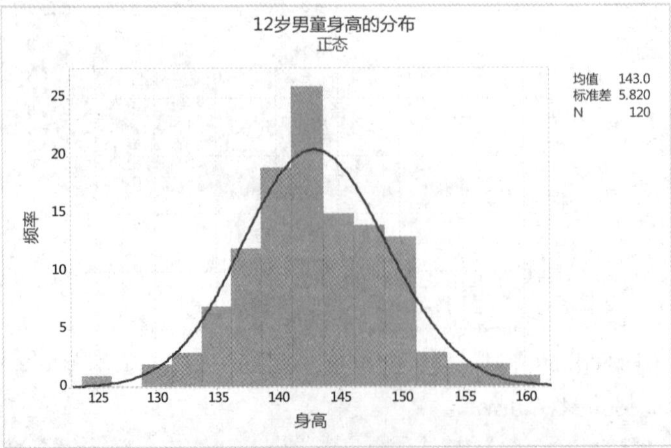

图 11-60 带有正态曲线的直方图

【例 11-20】试根据例 5-1 的资料，绘制不同文化程度客户的年龄和工龄的直方图。

（1）打开工作表“收入.mwx”。

（2）在【直方图（Histograms）】主对话框（见图 11-54）中，选择【简单（Simple）】。

（3）在【直方图：简单（Histogram: Simple）】对话框（见图 11-55）中，【图形变量（Graph variables）】选择“年龄”“工龄”。

（4）【直方图：多图形（Histogram: Multiple Graphs）】对话框的【多变量（Multiple Variable）】选项卡如图 11-61 所示。

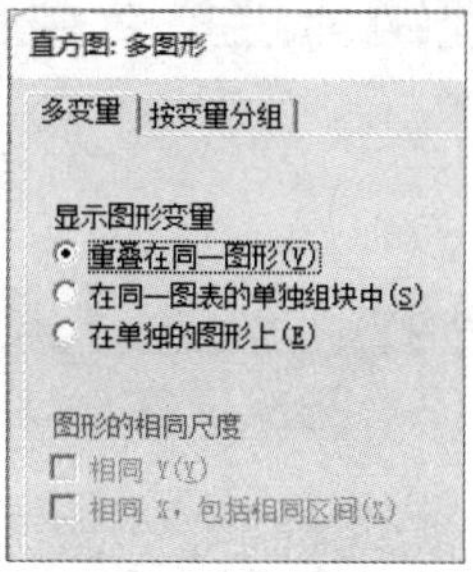

图 11-61　【多变量（Multiple Variable）】选项卡

- 【显示图形变量（Show Graph Variables）】：可选择以下选项。
  - 【重叠在同一图形（Overlaid on the same graph）】：在同一个数据区域中重叠多个图形，本例选择此选项。
  - 【在同一图表的单独组块中（In separate panels of the same graph）】：在同一个图的不同部分显示每个图形。
  - 【在单独的图形上（On separate graphs）】：在各自图形窗口中显示每个图形。
- 【图形的相同尺度（Same Scales for Graphs）】：可选择以下选项。
  - 【相同 Y（Same Y）】：所有图形使用相同的 y 轴刻度。
  - 【相同 X，包括相同区间（Same X, including same bins）】：所有图形使用相同的 x 轴刻度和区间。

（5）在【直方图：多图形（Histogram: Multiple Graphs）】对话框的【按变量分组（By Variables）】选项卡（见图 11-62）中，【按变量分组在同一图中分列（By variables with groups in separate panels）】选择变量“文化程度（文本）”，【按变量分组在不同图中分列（By variables with groups on separate graphs）】未选择任何变量。

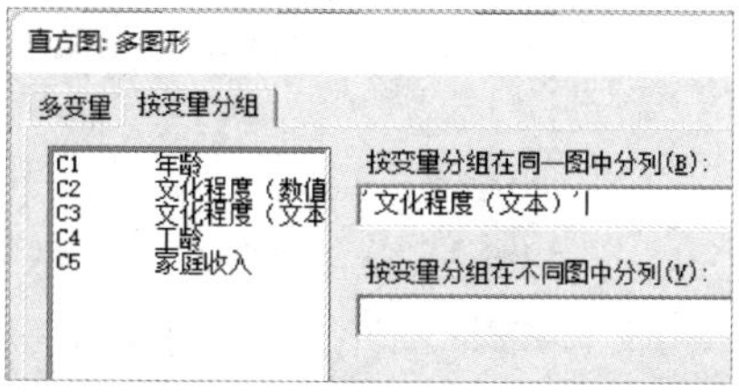

图 11-62　【按变量分组（By Variables）】选项卡

（6）主要结果及分析。

从图 11-63 可见，在同一个图中显示了不同文化程度客户的年龄和工龄的 4 个复式直方图。年龄和工龄分别以不同颜色的条形重叠显示，通过分组和重叠直方图，可比简单直方图探索变量的更多信息。

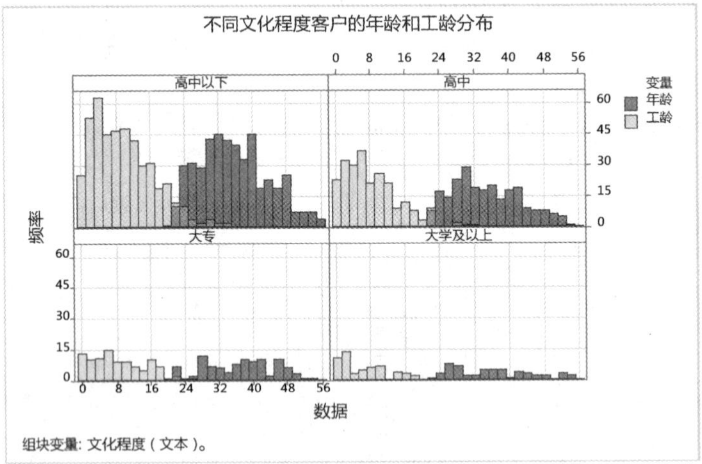

图 11-63　分组重叠直方图

11.3.2　复式直方图

【例 11-21】某制造商使用两台机器生产塑胶颗粒。该公司的质量工程师从每台机器上抽取了50个颗粒作为样本，并记录了每个颗粒的质量（单位：g），试绘制不同机器Weibull分布的复式直方图。

（1）打开工作表“颗粒质量.mwx”。

（2）在【直方图（Histograms）】主对话框（见图 11-54）中，选择【包含拟合和组（With Fit and Groups）】。

（3）在【直方图：包含拟合和组（Histogram: With Fit and Groups）】对话框（见图 11-64）中，【图形变量（Graph variables）】选择“质量”，【用于分组的类别变量（0-3）（Categorical variables for grouping(0-3)）】选择“机器”，当选择了多个图形变量时，选择【图形变量构成组（Graph variables form groups）】可在同一图形中显示所有图形变量的直方图。

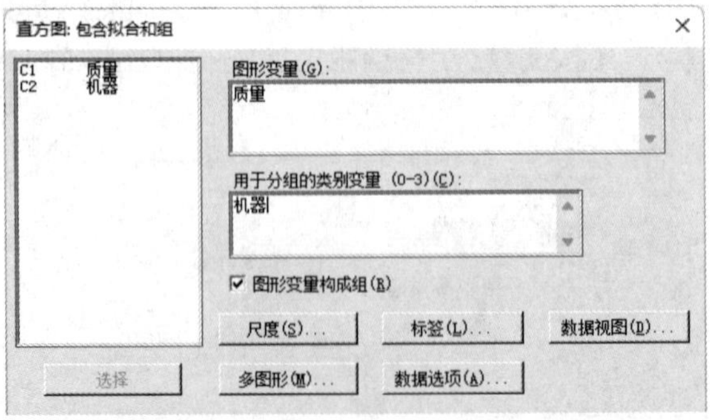

图 11-64　【直方图：包含拟合和组（Histogram: With Fit and Groups）】对话框

（4）在【分布（Distribution）】选项卡（见图 11-59）中，选择【拟合分布（Fit distribution）】，【分布（Distribution）】选择【Weibull】。

（5）主要结果及分析。

两台机器生产的塑胶颗粒质量的复式直方图和拟合分布曲线用不同颜色表示，其中机器 1 的塑胶颗粒质量的 Weibull 分布曲线为 $W(20.41,10.89)$，机器 2 的塑胶颗粒质量的 Weibull 分布曲线为 $W(20.29,12.01)$，如图 11-65 所示。

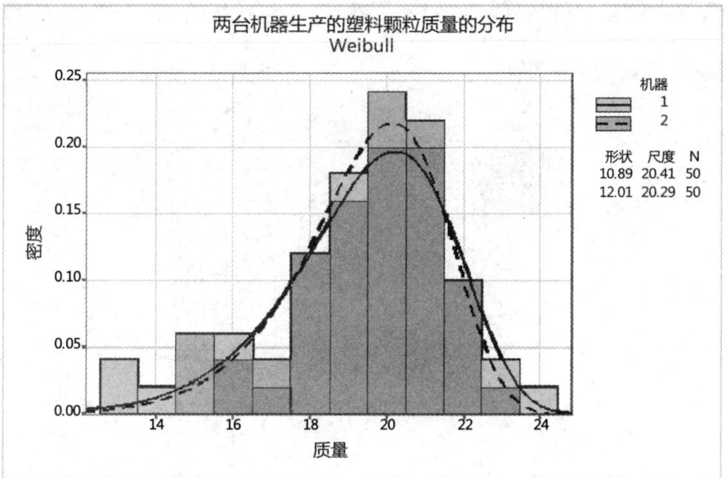

彩图 11-65

图 11-65　Weibull 分布曲线的复式直方图

11.4　点　　图

点图可在图中绘制连续变量或分类变量的点，这些点的垂直位置不表示某个具体的值，只表示在 x 轴上所在数值区间，可用于估计分布的形状和集中趋势，非常适合比较分布的情况。点图的 x 轴被分为若干个小间隔（区间），用点表示落入每个区间的值。Minitab 尽可能显示每个观测值的点。当一个点表示多个观测值时，将在脚注指明每个点所代表观测值的最大数目。Minitab 可绘制单变量简单点图（Simple dotplot）、单变量复式点图（Dotplot with groups）和单变量重叠复式点图（Dotplot with overlayed groups），以及多变量简单点图、多变量重叠点图（Overlay dotplots of multiple variables）、复式点图和多变量重叠复式点图。

11.4.1　单变量简单点图

【例 11-22】 随机抽取 100 名成人，调查他们脂肪日摄入量（单位：g），试绘制单变量简单点图。

（1）打开工作表“脂肪日摄入量.mwx”。

（2）选择【图形（Graph）】→【点图（Dotplot）】菜单项，打开【点图（Dotplots）】主对话框，如图 11-66 所示。

- 【一个 Y（One Y）】：每个变量单独绘制一个图形。
  - 【简单（Simple）】：绘制单变量简单点图，本例选择此选项。
  - 【含组（With Groups）】：绘制单变量复式点图。
  - 【堆叠组（Stack Groups）】：绘制单变量重叠复式点图。

- 【多个 Y 值（Multiple Y's）】：同一图形上显示多个变量的值。
  - 【简单（Simple）】：绘制多变量简单点图。
  - 【堆叠 Y 值（Stack Y's）】：绘制多变量重叠点图。
  - 【含组（With Groups）】：绘制多变量复式点图。
  - 【堆叠组（Stack Groups）】：绘制多变量重叠复式点图。

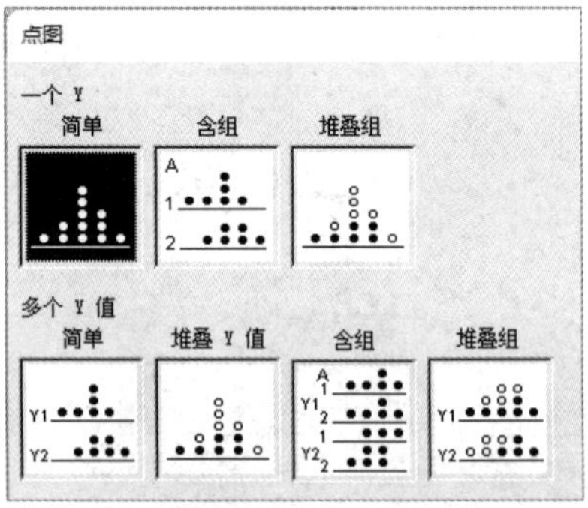

图 11-66 【点图（Dotplots）】主对话框

（3）【点图：一个 Y，简单（Dotplot: One Y, Simple）】对话框（界面参考图 11-55）中，【图形变量（Graph variables）】选择“脂肪日摄入量”。

（4）主要结果及分析。

横坐标为脂肪日摄入量，区间为 20g，垂直排列的点为落在每个横坐标区间的数值，每个点代表一个数值。大多数成人的脂肪日摄入量在 67～155g 之间，分布呈左偏，如图 11-67 所示。

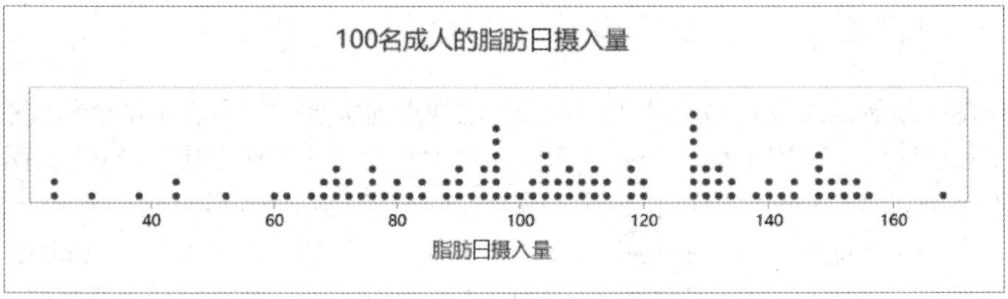

图 11-67 脂肪日摄入量的单变量简单点图

11.4.2 单变量复式点图

【例 11-23】某医学研究人员为了尝试使用体重指数（BMI）（易于测量）预测身体脂肪率（测量难度大、费用高），收集了 92 名青春期女性的 BMI 和身体脂肪率的有关指标，试绘制不同运动量青春期女性 BMI 的单变量复式点图。

（1）打开工作表“身体脂肪率.mwx”。

（2）在【点图（Dotplots）】主对话框（见图 11-66）中，选择【一个 Y（One Y）】中的【含组（With Groups）】。

（3）【点图：一个 Y，含组（Dotplot: one Y, with groups）】对话框（界面参考图 11-45）中，【图形变量（Graph variables）】选择“BMI”，【用于分组的类别变量（1-4，第一个为最外层）（Categorical variables for grouping(1-4, outermost first)）】选择“运动量”。

（4）主要结果及分析。

点图分成 3 部分，从上至下分别为按运动量的高、中、低分组的青春期女性的 BMI，高运动量组的 BMI 全部落在 24 以下，中运动量组的 BMI 主要分布在 15～28 之间，低运动量组共有 6 个点，其中有 4 个点落在 28 以上，其最大区间为(34.25,34.75)，远高于中运动量组的最大区间(31.25,31.75)，如图 11-68 所示。

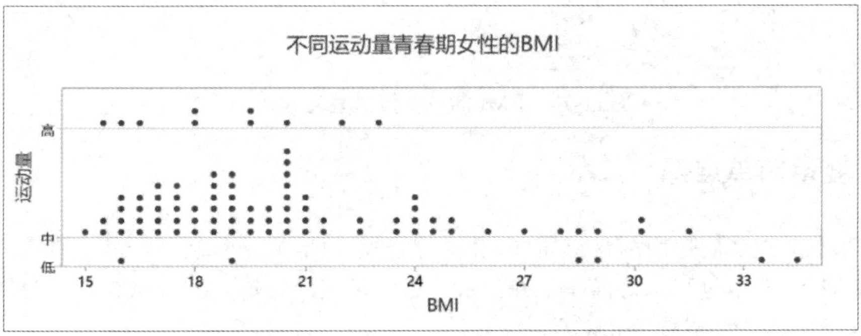

图 11-68　BMI 的单变量复式点图

11.4.3　单变量重叠复式点图

【例 11-24】 试根据例 11-23 的资料绘制不同运动量青春期女性 BMI 的单变量重叠复式点图。

（1）打开工作表“身体脂肪率.mwx”。

（2）在【点图（Dotplots）】主对话框（见图 11-66）中，选择【一个 Y（One Y）】中的【堆叠组（Stack Groups）】。

（3）在【点图：一个 Y，堆叠组（Dotplot: One Y, Stack Groups）】对话框（见图 11-69）中，【图形变量（Graph variables）】选择“BMI”，【用于分组的类别变量（1-4，第一个为最外层）（Categorical variables for grouping(1-4, outermost first)）】选择“运动量”，并选择【将最后一个类别变量的点压入堆叠（Stack dots of last categorical variable）】。

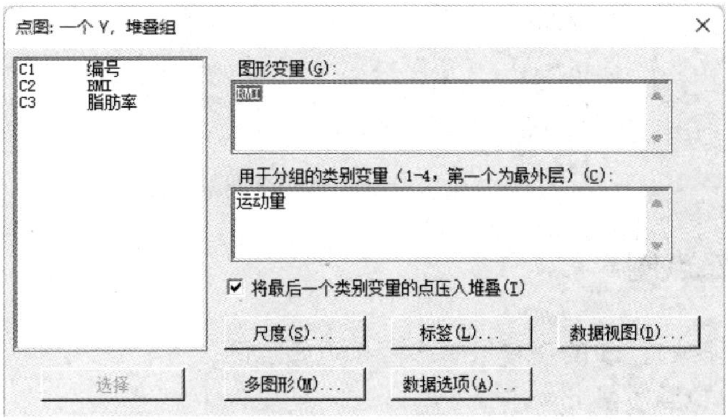

图 11-69　【点图：一个 Y，堆叠组（Dotplot: One Y, Stack Groups）】对话框

（4）主要结果及分析。

单变量重叠复式点图与单变量简单点图类似，在一个点图中显示所有分组的数值分布，但不同分组的数值用不同颜色和形状的点表示，如图 11-70 所示。

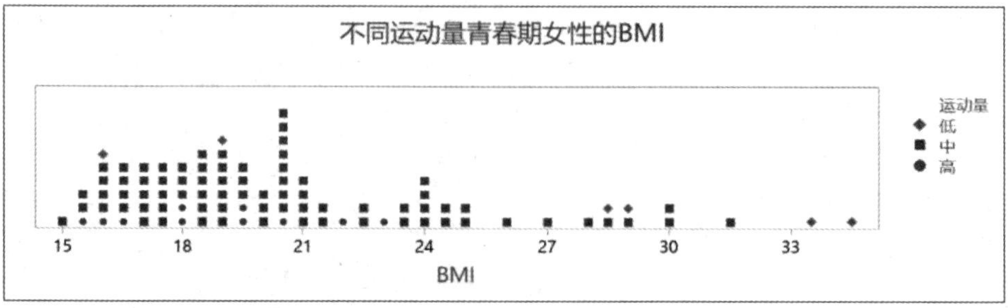

彩图 11-70

图 11-70　BMI 的单变量重叠复式点图

11.4.4　多变量简单点图

【例 11-25】某生产商使用两台机器（当前机器和新机器）来包装其产品，质量工程师随机从每台机器上抽取了 50 个包装作为样本，并记录了每个包装的质量（g），试绘制多变量简单点图。

（1）打开工作表“包装质量.mwx”。

（2）在【点图（Dotplots)】主对话框（见图 11-66）中，选择【多个 Y 值（Multiple Y’s)】中的【简单（Simple)】。

（3）在【点图：多个 Y 值，简单（Dotplot: Multiple Y’s, Simple)】对话框（界面参考图 11-55）中，【图形变量（Graph variables)】选择“当前机器”“新机器”。

（4）主要结果及分析（见图 11-71)：多变量简单点图与单变量复式点图类似，点图根据不同变量分成两部分，上半部分是当前机器包装质量的点图，下半部分是新机器包装质量的点图。两台机器包装质量主要分布在 820～920g 之间，新机器的包装质量比当前机器更集中，但当前机器有 6 个点分布在 920g 或以上的区间，新机器只有 2 个点，而新机器有 4 个点接近 800g，当前机器只有 1 个点。

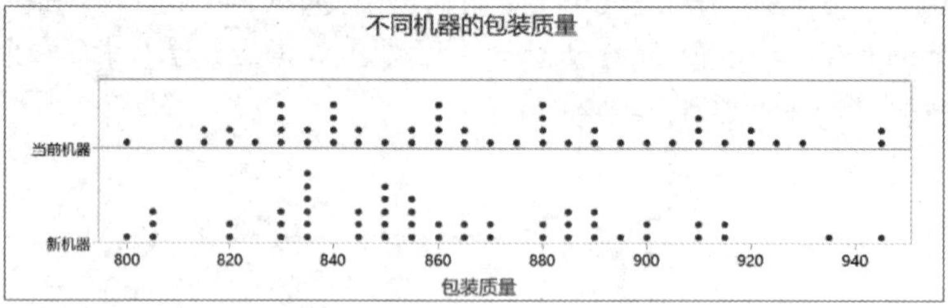

图 11-71　包装质量的多变量简单点图

11.4.5　多变量重叠点图

【例 11-26】试根据例 11-25 的资料绘制多变量重叠点图。

（1）打开工作表“包装质量.mwx”。

（2）在【点图（Dotplots)】主对话框（见图 11-66）中，选择【多个 Y 值（Multiple Y’s)】中的【堆叠 Y 值（Stack Y’s)】。

（3）在【点图：多个 Y 值，堆叠 Y 值（Dotplot: Multiple Y’s, Stack Y’s)】对话框（见图 11-72）中，【图形变量（Graph variables)】选择“当前机器”“新机器”，并选择【堆叠图形变量的点（Stack dots of graph variables)】。

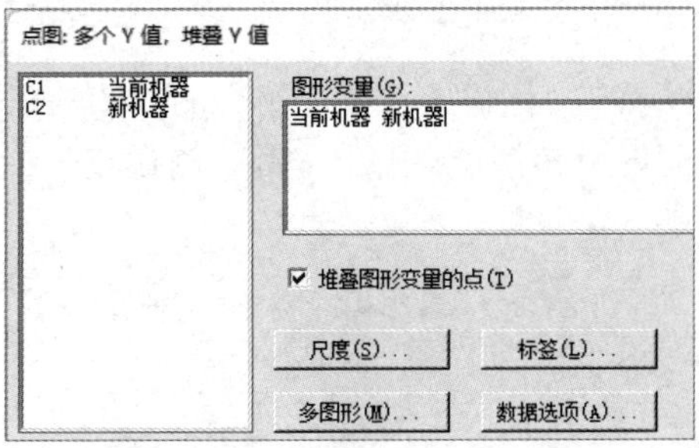

图 11-72　【点图：多个 Y 值，堆叠 Y 值（Dotplot: Multiple Y's, Stack Y's）】对话框

（4）主要结果及分析。

多变量重叠点图与单变量重叠点图类似，在一个点图中显示所有变量的数值分布，但不同变量的数值用不同颜色和形状的点表示，如图 11-73 所示。

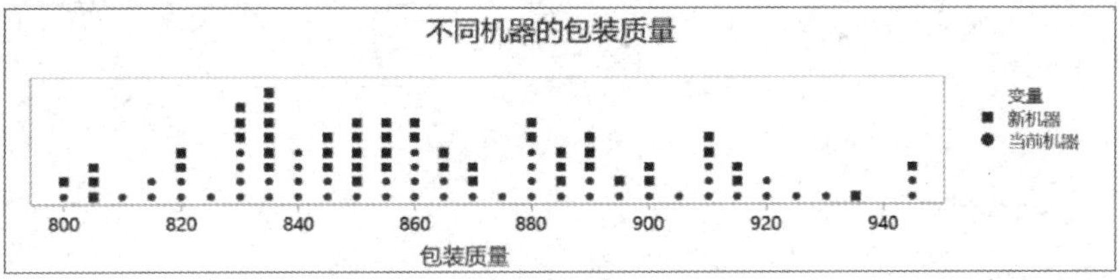

彩图 11-73

图 11-73　包装质量的多变量重叠点图

11.4.6　多变量复式点图

【例 11-27】试根据例 5-1 的资料绘制不同文化程度客户的年龄和工龄的多变量复式点图。

（1）打开工作表“收入.mwx”。

（2）在【点图（Dotplots）】主对话框（见图 11-66）中，选择【多个 Y 值（Multiple Y's）】中的【含组（With Groups）】。

（3）【点图：多个 Y 值，含组（Dotplot: Multiple Y's, With Groups）】对话框（见图 11-74）中，【图形变量（Graph variables）】选择“年龄”“工龄”，【用于分组的类别变量（1-3，第一个为最外层）（Categorical variables for grouping(1-3, outermost first)）】选择“文化程度（文本）”，【图形变量的尺度水平（Scale Level for Graph Variables）】选择【显示在尺度最外层的图形变量（Graph variables displayed outermost on scale）】。

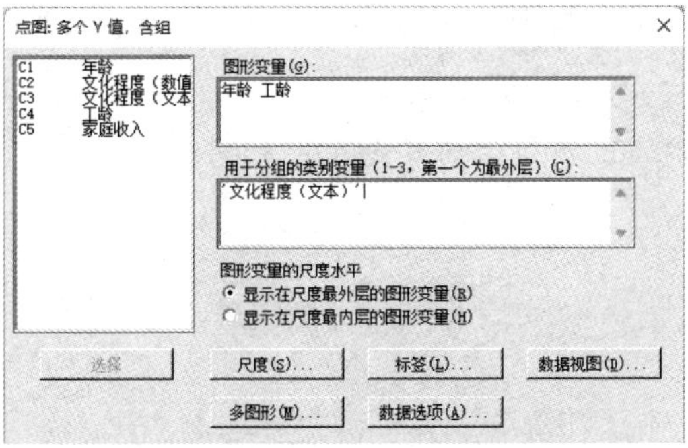

图 11-74　【点图：多个 Y 值，含组（Dotplot: Multiple Y's, With Groups）】对话框

（4）主要结果及分析。

两个变量（年龄和工龄）的 4 个文化程度共 8 个组合的点图都在一个图形中显示，极大地方便了用户比较不同变量各分组之间的分布情况。由于本例的例数较多，因此每个点将最多表示 4 个观测值，如图 11-75 所示。

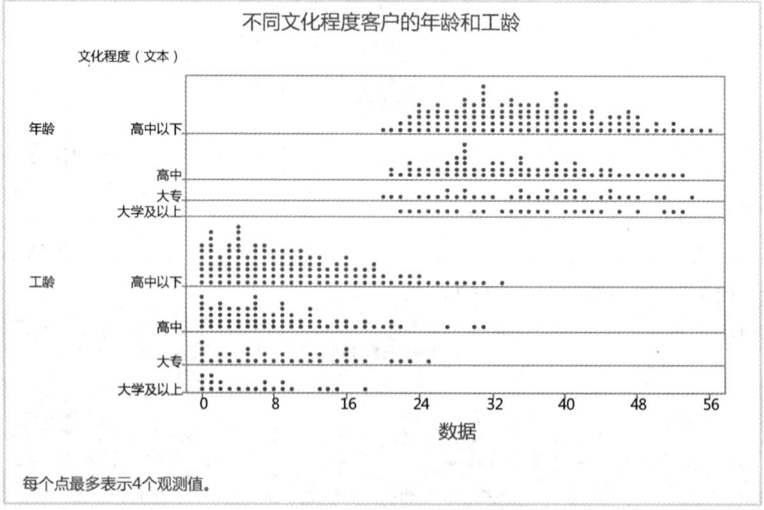

图 11-75 年龄和工龄的多变量复式点图

11.4.7 多变量重叠复式点图

【例 11-28】试根据例 5-1 的资料绘制不同文化程度客户的年龄和工龄的多变量重叠复式点图。

（1）打开工作表“收入.mwx”。

（2）在【点图（Dotplots）】主对话框（见图 11-66）中，选择【多个 Y 值（Multiple Y's）】中的【堆叠组（Stack Groups）】。

（3）在【点图：多个 Y 值，堆叠组（Dotplot: Multiple Y's, Stack Groups）】对话框（见图 11-76）中，【图形变量（Graph variables）】选择“年龄”“工龄”，【用于分组的类别变量（1-3，第一个为最外层）（Categorical variables for grouping(1-3, outermost first)）】选择“文化程度（文本）”，选择【将最后一个类别变量的点压入堆叠（Stack dots of last categorical variable）】和【图形变量的尺度水平（Scale Level for Graph Variables）】中的【显示在尺度最外层的图形变量（Graph variables displayed outermost on scale）】。

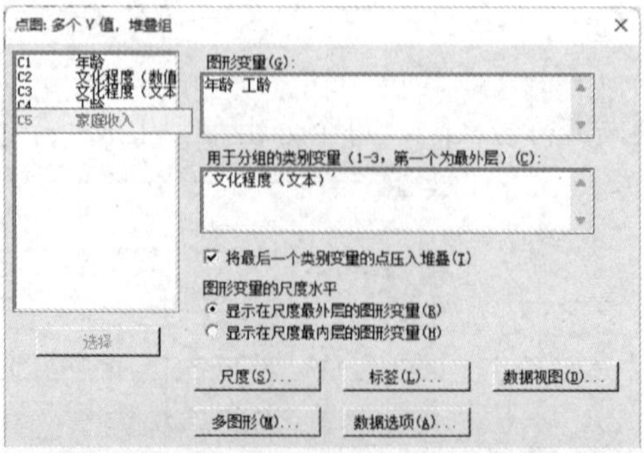

图 11-76 【点图：多个 Y 值，堆叠组（Dotplot: Multiple Y's, Stack Groups）】对话框

（4）主要结果及分析。

多变量重叠复式点图由两个变量（年龄和工龄）的堆叠组点图组成，不同文化程度的变量的数值用不同形状和颜色的点表示，每个点将最多表示 3 个观测值。从年龄和工龄的多变量重叠复式点图（见图 11-77）可见，年龄近似服从正态分布，而工龄则为右偏分布。

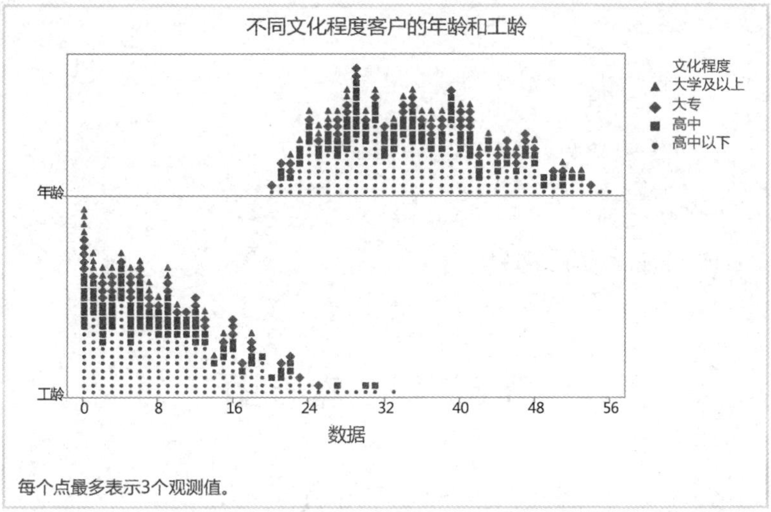

彩图 11-77

图 11-77　年龄和工龄的多变量重叠复式点图

11.5　茎　叶　图

茎叶图与直方图类似，可用于检查样本数据的形状和分布情况，但它是使用实际数据值的个数来表示每个区间（行）的频率的，而不是使用条形。茎叶图适用于描述小型数据集的分布，而直方图适用于大型数据集。

【例 11-29】 已知某班 50 名学生的高等数学考试成绩（分），试绘制考试成绩的茎叶图。

（1）打开工作表“高等数学.mwx”。

（2）选择【图形（Graph）】→【茎叶图（Stem-and-Leaf）】菜单项，打开【茎叶图（Stem-and-Leaf）】对话框，如图 11-78 所示。

- 【图形变量（Graph variables）】：可选择一个或以上的变量，每个变量将绘制一个茎叶图，本例选择“考试成绩”。
- 【按变量分组（By variable）】：选择一个分组变量，变量的数值必须为-10000～10000 之间的整数，也可以是缺失值符号（*），每个分组单独生成一个图。
- 【修整异常值（Trim outliers）】：修整所有异常值，并在特殊行中标记“低（LO）”“高（HI）”。
- 【增量（Increment）】：设定相邻两行的增量（两行之间的差值）以控制垂直刻度。

（3）主要结果及分析。

茎叶图分为 3 列，第 1 列为计数，中间包含括号行的计数，表示该行的中位数所在区间的计数，中位数上方行的计数为从上至下的累积计数，中位数下方的计数为从下至上的累积计数；第 2 列为茎（Stem），表示考试成绩的十位数，如 5 表示 50 分段，6 表示 60 分段；第 3 列为叶（Leaf），显示每个个案的具体数值，即每名学生的考试成绩，叶单位=1，表示叶的单位为 1 分，如茎叶图的第 2 行为“8　5　566799”，表示该区间的累积计数为 8，该区间为 55～59 分，该行有 55、56、56、57、59、59 共 6 个数值，如结果 11-1 所示。

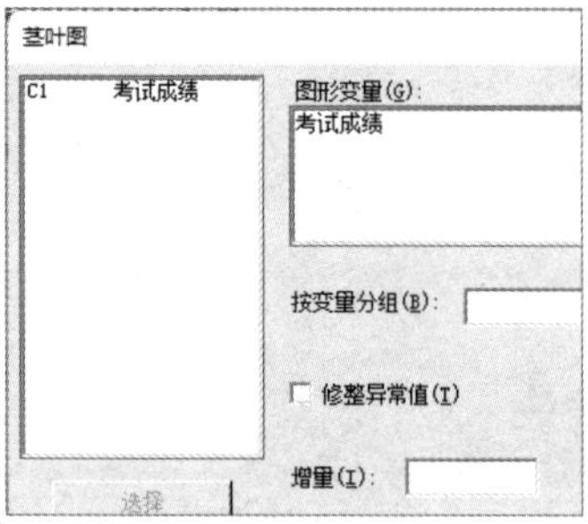

图 11-78　【茎叶图（Stem-and-Leaf）】对话框

结果 11-1

```
考试成绩的茎叶图  N = 50

2   5 23
8   5 566799
17  6 022233444
20  6 678
24  7 1344
(6) 7 567788
20  8 12244
15  8 566
12  9 224
9   9 556667779

叶单位 = 1
```

11.6　概　率　图

概率图可用于确定数据是否服从特定的分布，可以比较不同的样本分布或根据样本估计总体百分位数。Minitab 可根据估计的参数计算累积分布函数（CDF）及其关联的置信区间，结果可包括不同分布的参数估计或历史参数、Anderson-Darling（AD）拟合优度统计量及其 P 值。Minitab 的概率图包括简单概率图和重叠概率图（Overlaid probability plots）。

11.6.1　简单概率图

【例 11-30】某地砖厂的质量工程师测量了在 10 个工作日中每天生产的 10 块瓷砖的翘曲程度（单位：mm），试绘制 Weibull 分布的概率图。

（1）打开工作表“瓷砖翘曲.mwx”。

（2）选择【图形（Graph）】→【概率图（Probability Plot）】菜单项，打开【概率图（Probability Plots）】主对话框，如图 11-79 所示。

- 【单一（Single）】：绘制一个或多个变量的简单概率图，本例选择此选项。
- 【多个（Multiple）】：在同一图形上绘制多个变量和/或多个组的重叠概率图。

（3）在【概率图：简单（Probability Plot: Single）】对话框（界面参考图 11-55）中，【图形变量（Graph variables）】选择“翘曲程度”。

（4）在【概率图：分布（Probability Plot: Distribution）】对话框的【分布（Distribution）】选项卡（界面参考图 11-59）中，选择【分布（Distribution）】中的【Weibull】。

（5）【概率图：分布（Probability Plot: Distribution）】对话框的【数据显示（Data Display）】选项卡如图 11-80 所示。

- 【数据显示（Data Display）】：可选择以下选项。
  - 【符号和分布拟合（Both symbols and distribution fit）】：用符号表示每个数据的值，并拟合分布。
  - 【仅符号（Symbols only）】：仅显示每个数据的值的符号。
  - 【仅分布拟合（Distribution fit only）】。

- 【显示置信区间（Show confidence interval）】：显示拟合分布指定的【置信水平（Confidence level）】的置信区间（置信区间带），默认为 95%。

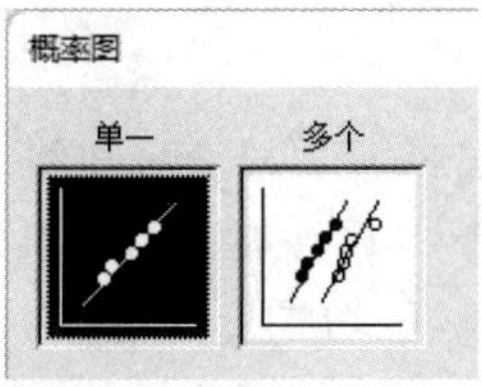

图 11-79　【概率图（Probability Plots）】主对话框

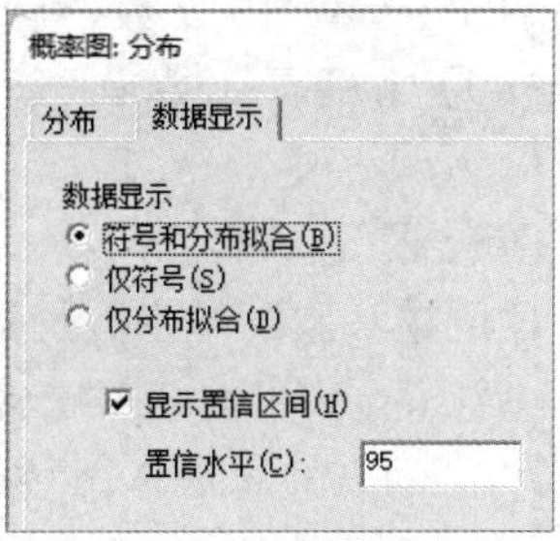

图 11-80　【数据显示（Data Display）】选项卡

（6）主要结果及分析。

Weibull 分布的概率图的纵轴为经过 ln(−ln(1−*p*))变换的累积百分比，横轴为经过 ln*x* 变换的数据值。图 11-81 中共有 3 条线，直线为拟合分布线，直线两侧的线为拟合分布的置信区间。用户可通过如下 3 个方法判断数据是否服从指定分布：数据点基本呈一条直线；数据点比较靠近拟合分布线；AD 统计量较小，且 $P>\alpha$（α 一般取 0.05 或 0.10）。在本例中，瓷砖翘曲程度的概率图均符合上述方法，因此按 $\alpha=0.05$ 水准（AD=0.248，$P>0.250$），可认为瓷砖的翘曲程度服从 Weibull 分布 $W(3.28,1.69)$。

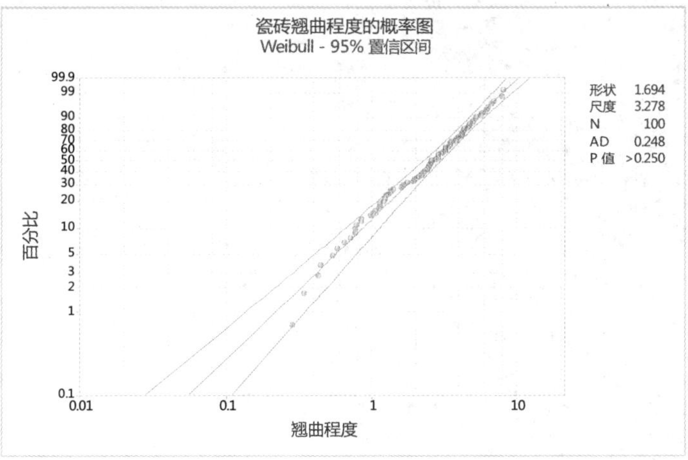

彩图 11-81

图 11-81　瓷砖翘曲程度的概率图

11.6.2　重叠概率图

【例 11-31】根据例 9-7 的资料，试绘制吞噬指数的重叠概率图。

（1）打开工作表“吞噬指数.mwx”。

（2）在【概率图（Probability Plots）】主对话框（见图 11-79）中，选择【多个（Multiple）】。

（3）在【概率图：多个（Probability Plot:Multiple）】主对话框（界面参考图 11-64）中，【图形变量（Graph variables）】选择“吞噬指数”，【用于分组的类别变量（0-3）（Categorical variables for grouping(0-3)）】选择“分组”，并选择【图形变量构成组（Graph variables form groups）】。

（4）在【概率图：分布（Probability Plot:Distribution）】对话框的【分布（Distribution）】选项卡

（界面参考图 11-59）中，选择【分布（Distribution）】中的【正态（Normal）】。

（5）在【概率图：分布（Probability Plot: Distribution）】对话框的【数据显示（Data Display）】选项卡（见图 11-80）中，【数据显示（Data Display）】选择【符号和分布拟合（Both symbols and distribution fit）】和【显示置信区间（Show confidence interval）】，【置信水平（Confidence level）】为“95”。

（6）主要结果及分析。

3 组小鼠巨噬细胞吞噬指数的数据点用不同形状和颜色的点表示，拟合分布线及其置信区间用不同颜色和虚实的线表示。其中，A 菌种组和对照组的数据点不呈直线排列，个别数据点落在拟合分布线的置信区间之外。而 B 菌种组的数据点均落在拟合分布线的置信区间之内，结合正态性 AD 检验，按 α=0.05 水准可认为 B 菌种组的小鼠巨噬细胞吞噬指数服从正态分布（AD=0.582，P=0.113>0.05），尚不能认为 A 菌种组（AD=0.831，P=0.027<0.05）和对照组（AD=1.040，P=0.007<0.01）的小鼠巨噬细胞吞噬指数服从正态分布，如图 11-82 所示。

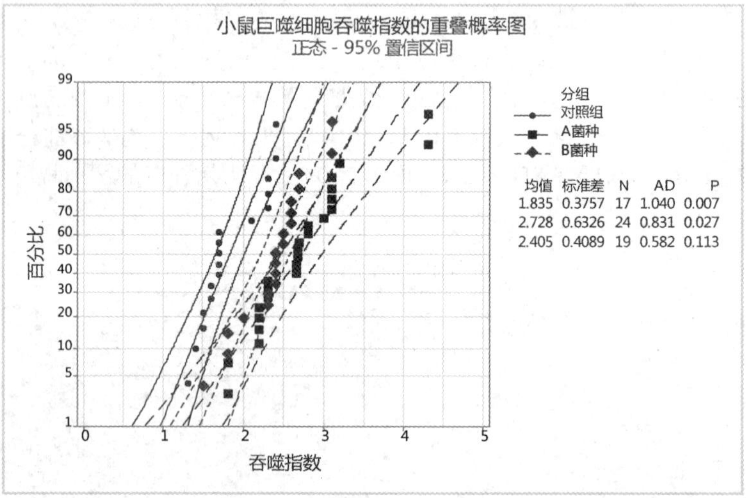

彩图 11-82

图 11-82 吞噬指数的重叠概率图

11.7 经验累积分布函数图

经验累积分布函数图可用于估计某种分布对数据的拟合程度、比较不同的样本分布或根据样本估计总体百分位数，图形默认包含数据的经验累积分布函数（Empirical Cumulative Distribution Function，ECDF）和拟合的正态累积分布函数（Normal cumulative distribution function）。阶梯状的 ECDF 图与不带条形的累积直方图类似，纵坐标为小于该观测值的个案比例。ECDF 图与概率图类似，但 ECDF 图的两个轴都是线性的，以使 ECDF 图的解释更直观。Minitab 可绘制简单 ECDF 图和重叠 ECDF 图。

11.7.1 简单 ECDF 图

【例 11-32】已知 1985 年某省农村 120 例正常男童胸围（单位：cm）的测量结果，试绘制男童胸围正态分布的 ECDF 图，并估算其 $P_{2.5}$ 和 $P_{97.5}$，以及胸围为 56cm 时对应的百分位。

（1）打开工作表“男童胸围.mwx”。

（2）选择【图形（Graph）】→【经验累积分布函数（Empirical CDF）】菜单项，打开【经验累积分布函数（Empirical CDFs）】主对话框（见图 11-83），选择【单一（Single）】。

（3）在【经验累积分布函数：单一（Empirical CDF: Single）】对话框（界面参考图 11-55）中，【图形变量（Graph variables）】选择“胸围”。

（4）在【经验累积分布函数：分布（Empirical CDF: Distribution）】对话框的【分布（Distribution）】选项卡（界面参考图 11-59）中，选择【分布（Distribution）】中的【正态（Normal）】。

（5）在【经验累积分布函数：分布（Empirical CDF: Distribution）】对话框的【数据显示（Data Display）】选项卡（见图 11-84）中，【数据显示（Data Display）】选择【连接线和分布拟合（Both connect line and distribution fit）】。

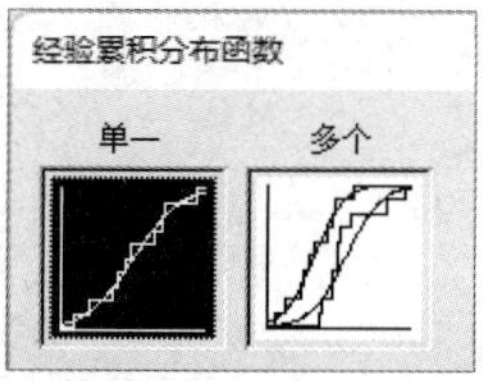

图 11-83　【经验累积分布函数（Empirical CDFs）】主对话框

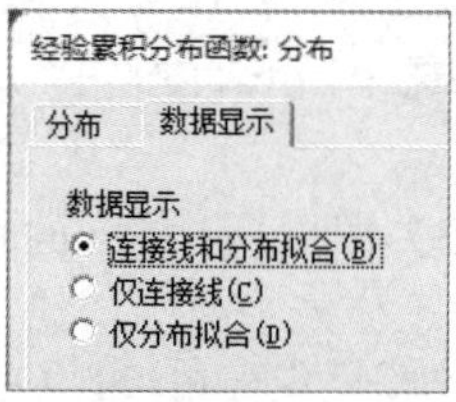

图 11-84　【数据显示（Data Display）】选项卡

（6）【经验累积分布函数：尺度（Empirical CDF:Scale）】对话框的【百分位数线（Percentile Lines）】选项卡如图 11-85 所示。

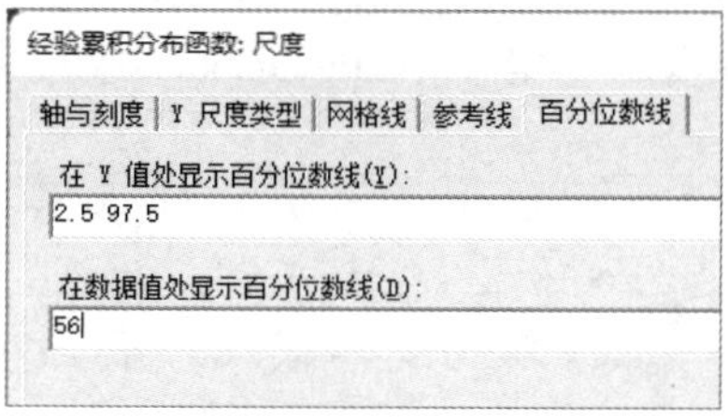

图 11-85　【百分位数线（Percentile Lines）】选项卡

- 【在 Y 值处显示百分位数线（Show percentile lines at Y values）】：输入百分比，图形可显示百分位数线并自动计算和显示对应的百分位数。当输入多个值时，用空格分隔，本例为“2.5 97.5”，即计算 $P_{2.5}$ 和 $P_{97.5}$。
- 【在数据值处显示百分位数线（Show percentile lines at data values）】：输入具体的观测值，图形可显示该值对应的百分位数线，并自动计算和显示其对应的百分位，本例为“56”。

（7）主要结果及分析。

光滑曲线为 $N(55.12,23.20^2)$的正态经验累积分布函数，与阶梯状数据的 ECDF 比较接近，表明拟合的正态经验累积分布函数与数据拟合得不错，即男童的胸围服从正态分布。因此，可用拟合线来估计百分位数。图 11-86 中的 3 组相互垂直的虚线为百分位数线，其中，$P_{2.5}$ 为 50.57cm，$P_{97.5}$ 为 59.67cm，56cm 为第 64.8 百分位数（$P_{64.8}$）。如果将鼠标悬停在阶梯顶角上，则可显示该点的行号、x 值和 y 值。如果鼠标悬停在拟合线上，则可显示多个点的估计百分位数。

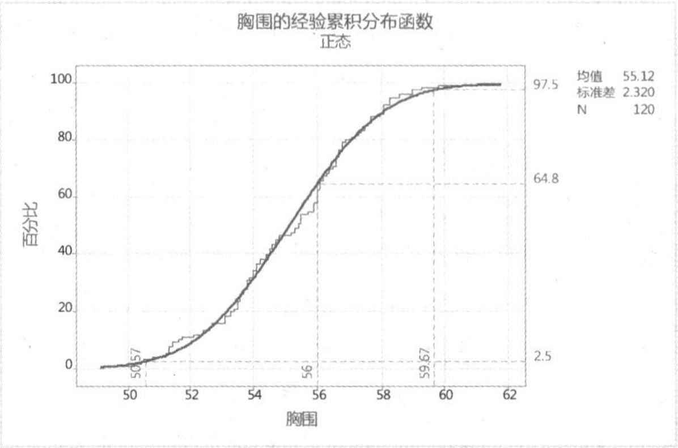

图 11-86 胸围的 ECDF 图

11.7.2 重叠 ECDF 图

【例 11-33】根据例 11-25 的资料，试绘制最大极值分布的重叠 ECDF 图。

（1）打开工作表“包装质量.mwx”。

（2）在【经验累积分布函数（Empirical CDFs）】主对话框（见图 11-83）中，选择【多个（Multiple）】。

（3）在【经验累积分布函数：多个（Empirical CDF: Multiple）】对话框（界面参考图 11-64）中，【图形变量（Graph variables）】选择“当前机器”“新机器”，并选择【图形变量构成组（Graph variables form groups）】。

（4）在【经验累积分布函数：分布（Empirical CDF: Distribution）】对话框的【分布（Distribution）】选项卡（界面参考图 11-59）中，选择【分布（Distribution）】中的【最大极值（Largest extreme value）】。

（5）在【经验累积分布函数：分布（Empirical CDF: Distribution）】对话框的【数据显示（Data Display）】选项卡（见图 11-84）中，【数据显示（Data Display）】选择【符号和分布拟合（Both symbols and distribution fit）】。

（6）主要结果及分析。

实线为当前机器包装质量的 ECDF 和最大极值 CDF，虚线为新机器包装质量的 ECDF 和最大极值 CDF，两台机器包装质量的最大极值 CDF 和 ECDF 均比较接近，表明拟合的最大极值 CDF 与数据拟合得不错，即当前机器包装质量服从位置参数为 848.80、尺度参数为 31.78、N=50 的最大极值分布，新机器包装质量服从位置参数为 844.60、尺度参数为 29.59、N=50 的最大极值分布，如图 11-87 所示。

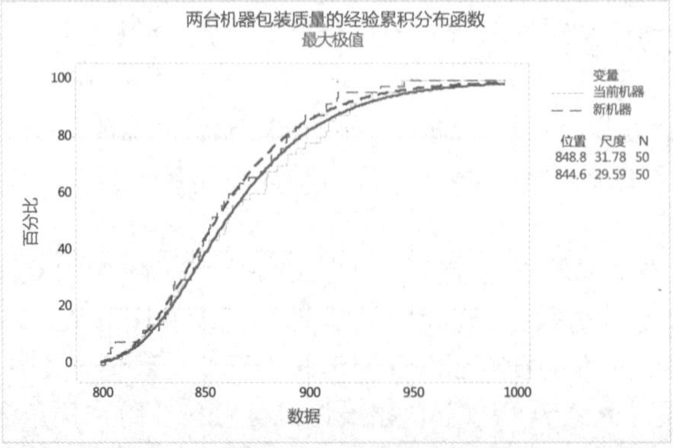

彩图 11-87

图 11-87 包装质量的重叠 ECDF 图

11.8　概率分布图

通过概率分布图可以观察和比较分布的形状，了解分布参数对分布形状的影响规律，了解置信区间和假设检验的概念，并可计算与概率或数据值对应的分布曲线下面积（Areas under distribution curves），如确定临界值和 P 值等。Minitab 可绘制 24 种分布的 4 种类型的概率分布图：单一概率分布图、不同参数的概率分布图、不同分布函数的概率分布图和概率分布的曲线下面积。

11.8.1　单一概率分布图

【例 11-34】已知急性白血病人治疗后的缓解期（单位：周）服从 λ=10.6（1/周）的指数分布，试绘制其单一概率分布图。

（1）选择【图形（Graph）】→【概率分布图（Probability Distribution Plot）】菜单项，打开【概率分布图（Probability Distribution Plots）】主对话框，如图 11-88 所示。

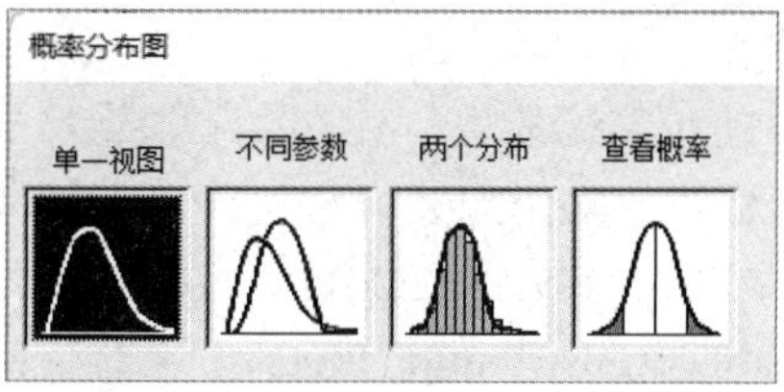

图 11-88　【概率分布图（Probability Distribution Plots）】主对话框

- 【单一视图（View Single）】：绘制单一概率分布图，本例选择此选项。
- 【不同参数（Vary Parameters）】：比较不同参数对相同分布的影响。
- 【两个分布（Two Distributions）】：比较两个不同分布函数的曲线。
- 【查看概率（View Probability）】：查看单一概率分布图中某概率或 x 值对应的阴影区域（曲线下面积）。

（2）在【概率分布图：单一视图（Probability Distribution Plot: View Single）】对话框（见图 11-89）中，【分布（Distribution）】共可选择 25 种分布（见表 4-15），本例选择【指数（Exponential）】，并设定【尺度（Scale）】为“10.6”，【阈值（Threshold）】为“0.0”。

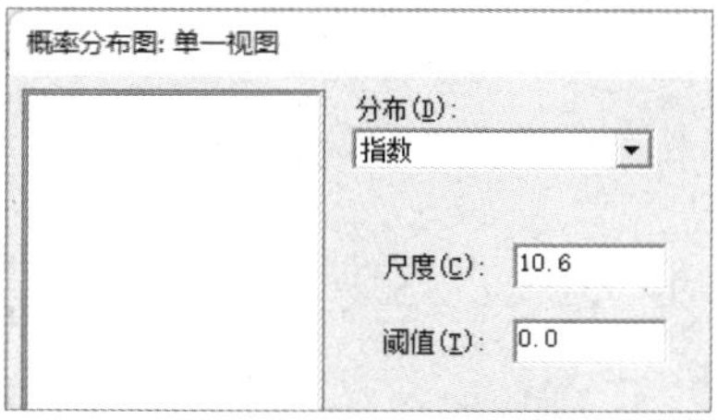

图 11-89　【概率分布图：单一视图（Probability Distribution Plot: View Single）】对话框

（3）主要结果及分析。

急性白血病人治疗后缓解期的指数分布曲线迅速向 x 轴靠拢，绝大部分病人的缓解期在 30 周内，如图 11-90 所示。

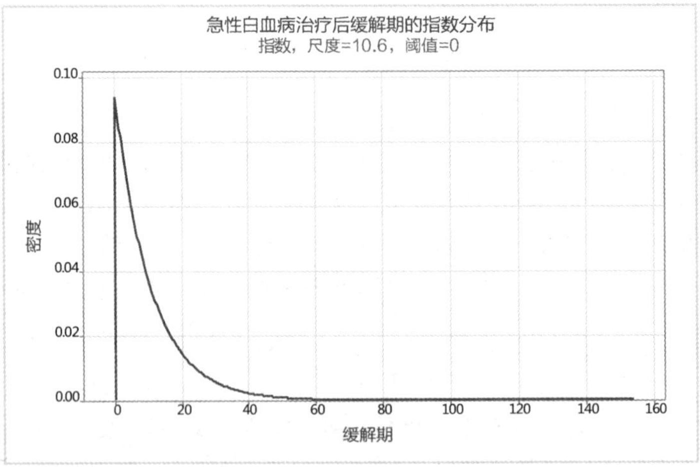

图 11-90　指数分布函数的单一概率分布图

11.8.2　不同参数的概率分布图

【例 11-35】某洗衣粉厂用自动包装机装袋，每袋的标准量为 500g，每天每隔 3h 需要检查包装机的工作是否正常。根据以往的资料，采用包装机装箱，每箱装量的标准差 σ 为 1.12g。某日开机 3h 后，随机抽取了 12 箱，测得装量为(499.78±2.04)g，试绘制正态分布的概率分布图。

（1）在【概率分布图（Probability Distribution Plots）】主对话框（见图 11-88）中，选择【不同参数（Vary Parameters）】。

（2）在【概率分布图：不同参数（Probability Distribution Plot: Vary Parameters）】对话框（见图 11-91）中，【分布（Distribution）】选择【正态（Normal）】，并设定【均值（Mean）】为“500 499.78”，【标准差（Standard deviation）】为“1.12 2.04”。

（3）在【概率分布图：多图形（Probability Distribution Plot: Multiple Graphs）】对话框（见图 11-92）中，【显示分布（Show distributions）】选择【在同一图表的单独组块中（In separate panels of the same graph）】，【图形的相同尺度（Same Scales for Graphs）】选择【相同 Y（Same Y）】和【相同 X（Same X）】。

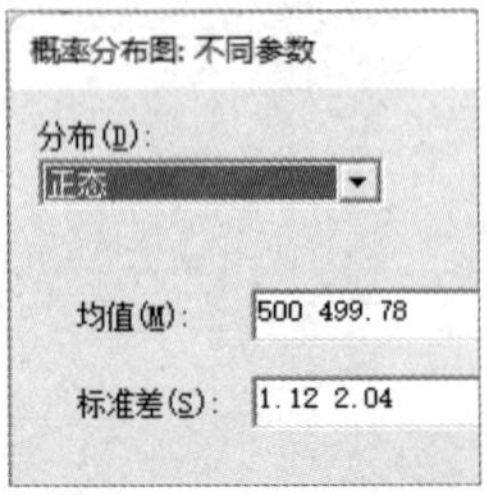

图 11-91　【概率分布图：不同参数（Probability Distribution Plot: Vary Parameters）】对话框

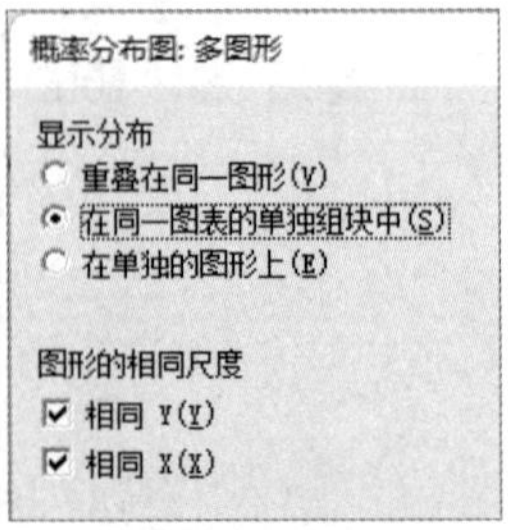

图 11-92　【概率分布图：多图形（Probability Distribution Plot: Multiple Graphs）】对话框

（4）主要结果及分析。

从图 11-93 的左上图和右下图可见，两者的均值比较接近，表明该日抽检的洗衣粉装量符合要求，后者的变异程度较前者的变异程度大。

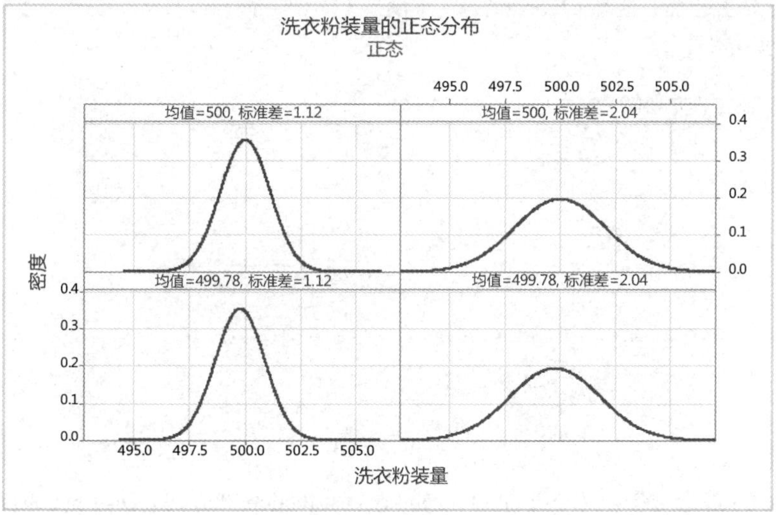

图 11-93　正态分布的概率分布图（1）

如果在图 11-92 中，【显示分布（Show Distributions）】选择【重叠在同一图形（Overlaid on the same graph）】，则正态分布的概率分布图如图 11-94 所示。

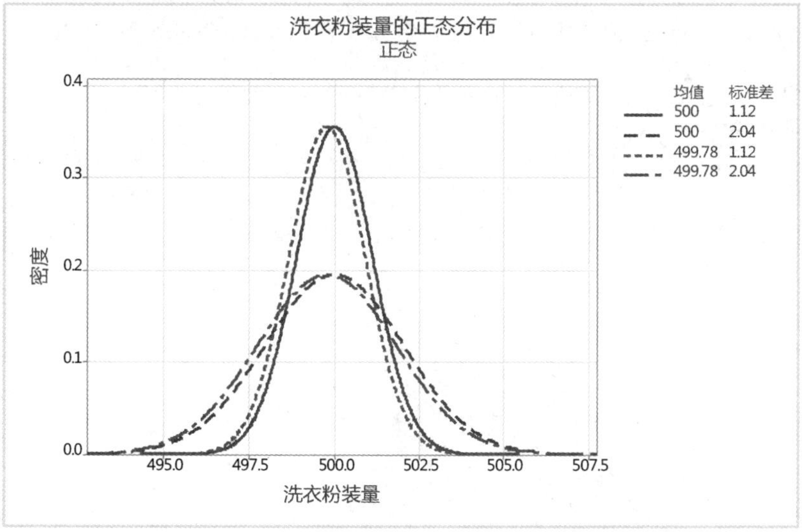

彩图 11-94

图 11-94　正态分布的概率分布图（2）

11.8.3　不同分布函数的概率分布图

【例 11-36】已知某品牌电视机在 10 年中每半年的平均缺陷数和标准差为(25.75±4.95)，试比较其正态分布函数和 Poisson 分布函数的概率分布图。

（1）在【概率分布图（Probability Distribution Plots）】主对话框（见图 11-88）中，选择【两个分布（Two distributions）】。

（2）在【概率分布图：两个分布（Probability Distribution Plot: Two Distributions）】对话框（见

图 11-95）中，【分布 1（Distribution 1）】选择【Poisson】，并设定【均值（Mean）】为“25.75”；【分布 2（Distribution 2）】选择【正态（Normal）】，并设定【均值（Mean）】为“25.75”，【标准差（Standard deviation）】为“4.95”。

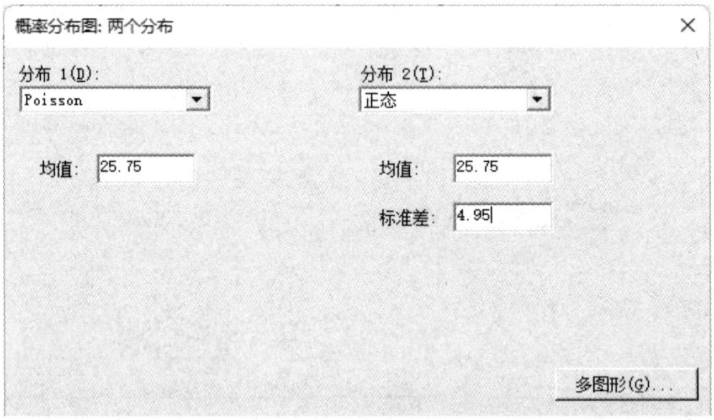

图 11-95 【概率分布图：两个分布（Probability Distribution Plot: Two Distributions）】对话框

（3）在【概率分布图：多图形（Probability distribution plot: multiple graphs）】对话框（见图 11-92）中，【显示分布（Show Distributions）】选择【重叠在同一图形（Overlaid on the same graph）】。

（4）主要结果及分析。

电视机缺陷数的正态分布曲线与 Poisson 分布非常接近，但并不完全一致，因此可采用正态近似法对该资料进行 Poisson 分布的点估计和区间估计等，如图 11-96 所示。

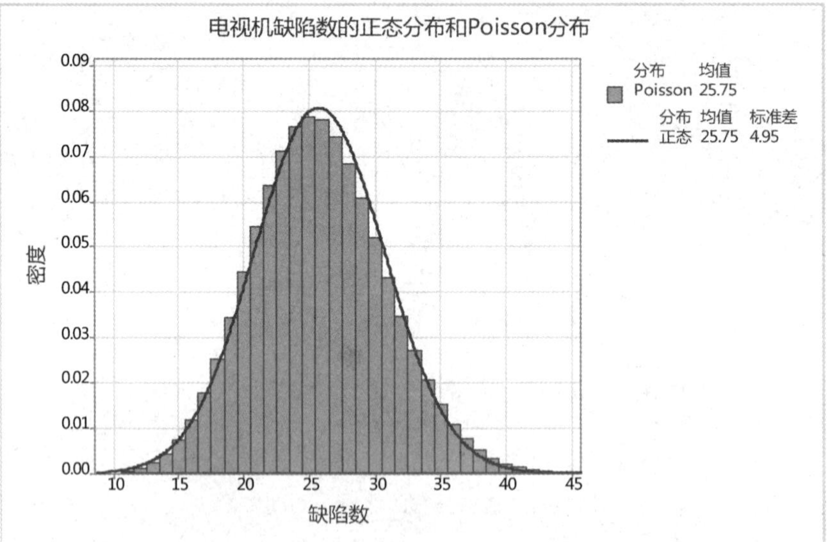

图 11-96 不同分布函数的概率分布图

11.8.4 概率分布的曲线下面积

【例 11-37】已知某地正常成年人的血铅含量（单位：μg/100g）服从 Gamma 分布 $\Gamma(3.04,5.861)$，试求出该地成年人血铅含量的正常值（临界值）、P_{25} 和 P_{75}。

（1）在【概率分布图（Probability Distribution Plots）】主对话框（见图 11-88）中，选择【查看

概率（View Probability）】。

（2）在【概率分布图：查看概率（Probability Distribution Plot: View Probability）】对话框的【分布（Distribution）】选项卡（见图 11-97）中，【分布（Distribution）】选择【Gamma】，并设定【形状（Shape）】为“3.04”，【尺度（Scale）】为“5.861”，【阈值（Threshold）】为“0.0”。

（3）【阴影区域（Shaded area）】选项卡如图 11-98 所示。

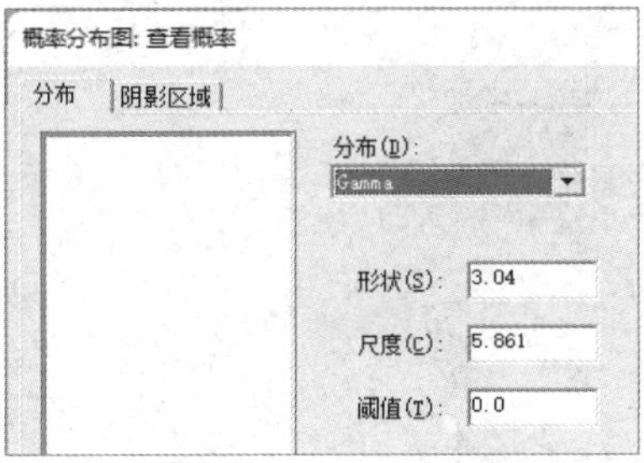

图 11-97　【分布（Distribution）】选项卡

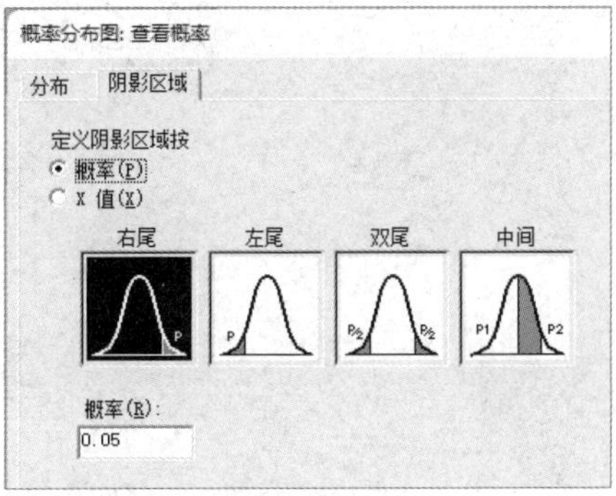

图 11-98　【阴影区域（Shaded area）】选项卡（1）

- 【定义阴影区域按（Define Shaded Area By）】：可选择以下选项。
  - 【概率（Probability）】：设定相应的概率区域，本例选择此选项。
  - 【X 值（X value）】：设定相应的 X 值区域。
- 【右尾（Right Tail）】：为右尾加阴影，本例选择此选项。
- 【左尾（Left Tail）】：为左尾加阴影。
- 【双尾（Both Tails）】：以相等概率为双尾加阴影。
- 【中间（Middle）】：为曲线中部的某个区域加阴影。
- 【概率（Probability）】：输入用于指定区域端点的概率，本例为“0.05”。

（4）主要结果及分析（1）。

阴影区域的曲线下面积为 0.05，白色区域的曲线下面积为 1−0.05=0.95，根据分布曲线估计该地成年人血铅含量的正常值的上限（P_{95}）为 37.25μg/100g，如图 11-99 所示。

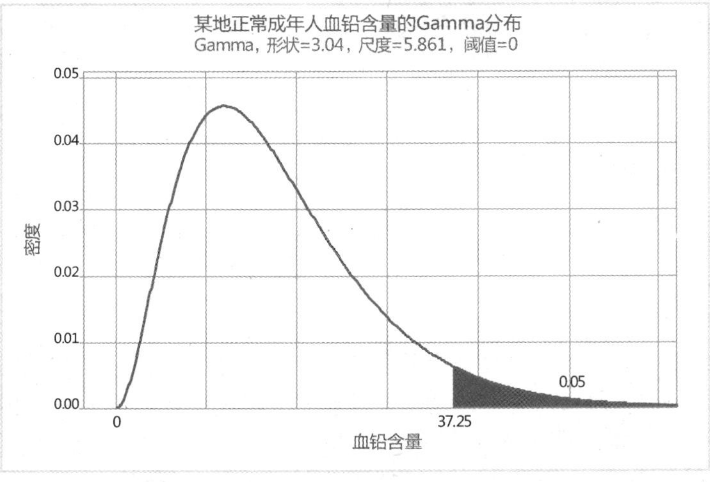

图 11-99　概率分布图的曲线下面积（1）

（5）重复上述步骤，在【阴影区域（Shaded Area）】选项卡（见图 11-100）中，【定义阴影区域按（Define Shaded Area By）】选择【概率（Probability）】，并选择【中间（Middle）】，设定【概率 1（Probability 1）】为“0.25”，【概率 2（Probability 2）】为“0.25”。

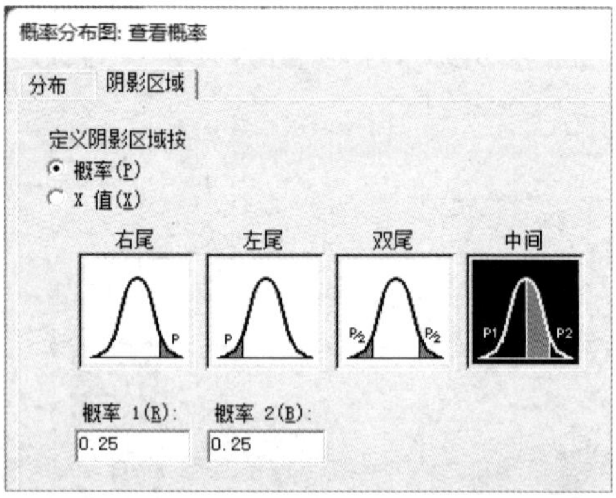

图 11-100 【阴影区域（Shaded Area）】选项卡（2）

（6）主要结果及分析（2）。

阴影区域的曲线下面积为 0.5，两侧白色区域的曲线下面积均为 0.25，根据分布曲线估计该地成年人的血铅含量的 P_{25} 为 10.31μg/100g，P_{75} 为 23.26μg/100g，如图 11-101 所示。

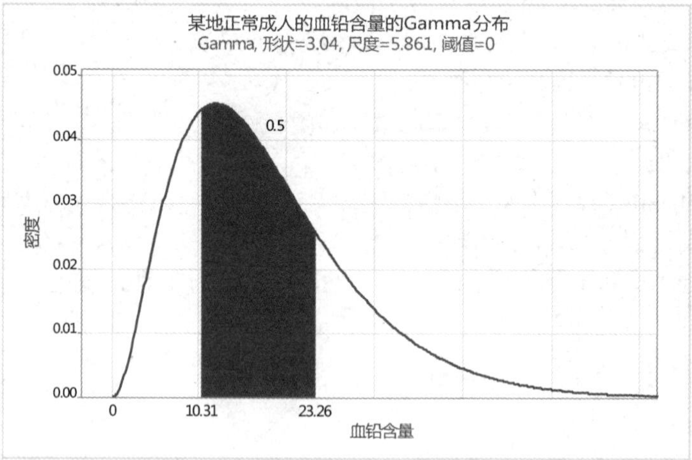

图 11-101 概率分布图的曲线下面积（2）

11.9 散 点 图

散点图又称为散布图，用点的位置表示两个变量之间的数量关系和变化趋势，当两个变量之间有自变量与因变量之分时，通常以自变量的值为横坐标，以因变量的值为纵坐标。散点图可以形象地反映在专业上有一定联系的两个连续变量之间的变化趋势，可用于判断数据是否值得进行直线相关和回归或拟合何种类型的曲线方程。散点图也可用于描述随时间变化的变量，对没有按时间先后顺序录入或不是以规则时间间隔收集的资料非常有用。Minitab 可绘制 6 种散点图：简单散点图

（Simple scatterplot）、包含连接线的简单散点图（Scatterplot with connect line）、复式散点图（Scatterplot with groups）、包含连接线的复式散点图（Scatterplot with connect and groups）、包含回归的简单散点图（Scatterplot with regression）和包含回归的复式散点图（Scatterplot with regression and groups）。

11.9.1 简单散点图

【例 11-38】试根据例 11-23 的资料绘制身体脂肪率与 BMI 的简单散点图。

（1）打开工作表“身体脂肪率.mwx”。

（2）选择【图形（Graph）】→【散点图（Scatterplot）】菜单项，打开【散点图（Scatterplots）】主对话框，如图 11-102 所示，可选择绘制以下 6 种散点图。

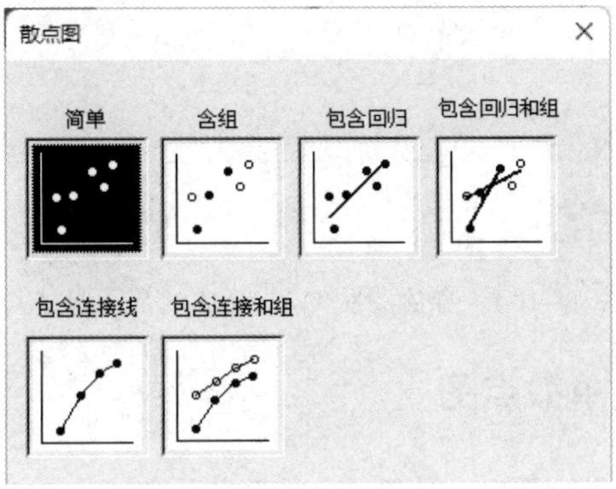

图 11-102 【散点图（Scatterplots）】主对话框

- 【简单（Simple）】：绘制简单散点图，本例选择此选项。
- 【含组（With Groups）】：绘制复式散点图。
- 【包含回归（With Regression）】：绘制包含回归的简单散点图。
- 【包含回归和组（With Regression and Groups）】：绘制包含回归的复式散点图。
- 【包含连接线（With Connect Line）】：绘制包含连接线的简单散点图。
- 【包含连接和组（With Connect and Groups）】：绘制包含连接线的复式散点图。

（3）【散点图：简单（Scatterplot: Simple）】对话框如图 11-103 所示。

【散点图：简单（Scatterplot: Simple）】对话框可输入绘制散点图的变量对，如果两个变量之间有自变量与因变量之分，则通常把自变量放在横轴（*x* 轴）上，把因变量放在纵轴（*y* 轴）上，本例【Y 变量（Y variables）】选择“脂肪率”，【X 变量（X variables）】选择“BMI”。

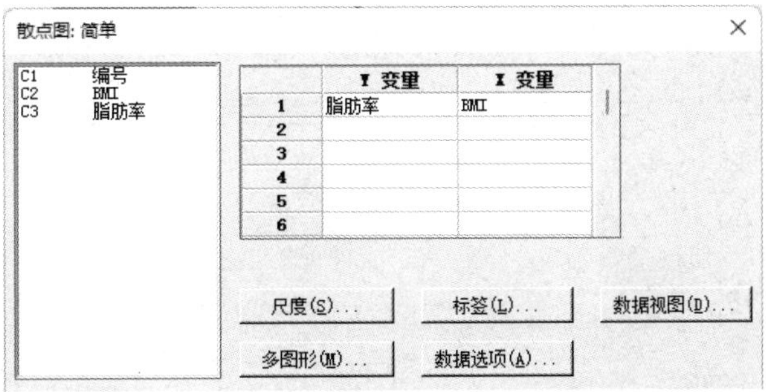

图 11-103 【散点图：简单（Scatterplot: Simple）】对话框

（4）主要结果及分析。

BMI 越高，身体脂肪率越高，即两者关系趋于线性相关，为正相关关系，可采用相关或回归进一步分析两者之间的关系，如图 11-104 所示。

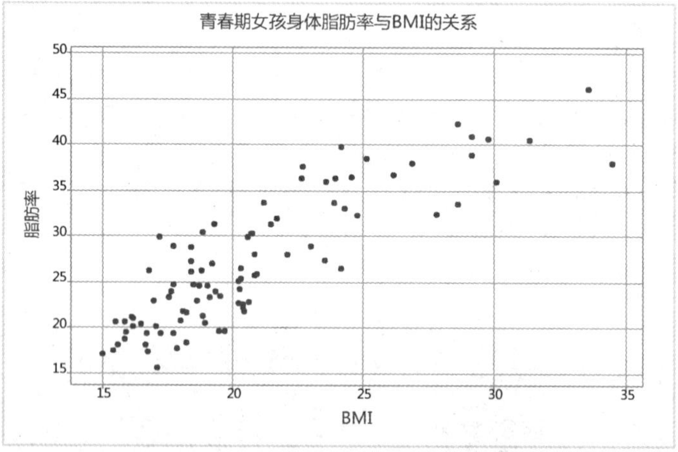

图 11-104 身体脂肪率与 BMI 的简单散点图

11.9.2 包含连接线的简单散点图

【例 11-39】 已知 10 家企业的某产品年产量 x（千件）和成本 y（千元）的数据，试绘制包含连接线的简单散点图。

（1）打开工作表"成本.mwx"。

（2）在【散点图（Scatterplots）】主对话框（见图 11-102）中，选择【包含连接线（With Connect Line）】。

（3）在【散点图：包含连接线（Scatterplot: With Connect Line）】对话框（界面参考图 11-103）中，【Y 变量（Y variables）】选择"成本"，【X 变量（X variables）】选择"年产量"。

（4）主要结果及分析。

该产品的年产量越高，成本越高，即两者关系趋于线性相关，为正相关关系，如图 11-105 所示。

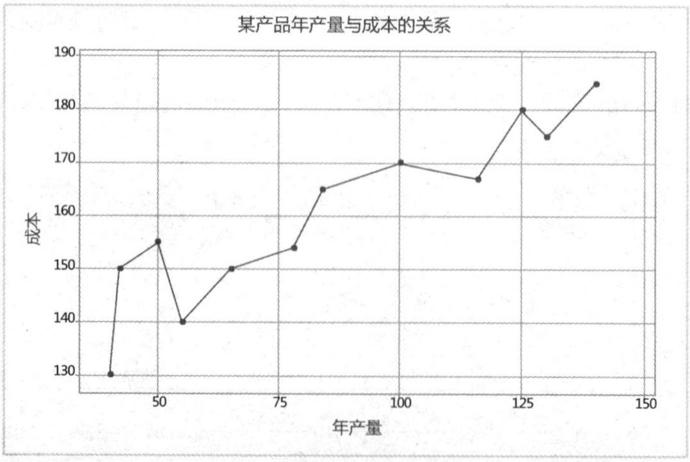

图 11-105 年产量与成本的包含连接线的简单散点图

11.9.3　复式散点图

【例 11-40】已知各年龄组不同性别的骨龄发育指数，试绘制不同性别的骨龄发育指数与年龄的复式散点图。

（1）打开工作表“骨龄.mwx”。

（2）在【散点图（Scatterplots）】主对话框（见图 11-102）中，选择【含组（With Groups）】。

（3）【散点图：含组（Scatterplot:With Groups）】对话框如图 11-106 所示。

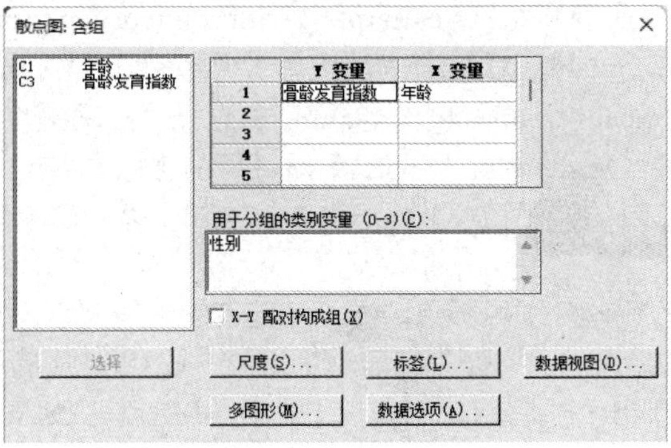

图 11-106　【散点图：含组（Scatterplot:With Groups）】对话框

- 【Y 变量（Y variables）】选择“骨龄发育指数”,【X 变量（X variables）】选择“年龄”。
- 【用于分组的类别变量（0-3）(Categorical variables for grouping(0-3))】：最多可以选择 3 个分组变量，本例选择“性别”。
- 【X-Y 配对构成组（X-Y pairs form groups）】：将多个 *x-y* 变量对在一个图中重叠显示。

（4）主要结果及分析。

方点代表不同年龄女性的指数，圆点代表不同年龄男性的骨龄发育指数，当鼠标悬停在数据点上时，可显示该点的行号和具体数值（*x*、*y* 值）。骨龄发育指数随着年龄的增长而增长，总体来说，女性的骨龄发育指数大于同龄男性。从 8 岁开始，男性和女性之间的骨龄发育指数差距开始增大，曲线变陡，女性从 15 岁开始，骨龄发育指数增长缓慢并接近最大值，而男性从 19 岁开始骨龄发育指数增长缓慢并接近最大值，表明从 8 岁开始，骨龄发育速度加快，女性的骨骼发育比男性早，速度快于男性，并且骨骼发育成熟的年龄早于男性，如图 11-107 所示。

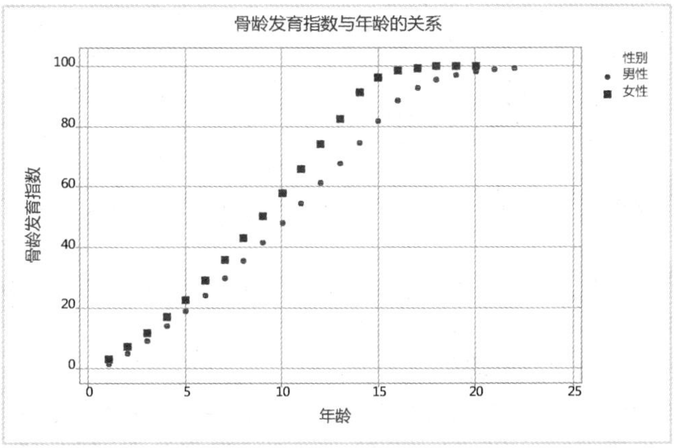

图 11-107　不同性别的骨龄发育指数与年龄的复式散点图

11.9.4 包含连接线的复式散点图

【例 11-41】试根据例 11-23 的数据，按运动量绘制身体脂肪率（%）与 BMI 的包含连接线的复式散点图。

（1）打开工作表“身体脂肪率.mwx”。

（2）在【散点图（Scatterplots）】主对话框（见图 11-102）中，选择【包含连接和组（With Connect and Groups）】。

（3）在【散点图：包含连接和组（Scatterplot: with connect and groups）】对话框（界面参考图 11-106）中，【Y 变量（Y variables）】选择“脂肪率”，【X 变量（X variables）】选择“BMI”，【用于分组的类别变量（Categorical variables for grouping）】选择“运动量”。

（4）在【散点图：标签（Scatterplot: Labels）】对话框的【标题/脚注（Titles / Footnotes）】选项卡（界面参考图 11-3）中，【标题（Title）】为“青春期女孩身体脂肪率与 BMI 的关系”。

（5）主要结果及分析。

运动量高、中、低组的数据分别用圆点、方点和菱点的虚线表示。各组中的 BMI 与身体脂肪率的关系基本与例 11-23 的结果一致，但是高运动量组的 BMI 和身体脂肪率的最大值分别为 22.96 和 28.80%；中运动量组的 BMI 主要分布在 25 以下，且 BMI 超过 28 的点只有 4 个，BMI 和身体脂肪率的最大值分别为 31.33 和 40.50%；而低运动量组的 BMI 超过 28 的点占了 50%以上，BMI 和身体脂肪率的最大值分别为 34.56 和 46.00%。上述规律与肥胖症和运动量有关的规律是一致的，可见与简单散点图相比，复式散点图可得到更多的信息，如图 11-108 所示。

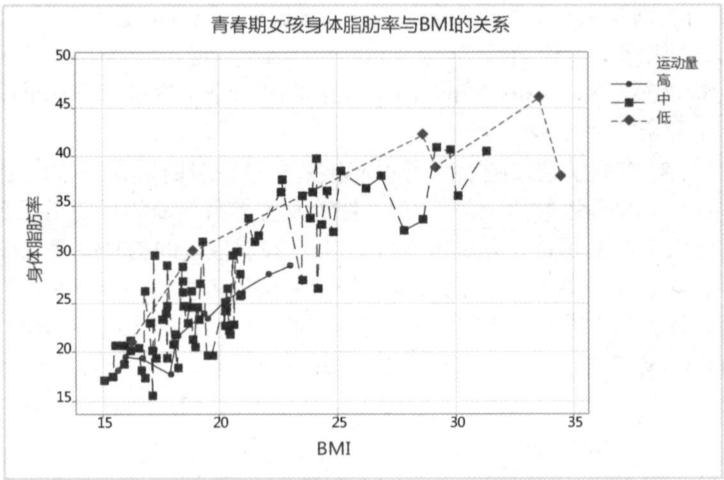

彩图 11-108

图 11-108 身体脂肪率与 BMI 的包含连接线的复式散点图

11.9.5 包含回归的简单散点图

【例 11-42】某医院测量了正常孕妇的不同孕周（GA）羊水内的甲胎蛋白（AFP）含量，试绘制包含回归的简单散点图。

（1）打开工作表“甲胎蛋白.mwx”。

（2）在【散点图（Scatterplots）】主对话框（见图 11-102）中，选择【包含回归（With Regression）】。

（3）在【散点图：包含回归（Scatterplot: With Regression）】对话框（界面参考图 11-103）中，【Y 变量（Y variables）】选择“AFP”，【X 变量（X variables）】选择“孕周”。

（4）将【散点图：数据视图（Scatterplot: Data View）】对话框切换至【回归（Regression）】选项卡（见图 11-109）。

Minitab 用最小二乘回归线拟合散点图或矩阵图，以分析响应变量（$\hat{Y}$）与预测变量（X）之间的关系。将鼠标悬停在拟合线上可显示拟合的回归方程。

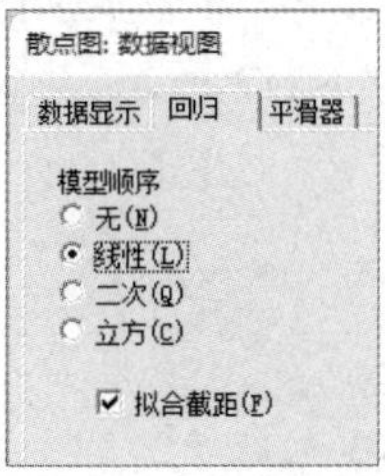

图 11-109 【回归（Regression）】选项卡

■ 【模型顺序（Model Order）】：可选择以下选项。

- 【无（None）】：不显示回归拟合。
- 【线性（Linear）】：拟合线性模型（Linear model），即 $\hat{Y}=b_0+b_1X$。
- 【二次（Quadratic）】：拟合二次模型（Quadratic model），即 $\hat{Y}=b_0+b_1X+b_2X^2$。
- 【立方（Cubic）】：拟合三次模型（Cubic model），即 $\hat{Y}=b_0+b_1X+b_2X^2+b_3X^3$。
- 【拟合截距（Fit intercept）】：选择此选项可拟合常量项（回归线的 y 轴截距）。

本例中分别选择【线性（Linear）】【二次（Quadratic）】【立方（Cubic）】。

（5）线性模型结果：可得到线性模型 $\hat{Y}=16217+1293X$，$R^2=83.70\%$，如图 11-110 所示。

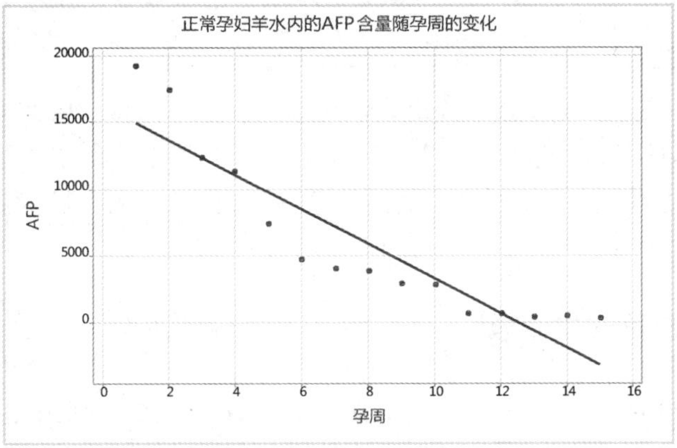

图 11-110 AFP 与孕周的包含回归的简单散点图（线性模型）

（6）二次模型结果：可得到二次模型 $\hat{Y}=22522-3591X+139.1X^2$，$R^2=98.00\%$，如图 11-111 所示。

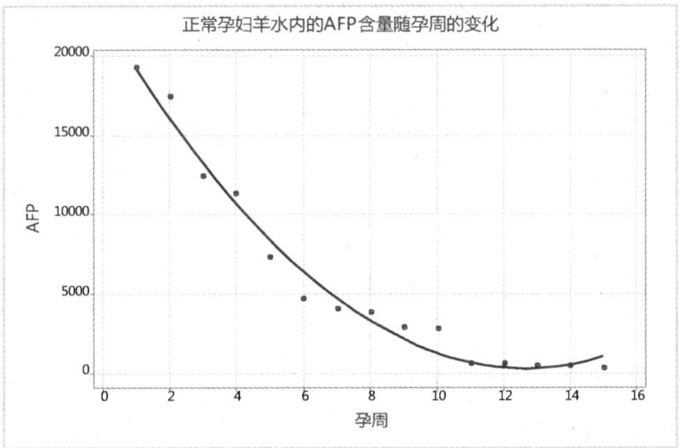

图 11-111 AFP 与孕周的包含回归的简单散点图（二次模型）

（7）三次模型结果：可得到三次模型 $\hat{Y}=24442-4762X+327.3X^2-7.841X^3$， $R^2=98.60\%$，如图 11-112 所示。

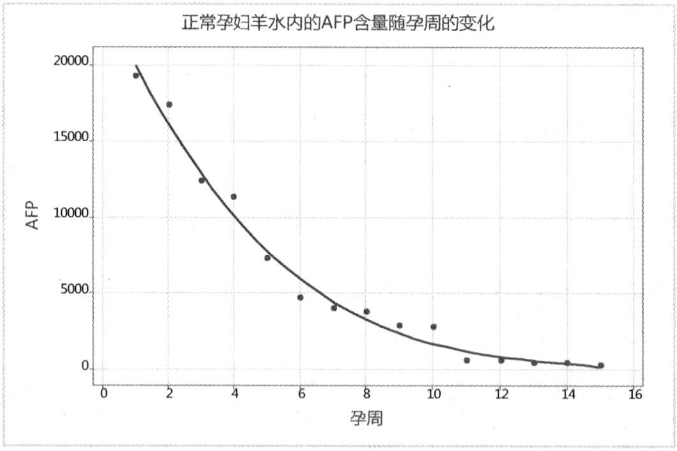

图 11-112　AFP 与孕周的包含回归的简单散点图（三次模型）

（8）主要结果及分析。

线性模型、二次模型和三次模型的决定系数 R^2 分别为 83.70%、98.00%和 98.60%，R^2 逐渐增大，散点图中的点也与回归线更近，可见三次模型的拟合效果最好。通过包含回归的简单散点图初步发现预测变量与响应变量之间的关系，如果需要更深入地分析两者的关系，则需进行回归分析。

11.9.6　包含回归的复式散点图

【例 11-43】某地方病研究所调查了 8 名正常儿童和 10 名大骨节病患儿的年龄与其尿肌酐含量（单位：mmol/24h）的情况，试绘制两组儿童尿肌酐含量（Y）与年龄（X）的包含回归的复式散点图。

（1）打开工作表“大骨节病.mwx”。

（2）在【散点图（Scatterplots）】主对话框（见图 11-102）中，选择【包含回归和组（With Regression and Groups）】。

（3）在【散点图：包含回归和组（Scatterplot: With Regression and Groups）】对话框（界面参考图 11-106）中，【Y 变量（Y variables）】选择“尿肌酐含量”，【X 变量（X variables）】选择“年龄”，【用于分组的类别变量（Categorical variables for grouping）】选择“分组”。

（4）在【散点图：标签（Scatterplot: Labels）】对话框的【标题/脚注（Titles / Footnotes）】选项卡（界面参考图 11-3）中，【标题（Title）】为“正常儿童和大骨节病患儿尿肌酐含量随年龄的变化”。

（5）在【散点图：数据视图（Scatterplot: Data View）】对话框的【回归（Regression）】选项卡（见图 11-109）中，【模型顺序（Model Order）】选择【线性（Linear）】，并选择【拟合截距（Fit intercept）】。

（6）主要结果及分析。

散点图拟合了两个线性模型（见图 11-113）：正常儿童：$\hat{Y}=1.662+0.1392X$，$R^2=77.80\%$；大骨节病患儿：$\hat{Y}=1.096+0.1722X$，$R^2=87.9\%$。两条回归线基本平行，正常儿童的回归线位于大骨节病患儿的回归线上方。

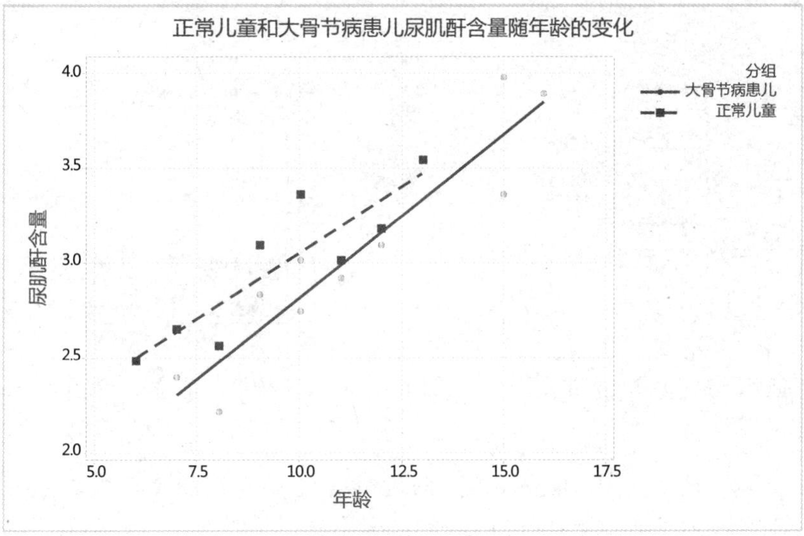

彩图 11-113

图 11-113　两组儿童尿肌酐含量与年龄的包含回归的复式散点图

11.10　矩　阵　图

矩阵图通过创建一个散点图阵列（Array of scatterplots）来同时评估多个变量对之间的关系，包括图的矩阵（Matrix of plots）和 y 与 x 的矩阵图（Each y versus each x）两大类，这两大类矩阵图又分为简单矩阵图、分组矩阵图和包含平滑器（With smoother）的矩阵图三小类。

11.10.1　图的矩阵

图的矩阵最多可同时分析 20 个变量，为每个可能的组合创建一个图，对查看多个变量对之间的关系非常有效。

1. 简单矩阵图

【例 11-44】已知 1985 年全国各省 19～22 岁年龄组城市汉族男学生的身体形态指标：身高（单位：cm）、坐高（单位：cm）、体重（单位：kg）、胸围（单位：cm）、肩宽（单位：cm）与骨盆宽（单位：cm），试绘制这 6 项身体形态指标的矩阵图。

（1）打开工作表“身体形态.mwx”。

（2）选择【图形（Graph）】→【矩阵图（Matrix Plot）】菜单项，打开【矩阵图（Matrix Plots）】主对话框，如图 11-114 所示。

- 【图的矩阵（Matrix of plots）】：可选择【简单（Simple）】、【含组（With Groups）】或【包含平滑器（With Smoother）】，本例选择【简单（Simple）】。
- 【每个 Y 与每个 X（Each Y versus each X）】：可选择【简单（Simple）】、【含组（With Groups）】或【包含平滑器（With Smoother）】。

（3）【矩阵图：图矩阵，简单（Matrix Plot: Matrix of Plots, Simple）】对话框如图 11-115 所示。

【图形变量（Graph variables）】：可选择 2～20 个变量，每个变量作为矩阵图的行变量和列变量，本例为“身高-骨盆宽”。

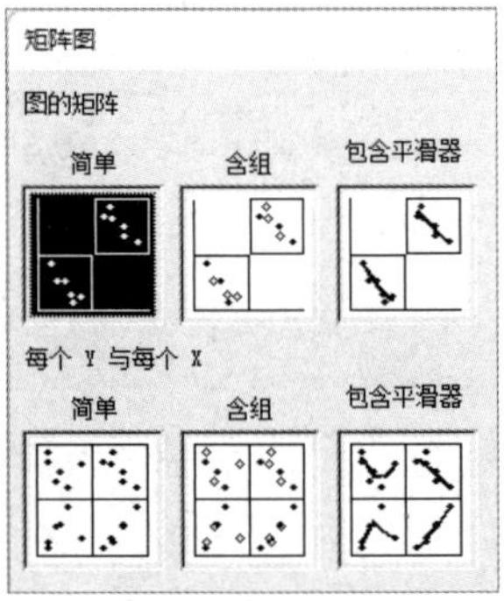

图 11-114 【矩阵图（Matrix Plots）】主对话框

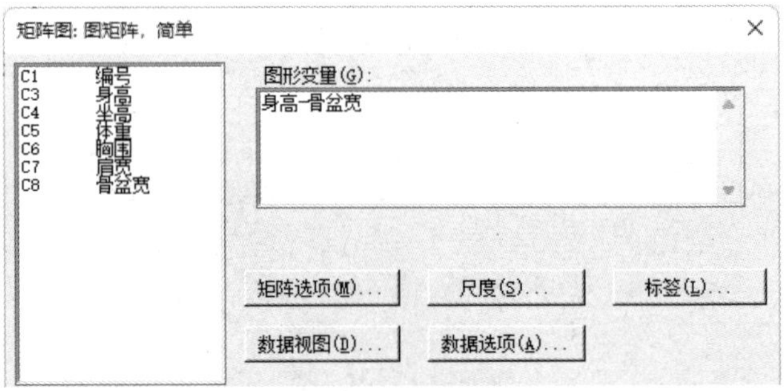

图 11-115 【矩阵图：图矩阵，简单（Matrix plot: Matrix of Plots, Simple）】对话框

（4）在【矩阵图：数据视图（Matrix Plot: Data View）】对话框的【回归（Regression）】选项卡（界面参考图 11-109）中，【模型顺序（Model Order）】选择【线性（Linear）】，并选择【拟合截距（Fit intercept）】。

（5）主要结果及分析。

身高与坐高、体重、胸围，体重与坐高、胸围，肩宽与骨盆宽之间存在一定的相关关系，其中，身高与坐高、体重，坐高与体重的相关性较高。如果需要查看回归拟合的情况，则可将鼠标悬停在回归线上，如图 11-116 所示。

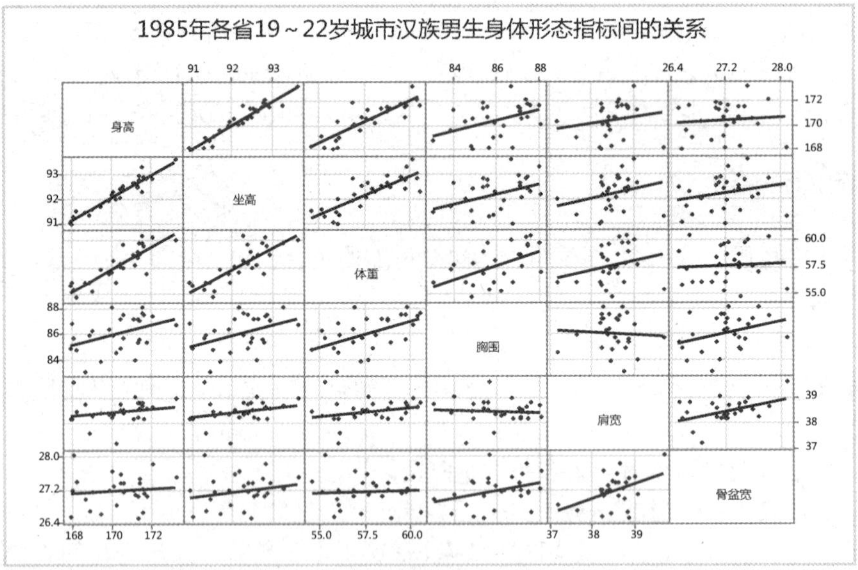

彩图 11-116

图 11-116 身体形态指标的矩阵图

2. 复式矩阵图

【例 11-45】已知 3 种鸢尾的萼片形状指标（萼片长度、萼片宽度）和花瓣形状指标（花瓣长度、花瓣宽度）的观测值各 50 例，试绘制各项指标的复式矩阵图。

（1）打开工作表“鸢尾.mwx”。

（2）在【矩阵图（Matrix Plots）】主对话框（见图 11-114）中，【图的矩阵（Matrix of plots）】选择【含组（With groups）】。

（3）【矩阵图：图矩阵，含组（Matrix plot: Matrix of plots, With Groups）】对话框如图 11-117 所示。【图形变量（Graph variables）】为“萼片长度-花瓣宽度”，【用于分组的类别变量（0-3）（Categorical variables for grouping(0-3)）】选择“分组”。

（4）【矩阵图：选项（Matrix Plot: Options）】对话框如图 11-118 所示。

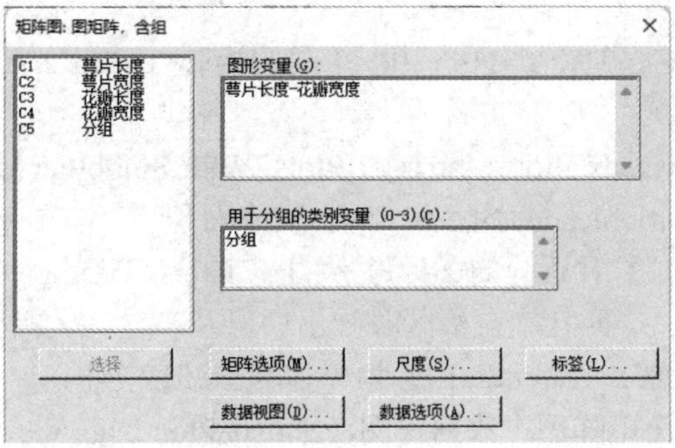

图 11-117 【矩阵图：图矩阵，含组（Matrix Plot: Matrix of Plots, With Groups）】对话框

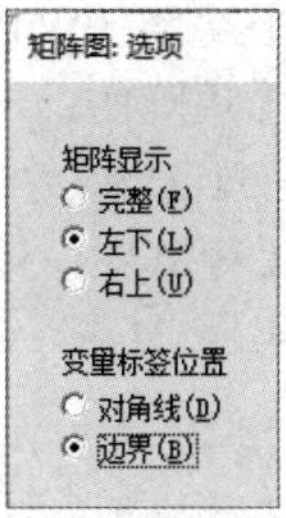

图 11-118 【矩阵图：选项（Matrix Plot: Options）】对话框

- 【矩阵显示（Matrix Display）】：可选择以下选项。
  - 【完整（Full）】：显示全矩阵。
  - 【左下（Lower left）】：显示矩阵的左下部分，本例选择此选项。
  - 【右上（Upper right）】：显示矩阵的右上部分。
- 【变量标签位置（Variable Label Placement）】：可选择以下选项。
  - 【对角线（Diagonal）】：沿对角线显示变量标签。
  - 【边界（Boundary）】：沿矩阵边界显示变量标签，本例选择此选项。

（5）主要结果及分析。

复式矩阵图不仅可以描述不同分组的观测指标两两之间的关系，还可以比较不同分组各观测值的大小，如品种 1 的各项指标均“远离”品种 2 和品种 3，为用户提供更多的信息，读者不妨尝试深入描述各观测指标的关系，如图 11-119 所示。

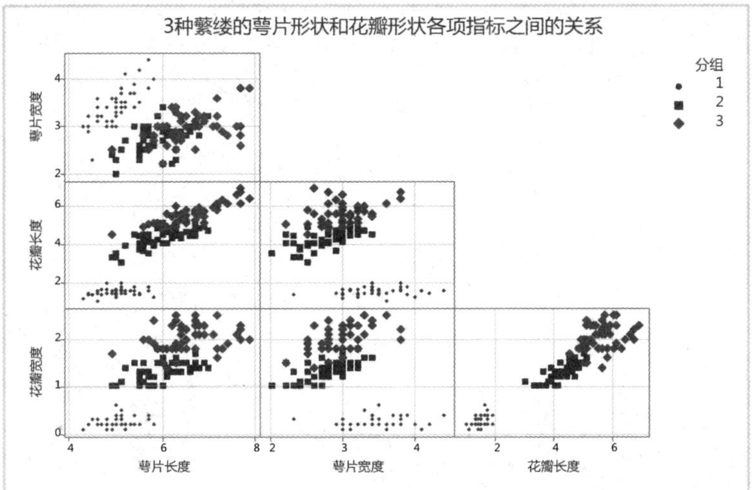

彩图 11-119

图 11-119 鸢尾的萼片形状和花瓣形状各项指标的复式矩阵图

3. 包含平滑器的矩阵图

【例 11-46】已知广西壮族自治区在 1984—2012 年的茶叶出口量（单位：吨）、茶叶出口额（单位：万美元）、茶叶产量（单位：吨）、绿茶产量（单位：吨）、红茶产量（单位：吨）和茶叶采摘面积（单位：千公顷）等指标，试绘制包含平滑器的矩阵图。

（1）打开工作表“广西茶叶.mwx”。

（2）在【矩阵图（Matrix Plots）】主对话框（见图 11-114）中，【图的矩阵（Matrix of plots）】选择【包含平滑器（With Smoother）】。

（3）在【矩阵图：图矩阵，包含平滑器（Matrix Plot: Matrix of Plots, With Smoother）】对话框（界面参考图 11-115）中，【图形变量（Graph variables）】为“出口量-采摘面积”。

（4）在【矩阵图：标签（Matrix Plot: Labels）】对话框的【标题/脚注（Titles / Footnotes）】选项卡（界面参考图 11-3）中，【标题（Title）】为“广西壮族自治区茶叶出口量及产量有关指标间的关系”，【副标题 1（Subtitle 1）】为“1984—2012 年”。

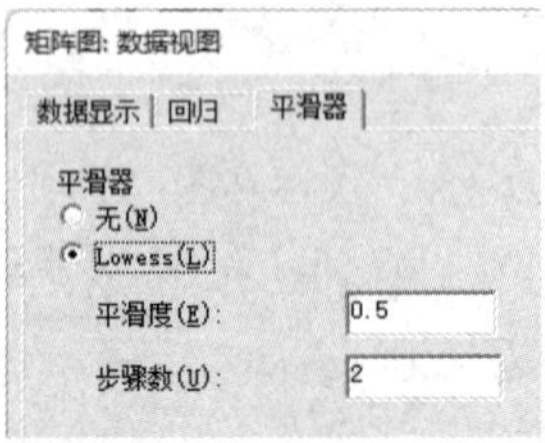

图 11-120　【平滑器（Smoother）】选项卡

（5）将【矩阵图：数据视图（Matrix Plot: Data View）】对话框切换至【平滑器（Smoother）】选项卡（见图 11-120）。

- 【平滑器（Smoother）】：可选择以下选项。
  - 【无（None）】：不显示 Lowess 平滑器（Lowess smoother）。
  - 【Lowess】：显示 Lowess 平滑器。Lowess 平滑器无须通过拟合指定模型来探索两个变量之间的关系，可用于散点图、矩阵图、直方图或时间序列图。
- 【平滑度（Degree of smoothing）】：0～1 之间的数字。平滑度用于计算每个 x 值对应拟合值的总点数的比例（f），默认为“0.5”。当点的 f 足够大且不影响变量之间的基本关系时，Lowess 平滑器将达到最佳效果，在应用时，建议设置尽量大的 f。
- 【步骤数（Number of step:）】：0～10 之间的数字，为 Lowess 平滑器中用于限制异常值影响的迭代次数。在每次迭代中都将减少异常值在下次迭代中获得的权重，默认为“2”。

（6）主要结果及分析。

Lowess 平滑器有助于发现两个变量之间的关系，特别是曲线关系，观察矩阵图可探索茶叶出口量及产量有关指标两两之间的关系，这些指标之间存在不同程度的曲线关系，如图 11-121 所示。

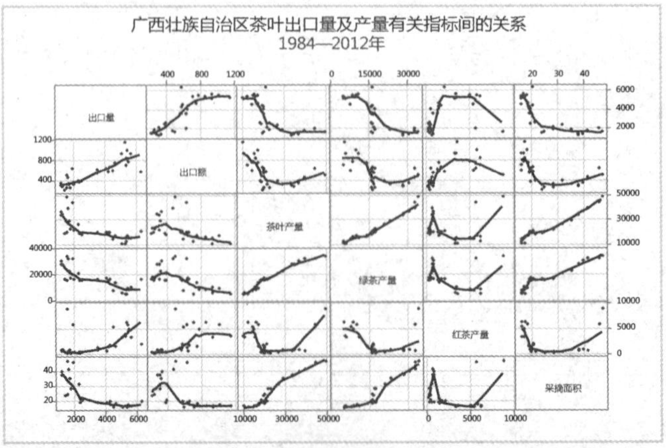

彩图 11-121

图 11-121　茶叶出口量及产量有关指标的包含平滑器的矩阵图

11.10.2 y 与 x 的矩阵图

【例 11-47】为推算成年人的收缩压（单位：mmHg），研究者收集并测量了 50 名成年人的年龄、身高（单位：cm）、体重（单位：kg）和 BMI，试绘制收缩压与其他指标的矩阵图。

（1）打开工作表“收缩压.mwx”。

（2）在【矩阵图（Matrix Plots）】主对话框（见图 11-114）中，【每个 Y 与每个 X（Each Y versus each X）】选择【简单（Simple）】。

（3）在【矩阵图：每个 Y 与每个 X，简单（Matrix plot: each Y versus each X，simple）】对话框（见图 11-122）中，【Y 变量（Y variables）】选择“收缩压”，【X 变量（X variables）】选择“年龄-BMI 指数”。

（4）在【矩阵图：标签（Matrix Plot: Labels）】对话框的【标题/脚注（Titles / Footnotes）】选项卡（界面参考图 11-3）中，【标题（Title）】为“成年人有关指标对收缩压的影响”。

（5）【矩阵图：数据视图（Matrix Plot: Data View）】对话框的【回归（Regression）】选项卡（界面参考图 11-109）中，【模型顺序（Model Order）】选择【线性（Linear）】，并选择【拟合截距（Fit intercept）】。

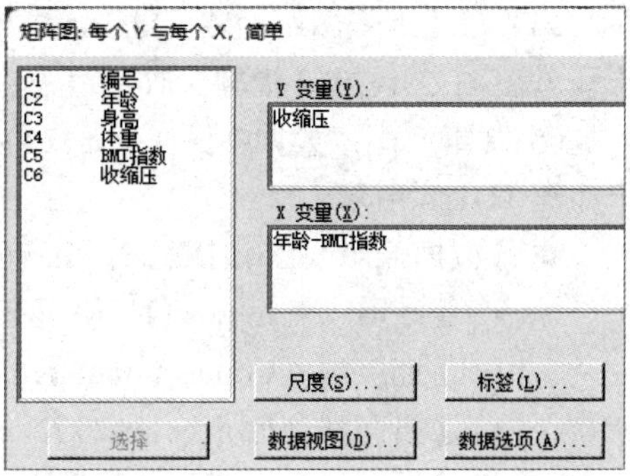

图 11-122 【矩阵图：每个 Y 与每个 X，简单（Matrix plots: each Y versus each X，simple）】对话框

（6）主要结果及分析。

成年人的收缩压与年龄、体重、BMI 存在线性关系，而与身高的线性关系不明显，如图 11-123 所示。

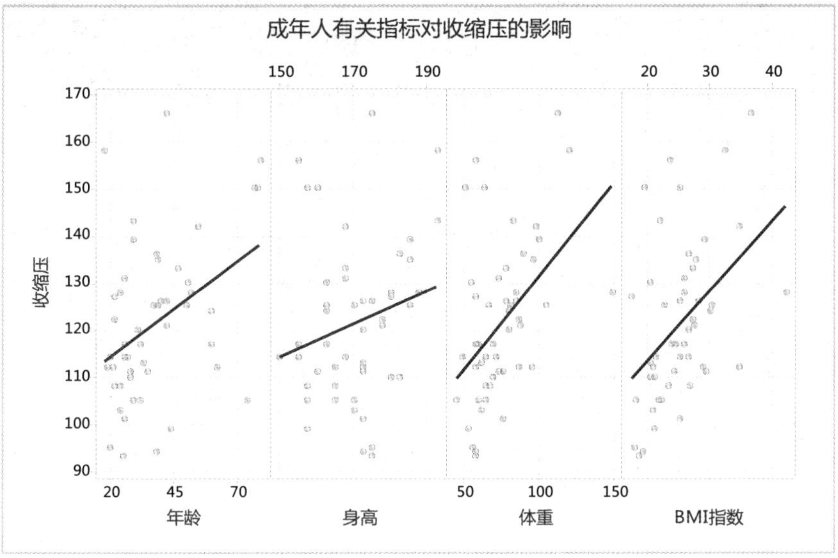

图 11-123 成年人收缩压与有关指标的矩阵图

【例 11-48】现有 16 名学生的大学入学考试成绩（学科成绩、术科成绩）与心理测验得分，包括成就、智力、创造力、学习态度、焦虑的测验数据，试绘制大学入学考试成绩与心理测验得分两组变量之间的矩阵图。

（1）打开工作表“测验.mwx”。

（2）在【矩阵图（Matrix Plots）】主对话框（见图 11-114）中，【每个 Y 与每个 X（Each Y versus each X）】选择【简单（Simple）】。

（3）在【矩阵图：每个 Y 与每个 X，简单（Matrix Plot: Each Y versus each X，Simple）】主对话框（见图 11-122）中，【Y 变量（Y variables）】为“学科成绩-术科成绩”，【X 变量（X variables）】为“成就-焦虑”。

（4）在【矩阵图：标签（Matrix Plot: Labels）】对话框的【标题/脚注（Titles / Footnotes）】选项卡（见图 11-3）中，【标题（Title）】为“大学入学考试成绩与心理测验得分的关系”。

（5）【矩阵图：数据视图（Matrix Plot: Data View）】对话框的【数据显示（Data Display）】选项卡如图 11-124 所示。

■ 【数据显示（Data Display）】：可选择以下选项。

- 【符号（Symbols）】：使用不同的符号表示每个数据点。
- 【连接线（Connect line）】：连接各数据点。
- 【投影线（Project lines）】：显示从每个数据点到 x 轴的垂直投影线。
- 【区域（Area）】：在数据点下方至横轴的区域添加阴影。

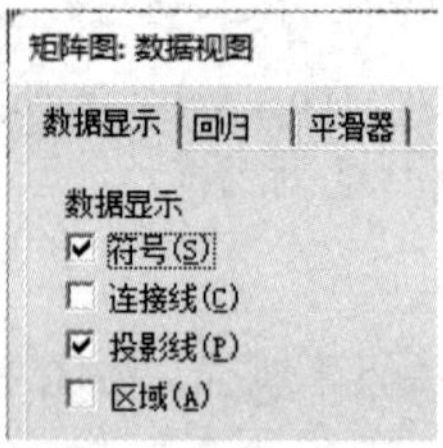

图 11-124 【数据显示（Data Display）】选项卡

（6）在【矩阵图：数据视图（Matrix Plot: Data View）】对话框的【回归（Regression）】选项卡（界面参考图 11-109）中，【模型顺序（Model Order）】选择【线性（Linear）】，并选择【拟合截距（Fit Intercept）】。

（7）主要结果及分析。

入学考试成绩与心理测验得分两组变量中的部分变量存在线性关系，可进一步对其进行典型相关分析，以寻找一组指标的线性组合与另一组指标的线性组合之间的相关关系，如图 11-125 所示。

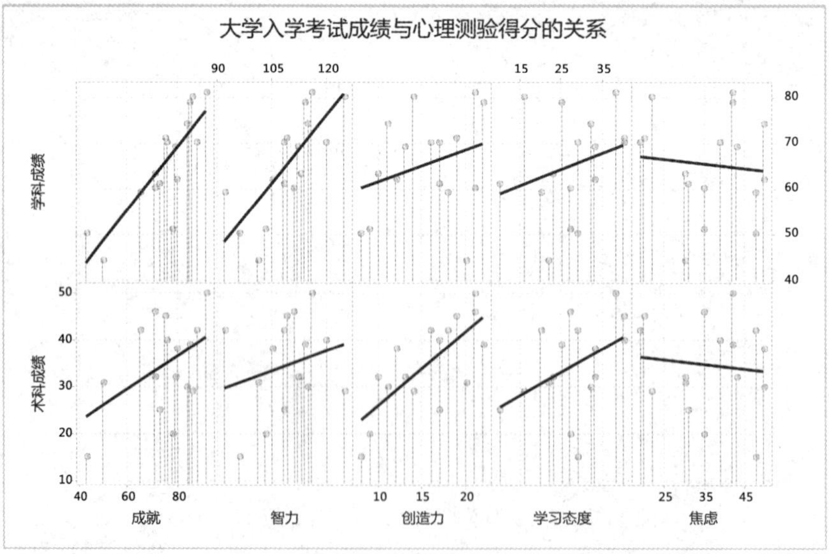

彩图 11-125

图 11-125 大学入学考试成绩与心理测验得分的矩阵图

11.11 气 泡 图

气泡图用于描述 3 个变量之间的关系，与散点图类似，可描述变量 y 与变量 x 的关系，但气泡图上的符号（气泡）大小不同，气泡的面积表示第 3 个变量的值。Minitab 可绘制简单气泡图（Simple bubble plot）和复式气泡图（Bubble plot with groups）。

11.11.1 简单气泡图

【例 11-49】某农场通过试验取得早稻产量（单位：kg/hm²）与春季降雨量（单位：mm）和春季温度（单位：℃）的数据，试绘制气泡图。

（1）打开工作表“早稻产量.mwx”。

（2）选择【图形（Graph）】→【气泡图（Bubble Plot）】菜单项，打开【气泡图（Bubble Plots）】主对话框，如图 11-126 所示。

■ 【简单（Simple）】：绘制简单气泡图，本例选择此选项。

■ 【含组（With Groups）】：绘制复式气泡图。

（3）【气泡图：简单（Bubble Plot:Simple）】对话框如图 11-127 所示。

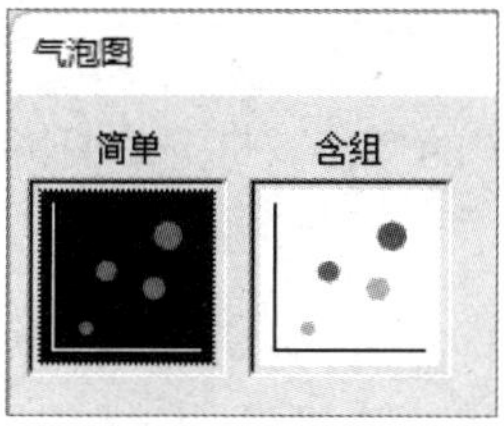

图 11-126　【气泡图（Bubble Plots）】主对话框

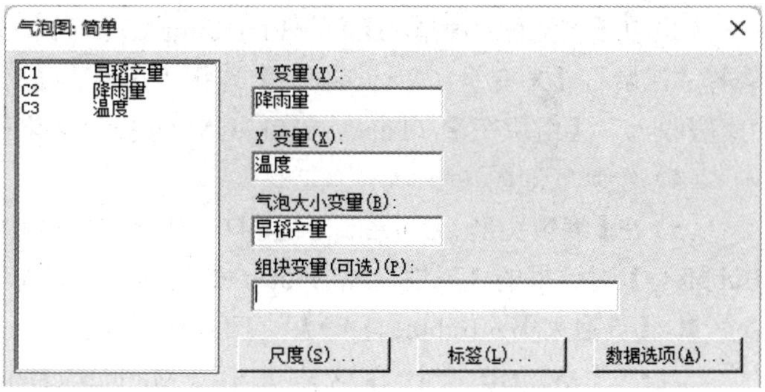

图 11-127　【气泡图：简单（Bubble Plot: Simple）】对话框

■ 【Y 变量（Y variable）】：选择“降雨量”。

■ 【X 变量（X variable）】：选择“温度”。

■ 【气泡大小变量（Bubble size variable）】：选择确定气泡大小（面积）的变量，本例选择“早稻产量”。

■ 【组块变量（可选）（Panel variables(optional)）】：最多可选择两个用于面板分组的分类变量，在每个图上显示所有组块，每个唯一组合在一个组块上显示。

（4）主要结果及分析。

早稻产量与春季温度和春季降雨量呈正相关关系，即温度越高，降雨量越大，早稻产量（气泡大小）越大，如图 11-128 所示。

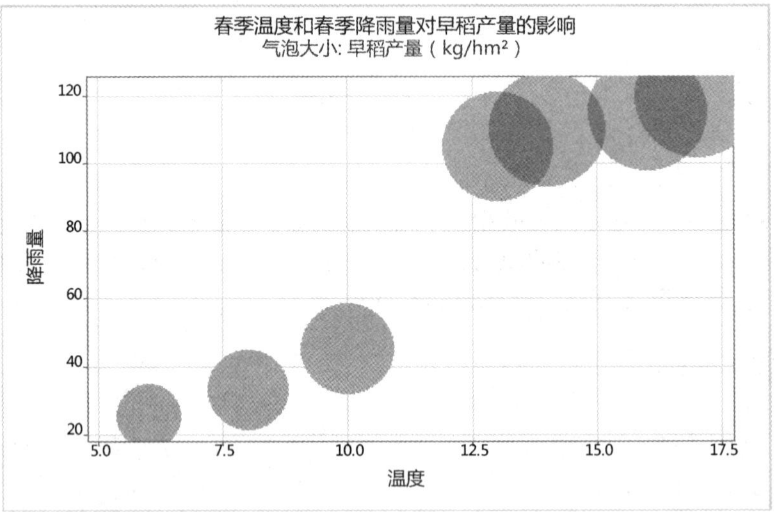

图 11-128　早稻产量与春季温度和春季降雨量的气泡图

【例 11-50】根据例 5-1 的数据，试分析在不同文化程度中，家庭收入（单位：千元）与银行客户的年龄和工龄（单位：年）的关系。

（1）打开工作表“收入.mwx”。

（2）在【气泡图（Bubble Plots)】主对话框（见图 11-126）中，选择【简单（Simple)】。

（3）在【气泡图：简单（Bubble Plot: Simple)】对话框（见图 11-127）中，【Y 变量（Y variable)】选择“工龄”，【X 变量（X variable)】选择“年龄”，【气泡大小变量（Bubble size variable)】选择“家庭收入”，【组块变量（Panel variables)】选择“文化程度（文本)”。

（4）绘制气泡图（略）。

（5）在【编辑图形（Edit Graph)】窗口（见图 11-6）中，双击其中的气泡，打开【编辑气泡（Edit Bubbles)】对话框的【属性（Attributes)】选项卡（见图 11-129）。

- 【气泡大小（Bubble size)】：可选择以下选项。
  - 【Minitab 会计算这些大小（Minitab calculates the sizes)】：根据气泡大小变量的最大值按比例缩放所有气泡的面积。
  - 【气泡大小变量包含这些大小（Bubble size variable contains the sizes)】：根据气泡大小变量确定每个气泡的半径。每个气泡的半径是气泡大小变量的线性函数。
  - 【最大气泡大小（Maximum bubble size)】：可按比例放大或缩小所有气泡的面积，本例为“3”。
- 【气泡颜色（Bubble color)】：可选择以下选项。
  - 【自动（Automatic)】：默认气泡颜色。
  - 【自定义（Custom)】：用户自定义气泡颜色。

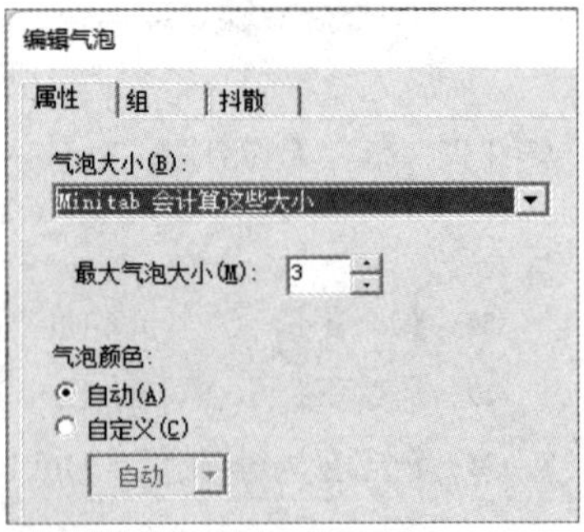

图 11-129　【属性（Attributes)】选项卡

（6）主要结果及分析。

家庭收入受年龄和工龄的影响，年龄越大，工龄越长，家庭收入也相对越高，如图 11-130 所示。

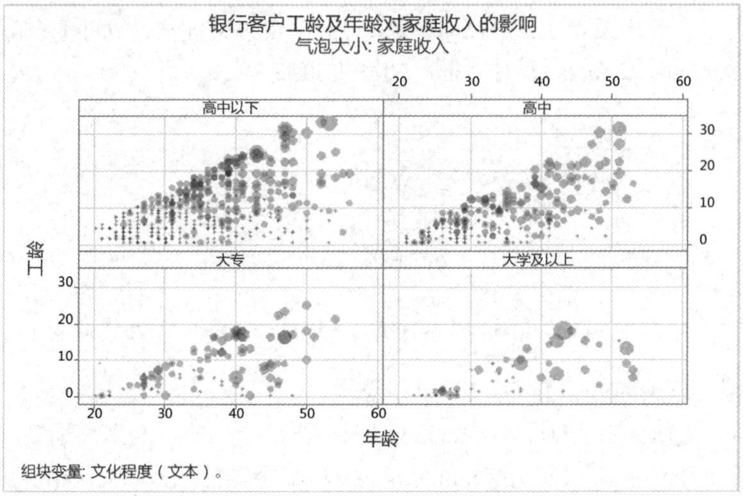

图 11-130　家庭收入与年龄和工龄的气泡图

11.11.2　复式气泡图

【例 11-51】某国际汽车调查机构对产地为美国、欧洲和日本的汽车进行抽样调查，涵盖了 1L 汽油能行驶的里程数（单位：mile）、车的功率（单位：马力）、整车净重（车重）（单位：kg）、从静止加速到 60mile/h 的时间（单位：s）的数据，试绘制复式气泡图。

（1）打开工作表“汽车功率.mwx”。

（2）在【气泡图（Bubble Plots）】主对话框（见图 11-126）中，选择【含组（With Groups）】。

（3）在【气泡图：含组（Bubble Plot: With Groups）】对话框（见图 11-131）中，【Y 变量（Y variable）】选择“马力”，【X 变量（X variable）】选择“车重”，【气泡大小变量（Bubble size variable）】选择“里程数”，【用于分组的类别变量（可选）（Categorical variables for grouping (optional)）】选择“产地”。

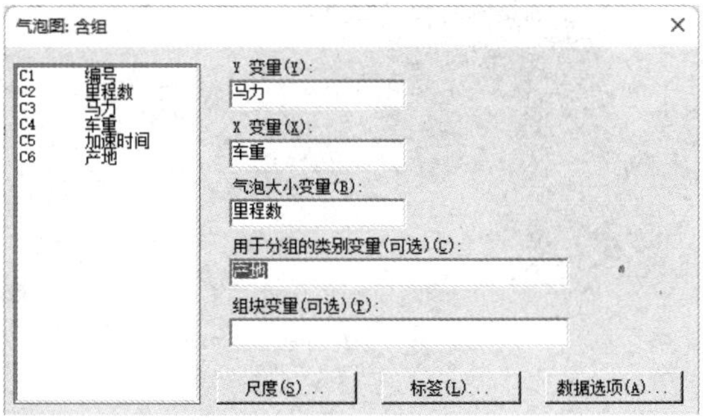

图 11-131　【气泡图：含组（Bubble Plot: With Groups）】对话框

（4）绘制气泡图（略）。

（5）在【编辑图形（Edit Graph）】窗口（见图 11-6）中，双击其中的气泡，打开【编辑气泡（Edit Bubbles）】对话框的【属性（Attributes）】选项卡（见图 11-129）。【气泡大小（Bubble size）】选择【Minitab 会计算这些大小（Minitab calculates the sizes）】，【最大气泡大小（Maximum bubble size）】为“15”，其他为默认值。

（6）右击图形，在弹出菜单中选择【加（Add)】→【数据标签（Data Labels)】菜单项，打开【添加数据标签（Add Data Labels)】对话框，如图 11-132 所示。

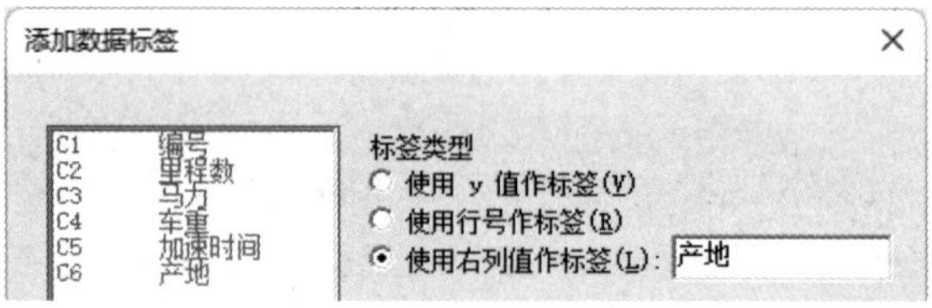

图 11-132　【添加数据标签（Add Data Labels)】对话框

■ 【标签类型（Label Type)】：可选择以下选项。
  - 【使用 y 值作标签（Use y-value labels)】：将每个点的 y 值作为标签。
  - 【使用行号作标签（Use row numbers)】：将每个点的工作表行号作为标签，此选项不能用于直方图或条图。
  - 【使用右列值作标签（Use labels from column)】：将指定变量的值作为标签，可以选择文本、数字或日期/时间变量，本例选择“产地”。

（7）主要结果及分析。

1L 汽油能行驶的里程数与整车净重和车的功率呈负相关，即汽车的整车净重越大，车的功率越大，1L 汽油能行驶的里程数越少，相对来说，美国和欧洲的汽车的整车净重与车的功率比日本的汽车大，如图 11-133 所示。

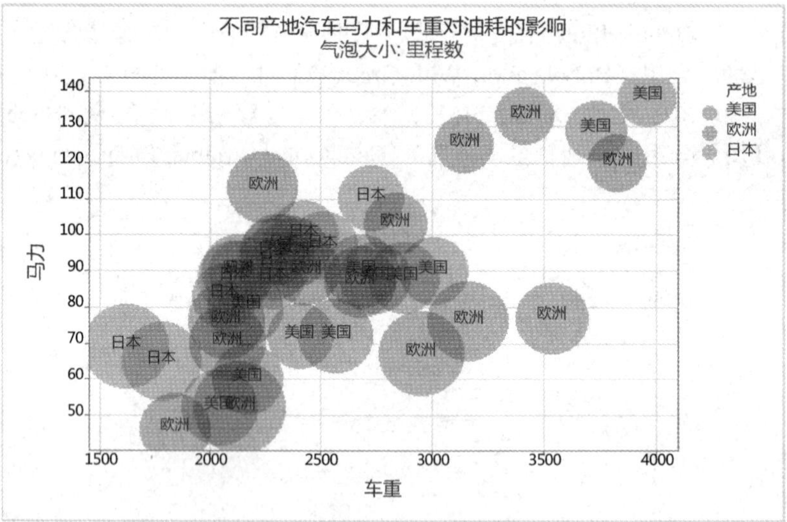

彩图 11-133

图 11-133　汽车抽样调查资料的复式气泡图

11.12　边　际　图

边际图是指在 x 轴和 y 轴边缘包含直方图、箱线图或点图的散点图，可用于评价两个变量之间的关系并检查其分布。

11.12.1　包含直方图的边际图

【例 11-52】 某经销商收集了某产品既往的销售收入和广告支出的数据，试绘制销售收入与广告支出的包含直方图的边际图。

（1）打开工作表“广告支出.mwx”。

（2）选择【图形（Graph）】→【边际图（Marginal Plot）】菜单项，打开【边际图（Marginal Plots）】主对话框，如图 11-134 所示。

- 【包含直方图（With Histograms）】：散点图的边缘包含直方图，本例选择此选项。
- 【包含箱线图（With Boxplots）】：散点图的边缘包含箱线图。
- 【包含点图（With Dotplots）】：散点图的边缘包含点图。

（3）【边际图：包含直方图（Marginal Plot: With Histograms）】对话框如图 11-135 所示。【Y 变量（Y variable）】选择“销售收入”，【X 变量（X variable）】选择“广告支出”。

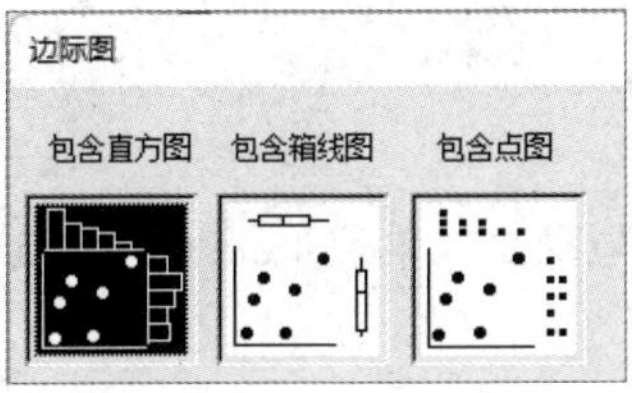

图 11-134　【边际图（Marginal Plots）】主对话框

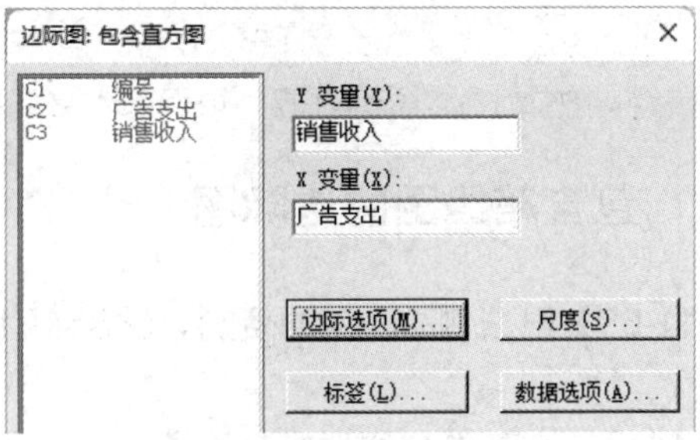

图 11-135　【边际图：包含直方图（Marginal Plot: With Histograms）】对话框

（4）【边际图：选项（Marginal Plot: Options）】对话框如图 11-136 所示。

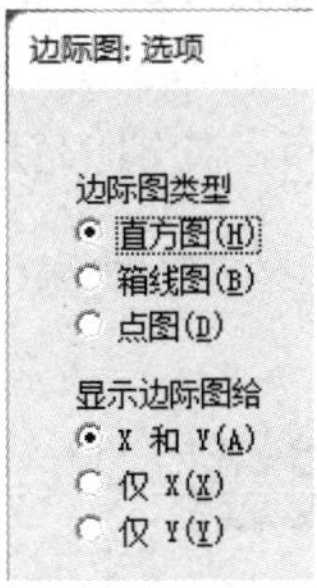

图 11-136　【边际图：选项（Marginal Plot: Options）】对话框

- 【边际图类型（Type of Marginal Plot）】：可选择【直方图（Histogram）】、【箱线图（Boxplot）】或【点图（Dotplot）】。
- 【显示边际图给（Show Marginal Plot For）】：可选择【X 和 Y（X and Y）】、【仅 X（X only）】或【仅 Y（Y only）】。

（5）主要结果及分析。

销售收入与广告支出呈正相关，即广告支出越大，销售收入越高。x 轴的边缘为广告支出的直方图，为双峰分布。y 轴的边缘为销售收入的直方图，呈右偏，如图 11-137 所示。如果需要判断这两个变量是否服从正态分布，则可进一步进行正态性检验。

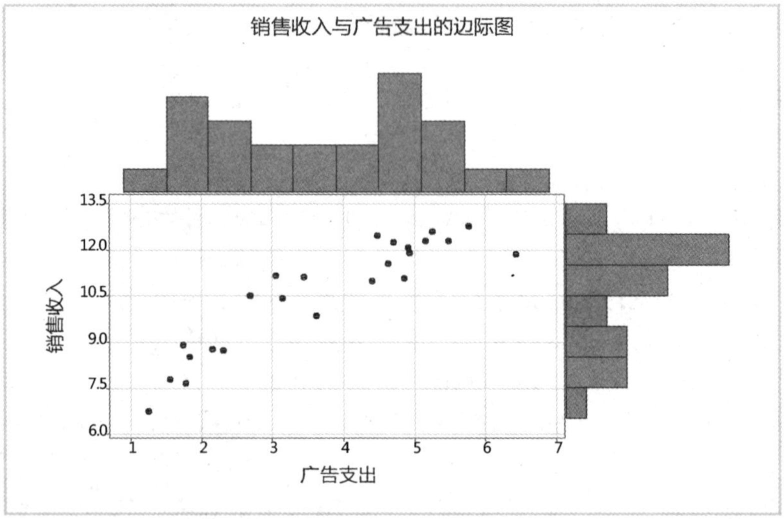

图 11-137　销售收入与广告支出的包含直方图的边际图

11.12.2　包含箱线图的边际图

【例 11-53】根据例 11-44 的资料，试绘制体重（单位：kg）与身高（单位：cm）的包含箱线图的边际图。

（1）打开工作表“身体形态.mwx”。

（2）在【边际图（Marginal Plots)】主对话框（见图 11-134）中，选择【包含箱线图（With Boxplots)】。

（3）在【边际图：包含箱线图（Marginal Plot: With Boxplots)】对话框（界面参考图 11-135）中，【Y 变量（Y variable)】选择“体重”，【X 变量（X variable)】选择“身高”。

（4）主要结果及分析。

体重与身高呈正相关且均服从正态分布，如图 11-138 所示。

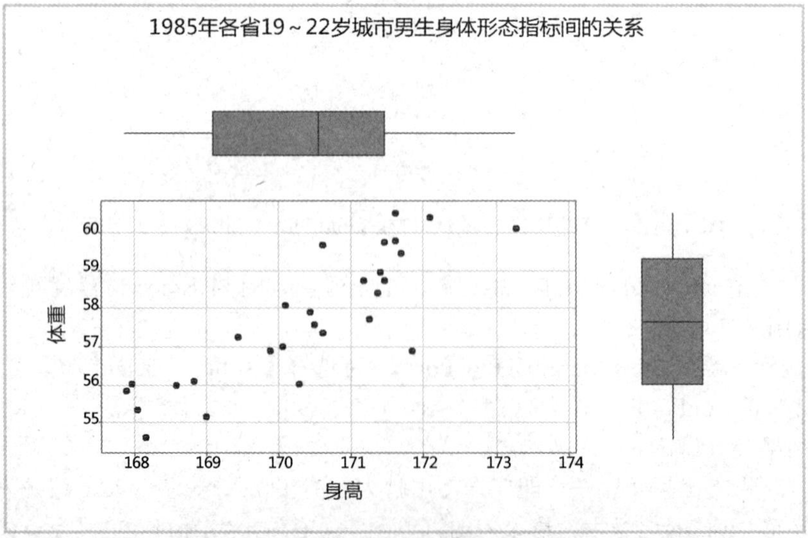

图 11-138　体重与身高的包含箱线图的边际图

11.12.3　包含点图的边际图

【例 11-54】 已知 2003 年我国各省份的 GDP（单位：亿元）和总人口数（单位：万人）的数据，试绘制包含点图的边际图。

（1）打开工作表"2003GDP.mwx"。

（2）在【边际图（Marginal Plots）】主对话框（见图 11-134）中，选择【包含点图（With Dotplots）】。

（3）在【边际图：包含点图（Marginal Plot: With Dotplots）】对话框（界面参考图 11-135）中，【Y 变量（Y variable）】选择"GDP"，【X 变量（X variable）】选择"总人口"。

（4）主要结果及分析。

GDP 与总人口数呈正相关，两个指标均为偏态分布，进行等级相关或非线性回归可以更进一步探索两者之间的关系，如图 11-139 所示。

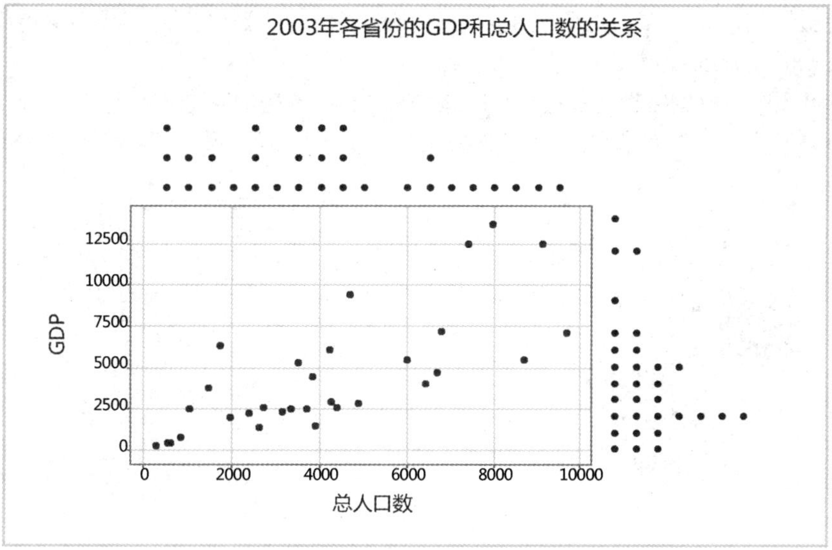

彩图 11-139

图 11-139　GDP 和总人口数的包含点图的边际图

11.13　箱　线　图

箱线图又称为箱式图或箱图，用于比较计量资料的分布，可综合描述定量、变量的平均水平和变异程度，还可显示数据中的离群值或极端值。默认箱线图箱体的中间横线为中位数（P_{50}）、两端分别为上四分位数（Q_3）和下四分位数（Q_1），两端须线（Whisker）的上限为 $Q_3+1.5(Q_3-Q_1)$，下限为 $Q_1-1.5(Q_3-Q_1)$，在默认情况下，向上、下延伸至上、下限范围内的最高值和最低值，须线以外的*表示异常值。箱体越长，数据的变异程度越大。中间横线在箱体的中点表明分布对称，否则不对称。Minitab 可绘制两种箱线图：简单箱线图（Simple boxplot）用于描述某一个变量的数据分布；复式箱线图用于描述和比较两个变量的数据分布。此外，用户可以设置不同的箱线图数据来显示参数，以绘制不同类型的箱线图。

11.13.1　简单箱线图

【例 11-55】 已知某地区 130 名正常成年男子红细胞数（RBC，单位：万/mm^3）的数据，试绘制简单箱线图。

（1）打开工作表“红细胞.mwx”。

（2）选择【图形（Graph）】→【箱线图（Boxplot）】菜单项，打开【箱线图（Boxplots）】主对话框，如图 11-140 所示。

- 【一个 Y（One Y）】：每个变量单独绘制一个图形。
  - 【简单（Simple）】：绘制单变量简单箱线图，本例选择此选项。
  - 【含组（With Groups）】：绘制单变量复式箱线图。
- 【多个 Y 值（Multiple Y's）】：在同一图形上显示多个变量的值。
  - 【简单（Simple）】：绘制多变量简单箱线图。
  - 【含组（With Groups）】：绘制多变量复式箱线图。

（3）在【箱线图：一个 Y，简单（Boxplot: One Y, Simple）】对话框（界面参考图 11-55）中，【图形变量（Graph variables）】选择“红细胞数”。

（4）在【箱线图：数据视图（Boxplot: Data View）】对话框的【数据显示（Data Display）】选项卡（见图 11-141）中，用户可设置不同的数据显示类型（包括箱体、符号和连接线）。

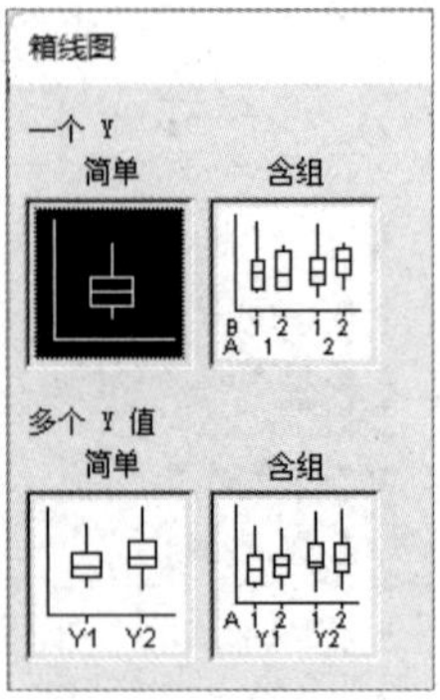

图 11-140　【箱线图（Boxplots）】主对话框

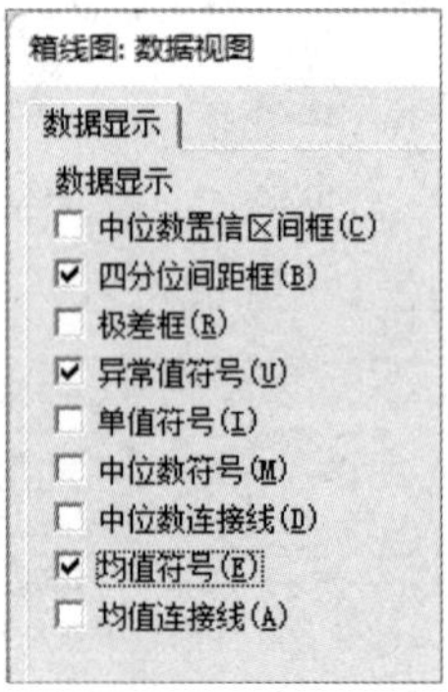

图 11-141　【数据显示（Data Display）】选项卡

- 【数据显示（Data Display）】：可选择以下选项。
  - 【中位数置信区间框（Median confidence interval box）】：箱体为中位数的 95%置信区间，即箱体的上、下端为 95%置信区间的上限和下限。
  - 【四分位间距框（Interquartile range box）】：箱体为四分位间距。
  - 【极差框（Range box）】：箱体的上端为最大值，下端为最小值。
  - 【异常值符号（Outlier symbols）】：用符号（如*）表示异常值。
  - 【单值符号（Individual symbols）】：用符号（如圆点）表示数据点。
  - 【中位数符号（Median symbol）】：用符号（如圆点）表示中位数。
  - 【中位数连接线（Median connect line）】：用线条连接多个箱线图的中位数。
  - 【均值符号（Mean symbol）】：用符号（如⊕）表示均值。
  - 【均值连接线（Mean connect line）】：用线条连接多个箱线图的均值。

（5）主要结果及分析。

中位数线刚好位于箱体的中间，⊕表示均值，均值与中位数大致重叠，两者均表明红细胞数的分布是对称的。将鼠标悬停在箱体上可显示箱线图的相关统计量：Q_1=453 万/mm³，中位数= 479 万/mm³，Q_3= 507.25 万/mm³，IQRange= 54.25 万/mm³，须线为 379 万/mm³、588 万/mm³，N=130；当鼠标悬停在⊕上时，可显示均值= 479.354 万/mm³，如图 11-142 所示。

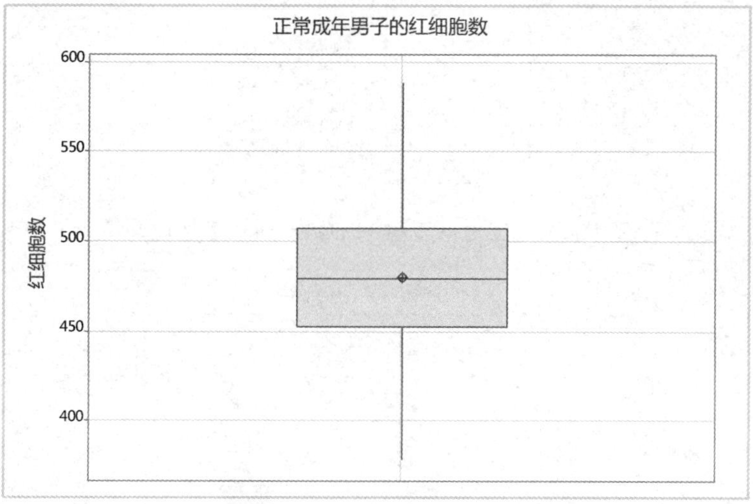

图 11-142　红细胞数的简单箱线图

11.13.2　复式箱线图

【例 11-56】某化肥生产商研制了一种使植物生长较快的化肥配方，为评价其效果，研发人员对 3 组完全相同的秧苗（每组 50 棵）分别进行如下处理：未使用化肥、使用研发的 GrowFast 化肥和使用竞争对手的 SuperPlant 化肥。植物在控制室温的环境中生长 3 个月后测量植物高度（单位：cm），试绘制植物高度的复式箱线图。

（1）打开工作表“植物生长.mwx”。

（2）在【箱线图（Boxplots)】主对话框（见图 11-140）中，选择【一个 Y（One Y)】中的【含组（With Groups)】。

（3）在【箱线图：一个 Y，含组（Boxplot: One Y, With Groups)】对话框（界面参考图 11-45）中，【图形变量（Graph variables)】选择“植物高度”，【用于分组的类别变量（1-4，第一个为最外层）(Categorical variables for grouping(1-4, outermost first))】选择“化肥”。

（4）在【数据显示（Data Display)】选项卡（见图 11-143）中，选择【数据显示（Data Display)】中的【中位数置信区间框（Median confidence interval box)】、【四分位间距框（Interquartile range box)】、【异常值符号（Outlier symbols)】和【均值符号（Mean symbol)】，【属性数据作为类别变量（Categorical variables for attribute assignment)】选择“化肥”。

（5）主要结果及分析。

不同化肥处理组植物高度的箱线图用不同颜色表示。箱线图包含两个箱体：四分位间距箱体（大）和中位数的 95%置信区间箱体（小）。3 组植物高度的中位数均偏离四分位间距箱体的中央，中位数与均值不重叠，两者均表明 3 组植物高度的分布不对称。从四分位间距看，GrowFast 化肥组的四分位间距小于另两组，表明该组植物高度的变异程度最小。GrowFast 化肥组植物高度的中位数和均值均比另两组大，但需要进行假设检验才能确定 3 组植物高度均值之间的差别有无统计学意义，如图 11-144 所示。

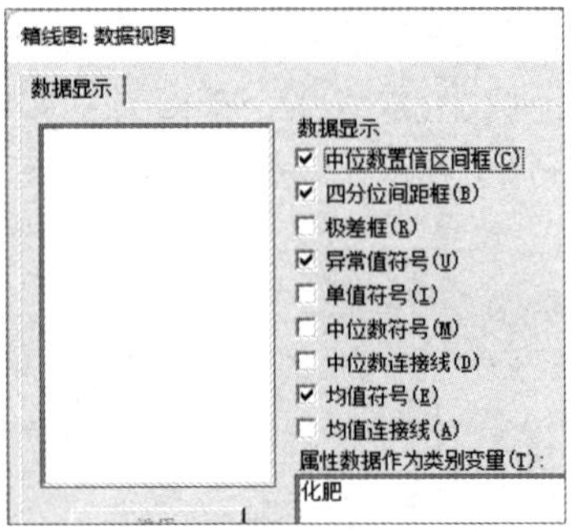

图 11-143 【数据显示（Data Display）】选项卡

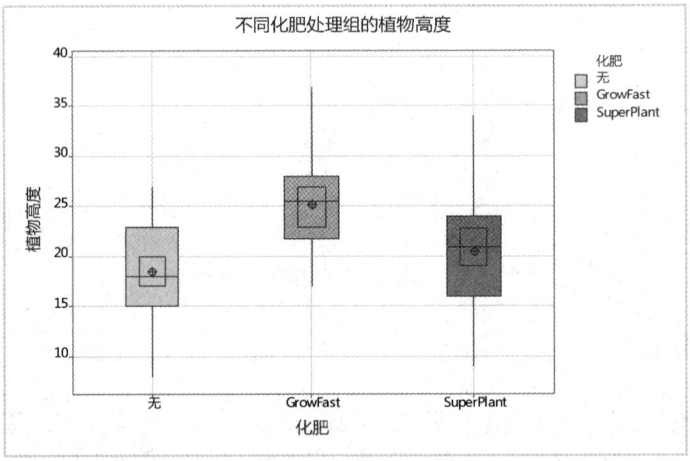

图 11-144 植物高度的复式箱线图

11.13.3 多变量简单箱线图

【例 11-57】一名研究者用光子吸收法测量了 25 名老年妇女骨骼中的无机物含量，分别对桡骨、肱骨和尺骨的主侧与非主侧记录了测量值，试绘制上述指标的多变量简单箱线图。

（1）打开工作表“骨骼无机物.mwx”。

（2）在【箱线图（Boxplots）】主对话框（见图 11-140）中，选择【多个 Y 值（Multiple Y's）】中的【简单（Simple）】。

（3）【箱线图：多个 Y 值，简单（Boxplot: Multiple Y's, Simple）】对话框（界面参考图 11-55）中，【图形变量（Graph variables）】为“桡骨主侧-尺骨非主侧”。

（4）【箱线图：标签（Boxplot: Labels）】对话框的【数据标签（Data Labels）】选项卡如图 11-145 所示。

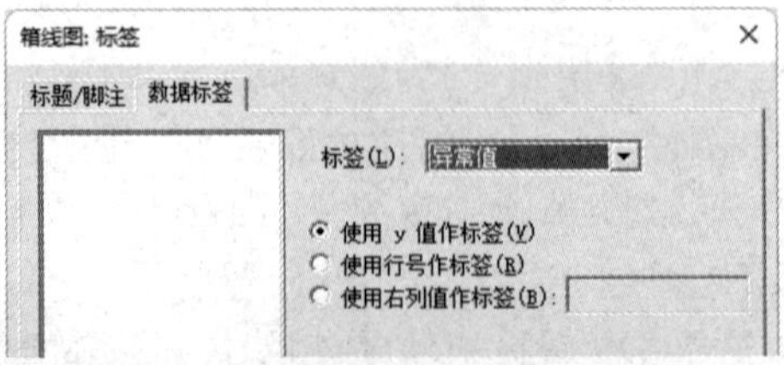

图 11-145 【数据标签（Data Labels）】选项卡

- 【标签（Label）】：可选择【无（None）】、【异常值（Outliers）】、【单个数据（Individual data）】、【中位数（Medians）】或【均值（Mean）】，本例选择【异常值（Outliers）】。
- 标注方式：可选择【使用 y 值作标签（Use y-value labels）】、【使用行号作标签（Use row numbers）】或【使用右列值作标签（Use labels from column）】，本例选择第一项。

（5）在【数据显示（Data Display）】选项卡（见图 11-141）中，选择【数据显示（Data Display）】中的【四分位间距框（Interquartile range box）】、【异常值符号（Outlier symbols）】、【均值符号（Mean symbol）】及【均值连接线（Mean connect line）】。

（6）主要结果及分析。

图 11-146 中的连线将各箱线图的中位数连接起来，根据连线的斜率可直观地观察不同变量中位数之间的差别。其中，桡骨主侧、桡骨非主侧和肱骨主侧无机物含量箱线图的下须线的下方各有一个异常值（*和具体数值），鼠标悬停在*上可显示其变量名称、符号属性、行号和数值大小，用户应仔细核对这些数值是否准确。从各变量的中位数和均值大小看，老年妇女肱骨的无机物含量远高于桡骨和尺骨，相同骨骼之间的主侧和非主侧的无机物含量比较接近。

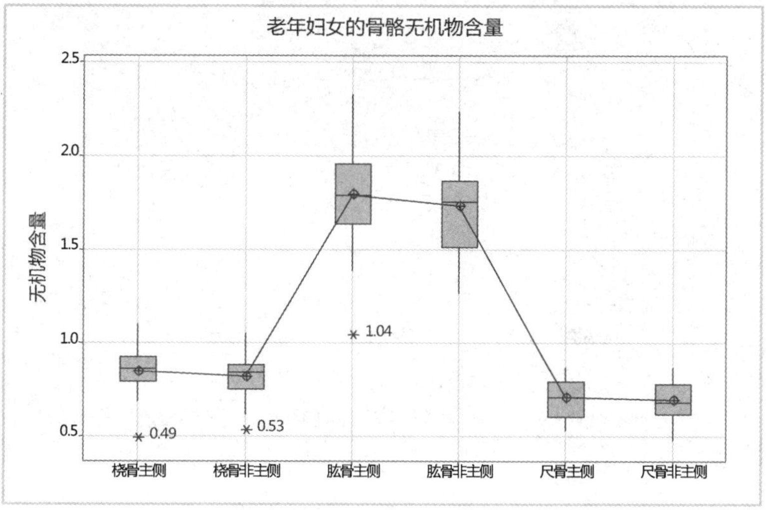

图 11-146　骨骼含量的多变量简单箱线图

11.13.4　多变量复式箱线图

【例 11-58】在某地 2009 年公务员考试成绩的有效数据中，共有 3068 名考生的成绩（能力成绩、申论成绩和笔试折合总成绩）（单位：分），试按性别绘制公务员考试成绩的多变量复式箱线图。

（1）打开工作表“公务员考试.mwx”。

（2）在【箱线图（Boxplots）】主对话框（见图 11-140）中，选择【多个 Y 值（Multiple Y’s）】中的【含组（With groups）】。

（3）在【箱线图：多个 Y 值，含组（Boxplot: Multiple Y’s, With Groups）】对话框（界面参考图 11-74）中，【图形变量（Graph variables）】为“能力成绩-笔试折合总成绩”，【用于分组的类别变量（1-3，第一个为最外层）（Categorical variables for grouping(1-3, outermost first)）】选择“性别”，【图形变量的尺度水平（Scale Level for Graph Variables）】选择【显示在尺度最外层的图形变量（Graph variables displayed outermost on scale）】。

（4）在【数据显示（Data Display）】选项卡（见图 11-143）中，选择【数据显示（Data Display）】

中的【四分位间距框（Interquartile range box）】、【异常值符号（Outlier symbols）】、【均值符号（Mean symbol）】和【均值连接线（Mean connect line）】，【属性数据作为类别变量（Categorical variables for attribute assignment）】选择“性别”。

（5）主要结果及分析。

图 11-147 中的两条连线分别将不同性别中各箱线图的均值连接起来，根据连线的斜率可直观地观察不同变量的均值之间的差别：男、女考生能力成绩的均值比较接近，女考生的申论成绩和笔试折合总成绩的均值稍大于男考生。每个箱线图的上下须线外侧都有多个*（超出 $Q_3+1.5(Q_3-Q_1)$～$Q_1-1.5(Q_3-Q_1)$的范围），表明部分考生的成绩特别好或特别差，但不排除有部分资料输入错误的情况，应重点对这些数据进行核对。

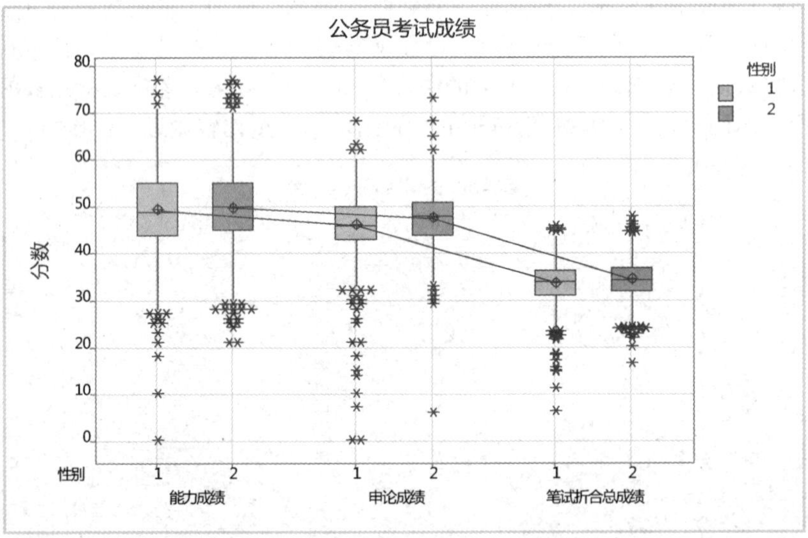

图 11-147　公务员考试成绩的多变量复式箱线图

11.14　区　间　图

区间图为表示一个或以上变量的均值和置信区间或误差条的图形，可用于估计数据的集中趋势和变异性，比较均值与置信区间的差别。Minitab 可绘制简单区间图和复式区间图。

11.14.1　简单区间图

【例11-59】已知某高校在校学生各年龄组的数据，试绘制年龄（单位：岁）的简单区间图。

（1）打开工作表“学生年龄.mwx”。

（2）选择【图形（Graph）】→【区间图（Interval Plot）】菜单项，打开【区间图（Interval Plots）】主对话框（见图 11-148），选择【一个 Y（One Y）】中的【简单（Simple）】。

（3）在【区间图：一个 Y，简单（Interval Plot: One Y, Simple）】对话框（界面参考图 11-55）中，【图形变量（Graph variables）】选择“年龄组中值”。

（4）【区间图：标签（Interval Plot: Labels）】对话框的【数据标签（Data Labels）】选项卡如图 11-149 所示。

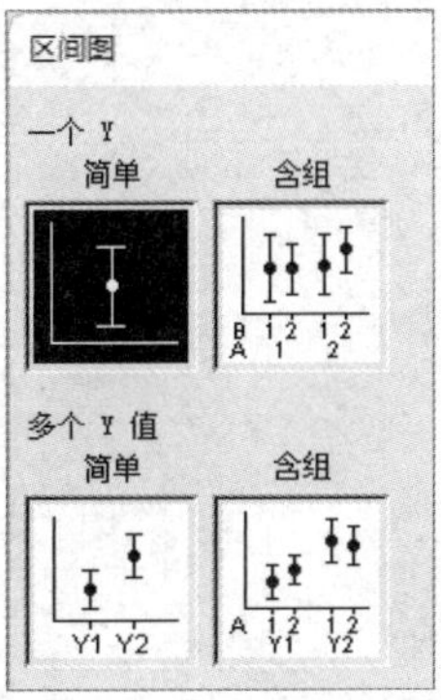

图 11-148　【区间图（Interval Plots）】主对话框

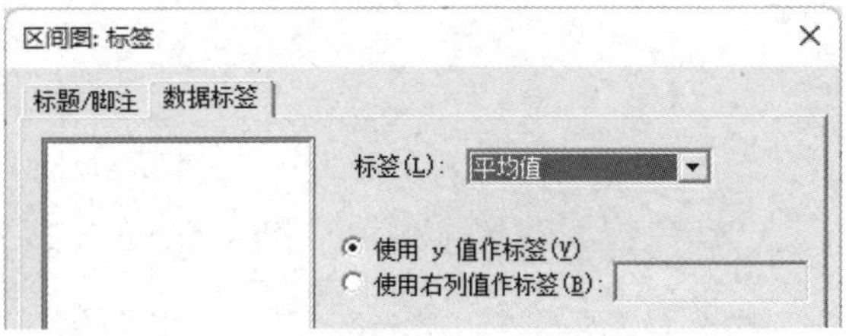

图 11-149　【数据标签（Data Labels）】选项卡

- 【标签（Label）】：可选择【无（None）】、【单个数据（Individual data）】、【区间端点（Interval endpoints）】、【平均值（Means）】或【中位数（Medians）】，本例选择【平均值（Means）】。
- 标注方式：选择【使用 y 值作标签（Use y-value labels）】。

（5）【区间图：数据视图（Interval Plot: Data View）】对话框的【数据显示（Data Display）】选项卡如图 11-150 所示。

- 【数据显示（Data Display）】：可选择以下选项。
  - 【区间条（Interval bar）】：显示置信区间条，默认置信水平为 95%，本例选择此选项。
  - 【条形（Bar）】：与条形图类似，绘制每个均值与其基数相连接的条形。
  - 【单值符号（Individual symbols）】：用符号（如圆点）表示数据点。
  - 【均值符号（Mean symbol）】：用符号（如圆点）表示均值，本例选择此选项。
  - 【均值连接线（Mean connect line）】：用线条连接多个区间图的均值。
  - 【中位数符号（Median symbol）】：用符号（如⊕）表示中位数。
  - 【中位数连接线（Median connect line）】：用线条连接多个区间图的中位数。

（6）在【区间图：数据选项（Interval Plot: Data Options）】对话框的【频率（Frequency）】选项卡（见图 11-151）中，【频率变量（Frequency variable(s)）】选择“人数”。

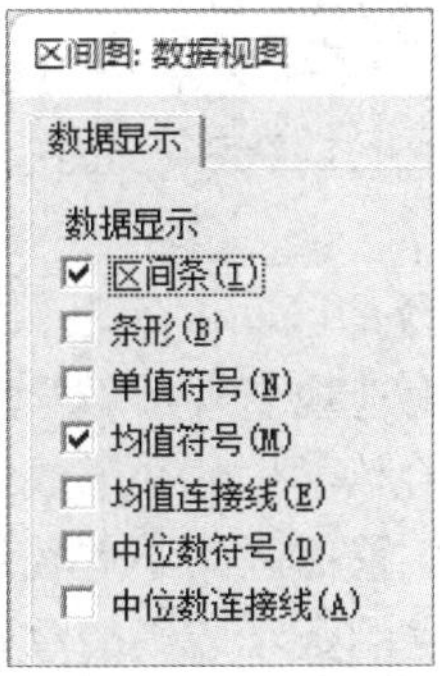

图 11-150　【数据显示（Data Display）】选项卡

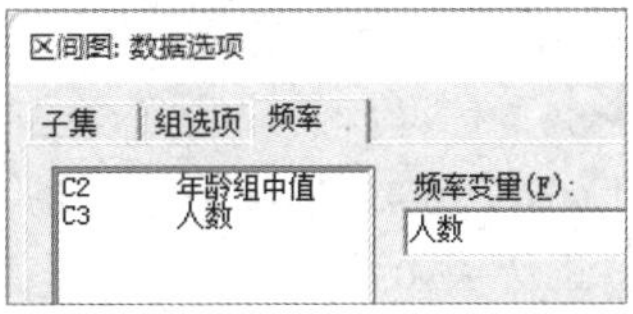

图 11-151　【频率（Frequency）】选项卡

（7）主要结果及分析。

区间条呈“工”字形，上下两条横线分别为均值的 95%置信区间的上限和下限，竖线中间的圆点为均值。将鼠标悬停在区间条上可显示区间条的基本信息、均值的 95%置信区间：均值的估计值=20.13 岁，95%置信区间为(20.04, 20.22)岁，N=1006，如图 11-152 所示。

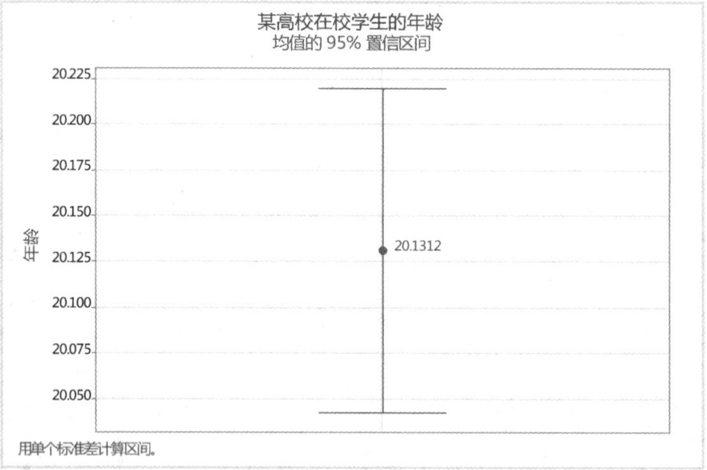

图 11-152　年龄的简单区间图

11.14.2　复式区间图

【例 11-60】某中学为了研究不同学科的老师担任班主任对学生数学成绩（单位：分）的影响，将 40 名高一学生随机分成 5 个班，每个班的班主任负责不同科目，一个学期后测试学生的数学成绩，试绘制数学成绩的复式区间图。

（1）打开工作表“数学成绩.mwx”。

（2）在【区间图（Interval Plots）】主对话框（见图 11-148）中，选择【一个 Y（One Y）】中的【含组（With groups）】。

（3）在【区间图：一个 Y，含组（Interval Plot:One Y, With Groups）】对话框（界面参考图 11-45）中，【图形变量（Graph variables）】选择“数学成绩”，【用于分组的类别变量（1-4，第一个为最外层）（Categorical variables for grouping(1-4, outermost first)）】选择“班主任学科”。

（4）在【数据标签（Data Labels）】选项卡（见图 11-149）中，【标签（Label）】选择【区间端点（Interval endpoints）】，标注方式选择【使用 y 值作标签（Use y-value labels）】。

（5）在【数据显示（Data Display）】选项卡（见图 11-150）中，【数据显示（Data Display）】选择【区间条（Interval bar）】、【均值符号（Mean symbol）】和【均值连接线（Mean connect line）】。

（6）主要结果及分析（1）。

每个分组各绘制一个区间条，区间条上、下端的数值为 95%置信区间的上限和下限。当两个区间条不重叠时，表明两组均值之间的差异有统计学意义。班主任为地理老师所教学生的数学成绩的总体均值的 95%置信区间为(64.36,69.64)分，班主任为数学老师所教学生的数学成绩的总体均值的 95%置信区间为(69.79,79.21)分，两组的区间条或总体均值的 95%置信区间不重叠，其他组的区间条均重叠，因此按 α=0.05 水准，可认为不同学科班主任所教学生的数学成绩的总体均值之间的差异有统计学意义，如图 11-153 所示。

（7）在【编辑图形（Edit Graph）】窗口（见图 11-6）中，右击图中的区间条，选择弹出菜单中的【编辑区间条（Edit interval bar）】，切换至【编辑区间条（Edit interval bar）】对话框的【选项（Options）】选项卡，见图 11-154。

■ 【区间类型（Type of Interval）】：可选择以下选项。

- 【标准误（Standard error）】：显示标准误区间条，可设定【多（Multiple）】（乘以）一个或以上的标准误。

- 【置信区间（Confidence interval）】：假定资料呈正态分布并使用 t 分布临界值。

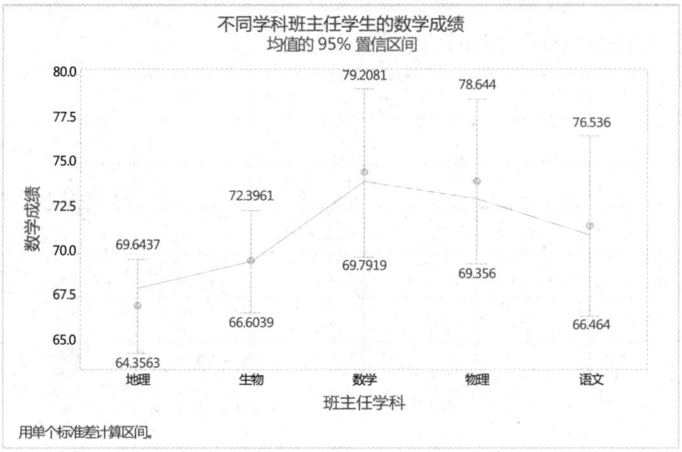

图 11-153　数学成绩的复式区间图（1）

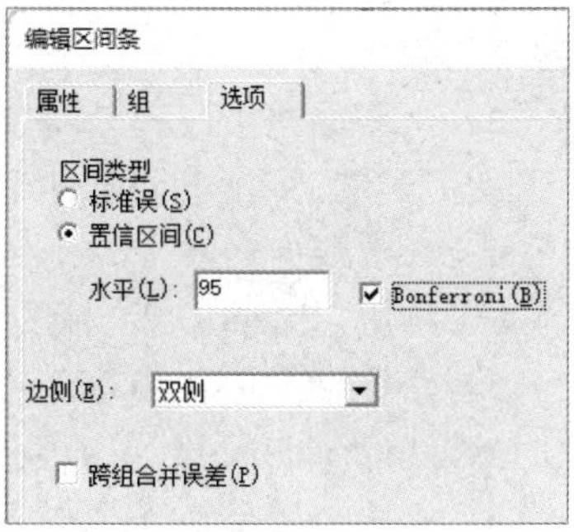

图 11-154　【选项（Options）】选项卡

- ■ 【水平（Level）】：指定置信水平，默认为“95”。区间条与均值的置信区间相对应。
  - 【Bonferroni】：计算 Bonferroni 区间（Bonferroni intervals），本例选择此选项。
- ■ 【边侧（Side）】：设置条形（两侧横线）的位置。
  - 【双侧（Two-sided）】：均值上下两侧均绘制条形（横线）。
  - 【上部单侧（Upper one-sided）】：在均值的上侧绘制条形。
  - 【下部单侧（Lower one-sided）】：在均值的下侧绘制条形。
- ■ 【跨组合并误差（Pool error across groups）】：用合并自由度计算区间条 t 分布中的临界值或合并标准误。

（8）主要结果及分析（2）。

Bonferroni 置信区间是使用 Bonferroni 法对置信区间进行调整。该方法为确保总体置信系数不小于 $1-\alpha$，因此联合置信区间的总体置信系数为 $1-\alpha$，每个区间的置信系数调整为 $1-\alpha/g$，g 为区间数。经过 Bonferroni 校正，本例的实际置信区间为 99%置信区间：$1-0.05/5=0.99$，因此 Bonferroni 置信区间比普通的置信区间（见图 11-153）更宽，如图 11-155 所示。

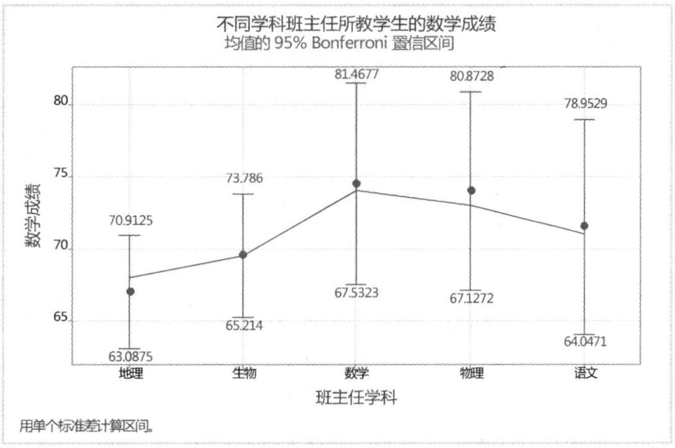

图 11-155　数学成绩的复式区间图（2）

11.14.3 多变量简单区间图

【例 11-61】某研究者调查了 18 名小学三年级学生的数学、语文、常识、音乐、美术 5 个学科的成绩，并测试了智商，试绘制各学科成绩的多变量简单区间图。

（1）打开工作表“学科成绩.mwx”。

（2）在【区间图（Interval Plots）】主对话框（见图 11-148）中，选择【多个 Y 值（Multiple Y’s）】中的【简单（Simple）】。

（3）在【区间图：多个 Y 值，简单（Interval Plot: Multiple Y’s, Simple）】对话框（界面参考图 11-55）中，【图形变量（Graph variables）】为“数学–美术”。

（4）在【数据标签（Interval Plot: Data Labels）】选项卡（见图 11-149）中，【标签（Label）】选择【平均值（Means）】，标注方式选择【使用 y 值作标签（Use y-value labels）】。

（5）在【数据显示（Data Display）】选项卡（图 11-150）中，【数据显示（Data Display）】选择【区间条（Interval bar）】、【均值符号（Mean symbol）】和【均值连接线（Mean connect line）】。

（6）主要结果及分析。

在被调查的三年级学生中，从平均成绩看，常识的平均成绩最低，数学的平均成绩最高；从变异程度看，美术成绩的变异程度最大，而语文成绩的变异程度最小，如图 11-156 所示。

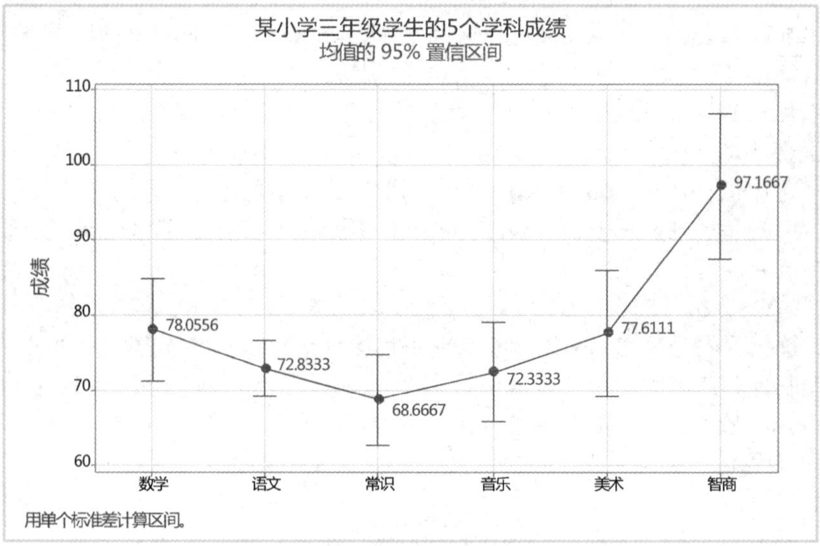

图 11-156 学科成绩的多变量简单区间图

11.14.4 多变量复式区间图

【例 11-62】人们考察了某种对野生动植物、牲畜和人类有害的壁虱的生存潜力及其与环境饱和差（SD）的关系。SD 是一项环境指标，与温度和相对湿度有关，当温度增高或相对湿度降低时，SD 增加。SD 的高值会引起壁虱经历最强的脱水。人们在研究中挑选并使用了 SD 的 5 个水平（2.98mm/Hg、4.83mm/Hg、5.80mm/Hg、8.88mm/Hg、13.88mm/Hg），为每个水平随机分配 5 只壁虱。在大约 3 周的研究期内，每隔两天记录一次壁虱整个身体的水分损失（单位：mg，变量为 D1、D3、…、D21）。试绘制不同 SD 水平组第 1 天、第 7 天、第 15 天和第 21 天水分损失的多变量复式区间图。

（1）打开工作表“壁虱.mwx”。

（2）在【区间图（Interval Plots）】主对话框（见图 11-148）中，选择【多个 Y 值（Multiple Y's）】中的【含组（With Groups）】。

（3）在【区间图：多个 Y 值，含组（Interval Plot: Multiple Y's, With Groups）】对话框（界面参考图 11-74）中，【图形变量（Graph variables）】为“D1”“D7”“D15”“D21”，【用于分组的类别变量（1-3，第一个为最外层）（Categorical variables for grouping(1-3, outermost first)）】选择“SD”，【图形变量的尺度水平（Scale Level for Graph Variables）】选择【显示在尺度最外层的图形变量（Graph variables displayed outermost on scale）】。

（4）在【数据显示（Data Display）】选项卡（见图 11-157）中，【数据显示（Data Display）】选择【区间条（Interval bar）】和【条形（Bar）】，并设定【属性数据作为类别变量（Categorical variables for attribute assignment）】为“SD”。

（5）主要结果及分析（1）。

图 11-158 为条形图与区间图的组合。通过条形的高度可直观反映各组均值的大小，在相同的 SD 水平下，时间越长，壁虱的身体水分损失越大；在相同时间下，SD 水平越高，壁虱的身体水分损失越大。此外，通过观察各组区间是否重叠可判断两组均值之间有无差别。

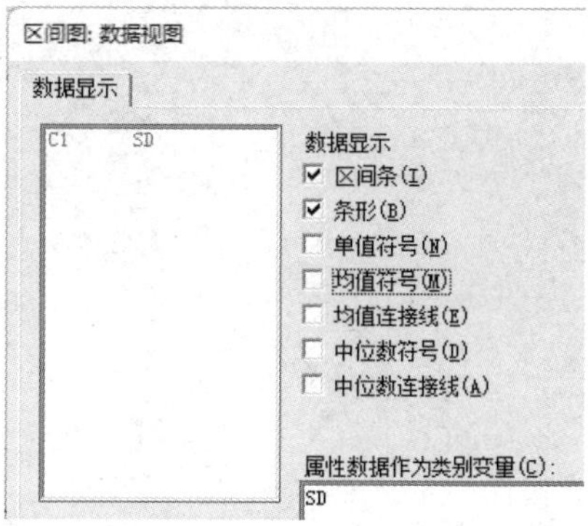

图 11-157　【数据显示（Data Display）】选项卡

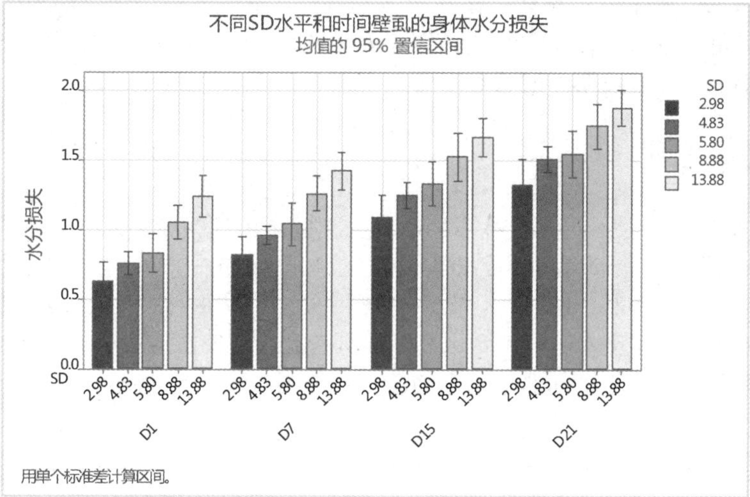

图 11-158　水分损失的多变量复式区间图（1）

（6）重复上述操作，在【数据显示（Data Display）】选项卡（见图 11-157）中，【数据显示（Data Display）】选择【单值符号（Individual symbols）】，并设定【属性数据作为类别变量（Categorical variables for attribute assignment）】为“SD”。

（7）主要结果及分析（2）。

多变量复式单值图用不同的颜色和形状的点代表每个数值。用户可设定不同组合，在同一个图中同时显示条形、区间条或单值，以绘制更多类型的图形，如图 11-159 所示。此外，可以通过选择【图形（Graph）】→【单值图（Individual Value Plots）】菜单项打开【单值图（Individual Value Plots）】

对话框绘制简单单值图和复式单值图，其操作方法和界面选项与区间图完全一致，在此不再赘述。

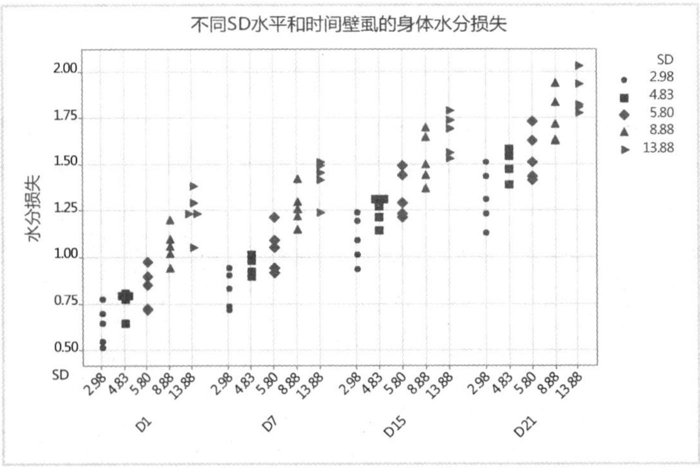

彩图 11-159

图 11-159　水分损失的多变量复式单值图（2）

11.15　线　　图

线图是用线段的升降来表示统计指标的变化趋势的，或者某一种现象随另一种现象的变迁情况，适用于连续变量。通常横轴是时间或其他连续变量，纵轴是统计指标。Minitab 线图包括 3 种类型：单变量线图、多变量线图和汇总数据的行序列或列序列的线图。

11.15.1　单变量线图

【例 11-63】研究人员为了调查 5 种不同设计类型的商用保温玻璃窗格的热量损失情况，进行了一项试验。研究人员为了得到适用于大部分地区的结果，决定在 5 个温度下对这些玻璃窗格进行评估。这 5 个温度分别是 0℉、20℉、40℉、60℉和 80℉。从每种设计类型的玻璃窗格中抽取 10 个样品，共设置 5 个外界温度水平，每个水平随机分配两个玻璃窗格样品。试绘制不同设计类型的玻璃窗格在不同外界温度水平下的热量损失的单变量线图。

（1）打开工作表“热量损失.mwx”。

（2）选择【图形（Graph）】→【线图（Line Plot）】菜单项，打开【线条图（Line Plots）】主对话框，如图 11-160 所示。

- 【包含符号（With Symbols）】：用不同颜色和形状的符号表示线图上的数据点，当线图上的数据点较少时，可选择此选项。
- 【不含符号（Without Symbols）】：在线图上不显示数据点，当线图上包含大量的数据点时，选择此选项更容易识别。

上述两个选项均可分别选择以下 3 个选项。

- 【一个 Y（One Y）】：绘制单变量线图。
- 【多个 Y 值（Multiple Y's）】：绘制多变量线图。
- 【行或列中的序列（Series in Rows or Columns）】：根据行序列或列序列的双向汇总数据绘图。

本例选择【包含符号（With Symbols)】中的【一个 Y（One Y)】。

（3）【线条图：一个 Y（Line Plot: One Y)】对话框如图 11-161 所示。

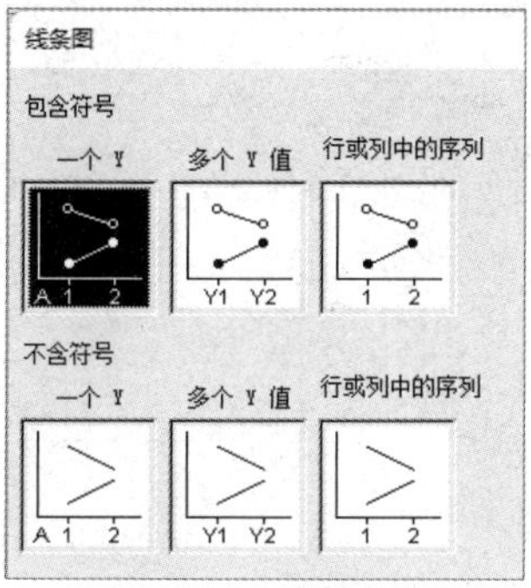

图 11-160　【线条图（Line Plots)】主对话框

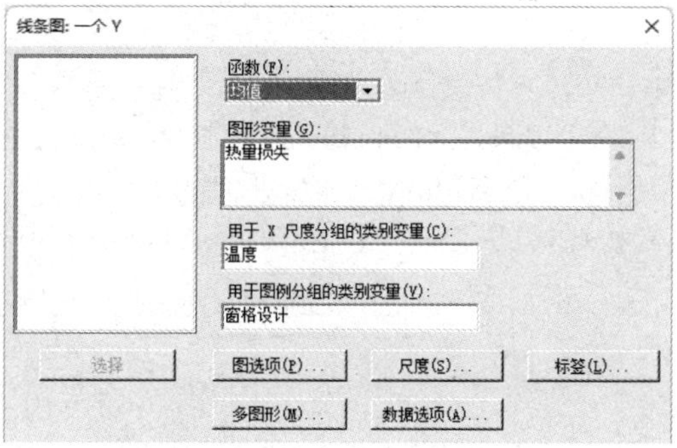

图 11-161　【线条图：一个 Y（Line Plot: One Y)】对话框

- 【函数（Function)】：选择用于绘制线图的函数，可选择【均值（Mean)】、【计数（Count)】、【和（Sum)】、【中位数（Median)】、【N】、【缺失数据数（NMissing)】、【标准差（StDev)】、【最小值（Minimum)】、【最大值（Maximum)】或【平方和（SSQ)】，本例选择【均值（Mean)】。
- 【图形变量（Graph variables)】：选择绘制线图的变量，本例选择“热量损失”。
- 【用于 X 尺度分组的类别变量（Categorical variable for X-scale grouping)】：选择在 x 轴上标注分组的变量，本例选择“温度”。
- 【用于图例分组的类别变量（Categorical variable for legend grouping)】：选择作为图例标识分组的变量，本例选择“窗格设计”。

（4）主要结果及分析。

图 11-162 为不同设计类型的玻璃窗格与不同温度水平对热量损失的交互效应图，图中的 5 条线相互不平行，表明外界温度与玻璃窗格设计类型存在明显的交互效应。窗格设计 A、B、C、D 的热量损失受外界温度的影响较大，外界温度越低，热量损失越大；而窗格设计 E 的热量损失不受外界温度的影响，基本稳定在一个水平上，如图 11-162 所示。

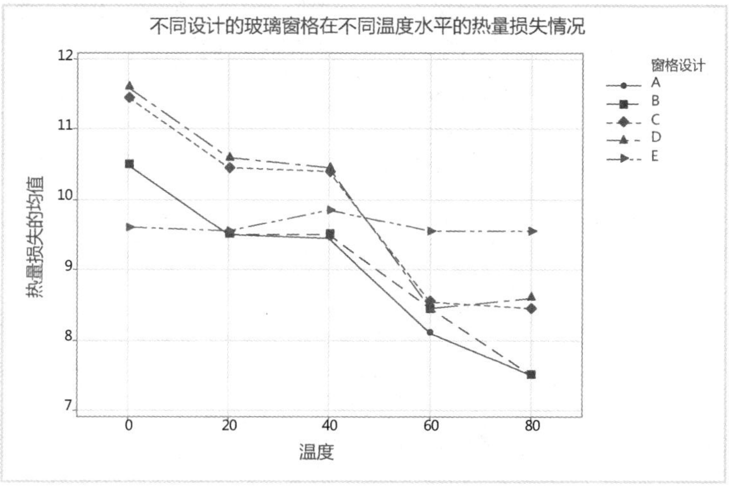

彩图 11-162

图 11-162　热量损失的单变量线图

11.15.2 多变量线图

【例 11-64】根据例 11-62 的数据绘制不同 SD 水平的壁虱身体水分损失（单位：mg）的多变量线图。

（1）打开工作表“壁虱.mwx”。

（2）在【线条图（Line Plots）】主对话框（见图 11-160）中，选择【不含符号（Without symbols）】中的【多个 Y 值（Multiple Y's）】。

（3）【线条图：多个 Y 值（Line Plot: Multiple Y's）】对话框如图 11-163 所示。

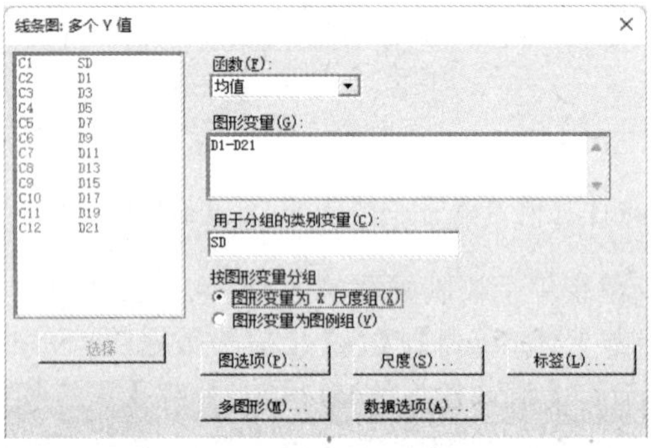

图 11-163 【线条图：多个 Y 值（Line Plot: Multiple Y's）】对话框

- 【函数（Function）】：本例选择【均值（Mean）】。
- 【图形变量（Graph variables）】：可选择多个变量，本例选择“D1-D21”。
- 【用于分组的类别变量（Categorical variable for grouping）】：选择包含分组的变量，本例选择“SD”。
- 【按图形变量分组（Grouping by Graph Variables）】：可选择以下选项。
  - 【图形变量为 X 尺度组（Graph variables are X-scale groups）】：在 x 轴的刻度上显示各图形变量。
  - 【图形变量为图例组（Graph variables are legend groups）】：将图形变量作为图例分组。

（4）主要结果及分析（1）。

壁虱的身体水分损失与 SD 和在特定 SD 水平下持续的时间有关，SD 水平越高，水分损失越大。在特定 SD 水平下持续的时间越长，水分损失越大，如图 11-164 所示。

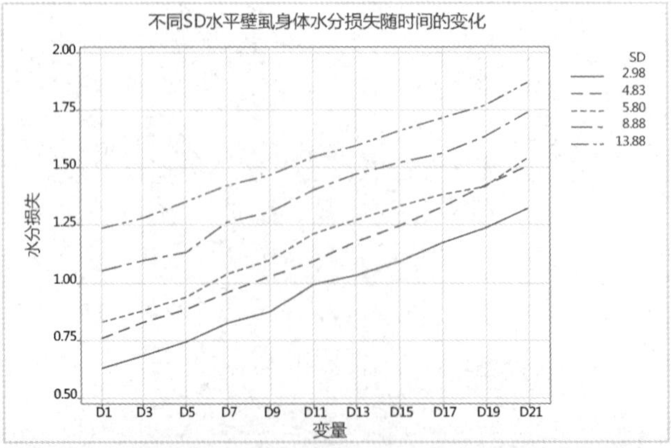

彩图 11-164

图 11-164 水分损失的多变量线图（1）

（5）重复上述步骤，在【线条图：多个 Y 值（Line Plot:Multiple Y's）】对话框（见图 11-163）中，选择【按图形变量分组（Grouping by Graph Variables）】中的【图形变量为图例组（Graph variables are legend groups）】。

（6）主要结果及分析（2）。

与图 11-164 比较，图 11-165 中 x 轴的分类和图例的分类变量进行了互换。

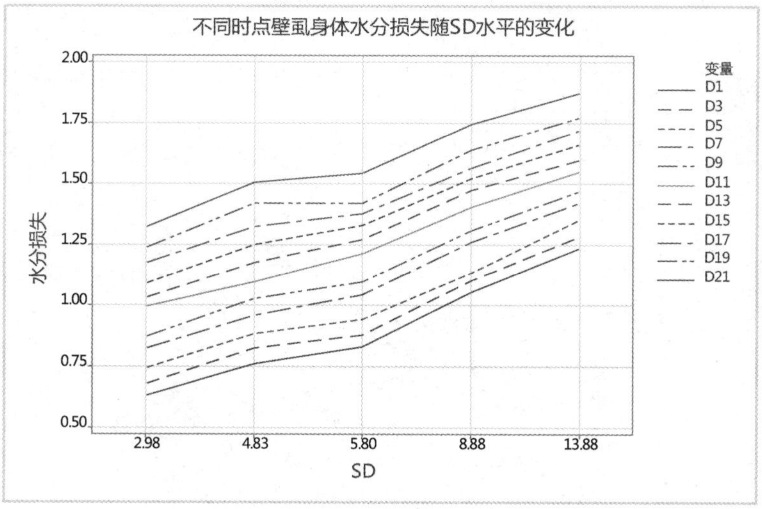

彩图 11-165

图 11-165　水分损失的多变量线图（2）

【例 11-65】某家汽车经销商的销售经理想要比较该经销商销售的各车辆的规格。该经理收集了有关汽车指标，即燃油经济性、售价、安全性和容积等信息，如表 11-1 所示，试帮助该经理快速找出各汽车类型的上述指标的差别。

表 11-1　汽车指标信息

变量名称	变量说明
交通工具	型号标识符
类型	汽车类型：SUV、小轿车、两厢车、货车或小型货车
城市（英里/加仑）	城市驾驶时的燃油经济性（英里/加仑）
高速公路（英里/加仑）	高速公路驾驶时的燃油经济性（英里/加仑）
组合（英里/加仑）	整体燃油经济性（英里/加仑）
零售（千美元）	售价（千美元）
安全（0～5）	安全性评级（0～5），其中，0 表示极差，5 表示极好
内部容量	载客量（立方英尺）
货运量	货运量（立方英尺）
总容量	总容量（立方英尺）

（1）打开工作表“车辆规格.mwx”。

（2）在【线条图（Line Plots）】主对话框（见图 11-160）中，选择【不含符号（Without symbols）】中的【多个 Y 值（Multiple Y's）】。

（3）在【线条图：多个 Y 值（Line Plot: Multiple Y's）】对话框（见图 11-163）中，【函数（Function）】选择【均值（Mean）】,【图形变量（Graph variables）】为“城市（英里/加仑）–总容量”,【用于分组的类别变量（Categorical variable for grouping）】选择“类型”。

（4）主要结果及分析（1）。

由于汽车各项指标的量纲不一致，因此各指标的数值大小差别较大，除容积信息较容易发现不同汽车类型之间的差别外，其他指标难以通过汽车相关指标的多变量线图（见图 11-166）找出各汽车类型的差别。

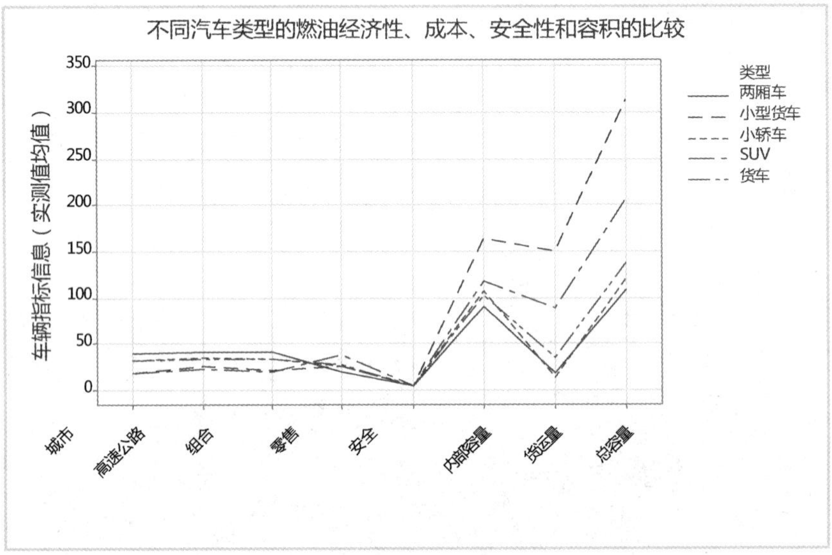

彩图 11-166

图 11-166 汽车相关指标的多变量线图（1）

（5）重复上述步骤，【线条图：选项（Line Plot:Options）】对话框如图 11-167 所示。

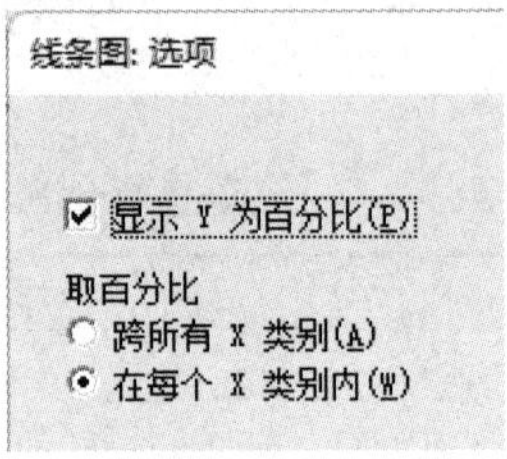

图 11-167 【线条图：选项（Line Plot:Options）】对话框

- 【显示 Y 为百分比（Show Y as Percent）】：y 轴为百分比刻度，本例选择此选项。
- 【取百分比（Take Percent）】：可选择以下选项。
  - 【跨所有 X 类别（Across all X-categories）】：当前类别的函数占所有数据的百分比。
  - 【在每个 X 类别内（Within each X-category）】：显示 x 轴上分类内的函数的百分比，此选项可对组内指标进行标准化，突出指标内各分组之间的差别，本例选择此选项。

（6）主要结果及分析（2）。

对汽车各项指标进行标准化后（取该车型指标均值占该指标均值总和的百分比），可消除不同量纲的影响，突出了各汽车类型相关指标的差别，从燃油经济性看，无论在哪种路面，两厢车都比较省油，而小型货车和 SUV 则比较耗油；从售价看，SUV 的售价最高，而两厢车的售价最低，其他汽车类型的售价差别不大；从安全性看，各汽车类型的差别不大；从容积看，小型货车的容积最大，SUV 次之，两厢车和小轿车较小，如图 11-168 所示。

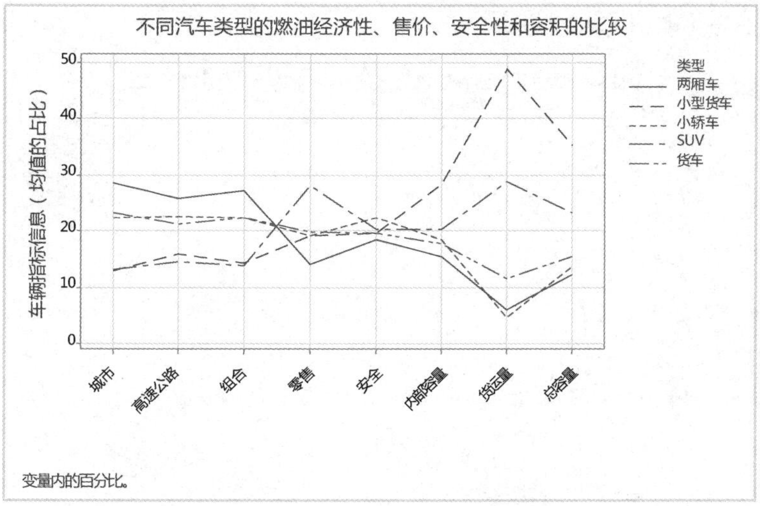

彩图 11-168

图 11-168　汽车相关指标的多变量线图（2）

11.15.3　根据汇总数据绘制多线图

【例 11-66】试根据例 11-46 的资料绘制茶叶出口量、茶叶产量，绿茶产量和红茶产量（单位：t）的多线图。

（1）打开工作表“广西茶叶.mwx”。

（2）在【线条图（Line Plots）】主对话框（见图 11-160）中，选择【不含符号（Without symbols）】中的【行或列中的序列（Series in Rows or Columns）】。

（3）【线条图：行或列中的序列（Line Plot: Series in Rows or Columns）】对话框如图 11-169 所示。

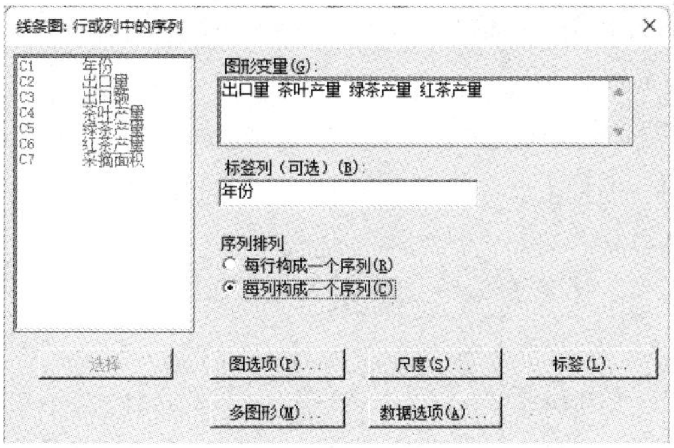

图 11-169　【线条图：行或列中的序列（Line Plot:Series in Rows or Columns）】对话框

- 【图形变量（Graph variables）】：本例选择“出口量”“茶叶产量”“绿茶产量”“红茶产量”。
- 【标签列（可选）（Label column(optional)）】：本例选择“年份”。
- 【序列排列（Series Arrangement）】：可以选择【每行构成一个序列（Each row forms a series）】或【每列构成一个序列（Each column forms a series）】，本例选择后者。

（4）主要结果及分析。

广西壮族自治区的茶叶产量和绿茶产量呈上升趋势，其中，1993—2004 年上升不明显，2004 年后迅速上升。红茶产量没有明显上升，在 1990 年缓慢下降，2010 年后稍有上升，而茶叶出口量则呈缓慢下降的趋势，如图 11-170 所示。

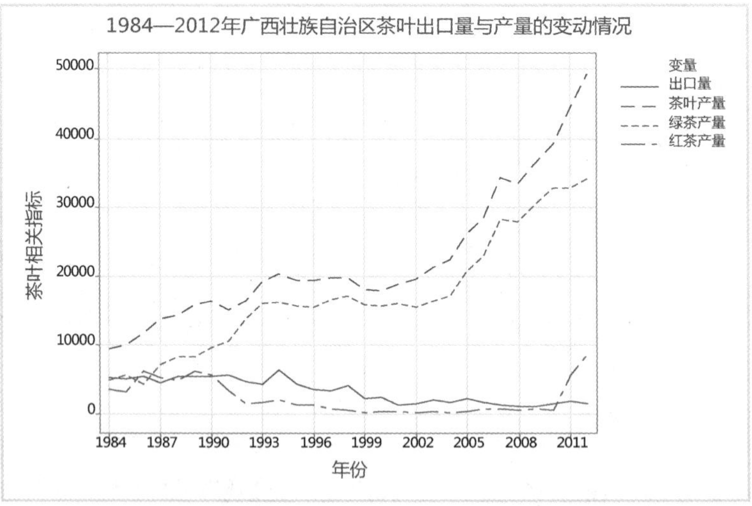

彩图 11-170

图 11-170　茶叶出口量与产量的多线图

【例 11-67】现有 1949—2012 年部分年份的北京市孕产妇死亡率（单位：1/10 万），1990—2012 年部分年份的全国孕产妇死亡率、城市孕产妇死亡率和农村孕产妇死亡率的资料。试比较 1900—2012 年北京市和全国孕产妇死亡率的变动趋势。

（1）打开工作表“孕产妇死亡.mwx”。

（2）在【线条图（Line Plots）】主对话框（见图 11-160）中，选择【不含符号（Without symbols）】中的【行或列中的序列（Series in Rows or Columns）】。

（3）在【线条图：行或列中的序列（Line Plot: Series in Rows or Columns）】对话框（见图 11-169）中，【图形变量（Graph variables）】为“北京孕产妇死亡率-农村孕产妇死亡率”，【标签列（可选）（Label column(optional)）】选择“年”，【序列排列（Series Arrangement）】选择【每列构成一个序列（Each column forms a series）】。

（4）【线条图：数据选项（Line Plot: Data Options）】对话框的【子集（Subset）】选项卡如图 11-171 所示。

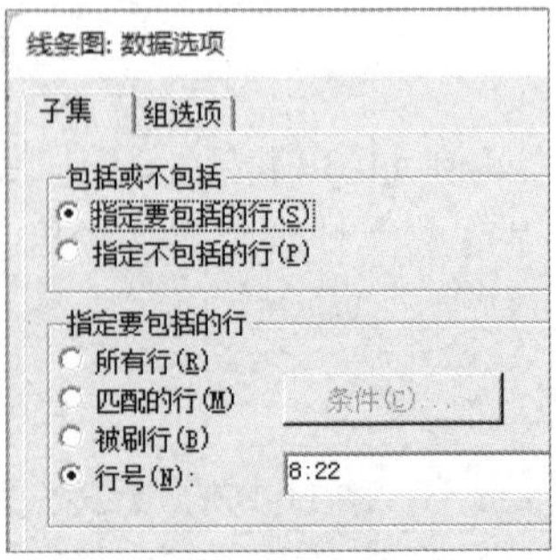

图 11-171　【子集（Subset）】选项卡

- 【包括或不包括（Include or Exclude）】：可选择以下选项。
  - 【指定要包括的行（Specify which rows to include）】：设置包括行的条件。
  - 【指定不包括的行（Specify which rows to exclude）】：设置排除行的条件。
- 【指定要包括的行（Specify Which Rows to Include）】/【指定不包括的行（Specify Which Rows to Exclude）】：可选择以下选项。
  - 【所有行（All rows）】。
  - 【匹配的行（Rows that match）】：包括或排除符合指定条件的行，单击【条件（Condition）】按钮可输入条件表达式。
  - 【被刷行（Brushed rows）】：包括或排除所有被刷行。
  - 【行号（Row numbers）】：按照行号包括或排除行，在文本框中输入行号。使用“:”表示包含范围，如输入“1 4 6:10”表示行“1、4、6、7、8、9、10”。本例分析的数据位于第 8～22 行，因此输入“8:22”。

（5）主要结果及分析。

北京市的孕产妇死亡率一直处于较低的稳定水平，1990—2002 年，全国孕产妇死亡率呈迅速下降的趋势；2002 年后，城市孕产妇死亡率趋于稳定，而农村孕产妇死亡率仍呈较快的速度下降；2012 年后，全国、城市和农村的孕产妇死亡率趋于一致，如图 11-172 所示。

彩图 11-172

图 11-172　孕产妇死亡率的多线图

11.16　等 值 线 图

等值线图是描述 3 个变量之间关系的图形，其中的两个自变量的值表示 x 轴和 y 轴刻度，因变量 z 的值用等值线（Contour line）的阴影区域表示。等值线图与地形图类似，其 x、y、z 值与经度、纬度和海拔类似。

【例 11-68】已知我国 29 个省份足月低体重儿发生率（‰）（1986 年 10 月—1987 年 9 月资料）及其观测点地理位置（经度、纬度）的数据，试绘制足月低体重儿发生率的等值线图。

（1）打开工作表“足月低体重儿.mwx”。

（2）选择【图形（Graph）】→【等值线图（Contour Plot）】菜单项，打开【等值线图（Contour Plots）】主对话框，如图 11-173 所示。【Z 变量（Z variables）】选择“发生率”，【Y 变量（Y variable）】选择“纬度”，【X 变量（X variable）】选择“经度”。

（3）【等值线图：选项（Contour Plot:Options）】对话框的【方法（Method）】选项卡如图 11-174 所示。

- 【插值法（Interpolation Method）】：当数据点没有落在规则的 x-y 网格上时，插值法将估计 z 值。可以选择的方法有【距离法（Distance method）】和【Akima 多项式法（Akima's polynomial method）】。
  - 【距离法（Distance method）】：当曲面有孤立极值或急剧过渡时，抽样不能捕获平滑曲面过渡，且当抽样误差未知或较大时，选择此选项。距离法可平滑高低值的聚类并始终在数据范围内估计 z 值。本例选择此选项。

- 【Akima 多项式法（Akima's polynomial method）】：如果曲面平滑过渡并被抽样捕获，且抽样误差较小，则选择此选项。但如果不符合上述条件，则 Akima 多项式法可能会过于强调拟合曲面的波动，并给出超出抽样的 z 值的值。选择此选项还应设定【边界 z 值（Boundary z-value）】，即在图的边界处（角和边）使用的 z 值，默认使用最小 z 值。
- 【距离幂（Distance power）】：表明局部变异平滑量的数字大于 0 且小于或等于 12，该值越接近 0，拟合值就越接近总体均值。该值越大，局部变异的权重就越大。
- 【标准化 x 和 y 数据（Standardize x- and y-data）】：如果数据的尺度（度量）不同，则应选择此选项，以标准化 x 变量和 y 变量的数据（图形尺度不会改变）。

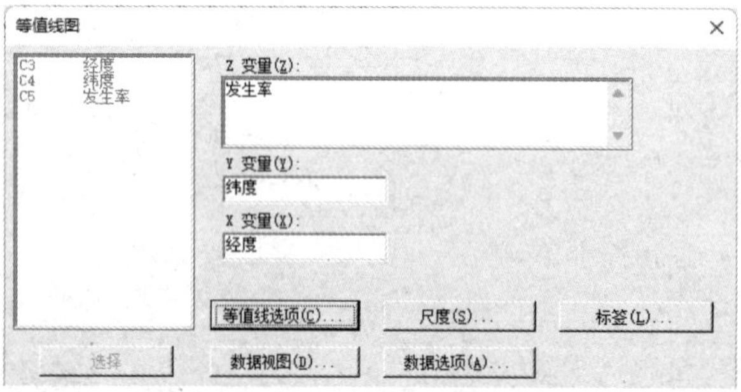

图 11-173 【等值线图（Contour Plots）】主对话框

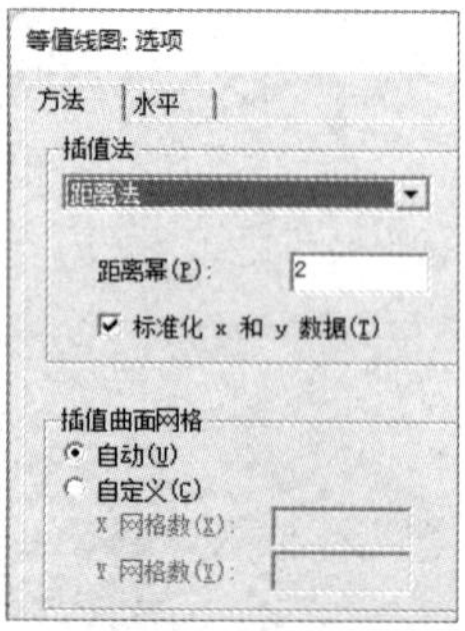

图 11-174 【方法（Method）】选项卡

■ 【插值曲面网格（Mesh for Interpolating Surface）】：可选择【自动（Automatic）】或【自定义（Custom）】，本例选择【自动（Automatic）】，接受默认网格。

- 【X 网格数（X-Mesh Number）】：x 网格值越大分辨率越高。
- 【Y 网格数（Y-Mesh Number）】：y 网格值越大分辨率越高。

（4）【水平（Levels）】选项卡如图 11-175 所示。

■ 【等值水平（Contour Levels）】：可选择以下选项。

- 【自动（Automatic）】：使用默认等值线水平数。
- 【数量（Number）】：指定 2～11 之间的等值线水平数。
- 【值（Value）】：指定 2～11 之间等值线图的 z 值。

（5）【等值线图：数据视图（Contour Plot:Data View）】对话框的【数据显示（Data Display）】选项卡如图 11-176 所示。

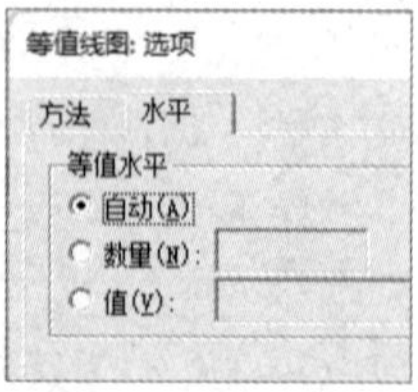

图 11-175 【水平（Levels）】选项卡

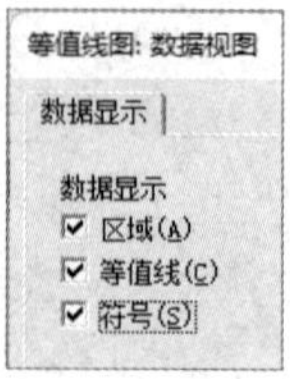

图 11-176 【数据显示（Data Display）】选项卡

■ 【数据显示（Data Display）】：可选择以下选项。

- 【区域（Area）】：在等值线之间的区域添加阴影。
- 【等值线（Contour lines）】：绘制等值线。
- 【符号（Symbols）】：用符号表示每个 x-y 数据点。

（6）在【编辑图形（Edit Graph）】窗口（见图 11-6）中，右击等值线图上的等值线，选择弹出菜单上的【编辑等值线（Edit Contour Lines）】菜单项，打开【编辑等值线（Edit Contour Lines）】对话框，切换至【等值线标签（Contour Labels）】选项卡，如图 11-177 所示。

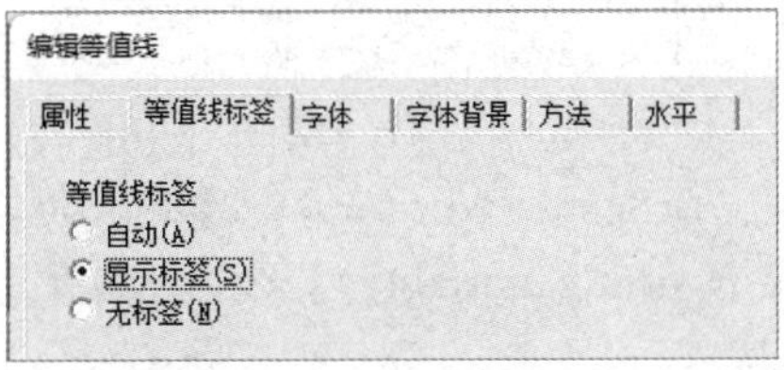

图 11-177　【等值线标签（Contour Labels）】选项卡

■ 【等值线标签（Contour labels）】：可选择以下选项。
- 【自动（Automatic）】：如果等值线图中只有黑色实等值线但没有区域阴影，则会自动显示等值线标签。如果等值线图有区域阴影但可改变线条属性或自定义线条属性，则显示图例。
- 【显示标签（Show labels）】：显示等值线标签。
- 【无标签（No labels）】：隐藏等值线标签。

（7）主要结果及分析。

我国的东部和东南部地区的足月低体重儿发生率较低，而西部和西南部地区的足月低体重儿发生率较高，如图 11-178 所示。

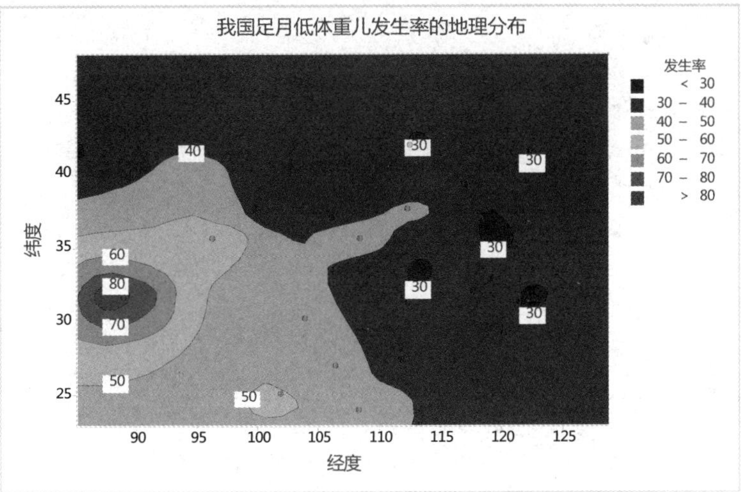

彩图 11-178

图 11-178　足月低体重儿发生率的等值线图

11.17　3D 散点图

3D 散点图可通过 3 个坐标轴上标注的数据同时评估 3 个变量（x、y、z）之间的关系。x 变量和 y 变量通常表示预测变量（自变量），而 z 变量通常表示响应变量（因变量）。Minitab 可绘制简单 3D 散点图和重叠 3D 散点图

11.17.1　简单 3D 散点图

【例 11-69】试根据例 11-68 绘制足月低体重儿发生率（‰）与经纬度的简单 3D 散点图。

（1）打开工作表“足月低体重儿.mwx”。

（2）选择【图形（Graph）】→【3D 散点图（3D Scatterplot）】菜单项，打开【3D 散点图（3D Scatterplots）】主对话框，如图 11-179 所示，选择【简单（Simple）】。

（3）在【3D 散点图：简单（3D Scatterplot: Simple）】对话框（见图 11-180）中，【Z 变量（Z variables）】选择“发生率”，【Y 变量（Y variable）】选择“纬度”，【X 变量（X variable）】选择“经度”。

（4）【3D 散点图：数据视图（3D Scatterplot:Data View）】对话框的【数据显示（Data Display）】选项卡如图 11-181 所示。

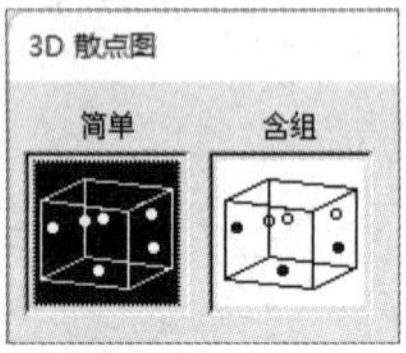

图 11-179　【3D 散点图（3D Scatterplots）】主对话框

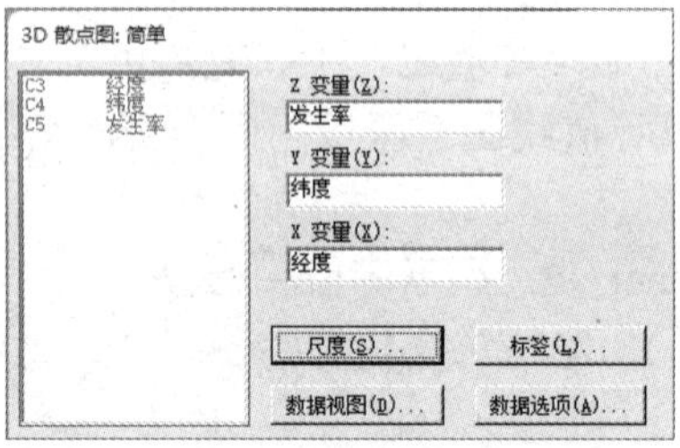

图 11-180　【3D 散点图：简单（3D Scatterplot: Simple）】对话框

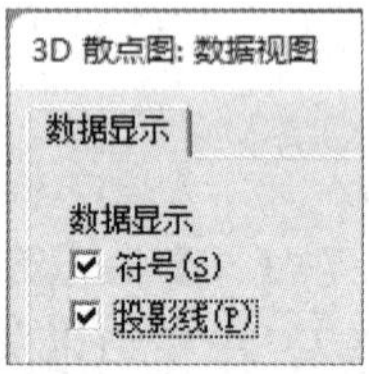

图 11-181　【数据显示（Data Display）】选项卡

- 【数据显示（Data Display）】：可选择以下选项。
  - 【符号（Symbols）】：用符号表示数据点。
  - 【投影线（Project lines）】：显示从每个数据点到其基数的投影线。

（5）主要结果及分析。

双击图形，打开【编辑图形（Edit Graph）】窗口（见图 11-182），用户可使用右上角的 3D 图形工具按钮（）对 3D 图形进行任意角度的旋转和缩放，以便通过多个角度查看 3D 图形，并找出最佳的数据显示角度。

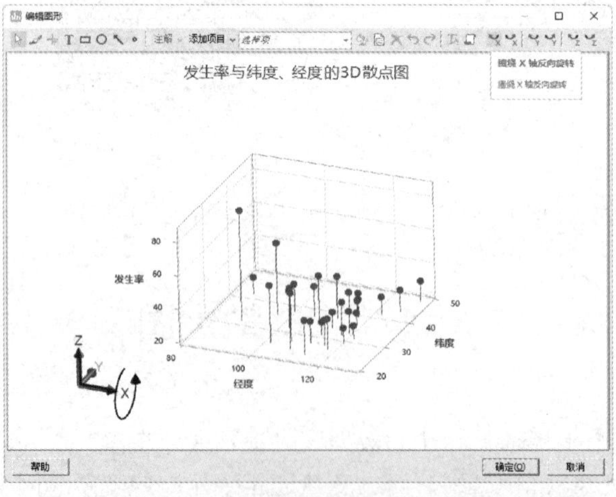

图 11-182　3D 图形工具调整界面

11.17.2　重叠 3D 散点图

【例 11-70】某人在某地按性别和年龄分层随机抽取 30 名初生到 3 周岁的婴幼儿，并测量了他们的身高（单位：cm）、体重（单位：kg）和体表面积（单位：cm^2），试绘制不同性别婴幼儿的体表面积与身高、体重的重叠 3D 散点图。

（1）打开工作表“体表面积.mwx”。

（2）在【3D 散点图（3D Scatterplots）】主对话框（见图 11-179）中，选择【含组（With Groups）】。

（3）在【3D 散点图：含组（3D Scatterplot: With Groups）】对话框（见图 11-183）中，【Z 变量（Z variables）】选择“体表面积”，【Y 变量（Y variable）】选择“身高”，【X 变量（X variable）】选择“体重”，【用于分组的类别变量（0-3）（Categorical variables for grouping(0-3)）】选择“性别”。

（4）在【数据显示（Data Display）】选项卡（见图 11-181）中，选择【数据显示（Data Display）】中的【符号（Symbols）】和【投影线（Project lines）】。

（5）在【3D 散点图：尺度（3D Scatterplot: Scale）】对话框的【参考线（Reference Lines）】选项卡（见图 11-184）中，【显示 Z 值的参考线（Show reference line at Z values）】为“1000 2000 3000 4000 5000 6000”。

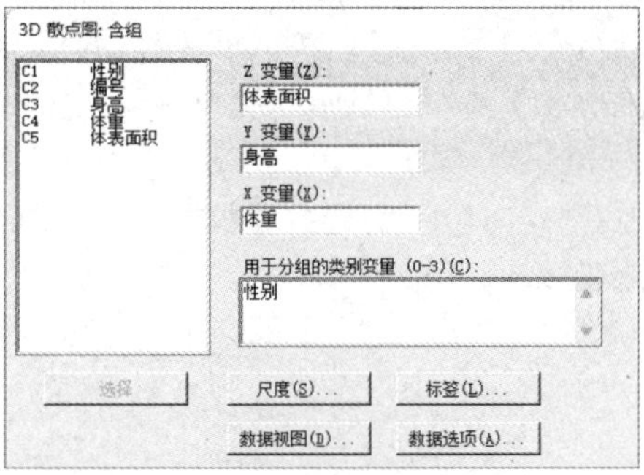

图 11-183　【3D 散点图：含组（3D Scatterplot: With Groups）】对话框

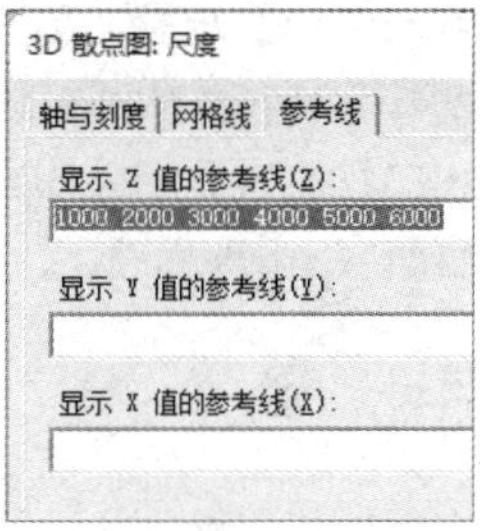

图 11-184　【参考线（Reference Lines）】选项卡

（6）主要结果及分析。

不同性别婴幼儿体表面积与体重、身高呈正相关关系，如图 11-185 所示。

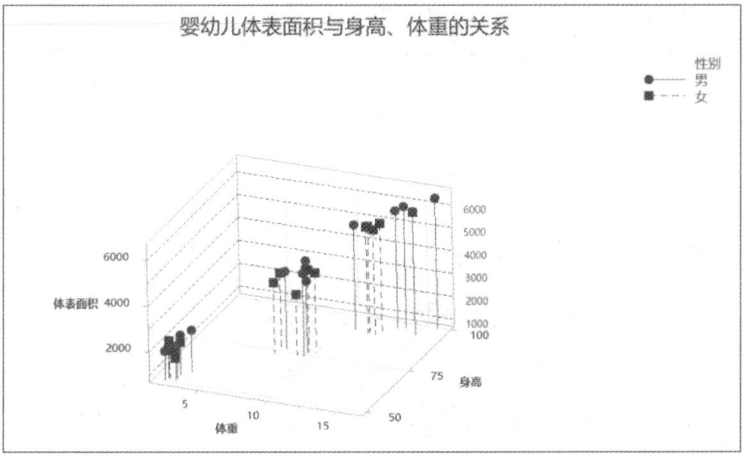

彩图 11-185

图 11-185　体表面积与身高、体重的重叠 3D 散点图

11.18 3D 统计图

3D 曲面图与 3D 散点图类似，也是用于同时评估 3 个变量之间的关系。3D 曲面图使用插值生成与数据拟合的 z 值以绘制连续曲面（曲面图）或网格（线框图）。

11.18.1 3D 曲面图

【例 11-71】 试根据例 11-68 的资料绘制 3D 曲面图。

（1）打开工作表“足月低体重儿.mwx”。

（2）选择【图形（Graph）】→【3D 曲面图（3D Surface Plot）】菜单项，打开【3D 曲面图（3D Surface Plots）】主对话框，如图 11-186 所示。

- 【曲面（Surface）】：绘制 3D 曲面图，本例选择此项。
- 【线框（Wireframe）】：绘制 3D 线框图（3D wireframe plot）。

（3）在【3D 曲面图：曲面（3D Surface Plot: Surface）】对话框（界面参考图 11-180）中，【Z 变量（Z variables）】选择“发生率”，【Y 变量（Y variable）】选择“纬度”，【X 变量（X variable）】选择“经度”。

（4）在【数据显示（Data Display）】选项卡（见图 11-187）中，选择【数据显示（Data Display）】中的【曲面（Surface）】、【符号（Symbols）】和【投影线（Project lines）】。

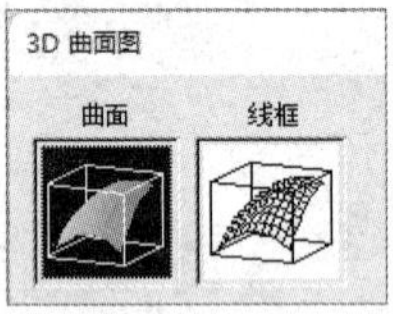

图 11-186 【3D 曲面图（3D Surface Plots）】主对话框

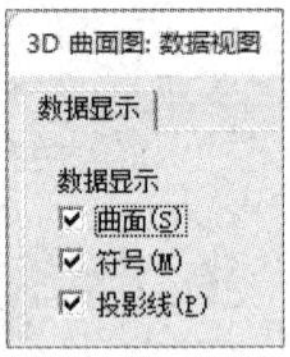

图 11-187 【数据显示（Data Display）】选项卡

（5）主要结果及分析。

3D 曲面图是等值线图的立体形式，前者比后者更为直观，曲面的波峰越高，表示足月低体重儿发生率越高，波谷越低，表示足月低体重儿发生率越低，如图 11-188 所示。

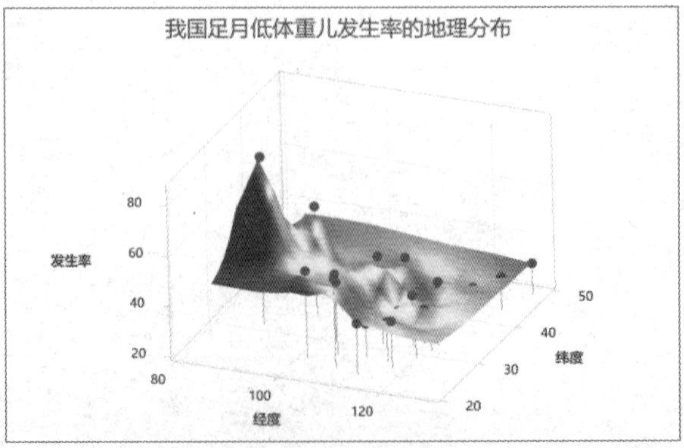

彩图 11-188

图 11-188 足月低体重儿发生率的 3D 曲面图

11.18.2　3D 线框图

【例 11-72】试根据例 11-68 的资料绘制 3D 线框图。

（1）打开工作表“足月低体重儿.mwx”。

（2）在【3D 曲面图（3D Surface Plots）】主对话框（见图 11-186）中，选择【线框（Wireframe）】。

（3）在【3D 曲面图：曲面（3D Surface Plot: Surface）】对话框（界面参考图 11-180）中，【Z 变量（Z variables）】选择“发生率”，【Y 变量（Y variable）】选择“纬度”，【X 变量（X variable）】选择“经度”。

（4）在【数据显示（Data Display）】选项卡（见图 11-187）中，选择【数据显示（Data Display）】中的【曲面（Surface）】。

（5）主要结果及分析。

3D 线框图以网格的形式表示曲面的分布，如图 11-189 所示。

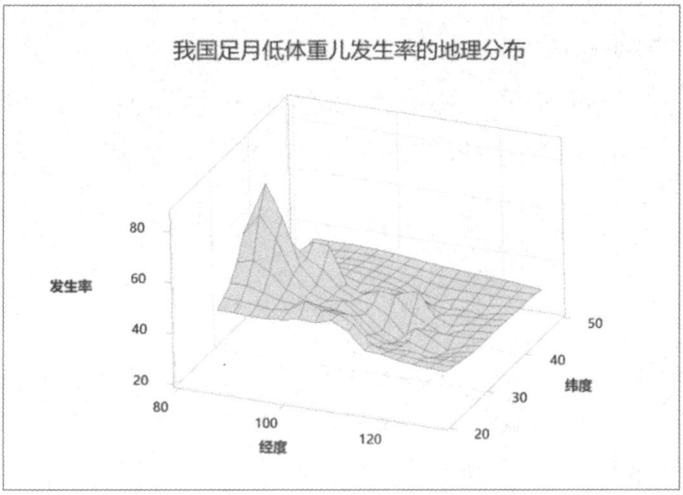

图 11-189　足月低体重儿发生率的 3D 线框图

举报电话：（010）88254396；（010）88258888
传　　真：（010）88254397
E-mail：dbqq@phei.com.cn
通信地址：北京市万寿路173信箱
　　　　　电子工业出版社总编办公室
邮　　编：100036